2024학년도 중등·초등 임용고시 대비

구평회 마스터 팍 교육학

교육학 마인드맵

구평회 편저

Master Padagogy

교원직무연수 외길 20년
㈜교협 교육사랑연수원
교육부인가 제01-3호

직강·인강
G스쿨

2023학년도 1차 시험 후기 (2022.11.26.)

- 교수님!!!!!! ㅠㅠ 정말 감사드려요. 진짜 교수님덕분에 교육학 쫄지 않고 무난히 시험 본 것 같아요. 비록 인강이지만 교수님 만나서 교육학 자신감을 붙었던것 같아요. 감사드려요~. 진짜 고생 많으셨어요.
  1차 시험 합격하면 노량진 한 번 오겠습니다. 꾸벅

- 우왓!!!!찍신이 오셨드아!!ㅋ
  표 나오는 형식이랑, 자기효능감, 내용타당도, 형성평가 등 쌤 모고랑 너무 비슷해용
  다썼어여 감사해용~ ♡

- 구 쌤 1년동안 정말 수고 많으셨습니다 교육학은 너무 힘들었지만 그래도 1년동안 열심히 듣고 연습해보니 시험은 잘 보았습니다. 1년 열정적으로 강의 해주셔서 정말 감사합니다 1차 합격은 아직은 잘 모르지만.. 교수님덕에 이정도라도 쓴것 같아요 감사합니다

- 교수님 감사드립니다 :) 쓰다가 긴장한 탓에 손이 굳어서 너무 답만 쓰고나온거 같아요 걱정이긴한데 ㅠㅠ 그래도 교수님이 알려주신 내용은 다 쓰긴쓴거 같아요 교수님덕분입니다^^감사드립니다~!!

- 선생님 1년동안 강의도 열심히 듣고 전국모고 채점알바 가서 엄청 도움받았어요. 감사해요 ! 2차준비도 열심히해서 합격하겠습니다!

- 쌤!!! 부산 직강생입니다.
  자료 표 나오는 모고를 하면서 표가 나와도 당황하지 말고 풀라는 말이 생각났어요!!!
  교육학 키워드는 다 썼어요. 강조하신 내용만 나와서
  교육학 힘들지 않게 공부할 수 있도록 도와주셔서 너무 감사 했어요.

- 안녕하세요?
  시험치고 꼭 감사인사 드려야겠다고 생각해 이렇게 며칠 지났지만 연락드려요.
  교수님 덕분에 전 시험을 걱정없이 잘 볼 수 있었습니다.
  정말 감사드립니다~

- 교수님 강의 듣고 열심히 공부하고, 지스쿨 이벤트로 받는 행운의 서브노트로 올 해 교육학에서 지난해에 비해 월등히 높은 점수를 받을 수 있을 것 같습니다.
  교수님의 말씀 따르며 공부해서, 좋은 결과를 얻을 수 있었다고 생각됩니다. 정말 감사합니다.

- 교수님 제가 올해 교육학 모고 처음 듣게 되는데요 발표 나봐야 알겠지만 제가 생각하기엔 키워드를 진짜 많이 적었어요 ㅎㅎㅎ 매년 12~13 언저리로 받았었는데 올해는 가채점 해봤는데 최소 17이상은 나올것같다는 생각을 하고있습니다. 정말로 너무감사드립니다.
  ㅎㅎ 너무너무 감사합니다 교육학 덕분에 최종합격까지 수월하게 할수있을것 같습니다 ㅎㅎ

- 올해 교육학강의 너무 재밌고 유익했습니다.
  키워드는 거의 다 적은 것 같아요~ 초수치고는 선빵한 듯 해요 ㅠㅎㅎ
  다~~ 이해하고 암기카드 서브노트 외우고 가서 조금 수월했던 듯 싶어요. 감사합니다.
  구쌤~ 올해 모고수업듣고 도움받았습니다. 다른것들도 많지만 개인적으로는 수업들으며 빵빵형성평가와 매주 첨삭을 해주셔서 정리가 잘 된거같아요. 감사합니다~

- 문제 형식이 모고때랑 비슷해서 초수지만 당황하지 않고 잘 봤습니다.
  문풀랑 모고때 강조하셨던 부분이 거의 다 나와서 많이 도움됐네요~ 감사합니다.

- 처음에 문제 받고 읽어보는데 1년 내내 강조해주신 내용들이 있어 잘 연계해서 쓸 수 있었던거 같아요. 모고때는 단순 암기가 아니라 이론을 응용할 수 있는 문제들이 적응력을 길러주신 것 같아요. 이론강의때 전반적인 흐름이나 교육학 트렌드도 같이 설명해주셔서 교육학을 이해하는데 많이 도움이 됐습니다. 감사합니다.

- 감사합니다! 구쌤 모의고사 강의 들었는데요. 실제 시험에서의 응용력과 독해력을 길어주셨던 것 같아요.
  어떤 주제가 나와도 잘 활용할 수 있게 해주셔서 정말 감사합니다.^^

- 교수님 정말 도움 많이 받았습니다. 문풀강의와 모고 강의 덕분에 1차 시험 잘봤습니다. 앞으로 2차도 조금만 더…. 도움 요청드려도 될까요??? ㅎㅎㅎ
  저도 열심히 공부해서 합격 후 쌤 노량진으로 찾아가겠습니다~ ㅎㅎㅎ

- 교수님 교육학의 마술사 같아여 ..^^* 거의 적중율 100퍼 입니다 .. 늘 강조 하신것 위주로 나왔어요. 표 모고 해서 문제 당황하지 않았어요. 감사합니다.

- 수업시간에 강조하신 내용이 시험에 다 나오는 것을 보면서 너무 놀랐습니다. 그리고 너무 시험을 잘 본 것 같아서 교수님 강의를 듣기를 참 잘했다는 생각이 들었어요~ 감사합니다!^^*

- 쌤 감사드려요^^
  초수인데 강의듣고 많은 도움 받았습니다. 논술 쓰는 방법을 알려주셔서 점수 잘 나올 것 같습니다.
  항상 건강하세요~~감사합니다~

- ^^덕분에 1차시험 잘마무리했어요!
  교수님 집어주신 키워드 다 나왔어요^^
  감사합니다♥

- 쌤 시험끝났네요~
  일년의 과정을 겨우4시간에 보여주려니 쫌힘겨웠지만~
  그게실력이겠죠^^ 교육학 알려주신 부분에서 다나와 점수 잘 나올 것 같습니다~
  올해도 최고의적중률! 추카추카^^ 그예지력~제게 전수해주셔서 감사합니다.♥

목 차

한눈에 팍 구조도 　　　　　　　　　　　　　　　　　　5

마스터 팍 마인드맵
01 교육심리학 　　　　　　　　　　　　　　　　　　7
02 생활교육(지도) 　　　　　　　　　　　　　　　　43
03 교수방법론 　　　　　　　　　　　　　　　　　　63
04 교육과전 　　　　　　　　　　　　　　　　　　111
05 교육평가 　　　　　　　　　　　　　　　　　　133
06 교육행정 　　　　　　　　　　　　　　　　　　163
07 교육철학 　　　　　　　　　　　　　　　　　　213
08 교육사회학 　　　　　　　　　　　　　　　　　241
09 서양교육사 　　　　　　　　　　　　　　　　　269
10 한국교육사 　　　　　　　　　　　　　　　　　281

Master Peedagogy

01

교육심리학

- ✓ **핵심 팍 키워드**   8
- ✓ **핵심 팍 구조도**
  - Ⅰ. 주요발달심리학   9
  - Ⅱ. 인지발날심리학   17
  - Ⅲ. 동기발달심리학   25
  - Ⅳ. 특별한 학생   30
  - Ⅴ. 행동주의 학습심리학   31
  - Ⅵ. 인지주의 학습심리학   34
  - Ⅶ. 사회인지 학습심리학   36
  - Ⅷ. 전이와 연습이론   36
- ✓ **핵심 팍 키워드 문제**   38

교육심리학

Master Pedagogy

핵심 팍 키워드

교육심리학

Ⅰ. 주요발달심리학
1. 발달기초
2. 브론펜브레너
3. 피아제
4. 케이즈
5. 포에르스타인
6. 비고츠키
7. 상보적 교수
8. 교수적 대화
9. 프로이드 정신분석
10. 신프로이드
11. 에릭슨 사회심리
12. 마샤 정체성 유형
13. 엘킨드
14. 피아제
15. 콜버그
16. 셀맨 사회역할수용

Ⅱ. 인지발달심리학
1. 지능기초
2. 스피어만 2요인
3. 손다이크 다요인
4. 서스톤 주요요인
5. 길포드
6. 카텔
7. 스텐버그 삼위일체
8. 가드너 다지능
9. 창의성
10. 브레인스토밍
11. 고든 발견적해결법
12. 기타기법
13. 장의존성 장독립성
14. 콜브
15. 반성적 충동적
16. 버틀러, 브루너
17. 좌우뇌이론
18. 인지적 행동수정
19. 메타인지
20. 인지적부조화
21. 감성지능

Ⅲ. 동기발달심리학
1. 동기기초
2. 과정당화
3. 욕구계층
4. 성취동기
5. 앳킨슨
6. 기대·가치
7. 목표 지향성
8. 귀인이론
9. 자기효능감
10. 자기결정이론
11. 자기가치이론
12. 정의적 발달
13. 심리학파 동기

Ⅳ. 특별한 학생
1. 학습장애 학생
2. 지적장애 학생
3. 행동장애 학생
4. 학습부진 학생
5. 영재 학생

Ⅳ-Ⅶ. 학습심리학

Ⅴ. 행동주의 학습심리학
1. 학습이론
2. 파블로프 고전적 조건화설
3. 도구적 조건화설
4. 스키너 작동적 조건화설
5. 상대적 가치이론
6. 행동증가
7. 행동감소
8. 체제적 조건화설
9. 접근적 조건화설
10. 행동주의 심리학 행동

Ⅵ. 인지주의 학습심리학
1. 형태주의(게슈탈트)
2. 정보처리모형
3. 다른 정보처리모형
4. 망각곡선

Ⅶ. 사회인지 학습심리학
1. 반두라 관찰학습

Ⅷ. 전이와 연습 이론
1. 전이이론
2. 연습

NOTE

심리적 특성을 연구하여 학습자를 이해하는 영역이며, 맞춤형 교육을 위해 더욱 필요하다.
심리적 특성에 맞는 교수학습 방법이 적용되므로, 결국 교수방법론과 동전 양면을 이룬다.

시험공부는 자신과의 싸움이다.
자신을 관리하기 어려우면 '관리반 독서실'(독학관, 캠스터디)과 같이 외부 도움을 받자!

핵심 꽉 구조도

I. 주요발달심리학

1. 발달기초 2. 브론펜브레너 3. 피아제 4. 케이즈 5. 포이에르스타인 6. 비고츠키 7. 상보적교수
8. 교수적대화 9. 프로이드 정신분석 10. 신프로이드 11. 에릭슨 사회심리 12. 마샤 정체성 유형
13. 엘킨드 14. 피아제 15. 콜버그 16. 셀맨 사회역할수용

1. 발달기초

- 개념
  - ① 연령의 증가에 따라 상승적 변화와 하강적 변화를 모두 포함
- 원리
  - ① 상관성: 선천적 유전과 후천적 환경의 상호작용에 의하여 이루어짐(D=f(H E))
  - ② 순서성: 일정한 순서나 절차가 있다. 머리에서 꼬리로, 근처에서 원처로, 큰 근육에서 작은 근육으로, 일반적인 것에서 특수한 것 순서로 발달
  - ③ 결정적시기: 각 발달시기에 발달되어야 하는 발달과업이 있고, 이 발달과업이 제대로 형성되지 못하면 다음 시기에 그 발달과업이 형성되기가 어렵고 다른 발달에 많은 지장을 초래(발달과업)
  - ④ 헤비거스트 발달과업: 영유아기, 아동기, 청년기, 성년초기, 중년기, 노년기(교육목표 설정, 준비도)
  - ⑤ 기타 발달원리: 분화통합성, 개별성, 예언곤란성, 연속성, 주기성, 누적성
- 게젤
  - ① 선천적이고 유전적 청사진에 의해 발달함(성숙주의, 루소, 홀, 몬테소리)
- 엘더
  - ① 인간은 전생애를 통해 발달(생애이론, 엘릭슨)

2. 브론펜브레너 생태학 발달

- 의의
  - ① 생태(환경)를 체계적으로 정리한 이론. 학습자는 진공상태에서 발달하는 것이 아니라 가족, 지역사회 및 국가 등 복잡한 맥락(생태) 안에서 발달
- 체계
  - ① 미시체계: 학습자에게 가장 즉각적으로 영향을 주는 것. 가족, 친구, 학교, 종교 집단 등
  - ② 중간체계: 미시체계 간의 상호작용적 관계. 부모와 교사, 부모와 친구 등의 관계를 말함. 학교에서 일어난 일이 가정에 영향을 줄 수 있고, 역으로 가정에서 일어난 일이 학교에 영향을 줄 수 있음
  - ③ 외(부)체계: 미시체계에 영향을 미치는 외부 환경. 학습자에게 간접적인 영향을 미치는 환경. 부모의 직장, 학교의 담당 교육청, 교사의 가정 등이 해당
  - ④ 거시체계: 특정 문화에서의 이념, 태도, 관습 및 법률 등을 포함. 국가의 법률은 학습자의 교육에 영향을 주고, 문화는 교육과정의 기본적 배경과 학습자의 학습 환경에 여러 가지 차별적 영향을 미침
  - ⑤ 시간체계: 아동의 발달이 시간적 차원 안에서 일어남을 강조. 학습자가 초등학교에 재학할 때의 생활 가치와 고등학교 때 생활 가치는 시간 변화에 영향을 받음

3. 피아제

- 모형

[도식: 적응/순응작용 = 기능 ↔ 구조 → 내용; 감각운동기, 전조작기, 구체적 조작기, 형식적 조작기]

- 의의
  - ① 피아제는 인지활동이란 지각한 환경에 대한 조직 활동이며, 환경에 대한 적응 활동으로 봄(피아제 = 인지적 구성주의)
  - ② 인간은 인지를 통해 환경을 이해하고, 활동하고, 적응함(인지=지능=정신=마음=영혼)

객관식

01

인간 발달에 관한 설명 중 옳은 것은? (99, 초등보수(대구, 경북))

① 사람들의 발달 속도는 일정하다.
② 발달은 일정한 방향과 순서가 있다.
③ 신체적 발달은 비연속적으로 일어난다.
④ 성숙과 학습은 독립적으로 발달에 영향을 미친다.
⑤ 초기 단계에서 일어나지 못한 발달은 후기 단계에서 보충될 수 있다.

02

다음의 진술들과 가장 부합하는 인간발달 이론은? (12, 초등)

— 보기 —
- 개인의 발달은 유전과 환경 모두의 영향을 받는다.
- 환경의 다차원적인 체계가 상호작용하여 발생하는 힘이 개인의 발달과 행동에 영향을 미친다.
- 개인을 둘러싼 환경은 미시체계, 중간체계, 외체계, 거시체계의 네 층과 시간체계로 구분된다.
- 개인의 발달에 영향을 미치는 지배적 환경은 연령 증가에 따라 미시체계에서 바깥층의 체계로 점차 이동한다.

① 엘더(G. Elder)의 생애 이론
② 게젤(A. Gesell)의 성숙 이론
③ 반두라(A. Bandura)의 사회인지 이론
④ 에릭슨(E. Erikson)의 심리사회적 이론
⑤ 브론펜브레너(U. Bronfenbrenner)의 생태학적 이론

01. ② / 02. ⑤

주관식

01. 다음은 교사 학습 공동체에서 유치원 교사들이 나눈 대화이다. 1) 브론페브레너(U. Bronfenbrenner)의 생태학적 체계 이론에 근거하여 유치원-가정 연계의 필요성을 논하시오.(3점) [18, 유아 논술형]

— 보기 —
이 교사: 오늘은 2015 개정 유치원 교육과정에서 강조하는 유치원과 가정의 연계에 대해 이야기해 볼까요?
최 교사: 우리 유치원은 워크숍, 부모 교육 등을 활용하여 학부모님들에게 자녀 교육에 관한 다양한 정보를 제공하고 있어요. 그리고 알림장을 이용하여 아이들의 발달 상황과 생활지도에 대해 학부모님들과 의견도 교환해요.
박 교사: 우리 유치원은 유치원운영위원회나 학부모회를 통한 학부모님들의 참여가 활성화되어 있는 편이에요. 지난 가을 운동회 때도 유치원운영위원회를 몇 차례 개최하여 아이들에게 의미 있는 운동회가 되도록 운영 방법을 같이 고민하고 토론하며 계획을 수립했어요.
김 교사: 그러면 시간이 많이 걸리지 않나요? 안내문을 각 가정에 보내 드리는 것만으로도 충분할 텐데요.
박 교사: 시간은 걸리지만 장점이 많아요. 실제로 많은 학부모님들이 관심을 보여 주셨고 다양한 피드백도 주셨어요. 그래서 내년에는 더 좋은 운동회를 할 수 있을 것 같아요.

정답키: 유치원과 가정은 모두 미시체계이고, 유치원-가정은 중간체계로 아동의 발달에 많은 영향을 미친다.

객관식

03
다음에 삐아제(J. Piaget)이론의 인지발달 기제와 관련된 예화이다. ㉠, ㉡, ㉢에 해당하는 개념을 바르게 나열한 것은? (05, 중등)

| 보기 |

현아는 모둠 학습과제를 위해 디지털 카메라를 꺼내어 작동시켜 보았더니 고장이 나 있었다. 그래서 어머니께서 빌려다 주신 것을 사용하게 되었다. ㉠낯선 제품이었지만 평소 자기의 카메라를 다루던 방식으로 전원 스위치를 눌렀더니 작동이 되었다. 그러나 ㉡풍경모드로 전환하는 방식이 예전의 자기 것과는 달라 당황스러웠다. 현아는 ㉢기능버튼을 이리저리 눌러 보고 새로운 제품의 사용방법을 익혔다. 그 결과 그 제품을 자유로이 다룰 수 있게 되었다.

	㉠	㉡	㉢
①	도식	조절	동화
②	조절	동화	도식
③	동화	비평형화	조절
④	조절	비평형화	동화

04
영희의 행동특징을 피아제(J. Piaget)의 인지발달 이론에 기초하여 파악한 교사가 영희의 발달단계에 맞게 지도한 교수활동이라고 할 수 없는 것은? (10, 초등)

| 보기 |

영희는 요즘 들어 물건 정리에 재미를 붙인 듯하다. 학급문고의 책들을 위인전과 동화책으로 나누어 다른 칸에 꽂더니 곧 위인전은 두꺼운 순서대로, 동화책은 표지의 색깔별로 정리하고 있다. 책 정리 다음에는 친구들의 연필을 모두 모아서 길이대로 늘어놓는다.

① 교실과 교무실의 크기를 비교하게 한 후, 면적의 차이를 가르쳤다.
② 친척이라는 추상적인 개념은 가계도 그림 자료를 활용하여 설명하였다.
③ 오징어와 문어의 그림을 보고 공통점과 차이점을 설명해 보도록 하였다.
④ 감추기-찾기 놀이를 통해 눈에 보이지 않는 물건도 세상에 존재함을 알게 하였다.
⑤ 지도에 경계선을 그려가며 서울의 행정구역 단위인 구(區)와 동(洞)의 포함관계를 가르쳤다.

03. ③ / 04. ④

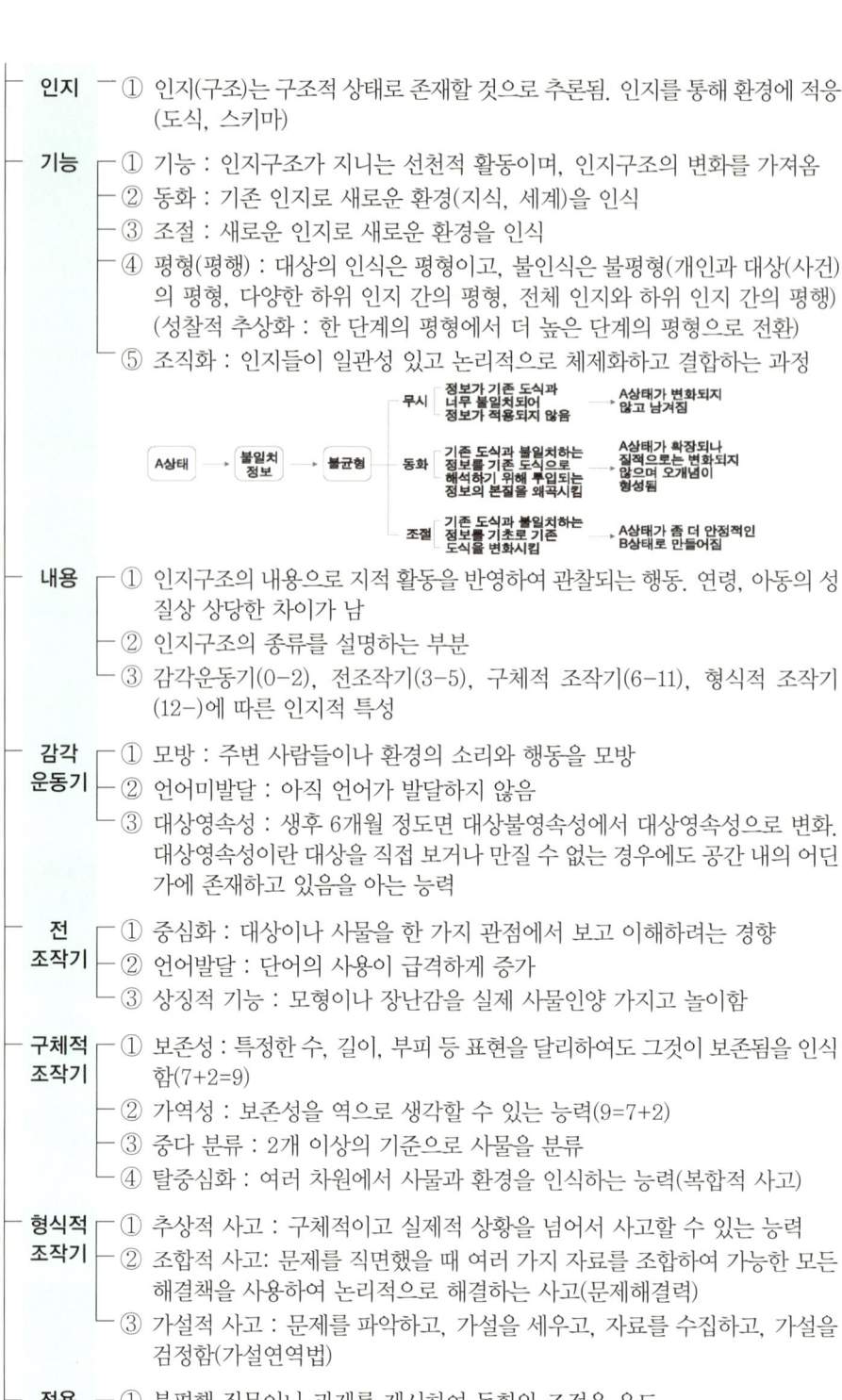

- 인지 ― ① 인지(구조)는 구조적 상태로 존재할 것으로 추론됨. 인지를 통해 환경에 적응 (도식, 스키마)
- 기능 ― ① 기능 : 인지구조가 지니는 선천적 활동이며, 인지구조의 변화를 가져옴
  - ② 동화 : 기존 인지로 새로운 환경(지식, 세계)을 인식
  - ③ 조절 : 새로운 인지로 새로운 환경을 인식
  - ④ 평형(평형) : 대상의 인식은 평형이고, 불인식은 불평형(개인과 대상(사건)의 평형, 다양한 하위 인지 간의 평형, 전체 인지와 하위 인지 간의 평형) (성찰적 추상화 : 한 단계의 평형에서 더 높은 단계의 평형으로 전환)
  - ⑤ 조직화 : 인지들이 일관성 있고 논리적으로 체제화하고 결합하는 과정
- 내용 ― ① 인지구조의 내용으로 지적 활동을 반영하여 관찰되는 행동. 연령, 아동의 성질상 상당한 차이가 남
  - ② 인지구조의 종류를 설명하는 부분
  - ③ 감각운동기(0-2), 전조작기(3-5), 구체적 조작기(6-11), 형식적 조작기(12-)에 따른 인지적 특성
- 감각운동기 ― ① 모방 : 주변 사람들이나 환경의 소리와 행동을 모방
  - ② 언어미발달 : 아직 언어가 발달하지 않음
  - ③ 대상영속성 : 생후 6개월 정도면 대상불영속성에서 대상영속성으로 변화. 대상영속성이란 대상을 직접 보거나 만질 수 없는 경우에도 공간 내의 어딘가에 존재하고 있음을 아는 능력
- 전조작기 ― ① 중심화 : 대상이나 사물을 한 가지 관점에서 보고 이해하려는 경향
  - ② 언어발달 : 단어의 사용이 급격하게 증가
  - ③ 상징적 기능 : 모형이나 장난감을 실제 사물인양 가지고 놀이함
- 구체적 조작기 ― ① 보존성 : 특정한 수, 길이, 부피 등 표현을 달리하여도 그것이 보존됨을 인식함(7+2=9)
  - ② 가역성 : 보존성을 역으로 생각할 수 있는 능력(9=7+2)
  - ③ 중다 분류 : 2개 이상의 기준으로 사물을 분류
  - ④ 탈중심화 : 여러 차원에서 사물과 환경을 인식하는 능력(복합적 사고)
- 형식적 조작기 ― ① 추상적 사고 : 구체적이고 실제적 상황을 넘어서 사고할 수 있는 능력
  - ② 조합적 사고 : 문제를 직면했을 때 여러 가지 자료를 조합하여 가능한 모든 해결책을 사용하여 논리적으로 해결하는 사고(문제해결력)
  - ③ 가설적 사고 : 문제를 파악하고, 가설을 세우고, 자료를 수집하고, 가설을 검정함(가설연역법)
- 적용 ― ① 불평형 질문이나 과제를 제시하여 동화와 조절을 유도
  - ② 다양한 환경을 제공하여 능동적 학습을 강조, 직접경험과 발견학습을 강조
  - ③ 교사와 학생, 학생과 학생의 상호작용은 불평형을 발생시켜 동화와 조절을 유도
  - ④ 인지구조에 적합한 교육내용과 방법으로 제시해야 함
  - ⑤ 루소와 마찬가지로 선행교육과 선행학습을 부정
  - ⑥ 아동의 실수로 발달단계를 파악
- 촉진 ― ① 성숙, 평형화, 물리적 경험(환경), 사회적 상호작용

4. 케이즈

인지발달
- ① 작동기억(단기기억)은 조작공간과 저장공간으로 구성
- ② 자동화는 조작공간을 줄여 저장공간을 크게 해 인지발달을 가져옴

5. 포에르스타인

구조변용
- ① 구조적 인지변용에서 사람의 학습능력은 유전, 나이, 발달단계 등과 상관없이 형성될 수 있음
- ② 형식적이거나 비형식적 학습으로부터 얻는 능력은 항상 이루어질 수 있음

중재학습
- ① 인간 매개체를 통한 유기체와 환경과의 상호작용임, S-H-O-H-R(자극-인간매체-유기체-인간매체-반응) 모델
- ② 중재자(H)는 부모나 교사 혹은 다른 중요한 사람. 중재자는 환경을 설명, 강조, 해석하는 의도적인 역할
- ③ 비고츠키의 교사, 주변 성인이나 또래 친구를 통한 학습과 같은 의미. 스캐폴딩의 역할과 동일

6. 비고츠키

의의
- ① 사회적, 문화적, 역사적 측면이 개인의 고등정신기능 발달에 영향을 미침
- ② 고등정신기능은 다른 사람과의 상호작용에서 형성(사회적 상호작용 강조)
- ③ 사회 문화의 고등정신기능이 타인과의 상호작용을 통해 개인에게 내면화

근접발달
- ① 근접발달대(ZPD)는 독립적인 문제해결에 의해 결정되는 실제적 발달 수준과 교사(성인)나 유능한 또래와의 공동노력으로 문제해결을 통해 결정되는 잠재적 발달 수준 간의 간격(마법의 중간지대)

시사점
- ① 근접발달 영역에 부합하는 교수학습활동은 학습 및 발달을 촉진
- ② 사회적 상호작용을 촉진하며, 협동학습의 이론적 배경
- ③ 지적 잠재력을 측정하기 위한 역동적 평가가 필요
- ④ 교수학습은 실제 발달을 촉진시키는 점을 강조하여 선행학습을 강조

① 교사수업수준이 ZPD 내에서 이루어져야 한다.
② 교사의 수업은 실제발달수준을 향상시킨다.
③ 협동학습의 이론적 배경을 제시한다.
④ 전이·학습이론: 초보자가 전문가의 수준을 닮아가려는 것이다.

스캐폴딩
- ① 학습자의 근접발달대 내에서 효과적인 학습을 위해 교사(성인)가 제공하는 적절한 도움(Scaffolding, 비계, 발판)
- ② 교사가 학습자에게 제공하는 비계는 학습자가 효과적으로 잠재적 발달 수준에 도달할 수 있도록 함

사적언어
- ① 사적언어는 아동이 사용하는 혼잣말을 지칭(자기중심적 언어) (내적언어도 같은 기능을 함)
- ② 사적언어는 언어가 인지에 영향을 미친다는 중요한 증거
- ③ 사적언어는 사회적 상호작용이 많아지면서 내적언어로 발달
- ④ 사적언어는 언어상징기능의 대표적인 예이며, 언어상징기능은 언어와 사고의 연계기능을 의미
- ⑤ 사적언어는 자기 안내, 자기 지시의 기능을 가짐

객관식

05
다음 〈보기〉는 어느 부모의 육아일기에서 일부 발췌한 것이다. 이것을 피아제(Piaget)의 인지발달 단계에 맞게 순서대로 나열한 것은? (00, 초등)

| 보기 |
- ㉠ 동일한 양의 물을 모양이 다른 그릇에 담아도 물의 양이 같다는 것을 알았다.
- ㉡ 공을 가지고 놀다가 공이 안 보이는 곳으로 굴러가버리자 찾지 않았다.
- ㉢ 어떤 문제에 대해 여러 가지 해결의 가능성을 상상하였다.
- ㉣ 과자를 한 개 가지고 있는데도 더 달라고 졸라서, 엄마가 그 과자를 둘로 쪼개어 주었더니, 아이는 더 달라고 하지 않고 만족스러워했다.

① ㉡-㉠-㉢-㉣ ② ㉡-㉣-㉠-㉢
③ ㉣-㉡-㉠-㉢ ④ ㉣-㉢-㉠-㉡

06
비고츠키(L. Vygotsky)의 근접발달영역(ZPD) 아이디어를 교수·학습 과정에 적용한 것에 대한 설명으로 옳지 않은 것은? (12, 중등)

① 교수·학습 과정은 잠재적 발달 수준을 새로운 실제적 발달 수준이 되도록 변환시키는 과정이다.
② 교수·학습 과정은 학습자 주도의 연역적 계열에서 교사 주도의 귀납적 계열로 옮겨가는 이중적 전개 방식을 따른다.
③ 근접발달영역 범위는 학습자의 발달 수준과 교사의 조력 방법 등에 따라서도 달라질 수 있으므로 이를 고려한 교수설계가 필요하다.
④ 교수·학습 과정에 인지적 도제 이론의 모델링(modeling), 코칭(coaching), 스캐폴딩(scaffolding), 성찰(reflection) 등의 활동을 적용할 수 있다.
⑤ 잠재적 발달수준에 도달한 학습자는 새로운 근접발달영역에서 교사나 유능한 학생의 도움을 받아 학습활동을 하게 된다.

05. ② / 06. ②

---

02. A 교사가 언급한 비고츠키의 지식론의 명칭, 이 지식론에서 보는 지식의 성격 1가지와 교사와 학생 역할 각각 1가지 (4점) [20, 중등 논술형]

구 분	주 요 의 견
A 교사	○ 토의식 수업을 활성화하려면 먼저 지식을 보는 관점의 변화가 필요함 ○ 교과서에 주어진 지식이 진리라는 생각이나, 지식은 개인이 혼자 만드는 것이라는 생각에서 벗어나는 것이 중요하며, 이와 관련하여 비고츠키(L. Vygotsky)의 지식론이 많은 시사점을 줄 수 있음 ○ 이 지식론의 관점에서 보면, 교사와 학생의 역할도 기존의 강의식 수업에서의 역할과는 달라질 필요가 있음

∅ 정답키: 사회적 구성주의, 지식의 사회성, 교사는 조력자, 학생은 지식의 구성자

객관식

07
비고츠키(L. Vygotsky)의 관점에 부합하지 <u>않는</u> 것은?(05. 초등)

① 언어가 사고를 발달시키기보다는 사고가 언어 발달을 촉진한다.
② 교사의 역할은 역동적 평가를 통해 학습 잠재력을 확인하는 일이다.
③ 교사는 협력적인 학습 환경을 조성함으로써 아동의 학습을 촉진할 수 있다.
④ 아동의 인지 발달은 더 성숙하고 유능한 사람과의 상호작용을 통해 촉진될 수 있다.

08
다음의 교수·학습 방법에서 강조하는 교사의 역할과 가장 거리가 먼 것은? (10. 중등)

| 보기 |
- 팰린사(A. Palincsar)와 브라운(A. Brown)이 독해력 지도를 위해 제안하였다.
- 교사는 독해력을 지도할 때 질문하기, 요약하기, 명료화하기, 예견하기의 4가지 인지전략을 사용한다.
- 리더 역할은 경우에 따라 교사나 학생이 모두 수행할 수 있다.

① 수업의 처음 단계와 마지막 단계를 교사가 통제한다.
② 학생에게 현재 수준에 맞는 피드백과 조언을 제공한다.
③ 학생이 능동적으로 지식을 구성하도록 교사가 격려한다.
④ 사회적 상호작용을 통해 학생의 사고 발달을 교사가 촉진한다.
⑤ 도입 단계에서 교사는 학생에게 인지전략을 설명하고 시범 보인다.

07. ① / 08. ①

- 교수학습
  - ① 비감독적이며 활동환경으로 학교환경을 설계
  - ② 교사는 조력자, 안내자, 동료학습자의 역할
  - ③ 비계설정(스캐폴딩)을 적절하게 제공
  - ④ 사회적 상호작용을 통한 협동학습이 효과적임
  - ⑤ 상보적 교수와 교수적 대화가 효과적임

7. 상보적 교수

→ 학습의 초기단계에서는 교사의 역할이 많지만 학습의 후기단계에서는 학생들의 역할이 중심이 되어 수업이 이루어진다. 이때 사용되는 대화법을 교수적 대화라고 한다.

- 개념
  - ① 상보적 교수법은 원래 팰린스(Palincsar)와 브라운(Brown)이 읽기(독해력) 수업에 제안한 것으로 학생 자신이 읽은 것에 깊이 생각하고 이해하도록 돕는 것(읽기 전략+전달 전략)
  - ② 처음에는 교사와 학생이 학습 과제를 함께 해결하다가 점차적으로 학생이 독자적으로 과제를 해결할 수 있도록 교사가 학생에게 도움을 주는 방법
  - ③ 교사의 직접적인 설명보다 글의 의미를 구성하기 위해 교사와 학생 사이에 이루어지는 상호 협의 과정에 초점을 둠

- 특징
  - ① 초기에는 교사가 과제 해결 활동의 주도적인 역할을 하지만 점차 그 주도권이 학생에게로 옮겨감
  - ② 학생과 교사가 서로 역할을 바꾸어 가며 수업을 진행하여 학생은 중요한 내용이 무엇인지 스스로 생각할 수 있는 능력을 기름
  - ③ 소집단 협동 학습의 한 형태로 전체 과정에서 동료나 다른 사람과의 상호 협동 또는 협력을 강조
  - ④ 학생들이 자신의 이해 과정을 점검하고 통제하는 활동을 강조
  - ⑤ 학생들의 능력 수준에 별다른 차이가 없어도 효과를 볼 수 있음

- 전략
  - ① 요약하기 : 학생은 읽은 텍스트에서 중요한 정보를 확인하고, 바꾸어 말하고, 통합
  - ② 질문하기 : 요점이나 제재, 비판적인 생각이 포함된 종류의 질문을 함
  - ③ 명료화하기 : 어려운 부분이나 이해가 안 되는 부분을 분명하게 만듦
  - ④ 예측하기 : 작가가 텍스트에서 말하고자 했던 것이나 다음에 올 것에 대해 예측

- 절차(전달)
  - ① 안내-교사의 시범-조력-자기학습(원래)
  - ② 모델링-코칭-스캐폴딩-명료화-반성-탐구(인지적 도제)

8. 교수적 대화

- 특징
  - ① 상보적 교수 등에서 사용되는 대화 형태의 언어적 표현을 지칭하는 것
  - ② 중요한 학습과 이해는 상호작용과 대화를 요구함. 학생은 근접발달영역 내에서 문제를 파악해야 함

9. 프로이드 정신분석

- 의의
  - ① 인간의 모든 행동, 사고, 감정은 무의식적인 성적 본능(리비도)에 의하여 결정
  - ② 무의식을 통해 인간을 이해하고자 함

- 리비도
  - ① 성적 자극이나 흥분을 유발하도록 하는 힘
  - ② 공간적 측면 : 원초아, 자아, 초자아 / 시간적 측면 : 구순기, 남근기, 항문기, 잠복기, 성기기

- 정신 구조
  - ① 의식 : 현재 각성하고 있는 정신의 영역
  - ② 전의식 : 무의식과 의식의 영역을 연결해줌(前, Pre-)
  - ③ 무의식 : 자신의 힘으로는 의식을 떠올릴 수 없는 생각이나 감정들을 포함
- 공간적 측면
  - ① 원초아(본능, 이드) : 동물적인 인간의 본능에 의존하는 쾌락의 원리가 작용
  - ② 자아(에고) : 판단력과 분별력을 지니면서 원초아의 충동과 현실 사이에서 중재역할을 맡음. 현실의 원리가 작용
  - ③ 초자아(수퍼에고) : 도덕성이나 양심 원리에 따라 행동하며, 옳고 그름에 대한 판단 역할을 함
  - ④ 불안 : 신경증적 불안(원초아), 도덕적 불안(초자아), 현실적 불안(자아)

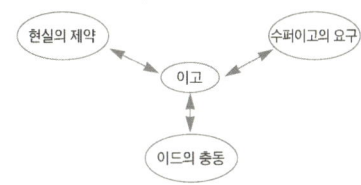

그림은 이고가 이드, 수퍼이고, 외부 현실의 제약의 갈등적인 요구들을 어떻게 조정해야만 하는지 보여 주는 그림.

- 시간적 측면
  - ① 리비도의 시간적 측면에서 성격발달이 나타남
  - ② 구순기(구강기), 항문기, 남근기, 잠복기, 성기기(생식기)
- 구순기 (0-2)
  - ① 입을 통한 빠는 활동(Sucking)과 깨무는 활동(Biting)으로 욕구를 충족
  - ② 리비도를 충족하면 정서의 안정성, 신뢰성이 높은 인성으로 발달하고, 욕구불만은 자기중심성, 의존성이 특징
  - ③ 욕구불만으로 인해 구순고착으로 빠지면 손가락을 빤다든지 또는 종이를 씹는 등의 나쁜 버릇이 생김
- 항문기 (2-4)
  - ① 리비도가 항문으로 이동하며 자의식을 갖기 시작하고 사회화의 출발점
  - ② 대소변 훈련방법이 적절하면 창의적이고 생산적인 성격이 형성되고, 대소변 훈련이 억압적이면 고집이 세고 인색함
  - ③ 항문고착에 빠지면 완고성(고집), 인색 등이나 반대로 유순하고 난잡하며 조임새가 없는 성격이 형성
- 남근기 (4-6)
  - ① 생식기가 성만족의 근원
  - ② 오이디푸스, 엘렉트라 콤플렉스, 모방, 동일시, 나르시시즘, 양가감정, 거세불안증, 남근선망 등이 특징
- 잠복기 (6-12)
  - ① 리비도의 발산욕구가 사라져버리고 성적인 행동은 억압되거나 내면화
  - ② 같은 성의 부모와 동일시(남자 아이는 아버지를 동일시, 여자 아이는 엄마를 동일시)
  - ③ 수치감, 도덕적인 반동형성, 혐오감, 강박관념이나 망상증에 걸리기 쉬움
- 성기기 (12-)
  - ① 리비도가 신체의 성기부분으로 집중되면서 남녀의 신체적인 접촉에서만 만족을 취하려는 특성
  - ② 육체적인 만족감 외에도 정신적인 만족, 즉 연애감정이나 사랑에의 강한 충동을 추구
- 교육적 시사점
  - ① 대부분 성격은 구순기, 항문기, 남근기에 형성되어, 조기교육 중요성 강조
  - ② 교육은 본능적인 성욕을 조정하여 승화 기제를 취하는 방향으로 유도
  - ③ 심리치료기법은 자유연상법(저항, 전이, 꿈의 분석)을 강조

객관식

09
〈보기〉는 인지발달에 관한 피아제(J. Piaget)와 비고츠키(L. Vygotsky)의 관점을 비교한 것이다. 옳은 진술을 모두 고른 것은? (07, 중등)

| 보기 |

ㄱ. 피아제는 개인 내부에서 새로운 지식이 어떻게 구성되는가에 관심을 두었으나, 비고츠키는 문화의 맥락 안에서 정신적 도구가 어떻게 매개되는가에 관심을 두었다.
ㄴ. 피아제는 사회적 상호작용이 언어를 습득하고 생각을 교환하는 수단이라고 보았으나, 비고츠키는 사회적 상호작용이 인지구조를 검증하고 확인하는 수단이라고 보았다.
ㄷ. 피아제는 교사가 아동의 평형화를 깨뜨리는 경험을 제공해야 한다는 점을 시사하였으나, 비고츠키는 교사가 아동에게 발판을 제공하고 상호작용을 안내해야 한다는 점을 시사하였다.

① ㄱ, ㄴ
② ㄱ, ㄷ
③ ㄴ, ㄷ
④ ㄱ, ㄴ, ㄷ

10
〈보기〉에 해당하는 프로이드의 성격 발달 단계는? (06, 초등)

| 보기 |

이 시기에 남자 아이는 어머니에 대한 이성애적 감정과 갈등을 경험하고 극복하게 되는데, 아버지와의 동일시를 통해 대리 만족을 경험할 뿐만 아니라 성역할 태도를 발달시키고 부모의 가치와 규범 등을 내면화하게 된다.

① 구강기
② 항문기
③ 남근기
④ 잠복기

09. ② / 10. ③

객관식

11
다음은 에릭슨(E. Erikson)의 심리사회적 발달이론에 따라 특정 시기의 발달 특징을 기술한 것이다. 프로이드(S. Freud)가 제시한 아동의 발달 단계 중 이 시기에 해당하는 것은? (07, 중등)

| 보기 |

이 시기의 아동은 소방관이나 경찰관과 같이 자신이 이해할 수 있는 직업을 수행하는 사람들을 유심히 지켜보거나 모방하려 하며, 자기가 속해 있는 사회에서 직업을 수행하는 데 필요한 기술을 직접 익히기 시작한다. 사회는 아동이 지식과 기술을 배워서 유능한 사람이 되도록 준비시켜야 한다. 만일 이 시기에 유능한 존재가 되려는 바람을 훌륭하게 성취할 수 있다면, 청소년기의 직업 선택은 단순히 보수와 지위의 문제를 초월하게 될 것이다.

① 구강기 ② 항문기
③ 남근기 ④ 잠복기

12
에릭슨(Erikson)의 심리사회적 발달이론 중, 각 단계에서 직면하는 위기와 단계별로 획득해야 할 기본 덕목이 올바르게 연결된 것은? (03, 중등)

	발달단계	위기	기본덕목
①	영아기	적응적 부적응적 대처 양식	능력
②	유(幼)아기	신뢰감 대 불신감	지력
③	청년기	자아정체감 대 역할혼미	충성심
④	성인기	생산성 대 침체성	지혜

11. ④ / 12. ③

10. 신프로이드

의의
① 신프로이드학파는 융(Jung), 아들러(Adler), 에릭슨(Erikson), 프롬(Fromm), 설리반(Sullivan) 등으로 이들은 프로이드의 기본입장을 견지하면서 나름대로의 독자적 이론을 전개
② 이들은 자아·과정, 현실 검증에 더 관심을 갖고 본능의 역할, 리비도, 심리성적 발달단계의 구분보다는 심리 사회적 측면을 강조

종류
① 융의 분석적 심리학(Analytical Psychology)을 발전시켜 무의식의 창조성을 중시하고 인간의 정신은 의식과 무의식의 상호작용에 의하여 자동조절하는 체계가 있음. 프로이드의 무의식을 개인 무의식과 집단 무의식으로 나누고 집단 무의식은 개인을 초월하여 민족적·인류적인 것이며 여기에서 생명 에너지를 얻어 창조성을 발휘함
② 프롬은 인간의 심리적 특성을 결정하는 요인으로 사회체제를 중시
③ 아들러는 사회심리학적 이론을 전개(개인심리학)
④ 에릭슨의 심리 사회적 이론은 자아심리학, 생애주기를 통한 발달적 변화, 사회적·역사적 요인을 배경으로 성격을 이해해야 함을 강조

11. 에릭슨 사회심리

모형

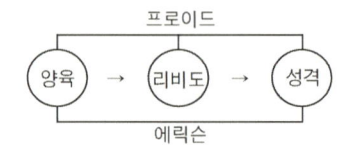

사회·문화   전생애 성격

의의
① 사회심리 성격발달이론에서 성격의 발달과업을 강조, 인간의 각 발달단계에 형성되어야 할 성격이 있음
② 각 단계의 성격이 형성되지 못하면 다음 발달단계에서 그 성격이 형성되기 어려움(성격발달과업)

단계

단계	프로이드 심리성적	심리·사회적 위기		주된 관계 사회적 관계	기본 덕목
		성공	실패		
1. 영아기 (출생~1세)	구강기	신뢰감(Sense of Trust): 애정욕구 충족으로 형성	불신감: 학대, 애정의 박탈, 빠른 이유(젖을 빨리 뗌)로 형성	어머니	희망
2. 유아기 (2~3세)	항문기	자율성(Autonomy): 부모로부터 독립한 자신, 자율적 개체로서의 인식 형성	수치감, 의심: 방해나 제지되는 상태에서 형성	부·모	의지력
3. 유희기 (3~5세) (유치원)	남근기	주도성(Initiative): 현실 도전의 경험, 상상, 양친 행동의 모방을 통하여 형성	죄악감: 너무 엄격한 훈육, 윤리적 태도의 강요에서 형성	가족	목적의식
4. 아동기 (6~11세) (초등학교)	잠복기	근면성(Industry): 공상과 놀이에서 벗어나 현실적 과업을 수행하고 무엇이든지 해보려는 데서 형성	열등감: 지나친 경쟁, 개인적 결함, 실패의 경험에서 형성	이웃, 학교	유능감, 능력
5. 청년기 (12~18세) (중·고)	생식기	정체성(Identity): 어른과의 동일시, 자기가치감, 자기 역할의 인식에서 형성	역할의 혼미: 자신의 역할, 사회적 규준 제시의 불분명에서 형성	교우 집단 지도자의 모범	충성심

---

03. 엘릭슨의 정체성발달이론에 제시된 개념 1가지 (2점) [16, 중등 논술형]

개선 영역	개선 사항
진로 지도	·진로를 결정하지 못한 학생의 경우 성급한 진로 선택을 유보하게 할 것 ·학생에게 다양한 진로를 접할 수 있는 충분한 탐색 기회를 제공할 것 ·선배들의 진로 체험담을 들려줌으로써 간접 경험 기회를 제공할 것 ·롤모델의 성공 혹은 실패 사례를 제공할 것

⊘정답키: 정체성 유예

6. 성인 초기	친밀감(Intimacy): 동성·이성간에 인간관계의 친밀감, 연대의식, 공동의식 등의 따뜻한 인간관계에서 형성	심리적 고립감: 과도한 또는 형식적인 인간관계에서 형성	우정적 동료	사랑
7. 성인 중기	생산성(Generativity): 부모의 성 역할 인식에서 자신을 위한 창조성·생산성 형성	침체성(Stagnation): 생산성이 방해당하면 자기중심적 성격이 형성	직장, 가정	배려
8. 성인 후기	통합성(Integrity): 사회문화의 지배적 이상을 받아들이고 생의 의미에 대한 긍정감을 형성	절망감(Despair): 성취의욕을 좌절시키고 인생의 의미를 상실케 함	인류, 동포	지혜

- 교육적 시사점
  - ① 유치원 단계에서는 자기 주도적 활동을 최대한 보장해야 함
  - ② 초등학교 단계는 계속 일에 몰두하게 함으로써 근면성을 길러주어야 함
  - ③ 중·고등학교 단계는 긍정적인 정체감을 가질 수 있도록 함
  - ④ 각 발달단계에 형성되어야 할 성격의 발달과업을 제시

12. 마샤 정체성 유형

- 의의
  - ① 에릭슨의 정체성 형성에 대한 관찰은 마샤의 정체성 유형(상태)으로 확대되었음
  - ② 두 기준 : 정체성 탐색(위기), 가치 선택(참여, 전념)

- 유형

개인의 정체성을 적극적으로 탐색(위기, 고민)하였는가?	개인은 가치들을 선택(참여, 전념)하였는가?	
	예	아니오
예	정체성 성취(Identity Achievement) • 확고한 안정된 자아감 • 직업·종교·성 역할에 관한 신념 등에 전념 • 다른 사람들의 관점, 신념 및 가치를 고려하지만, 분리됨으로써 자신의 결단에 도달	정체성 유예(Moratorium) • 현재 정체성 위기 혹은 전환점을 경험하고 있음 • 사회에 분명하게 전념하지 못함 • 분명한 정체감이 없음 • 적극적으로 정체성을 성취하려 함
아니오	정체성 유실(Foreclosure) • 직업과 다양한 이념적 입장들에 전념 • 자기 구성 과정의 증거가 별로 없음 : 진지한 탐색과 의문 없이 다른 사람들(부모 등)의 가치를 채택함 • 자신의 정체성 성취 가능성을 상실	정체성 혼미(Identity Diffusion) • 방향의 결여 • 정치적·종교적·도덕적 또는 심지어 직업적 이슈들에 무관심함 • 이유를 묻지 않고서 일을 함 • 왜 다른 사람들은 그들이 하고 있는 것을 하는지에 무관심함

13. 엘킨드

- 의의
  - ① 청소년기 자기중심성은 자기 자신에 대한 몰두에서 비롯되는 특수 현상임
  - ② 자신과 타인의 관심사를 적절하게 구분하지 못하는 인지적 경향성을 지님
- 개인적 우화
  - ① 자신을 특별하고 중요한 사람으로 믿는 것. 자신의 우정이나 사랑 등을 타인은 결코 경험하지 못함
  - ② 다른 사람이 경험하는 죽음이나 위험 혹은 위기 등은 자신에게 일어나지 않을 것이라는 비합리적관념
  - ③ 불행은 오로지 타인에게만 일어나고 자신에게는 일어나지 않는다고 믿는 것
  - ④ 청소년들은 성관계를 가져도 임신이 되지 않으며, 난폭운전을 해도 교통사고를 당하지 않는다고 믿음

객관식

13

마샤(J. Marcia)가 구분한 정체감 지위(identity status) 중 다음의 ⓒ에 해당하는 정체감 지위의 특징을 가장 잘 설명한 것은? (09, 중등)

| 보기 |

- 마샤의 정체감 지위 이론을 확인하기 위하여 메일만(P. Meilman)이 수행한 횡단 연구 결과이다.
- 각 연령별로 연구대상이 네 가지 정체감 지위(혼미, 유실, 유예, 확립)에서 차지하는 비율을 다음의 그래프로 제시하였다.

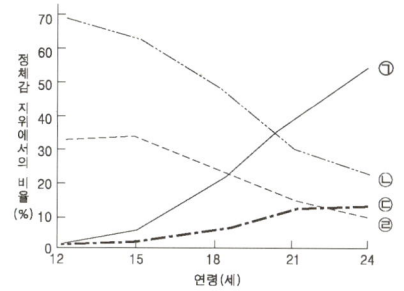

- 이 결과에 대해 메일만은 "청소년 후기가 되어야 대부분의 청소년들이 정체감을 확립한다."라고 주장하였다.
- ㉠은 각 연령별로 정체감을 확립한 청소년들의 비율 변화를 나타내는 그래프이다. ㉡, ㉢, ㉣ 역시 각 연령별로 특정 정체감 지위에서 차지하는 비율의 변화를 나타낸 것이다.

① 정체감을 탐색하는 과정에서 가장 위험한 상태로, 이 상태가 지속되면 부정적 정체감을 지니게 될 가능성이 있다.

② 정체감 위기를 경험하지 않고서도 정체감이 확립된 것처럼 행세하며, 부모가 기대하거나 선택해 준 생애과업을 그대로 수용한다.

③ 정체감 위기를 경험하지 못하였으며, 삶의 목표와 가치를 탐색하려는 시도조차 하지 않고 삶을 계획하려는 욕구도 부족한 상태이다.

④ 정체감 위기를 겪고 난 다음, 자기 삶의 가치 혹은 목표를 확고하게 정한 상태이지만, 나중에 타인의 기대를 충족시켜 주기 위하여 자신의 정체감을 포기하기도 한다.

⑤ 정체감 위기를 겪고 난 다음, 특정 역할이나 과업에 몰두하지 못하는 상태이며, 정체감 확립에 도달하기 위한 과도기적 단계로 적극적으로 정체감을 탐색하려고 한다.

13. ⑤

객관식

14
〈보기〉와 같은 특징을 보이는 콜버그(L. Kohlberg)의 도덕성 발달 단계는? (07, 초등)

| 보기 |
- 자신의 욕구가 옳고 그름을 결정하는 기준이 된다.
- 도덕적 행위는 자신과 타인을 만족시키는 수단이라고 생각한다.
- "네가 내 등을 긁어 주었으니 나도 너의 등을 긁어줄게." 와 같은 입장에서 도덕적 판단을 한다.

① 2단계: 개인적 보상 지향
② 3단계: 착한 소년-착한 소녀 지향
③ 4단계: 법과 질서 지향
④ 5단계: 사회적 계약 지향

14. ①

- 가상 청중
  - ① 자신을 주변사람들의 관심의 대상으로 인식한다. 과장된 자의식으로 인해 자신이 타인의 집중적인 관심과 주의의 대상이 된다고 믿는 것
  - ② 마치 가상의 청중 앞에 서 있는 존재라고 지각하고 행동하는 경향이 있음
- 정체성 형성 방법
  - ① 다양한 진로체험활동을 실시
  - ② 성격검사나 진로검사를 통해 자신을 이해하도록 도움
  - ③ 선배들의 다양한 진로 경험을 청취
  - ④ 다양한 롤모델을 제시

14. 피아제
- 관점 ― ① 개인의 도덕성 발달은 그를 둘러싼 사회적 환경의 개념화에 의해 결정
- 발달 단계
  - ① 1단계 (타율적 도덕성의 단계): 이 단계의 아동은 이유를 찾거나 판단함이 없이 규칙에 의해 무조건 복종하고, 부모나 그 밖의 권위 있는 성인을 전지전능한 사람으로 여기며 그들이 정해 놓은 규칙을 따름
  - ② 2단계 (협동적 도덕성의 단계): 이 단계의 아동은 행동의 이면에 놓여있는 행위자의 의도를 고려하여 행동의 선악을 파악하고, 도덕적 위반사태가 발생했을 때 그 당시의 구체적 상황을 고려하기 시작. 둘째 단계는 인지발달에 있어서 피아제의 형식적 조작단계와 일치

15. 콜버그
- 의의
  - ① 인지적 면을 연구하여 6단계의 도덕성 발달단계를 제시
  - ② 도덕적 갈등상황을 제시하고, 어떻게 답하는가에 따라 3수준 6단계의 도덕성 발달단계를 주장
  - ③ 교사는 토론 수업을 통해 도덕성을 형성해야 함. 특히 한 단계 높은 도덕성으로 인도(+1 전략)

3수준 6단계

수준 1	**인습 이전 도덕성(일반적 수준 이하 도덕성)** • 보상이나 처벌에 의해 옳고 그름을 판단하거나 규칙을 정하는 사람들의 물리적인 권위에 따라 판단한다.
단계 1	**처벌과 복종** • 다른 사람의 욕구나 감정을 고려하지 않고 자신에게 가장 좋은 것에 근거하여 결정한다. • 강자에 의해 설정되는 규칙에만 복종한다.
단계 2	**욕구 충족 수단(도구적 상대주의)** • 자신이나 타인의 욕구를 도구적으로 충족시키는 것이 옳은 행위이다. • 옳고 그름을 주로 자신의 욕구로 인식한다.
수준 2	**인습 도덕성(일반적 수준 도덕성)** • 개인적 기대나 사회적 질서에 동조하는 것뿐 아니라 적극적으로 질서를 유지하고 지지하며, 집단이나 구성원들에게 동일시하고 충성한다.
단계 3	**착한 소년/소녀(대인관계 유지)** • 나눔, 신뢰, 충성, 사랑, 우정을 통해 대인관계를 유지하는데 관심을 갖는다. • 순수함 또는 죄의식을 결정함에 있어서 어떤 사람의 의도를 고려한다.
단계 4	**법과 질서** • 권위나 고정된 규칙, 사회적 질서를 지향한다. • 법과 사회적 질서를 유지하는 것이 올바른 도덕성이라고 생각한다.
수준 3	**인습 이후 도덕성(높은 수준 도덕성)** • 집단의 권위나 권리를 행사하는 사람들과는 무관하게 도덕적 가치와 원리를 규정하려는 노력을 보인다.
단계 5	**사회적 계약** • 개인의 권리를 존중하고 사회 전체가 인정하는 기준을 준수하는 것이 옳은 행동이다. • 규칙은 융통성이 있으며 더이상 사회의 욕구를 충족시키지 못하면 변화될 수 있음을 인정한다.
단계 6	**보편적 윤리** • 구체적인 규칙을 초월하는 인간의 존엄성, 정의, 사랑, 공정성에 근거를 둔 소수의 추상적 보편적 윤리를 신봉한다. (성인 聖人들의 도덕성) • 내적 양심에 일치하며 자신의 윤리적 원리를 위반하는 규칙을 깰 수도 있다.

16. 셀맨 사회역할 수용

개념
① 셀맨(Selman)은 사회적 조망수용능력의 연령에 따른 변화를 설명
② 사회역할 수용은 자신과 타인을 객체로 이해하고 행동하는 능력

단계

단계	역할 수용 단계	나이	기술
0	자아중심적 미분화	3~6	아동은 자기와 타인의 차이는 인식하지만 타인과 자신의 사회적 조망(사고, 감정) 사이를 구별하는 것은 실패한다. 아동은 타인의 외현적인 감정을 명명할 수 있지만, 사회적 행동의 원인에 대한 인과관계를 보지 못한다.
1	사회 정보적 (차별적, 주관적)	6~8	아동은 다른 사람은 그 사람의 논리에 근거하여 사회적 조망을 갖고 있으며 그것은 자기와 비슷할 수도 있고 그렇지 않을 수도 있다는 것을 인식한다. 그러나 아동은 협력적인 관점보다는 한 가지 조망에 집중하는 경향이 있다.
2	상호교호적 (자기 반성적)	8~10	아동은 각 개인은 다른 사람의 조망을 인식하고 이러한 인식은 자기와 타인의 서로에 대한 관점에 영향을 준다는 것을 의식한다. 다른 사람의 장소에 자기를 들여놓는 것은 다른 사람의 의도, 목적, 행동을 판단하는 방법이다. 아동은 조망들의 협력적인 연결을 형성할 수 있지만, 아직 동시적 상호성의 수준에서 이 과정으로 추출할 수는 없다.
3	상호적(제3자)	10~12	청소년은 자기와 타인은 모두 각각 주체로서 상호적이고 동시적으로 서로를 볼 수 있다는 것을 깨닫는다. 청소년은 양자관계를 탈피할 수 있고, 제삼자의 조망으로부터 상호작용을 볼 수 있다.
4	사회적(심층적)	12~15	청소년은 상호적 조망 취하기가 항상 완전한 이해를 이끌지 않는다는 것을 깨닫는다. 사회적 전통은 그 집단의 모든 구성원들(일반화된 타인)의 지위, 역할, 경험에도 불구하고 이해되기 때문에 필요한 것으로 보인다.

II. 인지발달심리학

1. 지능기초 2. 스피아만2요인 3. 손다이크 다요인 4. 서스톤 주요요인 5. 길포드 6. 카텔
7. 스텐버그 삼위일체 8. 가드너 다지능 9. 창의성 10. 브레인스토밍 11. 고든 발견적해결법
12. 기타기법 13. 장의존성 장독립성 14. 콜브 15. 반성적 충동적 16. 버틀러 17. 브루너
18. 인지적 행동수정 19. 메타인지 20. 인지적부조화 21. 감성지능

1. 지능기초

특징
① 지능지수분포는 정상분포를 이룬다고 가정하며, 구간점수로 이해해야 함
② 플린효과(Flynn) : 과거에 비하여 사회의 평균 지능지수가 증가
③ 자이가닉 효과 : 불완전한 정보를 더 잘 기억

지능지수 분류

지능지수	점유율	해석
130 이상	2%	매우우수
120-129	7%	우수
110-119	16%	평균 상
90-109	50%	평균
80-89	16%	평균 하
70-79	7%	경계선
69 이하	2%	지적장애

객관식

15

다음 수업 상황에 나타난 아동의 발달 특징을 설명하는 이론과 그 관점으로 가장 적절한 것은? (09, 초등)

ㅣ보기ㅣ

입학 첫날, 김 교사는 반 아동들에게 교실행동 요령을 가르치고 있었다. "선생님의 질문에 답하려면 먼저 오른손을 드세요. 그리고 선생님이 이름을 부르면 일어나서 대답하세요."라고 말하고, 아동들을 똑바로 마주 보고 시범을 보이면서 "선생님처럼 오른손을 들어 보세요."라고 지시했다. 그러자 아동들은 대부분 왼손을 들었다.

① 콜버그(L. Kohlberg)의 도덕성발달 이론 – 인습적 발달 수준의 아동은 동료 아동들에게 동조하려는 경향이 강하다.
② 케이즈(R. Case)의 신피아제 이론 – 차원조작 단계의 아동은 왼손 사용과 관련된 실행제어구조가 자동화되어 있다.
③ 피아제(J. Piaget)의 인지발달 이론 – 전조작기의 자기중심성에서 완전히 벗어나지 못한 아동은 다른 사람의 관점을 고려하지 못한다.
④ 에릭슨(E. Erikson)의 심리사회적 발달 이론 – '자율성 대 수치심' 단계의 아동은 과제를 완수하는 데 필요한 운동기능과 자발성이 부족하다.
⑤ 프로이드(S. Freud)의 심리성적 발달 이론 – 어렸을 때 심리적으로 상처를 받은 아동은 학령기가 되면 반항심이 강해 어른들의 지시에 저항한다.

15. ③

객관식

16
편차지능지수(偏差知能指數: Deviation I.Q.)를 전제로 한 진술 중 가장 적절한 것은? (02, 중등)

① 나이가 들수록 지능지수는 점점 낮아지게 된다.
② 제작 연도가 오래된 지능검사에서 얻은 지능지수는 덜 신뢰롭다.
③ 지능지수가 각각 100인 10세 어린이와 12세 어린이의 지능은 같다.
④ 검사 전체보다 하위 영역(혹은 척도)별로 지능지수를 해석하는 것이 더 신뢰롭다.

16. ②

지능 이해
① 환경영향 : 지능은 고정된 것이 아니라 환경조건에 따라 변화
② 안정성과 변동성 : 지능지수(IQ)의 변화는 출생 초기의 수년에 걸쳐 가장 크게 일어나고 연령의 증가에 따라 지능지수는 안정되어 감
③ 20세 전후 : 지능은 일생동안 계속 성장하며, 20세 이후에도 환경조건에 따라 지력이 성장하거나 감퇴
④ 영향의 다양성 : 연령 수준에 따라 지능 변화를 일으키는 요소가 다름
⑤ 과잉 해석 : 과잉 해석을 피해야한다.
⑥ 다른 요인과 함께 사용 : IQ를 다른 예측요소와 함께 사용하도록 해야 함

지능 검사

지능검사	특징
비네 시몽	① 지능검사를 처음 제작·발표, 정신연령
터만	① 스텐포드·비네 검사 ② MA/CA×100 사용 ③ 언어추리, 양추리, 추상적·시각적 추리, 단기기억
웩슬러	① WISC(아동용) : 언어검사, 동작검사 ② WAIS(성인용) : 언어검사, 동작검사 ③ 정신분열 : 언어검사 > 동작검사 ④ 청소년 비행 : 언어검사 < 동작검사
카프만	① 순차처리, 동시처리, 인지처리과정, 습득도, 비언어성척도
레이븐	① 레이븐 지능검사(Raven's Progressive Matrices)는 1938년에 영국에서 처음 출간되어 지금까지 계속 개량되어 온 지능검사이다. ② 레이븐 지능검사는 표준 누진행렬(SPM), 색채 누진행렬(CPM), 고급 누진행렬(APM) 등 세 가지 종류가 사용되고 있다. 일반적으로 색채 누진행렬 검사를 많이 사용하고 있다. ③ 언어능력을 요구하지 않고 최소한의 지시로 수행이 가능한 비언어성 검사이다. ④ 문화차이나 부모의 사회경제적 지위에 영향을 받지 않고, 현재의 성취나 재능보다는 지적 발달의 잠재력을 알아볼 수 있는 검사이다.
SOMPA	① 다문화 다원 평가체계(System Of Multicultural Pluralistic Assessment)는 5세에서 11세 정도의 아동을 대상으로 하는 지능검사이다. ② 아동의 인지능력, 운동지각능력, 적응행동의 기능수준을 평가한다. ③ 문화적 배경이 다르면서 영어를 모국어로 사용하는 아동들을 대상으로 한다. ④ 학생 평가부분과 부모 평가부분으로 구성되어 있다.
쿨먼-앤드슨	① 미국에서 제작된 것으로 비네검사(Binet)의 영향을 받아 언어능력을 중시한다. ② 9개의 시리즈로 구성되며, 피험자의 능력에 알맞은 적당한 시리즈를 선택한 검사이다.
AGCT	① AGCT(Army General Classification Test)는 2차 대전 군인들 병과 배치를 위해 사용되었다. ② 어휘, 수리력, 나무토막 세기 등의 섹션으로 구성된다.
Bender-Gestalt	① 시각적 구성능력을 평가하여 뇌 손상에 대한 선별검사를 하는 데 광범위하게 사용한다.

비율지능 지수
① 비율IQ = M.A(정신연령) / C.A(생활연령) × 100 (비율지능지수는 정신연령을 생활연령으로 나눠 계산(절대평가)
② 비율지능지수는 성인을 검사할 때 제약을 받음(생활연령은 해마다 증가하는데 정신연령은 해마다 증가하지 않기 때문에 → 연령이 적으면 과대평가, 연령이 많으면 과소평가)
③ 비율지능지수는 연령이 다른 사람끼리 비율IQ를 비교할 때와 자신과 연령이 동일한 사람과 비교할 때 어느 위치에 서 있는지 알고 싶어하는 경우에는 문제가 발생함

NOTE

- 편차지능 — 지수 — ① 편차지능지수(DIQ) : 편차지능지수는 동일한 연령층에서 상대적 위치로 IQ를 계산하는 것(상대평가)

2. 스피어만 2요인
- 특징
  - ① 일반요인 : 언어, 수, 도형 문제를 해결할 때 내용을 초월하여 공통적으로 작용하는 능력과 귀납적 추론, 연역적 추론, 기억, 암기 등과 같은 지적 활동의 종류를 초월해 공통적으로 영향을 미치는 능력을 의미
  - ② 특수요인 : 언어, 수 문제와 같이 어떤 특정 영역의 문제를 해결하는데 사용되는 능력을 의미
  - ③ 스피어만은 특수요인의 의미를 중시하지 않았고, 일반요인을 중심적이고 우월한 것으로 생각

3. 손다이크 다요인
- 의의 — ① 스피어만의 일반요인은 존재하지 않는다고 보고, 고도로 특수화된 무수한 특수요인으로 구성된다고 주장
- 분류
  - ① 기계적 지능 : 손이나 손가락의 기계적 조작의 기민성을 말함
  - ② 사회적 지능 : 주위의 사람들에게 대처하는 능력
  - ③ 추상적 지능 : 언어 및 추상적 관념에 관한 능력(추상적 지능의 검사기준으로 문장 완성력, 추리력, 어휘력, 적응력의 4가지)

4. 서스톤 주요요인
- 의의
  - ① 서스톤은 7가지 요인의 지능을 구성하고 있다고 보았으며 이것을 기본적 정신 능력이라고 불렀음(현대적 능력심리학)
  - ② 언어이해, 언어유창성, 귀납적 추리, 공간적 시각화, 수, 기억, 지각 속도 등

5. 길포드
- 3원론 — ① 길포드는 수렴적 사고력(적용, 일반적 문제해결력)과 확산적 사고력(종합, 창의력)을 제시

6. 카텔
- 유동적 지능
  - ① 유전적, 신경 생리적 영향에 의해 발달되는 지능으로 뇌와 중추신경계의 성숙에 비례하여 발달
  - ② 유동적 지능의 발달은 청년기까지는 증가하나 생리적 발달이 쇠퇴하는 성인기 이후에는 점차 쇠퇴
  - ③ 속도, 기계적 암기, 지각력, 일반적 추리력 등
- 결정적 지능
  - ① 환경적, 경험적, 문화적 영향에 의해 발달되는 지능(평생학습의 중요성)
  - ② 성인기 이후에도 계속 발달하지만, 환경의 질에 따라 차이가 있음
  - ③ 언어이해, 문제해결력, 상식, 논리적 추리력 등

7. 스텐버그 삼위일체

성공지능		
개념	성공지능이란 분석적, 창의적, 실제적이라는 세 측면을 잘 해내는 능력을 의미하며, 이는 상호 관련	
하위이론	① 요소적 지능-과정 정보를 추상적으로 사고하고 무엇이 필요하게 될지를 결정하는 능력(초 구성요소, 수행구성요소, 지식 습득 구성요소) ② 경험적 지능-새로운 생각을 형성하고 관련되어 있지 않은 사실을 조합하는 능력(신기성(통찰성), 자동성) ③ 맥락적 지능-변화하는 환경에 적응하고 기회를 최적화하는 능력이며 구체적 상황에서 문제해결을 준비하는 개인의 능력(환경에 적응, 환경 변화, 환경 선택)	

객관식

17
다음은 혼(J. L. Horn)이 일반지능과 유동지능(fluid intelligence)및 결정지능(crystallized intelligence)의 발달 양상을 그래프로 나타낸 것이다. (가)~(다)에 해당하는 지능의 유형을 바르게 나열한 것은? (09, 초등)

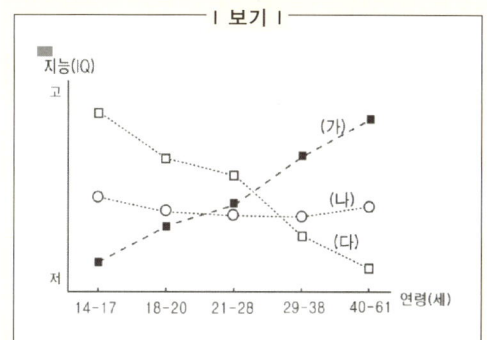

	(가)	(나)	(다)
①	유동지능	일반지능	결정지능
②	유동지능	결정지능	일반지능
③	일반지능	결정지능	유동지능
④	결정지능	유동지능	일반지능
⑤	결정지능	일반지능	유동지능

17. ⑤

NOTE

객관식

요소	① 분석적 지능-문제를 분석하고 아이디어의 질을 판단하는 데 필요한 지능 ② 창조적(합성, 융합) 지능-새로운 것을 창조하며 발명하는 데 필요한 지능 ③ 실천적 지능-일상생활에서 훌륭한 아이디어를 이해, 적용, 사용하는 지능
특징	① 3가지의 요소가 모두 조화롭게 발달되어야 함 ② 개인이 인생에서 성공을 거두는데 3가지 요소 능력이 필요하다면 학교에서는 이러한 능력을 적극 권장하고 가르쳐야 함

18
스턴버그(R. J. Sternberg)의 삼원지능이론에서 상황적 하위이론(contextual subtheory)에 부합하는 이론은? (08, 초등)

① 새로운 지식을 획득하고 이를 논리적 과제 해결에 적용하는 분석적 능력
② 원만한 인간관계, 사회적 유능성, 뛰어난 적응력 등과 같은 실제적 능력
③ 서로 관련되어 있지 않은 사실들을 조합하여 새로운 아이디어를 생성하는 창의적 능력
④ 기존의 지능 개념과 유사한 것으로, 추상적이고 학업적인 문제 해결에 관여하는 메타인지적 능력

- 초구성요소
  무엇을 할 것인지를 결정하고, 그것이 행해지고 있는 동안 점검하고, 행해진 후 평가하는 데 사용된다.
- 수행 구성요소
  일이 행해지게 하는 데 사용된다.
- 지식 습득 구성요소
  일을 어떻게 행하는지를 학습하는 데 사용된다.

결과
- 분석적 능력
  분석, 판단, 평가, 비교 및 대조하는 능력

- 비교적 새로운 문제를 해결하기(신기성, 통찰성)
- 자동성

결과
- 창의적 능력(합성적, 융합적)
  창조, 발견, 발명 상상 및 탐색하는 능력

- 기존 환경에 적응
- 기존 환경을 변화시킴
- 상이한 환경들의 선택

결과
- 실제적 능력
  실습, 적용, 사용 및 이해하게 하는 능력

* 최근 창의적 능력 대신에 합성적 능력을 제시하고, 별도의 창의성 투자이론을 제시했음

19
"학생의 지적 능력은 일반적인 단일능력이기 때문에 지능이 높은 학생은 전 교과에서 높은 성취를 보일 것"이라는 관점을 비판하는 가드너(H. Gardner)의 주장과 가장 가까운 것은? (10, 초등)

① 인간의 지적 능력은 문화권과 무관하게 규정된다.
② 지능은 고정적이고 개인에게 내재된 불변의 특성이다.
③ 인간의 지적 활동은 조작, 내용, 산출의 3차원 상호조합에 의해 발휘된다.
④ 인간의 지적 능력은 상호독립적인 여러 개의 지능으로 구성되므로 특정 영역에서만 뛰어난 성취를 보이는 경우도 있다.
⑤ 인간의 지적 능력은 언어이해력, 언어유창성, 수리력, 기억력, 공간지각력, 지각속도, 추리력 등 일곱 개의 기본정신능력으로 구성된다.

8. 가드너 다중지능

- **종류**
  ① 가드너는 인간의 지적 활동을 서로 독립적 7(9)개의 분야로 나누었음
  ② 논리-수학적 지능, 언어적 지능, 음악적 지능, 시각공간 지능, 신체운동 지능, 개인간 지능, 개인내 지능, 자연탐구 지능, 실존 지능 등

- **의의**
  ① 평등성 : 지능은 서로 독립적이기 때문에 특정 지능의 우수성을 논할 수 없고 서로 평등
  ② 보편성 : 각 지능이 모든 사람에게 어느 정도 다 있고 각 사람들에 따라 독특한 방식으로 상호 작용함
  ③ 후천성 : 지능은 교육정도, 훈련에 의해 어느 정도 높은 수준까지 개발이 가능(환경과 교육 중요성 강조)
  ④ 개인차 : 각 지능 내에서 자신의 재능을 표현하는 방법은 매우 다양하며 각기 다른 형태로 나타남
  ⑤ 지능의 연합 : 지능들은 서로 연합하여 하나의 목표 활동을 이룸
  ⑥ 학생별로 우수한 지능을 발견하여 이 지능을 활용하여 가르칠 경우 수업효과가 높아짐

- **차이점**
  ① 전통지능이론(심리측정이론)은 선천적 요인을 강조하지만 다중지능이론은 후천적 환경을 중요시
  ② 전통지능이론은 지능은 논리적 능력과 언어적 능력으로 구성되어 있다고 보지만, 다중지능이론은 7가지 지능 이외에도 다양한 지능이 존재할 수 있다고 봄
  ③ 전통지능이론은 지능을 단답형 검사로 측정하지만, 다중지능이론은 문제해결력을 측정

18. ② / 19. ④

---

04. #1과 관련 가드너의 다중지능이론 관점에서 A, B 학생의 공통적 강점으로 파악된 지능의 명칭과 개념, 김 교사가 C 학생에게 제공할 수 있는 개별과제와 그 과제가 적절한 이유 각 1가지 (4점) [19, 중등 논술형]

| 지문 |

#1 평소에 A 학생은 언어 능력이 뛰어나고 B 학생은 수리 능력이 우수하다고만 생각했는데, 오늘 모둠활동에서 보니 다른 학생을 이해하고 도와주면서 상호작용을 잘 하는 두 학생의 모습이 비슷했어. 이 학생들의 특성을 잘 살려서 모둠을 이끌도록 하면 앞으로 도움이 될 거야. 그런데 C 학생은 모둠활동에 참여하는 것을 좋아하지 않았지만 자신의 감정과 장단점을 잘 이해하는 편이야. C 학생을 위해서는 자신의 강점을 살릴 수 있는 개별 과제를 먼저 생각해 보자.

∅ 정답키: A와 B 학생의 강점 지능은 개인간 지능, C 학생은 개인내 지능이 높아 개별 프로젝트 과제 제시

9. 창의성

정의
- ① 창의성이란 새로운 아이디어나 참신한 산물을 만들어내는 능력
- ② 길포드는 확산적 사고력, 블룸은 종합의 차원

구성요소
- ① 민감성(지각적 개방성) : 자극에 대해 민감한 반응을 나타내는 능력
- ② 유창성 : 자극에 대하여 제한된 시간 내에 많은 양의 반응을 보이는 정도
- ③ 융통성(유연성, 다양성) : 자극에 대해 다양한 반응의 정도
- ④ 독창성 : 자극에 대해 새롭고 독창적인 반응의 도출을 말함
- ⑤ 정교성(정밀성) : 자극에 대한 정교하고 정밀한 반응을 만드는 능력
- ⑥ 조직성 : 반응들을 새롭게 재조직하는 능력

스텐버그 투자이론
- ① 스텐버그 창의성 투자이론 : 구성요소-지적기술(지능), 지식, 인지양식, 성격, 동기, 환경

타일러 종류
- ① 표현적, 생산적, 발명적, 혁신적, 생성적 창의성

10. 브레인 스토밍

의의
- ① 뇌에 폭풍을 일으킨다는 오즈번(Osborn)에 의하여 개발
- ② 아이디어 회의란 표현으로 학교, 회사 등에서도 널리 이용

기본원리
- ① 자유개방의 원리 : 자신의 생각을 자유롭게 발표하도록 허용
- ② 비판금지의 원리 : 자신이나 타인의 의견을 성급하게 비판하지 않음
- ③ 양산의 원리 : 많은 아이디어의 양을 산출. 많은 양에서 질적으로도 우수한 아이디어가 나올 확률이 큼
- ④ 결합과 개선의 원리 : 자신이나 타인의 두 개 이상의 아이디어를 결합시켜 새로운 아이디어를 만듦

11. 고든 발견적 해결법

의의
- ① 시네틱스(Synectics)란 서로 관련이 없는 요소들 간의 결합으로 발견적 해결법이라고도 함(고든법)
- ② 새로운 아이디어나 해결방안을 얻기 위해 전혀 다른 성질의 대상이나 아이디어를 함께 결합

전략
- ① 전략1 : 친숙한 대상을 낯선 것으로 간주
- ② 전략2 : 친숙하지 않은 낯선 대상을 친숙한 것으로 간주

유추방법
- ① 직접적 유추 : 주위에 있는 사물, 사상을 과제와 연결시켜서 유추하는 방법
- ② 의인적 유추 : 자신이 실제로 다루고 있는 대상이 되었다고 생각하고 유추해 내는 것(개인적 유추)
- ③ 상징적 유추(압축된 갈등) : 두 대상물 간의 관계를 기술하는 과정에서 상징을 활용하는 유추(신데렐라 컴플렉스)
- ④ 환상적 유추 : 현실적 유추를 통해서 문제가 해결될 수 없을 때 활용하는 환상적, 신화적 유추(해리포터 시리즈)

12. 기타기법

6색 모자
- ① 자기 자신의 머리와 마음속에서 이렇게 할까, 저렇게 할까 갈피를 잡을 수 없을 정도로 얽히고 설킨 문제들을 단순 명쾌하게 함
- ② 하얀(백색)모자 : 사실적 정보, 빨간(적색)모자 : 감정, 검은(흑색)모자 : 비판, 노란(황색)모자 : 긍정적 가치, 초록(녹색)모자 : 새로운 아이디어, 파란(청색)모자 : 사고에 관한 사고

객관식

20
다음 중 학생의 창의적 문제해결력을 높일 수 있는 수업 방법은? (99, 초등보수(서울))

① 브레인스토밍 기법을 사용한다.
② 교과서에 제시된 풀이방법을 고수한다.
③ 짧은 시간에 많은 학습내용을 제시한다.
④ 하나의 정확한 답을 요구하는 질문을 한다.
⑤ 수업시간에 교사가 주도하는 비중을 높인다.

21
고든(Gordon)의 시넥틱스(Synectics) 교수법에 대한 설명 중 올바른 것은? (01, 초등)

① 새로운 것을 창조하기 위한 전략의 첫 단계는 탐색활동이다.
② 창의력을 창출하는 과정에서 지적·합리적인 요소가 정의적·비합리적인 요소보다 더 중요하다.
③ 두 가지 사물들 간의 직접적인 단순비교를 스스로 해낼 수 있도록 유도하는 대인유추가 중요하다.
④ 창의성은 학습자가 비유법을 활용하여 고정관념을 깨뜨리고 새로운 대안을 창출하는 과정 속에서 발달된다.

20. ① / 21. ④

객관식

22
장독립적 학습자와 비교할 때 장의존적 학습자의 특성으로 거리가 먼 것은? (06, 중등)

① 실제 상황이 함께 제시되는 학습과제를 잘 해결한다.
② 요소들 간의 관계가 분명한 학습내용을 잘 이해한다.
③ 분석력과 추리력이 요구되는 학습과제를 잘 해결한다.
④ 학습상황을 부분으로 나누기보다는 전체로 지각한다.

22. ③

- 체크리스트
  - ① 오즈번(Osborn)에 의하여 개발
  - ② 타인의 창의적 사고를 유발시키는 질문 형태로 검목표(檢目標)를 만든 것

- 스캠퍼
  - ① S(Substitute 대치시키면), ② C(Combine 조합하면), ③ A(Adapt 맞도록 고치면), ④ M(Modify · magnify · minify 수정 · 확대 · 축소하면), ⑤ P(Put to other use 타 용도는), ⑥ E(Eliminate 제거하면), ⑦ R(Rearrange · reverse 재배치 · 거꾸로 하면)

- 속성열거
  - ① 문제의 대상이나 아이디어의 다양한 속성을 목록으로 작성하여 세분된 각각의 속성에 주의를 돌리는 방법
  - ② 각각의 속성을 분석하면서 그 속성에 대한 집중적인 생각을 통하여 개선 · 수정 · 발전의 탐색을 구함

- 생산적 사고
  - ① 초등학교 고학년 학생들이 불일치를 인지하고 가설을 세우는 방법을 프로그램 학습화한 것

- 강제관련
  - ① 서로 상관이 없는 두 개 이상의 사항을 인위적으로 관련시키는 방법

- 수렴적 사고기법 (창의성에 간접 영향)
  - ① 역 브레인스토밍 기법(Reverse Brainstorming) : 어떤 아이디어가 가질 수 있는 가능한 약점들을 모두 발견해 냄
  - ② 평가 행렬법 : 평가 준거를 사용하여 각 아이디어의 강점과 약점을 보다 자세히 들여다보려고 할 때
  - ③ 쌍비교 분석법(Paired Comparison Analysis, PCA) : 몇 개의 대안들을 우선순위 매길 때 사용
  - ④ ALU(Advantage, Limitation and Unique Qualities) : 장점 · 제한 · 독특한 특성
  - ⑤ PMI(Plus, Minus, Interesting) : 장점, 단점, 흥미로운 점
  - ⑥ PPC(Positive, Possibilities, Concerns) : 긍정점, 가능성, 염려스러운 점

- 오스본 — 파네스
  - ① 사실 발견, 문제 발견, 아이디어 발견, 해결책 발견, 적용 발견

13. 장의존성 장독립성

- 개념
  - ① 장독립적 학습자는 사물을 지각함에 있어서 주변의 장에 영향을 적게 받음. 분석적이고, 구조적이고, 부분적 인지를 잘한다. 비구조적 과제를 선호(신체조정검사나 잠입도형검사 점수가 높음)
  - ② 장의존적 학습자는 사물을 지각함에 있어서 주변의 장에 영향을 많이 받음. 비분석적이고, 직관적이고, 전체적 파악을 잘한다. 구조적 과제를 선호

- 특징

독립형		장의존형
사물, 문제, 개념을 분석적으로 접근	접근방식	사물, 문제, 개념을 총체적으로 접근
내부목표(자신이 세운 목표와 강화)	목표	외부목표(외적 목표와 강화를 요구)
자신이 구조화하는 것을 선호	조직	외부 구조화된 것을 받아들임
① 강의법과 같은 비인격적 교수 상황을 선호 ② 교사가 조직한 학습상황을 선호	수업방식	① 토의법과 같은 인격적 상호작용을 선호 ② 학생 중심 학습활동을 선호
점수나 경쟁을 통해서	동기화	언어적 칭찬이나 외적 보상을 통해서

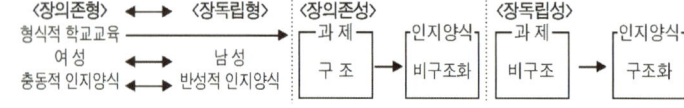

〈장의존형〉 ↔ 〈장독립형〉　〈장의존성〉 과제 구조 → 인지양식 비구조화　〈장독립성〉 과제 비구조 → 인지양식 구조화
형식적 학교교육
여성 ↔ 남성
충동적 인지양식 ↔ 반성적 인지양식

14. 콜브

학습유형

분류		정보처리	
		적극적 실험(행동)	반성적 관찰(시청, 주시)
정보지각	구체적 경험 (느낌, 감정)	**조절자형(적응자, 수용자)(Accomodator)** • 구체적 경험과 적극적 실험 • 행동과 결과에 기반을 두어 생각하고 계획을 세워 수행 • 새로운 경험을 즐기고, 기회를 찾으려 하며 위험을 두려워하지 않음 • 지도력을 효과적으로 발휘 • 이론이나 계획을 버리고 새로운 것을 시도하는 조급하거나 진취적 사람 • 경영이나 판매에 적합 • 교사는 개방적 질문과 발견할 기회를 제공	**발산자형(확산자, 분산자)(Diverger)** • 구체적 경험과 반성적 관찰 • 현상을 직관적으로 보며, 많은 생각들을 일반화 시킴 • 상상력이 뛰어나고, 아이디어를 창출하며, 브레인스토밍을 잘 수행 • 폭넓은 문화에 흥미를 가지며 개방적 • 통합적으로 설명하며, 감정에 기반 • 상담가, 조직개발자, 인사담당 등에 적합하고, 역사학, 심리학, 정치학을 선호 • 교사는 동기촉진자 역할 수행
	추상적 개념화 (사고)	**수렴자형(Converger)** • 추상적 개념화와 적극적 실험 • 문제해결능력과 의사결정 능력이 뛰어나고 감정에 치우지지 않음 • 생각을 실제로 적용하는 능력을 갖춤 • 의사결정이나 문제해결 능력이 뛰어남 • 가설설정이나 연역적 추리에 뛰어나고 이론을 실제에 잘 적용 • 기술적 과제나 문제를 선호하고 대인관계에 관심이 적음 • 기술계열을 선호 • 교사는 코치의 역할 수행	**동화자형(융합자)(Assimilator)** • 추상적 개념화와 반성적 관찰 • 논리적이고 정확하며 이론적 모델을 만듦 • 귀납적 추론이 가능하며, 행동보다는 사고와 이해에 초점 • 광범위한 정보를 이해하고 논리적 형태로 조직 • 실제적 가치보다는 논리적 이론을 선호 • 연구직이나 기획직에 적합하고, 수학이나 기초 과학, 경제학, 사회학을 선호 • 교사는 전문가 역할을 수행

15. 반성적 충동적

개념
- ① 반성적 인지양식 : 문제 상황에서 심사숙고하여 실수를 거의 하지 않는 경향을 가진 인지양식
- ② 충동적 인지양식 : 가설을 성급하게 검토하고 실수도 많이 저지르는 인지양식
- ③ 케이건의 '같은 그림 찾기 검사'를 통해서 판단

16. 버틀러, 브루너

버틀러
- ① 구체적 계열적 학습자, 추상적 계열적 학습자, 구체적 무선적 학습자, 추상적 무선적 학습자

브루너
- ① 백지형(행동주의), 가설생성자(형태주의), 생득설(형태주의), 구성주의(비고츠키), 초심자 전문가(정보처리모형)

17. 좌우뇌이론

좌뇌 — ① 논리반구이고, 언어분석, 언어처리, 세부사항, 직선적 패턴을 다룸
우뇌 — ① 형태반구이고, 이미지, 리듬, 정서, 직감을 다룸

18. 인지적 행동수정

정의
- ① 인지적 행동수정이란 '내현적 사고과정'을 조작해서 '외현적 행동'을 수정하는 것
- ② 인간의 인지작용을 수정시켜서 행동을 변화시키려고 한다는 점에서 강화이론을 바탕으로 한 행동수정기법과 차이가 있음

객관식

23

(라)에 언급된 콜브의 네 가지 유형 중 (ㄱ)에 속하는 학습자의 특성을 가장 잘 설명한 것은? (11, 초등)

| 보기 |

(라) 김 교사는 대학원 강의에서 뱅크스(J. Banks)가 다문화 교육을 위해 제안한 '공평한 교수법'을 공부하였다. 이것을 예전에 공부하였던 콜브(D. Kolb)의 네 가지 학습유형(learning style)과 연결하면 다문화 가정 학생들의 특성에 적합한 교수법을 고안하는데 도움을 줄 수 있을 것 같았다. 김 교사는 대학원에 와서 공부하기를 참 잘했다는 생각과 함께 학생들의 해맑은 얼굴이 떠올라 살며시 미소를 지었다.

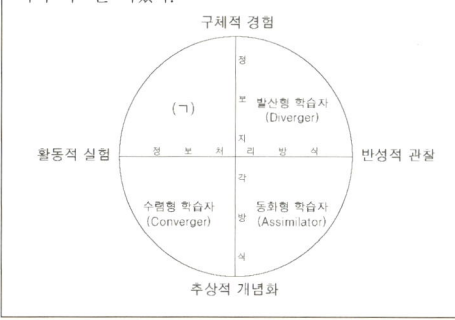

① 논리성과 치밀성이 뛰어나고 귀납적 추리에 익숙하므로 이론화를 잘한다.
② 상상력이 뛰어나고 상황을 여러 관점에서 조망하며 다양한 분야에서 많은 아이디어를 낸다.
③ 계획 실행에 뛰어나고 새로운 경험을 추구하고 새로운 상황에 잘 적응하며 지도력이 탁월하다.
④ 여러 아이디어를 잘 종합하고 다각적으로 이해할 수 있어서 이론적 모형을 만드는 일을 잘한다.
⑤ 아이디어를 실제적으로 잘 응용할 뿐만 아니라 가설 설정과 연역적 추리에 익숙하며 기술적인 과제와 문제를 잘 다룬다.

23. ③

객관식

24
〈보기〉의 상위인지(metacognition)에 관한 설명 중, 바른 것끼리 묶은 것은? (06, 초등)

| 보기 |

가. 상위인지에는 개인차가 나타나지 않는다.
나. 상위인지의 주요한 기술은 계획, 점검, 평가 등이다.
다. 상위인지는 자신의 사고 과정에 대한 인식(지식)이다.
라. 상위인지는 추리, 이해, 문제해결 과정에 영향을 주지만, 학습과는 무관하다.

① 가, 나 ② 가, 라
③ 나, 다 ④ 다, 라

25
ⓒ의 제안과 가장 부합하는 기법은? (12, 초등)

| 보기 |

　다음으로 학생들이 학습내용을 잘 이해할 수 있도록 하기 위한 방법을 다음과 같이 제안했다. ⓒ 첫째, 주요 장의 머리말, 요약 등을 읽어 본 후 교재의 각 부분에 관한 질문을 만들어 보게 하고, 내용에 주의를 집중해서 교재를 읽게 한다. 둘째, 교재를 읽는 동안 교재에 대해 반성적으로 사고하도록 한 후 교재를 보지 않고 읽은 내용을 이야기하게 한다. 셋째, 처음에 만들어 놓은 질문에 답해 보도록 한 후 읽은 것을 토대로 복습하도록 한다.

① 약어법(acronym)
② 피큐포알법(PQ4R)
③ 위치법(method of loci)
④ 쐐기단어법(pegword system)
⑤ 유목화기법(categorical clustering)

24. ③ / 25. ②

단계		
인지적 모델링	교사가 과제를 수행하면서 소리 내어 문제해결 과정을 시연한다. 학생들은 교사의 시연을 통해서 문제를 해결하는 사고과정을 지각할 수 있다.
명백한 외적지도	교사의 지도하에 학생들은 동일한 과제를 수행한다. 교사처럼 소리 내어 수행 과정을 반복한다. 교사는 외적인 지도(External Guidance)와 조력을 제공한다.
명백한 자기지도	학생들은 교사의 지도가 없이 스스로를 안내하면서 과제를 수행한다. 과제의 수행과정에서 소리 내어 사고함으로써 명시적이고 외적인 자기지도(Over and External Guidance)와 자기지도를 실행한다.
약화된 자기지도	학생들은 과제를 수행하면서 소리 내어 사고하지 않고 자기지도를 속삭인다(Whispering). 명시적이고 외적인 자기지도에서 내적 자기지도(Covert Guidance)로 전환이 이루어진다.
은밀한 자기지도	학생들은 혼잣말(Private Speech)을 사용하여 내적인 자기지도를 실시함으로써 행동을 모델링한다. 내부어(Inner Speech)를 통해서 행동이 내면화된다.

19. 메타인지

- **정의**
  ① '초인지'는 자기 자신의 인지과정에 대한 지식이며 자각이나 자기 자신이 수행하고 있는 인지과정을 의도적이고 의식적으로 통제하는 것
  ② 초, 메타, 상위
  ③ 보다 향상된, 보다 높은 수준
  ④ 메타이론(기초이론보다 한 단계 수준↑), 메타인지(사고에 대한 사고), 메타평가(평가에 대한 평가), 메타욕구

- **PQ4R**
  ① 미리보기(Preview)
  ② 질문하기(Question)
  ③ 읽기(Read)
  ④ 생각해보기(Reflect) – 생략하면 PQ3R
  ⑤ 암기하기(Recite)
  ⑥ 검토하기(Review)

20. 인지적 부조화

- **페스팅거**
  ① 2개 이상의 인지가 불일치하거나 서로 갈등을 일으켜 긴장이 발생한 상태
  ② 이런 긴장상태가 존재하면 사람들은 부조화로 야기된 긴장상태를 완화시키도록 동기화됨
  ③ 피아제의 인지적 불평형과 동일한 개념임

21. 감성지능

- **의의**
  ① 감성지수(EQ, Emotional Quotient)는 감성지능(EI)을 지수화한 것
  ② 감성지능(정서지능)이란 자신과 타인의 정서를 조절하고 통제하는 능력(개인내, 개인간 지능)
  ③ 영역 : 자기인식, 자기조절, 자기동기화, 감정이입, 대인관계 기술

- **관계**
  ① 서로 다른 별개의 능력으로 지능이 높다고 해서 감성지능이 높은 것은 아니며 반대되는 능력도 아님
  ② 지능이 낮으나 감성지능이 높은 것은 우려할 문제가 되지 않으나, 지능은 높으나 감성지능이 낮은 경우는 큰 문제를 야기할 우려가 있음

III. 동기발달심리학

1. 동기기초 2. 과정당화 3. 욕구계층 4. 성취동기 5. 앳킨슨 6. 기대・가치 7. 목표 지향성
8. 귀인이론 9. 자기효능감 10. 자기결정이론 11. 자기가치이론 12. 정의적 발달

1. 동기기초

- **개념**
  - ① 동기는 인간의 행동을 유발, 방향 제시 그리고 유지시키는 내적 상태
  - ② 동기는 인간의 행동을 유발하는 내적 조건과 외적 자극을 지칭
- **종류**
  - ① 내재적 동기는 흥미나 호기심 등과 같이 유기체 내부에서 유래된 동기를 말함
  - ② 외재적 동기는 보상이나 칭찬 등과 같이 유기체 외부에서 발생하는 동기를 의미

2. 과정당화

- **데시**
  - ① 과(잉)정당화이론 = 인지평가이론
  - ② 내재적 동기가 유발된 상태에서 외재적 보상을 주면 내재적 동기가 감소
  - ③ 내재적 동기가 외재적 동기로 전환되는 것이 외재적 동기가 내재적 동기로 전환되는 경향보다 높음
  - ④ 무분별한 외적 동기는 내적 동기를 소멸시킴(계획적 외적 동기를 활용-강화계획)
- **통합이론**
  - ① 외적 동기가 내적 동기로 전환함
  - ② 무동기, 외적 조절, 부과된 조절, 확인된 조절, 통합된 조절, 내적 동기 등으로 전환됨

3. 욕구계층

- **매슬로우**
  - ① 생리적 욕구, 안전 욕구, 소속과 사랑의 욕구, 존경의 욕구, 자아실현(인지적, 심미적 욕구 포함)의 욕구 자기초월 욕구 등
  - ② 낮은 단계의 욕구가 어느 정도 충족되면 상위 단계의 욕구가 나타남
  - ③ 생리적 욕구, 안전 욕구, 소속과 사랑의 욕구, 존경의 욕구 등은 부족 부분이 채워지면 사라지는 결핍 욕구이고, 자아실현, 인지적, 심미적 욕구, 자기 초월 욕구는 계속해서 나타나는 성장 욕구(메타욕구)
- **자기초월**
  - ① 인간은 자아실현에서 만족할 수 없고, 이를 뛰어넘는 자기초월 욕구가 존재
  - ② 자기초월 욕구는 타인의 자아실현을 돕는 욕구(영적, 초월 상태)
  - ③ 교사의 자기초월 욕구는 학생들의 자아실현의 욕구를 돕는 것

4. 성취동기

- **개념**
  - ① 성취동기란 도전적인 과제를 성취함으로써 만족을 얻으려고 하는 의욕
  - ② 학교상황에서는 학업성취에 대한 의욕 또는 동기
  - ③ 머레이가 처음 주장하고, 맥글랜드가 발전시킴. TAT를 통해 측정 가능
- **특성** ① 과정중시 ② 모험심 ③ 자신감 ④ 도전정신 ⑤ 책임감 ⑥ 결과에 대한 관심 ⑦ 미래지향성

5. 앳킨슨

- **성공추구동기형**
  - ① 성공추구동기형 : 성취동기 〉 실패회피동기
  - ② 성공추구형은 자신 능력에 적합한 중간 능력의 과제를 선택
  - ③ 과제에 성공하려는 욕구가 강하기 때문
  - ④ 성공하면 동기가 감소하고, 실패하면 동기가 증가

객관식

26
요즈음 철수는 누가 시키지 않아도 수학 공부를 열심히 한다. 왜냐하면 수학 문제를 푸는 것이 재미있을 뿐만 아니라 문제를 맞추었다는 자체에 희열을 느끼기 때문이다. 이때 철수의 학습 동기는? (99, 초등추가)

① 권력 동기 ② 인정 동기
③ 친애 동기 ④ 성취 동기

26. ④

NOTE

객관식

27
학습동기의 성취목표 이론에 근거할 때, 영희가 보여주는 목표지향성의 특성에 부합하는 것을 〈보기〉에서 고른 것은? (12, 중등)

> 영희는 자신의 능력이 다른 사람의 능력과 어떻게 비교되느냐에 주된 관심을 갖고 있고, 학교에서 높은 성적을 받아 자신의 능력이 뛰어나다는 것을 보여주기 위해 공부한다.

| 보기 |

ㄱ. 개인의 지적 능력은 변하지 않는다는 관점을 갖기 쉽다.
ㄴ. 학습과제를 선택할 때 도전적이고 새로운 과제를 선호한다.
ㄷ. 성공은 '내적인 통제 가능한 원인'에서 비롯된다고 지각한다.
ㄹ. '우리 반 광수보다 더 높은 점수 받기'와 같은 목표를 설정한다.

① ㄱ, ㄴ　　② ㄱ, ㄹ
③ ㄴ, ㄷ　　④ ㄴ, ㄹ
⑤ ㄷ, ㄹ

27. ②

- 실패회피동기형
  - ① 실패회피동기형 : 성취동기 < 실패회피동기
  - ② 실패회피형은 아주 높거나 아주 낮은 과제를 선택하는 경향
  - ③ 실패의 핑계를 대거나, 실패를 과제의 난이도에 귀인시키려 하기 때문
  - ④ 성공하면 동기가 증가하고, 실패하면 동기가 감소

- **6. 기대·가치**
  - 기대 — ① 성공할 가능성에 대한 신념. 기대는 과제의 성공적 수행을 위해 필요한 자신 능력에 대한 신념과 판단 (열심히 공부하면 임용시험에 합격할 것이라는 기대)(반복된 실패는 기대를 낮춤)
  - 가치 — ① 성공이 가져다주는 이점, 유인가. 가치는 과제에 참여할 이유와 관련된 학생들의 신념(임용시험에 합격은 다양한 보상을 제공할 것임)(과제가 재미있다, 그 과제 수행을 좋아한다. 등)
  - 기대×가치
    - ① 기대가 전혀 없거나 가치가 전혀 없으면 동기가 발생하지 않음(경쟁률이 높아 합격이 불가능, 무료봉사)
    - ② 약간의 기대나 가치가 있어야 동기가 발생
  - 에클즈워필드(신종호) 모형
  - 기대 요인
    - ① 정서적 기억 : 경험이나 과제에 대한 개인의 정서적 경험을 말함. 과거 부정적 경험은 부정적 기대를 유발
    - ② 목표 : 성취 위해 노력하는 정신적 표현(표상). 단기적으로 교육학 20점 맞기, 장기적으로 교사되기 등
    - ③ 자기도식 : 개인의 신념과 자신의 자아개념을 반영. 자아효능감과 유사한 개념
    - ④ 과제난이도 : 개인이 과제난이도에 대해 느끼는 지각. 과제난이도가 낮다고 지각할 때 기대는 높아짐
  - 가치 요인
    - ① 획득가치(중요성) : 과제를 중요하게 생각하는 정도. 교사라는 직업을 중요하게 생각하면 교사임용시험에 목숨(?)을 건다.
    - ② 내재적 흥미(가치) : 과제를 수행할 때 경험하는 즐거움이나 내용에 대한 흥미가 높을수록 가치가 높아짐
    - ③ 효용가치 : 개인이 과제에 대해 지각하는 미래의 유용성. 유용성이 높은 과제는 높은 가치를 지님
    - ④ 비용(신념) : 기회비용과 동일한 개념으로, 과제 관여에서 지각되는 부정적 측면. 임용시험을 준비하면서 포기되는 다른 가치들을 말함

- **7. 목표지향성**
  - 정의
    - ① 숙달목표(학습목표, 과제지향, 과제중심)는 과제의 숙달이나 과제의 목표 달성에 중점을 두는 동기형
    - ② 수행목표(자아개입, 능력중심)는 자신의 능력에 중점을 두고, 자신과 타인 능력을 비교하는 형태
    - ③ 이원구조(이분법)나 2*2(사분법)보다는 숙달접근, 수행접근, 수행회피의 삼원구조(3분법)를 많이 사용

NOTE

이원구조	삼원구조	2×2구조	특징	문항 예
숙달	숙달	숙달접근	과제 숙달에 초점, 학습에 대한 내재적 흥미와 긍정적 태도, 높은 학습참여도, 학습의 내재적 가치 존중, 자기조절과 정보의 심층처리와 관련된 학습전략 사용, 자기 참조적 기준 도입, 도전적 과제 선호, 실패는 노력 부족으로 귀인	나는 수업에서 가능한 한 많은 것을 배우고 싶다.
		숙달회피	과제숙달의 실패나 학습부진을 기피, 오류를 범하는 것을 기피, 학습전략의 퇴보를 기피	나의 좋은 공부습관을 잃지 않는 것이 나에게 중요하다. (숙달회피는 수행회피와 유사)
수행	수행접근	수행접근	유능하게 평가받는 것에 초점, 능력에 대한 호의적 평가 기대, 자기가치감을 높이는 방향으로 학업에 임함, 학습은 목표달성을 위한 수단, 피상적이고 단기적인 학습전략을 선호, 규준적으로 정의된 성공을 지향, 도전적 과제 기피, 실패는 능력 부족으로 귀인	나의 목표는 다른 학생보다 좋은 성적을 받는 것이다.
	수행회피	수행회피	다른 학생보다 무능한 사람으로 평가되는 것을 기피, 꼴찌가 되지 않는 것, 낙제점수를 받지 않는 것	나의 목표는 다른 학생들과 비교하여 나쁜 성적을 받지 않는 것이다.

객관식 01

- 드웩
  - 특징
    - ① 능력측면 : 숙달목표형은 능력은 변화될 수 있다고 보는 반면 수행목표형은 변화가 어렵다고 봄
    - ② 귀인측면 : 숙달목표형은 성공이나 실패의 요인을 노력으로 귀인시키는 반면 수행목표형은 능력 부족으로 귀인시킴
    - ③ 과제측면 : 숙달목표형은 개인적으로 도전적인 과제를 선택하는 반면 수행목표형은 쉬운 과제를 선택
    - ④ 평가측면 : 숙달목표형은 목표달성도에 초점을 두는 준거지향평가를 사용하지만 수행목표형은 타인과 상대적 비교에 초점을 두는 규준지향평가를 사용
    - ⑤ 실패측면 : 숙달목표형은 실패했을 때 더 노력하거나 전략을 바꾸는 방향으로 나아가고 자기통제가 강함. 수행목표형은 실패했을 때 불안감이 높아지고 수행회피형으로 전환되고 자기통제가 약함
  - 암묵이론
    - ① 자신의 능력이나 지능에 대한 지각에 따라 목표동기의 선택이 달라짐
    - ② 증가이론 : 자신의 능력이나 지능이 변화가 가능하다는 신념일 때 숙달목표를 선택
    - ③ 고정이론 : 고정적이고 안정적으로 지각할 때 수행목표를 선택

8. 귀인이론
- 정의
  - ① 귀인이론은 학습자 선행행동 결과의 원인을 귀속시키는 것에 따라 후행행동 결과에 영향을 미치는 것
  - ② 노력 등과 같이 내적이고 불안정적이며, 통제가능한 것으로 원인을 돌릴 때 후행학습의 효과가 높음

  선행행동결과 → 원인분석 → 후행행동결과

- 분류
  - ① 소재 : 원인이 내부, 외부에 있는가에 따라 내적-외적으로 분류
  - ② 안정성 : 원인의 변화가 적은가, 많은가에 따라 안정성-불안정성으로 분류
  - ③ 통제 : 원인 통제 가능한가, 아닌가에 따라 통제가능-통제불가능으로 분류

28
다음 〈보기〉가 설명하고 있는 이론은? (94, 중등)

| 보기 |

- 개인이 성취결과의 원인을 어디에 두느냐를 알 때 학업성취를 예언할 수 있다.
- 능력이나 노력은 내부요인으로 과제의 곤란도나 행운은 외부요인으로 작용한다.
- 성적이 좋을 경우 부모로부터 칭찬이 다음 학습동기를 유발한다.

① 귀인이론 ② 성취동기이론
③ 행동수정이론 ④ AGIL이론

28. ①

---

05. 평가보고서에서 자기효능감 형성에 영향을 미쳤다고 분석한 요인에 따른 교수전략 2가지 (2점) [23, 중등 논술형]

| 분석 내용 |

수업 내용과 과제의 수준에 실질적인 변화가 없었지만, 학생들의 만족도가 높아졌다. 이는 사회인지이론에서 제시한 자기효능감과 자기조절을 증진하기 위해 노력한 결과로 분석된다. 특히 자기효능감 형성에 영향을 미치는 숙달 경험과 대리 경험을 학생들에게 제공하고, 자기조절을 촉진하기 위해 학생들 스스로 목표 설정 및 계획 단계를 실행하도록 한 것이 효과적이었다. 향후 학생들의 자기효능감 향상을 위해 적절한 교수전략을 지속적으로 모색하고, 자기조절 과정에서 목표 설정 및 계획 단계 이후로 나아가도록 지원할 필요가 있다.

⊘정답키: **숙달경험-학습상담과 피드백, 대리경험-협동학습을 통한 경험학습**

객관식

29
다음 세 교사의 견해를 설명할 수 있는 동기이론들이 옳게 연결된 것은? (10, 초등)

| 보기 |

이 교사: 학생들이 새로운 일을 해야 할 때, 그 일을 잘 해낼 수 있는가 뿐만 아니라 그 일이 본인에게 얼마나 중요한가에 따라서도 동기 수준이 달라지는 것 같아요.
최 교사: 학생들은 자율적이고 싶어해요. 자신의 행동을 스스로 통제하고 조절할 수 있다는 믿음에 의해서 동기가 유발되는 것이지요.
윤 교사: 실수를 해도 새로운 일에 도전하고 그 일을 하면서 느끼는 성취감이 중요하다고 생각하는 학생들이 있는 반면, 어떤 학생들은 점수도 점수지만 항상 친구들과의 비교를 중요하게 생각하더군요.

	이 교사	최 교사	윤 교사
①	귀인 이론	목표지향성 이론	기대-가치 이론
②	귀인 이론	욕구위계 이론	목표지향성 이론
③	기대-가치이론	자기결정성 이론	목표지향성 이론
④	기대-가치이론	욕구위계 이론	자기결정성 이론
⑤	목표지향성이론	자기결정성 이론	기대-가치 이론

29. ③

- 예
  - ① 운 : 외적-불안정-통제불가능
  - ② 능력 : 내적-안정적-통제불가능
  - ③ 노력 : 내적-불안정적-통제가능
  - ④ 과제 곤란도 : 외적-안정-통제불가능
  - ⑤ 학습된 무기력 : 내적-안정적-통제불가능

9. 자기효능감

- 정의
  - ① 특정한 시기에 특정한 유형의 과제를 수행하는 자신의 능력에 대한 신념
- 영향요인
  - ① 실제경험 : 전형적 성공은 자기효능감에 대한 평가를 높임(과거 숙련된 경험)
  - ② 대리경험 : 타인 경험이 영향을 미침
  - ③ 언어적 설득 : 주변사람의 언어적 설득이 영향을 미침
  - ④ 정서적 생리적 상태(각성) : 선천적 경향이 강한 것이며, 적정 상태가 가장 효과적임

10. 자기결정 이론

- 의의
  - ① 학습자가 자기결정력을 가지는 과업에서는 동기가 높고, 타인에 의해 결정될 때는 동기가 낮음
  - ② 자기결정력을 가질 때 과제에 오랫동안 참여하게 되고, 유의미하고 창의적인 사고를 하고, 활동에서 즐거움을 경험하고, 높은 수준의 성취를 이룸
- 영향
  - ① 유능성 : 환경에서 효과적으로 기능을 발휘하려는 능력에 대한 욕구이며, 도전감을 줄 수 있는 과제를 제시하고 능력이 향상되는 긍정적인 피드백 제공
  - ② 자율성 : 자신의 소망에 따라 독립적으로 행위를 결정하려는 욕구이며, 학습에 대한 선택권을 제공
  - ③ 관계성 : 다른 사람과 긴밀한 정서적 유대와 애착을 형성하고 사랑과 존중받으려는 욕구이며, 학습자에 대한 관심과 배려, 존중 그리고 교사와 학생 간의 긴밀한 유대관계 형성, 협동적인 학습풍토 조성. 주로 동기를 유지

11. 자기가치 이론

- 의의
  - ① 자기가치는 자기존중과 유사한 개념이며, 자기가치는 자신을 가치가 있는 존재로 인식하고 지각하는 것
  - ② 자기가치가 높은 사람은 동기가 높고, 자기가치가 낮은 사람은 동기가 낮음
  - ③ 보통 사람들은 자기존중감을 유지하기 위해 다양한 자기보호전략을 사용
  - ④ 전략의 특징은 학생실패의 원인을 능력으로 귀인하지 않고 통제할 수 없는 외적 원인으로 귀인하는 것
- 자기보호 전략
  - ① 노력하지 않기 ② 인상관리 전략 ③ 지연 전략 ④ 성취 불가능한 수행목표 설정 ⑤ 쉬운 과제를 선정 ⑥ 부정행위

12. 정의적 발달

- 자아개념
  - ① 자아개념은 자기 자신을 타인과 같이 객관적으로 파악하는 자신의 능력
  - ② 학생 자신의 영어, 수학, 과학 등 자신의 교과에 대한 자아개념을 학문적 자아개념이라 함
  - ③ 자신의 성격이나 정서, 사회성 등에 대한 자아개념을 비학문적 자아개념이라 함(사회적, 정서적, 신체적 자아개념 등)
  - ④ 학문적 자아개념이나 비학문적 자아개념 모두 학업성취에 긍정적 영향을 줌

- **기대 수준**
  - ① 기대수준 = 포부수준 = LOA
  - ② 학습자가 학습과제 성취도에 대해 기대하는 정도를 기대수준 또는 포부수준이라 함
- **각성 수준**
  - ① 각성상태란 유기체의 일반적인 흥분 상태를 의미
  - ② 최적 각성수준은 중간수준이며 각성수준이 최저일 때는 행동이 일어나지 않고 각성수준이 과도하게 높으면 불안상태가 되어 행동의 능률성이 떨어짐
- **불안 연구**
  - ① 불안도 각성수준과 같은 형태를 보임. 중간 정도의 불안일 때 행동이나 학업성취가 높음

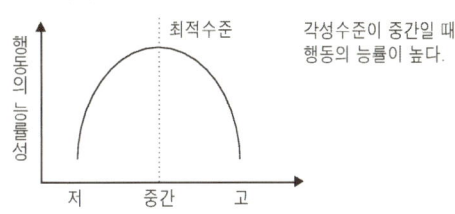
〈각성수준과 행동의 능률성과의 관계〉
각성(유기체의 흥분상태)→ 측정하기 어렵다. ∴불안

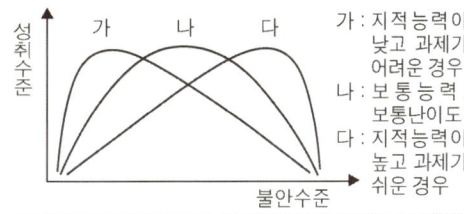
가 : 지적능력이 낮고 과제가 어려운 경우
나 : 보통능력, 보통난이도
다 : 지적능력이 높고 과제가 쉬운 경우

- **사회성 애착**
  - ① 사회성 : 개인이 가지는 다른 사람과의 관계
  - ② 애착이론 : 키워준 사람을 좋아하고 따르는 현상이며, 사회성의 기초가 됨
- **보올비**
  - ① 어머니의 사랑에 대한 찬장이론
  - ② 첫사랑의 대상은 젖가슴이나 우유병과 같은 음식창고, 즉 찬장과 같은 것이라는 견해
  - ③ 수정애착이론 : 새끼가 어른(대개 어머니)과의 직접적인 접촉을 추구하도록 몇 가지 상호 연관된 선천적 경향성을 타고 나기 때문이라는 견해
- **할로우**
  - ① 접촉위안
  - ② 새끼 원숭이는 먹여주는 어미가 아니라 위안을 느끼게 해주는 어미를 좋아하는 것이 분명하다는 견해
- **로렌스**
  - ① 각인이란 출생 후 아주 초기에 일어나는 일종의 학습으로서 어미새에 대한 새끼새의 애착의 근본이 되는 현상
  - ② 애착을 학습으로 파악

13. 심리학파 동기

- **5대 심리학파**
  - ① 행동주의 심리학 : 외적 동기(강화)(스키너, 파브로프)
  - ② 인간주의 심리학 : 내적 동기(자존감)(매슬로우)
  - ③ 인지주의 심리학 : 내적 동기(귀인, 기대)(바이너)
  - ④ 사회인지 심리학 : 내적 외적 동기(반두라)(직접강화, 자기강화, 대리강화)
  - ⑤ 사회문화 심리학 : 내적 동기(구성주의)(웽거)-학습환경이나 집단활동에 참여로 정체성 유기

객관식

30
정의적 특성과 학습의 관계에 대한 설명 중 옳은 것은? (03, 중등)

① 도전적 과제의 성취동기 수준과 연령 간에는 정적 상관이 있다.
② 최상의 학습효과를 위해서는 불안 수준을 최대한 낮춰야 한다.
③ 내재적 동기보다 외재적 동기에 의해 수행되는 학습이 더 지속적이다.
④ 실패의 원인을 능력보다 노력 부족에 돌리는 학생은 다음 시험을 위해 더 노력한다.

30. ④

IV. 특별한 학생

1. 학습장애 학생 2. 지적장애 학생 3. 행동장애 학생 4. 학습부진 학생 5. 영재 학생

1. 학습장애 학생

- **정의**
  - ① 학습장애(Learning Disabilities)는 지적장애, 정서장애, 환경 및 문화적 결핍과는 관계없이 듣기, 말하기, 쓰기, 읽기 및 산수 능력을 습득하거나 활용할 때 한 분야 이상에서 어려움을 보이는 장애
  - ② 발달적 학습장애는 학생이 교과를 학습하기 전에 갖추어야 하는 신체적 기능(주의집중, 기억력, 인지기능, 사고기능, 구어기능 등)의 장애
  - ③ 학업적 학업장애는 학교에서 습득하는 학습기능(읽기, 쓰기, 셈하기, 작문)의 장애
  - ④ 대표적 학습장애는 ADHD
  - ⑤ 학습장애의 대표적 교수학습은 통합교육이나 학습에 대한 전략 훈련이 필요함

2. 지적장애 학생

- **정의**
  - ① 지적장애(Mental Retardation)는 지능 수준이 평균보다 낮으며, 정상적인 발달이 지체된 것을 의미함
  - ② 유전적 원인이 대부분을 차지하나 산모의 영양실조, 약물, 정서불안 등 환경적 요인으로 발생하기도 함
- **교육**

IQ	출현율(%)	교육장소	가능한 교육
70~50	1	정상학급	기본기술, 사회적 적응기술
50~35	0.3	특수학급, 특별실	독립적 생활기술, 작업기술
35이하	0.1	특수학교, 가정	통제된 환경 내에서 자기관리 및 사회적응

3. 행동장애 학생

- **정의**
  - ① 행동장애(Behavior Disorders)는 정서적 혼란(Emotional Disturb)과 같은 의미로 사용함
  - ② 행동장애는 사회적 갈등, 개인적 불만, 학교 성적 부진 등을 지속적으로 나타내는 학생을 의미함
  - ③ 상대가 바라지 않는 부적절하고 충동적이며 공격적 행위나 언어, 우울증이나 좌절을 나타내는 만성적 이상행동임
- **특징**
  - ① 과잉행동, 비협조, 반항, 적개심, 잔인성, 악의성 등을 나타냄
  - ② 학습에 지장이 많고, 학교규칙을 어기며, 행동 결과에 대해 아무런 반응을 보이지 않는 경향
- **교육**
  - ① 통합교육을 실시
  - ② 학생과 교사 사이에 신뢰 관계를 형성하는 것이 바람직함
  - ③ 학생에 대한 이해, 솔직한 의사소통, 일관성 있고 즉각적 칭찬과 보상, 행동의 범주 설정 등을 활용

4. 학습부진 학생

- **정의**
  - ① 자신의 지적 능력에 비해 학업성취 수준이 낮은 학생
- **차이점**
  - ① 학습부진과 학습장애의 공통점은 정상적인 지능 수준이지만 학업성취가 부진하다.
  - ② 학습장애는 개인의 읽기, 쓰기, 말하기, 셈하기 등과 같은 특정 분야나 여러 분야의 장애로 나타난다.
  - ③ 학습부진은 학습 결과가 최저 수준에 미달된다.

- 적응 수업 전략
  - ① 수준별 목표제시, 수업개요 제시, 어휘 개념 해설, 가정학습 과제 제시, 특별 자료 제시
  - ② 학습계획표 작성 조력, 노트 정리 독해력 정보처리 등 다양한 학습기술 제공
- 교정 수업
  - ① 학습을 방해하거나 결함이 되는 것을 제거
  - ② 기초학습 기능형, 교과 개별지도형, 직업프로그램, 학습 전략형, 심리치료형

5. 영재 학생
- 정의 ― ① 자신의 지적 능력에 비해 학업성취 수준이 낮은 학생
- 교육1 ― ① 교육과정 압축, 심화학습 프로그램, 영재집단 구성(영재학교)
- 교육2 ― ① 도전적 문제 제시, 집단활동 수업계획, 실생활 문제 포함, 지식과 이해 도출

V. 행동주의 학습심리학
1. 학습이론 2. 파블로프 고전적 조건화설 3. 도구적 조건화 4. 스키너 작동적 조건화설
5. 상대적 가치이론 6. 행동증가 7. 행동감소 8. 체제적 조건화설 9. 접근적 조건화설

1. 학습이론
- 정의
  - ① 학습(Learning)은 연습이나 경험의 결과로 발생하는 비교적 영속적·후천적 변화
  - ② 생득적 반응 변화, 성숙 변화, 일시적인 변화는 학습이 될 수 없음
  - ③ 발달은 선천적 유전과 후천적 환경이 함께 작용하여 이루어지는 변화이고, 학습은 후천적 환경에 의해 이루어지는 변화만을 강조

$$L = A - (B + C + D)$$

- 학습(L) / 개인에게 일어나는 변화(A) / 생득적 반응변화(B) / 성숙에 의한 변화(C) / 일시적 변화(D)

- 2가지 학습
  - ① 행동주의 심리학 : 학습은 행동변화이며, 정신은 행동의 부산물임. 학습은 자극에 대한 단순하고 기계적 반응의 형성
  - ② 인지주의 심리학 : 학습은 인지구조(정신)의 변화이며, 행동은 정신 변화의 산물이고, 요소들 사이의 전체적 관계

2. 파블로프 고전적 조건화설
- 개념
  - ① 학습은 자극과 거기에 대한 반응행동 사이에 이루어지는 조건형성의 과정임
  - ② 학습은 조건자극에 대한 기계적·단순한 조건반응의 형성
- 실험
  - ① 무조건 자극(UCS, 먹이) → 무조건 반응(UCR, 침)
    중성 자극(NS, 종) → 반응 X
  - ② 중성(조건) 자극(NS,CS, 종)+무조건 자극(UCS, 먹이) → 무조건 반응(UCR, 침)
  - ③ 조건 자극(CS, 종) → 조건 반응(CR, 침)
  * ②는 중성 자극에서 조건 자극, 무조건 반응에서 조건 반응으로 변화하는 과정
- 학습 원리
  - ① 시간의 원리 : 조건 자극은 무조건 자극보다 시간적으로 앞서서 또는 최소한 동시에 제시되어야 학습 효과를 높임
  - ② 강도의 원리 : 무조건 자극이 조건 자극보다 강한 자극을 주어야 바람직한 반응을 일으키는 데 효과적임
  - ③ 일관성의 원리 : 조건 자극에 일관된 자극물을 사용하여야 학습 효과를 높임
  - ④ 계속성의 원리 : 자극과 반응의 결합 관계가 반복되는 횟수가 많을수록 학습 효과를 높임

객관식

31
파블로프(Pavlov)의 고전적 조건반사설에 대한 설명 중 틀린 것은? (96, 중등)
① 조건반사가 이루어지려면 조건자극은 동시에 혹은 그에 조금 앞서서 주어져야 한다.
② 조건자극이 무조건자극 직후에 제시되어야 한다.
③ 조건반사가 이루어진 후 조건자극과 유사한 자극에도 동일한 반응을 보이는 것을 일반화라고 한다.
④ 조건자극과 조건반응이 결합한 후일지라도 무조건자극을 제시하지 않으면 학습에 대한 제지 현상이 일어난다.

31. ②

---

06. 행동주의 상담 관점에서 기법 2가지 논의[3점] [14, 중등 논술형]

∅정답키: 정적 강화 기법, 간헐적 강화기법, 행동조형, 상표제도 등

객관식

32
강화에 관한 설명으로 옳은 것은? (99, 초등보수(대구, 경북))
① 벌도 강화자로서 사용할 수 있다.
② 학습의 초기 단계에서는 자주 강화를 해준다.
③ 변동 간격 강화보다 고정 간격 강화가 효과적이다.
④ 행동이 나타난 후 일정한 시간이 지나서 해 준다.
⑤ 부적 강화는 어떤 자극을 제거하여 특정 행동의 빈도를 낮추는 것이다.

33
박 교사는 학생들에게 "여러분, 지금부터 30분 동안 인터넷에서 유럽의 도시 사진을 찾아보세요. 5개를 찾을 때마다 손을 들면 내가 스티커를 붙여 주겠어요."라고 말했다. 박 교사가 사용한 강화 계획은? (06, 초등)
① 고정간격강화　② 고정비율강화
③ 변동간격강화　④ 변동비율강화

32. ② / 33. ②

- 현상
  - ① 소거 : 조건화가 이루어진 후 강화를 하지 않고 조건 자극만 제시하면 조건 반응이 점차 약화되어 소실
  - ② 자발적 회복 : 소거 후에 휴식시간을 두었다가 조건 자극을 제시하면 어느 정도 조건 반응이 재현
  - ③ 재조건형성 : 자발적 회복이 생긴 이후 계속해서 조건 자극과 무조건 자극을 짝지어 제시하면 조건반응은 원래의 강도를 되찾음
  - ④ 자극 일반화 : 비슷한 다른 조건 자극에 대해서 조건반응이 나타나는 현상
  - ⑤ 식별 또는 변별 : 자극이 다를 때 조건 반응이 나타나지 않는 현상
  - ⑥ 고차조건화 : 한번 조건반사가 성립되고 나면 그때의 조건 자극을 무조건 자극으로 하여 새로운 조건반사를 형성

- 적용
  - ① G스쿨에서 공부하여 합격한 교사가 G스쿨을 지나면서 좋은 감정을 나타내는 것이다. (조건 자극-G스쿨, 무조건 자극-합격, 무조건 반응이나 조건 반응-좋은 감정)

- 왓슨 실험
  - ① 파블로프의 고전적 조건화설을 인간 행동에 적응한 행동주의 심리학자
  - ② 왓슨(Watson)은 인간의 모든 성격·특성·행동은 후천적 환경의 산물이라고 주장
  - ③ 9개월 된 영아의 공포 정서를 학습시키는 실험을 연구(비윤리적 비판 받음)
  - ④ 왓슨은 체계적 둔감법, 역조건 형성 등으로 조건화를 해소하는 탈조건형성을 연구

3. 손다이크 도구적 조건화

- 손다이크
  - ① 학습은 시행착오의 과정에서 형성되는 행동이며, 시행착오는 연습과 훈련임
  - ② 효과(보상과 벌), 연습, 준비성의 법칙을 연습과 벌의 법칙을 폐기하고 소속의 법칙을 만듦

4. 스키너 작동적 조건화설

- 개념
  - ① 작동적 조건화설은 강화를 통한 행동 변화를 학습이라 봄
  - ② 행동이 발생하고 강화가 주어질 때 학습이 형성(R-S형)
  - ③ 파블로프는 자극이 주어지고 반응이라는 학습이 만들어짐(S-R형)
  - ④ 강화는 행동의 강도를 증가시키는 결과를 가져다주는 절차

- 종류
  - ① 정적강화 : 유기체가 원하는 정적 강화물을 사용하여 행동을 증가시키는 절차
  - ② 부적강화 : 유기체가 싫어하는 부적 강화물을 제거하여 행동을 증가시키는 절차

- 정적 강화물
  - ① 정적 강화물이란 유기체가 원하는 것
  - ② 1차적 강화물 : 음식, 물, 선물과 같이 자연적 혹은 선천적 강화물
  - ③ 2차적 강화물 : 1차 강화물들과의 연합에 의존하는 강화물(돈, 상표(Token) 등)

- 부적 강화물
  - ① 유기체가 회피하려고 하는 것
  - ② 안전벨트 경고음, 아이 울음소리, 차의 먼지 등

- 처벌
  - ① 바람직하지 않은 행동을 감소시키거나 억제시키기 위해 사용하는 절차
  - ② 정적 처벌(수여성 처벌) : 불쾌한 자극을 제공하는 것을 의미
  - ③ 부적 처벌(제거성 처벌) : 쾌감을 제거하는 것
  - ④ 행동주의자들은 처벌이 강화가 아님을 강조

NOTE

- 계획
  - ① 강화계획은 계속적(연속적) 강화계획과 간헐적 강화계획으로 구분
  - ② 계속적 강화계획은 매 반응마다 강화를 제공, 간헐적 강화계획은 간헐적으로 제공
- 간헐적
  - ① 고정간격 : 정해진 시간, 기간 후에 강화(규칙적 시간)
  - ② 변동간격 : 다양한 시간, 기간 후 강화(불규칙적 시간)
  - ③ 고정비율 : 일정한 횟수의 반응 후에 강화(규칙적 횟수)
  - ④ 변동비율 : 다양한 횟수의 반응 후에 강화(불규칙적 횟수)
- 시사점
  - ① 학습 초기는 계속적 강화를 사용하고 후기로 갈수록 간헐적 강화를 사용
  - ② 계속적 강화〈고정 간격, 고정 비율〈변동 간격, 변동 비율 순으로 효과적임

5. 상대적 가치이론
- 프리맥 원리
  - ① 출현빈도(선호도)가 높은 행동을 출현빈도(선호도)가 낮은 행동의 강화로 사용
  - ② 숙제하고 나가 놀아라. 청소하고 텔레비전을 보아라.

6. 행동증가 기법
- 종류
  - ① 연쇄(Chaining)는 한 번에 학습하기 힘든 복잡한 반응을 형성하기 위해 단순한 행동들을 순서적으로 연결시키는 기술
  - ② 조형(Shaping)은 목표행동을 작게 세분화된 하위행동으로 구분하고, 낮은 단계의 행동을 할 때 강화를 제공하여 목표행동을 학습시키는 방법
  - ③ 토큰강화 프로그램(상표제도)은 긍정적 반응마다 토큰(Token)을 제공하고, 일정한 개수가 모이면 강화물을 제공
  - ④ 유관계약(행동계약) 프로그램은 사전에 어떤 반응을 보이면 어떤 강화물을 제공하겠다고 약속함
  - ⑤ 용암법(Fading)이란 학습자가 혼자서 행동을 할 수 있도록 도움을 점차 줄여가는 기법

7. 행동감소 기법
- 종류
  - ① 포만(부적연습)은 부적합 행동을 반복시켜 물리게 하는 기법
  - ② 반응대가(Response Cost)는 규칙을 위반했을 때 강화인자(돈, 시간, 특권, 기쁨 등)를 잃게 하는 기법
  - ③ 사회적 고립은 바람직하지 못한 행동을 줄이기 위해 강화로부터의 중간휴식(Time Out)이라 불림

8. 체제적 조건화설
- 훌
  - ① 아무리 강한 자극을 받더라도 유기체의 반응은 자극에 의해서 이루어지는 것이 아니고, 유기체의 요구상태에 의해서 반응이 결정된다고 주장
  - ② 유기체의 욕구를 반응형성의 중요한 요인으로 여김

9. 접근적 조건화설
- 거스리
  - ① 자극과 반응 간에는 어떠한 반응체계가 이루어지는데, 이 결합이 잘 이루어지기 위해서 자극과 반응이 접근된 것이어야 한다는 것

10. 행동주의 심리학
- 행동
  - ① 인간 행동을 통해서 인간을 이해한다.
  - ② 인간의 정신을 무시하고 인간 행동과 하등동물 행동은 차이가 없다. (비인간주의)

객관식

34
영희는 수학시간에 다섯 문제를 잘 풀어 담임선생님으로 부터 칭찬을 받았고, 국어시간에도 세 문제를 잘 풀어 담임선생님으로부터 칭찬을 받았다. 영희의 담임선생님이 사용한 강화계획은? (01, 초등)

① 고정비율강화 ② 변동비율강화
③ 고정간격강화 ④ 변동간격강화

35
다음과 가장 관계 깊은 원리는? (07, 상담)

| 보기 |
이 원리는 할머니 규칙(Grandma's rule)이라고도 불리는 것으로, "내가 시키는 일을 먼저 하거라. 그러면 네가 하고 싶어 하는 일을 하게 해 줄게."라는 말에서 비롯되었다.

① 도식(schema)의 원리
② 프리맥(Premack)의 원리
③ 선행조직자(advanced organizer)의 원리
④ 상보적 교수(reciprocal teaching)의 원리

34. ② / 35. ②

객관식

③ 실험이나 관찰 등 과학적 방법으로 심리학을 연구하였다. (행동과학)
④ 내재적 동기보다는 외재적 동기를 강조한다.
⑤ 기계주의를 강조한다. 성립된 원리, 법칙은 모든 곳에 적용이 가능하다.
⑥ 인과주의를 주장한다. 원인과 결과는 항상 연결되어 있다.
⑦ 실증주의를 철학적 배경으로 가진다. (실증주의는 과학주의와 경험주의 경향을 지님)
⑧ 교육에서 주형관을 강조한다. 교육에서 원하는 인간을 만들 수 있다.

Ⅵ. 인지주의 학습심리학
1. 형태주의(게슈탈트) 2. 정보처리모형 3. 다른 정보처리모형

1. 형태주의(게슈탈트)

기초
① 인지심리학의 원조이며, 게슈탈트(Gestalt)라는 용어는 '형태'나 '도형'을 나타내는 말. 베르타이머(Wertheimer), 쾰러(Koehler) 등이 주장
② 의식은 수동적 수용이 아니라 능동적 활동이며 통합되어 있는 전체이며, 직접 경험과 지각하는 인간과 전체 구조를 강조
③ 전경과 배경 법칙, 폐쇄 법칙, 근접 법칙, 유사성의 법칙, 연속성의 법칙 등

쾰러 – 통찰설
① 침팬지 실험에서 학습은 순간적이고 비약적인 인지구조의 변화
② 약간의 인지 변화 시간을 거치면서 행동으로 나타남. 통찰을 아하(A-Ha) 현상이라 함

레빈 – 장이론
① B=f(P,E)로 표현되며, 행동은 개인과 심리적 환경(장)관계에서 형성
② 심리적 환경, 생활공간 등을 강조

톨만 – 기호형태설
① 학습은 인지도의 형성과정이라고 보며, 인지도의 발달에는 기대가 중요한 역할을 함(인지+행동)
② 기대는 경험을 기초로 예견하고 기다리는 행동의 준비상태이며, 보수기대, 장소기대 학습, 잠재기대 학습 등을 주장

2. 정보처리 모형

의의

① 학습자는 외부에서 형성되는 수많은 정보를 받아들임. 정보를 처리하는 과정은 자극이 감각기억으로 지각되고, 단기기억에 처리되고, 장기기억에 저장

감각기억
① 상당히 많은 양의 정보자극을 약 1~4초 정도 보존하여 지각적 분석이 일어날 수 있는 보관 시스템
(시각 정보는 약 1초, 청각 정보는 약 4초)
② 자극을 잠시 보존하고, 지각적 분석이 일어나는 최초의 시스템
③ 대부분 정보는 소실되고, 주의를 기울이는 일부분만 단기기억으로 넘어감

작동기억
① 작동기억(작용기억, 단기기억)은 약 20~30초 동안의 시간에 한 번에 5~9개 정보비트를 보관
② 새로운 정보가 잠시 보존되어, 장기기억에서 오는 지식과 결합되어지는 장소
③ 병목현상이 일어남. 병목현상을 줄이는 전략으로 청킹(묶음화)이나 반복해서 암기하는 보존시연(유지시연)을 사용

36
다음 중 인지주의 학습 원리를 가장 잘 적용한 교사는? (02, 중등)

① 좋지 못한 학습태도를 보일 때마다 꾸중을 하였다.
② 영어 시간에 학생들에게 문장을 열 번씩 쓰게 하였다.
③ 학생에게 질문을 한 뒤 생각할 시간을 충분히 주었다.
④ 학생이 바람직한 행동을 보일 때마다 칭찬을 해 주었다.

37
다음은 인간의 정보처리에 관한 모형을 제시한 것이다. (가)에 대한 설명이 아닌 것은? (09, 초등)

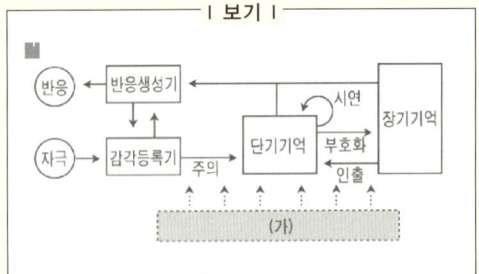

① 정신체계 내에서 정보의 흐름을 통제한다.
② 정신체계의 의식적이고 반성적인 부분이다.
③ 감각등록기로부터 입력된 정보를 의미적 부호로 변환한다.
④ 감각입력정보 중에서 무엇에 주의를 기울일 것인지를 결정한다.
⑤ 효율적 정보처리를 위한 전략을 선택하고 적용하며 모니터한다.

36. ③ / 37. ③

- 장기기억
  - ① 장시간 동안 막대한 양의 정보를 저장
  - ② 장기기억의 부호화(약호화)의 방법은 기존의 정보와 새로운 정보를 연계시키는 정교화 전략, 정보를 논리적이고 체계적으로 정리하는 조직화 전략, 물리적이나 정의적 상황과 함께 정보를 기억하는 맥락화, 정신적 영상을 형성하는 심상화
  - ③ 장기기억을 바로 사용하는 방법은 없고, 작동기억으로 인출해서 사용
  - ④ 장기기억의 저장 단위는 개념적 지식의 개념, 명제적 지식의 명제, 절차적 지식의 산출, 대단위 지식의 덩어리인 도식
- 적용
  - ① 주의 집중을 위해 시각적 보조 자료나 핵심내용을 제시
  - ② 초기억을 발달시킬 수 있도록 청킹이나 기억전략을 사용
  - ③ 시연할 수 있도록 충분한 시간을 제공
  - ④ 정교화, 조직화 등 부호화하도록 도움
  - ⑤ 새로운 정보를 자주 연습하도록 수업을 계획

3. 다른 정보처리 모형

- 이론
  - ① 처리수준이론(카테일파티) : 관심이 있고 집중할 수 있는 정보를 더 많이 기억
  - ② 이중부호이론 : 시각적이고 음성적으로 제시되는 정보가 한 가지 방법으로 제시되는 정보보다 더 잘 기억
  - ③ 병렬분산처리모형 : 정보가 기억시스템(감각, 단기, 장기기억)의 세 부분에서 동시에 처리
  - ④ 연결주의모형(신경망 모형) : 지식은 조각 형태로 저장되지 않고, 두뇌 속에서 결합들의 망상형태로 저장
  - ⑤ 부호화 특수성 : 정보를 저장할 때 사용된 부호화 방법이 가장 효과적 인출 (상태의존학습과 동일)
  - ⑥ 상태의존학습 : 특정 정서 상태에서 학습한 내용은 같은 정서 상태에서 더 잘 회상되는 현상
  - ⑦ 자동성 : 정보나 기능에 특별한 주의나 노력을 기울이지 않고도 무의식적으로 능숙하게 처리하는 상태
  - ⑧ 집행통제과정이론(상위 인지, 초인지) : 상위인지는 정보의 집행통제과정을 관장하며, 상위인지가 발달된 사람일수록 정보처리가 발달
  - ⑨ 초두 효과와 최신 효과 : 처음 받아들이는 정보를 잘 기억하는 초두 효과와 나중에 제시된 정보를 잘 기억하는 최신 효과를 지님
  - ⑩ 명시적 기억과 암묵적 기억 : 명시적 기억은 주로 명제적 지식을 기억하고, 암묵적 기억은 방법적 지식을 기억
  - ⑪ 발췌(Abstraction) : 문장이나 학습 내용의 핵심을 추출해 내는 기법
  - ⑫ 도식 : 정보를 이해하고 장기기억에 저장하기 위해 그 정보를 구조화할 때 사용하는 기본 틀이나 부호를 의미
  - ⑬ 모니터링 : 자신의 학습을 추적하는 과정. 자신이 이해하고 있는지, 효과적으로 수행하는지, 다음 단계를 계획하고, 적절한 시간과 노력을 결정하는지 등을 점검하는 활동
  - ⑭ 설단현상(Tip of the Tongue) : 장기기억에 존재하는 정보를 정확하게 재생할 수 없는 현상
  - ⑮ 자이가닉 효과 : 불완전한 것을 잘 기억하는 현상

4. 망각곡선

에빙하우스 — 무의미 철자 연구
- ① 무의미 철자를 사용한 이유는 기억하는 조건을 동일하게 하기 위해서임
- ② 학습 직후 파지량은 급속도로 떨어지며 시간이 갈수록 완만하게 떨어짐
- ③ 대체로 기억 직후 하루 만에 잊어버리는 비율이 가장 높음
- ④ 무의미 철자의 나열보다는 유의미한 문장이 기억에 도움

객관식

38
학습자의 기억을 돕기 위한 전략으로 옳은 것은? (98, 중등)

| 보기 |

㉠ 한 가지 학습방법이나 교수매체를 계속 활용한다.
㉡ 같은 정보를 다양한 상황이나 예를 통해 여러 번 제시한다.
㉢ 서로 관련된 정보는 시간적, 공간적으로 가깝게 제시한다.
㉣ 복잡한 개념이나 문제일수록 즉각적인 반응 (Feedback)정보를 준다.
㉤ 학습자에게 의미있는 정보가 더 오래 기억되므로, 학습자의 기존 경험이나 흥미에 부합되는 정보를 제시한다.

① ㉠, ㉡, ㉢ ② ㉠, ㉡, ㉣
③ ㉡, ㉢, ㉤ ④ ㉢, ㉣, ㉤

39
음식 만들기 수업에 교사가 적용한 교수 기법 중 정보 처리이론과 관련이 깊은 것을 <보기>에서 모두 고른 것은? (10, 중등)

| 보기 |

ㄱ. 자료를 제시하고 요리법을 설명하면서 중요한 부분에 밑줄을 그어 주의를 유도하였다.
ㄴ. 음식을 만드는 데 필요한 재료 목록을 제시하고 유사한 항목끼리 묶어 기억하도록 하였다.
ㄷ. 음식을 만드는 주요 과정을 랩 가사로 만든 후 학생이 익숙한 노래 가락에 맞추어 부르게 하였다.
ㄹ. 음식 만들기를 성공적으로 수행한 학생에게는 자신이 평소하고 싶었던 게임을 하도록 허용하였다.

① ㄱ, ㄴ ② ㄴ, ㄹ
③ ㄷ, ㄹ ④ ㄱ, ㄴ, ㄷ
⑤ ㄱ, ㄷ, ㄹ

38. ③ / 39. ④

객관식

40
〈보기〉에 해당하는 반듀라(A. Bandura)의 관찰학습 과정의 단계는? (06, 중등)

| 보기 |
- 인지적 내적 시연(rehearsal)이 이루어진다.
- 관찰된 모델의 행동이 시각적이거나 언어적인 형태로 부호화된다.
- 관찰된 모델의 행동에 따라 자신이 행동하는 것을 마음 속으로 상상해 본다.

① 파지　　　　② 일반화
③ 주의 집중　　④ 동기유발

41
다음 사례와 관계 깊은 것은?

| 보기 |
TV 광고에서 어떤 유명한 영화 배우가 멋진 자동차를 타고 가면서 A 회사의 음료수를 마신 후, "나는 정말 행복해"라고 말하였다. 이 모습을 본 중학생 수현이는 자신도 광고 속의 영화 배우처럼 해 보고 싶어졌다.

① 부적 강화　　② 대리 강화
③ 간격 강화　　④ 고전적 조건화

42
〈보기〉에 나타난 최 교사의 견해와 가장 일치하는 것은? (06, 중등)

| 보기 |
진　영 : 학교에서는 실생활에 도움도 되지 않는 수학을 왜 그렇게 많이 가르치지요?
최 교사 : 수학공부가 당장 쓸모는 없어 보여도 논리력을 길러주어 그 능력을 장래 여러 가지 일에 발휘할 수 있게 해주기 때문이지. 마치 운동을 열심히 하면 근력이 길러져서 힘든 일을 더 잘할 수 있는 것과 같은 이치지.

① 형태이조(transposition)설
② 수평전이(laternal transfer)설
③ 형식도야(formal discipline)설
④ 동일요소(identical elements)설

40. ① / 41. ② / 42. ③

Ⅶ. 사회인지 학습심리학
1. 반두라 관찰학습(사회학습, 대리학습, 모델학습, 사회인지학습)

1. 반두라

- **개념**
  - ① 반두라는 타인의 행동을 관찰하고 이를 모방함으로써 새로운 행동을 학습할 수 있다고 주장
  - ② 아동은 자신의 행동에 대해서 직접적인 강화를 받지 않더라도 다른 아동이 보상이나 벌을 받는 것을 관찰함으로써 간접적으로 강화를 받기 때문에 학습이 이루어지는 것이라고 설명

- **강화**
  - ① 직접강화 : 1차적이고 2차적 강화물을 포함
  - ② 대리강화 : 다른 사람에게 주어지는 강화를 인식하는 경우
  - ③ 자기강화 : 자기 스스로 주는 강화

- **사회인지**
  - ① 개인(Person), 행동(Behavior), 환경(Environment) 3요인 간의 호혜적 상호작용을 설명
  - ② 인지를 포함하는 개인 요인, 개인의 행동, 환경적 사건들은 상호작용을 통해 서로에게 영향을 미침

- **효과적 모델 선정**
  - ① 능력 : 유능한 모델은 정확한 기술을 보여주기 때문에 학생들이 잘못 학습할 가능성을 감소
  - ② 유사성 : 모델 유사성은 관찰자의 자기효능감을 증진시키고 동기를 부여
  - ③ 신뢰성 : 신뢰할 수 있는 모델의 행동을 더 많이 집중하고 실천하려는 경향
  - ④ 열정 : 열정적 모델에 더 많은 주의를 기울이고 관찰자 행동에 영향을 주고 학습을 강화시킴

- **단계**

단계	특징
1. 주의집중단계	• 모델에 주의 집중함으로써 모델을 모방 • 주의집중을 보다 많이 받게 되는 때는 모델의 성, 연령이 관찰자와 비슷하거나 존경받을 때, 지위가 높을 때, 유능하거나 매력적일 때 등
2. 파지단계	• 모델의 행동을 상징적인 형태로 기억 • 모델의 행동을 심상적 방법과 어문적 방법의 두 가지 상징적 기호로 저장
3. 운동재생단계	• 행동을 정확하게 재생하는데 필요한 운동기술을 갖춤 • 운동기술을 정확히 갖춘 후에 행동을 재생해야 함
4. 강화(동기)단계	• 보상을 얻게 될 때 타인을 모방하려 함 • 직접강화, 대리강화, 자기강화

Ⅷ. 전이와 연습이론
1. 전이이론 2. 연습

1. 전이이론

- **의의**
  - ① 전이는 학습한 내용을 새로운 장면에 적용하거나 사용하는 것
  - ② 선행학습이 그 후에 새로운 학습에 미치는 영향 또는 효과를 전이라고 함
  - ③ 전이에서 가장 중요한 것은 학교 교육이 사회생활에 전이 발생 여부에 있음
  - ④ 전이의 발생은 정적 전이, 방해나 간섭이 발생하면 부적 전이, 전이나 간섭이 발생하지 않으면 영 전이임(순행간섭, 역행간섭)

- **모더니즘**
  - ① 교과에 담긴 정신(형식도야설)이나 진리(일반화설)가 전이 발생
  - ② 교과를 배우는 것이 삶에 유용하다고 주장(객관주의)

- **포스트 모더니즘**
  - ① 모더니즘의 전이를 허구임, 교과는 실생활의 전이를 발생시키지 못함
  - ② 실생활의 전이를 위해 실생활에서 직접 학습 활동이 필요함(구성주의)

---

07. 반두라의 사회인지학습이론에 제시된 개념 1가지 [1점] [16, 중등 논술형]

개선 영역	개선 사항
진로 지도	·진로를 결정하지 못한 학생의 경우 성급한 진로 선택을 유보하게 할 것 ·학생에게 다양한 진로를 접할 수 있는 충분한 탐색 기회를 제공할 것 ·선배들의 진로 체험담을 들려줌으로써 간접 경험 기회를 제공할 것 ·롤모델의 성공 혹은 실패 사례를 제공할 것

∅정답키: <u>대리강화</u>

- 형식 도야설
  - ① 로크 등 많은 학자들에 의해 주장된 것. 인간은 주요한 정신능력을 지닌 존재라는 능력심리학이 배경
  - ② 기억력, 추리력, 주의력, 상상력 등 여러 가지 능력(부소능력)은 근육의 단련과 같이 집중적 훈련을 통하여 연마 가능(훈련 전이)
  - ③ 전통적인 교과론자들에 의해 주장되었고, 교과를 공부하는 방법(형식)이 인간 정신의 부소능력(부분능력)을 향상시켜 일상생활에 도움을 준다는 것
- 일반화
  - ① 일반적인 원리나 개념이 전이를 형성시킴
  - ② 브루너 지식의 구조는 일반적인 원리와 법칙이므로 다른 지식을 배우는데 전이를 형성시킨다고 주장
- 동일 요소
  - ① 선행학습과 후행학습 간의 동일한 요소가 있을 때 전이가 발생
  - ② 전통적 교과를 배우고 실용적 교육을 받는 것보다 실용적 교육을 직접 받는 것이 유용
  - ③ 형식도야설을 비판하기 위해 나타났으며, 자유교육은 인간의 정신능력을 길러주지 못함
- 형태 이조
  - ① 형태주의 심리학자들이 주장한 것으로 학습의 요소보다는 학습의 전체적인 상황이 전이를 형성시킴
  - ② 원리의 공통성에 의하여 전이가 일어나는 것이 아니라 이해하는 형태나 관계성을 전이의 핵심으로 봄
- 요인
  - ① 학습의 정도 : 선행학습이 후행학습의 전이에 크게 영향
  - ② 학습자의 지적 능력 : 지능이 높을수록 적극적 전이가 일어남
  - ③ 학습 자료의 유사 : 학습 자료가 유사할 때 전이가 일어남
  - ④ 학습 방법의 유사 : 학습 방법이 학습 자료 못지않게 중요
  - ⑤ 반응의 유사 : 어떤 자극에 대한 반응이 같거나 유사할 때 전이가 일어남
  - ⑥ 학습 간의 시간적 간격 : 선행학습과 후행학습의 시간 간격이 짧을수록 크게 전이
  - ⑦ 원리 : 원리나 법칙과 용법을 강조했을 때 전이가 커짐

2. 연습

- 의의
  - ① 연습곡선 : 가속도 곡선, 부적 가속도 곡선, 정적 가속도 곡선, S자 곡선
  - ② 연습곡선과 망각곡선 : 연습시간이 많으면 망각이 적어짐
- 고원 현상
  - ① 연습시간이 증가하는데도 연습의 효과가 나타나지 않는 현상
  - ② 흥미 상실, 곤란도 증가, 나쁜 습관, 주의 이동, 적합한 학습방법 선택 실패로 나타남
- 연습 방법
  - ① 전습법 : 학습자료 전체를 묶어서 처음부터 끝까지 그것을 연습한 후 다시 반복하는 것
  - ② 분습법 : 학습자료를 몇 개의 부분으로 나누어서 조금씩 연습하고 최종적으로 함께 묶어서 전체를 학습하는 방법
  - ③ 집중학습 : 연습과정에서 도중에 휴식 없이 연속적으로 반복·연습하는 것
  - ④ 분산학습 : 연습 도중에 휴식을 넣어서 연습해 나가는 것

객관식

43
다음 중 학습의 전이를 높이는 데 가장 유리한 방법은? (01, 중등)

① 지식을 구획화하여 제공한다.
② 지식을 추상적 개념 수준으로 제공한다.
③ 지식을 다양한 사례에 적용해 보도록 한다.
④ 지식의 조직을 위하여 단일한 스키마를 제공한다.

44
다음 그림은 타자 연습 시간과 정확하게 친 타자 수의 관계를 나타낸 것이다. A의 현상을 나타내는 말은? (99, 초등보수(강원, 전남))

| 보기 |

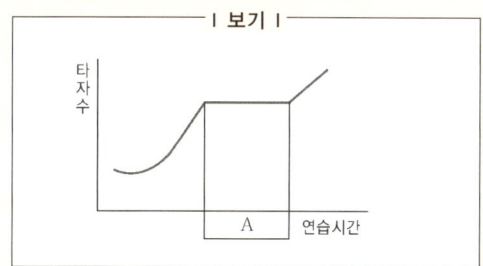

① 고원현상　　② 동화 현상
③ 설단현상　　④ 동기 감소 현상
⑤ 인지 불균형 현상

45
다음 그림은 에빙하우스(Ebbinghaus)의 망각곡선을 나타낸 것이다. 이 그림에 의하면 학생들이 배운 내용을 언제 복습하는 것이 파지율을 가장 높일 수 있는가? (99, 초등보수(서울))

| 보기 |

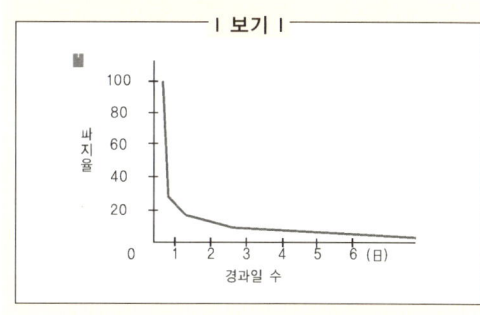

① 학습한 직후　　② 학습한지 1일 후
③ 학습한지 2일 후　④ 학습한지 1주일 후
⑤ 시험보기 전날

43. ③ / 44. ① / 45. ①

핵심 팍 키워드 문제

1. 발달의 일반원리는? 2개 이상

2. 브론펜브레너의 다음 개념과 사례는? 각 1개
   1) 중간체계 :
   2) 외체계 :

3. 다음 피아제의 개념 정의는?
   1) 동화 :
   2) 조절 :

4. 피아제 각 단계의 특징은? 2개
   1) 구체적 조작기 :
   2) 형식적 조작기 :

5. 다음 비고츠키의 개념 정의는?
   1) 근접발달대 :
   2) 스캐폴딩 :

6. 상보적 교수의 4가지 전략은?

7. 프로이드 발달단계와 상담기법은?
   1) 발달단계 :
   2) 상담기법 :

8. 에릭슨 발달단계

단계	유희기	아동기	청년기
성공 성격			
실패 성격			
사회적 관계			
기본 덕목			

9. 다음에 해당되는 마샤의 정체성 유형은?
   1) 적극적으로 정체성을 성취하려 함 :
   2) 자신의 정체성 성취 가능성 상실 :

10. 콜버그 각 수준의 2가지 도덕성은?
    1) 인습이전 :
    2) 인습단계 :

11. 카텔의 각 지능의 능력은? 4개
    1) 유동적 지능 :
    2) 결정적 지능 :

12. 스텐버그 삼원지능 종류는? 3개

13. 가드너 다면지능이론의 종류와 특징은?
    1) 종류 :
    2) 특징(1개 이상) :

14. 창의성 구성요소는? 3개 이상

15. 브레인스토밍의 원리는? 4개

16. 시네틱스의 전략1과 직접유추는?
    1) 전략1 :
    2) 직접 유추 :

17. 다음 인지양식이 선호하는 학습과제는?
    1) 장의존형 :
    2) 장독립형 :

18. 데시의 과잉정당화란?

19. 외적 동기에서 내적 동기로 전환된다는 데시의 이론은?

20. 매슬로우 메타욕구는?

21. 앗킨슨 동기이론에서 성공했을 때 동기의 변화는?
    1) 성공추구동기형 :
    2) 실패회피동기형 :

38 마스터 팍 교육학

22. 기대가치이론

    1) 기대 :

    2) 가치 :

23. 목표지향동기형의 정의는?

    1) 숙달목표동기형 :

    2) 수행목표동기형 :

24. 다음 귀인의 분석은? (내부와 외부, 안정과 불안정, 통제가능과 불가능)

    1) 노력 :

    2) 능력 :

    3) 운 :

25. 자아효능감 정의와 영향요인은?

    1) 정의 :

    2) 영향요인(4개) :

26. 자기결정이론에 영향을 미치는 본능은? 3개

27. 행동주의와 인지주의에서 보는 학습의 정의는?

    1) 행동주의 :

    2) 인지주의 :

28. 다음 특별한 학생의 정의는?

    1) 지적장애, 정서장애, 환경 및 문화적 결핍과는 관계없이 듣기, 말하기, 쓰기, 읽기 및 산수 능력을 습득하거나 활용할 때 한 분야 이상에서 어려움을 보이는 장애 :

    2) 지능 수준이 평균보다 낮으며, 정상적인 발달이 지체된 것을 의미 :

    3) 행동장애는 사회적 갈등, 개인적 불만, 학교 성적 부진 등을 지속적으로 나타내는 학생을 의미 :

    4) 행동장애는 사회적 갈등, 개인적 불만, 학교 성적 부진 등을 지속적으로 나타내는 학생을 의미 :

29. 파브로프 고전적 조건화설을 이용하여 '학년 초에 교사에게 야단을 맞은 학생이 학교를 싫어하는 경우'를 분석하시오?

    중성자극(   ) + 무조건자극(   ) → 무조건반응(   )
    조건자극(   )   → 조건반응(   )

30. 스키너 강화의 정의는?

    1) 정적 강화 :

    2) 부적 강화 :

31. 간헐적 강화계획에서 가장 효과가 높은 강화계획은? 2개

32. 빈칸을 채우시오

	지속시간	정보양	부호화
감각기억			
작동기억			
장기기억			

33. 다음 부호화의 정의는?

    1) 정교화 :

    2) 조직화 :

34. 다음 정보처리이론은?

    1) 처리수준이론 :

    2) 이중처리이론 :

35. 반두라 사회인지학습이론의 절차와 강화는?

    1) 절차 :

    2) 강화 :

36. 다음 간섭은?

    1) 순행간섭 :

    2) 역행간섭 :

37. 다음 전이이론은?

    1) 형식도야설 :

    2) 일반화설 :

핵심 팍 키워드 정답

1. 분화통합성, 개별성, 예언곤란성, 상관성, 연속성, 주기성, 순서성, 결정적 시기

2. 1) 미시체계 간의 상호작용 관계(부모님과 친구)
   2) 미시체계에 영향을 미치는 외적 환경(부모의 직장)

3. 1) 기존의 인지구조를 사용하여 새로운 환경을 인식
   2) 새로운 인지를 만들어 새로운 환경을 인식

4. 1) 탈중심화, 보존성, 가역성
   2) 가설적 사고, 추상적 사고, 조합적 사고

5. 1) 독립적으로 문제해결하는 실제적 발달수준과 교사의 도움으로 문제해결하는 잠재적 발달수준의 간격

6. 요약하기, 질문하기, 명료화하기, 예측하기

7. 1) 구순기, 항문기, 남근기, 잠복기, 생식기 2) 자유연상법

8.
단계	유희기	아동기	청년기
성공 성격	주도성	근면성	정체성
실패 성격	죄악감	열등감	정체성혼미
사회적 관계	가족	이웃·학교	교우집단
기본 덕목	목적의식	유능감	충성심

9. 1) 정체성 유예 2) 정체성 유실

10. 1) 처벌과 복종, 욕구충족 수단
    2) 대인관계 유지, 법과 질서

11. 1) 속도, 기계적 암기, 지각력, 일반적 추리력
    2) 언어이해, 문제해결, 논리적 추리력, 상식

12. 구성요소, 경험적, 맥락적 지능 (분석적 지능, 창의적 지능, 실천적 지능)

13. 1) 논리수학, 언어, 음악, 시각공간, 신체운동, 개인간, 개인내, 자연관찰, 실존 지능
    2) 지능 평등성, 교육과 학습의 중요성, 우수한 지능을 활용

14. 민감성, 유창성, 융통성, 독창성, 정교성

15. 자유개방, 비판금지, 양산, 결합과 개선

16. 1) 친숙한 것을 낯선 것으로 간주함 2) 사물과 과제를 연결함

17. 1) 구조화된 자료 2) 비구조화된 자료

18. 외재적 보상이 내재적 동기를 감소시킴

19. 유기체 통합이론

20. 자아실현, 인지적, 심미적, 자기초월 욕구

21. 1) 동기 감소 2) 동기 증가

22. 1) 성공 가능성에 대한 신념 2) 성공이 가져다주는 이점

23. 1) 과제 숙달에 중점을 두는 동기형 2) 자신의 능력과 타인의 능력을 비교하는 동기형

24. 1) 내부, 불안정, 통제가능 2) 내부, 안정, 통제불가능 3) 외부, 불안정, 통제불가능

25. 1) 특정한 과제를 특정한 시기에 수행할 수 있는 자신 능력에 신념
    2) 과거 실제 경험, 대리 경험, 언어적 설득, 정서적 생리적 상태

26. 유능성, 자율성, 관계성

27. 1) 학습은 행동의 변화이다. 2) 학습은 인지(구조)의 변화이다.

28. 1) 학습장애 학생 2) 지적장애 학생 3) 행동장애 학생 4) 학습부진학생

29. 중성자극(학교) + 무조건자극(야단) → 무조건반응(싫다)
    조건자극(학교)   → 조건반응(싫다)

30. 1) 정적 강화물을 제공하여 행동을 증가시키는 절차
    2) 부적 강화물을 제거하여 행동을 증가시키는 절차

31. 변동비율강화, 변동간격강화

32.
	지속시간	정보 양	부호화
감각기억	1~4초	상당히 많음	없음
작동기억	20~30초	7±2	청킹, 유지시연
장기기억	무기한	무제한	정교화, 조직화, 맥락화, 심상화

33. 1) 새로운 정보를 기존 정보와 연결하여 처리 2) 새로운 정보를 논리적이고 체계적으로 정리

34. 1) 관심 있고 집중할 수 있는 정보를 잘 처리함 2) 시각적이고 언어적(음성적)으로 제시되는 정보를 잘 처리

35. 1) 주의집중, 파지, 운동재생, 강화(동기화) 2) 직접강화, 대리강화, 자기강화

36. 1) 선행학습이 후행학습을 방해함 2) 후행학습이 선행학습을 방해함

37. 1) 교과가 정신의 부소능력을 향상시켜 전이를 발생시킴 2) 일반적 원리나 법칙이 전이를 발생시킴

김환기
피란열차
1951, 37×53cm, 캔버스에 유채
개인소장

습관은 마지막 1초를 참는 일이다.

행동을 습관으로 만들기까지는 평균 60일 걸린다.
지루하고 힘든 과정을 참는 힘은 마지막 1주일, 1일, 1시간, 1초이다.
조금만, 조금만 더 견디면 된다. 작심삼일로 끝나면, 다시 작심삼일을 결심하자.
매일매일 작심삼일을 하다 보면, 습관화가 된다. 모두들 그렇게 습관화시켰다.

Master Peedagogy

02

생활교육(지도)

✓ 핵심 팍 키워드   44
✓ 핵심 팍 구조도
   Ⅰ. 생활교육 기초   45
   Ⅱ. 상남심리학   48
   Ⅲ. 진로상담   55
✓ 핵심 팍 키워드 문제   60

Master Pedagogy

생활교육(지도)

핵심 팍 키워드

생활교육

Ⅰ. 생활교육 기초
1. 정의
2. 원리
3. 활동(영역)
4. 회복적 생활교육
5. 상담

Ⅱ. 상담이론
1. 분류
2. 정신분석
3. 아들러 개인심리
4. 융 분석심리
5. 상호교류분석상담
6. 합리적 정의이론(REBT)
7. 벡 인지치료(CT)
8. 행동주의 상담이론
9. 글래서 현실치료
10. 지시적 상담이론
11. 로저스 인간주의 상담이론
12. 실존주의
13. 펄스 형태주의 상담이론
14. 개인구념
15. 해결중심치료

Ⅲ. 진로상담
1. 진로교육
2. 특성이론
3. MBTI
4. 로우 욕구이론
5. 홀랜드 인성이론(RIASEC)
6. 크럼볼츠 사회학습이론
7. 진저버그 발달이론
8. 수퍼 발달이론
9. 티트만 오하라 발달이론
10. 자기효능감이론
11. 청소년 비행
12. 방어기제

NOTE

학습자의 다양한 문제를 해결하는 기법을 제공하며, 그 중 상담을 가장 중요시한다.
상담은 의사소통을 기본 전제로 하며, 의사소통 중요성은 점점 더 강조된다.

시험공부는 스터디 학습을 요구한다. 온라인, 주말, 1:1 스터디 등을 만들자!
스터디 공부는 함께 걸어가는 것과 같이 동행자의 부축을 필요로 하는 것이 아니라 자신의 발로 걷는다.
(동료의 도움을 구하지 말고 같이 공부하는 환경을 만드는 것임)

핵심 팍 구조도

I. 생활교육 기초
1. 정의 2. 원리 3. 활동(영역) 4. 회복적 생활교육 5. 상담

1. 정의
- **정의**
  - ① 가이던스(Guidance)란 본래 이끈다는 의미로 생활교육, 생활지도, 지도 등의 말로써 사용
  - ② 학생들이 일상생활에서 당면하는 문제, 즉 가정적·교육적·직업적·신체적·정서적·인성적 문제를 자력으로 해결할 수 있도록 지도하기 위한 조직적인 봉사활동
  - ③ 생활지도의 중핵활동은 상담활동이고, 상담의 중핵은 래포의 형성
  - ④ 래포(Rapport) : 상담자와 내담자의 친근한 분위기를 말하며, 동정, 확신, 승인, 유머, 자료 제시, 사례 제시, 수용, 일치, 공감을 통해 만들어짐

2. 원리
- **기본**
  - ① 개인의 존엄과 수용의 원리 : 인간의 존엄성을 인정하고, 한 인간으로서 존중받아야 함
  - ② 자율성 존중의 원리 : 본인 스스로 문제의 핵심을 파악하고 가능한 방안을 탐색하여 최종적인 결정을 하도록 자율적인 능력과 태도를 강조하는 것
  - ③ 적응의 원리 : 현실에 적응하는 소극적인 면보다 능동적이고 적극적인 태도를 강조
  - ④ 인간관계의 원리 : 교사와 학생, 교사와 교사, 학생과 학생 등의 인간관계가 중시
  - ⑤ 자아실현의 원리 : 생활지도의 궁극적인 목적은 모든 개인의 자아실현을 완성하는 것
- **실천**
  - ① 균등성의 원리 : 문제나 부적응아들의 문제만을 지도·해결하는 것이 아니라 전체 학생들을 대상
  - ② 적극성의 원리 : 소극적인 치료도 중요하지만, 적극적인 예방지도에 주력해야 함(사전성의 원리)
  - ③ 전인성의 원리 : 개인의 특수한 생활영역이나 기능 등의 일부만을 다루는 것이 아니라 개인의 전인적인 면을 다루는 것
  - ④ 과학성의 원리 : 개인의 올바른 이해를 위해 구체적이고 객관적 자료를 수집함과 동시에 과학적 근거에서 접근함
  - ⑤ 협동성의 원리 : 담임교사나 상담교사뿐만 아니라 학교의 전체교사, 가정, 지역사회와의 협동과정
  - ⑥ 계속성의 원리 : 생활지도는 한 번으로 끝나는 것이 아니라 진급, 진학, 졸업 후에도 계속적으로 실시

3. 활동(영역)
- **절차**
  - ① 조사활동 : 학생에 대한 자료를 수집하여, 학생들 이해하는 활동
  - ② 정보활동 : 학생들에게 필요한 정보를 수집하고 제공하는 활동
  - ③ 상담활동 : 중핵적 활동으로 상담자와 피상담자 사이에서 행해지는 문제해결 과정이며, 목표는 학생으로 하여금 학생과 자신의 문제를 이해하고, 해결할 수 있는 능력을 배양하며 최대한 자율적 성장을 할 수 있도록 도움
  - ④ 정치(定置)활동 : 학생의 능력과 적성에 맞는 적재적소의 배치활동
  - ⑤ 추수활동 : 상담활동을 통하여 지도를 받은 학생이 적응하는지를 점검하는 것이며, 계속성의 원리와 일치

객관식

01
〈보기〉 중 생활지도의 기본 원리에 속하는 것을 바르게 묶은 것은? (07, 영양)

| 보기 |

ㄱ. 학급 담임교사에 의해서만 수행된다.
ㄴ. 예방보다 교정이나 치료에 역점을 둔다.
ㄷ. 처벌이나 억압보다 이해와 지도를 중시한다.
ㄹ. 문제 학생을 포함하여 모든 학생을 대상으로 한다.

① ㄱ, ㄴ ② ㄱ, ㄹ
③ ㄴ, ㄷ ④ ㄷ, ㄹ

02
생활지도의 활동 영역 중 추수활동(追隨活動)의 의미를 가장 바르게 설명한 것은? (07, 영양)

① 학생들의 희망과 적성을 고려하여 적합한 동아리에 배치하는 활동
② 학생들의 환경 적응과 문제해결을 돕기 위해 각종 정보를 수집·제공하는 활동
③ 학생들을 개별적으로 이해하는 데 필요한 기초 자료를 조사·수집하는 활동
④ 생활지도를 받은 학생이 어느 정도 적응·개선되었는지를 알아보고 계속 지도하는 활동

01. ④ / 02. ④

객관식

03
다음의 내용에 가장 적절한 생활지도의 접근법은?
(01, 초등보수)

| 보기 |
- 모든 아동들의 전인적 성장에 초점을 둔다.
- 아동의 적응에 필요한 기술과 경험들을 장기적이고, 체계적인 교육활동으로 구성한다.
- 아동들이 학교와 일상생활에 잘 적응하기 위하여 어떤 기술과 경험들을 필요로 하는지 미리 파악한다.

① 발달적 접근 ② 위기적 접근
③ 치료적 접근 ④ 예방적 접근

04
다음과 같은 상담과 심리치료의 차이점을 대비시킨 표에서 잘못된 것은? (94, 초등)

구분 항목	상담	심리치료
① 목적	예방	교정
② 대상	정상적인 문제	비정상적인 문제
③ 방법	정서적인 방법	인지적인 방법
④ 관점	내담자의 문제는 질병이 아니다.	내담자의 문제는 일종의 질병이다.

03. ① / 04. ③

4. 회복적 생활교육

- 정의
  - ① 처벌 중심의 응보적 생활교육에서 벗어나 치유, 자비, 화해의 방식으로 문제를 해결하는 실천 접근방식
  - ② 회복적 가치와 회복적 문화라는 뿌리 아래, 회복적 기술들을 문제 상황에 적용하며, 구체적 회복적 대화 기술로 진행하는 포괄적 접근(holistic approach)
- 공동체 세우기
  - ① 공동체를 세우고 회복적 문화 토양을 만들어 가는 예방적 차원의 과정
  - ② 자기 공감, 적극적 경청, 비폭력 대화, 감정코칭, 비폭력대화, 공동체 놀이, 서클 회의, 학급 행사 등 정기적이고 지속적 활동
- 공동체 지키기
  - ① 일상에서 소소하게 발생하는 학급 구성원 간의 갈등이나 학급의 문제를 다룸
  - ② 회복적 질문, 회복적 성찰문, 긴급 개입이나 문제 해결 서클, 또래 중재
- 공동체 회복하기
  - ① 피해자와 가해자가 명확하고, 구체적 피해 회복이 요구되는 문제해결 단계
  - ② 문제해결능력을 갖춘 조정자나 중재자의 개입이 필요
  - ③ 회복적 서클, 회복적 조정 모델, 피해자-가해자 대화모임, 가족회의, 조정위원회 등

5. 상담

- 개념
  - ① 상담자와 피상담자(내담자)가 면대면 관계에서 피상담자의 문제해결을 돕는 조력의 과정
- 종류

형태	시간	상담문제	상담활동
위기상담 (crisis)	즉시	• 자살기도 • 약물불안 • 실연	• 개인적 지지 / 직접적인 개입 • 더 필요한 지지의 집중 • 개인상담이나 적합한 의료원이나 기관에 의뢰
촉진상담 (facilitative)	단기간에서 장기간에 이르기까지 다양	• 직업정치 • 학업문제 • 결혼에의 적응	• 개인상담 • 내용과 감정의 반영 / 정보제공 • 해석 / 직면 / 행동지시 등을 포함
예방상담 (preventive)	문제별로 일정한 기간	• 성교육 • 자아와 진로의식 • 약물인식	• 정보제공 • 적합한 프로그램에 의뢰 • 프로그램 내용과 과정에 관한 개인상담
발달상담 (developmental)	일생동안 계속	• 초등학교에서 긍정적 자아 개념 발달 • 중년에서의 진로 변경 • 죽음의 수용	• 가치관의 명료화 • 의사결정 검토 • 중요인물과 환경적 정치에 관련된 개인적 발달에 관한 개인상담

- 비밀 유지 예외
  - ① 내담자들이 다른 사람들이나 그들 자신을 위험에 빠뜨릴 때
  - ② 16세 이하의 내담자가 근친상간이나 강간, 아동학대, 기타 다른 범죄의 희생자라고 카운셀러가 생각할 때
  - ③ 내담자가 입원할 필요가 있다고 카운셀러가 판단할 때
  - ④ 법률상의 쟁점이 될 정보가 있을 때
  - ⑤ 내담자가 그들의 기록을 자신들이나 제3자에게 공개해 달라고 요구할 때

주관식

01. 상담목표 설정에서 고려 사항 3가지와 목표 설정의 기대 효과 2가지를 논하시오. (5점) [23, 초등 논술형]

| 보기 |
서 교사 : 상담을 할 때 영우와 진서의 강점을 찾아 활용하실 필요가 있을 것 같아요. 영우와 진서에게 자신의 강점을 알게 해 주고 상담을 진행하면 대인관계 문제를 해결하는 데 도움이 될 거예요.
박 교사 : 저는 상담 목표를 설정하실 것을 제안합니다. 상담 목표를 설정할 때는 고려해야 할 사항이 많지만 상담 목표를 적절하게 설정하면 상담 과정이나 성과에 도움이 돼요.

∅정답키: <u>고려 사항-명백한 목표, 측정 가능한 목표, 합리적 성취시간 목표</u>
<u>기대 효과-효율적 상담 과정 유도, 높은 상담 성과 도달</u>

- 심리치료 — 상담 —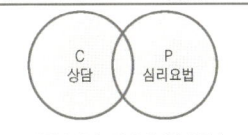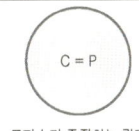

  상담과 심리요법의 합리적인 관계 / 로저스가 주장하는 관계

구분	상담	심리치료
대상	정상인	정신장애자
자료	의식적인 현재의 자료	역사적·상징적·무의식적 자료
장면	학교	병원
중점	개인의 장점 발견과 이의 활용	진단과 치료
기간	심리치료의 기간보다 짧음	장기적인 접촉

- 생활지도 — 상담 — [상담·심리치료·생활지도 비교]
  심리치료

  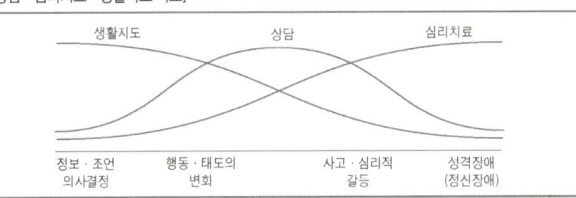

  ① 생활지도 : 생활지도는 정보제공, 조언과 의사결정을 조력하는 과정
  ② 상담 : 상담은 행동·태도의 변화 그리고 사고와 심리적 갈등을 조절하는 과정
  ③ 심리치료 : 심리치료는 정신장애, 성격장애를 해결하는 과정

- 주요 기술
  ① 경청 : 내담자의 말을 잘 경청하기 위해서는 경청하려는 마음, 경청하는 표정과 자세, 언어적 반응의 경청이 필요
  ② 존중 : 내담자를 한 인간으로 보고 무조건적이고 긍정적으로 수용하고 관심을 기울임(무조건 긍정적 존중, 수용)
  ③ 진실성 : 내담자의 말, 태도, 행동에서 느끼는 것, 경험한 것을 개방적이고 정직하게 표현(순수성, 일치, 진솔)(상담자가 내외가 일치된 상태에서 진술되게 표현하는 것)
  ④ 공감(공감적 이해) : 내담자의 감정을 자신의 것처럼 이해하고 참신하게 전달(감정의 반영)
  ⑤ 반영 : 내담자의 말에서 표현된 주요 감정을 상담자가 다른 참신한 말로 다시 표현
  ⑥ 구체성 : 내담자의 이야기 내용에 피상적으로 반응하는 것이 아니라 핵심에 대해 구체적으로 반응
  ⑦ 자기개방 : 상담자가 자신의 개인적 정보를 내담자와 함께 나눔
  ⑧ 즉시성 : 상담자가 상담에 관한 감정을 여기-지금 형태로 반응
  ⑨ 직면 : 내담자의 행동과 언어, 행동과 행동, 언어와 언어의 불일치를 지적
  ⑩ 수용 : 내담자가 계속해서 이야기를 이어나갈 수 있도록 수용적 태도를 전달
  ⑪ 구조화 : 상담과정의 본질, 제한조건 및 방향에 대하여 정의를 내림
  ⑫ 내용의 재진술 : 내담자가 한 말을 단순히 반복하거나 바꾸어 말하는 것
  ⑬ 바꾸어 말하기(환언) : 혼란된 내용을 명료화, 요약해 주며 전달하고자 하는 요점을 분명히 전달
  ⑭ 요약 : 대화의 내용과 감정들의 일반적인 줄거리를 잡아내는 것
  ⑮ 명료화 : 내담자의 말 속에 내포되어 있는 것을 명확하게 표현

객관식

05
〈보기〉의 상담사례에서 교사가 사용한 상담기법을 바르게 나열한 것은? (08, 초등)

| 보기 |

아동: 어제 오빠랑 싸웠다고 엄마에게 혼났어요. 전 억울해요.
교사: ㉠ 엄마에게 혼나서 억울하다는 거구나.
아동: 예, 정말 오빠가 먼저 잘못했단 말이에요. 그런데도 엄마는 저를 인정하지 않으시고 항상 저만 혼내세요.
교사 : ㉡ 엄마가 너를 좀 인정해 주셨으면 하는 마음이 있구나. 그런데 그렇지 않았으니 정말 섭섭했겠다.
아동: (울면서) 정말이에요. 엄마는 계속 저를 인정해주지 않았어요.
교사: 그래, 울어도 괜찮아. 그 동안 많이 울고 싶었겠다.

	㉠	㉡
①	명료화	즉시적 반응
②	명료화	공감적 이해
③	재진술	즉시적 반응
④	재진술	공감적 이해

06
상담기법에 대한 설명으로 옳지 않은 것은? (07, 7급)

① 명료화는 상담자가 상담시간, 약속, 상담자와 내담자의 행동역할 등 상담 체계와 방향에 대해 알려주는 것이다.
② 수용은 '음', '네', '이해가 갑니다' 등의 긍정적인 언어와 비언어적 표현으로 이루어진다.
③ 반영은 내담자의 말이나 행동의 밑바탕에 흐르고 있는 감정을 정확히 파악하여 내담자에게 전달해 주는 것이다.
④ 해석은 내담자로 하여금 자기 문제를 새로운 각도에서 이해하도록 행동이나 말의 의미를 설명해 주는 것이다.

05. ④ / 06. ①

02. 상담 초기에 필요한 관계 형성 방법 3가지와 언어적 표현 예시 (6점) [19, 초등 논술형]

∅ 정답키: 존중, 수용, 진실

객관식

07
〈보기〉에서 정의적 영역을 중심으로 한 상담이론을 바르게 고른 것은? (94, 중등)

| 보기 |
㉠ 합리적 정의이론   ㉡ 상호제지이론
㉢ 인간중심이론   ㉣ 정신분석이론

① ㉠, ㉡   ② ㉠, ㉣
③ ㉡, ㉢   ④ ㉢, ㉣

08
자유연상법을 주로 이용하는 상담은? (92, 중등)

① 지시적 상담   ② 합리적 상담
③ 정신분석적 상담   ④ 행동수정적 상담

07. ④ / 08. ③

---

⑯ 해석 : 내담자가 보이는 행동들 간의 관계 및 의미에 대한 가설을 제시

① 공감적 이해나 감정반영은 비슷
② 내용반영, 재진술, 환언은 유사한 기술
③ 요약과 명료화는 재진술의 하위기법으로 활용
④ 구체성과 명료화는 구분하기 어려움

II. 상담심리학

1. 분류 2. 정신분석 3. 아들러개인심리 4. 융 분석심리 5. 상호교류분석 6. 합리적정의(REBT) 7. 벡 인지치료(CT) 8. 행동주의 9. 글래서 현실치료 10. 지시적 11. 로저스인간주의 12. 실존주의 13. 펄스 형태주의 14. 개인구념 15. 해결중심치료

1. 분류

분류1
① 내담자의 정의적 영역 : 정신분석이론, 실존주의 상담이론, 인간주의 상담이론(친구, 이성 문제, 부모, 자신의 성격 등)
② 내담자의 인지적 영역 : 특성이론, 개인구념이론, 합리적 정서이론, 개인심리 상담이론, 상호교류분석 상담이론 등(진로, 취업, 진학, 학업성취 등)
③ 내담자의 행동적 영역 : 상호제지이론, 행동수정이론, 현실 치료적 상담이론(도벽, 지각, 결석 등)

분류2
① 정신분석이론 계열 : 프로이드 정신분석론, 융 분석심리학, 아들러 개인심리학, 번 상호교류이론
② 인지 행동 계열 : 엘리스 합리적 정의이론, 벡 인지치료, 행동주의, 글래서 현실치료이론, 지시적 상담이론
③ 인간주의 계열 : 로저스 인간주의이론, 실존주의 상담이론, 펄스 형태주의 상담이론
④ 기타 계열 : 개인구념이론, 생애기술 상담이론, 신경언어학적 프로그래밍, 해결중심치료, 이야기 치료이론

2. 정신분석 이론

의의

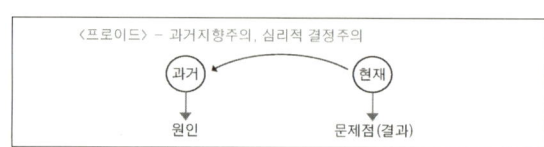
〈프로이드〉 - 과거지향주의, 심리적 결정주의

① 인간의 부적응 행동의 원인은 무의식의 세계에 억압되어 있는 과거 감정 때문이므로 이 억압된 감정을 파헤쳐 부적응 행동을 치료할 수 있음

치료수단
① 자유연상 : 무의식 세계에 억압되어 있는 내용을 의식화하는 것으로, 내담자 마음에 떠오르는 대로 이야기하게 하는 것
② 감정 전이 : 내담자가 과거 부모나 타인에게 지녔던 감정을 상담자에게 옮기는 것. 자신의 충동, 증오, 애정, 의뢰심 등을 무의식적으로 표시하는 것
③ 저항의 분석 : 자유연상에 방해가 되는 것들을 저항이라고 하며, 이것을 분석함으로써 무의식을 파악
④ 해석 : 상담자가 저항을 해석해주고, 연상을 통해 자신의 문제에 대한 이해를 도와줌으로써 자유연상을 촉진
⑤ 꿈의 분석 : 꿈을 통해 나타난 무의식 세계를 분석하여 환자의 의식 세계를 이해하는 것을 말함
⑥ 최면술 : 기억을 살리기 위해 최면술을 걸어 그때의 경험에 도달하게 하는 것(최면술은 여러 가지 문제점이 있어 자유연상법을 사용)

3. 아들러 개인심리

- 특징

  (0~6세에 형성)
  └생활양식 찾아서 문제해결(열등감과 보상)
  ① 인간의 생활양식을 파악하고 재정립하여 올바른 행동으로 변화시키는 것
  ② 생활양식은 네 살부터 다섯 살에 형성되는 것으로 지배형, 회피형, 기생형, 사회 유용형이 있음
  ③ 생활양식은 열등감과 보상이 근본 개념으로 직업, 사회, 사랑 등 세 가지 과업에 대해 어떻게 반응하느냐 따라 결정
  ④ 열등감은 기관 열등감, 양육 태만, 과잉보호로 생기고, 인간은 이를 보상받으려는 욕구가 있음

- 개념 ─ ① 열등감과 보상 ② 우월성 추구 ③ 생활양식 ④ 생활과제 ⑤ 출생순위와 형제관계 ⑥ 가상적 목표론

- 목표
  ① 사회적 관심을 증진
  ② 패배감을 극복하고 열등감을 감소시키도록 도움
  ③ 내담자의 견해나 목표를 수정(생활양식 변화)
  ④ 잘못된 동기를 변화

4. 융 분석심리

- 특징
  ① 정신구조(의식, 개인 무의식, 집단 무의식 : 역사·문화를 통해 공유한 정신 자료의 저장)
  ② 원형 : 집단 무의식을 구성하고 있는 정신적 원형(페르소나, 아니마, 아니무스)
  ③ 상담목표 : 무의식적으로 작동하는 정신원리를 개성화, 의식화
  ④ 상담과정 : 고백 – 명료화 – 교육 – 변형

5. 상호교류분석 상담

- 개념 ─ ① 타인과의 상호작용을 분석하여 내적 심리구조(생활각본)를 분석하고, 생활각본을 재정립

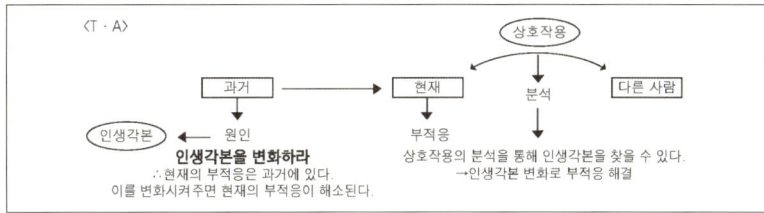

- 기법

구분	내용
상담 계약	• 상담자와 내담자는 각자의 어른 자아에 의한 교류를 통해 두 사람 모두 수용할 수 있는 상담목표를 설정 • 상담자는 전문가로서의 기술과 시간을 내담자에게 제공하고, 내담자는 자신의 시간과 노력의 투입을 서약
구조 분석	• 자아상태에 대한 이해와 과거의 경험 때문에 어른 자아가 기능하지 못하는 원인을 찾아, 해결하기 위해 필요한 과정 • 내담자에게 구조분석, 자아상태(어버이 자아, 어른 자아, 어린이 자아)와 각 자아상태의 기능을 이해시킴)
교류 분석	• 내담자가 다른 사람과 어떤 유형의 교류를 하고 있는지를 알아보는 것 • 교류의 의의 및 유형을 내담자에게 이해시킴

객관식

09
상담에서 〈보기〉의 내용을 강조한 인물은? (07, 초등)

| 보기 |
• 열등감   • 생활양식
• 사회적 관심   • 허구적 최종 목적론

① 버언(E. Berne)
② 아들러(A. Adler)
③ 로저스(C. Rogers)
④ 프로이드(S. Freud)

09. ②

객관식

10
다음과 관련 있는 상담 접근 방법은? (07, 영양)

| 보기 |
합리적 생각은 합리적 결과를 초래하지만 비합리적 생각은 비합리적 결과를 초래한다. 그러므로 상담자의 주요 역할은 내담자의 비합리적 신념을 논박하여 합리적 신념으로 바꾸는 것이다.

① 울프(J. Wolpe)의 행동치료
② 로저스(C. Rogers)의 인간중심 상담
③ 엘리스(A. Ellis)의 인지 정서 행동치료
④ 프로이드(S. Freud)의 정신분석적 상담

11
〈보기〉의 대화에서 합리적-정서적 행동치료의 ABCDE 상담모형 중 B단계에 해당하는 것은? (08, 초등)

| 보기 |
가. 교사: 어떤 이야기를 하고 싶니?
　　아동: 너무 화가 나서 죽겠어요.
나. 교사: 무슨 일이 있었길래 그러니?
　　아동: 호영이가 다른 애랑만 놀아요.
다. 교사: 어떤 생각이 들어 화가 난 걸까?
　　아동: 호영이는 나랑만 놀아야 해요.
라. 교사: 호영이는 정말 너랑만 놀아야 될까?
　　아동: 꼭 그렇지는 않지만……. 나랑 많이 놀면 좋겠어요.

① 가　② 나
③ 다　④ 라

12
다음에서 무단결석을 한 철수의 문제행동에 대한 박 교사의 생각인 (가)에 가장 부합하는 상담이론은? (11, 초등)

| 보기 |
철　수: 어제 늦잠을 잤어요. 아무리 서둘러도 1교시 수업에 늦을 것 같아 '지각할 바에는 학교에 가서 뭐하나'하는 생각을 했어요.
박 교사: 음, 그래서 결석을 했구나!……그런데 조금 늦게라도 학교에 왔으면 좋지 않았을까?
철　수: 어차피 수업에 늦을 바에는 학교에 안 가는 게 나을 것이라고 생각했어요.
박 교사: 지각할 바에는 결석하는게 낫다고 생각했구나. (박 교사는 철수의 무단결석이 흑백 논리적 사고 때문이라 보고, 그가 보다 합리적으로 사고할 수 있도록 도와주어야겠다고 생각하였다.)
　　　　　　　　　　　　(가)

① 인지행동 이론　② 교류분석 이론
③ 게슈탈트 이론　④ 정신분석 이론
⑤ 실존주의 이론

10. ③ / 11. ③ / 12. ①

게임 분석	• 교류분석 중 암시적 교류를 구체적인 게임의 종류 및 만성부정감정(racket) 유형과 관련지어 분석하는 것 • 교류분석과정에서 찾아낸 내담자의 암시적 교류가 어떻게 형성·유지되는지를 내담자에게 확신시켜 줌
생활 각본 분석	• 문제행동과 관련된 각본을 찾아 이에 정확한 정보와 활력을 불어넣어 재결단(redecision)하도록 하여 자율적인 삶을 살아가도록 하는 데 그 목적이 있음 • 각본의 의미와 종류를 내담자에게 이해시킴
재결단	• 금지령에 따른 초기결단을 재결단시키면 삶의 각본을 바꿀 수 있음 • 재결단과정에서는 내담자가 초기결단을 내린 어릴 때의 장면으로 되돌아가도록 함(형태주의 상담기법을 활용할 수 있다.)

6. 합리적 정의이론(REBT)

의의
① 엘리스는 자신의 인지적 영역의 상담(R)에 정의적 영역(E)에서는 인간주의 상담, 행동적 영역(B)에서는 행동주의 상담이론을 도입하여 자신의 종합적인 상담을 완성
② 인지적 영역에서 인간이 지니는 비합리적인 신념이 가장 큰 문제라고 보고, 비합리적 신념을 합리적 신념으로 변화시켜 주면 문제가 해결되고 건강한 삶을 가질 것으로 봄
③ 핵심적 상담기법은 ABCDE기법임
④ 비합리적 신념 : 모든 사람으로부터 인정, 자신의 완벽함, 권선징악, 문제에 대한 완벽한 해결책 등이며, 사건에서 비합리적 신념이 발생

ABCDE
① 선행사건(A) : 선행사건은 감정이나 행동에 영향을 끼치는 사건들을 의미
② 신념체계(B) : 선행사건으로 나타나는 비합리적 신념체계나 사고방식
③ 결과(C) : 비합리적 신념에서 발생하는 나쁜 결과들
④ 논박(D) : 내담자의 비합리적 신념을 논리성, 실용성, 현실성에 비추어 반박하는 것. 논박은 상담이며, 비합리적 신념을 합리적 신념으로 바꿈
⑤ 효과(E) : 비합리적 신념이 논박과 상담을 통해 합리적 신념으로 변화되어 나타나는 좋은 효과들
⑥ 감정(F) : 효과에서 형성되는 좋은 감정

기법
① 인지적 기법 : 상담자는 내담자의 비합리적 신념에 대해 논리성, 현실성, 실용성에 근거하여 논박
② 정서적 기법 : 무조건인 수용, 합리적·정서적 심상법, 수치심 공격하기, 유머사용 등
③ 행동적 기법 : 역할연기, 여론조사, 모델링, 체계적 둔감법 등

7. 벡 인지치료(CT)

목표
① 내담자의 중심 도식에 이르는 자동적 사고를 이용하여 생각하는 방식과 도식을 재구성하는 사고를 변화시킴

인지 왜곡
① 근거 없는 추론 : 지지할 만한 적절한 증거 없이 결론에 도달하는 것
② 선택적 추론 : 사상의 부분적인 세부 사항을 근거로 결론을 내리는 것
③ 과잉 일반화 : 하나 사건을 근거로 형성된 극단적 신념을 유사하지도 않은 다른 장면에 부적절하게 적용
④ 확대와 축소 : 어떤 상황을 실제 가치보다 더 크게 또는 더 작게 지각
⑤ 개인화 : 관련지을 만한 근거가 없을 때조차 외적 사상들과 자기 자신을 관련짓는 경향
⑥ 잘못된 라벨 붙이기 : 불완전성과 과거의 실수에 근거해서 자신의 정체감을 묘사 정의하는 것

---

03. 비합리적 신념 2가지와 이유, 합리적 신념으로 변화시키는 방안 1가지 (5점) [19, 초등 논술형]

| 보기 |
박 교사: 지금 선생님이 말씀하신 그 마음을 그대로 진술하게 표현하시면 좋을 것 같아요.(여백이 다름)
김 교사: 정말 감사합니다. 마지막으로 고민이 하나 더 있어요. 학생들에게 관심을 가질수록 더 도와주고 싶어요. 진영이는 항상 실수 없이 잘해야만 한다는 신념과 모든 사람에게 인정받아야만 한다는 신념이 너무 강해서 오히려 실수를 많이 하는 거 같아요.
박 교사: 그럴 수도 있겠네요. 진영이에게 그런 신념들은 현실적이지도 않고, 도움도 안 되잖아요. 그래서 제가 추천해 드리고 싶은 것은 진영이의 비합리적 신념을 합리적 신념으로 변화시키는 거예요.

⊘정답키: <u>비합리적 신념 – 항상 실수 없이 잘해야 한다.(현실적이지 않음)</u>
　　　　　　<u>모든 사람에게 인정받아야 한다.(삶에 도움이 안됨)</u>
　　　　<u>변화 방안 – ABCD 기법</u>

- ⑦ 극단적 사고 : 흑백논리로 사고하고 해석하거나 경험을 어느 한 극단으로 범주화하는 것

8. 행동주의 상담이론

- 개념
  - ① 행동주의 심리학에 근거를 둔 것으로 스키너의 작동적 조건화를 바탕으로 하는 행동수정이론과 파블로프의 고전적 조건화를 근거로 하는 웰페의 상호제지이론
  - ② 바람직하지 않은 부적응 행동은 재학습에 의해서 교정될 수 있음

- 행동수정
  - ① 차별강화 : 여러 행동 중 어느 하나만을 선택적으로 강화하는 것으로 올바른 행동을 할 때는 강화를 제공하고 그렇지 못할 때에는 무시(행동 증가)
  - ② 간헐강화 : 적응 행동에다 강화를 제공하지 않고 일정하거나 불규칙적인 시간이나 횟수에 강화를 제공
  - ③ 프리맥의 원리 : 빈도(선호도)가 높은 행동을 빈도(선호도)가 낮은 행동의 강화로 사용
  - ④ 행동계약(유관계약) : 상담자와 피상담자가 어떤 행동을 얼마나 할 것인지 보상에 대해 계약
  - ⑤ 행동형성(조형, Shaping) : 목표행동을 정하고 여러 하위행동을 구분한 다음, 각각 하위행동의 성취를 통해 목표행위를 달성하는 방법
  - ⑥ 상표제도 : 바람직한 행동에 대하여 상표를 주며 일정한 개수가 되면 1차적 강화물로 보상(마일리지 제도)
  - ⑦ 자극-반응 연쇄 : 순차적으로 이루어지는 행동을 분석하여 순차적인 자극-반응을 획득하도록 하는 기법
  - ⑧ 모방학습 : 내담자가 본받아야 할 어떤 행동을 모방하게 하는 방법
  - ⑨ 혐오기술 : 혐오자극을 사용하여 바람직하지 않은 행동을 감소시키는 것
  - ⑩ 타임 아웃 : 부적절한 행동을 했을 때 긍정적 강화를 받을 수 있는 기회를 일시적으로 박탈하는 것
  - ⑪ 심적 포화 : 정적 자극이라도 계속적으로 주면 포화상태에 이르러 오히려 반대의 효과가 나타남
  - ⑫ 부적 연습 : 부적응 행동을 내담자가 적극적으로 의식하면서 연습하게 함으로써 그 행동을 없애는 것
  - ⑬ 상반행동강화 : 소멸시키고자 하는 행동과 반대되는 행동에 강화를 제공하는 것(행동 감소)

- 상호제지
  - ① 파블로프의 고전적 조건화 이론을 근거로 한 이론으로서 웰페가 처음 주장
  - ② 공포 등의 신경증적 행동은 고전적 조건화에 의해서 학습되며, 학습된 신경승석 반응은 이들 세서할 수 있는 나은 행동을 통해서 소멸되어 치료될 수 있음
  - ③ 주장적 훈련 : 대인관계에서의 불안을 주장행동을 통하여 상호제지함. 행동시연 기법 사용
  - ④ 체계적 둔감법 : 물체, 동물, 사회적 상황으로 불안을 일으키는 경우에 효과적인 방법(사람 이외의 불안 제거에 사용), 불안 위계 작성, 이완훈련, 체계적 둔감(실생활 체계적 둔감법, 상상 체계적 둔감법)
  - ⑤ 역조건 형성 : 바람직하지 못한 조건반응을 바람직한 조건반응으로 대치하는 방법
  - ⑥ 홍수법(범람법) : 공포나 불안을 일으키는 조건자극을 장시간 동안 충분하게 경험시켜 공포나 불안을 소거시키려는 방법(상상 홍수법, 실생활 홍수법)

객관식

13
수업에서 활용한 상담기법을 옳게 제시한 것은? (08, 중등)

| 보기 |

수업에서 수학시간에 ㉠ 일차 방정식을 푸는 과정을 보여 주고 학생들에게 그 방법을 적용하여 문제를 따라서 풀어 보도록 하였다. 그리고 ㉡ 학생들이 문제를 맞게 풀 때마다 칭찬을 하고 스티커 한 장을 주며 네 장 이상 모으면 자기가 하고 싶은 활동을 해도 좋다고 허락하였다. ㉢ 문제를 풀지 않고 떠들거나 다른 행동을 하는 학생에게는 교실 뒤편에 서서 김 교사가 풀어 놓은 방정식을 보도록 하였다.

	㉠	㉡	㉢
①	모델링	부적강화	자극통제
②	모델링	토큰강화	타임아웃
③	조성법	토큰강화	자극통제
④	조성법	부적강화	타임아웃

14
〈보기〉의 (가)와 (나)에 해당하는 행동수정기법은? (08, 초등)

| 보기 |

ㄱ. 김 교사는 수업시간에 장난치는 영수의 행동을 고치기 위해 영수가 그런 행동을 보일 때 교실 뒤로 보내서 5분간 벽을 보고 서 있도록 하였다.
ㄴ. 최 교사는 미영이가 수업시간에 발표를 잘 할 수 있도록 하기 위해 교사와 눈 맞추기, 발표하기 위해 손들기, 일어서서 발표하기 등의 행동변화 단계를 정하고, 미영이가 그 행동을 했을 때 적절한 강화물을 제공하였다.

	ㄱ	ㄴ
①	소멸	고정간격강화
②	소멸	행동형성법
③	타임아웃	행동형성법
④	타임아웃	고정간격강화

13. ② / 14. ③

객관식

15
글래서(W. Glasser)와 우볼딩(R. Wubbolding)의 현실주의 상담에서 사용되는 〈보기〉의 4단계 상담과정을 순서로 옳게 배열한 것은?(13, 중등)

| 보기 |
ㄱ. 내담자의 책임 있는 행동 계획하기
ㄴ. 내담자의 욕구 파악하기
ㄷ. 내담자의 현재행동 탐색하기
ㄹ. 내담자 자신의 행동 평가하기

① ㄱ - ㄴ - ㄷ - ㄹ
② ㄱ - ㄷ - ㄴ - ㄹ
③ ㄱ - ㄹ - ㄷ - ㄴ
④ ㄴ - ㄷ - ㄹ - ㄱ
⑤ ㄴ - ㄹ - ㄷ - ㄱ

15. ④

9. 글래서 현실치료

- **상담목표**
  - ① 현실치료는 내담자의 기본적 욕구를 파악하여 그러한 욕구를 바람직한 방식으로 달성할 수 있도록 하는 상담 접근방식
  - ② 내담자가 궁극적으로 자신을 행복 세상에 둘 수 있도록 조력
- **기본 욕구**
  - ① 인간은 생존, 소속, 힘, 즐거움, 자유 등 다섯 가지의 기본적 욕구를 지님
- **전체 행동**
  - ① 내담자의 모든 행동은 기본욕구를 만족하기 위한 것
  - ② 전체행동에는 활동하기, 생각하기, 느끼기, 생리기능으로 구성
  - ③ 상담자는 기본적인 욕구가 올바른 행동을 선택하고 통제할 수 있도록 도움(통제이론, 선택이론)
- **WDEP**
  - ① 바람파악(Wants)은 내담자가 자신의 욕구를 발견할 수 있도록 도움
  - ② 행동파악(Doing)은 내담자가 자신의 현재 행동을 파악하도록 도움
  - ③ 평가하기(Evaluation)는 내담자가 자신의 행동을 평가하는 단계
  - ④ 계획하기(Planning)는 욕구 충족과 관련된 현재 행동 중에서 비효과적이고 부정적인 부분을 찾아 효과적이고 긍정적인 행동으로 계획을 세우는 단계(간단, 달성 가능, 측정 가능, 즉시, 통제 가능, 일관성, 약속-SAMIC3)
- **3R**
  - ① 책임(Responsibility), 현실(Reality), 옳고 그름(Right or Wrong)

10. 지시적 상담이론

- **상담목표**
  - ① 지시적 상담이론(특성이론, 특성-지시적 상담이론)은 문제에 대하여 상담자가 적극적으로 문제해결을 돕는 상담
  - ② 상담의 목표는 상담과정보다도 문제해결의 장면을 통하여 달성
  - ③ 지시적 상담은 문제해결의 지적 과정을 중시하는데 해결의 과정에는 상담자의 적극적인 자세나 정보제공이 있음
- **절차**
  - ① 분석 : 내담자에 관한 정보와 자료를 수집하는 단계
  - ② 종합 : 분석에서 얻은 자료를 정리하고 배열하는 단계
  - ③ 진단 : 분석하고 종합한 자료를 통해서 문제의 확인과 원인의 발견이 이루어지는 것
  - ④ 예진 : 문제의 해결을 예측하는 단계
  - ⑤ 상담 : 문제해결의 탐색이 이루어지는 단계이다. 내담자가 문제를 해결할 수 있도록 조력
  - ⑥ 추수지도 : 상담의 결과를 평가하고, 새로운 문제가 발생하는 경우 다시 그것을 돕는 과정

11. 로저스 인간주의 상담이론

- **개념**
  - ① 인간주의 상담(비지시적 상담, 내담자 중심 상담)은 내담자 중심으로 상담자는 허용적인 분위기를 조성하여 스스로 문제를 해결해 갈 수 있도록 하는 상담방법
  - ② 실현화 경향성(자아이론, 성장이론) : 누구나 자신의 문제를 이해할 수 있으며 문제에 대한 해결책을 찾아낼 수 있는 능력이 있다는 것이 기본 전제
  - ③ 자신을 성장시키는 데 도움이 되는 방향으로 자신의 모든 능력을 개발하려는 경향성
  - ④ 루소 성선설을 배경

- 상담 기술
  - ① 존중(무조건적이고 긍정적인 존중) : 내담자를 한 인간으로 보고 무조건적이고 긍정적으로 수용
  - ② 진실성(순수성) : 상담자가 내담자의 말, 태도, 행동에서 느끼는 것, 경험하는 것을 회피하지 않고 솔직하게 표현
  - ③ 공감적 이해 : 내담자의 감정을 마치 자신의 것처럼 이해하고 그것을 정확히 내담자에게 전달
  - ④ 의사소통 : 건설적이고 바람직한 대화가 전개
  - ⑤ 구체성 : 내담자의 이야기 내용에 피상적 반응 아니라, 내면에 깔려 있는 핵심에 대해 구체적으로 표현
  - ⑥ 직면 : 내담자의 불일치를 지적하는 것
  - ⑦ 자아개방 : 상담자의 경험, 생각, 가치, 느낌, 태도, 개인적인 사항 등에 대한 정보를 내담자에게 공개
  - ⑧ 즉시성 : 내담자나 상담관계에 관한 감정을 상담자가 여기-지금의 형태로 반응

12. 실존주의

- 의의
  - ① 메이, 프랭클, 빈스방거, 얄롬
  - ② 인간 불안의 문제 원인을 인간 존재의 본질인 시간적 제한과 죽음 또는 부존재에 대한 불안에서 찾음
  - ③ 문제의 해결방법은 인간존재의 의미를 찾는 상담방법으로 자기책임, 자기존재의 의미, 자기 자신의 결정을 강조
- 프랭클
  - ① 의미치료 : 환자의 성격에서 무의식적이고 정신적인 요인을 자각하게 하는 것
  - ② 실존분석 : 내담자로 하여금 그의 책임감 자유정신을 의식하게 하는 것

  (1) 역설적 의도(Paradoxical Intention)
   ① 내담자가 염려하고 일어날까봐 두려워하는 행동을 실제로 행동해 보고 이를 과장하도록 지시하는 치료적 기법이다.
   ② 공포증이나 강박증을 가진 사람들의 생각에 대해서 살펴보자.
   ③ 사건에 대한 두려운 기대는 그에게 기대불안을 야기한다. 이러한 기대불안은 '지나친 주의(Attention)'나 '지나친 의도(Hyperintention)'의 원인이 된다.
  (2) 탈숙고(Dereflection)
   ① '지나친 의도'처럼 '지나친 숙고(Hyperreflection)'로 인한 기대불안의 악순환에서 벗어나게 한다.
   ② 내담자가 병적으로 집요하게 생각하는 경향을 파괴하기 위해서 건설적 다른 일에 기울이도록 바꾸는 것이다.

- 빈스방거
  - ① 빈스방거의 현존분석 : 환자의 내적 세계의 의미를 해석하려는 시도

13. 펄스 형태주의 상담이론

- 의의
  - ① 게슈탈트(Gestalt)는 전체 또는 형태를 의미하는 독일어
  - ② 인간은 현재 중심적이며, 인간 행동은 육체, 정신, 환경 등이 역동적으로 상호 관련되어 나타나는 전체로 이해
  - ③ 인간을 자신의 자유로운 선택에 의해 잠재력을 각성할 수 있는 존재
- 목표
  - ① 상담자는 내담자의 자각에 방해를 받고 있는 상황에서 내담자의 책임에 대한 자각을 높이는 데 중점
- 주요 개념
  - ① 게슈탈트는 인간이 자신의 욕구나 감정을 자신이 처한 상황과 환경을 고려하여 실현 가능한 행동을 지각
  - ② 통합된 인간이 되도록 하기 위해 각성의 향상과 여기-지금(Here and Now)(현재)을 자각하도록 도움
  - ③ 미해결과제는 분노, 격분, 증오, 고통, 불안, 슬픔, 죄의식, 포기 등과 같은 표현되지 못한 감정들을 포함하는 개념

객관식

16
내담자 중심 상담이론에 가장 부합하는 것은? (03, 중등)

① 방어기제와 가족관계 등의 분석을 통해 내담자를 이해한다.
② 심리검사를 통해 개인을 파악하고, 필요한 자료를 수집하여 제공한다.
③ 인간주의적 접근으로 무조건적 수용과 인정을 통해 내담자의 문제해결 과정을 돕는다.
④ 과잉된 행동이 문제가 될 경우에는 그 행동을 감소시키고, 결손이 문제가 될 경우에는 그 행동을 새로이 학습시키거나 증가시킨다.

17
다음의 내용 중 인본주의적 상담이론을 설명한 것은? (01, 초등보수)

| 보기 |
ㄱ. 내담자에 대한 비판단적 태도 및 무조건적 수용을 강조한다.
ㄴ. 인간의 문제는 주위환경에 대한 개인의 인지적 해석으로부터 생겨난다고 본다.
ㄷ. 상담의 목표로서 경험에 대한 개방성, 실존적 삶, 자유의식과 창조성을 중시한다.
ㄹ. 내담자에게 억압된 감정이나 경험을 표출하도록 함으로써 내담자의 부적응 행동을 해결하고자 한다.

① ㄱ, ㄴ
② ㄱ, ㄷ
③ ㄷ, ㄹ
④ ㄴ, ㄹ

16. ③ / 17. ②

객관식

18
다음 진술의 내용과 관련된 상담이론에서 주로 적용하는 상담기법은? (07, 중등)

| 보기 |
상담은 내담자가 알아차림(awareness)을 통해 '지금 – 여기'의 감정에 충실하거나 미해결 과제를 자각하고 표현하게 하여 비효율적인 감정의 고리에서 벗어나도록 돕는 것을 목표로 삼는다.

① 빈의자 기법
② 자유연상
③ 합리적 논박
④ 체계적 둔감법

18. ①

자기고문

- 도형 배경
  - ④ 자각(각성)은 지금의 현실적 현재에 무엇이 존재하느냐에 그 초점을 맞추는 능력
  - ① 관심의 초점이 모여지는 것이 도형(전경, Figure)이 되고, 이외 것은 모두 배경(Ground)이 됨
  - ② 건강한 사람은 도형과 배경이 자연스럽게 변화됨. 게슈탈트가 형성됨
  - ③ 개인이 게슈탈트를 형성하지 못했거나 혹은 형성하긴 했으나 방해받았을 때 그것은 배경으로 사라지지 못함

- 빈의자
  - ① 게슈탈트 치료를 이해하는 데 중요한 개념이 양극성(Polarity)이며, 서로 상반되는 측면이 항상 공존
  - ② 유명한 양극성이 강자와 약자이며, 강자와 약자가 끊임없이 서로를 비난하며 싸우는 것을 자기고문 게임임
  - ③ 양극성에서 비롯된 갈등을 해결하기 위해서 '빈 의자 기법'을 사용해 빈 의자를 왔다 갔다 하며 대화를 하여 서로 이해하고 화해하며 강자와 약자의 자기고문 게임을 끝마치게 함

14. 개인구념

- **개념**
  - ① 개인구념이론(Personal Construct Theory, PCT)은 켈리(Kelly)에 의해 주장된 이론
  - ② 켈리는 상담이론에서 개념과 유사하면서도 좀 더 포괄적인 구념(構念)이라는 용어를 사용

- **목표**
  - ① 상담을 실험과정으로 보았다. 즉, 구념을 변화시켜 부적응을 해결할 수 있다고 보았음

- **기본 관점**
  - ① 구념(Construct)이란 개념 구성체 또는 개인이 자신과 자신이 접하는 세계 혹은 사태들을 해석하고 이해하는 데 사용되는 개인 사고의 틀을 의미(인지와 유사함)

- **전제**
  - ① 건설적 대안주의 : 문제를 탐색하고 생각할 때는 언제나 건설적 대안이 있다는 전제
  - ② 과학자로서의 인간 : 사람은 직업적 또는 전문적 과학자라고 할 수는 없으나 과학자와 같은 기능을 수행함

- **절차**
  - ① 수용 : 다른 사람의 눈을 통하여 또는 다른 사람의 구념을 통하여 세계를 볼 수 있는 것을 의미
  - ② 구념의 대안탐색실험 : 현재의 구념보다 더 효율적, 합리적, 현실적 구념을 탐색
  - ③ 새로운 구념의 습득 : 구념의 재건과정을 통하여 문제를 효과적으로 다룰 수 있는 구념들을 습득

- **기법**
  - ① 역할실행 : 역할을 바꾸어 봄으로 피상담자가 특정 구념을 느슨하게 하여 변화시킴
  - ② 고정역할치료 : 피상담자가 일상생활에서 행동하고 있는 것과 전혀 다른 어떤 행동을 하고 이를 어떤 구념체제에 입각하여 새로운 시도를 하게 하는 것 (자기성격 묘사, 고정역할 묘사, 고정역할 시연)

15. 해결중심 치료

- **기본 가정**
  - ① 과거에 초점을 두는 전통적인 치료와 달리 현재와 미래에 초점
  - ② 인간은 건강하고, 능력이 있고, 자신의 삶을 향상시킬 수 있는 해결을 구성할 능력을 가짐
  - ③ 상담자는 문제보다 해결에 초점을 두어 내담자와 조력하여 그의 삶을 향상시킴

NOTE

- 기본 규칙
  - ① 내담자가 문제 삼지 않는 것은 건드리지 않음
  - ② 효과가 없다면 그것을 하지 않고 대신 다른 무엇을 함
  - ③ 효과가 있는 것을 알면 그것을 더 많이 함
- 절차
  - ① 상담 전 변화 – 예외사항 찾기 – 능력 찾기 – 기적 질문 – 척도 – 재구조화
- 종류
  - ① 첫 면담 전 변화 질문 : 상담 신청과 첫 회 상담 사이의 변화에 대하여 질문, 내담자의 잠재능력을 발견
  - ② 예외 질문 : 예외적인 것을 탐색하여 인정과 의미를 부여
  - ④ 가상 질문 : 현실적으로 불가능하다고 생각하는 것도 가상적으로 생각해 보도록 질문
  - ⑤ 척도 질문 : 숫자를 사용하여 내담자가 현실적이며 구체적으로 생각을 정리하도록 도움
  - ⑥ 대처 질문 : 내담자가 위기에서 살아남기 위해 대처해 온 방법을 발견하고, 자신의 자원과 강점을 발견하도록 인식시킴
  - ⑦ 관계성 질문 : 다른 사람의 의견, 생각, 가치관 등에 관하여 생각하고 이해하도록 도움
  - ⑧ 악몽 질문 : 내담자에게 뭔가 더 나쁜 일이 일어나야만 내담자가 무엇인가를 하려고 하거나 문제에서 벗어날 수 있을 것으로 치료자가 판단할 때 사용

객관식

19
시험불안 증상이 있는 학생과의 상담에서 해결중심(solution focused) 상담이론의 전형적인 질문의 예시라고 할 수 없는 것은? (10, 초등)

① 시험을 볼 때마다 불안하다고 했는데, 혹시 불안하지 않은 적은 없었니?
② 만약 오늘 밤 기적이 일어난다면, 내일 아침 무슨 일이 일어나 있을 것 같니?
③ 그렇게 불안해하면서도 어떻게 그 동안 결석 한 번 없이 학교를 잘 다닐 수 있었니?
④ 시험을 앞두고 매 번 반복적으로 떠오르는 생각이 있니? 그렇게 생각하는 근거는 뭐지?
⑤ 가장 불안할 때를 10점, 전혀 불안하지 않을 때를 0점이라고 한다면, 지금은 몇 점 정도 될까?

III. 진로상담

1. 진로교육 2. 특성이론 3. MBTI 4. 로우 욕구이론 5. 홀랜드 인성이론(RIASEC) 6. 크럼볼츠 사회학습이론 7. 긴즈버그 발달이론 8. 수퍼 발달이론 9. 티트만 오하라 발달이론 10. 자기효능감이론 11. 청소년 비행 12. 방어기제

1. 진로교육
- 단계

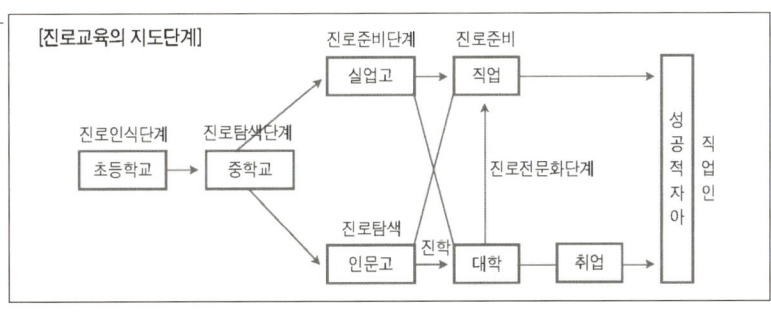

[진로교육의 지도단계]

2. 특성이론
- 파슨스
  - ① 특성요인 이론의 처음 주장자라고 간주되는 파슨즈(F. Parsons, 1909)는 사람과 직업을 연결해 주는 과정을 강조
  - ② 각각의 직업이 요구하는 제 요인을 분석하여 각 개인이 개인의 특성에 적합한 직업을 선택
  - ③ 단계 : 분석 → 종합 → 진단 → 예측 → 상담 → 추후지도

3. MBTI
- 메이어 브릭스
  - ① ISTJ(내향 – 감각 – 사고 – 판단) ISFJ(내향 – 감각 – 감정 – 판단)
  - ② INFJ(내향 – 직관 – 감정 – 판단) INTJ(내향 – 직관 – 사고 – 판단)
  - ③ ISTP(내향 – 감각 – 사고 – 인식) ISFP(내향 – 감각 – 감정 – 인식)
  - ④ INFP(내향 – 직관 – 감정 – 인식) INTP(내향 – 직관 – 사고 – 인식)

19. ④

NOTE

객관식

20
다음은 교사가 학생들에게 진로지도 활동을 시작하면서 소개한 내용의 일부이다. 이 내용에 가장 적합한 진로 이론은? (05, 중등)

| 보기 |

인생초기에 어떤 방식으로 양육되었고, 어떤 경험을 했느냐는 여러분이 장차 어떤 직업을 택하게 되는가에 중요한 영향을 미칩니다. 부모가 자녀를 대하는 양상에 따라 세 가지 심리적 환경이 조성됩니다. 냉담한(Cold) 가정분위기, 온정적 또는 냉담한(Warm or Cold) 가정분위기, 온정적(Warm) 가정분위기가 그것들입니다. -〈중략〉- 수용이나 거부 또는 과잉보호나 과잉 요구에 대한 여러분의 감응이 인간지향적이거나 비인간지향적인 생활양식을 발전시키게 됩니다. 이는 결국 여러분들로 하여금 특정한 직업을 선택하도록 하는 진로지향성을 형성하도록 합니다.

① 수퍼(D. Super)의 발달이론
② 홀랜드(J. Holland)의 성격이론
③ 로우(A. Roe)의 욕구이론
④ 파슨스(F. Parsons)의 특성요인 이론

21
홀랜드(J. Holland)의 직업 성격 여섯 가지 유형 중 실제적(realistic) 유형에 대한 진술로 가장 적절한 것은? (12, 초등)

① 호기심이 많고 분석적이며 논리적인 활동을 선호한다.
② 지구력이 있으며 기계와 도구에 관한 체계적인 조작 활동을 선호한다.
③ 세밀하고 조심성이 많으며 자료를 기록, 정리, 조직하는 활동을 선호한다.
④ 이해심이 많고 다른 사람과 함께 일하거나 다른 사람을 돕는 활동을 선호한다.
⑤ 통솔력이 있으며 조직의 목적을 달성하기 위해 사람을 관리하는 활동을 선호한다.

20. ③ / 21. ②

---

⑤ ESTP(외향 – 감각 – 사고 – 인식) ESFP(외향 – 감각 – 감정 – 인식)
⑥ ENFP(외향 – 직관 – 감정 – 인식) ENTP(외향 – 직관 – 사고 – 인식)
⑦ ESTJ(외향 – 감각 – 사고 – 판단) ESFJ(외향 – 감각 – 감정 – 판단)
⑧ ENFJ(외향 – 직관 – 감정 – 판단) ENTJ(외향 – 직관 – 사고 – 판단)

4. 로우 욕구이론

직업 분류
① 문화직, 과학직, 옥외활동직, 기술직, 단체직, 비즈니스직, 서비스직, 예능직 등 8가지로 분류
② 고급 전문관리, 중급 전문관리, 준 전문관리, 숙련직, 반숙련직, 미숙련직(비숙련직)

직업 선택
① 따뜻한 부모-자녀 관계 : 인간 지향적인 성격 형성 → 서비스직, 비즈니스직, 단체직, 문화직, 예능직
② 차가운 부모-자녀 관계 : 비인간 지향적인 성격 형성 → 기술직, 옥외활동직, 과학직

5. 홀랜드 인성이론

직업 선택
① 직업행동은 성격과 환경의 상호작용의 결과
② 직업을 선택할 때 자신의 성격, 태도, 가치에 맞는 직업 환경을 선호
③ 성격과 직업환경을 실재적(실제적), 탐구적, 예술적, 사회적, 설득적(기업가적), 관습적으로 구분

관계 모형 (RIASEC)
[직업적 성격의 관계모형]

설득적(Enterprising) – 관습적(Conventional)
사회적(Social) – 실재적(Realistic)
예술적(Artistic) – 탐구적(Investigative)

— 매우 높은 상관관계
— 어느 정도의 상관관계
‥‥ 매우 낮은 상관관계

특징

직업적 성격유형	특징
실재적 유형(R)	• 기계, 도구에 관한 체계적 조작 활동을 좋아한다. • 사회적 기술이 부족하다. • 기술자, 운동선수
탐구적 유형(I)	• 분석적이고 호기심이 많고 조직적이며 정확하다. • 리더십 기술이 부족하다. • 과학자, 의사
예술적 유형(A)	• 표현이 풍부하고 독창적이며 비순응적이다. • 규범적인 기술이 부족하다. • 음악가, 미술가
사회적 유형(S)	• 다른 사람과 일하거나 다른 사람을 돕는 것을 즐긴다. • 기계적이고 과학적인 능력이 부족하다. • 사회복지가, 교육자
설득적 유형(E) (기업가적)	• 조직 목표를 달성하기 위해 타인을 조작하는 활동을 즐긴다. • 상징적이고 체계적인 활동을 싫어하며 과학적 능력이 부족하다. • 기업경영인, 정치가
관습적 유형(C)	• 체계적으로 자료를 잘 처리하고 기록을 잘 정리한다. • 심미적 활동을 피한다. • 은행원, 세무사

NOTE

6. 크롬볼츠 사회학습 이론

선택

- 배경
  - ① 진로 의사결정에 대한 사회학습 이론은 교육적·직업적 선호 및 기술이 어떻게 획득되며 교육 프로그램, 직업, 현장의 일들이 어떻게 선택되는가를 설명하기 위하여 발달된 이론
  - ② 강화이론, 고전적 행동주의 이론, 인지적 정보처리 이론에 기초를 둠
- 요인
  - ① 선천적으로 타고난 능력, 환경적 상황과 여러 가지 일들, 학습경험, 당면한 여러 가지 문제들을 다루는 기술 등

계획된 우연
- ① 우연적이고 예기치 않은 사건들이 진로에 긍정적으로 작용하는 경우를 '계획된 우연'이라 부름

7. 진저버그 발달이론

- 배경
  - ① 직업선택 과정은 바람(Wishes)과 가능성(Possibility) 간의 타협(Compromise)임
- 선택 과정
  - ① 환상적 직업선택 단계(Fantasy Period, 6~10세)
  - ② 시험적 직업선택 단계(Tentative Period, 11~17세)
  - ③ 현실적 직업선택 단계(Realistic Period, 18~22세)

8. 수퍼 발달이론

- 의의
  - ① 수퍼(Super)는 직업발달과 관련하여 전 생애, 생애역할, 자아개념 등 세 가지 개념을 이론화
  - ② 직업발달에 있어서 본질적인 역할을 하는 '자아개념'이 유아기에서부터 형성되어 평생 발달한다고 봄
  - ③ 직업발달의 과정을 성장기, 탐색기, 확립기, 유지기, 쇠퇴기로 구분하였으며, 특히 탐색기와 확립기를 강조
  - ④ 개인의 진로발달과 관련하여 각 생애단계에서의 역할을 생애무지개로 제시하였으며, 전 생애 기간의 시간적 차원과 역할의 공간적 차원을 조합하여 진로아치문 모형을 고안

9. 티트만 오하라 발달이론

직업 자아

- 배경
  - ① 직업발달 단계는 연령과 관계없이 직업 문제의 성질에 의해 좌우되며, 일생동안 여러 번 반복될 수도 있음
  - ② 의사결정 과정을 통해서 직업의식의 발달을 설명
- 정체감
  - ① 직업발달은 직업 자아정체감을 형성해 나가는 계속적 과정이라고 함
  - ② 직업 자아정체감은 자신의 제반 특성을 파악하고 자아를 실현시킬 수 있는 일에 대한 인식 또는 생각

의사결정
- 단계
  - ① 예상기(anticipation) : 탐색, 구체화, 선택, 명료화로 구성
  - ② 실천기(implementation) : 적응, 개혁, 통합 등

10. 자기 효능감 이론

- 특징
  - ① 반두라의 사회인지이론을 토대로 해킷과 베츠(G. Hackett & N. Betz)의 자기효능감이론 진로이론을 주장
  - ② 반라는 자기효능감이 심리적 기능에 영향을 미치는 개인의 사고와 심상(Image)을 포함한다는 점을 강조
  - ③ 자기효능감은 개인 노력의 강도를 결정하는데, 높은 자기효능감을 지닌 사람들은 성공적인 행위를 이루는 반면, 낮은 효능감은 실패하거나 지연·회피하는 경향이 있음
  - ④ 진로선택에 있어서 자기 효능감은 매우 중요한 역할을 함

객관식

22

진로이론에 대한 설명 중 옳은 것을 〈보기〉에서 고른 것은? (12, 중등)

| 보기 |

ㄱ. 홀랜드(J. Holland)의 진로이론: 성격 유형과 환경 유형을 각각 6가지로 구분하고, 책무성 수준에 따라 직업 분류 체계를 만들었다.

ㄴ. 로우(A. Roe)의 진로이론: 흥미에 기초해서 직업 분야를 8개의 군집으로 나누고, 직업군의 선택은 부모-자녀 관계 속에서 형성된 도구적 학습경험에 의해서 결정된다.

ㄷ. 수퍼(D. Super)의 진로이론: 진로발달은 인간의 전 생애에 걸쳐서 이루어지며, 15~17세 시기는 자신의 욕구, 흥미, 능력 등을 고려하여 잠정적인 진로를 선택하는 탐색기에 해당된다.

ㄹ. 티이드만과 오하라(D. Tiedman & R. O'Hara)의 진로이론: 직업발달이란 직업 자아정체감을 형성해 나가는 계속적 과정이며, 직업자아정체감은 의사결정을 되풀이 하는 과정에서 성숙된다.

① ㄱ, ㄴ ② ㄱ, ㄷ
③ ㄴ, ㄷ ④ ㄴ, ㄹ
⑤ ㄷ, ㄹ

22. ⑤

객관식

23
다음 사례의 박 교사와 같이 청소년 비행에 접근하는 이론으로 가장 적절한 것은? (09, 중등)

| 보기 |
A중학교에서 박 교사가 맡고 있는 반의 많은 학생들은 지각과 무단결석을 일삼고 학교폭력을 비롯한 크고 작은 말썽을 피웠다. 문제의 원인을 찾던 박 교사는 다른 아이들과는 달리 문제행동을 일으키지 않는 재민이를 주목하였다. 관찰 결과 박 교사는 재민이가 교우관계가 좋고 부모와의 관계도 친밀할 뿐만 아니라 이웃과도 사이좋게 지낸다는 것을 알게 되었다. 이에 박 교사는 재민이 주변에 있는 좋은 친구와 부모, 이웃이 재민이가 문제행동을 자제하도록 하는 데 중요한 역할을 하고 있다고 생각하게 되었다.

① 낙인 이론(labelling theory)
② 편류 이론(drift theory)
③ 아노미 이론(anomie theory)
④ 문화 일탈 이론(cultural departure theory)
⑤ 사회 통제 이론(social control theory)

24
〈보기〉의 사례에 해당하는 프로이드(S. Freud)의 방어기제는? (06, 중등)

| 보기 |
외아들인 기수는 형제가 있는 친구들을 볼 때마다 매우 부러워했다. 특히 학교를 가지 않는 날이면 외롭고 쓸쓸하였다. 그래서 기수는 시(市)에서 운영하는 청소년 단체에 가입해서 나이가 서로 다른 사람들과 어울림으로써 외로움을 많이 달랬고, 그 결과 사교성도 발달하였다.

① 승화　　　② 투사
③ 치환　　　④ 합리화

23. ⑤ / 24. ①

---

11. 청소년 비행

- 개념 — ① 비행이란 법률적 관습적 규범에 위배되는 행동
- 비행이론
  - ① 문화갈등론 : 이질문화와의 충돌의 1차적 비행과 상류와 하류 문화와 같이 문화적 격차의 2차적 비행
  - ② 하위문화이론 : 하위문화에서 비행 발생 빈도가 높음
  - ③ 낙인 이론 : 사회제도나 규범을 근거로 특정인을 일탈자로 인식하여 일탈자가 발생
  - ④ 아노미 이론 : 전통적 규범이 약화되고 새로운 규범이 형성되지 못한 무규범의 상태(뒤르켐) 목표와 수단의 괴리현상을 의미(머튼) 이러한 아노미에서 비행이 많이 발생
  - ⑤ 차별접촉이론 : 일탈자와의 접촉을 통해 일탈이 발생
  - ⑥ 편류이론(표류이론) : 비행은 일시적 표류 현상이며, 일정기간이 지나면 정상인으로 회복
  - ⑦ 사회통제이론 : 사랑(애착), 몰입, 관여, 신념의 끈이 느슨할 때 일탈이 발생
  - ⑧ 자기통제이론 : 자기 통제가 약한 사람이 일탈이 발생

12. 방어기제
- 종류

방어기제	내 용
보상 (Compensation)	자신의 열등감과 무력감을 극복하기 위하여 다른 행동과 태도를 선택하는 것이다.
합리화 (Rationalization)	스스로 용납할 수 없는 자신의 행동에 적당한 이유를 제시하여 불안을 극복하고 사회적으로 인정받으려는 것이다.
투사(Projection)	자신의 결점이나 무능력의 원인을 타인에게 전가하거나 타인 역시 그러한 결점이 있다고 생각하여 자신의 열등감을 극복하려는 것이다.
동일시 (Identification)	다른 사람의 행동 특성이나 심리 특성을 자신의 특성처럼 받아들여 스스로가 겪고 있는 불안과 좌절을 극복하려는 것이다.
승화 (Sublimation)	사회적으로 가치 있는 일을 성취하려고 노력함으로써 자신의 억압당하고 있는 욕구를 만족시키는 것이다.
반동형성 (Reaction Formation)	사회적으로 용납될 수 없거나 수치스러운 욕구가 외부로 나타나지 않도록 욕구와 반대되는 행동과 태도를 보이는 것이다.
대치(Displacement) (전환, 전위)	특정 대상에 대한 태도, 욕구, 충동 등을 다른 대상으로 옮기는 것이다. 공격적인 대치와 애정적인 대치의 양상으로 나타난다.
퇴행 (Regression)	만족이 주어졌던 발달 초기의 수준으로 돌아가 미숙한 반응을 나타내어 불안이나 위협을 극복하려는 것이다.
억압(Repression)	용납될 수 없는 생각이나 욕구 등을 무의식의 영역에 묻어 버리는 것이다.
억제 (Suppression)	인간의 해롭고 바람직하지 못한 생각과 충동에 대한 신중한 통제. 억압은 무의식적 과정인데 반하여 억제는 의식적인 과정이다.
고립 (Isolation)	다른 사람과의 접촉을 피해서 자기의 내적 세계로 들어가 현실의 불만족을 피하려는 것이다.
백일몽 (Day-Dream)	현실적으로 충족시킬 수 없는 욕구나 소원에 대해 공상의 세계에서 만족감을 얻으려고 하는 것이다.

---

04. 철수의 부적응 행동 원인을 청소년 비행이론에서 2가지 (3점) [14, 중등 논술형]

성찰일지 #12014년 4월 ○○일 ○요일
　우리 반 철수가 의외로 반 아이들과 잘 지내지 못하는 것 같아 마음이 쓰인다. 철수와 1학년 때부터 친하게 지냈다는 학급 회장을 불러서 이야기를 해 보니 그렇지 않아도 철수가 요즘 거칠어 보이는 동네 친구들과 어울려 다니는 모습을 자주 보게 되어 학급 회장도 걱정을 하던 중이라고 했다. 그런 데다 철수가 반 아이들에게 괜히 시비를 걸어 싸움이 나게 되면, 그럴 때마다 아이들이 철수를 문제아라고 하니까 그 말을 들은 철수가 더욱 더 아이들과 멀어지고 제멋대로 행동한다고 한다. 오늘도 아이들과 사소한 일로 다투다가 갑자기 소리를 지르고 물건을 던지고는 교실에서 나가 버렸다고 한다. 행동이 좋지 않은 친구들과 몰려다니며 그 아이들의 행동을 따라 해서 철수의 행동이 더 거칠어진 걸까? 1학년 때 담임선생님 말로는 가정 형편이 그리 넉넉하지 않고 부모님이 철수에게 신경을 쓰지 못함에도 불구하고 행실이 바른 아이였다고 하던데, 철수가 왜 점점 변하는 걸까? 아무래도 중간고사 이후에 진행하려고 했던 개별 상담을 당장 시작해야겠다. 그런데 철수를 어떻게 상담하면 좋을까?

∅정답키: **차별접촉이론, 낙인이론, 사회통제이론, 하위문화이론**

사물에 대해 생각하는 방식을 새로 만들어 낸다.
나는 이게 모든 영역에 도움이 된다고 생각한다.

박상옥
한일(閑日)
1954, 112×193cm, 캔버스에 유채
중앙공무원교육원

프로그램 작성법을 배우는 일은
우리의 정신을 최대한 발휘하게 하고,
더 잘 생각하도록 도와주며,
사물에 대해 생각하는 방식을 새로 만들어 낸다.
나는 이게 모든 영역에 도움이 된다고 생각한다.

- 빌 게이츠

핵심 팍 키워드 문제

1. 생활지도의 영역은? 5개

2. 다음 상담기술의 정의는?
    1) 존중 :
    2) 진실 :
    3) 공감 :
    4) 직면 :
    5) 구조화 :
    6) 자기개방 :

3. 회복적 생활교육의 각 기법은? 각 2개 이상
    1) 공동체 세우기 :
    2) 공동체 지키기 :
    3) 공동체 회복하기 :

4. 정신분석상담의 치료기법은?

5. 개인심리상담이론의 주된 목표는?

6. 상호교류분석상담의 목표와 자아도의 구성은?
    1) 목적 :
    2) 자아도의 구성 :

7. REBT상담이론의 대표적 상담기법은?
    1) 상담기법 :
    2) 상담기법의 각 구성요소 :

8. 행동주의 상담이론
    1) 차별강화 :
    2) 상반행동강화 :
    3) 상표제도 :
    4) 조형 :

9. 체계적둔감법의 절차는?

10. 현실치료의 WDEP란?

11. 인간주의상담의 배경철학과 기본전제는?
    1) 배경철학 :
    2) 기본전제 :

12. 실존주의 상담이론
    1) 역설적 의도 :
    2) 탈숙고 :

13. 형태주의 상담이론에서 양극성을 해소하는 대표적 기법은?

14. 해결중심치료이론의 질문의 종류는?

15. 로우 욕구이론에서 다음 부모에서 선택되는 직업군은?
    1) 따뜻한 부모 :
    2) 차가운 부모 :

16. 홀랜드 성격의 종류는?

17. 청소년 비행이론
    1) 낙인이론 :
    2) 뒤르켐의 아노미 :
    3) 표류이론 :

18. 방어기제
    1) 승화 :
    2) 전환 :
    3) 보상 :

핵심 꽉 키워드 정답

1. 조사활동, 정보활동, 상담활동, 정치활동, 추수활동

2. 1) 내담자를 한 인간으로 무조건 긍정적으로 수용하고 존중한다.
   2) 상담자가 개방적이고 정직하게 표현한다.
   3) 내담자의 내적 감정을 참신한 말로 표현한다.
   4) 내담자의 불일치 모순을 지적한다.
   5) 상담을 (시간, 행동, 과정, 절차 등)구조화시킨다.
   6) 상담자의 경험을 개방한다.

3. 1) 자기 공감, 적극적 경청, 비폭력 대화, 감정코칭, 비폭력대화, 공동체 놀이, 서클회의, 학급 행사
   2) 회복적 질문, 회복적 성찰문, 긴급 개입이나 문제 해결 서클, 또래 중재
   3) 회복적 서클, 회복적 조정 모델, 피해자-가해자 대화모임, 가족회의, 조정위원회

4. 자유연상법

5. 생활양식을 변화시킨다.

6. 1) 재결정을 통한 생활각본의 변화 2) 부모자아, 성인자아, 어린이자아

7. 1) ABCD기법
   2) A : 사건 발생, B : 비합리적 신념, C : 나쁜 결과, D : 논쟁(상담, 합리적 신념), E : 좋은 효과, F : 좋은 감정

8. 1) 여러 행동 중 하나를 선택적으로 강화를 준다.
   2) 소멸시키려는 행동과 대립되는 긍정적 행동에 강화를 준다.
   3) 긍정적 행동마다 상표를 제공하고 일정한 상표가 모이면 강화물을 제공한다.
   4) 목표를 하위 목표로 나누고 하위 목표를 달성할 때마다 강화물을 제공하여 목표를 달성하게 한다.

9. 불안위계 작성, 이완훈련, 체계적 둔감의 실시

10. W : 욕구파악, D : 행동파악, E : 행동 평가하기, P : 계획하기

11. 1) 성선설 2) 실현화경향성, 자아이론, 성장이론

12. 1) 두려워하는 행동을 실제로 과장되게 경험하게 한다.
    2) 두려운 생각에서 벗어나 건설적 일에 관심을 두게 한다.

13. 빈의자기법

14. 상담 전 변화질문, 예외질문, 기적질문, 가상질문, 척도질문, 대처질문, 관계성질문, 악몽질문

15. 1) (인간 지향적 직업) 서비스직, 비즈니스직, 단체직, 문화직, 예능직
    2) (비인간 지향적 직업) 기술직, 옥외활동직, 과학직

16. 실제적, 탐구적, 예술적, 사회적, 설득적, 관습적

17. 1) 주변 사람이 특정인을 일탈자로 낙인찍어 일탈자로 만든다.
    2) 전통적 규범과 새로운 규범의 혼란이 일탈자로 만든다.
    3) 일탈은 일시적 현상이다.

18. 1) 사회적으로 가치 있는 일로 옮긴다.
    2) 욕구불만의 대상을 옮긴다.
    3) 열등감을 극복하기 위해 다른 행동을 선택한다.

Master Peedagogy

03

교수방법론

✔ **핵심 팍 키워드**   64

✔ **핵심 팍 구조도**
    Ⅰ. 교수설계   65
    Ⅱ. 교수학습이론   72
    Ⅲ. 협동학습   81
    Ⅳ. 구성주의 학습이론   88
    Ⅴ. 수업개별화   93
    Ⅵ. 다양한 수업종류   97
    Ⅶ. 교육공학   100

✔ **핵심 팍 키워드 문제**   105

Master Pedagogy

교수방법론

핵심 팍 키워드

교수방법론

I. 교수설계
1. 개념정리
2. 수업변인
3. 교수설계철학
4. 교수체제설계(ISD)
5. 명세적수업목표(행동목표)
6. 블룸 분류
7. 심동적영역
8. 앤더슨 크랫소울 분류
9. 수업분석
10. 플랜더스 분석법
11. 글레이저 수업
12. 한국교육개발원

II. 교수학습이론
1. 브루너
2. 오수벨 설명식(수용식)
3. 가네
4. 켈러 동기설계
5. 메릴 내용요소전시이론
6. 라이거루스 정교화 이론
7. 완전학습이론
8. 듀이 문제해결 학습
9. 킬패트릭 프로젝트법(구안법)
10. 프로젝트 기반학습
11. 디자인 씽킹
12. 학생참여형 수업
13. 마시알라스 탐구법
14. 타바 귀납모형
15. 노올즈 자기주도적 학습

III. 협동학습
1. 의의
2. 분류
3. 과제분담 학습모형 (직소, Jigsaw)
4. 모둠탐구 모형(GI)
5. 협동을 위한 협동학습 모형 (Co-op Co-op)
6. 모둠성취분담 모형(STAD)
7. 모둠게임토너먼트 모형(TGT)
8. 모둠보조개별학습 모형(TAI)
9. 함께 학습하기(LT)
10. 읽기쓰기통합 모형
11. 일화를 활용한 의사결정 모형 (ITGDME)
12. 찬반논쟁 협동학습 모형 (PRO-CON)
13. 시뮬레이션 협동학습 모형
14. 짝 점검모형(Dyads)
15. 각본에 의한 협동
16. 또래지도
17. 온라인 협동학습
18. 위키피디아
19. 위키 협동학습
20. 구조중심 협동학습

IV. 구성주의 학습이론
1. 구성주의 학습
2. 인지적 도제이론
3. 정착학습(앵커드학습) (Anchored Instruction)
4. 상황학습(상황인지)
5. 인지적 융통성이론
6. 문제중심학습(PBL)
7. 목표기반시나리오학습 (GBS)
8. 자원기반학습(RBL)
9. STEAM 교육
10. 거꾸로 학습

V. 수업계별화
1. 적성처치 상호작용모형(ATI)
2. 프로그램 학습(PL, PI)
3. 컴퓨터 기반 수업(CAI)
4. 컴퓨터 매개 통신(CMC)
5. 이러닝
6. 혼합교육(BL)
7. 원격교육
8. 다양한 개별학습

VI. 다양한 수업
1. 강의법
2. 토의법
3. 문답법(대화법)
4. 발문
5. 무학년제
6. 귀납 연역적 추론
7. 협동교수
8. 마인드맵
9. 가치갈등 수업모형
10. 가치명료화 수업모형

VII. 교육공학
1. 시각교육
2. 데일 경험원추설
3. 쉐논 슈람 모형
4. SMCR 모형
5. 교육공학
6. 매체
7. 멀티미디어 설계계발 모형
8. 코스웨어설계 모형

NOTE

다양한 교수·학습방법과 이론을 연구하여 학습자의 동기를 유발하고 성취기준에 도달시키는 방법을 연구한다.

시험공부는 선택과 집중이다. 일간, 주간, 월간 학습계획표를 만들자!
학습계획표 없이 험난한 시험공부에 선택과 집중을 할 수 없다.

핵심 팍 구조도

I. 교수설계

1. 개념정리 2. 교수설계철학 3. 수업변인 4. 교수체제설계(ISD) 5. 명세적수업목표(행동목표) 6. 블룸분류 7. 심동적영역 8. 앤더슨 크래쏘울 분류 9. 수업분석 10. 플랜더스분석법 11. 글레이저 수업 12. 한국교육개발원

1. 개념정리

- 그린(Green) 개념

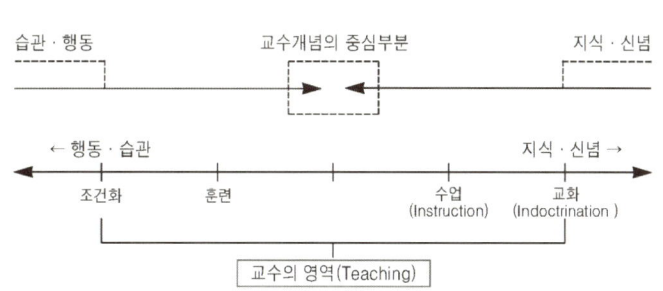

- 교수 수업
  ① 교수(Teaching)는 학습자의 모든 능력을 발휘하는데 포괄적인 내용을 전달 하려는 데 반해, 수업(instruction)은 학습자의 지적·탐구적 특성을 자극하는 내용 전달
  ② 교수는 의도적·비의도적인 것을 모두 포함하는데 반해, 수업은 의도적인 것만 포함
  ③ 교수는 교사와 학생 간의 인격적인 상호작용을 전제로 하는데 반해, 수업은 교사와 학생들 간의 인격적인 상호작용을 전제로 하지 않음(소수 학자 주장)
  ④ 교수는 학습자들에게 전달하려는 수업내용의 성질이나 학습자의 제 특성 면에서 수업보다도 포괄적

- 학습
  ① 학습이란 연습이나 경험의 결과로 발생하는 비교적 영속적이고 후천적인 변화

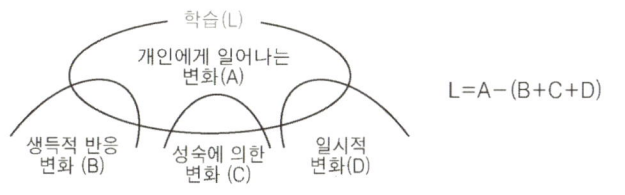

- 수업 학습
  ① 목표 : 수업은 일정한 목표가 있으나(의도적 작용), 학습은 있을 수도 없을 수도 있음(의도적+비의도적)
  ② 독립변수 : 수업은 독립변수, 학습은 종속변수(독립변수는 작용하는 변수, 종속변수는 작용하는 결과로 나타나는 변수)
  ③ 일의성 : 수업은 일의적이지만, 학습은 다의적(교사가 가르치는 것은 하나이지만 학생은 제각기 다르게 배움)
  ④ 처방성 : 수업은 처방적이지만, 학습은 기술적

- 전수 교수 (오우크쇼트)

판단지식	정보지식
• 전수(Imparting)	• 교수(Instructing)
• 실제적 지식	• 기법적 지식
• 방법적 지식	• 명제적 지식
• 도제적 교수	• 합리적 교수
• 개방적이고 연속적 특징	• 폐쇄적이고 불연속적 특징

객관식

01
학급 담임이 학생들의 행동변화를 관찰하여 다음과 같이 기술하였다. 학습으로 인하여 일어났다고 볼 수 있는 것은? (94, 초등)

① 체육 시간에 심한 운동을 하여 다음 수업 시간에 주의 집중력이 크게 떨어졌다.
② 어떤 특수한 자극들에 대하여 거의 모든 학생들이 일시적인 반사 행동의 모습을 보여주었다.
③ 연습을 많이 해도 변화가 없던 행동이 고학년이 되면서 자연스럽게 변화하였다.
④ 처음에는 해결하지 못한 문제를 여러 가지 방법으로 제시하였더니 해결되었다.
⑤ 학교급식을 통하여 신체 발육이 좋아졌다.

01. ④

주관식

01. 일반적 교수체제설계에서 분석 및 설계 과정의 주요 활동 각각 2가지만 제시 (4점) [2015학년도 중등 논술형]

다음은 A 고등학교 초임 교사들을 대상으로 진행한 학교장의 특강 내용 중 일부를 발췌한 부분이다.

한편, 사회가 학생들에게 새로운 역량을 요구하고 있고, 이를 키우기 위해 교사는 다양한 수업을 설계할 수 있어야 합니다. 제가 경험했던 많은 교사들은 다양한 수업을 시도해 보고자 하는 열정은 높았지만 새로운 수업 방법이나 모형을 활용하여 수업을 설계하거나 수업 상황에 맞게 기존의 교수·학습지도안을 적용하는 데 어려움을 느꼈습니다. 다양한 교수체제설계 이론과 모형이 있지만 분석, 설계, 개발, 실행, 평가의 과정이 일반적이라고 생각합니다. 이 중 분석과 설계는 다른 과정의 기초가 되기 때문에 중요합니다. 수업 요소들이 서로 어떻게 관련되어 있는지 파악하여 여러분의 수업에 적용해 보시기 바랍니다.

∅정답키: <u>분석-요구분석, 학습자 분석</u>
<u>설계-학습 목표 설정, 평가도구 설계</u>

객관식

02
체제적 수업 설계의 필요성과 거리가 먼 것은? (05, 초등)

① 수업에 관한 전체적인 틀을 제공함으로써 수업을 개선할 수 있다.
② 수업 중에 일어난 예기치 못한 상황에 즉각적으로 대처할 수 있다.
③ 수업목표, 수업내용, 수업방법, 매체, 평가 등을 일관성 있게 계획할 수 있다.
④ 학습자의 요구 분석과 과제 분석을 통해 학습자에게 적절한 수업목표를 설정할 수 있다.

03
행동주의가 교수설계에 주는 시사점으로 가장 적절한 것은? (00, 중등)

① 피드백의 중요성을 강조한다.
② 사고의 과정과 탐구기능을 강조한다.
③ 학습자의 능동적인 참여를 강조한다.
④ 학습자의 내재적 동기의 중요성을 강조한다.

02. ② / 03. ①

---

2. 수업변인

일반변인

변수	내용
학습자 변수	• 지적 측면: 지능, 교직훈련, 언어모형　• 정의적 측면: 성격, 가치관, 학생관
수업변수	• 수업절차변수: 도입, 계획, 전개, 정리, 평가 • 수업활동변수: 교사 중심활동(강의 형태의 수업), 학습자 중심활동(Program 학습이나 토의식) • 교수매체변수 • 수업조직변수: 교사조직(학급담임제, 교과담임제, 팀담임제, 직능별 협력업체 등), 학습자조직(대집단, 중집단, 소집단, 개인능력별 집단, 혼성집단 등)
학습과제변수	• 행동: 인지적, 정의적, 심리운동적 행동　• 내용: 용어, 사실, 절차, 법칙, 통칙, 이론
환경변인	• 지역사회환경, 학교환경, 가정환경
교사변인	• 지적 투입행동: 학습적성, 일반지능, 관련 선수학습 정도, 학습양식 • 정의적 투입행동: 학습동기, 학습흥미, 학습에 대한 자신감, 자아개념

던킨 비들

① 전조변인(개인변인, 교사변인): 교수자의 지적·정서적·기능적 특성이 전조변인의 중핵을 이룸
② 맥락변인(상황변인): 2가지의 맥락변인 중 하나는 학습자에 관한 것이고, 하나는 물리적 환경
③ 과정변인과 결과변인: 전조변인과 맥락변인은 과정변인으로 통합되어 작용

3. 교수설계 철학

교수설계
① 교수설계는 수업의 효과를 증진시킬 수 있는 최적의 교수방법을 처방하는 조직적 절차
② 교수설계(ID)를 교수체제설계(Instructional Systems Design : ISD)의 의미로 호환하여 사용
③ 교수학습에 효과성, 효율성, 일관성 등을 제공

행동주의
① 행동 목표 제시: 학습목표는 학습자가 성취해야 하는 결과를 명세적 수업목표로 진술
② 외재적 동기의 강화: 바람직한 행동을 유발하기 위해서 행동의 결과로 주어지는 외적 강화를 강조
③ 수업 계열: 수업은 쉬운 것에서 어려운 것, 복잡하고 어려운 문제를 단순한 것으로 세분화
④ 준거지향평가: 목표인 명세적 행동은 평가하고, 그 결과에 따라 피드백이 제공되어야 함

인지주의
① 사고의 과정과 탐구 기능의 교육을 강조: 학습자의 내적인 인지 과정을 촉진할 수 있도록 설계
② 정보처리 전략의 활용: 학습자 스스로가 새로운 정보를 처리할 수 있도록 인지처리 전략을 가르쳐줌
③ 내재적 학습동기의 강조: 흥미, 관심, 필요성, 자발성 등을 유도하여 내적 동기를 강조
④ 발견과 탐구 평가: 평가의 중요한 대상은 기억력이 아니라 문제를 탐구하는 능력과 발견하는 능력

구성주의
① 학습자 중심 학습: 지식은 개인의 인지적 사회적 과정에서 구성. 학습자는 자신의 지식을 구성하기 위해 자기주도적 학습과 학습에 대한 주인의식을 가짐(학습에 대한 책임의식, 자기주도적 학습)

② 자아성찰적 실천 : 학습자는 자신의 지식을 구성하는 과정에서 계속적 성찰과정이 필요
③ 실제적 과제와 맥락 강조 : 학습과제는 비구조화된 맥락에서 실천적 과제로 제시되어야 함
(문제해결중심 학습 : 지식이 적용될 수 있는 비구조적 문제를 중심으로 학습을 제공)
④ 협동학습 강조 : 학습자 개인의 지적 발달은 공동체와의 상호작용과 밀접한 관련을 맺음
⑤ 수행평가 강조 : 학습자가 문제를 해결하고 지식과 기능을 새로운 상황에 전이할 수 있는 능력에 초점을 둠. 개인의 인지적 과정과 지식의 전이에 초점 두고, 수행평가와 역동적 평가에 중점을 둠
⑥ 조력자로서 교사 : 학습자 의미를 구성하는 과정을 도와주는 안내자나 촉진자, 학습을 함께하는 동료학습자

4. 교수체제 설계(ISD)

ADDIE

ISD의 과정	역할(기능)	세부단계(활동)	산출물
분석 (Analysis)	학습내용(What)을 정의하는 과정	요구, 학습자, 환경, 직무 및 과제 분석	요구, 교육목적(Goal), 제한점, 학습과제
설계 (Design)	교수방법(How)을 구체화하는 과정	수행목표 진술, 평가 도구 설계, 조직화와 계열화, 교수전략 및 매체 선정	수행목표, 교수전략 등을 포함한 설계명세서
개발 (Development)	교수자료를 만드는 과정	교수자료개발, 형성평가 및 수정·제작	완성된 프로그램
실행 (Implementation)	프로그램을 실제의 상황에 설치하는 과정	프로그램의 사용, 설치, 유지 및 관리	실행된 프로그램
평가 (Evaluation)	프로그램 적절성의 결정 과정	총괄평가	프로그램 가치 및 평가보고서

딕 캐리

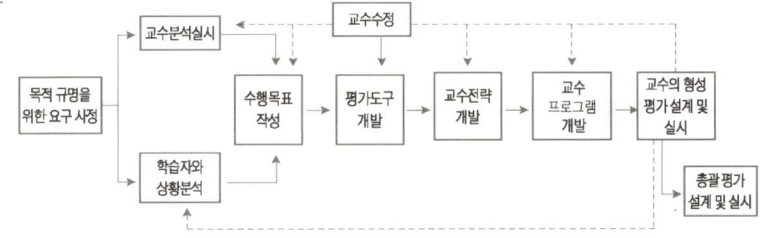

① 교수목표 확인 : 요구분석에 따라 교수목표를 설정하는 단계. 가네 목표진술 (요구분석은 교사 기대 수준과 학습자 현 수준을 파악하는 것)(교수목표는 단원목표 유사함)
② 교수분석 : 학습과제를 분석하고 하위 과제를 분석하는 단계
③ 학습자 및 상황 분석 : 학습자의 특성이나 학습 상황이나 환경을 분석
④ 수행목표 기술 : 수업이 끝났을 때 성취해야 할 목표들을 구체적으로 진술. 앞의 교수목표를 달성 가능한 단계로 세분화한 수업목표(메이거 수업목표 진술)
⑤ 평가도구 개발 : 수행목표의 도달여부를 확인할 수 있는 준거지향 검사문항을 개발
⑥ 교수 전략 개발 : 목표 성취를 위한 수업운영 방법 결정. 수업 전 활동, 정보제시활동, 학습자참여활동, 평가활동, 사후활동에 대한 전략을 개발
⑦ 교수 프로그램 개발 : 실제로 가르칠 수업자료를 선택하거나 개발하는 단계. 수업전략 개발 단계에서 결정된 전략들에 따라 사용할 수업자료 및 프로그램을 개발

객관식

04
〈보기〉의 활동에 해당하는 일반적 교수체제 설계모형의 단계는? (07, 영양)

| 보기 |
- 교수자료의 효과성과 효율성을 확인한다.
- 교육프로그램의 효과성과 효율성을 검증한다.
- 해당 자료나 프로그램의 문제점 파악 및 수정사항을 결정한다.

① 분석단계 ② 설계단계
③ 개발단계 ④ 평가단계

05
딕과 캐리(W.Dick & L.Carey)의 체제적 교수 설계 모형에서 (가), (나) 단계에 해당하는 것은? (04, 초등)

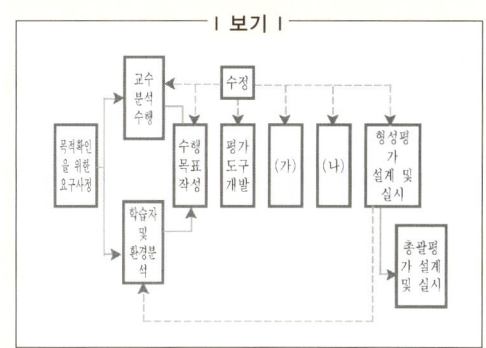

(가)	(나)
① 교수전략 개발	관리전략 개발
② 교수전략 개발	교수자료 개발 및 선정
③ 교수자료 개발 및 선정	조직전략 개발
④ 교수자료 개발 및 선정	전달전략 개발

04. ④ / 05. ②

---

02. 딕과 캐리(Dick & Carry) 모형에서 개발해야 할 교수전략 2가지 제시 (2점) [22, 중등 논술형]

| 송 교사 | 이제 교실 수업에서 사용할 교수전략을 개발해야 하는데 딕과 캐리(Dick & Carry)의 체제적 교수설계모형을 적용하려고 해요. 이 모형의 교수전략개발 단계에서 개발해야 할 교수전략이 무엇인지 생각 중이에요. |

∅정답키: 프로젝트 기반 학습, 토의·토론 모형 등

객관식

⑧ 형성평가 : 교수 프로그램에 대한 형성평가를 실행(내부 전문가)
⑨ 교수 프로그램 수정 : 형성평가의 결과에 의해 잘못된 곳을 수정하고, 전 과정을 종합적으로 검토 및 수정
⑩ 총괄평가 : 교수 프로그램을 실행하고 그 결과에 대해서 총괄평가를 실행하는 단계. 교수설계과정은 아니고 별도의 평가자에 의해 총체적 가치 평가(외부 전문가)

	형성평가	총괄평가
목적	교수 프로그램을 수정하기 위하여 교수 프로그램의 단점을 찾는데 있음	현행 교수 프로그램을 계속 사용할 것인지 새로운 교수 프로그램을 채택할 것인지를 결정하기 위하여 교수 프로그램의 장단점을 확인
단계	일대일, 소집단, 현장 평가	전문가 검토, 현장 평가
프로그램 개발과정	체제적으로 설계되고 조직의 요구에 맞춤	체제적 접근을 반드시 따르지는 않음
교수 프로그램	한 종류의 교수 프로그램	한 종류 혹은 여러 종류가 경쟁하는 교수 프로그램
평가자의 위치	내부전문가, 설계와 개발팀의 구성원	외부전문가
결과	교수 프로그램을 수정하기 위한 처방	설계, 절차, 결과, 추천 및 그 이유를 입증하는 보고서

교수 분석

목표 혹은 단계의 유형	하위 기능 분석의 유형
지적 기능	위계적 분석*
운동기능	위계적 분석*
언어적 정보	군집 분석
태도	통합적 분석

*위계적 분석은 절차적 단계를 포함

ASSURE

단계	세부단계
A (Analyze Learners) 학습자 분석	일반적 특성 (연령, 학력, 지위, 지적특성 등)
	특수한 선행학습 요소
	학습양식 (인지선택, 정보처리습관, 동기적 요소 등)
S (State Objectives) 목표 제시	학습대상자 (Audience)
	행동 (Behavior)
	학습의 조건 (Condition)
	평가정도 (Degree)
S (Select Strategies, Technology, Method, Media and Materials) 전략, 공학, 매체, 자료의 선정	수업 방법의 선정
	매체의 선정
	자료의 선택
U (Utilize Technology, Media and Materials) 공학, 매체, 자료의 활용	자료의 사전 경험
	제시 방법의 숙달
	환경의 정비
	학습대상자 준비시키기
	자료의 제시
R (Require Learner Participation) 학습자 참여의 요구	연습과 과제
E (Evaluate and Revise) 평가와 수정	학습목표의 평가
	도구와 방법의 평가
	교수 학습과정의 평가
	수정

06
〈보기〉에서 매체 선정 및 활용을 위한 ASSURE 모형에 관한 설명으로 옳은 것끼리 묶인 것은? (08, 중등)

| 보기 |

ㄱ. '요구사정' 및 '학습양식 분석'을 실시한다.
ㄴ. 학습자가 수업 중에 경험하게 될 일련의 학습활동을 수업목표로 제시한다.
ㄷ. 수업목표 달성을 위한 교수방법과 매체를 선택하고, 그에 따라 구체적인 교수·학습 자료를 선정한다.
ㄹ. 학습자에게 습득한 지식이나 기능을 연습할 기회와 피드백을 제공하여 적극적인 사고활동을 유도한다.

① ㄱ, ㄴ ② ㄱ, ㄹ
③ ㄴ, ㄷ ④ ㄷ, ㄹ

06. ④

NOTE

5. 명세적 수업목표(행동목표)

개념
- ① 명세적 동사(도착점 행동 동사, 학습자 행동으로 표현되는 동사, 외현적 동사)를 사용하여 수업목표를 진술
- ② '~을 열거한다.', '~을 발표한다.', '~을 서술한다.'
- ③ 일반적 수업목표는 일반적 동사(내현적 동사)로 수업목표를 진술하는 경우

진술 양식

타일러	메이거	가네
① 내용 ② 동사(행동) ③ 운동장 100M를 달릴 수 있다. 　(내용)　　(행동)	① 조건 ② 준거(기준) ③ 동사(행동) ④ 인조잔디 운동장 100M를(조건) 20초 이내에(준거) 달릴 수 있다.(동사) ⑤ 타일러 목표 진술에 도착점 행동의 도달 기준(준거)을 제시하여 학습결과를 명확하게 제시	① 상황 ② 도구 ③ 내용(대상) ④ 행위 동사(보조동사) ⑤ 역량 동사(주동사)
총괄평가의 준거로 적합	형성평가의 준거로 적합	

장점
- ① 교수학습 내용 명료화 : 수업목표를 구체화하고 세분화함으로써 교과의 내용 면을 명료하게 함
- ② 평가 도움 : 학습자가 목표에 도달했는지의 여부를 명확하게 평가
- ③ 수업계획 설립 : 교사가 수업을 조직적으로 계획하고 전개하는데 편리하고, 필요한 시간 낭비를 감소시켜 조직적인 수업진행이 가능
- ④ 수업방법 선정 : 수업목표가 세분화되면 목표 행동이 분명해져서 구체적 수업방법과 자료들을 선정에 도움
- ⑤ 수업방향 제시 : 명세적 수업목표는 수업(학습)의 방향을 이끌어주고, 수업 내용의 선정과 조직에 도움
- ⑥ 학습밀도 향상 : 불필요한 문제에 관심을 적게 쏟음으로써 학습(수업)밀도를 높임

단점
- ① 모든 목표를 명세적으로 표현 불가 : 감수성, 창의성, 미묘한 경험 등 질적인 면은 언어로 표현할 수 없음
- ② 교과목의 특성을 고려하지 않음 : 수학, 과학 등의 과목에는 적용하기 쉽고, 음악, 미술, 문학 등 예술 영역에는 어려움
- ③ 기준의 적용과 판단(평가)의 혼란 : 양적 평가에는 적용하기 쉽지만, 질적 평가에는 어려움
- ④ 수업 전에 수업목표를 명시하기 곤란 : 모든 수업목표를 수업 전에 진술하기 어려움(아이즈너 표현결과와 같은 경우)

* ①~③은 고차적이고 정의적 영역의 목표 설정에 어려움

아이즈너

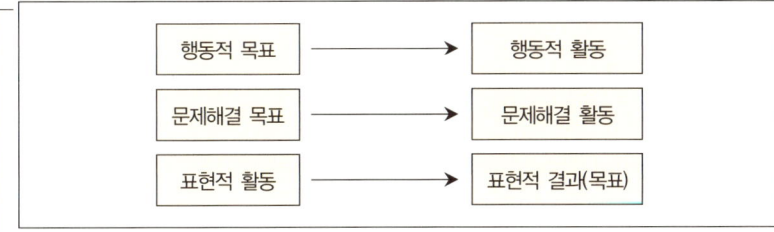

객관식

07

다음 〈보기〉는 메이거(Mager)의 수업목표 진술방법에 따라 수업목표를 진술한 것이다. 어떤 조건이 누락되었는가? (96, 초등)

| 보기 |

제수가 한자리수인 나눗셈에서 몫과 나머지를 구할 수 있다.

① 상황　　　　　② 수락기준
③ 도착점 행동　　④ 학습방법

07. ②

---

03. 학습목표 진술 방식의 문제점과 합리적 대안 [2점] [14, 초등 논술형]

| 지문 |

김 교사 : 그럼, 오늘은 바다에 사는 동물의 특징에 대해 살펴 볼거예요. 오늘의 학습 목표는······.
(학습목표가 진술된 문장 카드를 제시한다.)

　　바다에 사는 동물의 특징에 대해 알아보자.　　

∅ 정답키 : 문제점-학습목표가 불분명하여 학생이 인식하기 어렵고, 평가가 어려움
　　　　 대안-'바다에 사는 동물의 특징에 대해 알아보자.'→'바다에 사는 동물의 특징을 말할 수 있다.'

객관식

08
다음은 교육목표에 관한 타일러(R. Tyler)와 블룸(B. Bloom)의 견해를 대화 형식으로 구성한 것이다. (가)~(다) 에 들어갈 말을 바르게 나열한 것은? (11, 초등)

| 보기 |
타일러 : 저는 일찍이 (가) 의 입장에서 교육목표를 진술해야 한다고 말한 바 있습니다.
블 룸 : 예, 잘 알고 있습니다. 선생님께서는 또한 (나) 으로 이루어진 이원적 목표 진술을 강조하셨죠?
타일러 : 물론입니다. 그런데 선생님이 동료들과 함께 분류하려고 한 것은 그 중의 어느 것입니까?
블 룸 : 저희들은 그 두 차원 중에서 (다) 의 차원을 분류했습니다.

	(가)	(나)	(다)
①	교사	지식과 기능	기능
②	교사	내용과 행동	행동
③	학생	지식과 기능	기능
④	학생	지식과 기능	지식
⑤	학생	내용과 행동	행동

09
블룸(B. Bloom)의 인지적 영역 교육목표 분류와 크래쓰월(D. Krathwohl) 등의 정의적 영역 교육목표 분류에 대한 설명으로 적절하지 않은 것은? (10, 중등)

① 인지적 영역 목표의 분류 준거는 복잡성이다.
② 하위수준의 인지능력은 상위수준의 인지능력을 성취하기 위한 선행조건이다.
③ 정의적 영역 목표는 위계적으로 구성되어 있다.
④ 정의적 영역 목표의 분류 준거는 다양성이다.
⑤ 정의적 영역 목표는 감수, 반응, 가치화, 조직화, 인격화이다.

08. ⑤ / 09. ④

종류	특징	평가방식
행동목표 (behavioral objectives)	• 학생의 입장에서 진술, 행동용어 사용, 정답이 미리 정해져 있음 • 구체적 기술 연마에 적합	• 양적 평가 • 결과의 평가 • 준거지향 검사 사용
문제해결 목표 (problem-solving objectives)	• 일정한 조건에서 문제의 해결책을 발견, 정답이 정해져 있지 않음 • 지적 융통성, 탐구, 고도의 정신력, 깊은 흥미	• 질적 평가 • 결과 및 과정의 평가 • 교육적 감식안 사용
표현적 결과 (expressive outcomes)	• 조건, 정답 없음 • 활동의 목표가 사전에 정해지지 않고 활동하는 도중 형성 가능 • 교육적 가치가 있는 다양한 경험을 유도하여 생산적 활동을 창조	• 질적 평가 • 결과 및 과정의 평가 • 교육적 감식안 사용

6. 블룸분류

복잡성 원리

의의 — ① 타일러의 내용과 행동의 수업목표에서 행동의 영역을 세분화

인지적 영역

지식	배운 내용, 즉 사실, 개념, 원리, 방법, 유형, 구조 등의 기억을 의미
이해	배운 내용에 관한 의미를 파악하는 능력을 뜻하며 단순히 자료를 기억하는 수준을 넘어 자료의 내용이 다소 치환되어도 그 의미를 파악하고 해석하는 또는 추론하는 능력을 말함
적용	배운 내용, 즉 개념, 규칙, 원리, 이론, 기술, 방법 등을 구체적인 또는 새로운 장면에 활용하는 능력
분석	조직, 구조 및 구성요소의 상호관계를 이해하기 위하여 주어진 자료의 구성 및 내용을 분석하는 능력
종합	비교적 새롭고 독창적인 형태, 원리, 관계, 구조 등을 만들어내기 위하여 주어진 자료의 내용 및 요소를 정리하고 조직하는 능력
평가	어떤 특정한 목적과 의도를 근거로 하여 주어진 자료 또는 방법이 갖고 있는 가치를 판단하는 능력

내면성 원리

정의적 영역

수용	자극이나 활동을 기꺼이 수용하고 자발적으로 주의를 기울이게 되는 것과 같은 수용 민감성을 의미
반응	자극 또는 활동에 적극적으로 참여하고 자발적으로 반응, 그러한 참여와 반응에서 만족감을 얻게 되는 행동
가치화	특정한 대상, 활동 또는 행동에 대하여 의의와 가치를 직접 추구하고 행동으로 나타내는 정도
조직화	일관성 있는 가치체계를 내면화시키는 전단계로 서로 다른 수준의 가치를 비교하고 연관시켜 통합하는 것
인격화	개인의 행동 및 생활의 기준이 되면 가치관이 지속적이고 일관성 있고 또 그것이 그의 행동을 예측할 수 있을 정도로 확고하고 그 인격을 일부로 내면화된 정도를 의미

7. 심동적 영역

심슨 — ① 지각 : 감각기관을 통하여 대상과 대상의 특징 및 관계 등을 알아보는 과정
② 태세 : 신체적 준비 자세, 특정한 행동에 필요한 준비
③ 인도된 반응 : 타인의 지도 또는 조력을 받아서 나타나는 외현적 동작
④ 기계화 : 동작에 숙련도와 자신감이 높아져서 몸에 녹아든 상태
⑤ 복합적 외현 반응 : 비교적 복잡한 동작을 최소한의 노력과 시간으로 아주 자연스럽고 효과적으로 표현
⑥ 적응 : 문제 상황이나 특수한 욕구에 적합하게 숙달된 행위를 수정 또는 변화시키는 것
⑦ 독창성 : 개인의 특이한 행동을 개발하는 것

NOTE

- 해로우
  - ① 반사적 운동(Reflex Movements) : 개인 의사와는 무관하게 일어나는 동작 (소분절적 반사, 중분절적 반사, 초분절적 반사)
  - ② 초보적 기초운동(Basic-Fundamental Movements) : 반사적 운동의 통합, 발달에 따라 나타나는 좀 더 높은 수준의 운동기능(이동 동작, 입상 동작, 조작 동작)
  - ③ 운동지각능력(Perceptual Abilities) : 시각적·청각적 및 촉각적 자극에 대하여 해석하고 환경에 대한 운동을 조정하는 운동기능(근육감각을 통한 변별력, 시각적 변별력, 청각적 변별력, 촉각적 변별력, 협응적 운동능력)
  - ④ 신체적 기능(Physical Abilities) : 체력과 근육운동, 민첩성과 같은 반응, 활동 등의 신체적 기능(지구력, 체력, 유연성, 민첩성)
  - ⑤ 숙련된 운동기능(Skilled Movements) : 복잡한 운동기능을 수행하는데 나타나는 능률성, 유연성, 숙련성의 정도(단순적응기능, 혼성적응기능, 복합적응기능)
  - ⑥ 동작적 의사소통(Non-Discursive Communication) : 신체적 운동을 통한 의사 표현 및 교환 기능을 말하는 것(표현 동작, 해석동작)

8. 앤더슨 크랫소울
- 지식 차원
  - ① 사실적 지식 : 교과나 교과의 문제를 해결하기 위해 숙지해야 할 기본적 요소
  - ② 개념적 지식 : 한 체계나 구조의 구성요소들이 함께 기능을 하게 하는 구성요소들 사이의 관계
  - ③ 절차적 지식 : 무엇을 하는 방법, 탐구방법, 기능을 이용하는 준거
  - ④ 메타인지 지식 : 지식의 인지에 대한 인식, 지식과 인지 전반에 대한 지식
- 인지 과정
  - ① 기억하다 : 장기기억에서 관련된 지식을 회상하거나 인출
  - ② 이해하다 : 구두, 인쇄물, 그림 등으로 주어진 수업 자료의 의미를 구성하는 과정. 한 지식과 다른 지식의 관계를 인식하는 과정
  - ③ 적용하다 : 주어진 상황에 절차를 적용하는 과정. 절차를 이용하여 연습하거나 문제를 해결하는 과정
  - ④ 분석하다 : 자료를 구성요소로 나누고, 각 요소를 다른 요소와 또는 전체와의 관련성을 결정하는 과정
  - ⑤ 평가하다 : 특정 기준이나 준거에 따라 판단하는 과정
  - ⑥ 창안하다 : 요소를 종합하여 전체로 구성하는 과정. 요소들을 새로운 패턴이나 구조로 재조직
  * 블룸의 분류와 비교하면 종합을 창안으로 용어를 변경하고, 평가보다 높은 단계를 설정했다.

9. 수업분석
- 정의
  - ① 교시 스스로나 동료 교사 등 타인의 도움으로 교사가 교실 수업을 분석하는 것
- 목적
  - ① 교사들의 전문성 향상. 특히, 교사의 교수(수업) 능력 향상
  - ② 학생들의 학습 행동과 태도를 파악하여 학생지도를 위한 자료 수집
- 절차
  - ① 준비 및 설계 단계 : 누가, 어떤 목적으로 실시하는지를 확인하는 단계
  - ② 판단근거 수집 단계 : 수업분석의 기준을 설정하는 단계
  - ③ 판단 및 정리 단계 : 실제로 수업을 분석한 후 그 결과를 판단하고 정리하는 단계
- 수업 담당자
  - ① 자신의 수업을 개선한다는 신념이 필요
  - ② 자신의 수업을 개방할 수 있는 자세와 개선할 점을 겸허하게 받아들이는 자세가 있어야 함

객관식

10
다음에 활용된 수업 도입 전략으로 가장 적절한 것은? (11, 초등)

| 보기 |

김 교사는 신라의 역사에 관한 수업의 도입 단계에서 신라 건국 시조인 박혁거세의 탄생에 얽힌 전설과 즉위 후에 보여준 뛰어난 지도력에 대한 이야기를 들려주었다. 학생들은 김 교사의 이야기를 들으면서 수업시간에 배울 내용에 대해 흥미를 갖게 되었다.

① 심미적(aesthetic) 도입 전략
② 서술적(narrational) 도입 전략
③ 경험적(experiential) 도입 전략
④ 근원적(foundational) 도입 전략
⑤ 논리적-양적(logical-quantitative) 도입 전략

10. ②

NOTE

객관식

11

그림은 처방적 교수이론의 특징을 묘사한 것이다. 이에 대한 설명으로 잘못된 것은? (08, 초등)

ㅣ보기ㅣ

교수의 조건
교수의 결과
교수의 방법

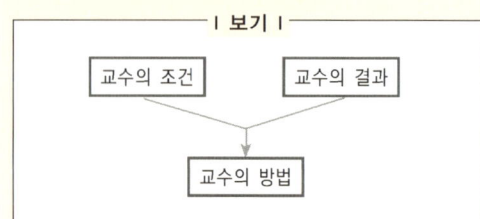

① 브루너(J. S. Bruner)가 말하는 교수이론의 특징이다.

② 교수의 결과는 사전에 기대했던 학습결과를 의미한다.

③ "~을 하기 위하여 ~을 해야 한다."는 규범적이고 당위적인 판단이 이루어진다.

④ 주어진 교수조건과 적용된 교수방법이 어떤 결과를 가져왔는지를 기술하는 데 중점을 둔다.

11. ④

수업 └ **참관자**
- ① 문제점을 진단하고 해결한다는 자세가 필요
- ② 수업과정에 대한 피드백을 제공하는 자세가 중요
- ③ 참관자 자신의 수업에 도움이 될 수 있는 기술을 찾는 자세가 필요

10. 플랜더스 분석법

의의
- ① 수업형태를 교사와 학생의 언어적 상호작용을 이용하여 분석(3초마다 언어를 분석함)
- ② 교사의 수업방법을 개선하고, 비지시적 수업과 학생의 바람직한 성장을 추구

범주
- ① 비지시적 언어 : 학생의 감정을 수용한 발언(범주 1), 학생의 생각을 수용하는 발언(범주 2), 칭찬·격려(범주 3), 대답을 기대하면서 하는 질문(범주 4)
- ② 지시적 언어 : 강의(범주 5), 비난(범주 6), 자신을 옹호하는 발언(범주 7)
- ③ 학생의 언어 : 자진발언(범주 8), 단순대응 발언(범주 9)
- ④ 침묵(범주 10)

특징
- ① 비언어 상호작용에는 적용되지 않고 언어상호작용에 한하여 분석이 가능
- ② 실험실습, 토의, 시범 등을 위주로 하는 수업분석에는 적용되지 않음
- ③ 주로 수업분위기와 관련되는 정의적 영역의 분석법
- ④ 교사와 학생의 대화나 기타 활동의 내용을 분류항목에 따라서 분류하여 그 결과를 수량화
- ⑤ 학생들의 학업성취나 민주적 태도의 향상에 도움

11. 글레이저

모형

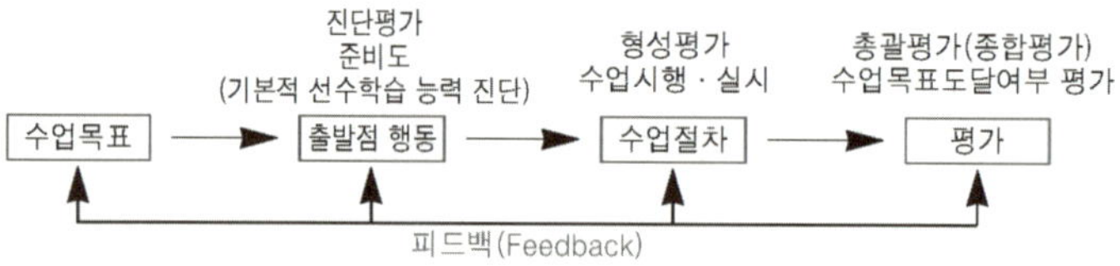

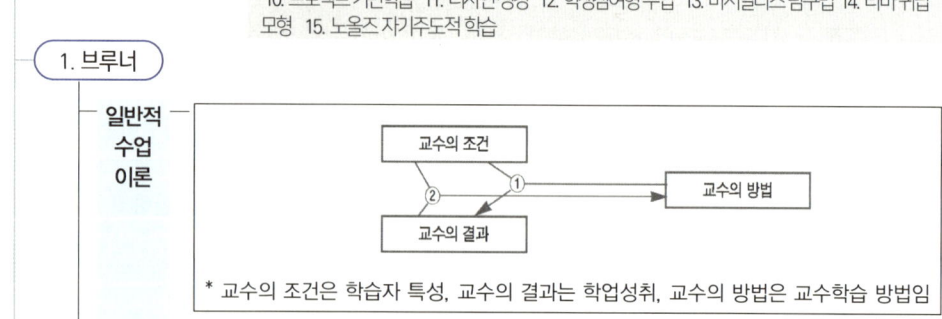

진단평가
준비도
(기본적 선수학습 능력 진단)
형성평가
수업시행 · 실시
총괄평가(종합평가)
수업목표도달여부 평가
수업목표
출발점 행동
수업절차
평가
피드백(Feedback)

12. 한국교육개발원

모형

계획단계
-학습과제분석
-수업계획
-실천계획
진단단계
-진단평가 실시
-학생 분류
-무결손(심화학습)
결손(교정학습)
지도단계
-도입
-전개
-정착
발전단계
-형성평가 실시
-평가결과토의분류
-심화·보충학습
평가단계
-총괄평가 실시
-결과 검토
-결과 활용

II.교수학습이론

1. 브루너 2. 오수벨 설명식(수용식) 3. 가네 4. 켈러 동기설계 5. 메릴 내용요소전시이론 6. 라이거루스 정교화이론 7. 완전학습이론 8. 듀이 문제해결학습 9. 킬패트릭 프로젝트법(구안법) 10. 프로젝트 기반학습 11. 디자인씽킹 12. 학생참여형 수업 13. 마시알라스 탐구법 14. 타바귀납모형 15. 노울즈 자기주도적 학습

1. 브루너

일반적 수업 이론

교수의 조건
①
②
교수의 방법
교수의 결과

* 교수의 조건은 학습자 특성, 교수의 결과는 학업성취, 교수의 방법은 교수학습 방법임

NOTE

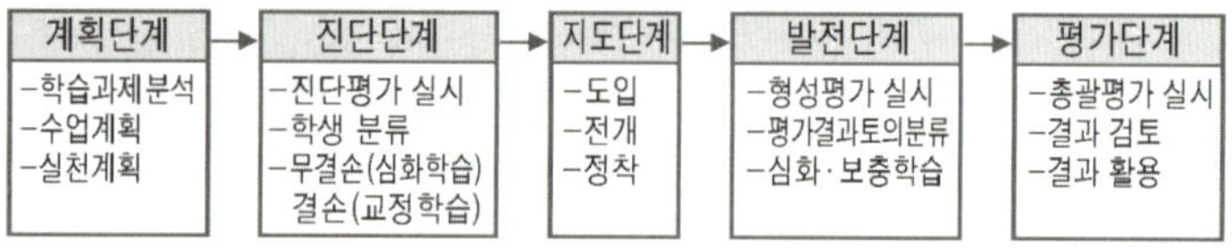

서술적 처방적

(1) 서술적 이론(①)
① 서술적 이론(Descriptive Theories)은 조건과 방법은 독립변인, 조건과 방법들의 상호작용에 의한 결과는 종속변인
② 서술적 이론들은 "만일 A라는 교수방법이 B라는 교수 조건(다양한 학습자 상황) 하에서 실행된다면 C라는 결과(학업성취)가 나타날 것이다."라는 형식의 명제를 구성
③ 다양한 학습자 특성인 교수의 조건과 일정한 교수의 방법(강의법, 서술적 방법)이 만나면 다양한 교수의 결과를 얻음

(2) 처방적 이론(②)
① 처방적 이론들(Prescriptive Theories)은 서술적 지식을 이용하여 변인들 사이의 관계를 파악하며 교수의 방법을 처방
② 교수의 조건과 결과가 독립변인, 방법은 종속변인이 됨. 즉, "B라는 조건 하에서 C라는 결과를 얻으려면, A라는 교수방식을 사용해야 한다."는 것임
③ 다양한 학습자 특성인 교수의 조건이 일정한 학업성취인 교수의 결과(결과의 교육평등)를 얻으려면, 학습자 특성을 잘 반영하는 교수의 방법(처방적)이 제시되어야 함(브루너 발견식 수업, 스키너 프로그램 학습)
④ 브루너는 교수이론은 서술적 이론보다는 처방적 이론이 바람직하다고 주장. 또 교수이론은 교수학습의 기준이 되어야 함을 강조함(교수이론의 규범성)

발견식

모형

독립변인 → 매개변인 → 종속변인
학습자 주변 환경 주위의 환경 → 인지 → 지식의 구조

① 발견식 수업은 학습자 주변 환경에서 지식의 구조를 발견하도록 하는 수업 모형

요소

1. 지식의 구조	① 학문의 중요한 개념이나 원리나 법칙 등을 말함 ② 학문의 독특한 사고방식을 담고 있고, 작동적·영상적·상징적 표현방식을 지님(EIS) ③ 어떤 연령의 학습자라도 표현방식만을 달리하면 어떤 지식의 구조든지 가르칠 수 있음 ④ 경제성이 높다는 것은 기억하기 쉽고, 이해하기 쉬움 ⑤ 생성력이 높다는 것은 적용하기 쉽고, 전이가 잘 됨
2. 계열성	① 지식의 구조를 계열화시키는 것이 중요 ② 지식의 구조를 심화·확대시킴 ③ 쉬운 것에서 어려운 것, 단순한 것에서 복잡한 것, 가까운 것에서 멀리 있는 것으로 지식의 구조를 배열
3. 학습경향성	① 학습자가 학습에 대한 의욕이 학습에 중요한 요소 ② 브루너는 기존의 준비도 개념을 버리고 학습경향성을 학습자의 학습준비도로 봄
4. 강화	① 학습자가 지식의 구조를 발견했을 때 가지는 희열감이 학습을 강화시키는 수단 ② 외적 강화보다는 학습자 스스로 느끼는 학습에 대한 충만감인 내적강화가 학습에 더 중요한 요소

2. 오수벨 설명식 수업

배경

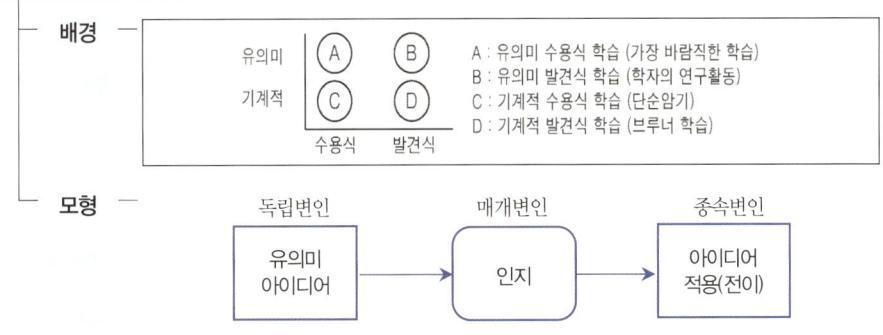

유의미 / 기계적 — 수용식 / 발견식
A: 유의미 수용식 학습 (가장 바람직한 학습)
B: 유의미 발견식 학습 (학자의 연구활동)
C: 기계적 수용식 학습 (단순암기)
D: 기계적 발견식 학습 (브루너 학습)

모형

독립변인 → 매개변인 → 종속변인
유의미 아이디어 → 인지 → 아이디어 적용(전이)

객관식

12
나선형 교육과정 이론에 관하여 잘못 말한 것은? (93, 서울 초등)

① 나선형 교육과정은 '가르치는 순서' 면에서만 볼 때에는 계열과 동일한 것으로 해석된다.
② 발달 단계에 따라서 가르치는 교과는 본질적으로 다르다.
③ 교육 내용의 핵심 개념은 초, 중, 고교는 물론 대학에까지 공통된 내용이 된다.
④ 어떤 교육 내용이든 올바른 방식으로 가르치면 어떤 발달 단계의 학생에게도 교육이 가능하다.

13
다음은 오수벨(D. Ausubel)의 선행조직자 교수모형이다. (가) 단계에서 교사가 수행하는 대표적인 교수활동으로 옳은 것을 〈보기〉에서 고른 것은? (12, 중등)

선행조직자 제시 → 학습과제와 자료제시 → (가)

┤ 보기 ├
ㄱ. 학습결과를 분석하여 선행조직자의 개선을 위한 자료를 수집한다.
ㄴ. 수업목표를 제시하고 점진적 분화의 원리에 따라 학습 자료에 나오는 개념이나 명제를 학습하도록 유도한다.
ㄷ. 학습자가 학습자료의 내용을 다른 시각에서 살펴보거나 숨겨져 있는 가정이나 추론 등에 대해 도전하게 한다.
ㄹ. 학습자료에 제시된 여러 가지 개념이나 명제들 사이의 공통점과 차이점을 학습자의 선행학습 내용에 근거해서 비교·설명하게 한다.

① ㄱ, ㄴ ② ㄱ, ㄷ
③ ㄴ, ㄷ ④ ㄴ, ㄹ
⑤ ㄷ, ㄹ

12. ② / 13. ⑤

---

04. 학문중심 교육과정 이론에 근거한 수업 전략 논의 [3점] [14, 중등 논술형]

> 성찰일지 #2 2014년 5월 ○○일 ○요일
>
> 중간고사 성적이 나왔는데 영희를 포함하여 몇 명의 점수가 매우 낮아서 답안지를 확인해 보았다. OMR카드에는 답이 전혀 기입되어 있지 않거나 한 번호에만 일괄 기입되어 있었다. 아이들이 시험 자체를 무성의하게 본 것이다. 점심시간에 그 아이들을 불러 이야기를 해 보니 학교에서 배우는 내용이 대학 진학을 하지 않고 취업할 본인들에게는 전혀 쓸모없이 느껴진다고 했다. 특히 오늘 내 수업 시간에 휴대전화만 보고 있어서 주의를 받았던 영희의 말이 아직도 귀에 생생하다.
> "저는 애견 미용사가 되려고 하는데, 생물학적 지식 같은 걸 배워서 뭐 해요? 내신 관리를 해야 하는 아이들조차 어디 써먹을지도 모르는 개념을 외우기만 하려니까 지겹다고 하던데, 저는 얼마나 더 지겹겠어요."라고 말하는 것이었다. 학교에서 배우는 기초 지식이나 원리가 직업 활동의 근간이 되기도 한다는 것을 어떻게 아이들이 깨닫게 할 수 있을까? 내가 일일이 다 설명해 주지 않아도 아이들이 스스로 교과의 기본 원리를 찾을 수 있게 하려면 어떤 종류의 과제와 활동이 좋을까? 이런 생각들로 머릿속이 복잡하던 중에, 오후에 있었던 교과협의회에서 수업 전문성 개발을 위한 장학 활동을 몇 가지 소개받았다. 이제 내 수업에 대해 차근차근 점검해 봐야겠다.

∅ 정답키: 발견식 수업

객관식

① 유의미 수용식(설명식)은 새로운 지식(아이디어)을 기존의 지식(인지 구조)과 잘 통합시켜 지식의 적용력을 향상시키는 수업 방법

1. 유의미 학습의 조건	①학습 과제의 논리적 유의미가: 유의미 학습이 일어나기 위해서는 학습할 과제 또는 학습 자료가 의미 있는 것이어야 함(실사성-확실한 명제/ 구속성-잘 변하지 않는 개념) ②학습자 인지 구조 내의 관련 정착 의미: 학습 과제 자체에 논리적 유의미가 있어야 할 뿐만 아니라 학습자에게도 그 과제와 연결될 수 있는 인지 구조가 있어야 함 ③학습자의 유의미학습 의향: 학습 과제를 인지 구조에 연결하는 학습자의 열의 혹은 준비태세인 학습의향이 있어야 함 ④학습과제에 논리적 유의미가 있고 학습자의 인지구조에 관련 부분이 있을 때, 그 과제는 학습자에 대하여 잠재적 유의미가를 가짐. 학습과제가 잠재적 유의미가를 지니고 있고 학습자가 학습의향을 갖추고 있을 때, 유의미한 학습이 일어나고 그 학습과제는 심리적 유의미가를 가짐
2. 선행 조직자	①설명조직자: 알고 있는 개념이나 일반화를 사용하여 새로운 지식을 인지에 정착시키는 조직자(포괄성, 일반성 지님) ②비교조직자: 알고 있는 지식과 비교하여 새로운 지식을 정착시키는 선행조직자(비슷한 일반성 지님)
3. 포섭	①파생적 포섭: 상위 개념으로 하위 개념을 학습하면서, 상위 개념이 변하지 않는 것(삼각형→이등변삼각형, 정삼각형) ②상관적 포섭: 상위 개념으로 하위 개념들을 학습하면서 상위 개념이 변하는 것 ③상위적 포섭: 하위 개념들을 포괄하는 상위개념을 학습하는 경우(개, 고양이→포유류) ④병위적 포섭: 그와 동일한 수준의 포괄성을 지닌 아이디어나 개념을 포섭 (흰색→검정색)
4. 주요 수업 원리	①점진적 분화의 원리: 일반적이고 포괄적인 것을 먼저 제시하고 점차 세분화 (설명선행조직자, 하위적 포섭) ②통합적 조정의 원리: 새로운 개념이나 의미는 이미 학습된 내용과 일치되고 통합됨(비교선행조직자, 상위적 포섭) ③선행학습 요약·정리, ④내용의 체계적 조직, ⑤선행조직자, ⑥학습준비도 원리 등

3. 가네

개념
① 교수(수업)의 목적은 학습자 내부의 학습 과정을 도와주는 것
② 학습자 내부의 학습과정에 따라 적절한 외부의 수업사태를 제시하는 것

학습 영역

학습의 영역	분석의 유형	설명
언어정보	군집 분석	• 언어로 표현될 수 있는 정보이며, 주로 명제적 지식의 형태를 취함
지적기능	위계적 분석	• 방법적 지식 또는 절차적 지식으로 여러 가지 기호나 상징(숫자, 문자, 단어, 그림, 도표)을 사용하여 환경과 상호작용할 수 있는 능력. 문제해결력이 핵심 • 정보의 지식(정의를 단순히 재생해서 재진술)과 지적기능(정의를 사용할 수 있음)을 구별해야 함 • 신호학습, 자극반응학습, 운동연쇄학습, 언어연쇄학습, 식별학습, 개념학습, 원리학습, 문제해결학습
인지전략	분석 안 됨	• 개인의 학습, 기억, 사고 행동을 지배하여 내적으로 조직된 기능. 즉, 학습자 자신의 내재적 정보처리 과정을 조정·통제하는 기능 • 일반적으로 상위인지(초인지)에 해당, 문제해결력을 조정하는 초인지에 해당
운동기능	위계적 분석	• 네모그리기, 자전거 타기 등 비교적 단순한 것에서 피아노 치기와 같이 복잡한 수준으로 되어 있음
태도	통합적 분석	• 개인이 여러 종류의 활동들 가운데 어느 것을 선택하는데 영향을 주는 능력. 즉, 학습자가 여러 종류의 활동, 대상, 사람들 중에서 싫어하거나 좋아하는 또는 찬성하거나 반대하는 등의 행위를 선택하도록 하는 내적 상태

14
〈보기〉의 내용과 모두 관계된 가네(R. Gagné)의 학습된 능력의 영역은? (07, 초등)

| 보기 |
- 학습이나 사고에 대한 통제 및 관리 능력이다.
- 다양한 상황에서의 문제해결 경험을 통해 개발된다.
- 비교적 오랜 기간에 걸쳐 습득되는 창조적 능력이다.

① 태도　　　　　　② 지적 기술
③ 인지 전략　　　　④ 언어적 정보

14. ③

---

05. 학습 동기 향상을 위한 학습 과제 제시 방안 3가지 설명 [4점] [15, 중등 논술형]

| 지문 |
또한 수업 전략 측면에서 볼 때, 수업에 흥미를 잃어가는 학생들이 있음에도 불구하고 교사는 학생들의 학습 동기를 높일 수 있는 전략을 적극적으로 사용하는 데 소홀했습니다. 수업 상황에서 학생들이 배워야 할 학습 과제 그 자체는 학생들에게 흥미로울 수도 있고 그렇지 않을 수도 있습니다. 교사가 수업에 흥미를 잃은 학생들에게 학습 과제를 어떻게 제시하느냐에 따라 학습 동기를 높일 수 있습니다. 내년에는 이들의 학습 동기를 향상할 수 있는 학습 과제 제시 방안을 마련하는 데 관심을 기울이고자 합니다.

∅정답키: 쉬운 것부터 어려운 것, 실용적 학습과제, 다양한 수준의 학습과제

수업사태

수업사태(외적)	학습단계(내적)	설명
1. 주의력 집중	주의력	학습자들의 주의력 획득
2. 수업목표제시	기대	학습이 끝났을 때의 조건이 무엇인지에 대한 기대감 제공
3. 선수학습 재생 자극	작동기억 재생	새로운 학습과 관련된 선수학습이 무엇인지 결정하고 그 것을 지적하거나 회상시킴
4. 자극 자료 제시	선택적 지각	학습자에게 학습할 내용을 제시하여 선택적 지각을 하도록 함
5. 학습안내 제공	부호화(장기기억 저장)	학습할 과제의 모든 요소들을 통합시키는 데 필요한 방법을 제시
6. 수행유도	반응	통합된 학습의 요소들이 실제로 학습자에 의해 실행됨
7. 피드백 제공	강화	수행이 얼마나 성공적이었고 정확했는지에 대한 결과를 알려줌
8. 수행평가	재생을 위한 단서 제공	다음 단계의 학습이 가능한지를 결정하기 위한 평가 실시
9. 파지와 전이 향상	일반화	새로운 학습이 다른 상황으로 일반화되거나 적용할 수 있는 경험을 제공. 반복과 적용

4. 켈러 동기설계(ARCS)

주의집중
* 주의집중(Attention): 학습내용에 대한 흥미를 유발
① 지각 각성(감각적 각성, 흥미포착): 새로운 접근 방식이나 개인적 성서석 소재를 도입해 호기심과 놀라움을 만듦(주변 환경 변화, 유머 사용, 시청각 효과, 비일상적 내용)
② 탐구 각성(탐구유발): 질문을 하고, 역설적 상황을 만들고, 탐구하는 태도를 이끌어내고, 생각을 자극해 호기심을 증가시킴(문제해결 활동 구상, 신비감 제공)
③ 다양성(변동성)(주의집중 유지): 다양한 제시 형식, 구체적 비유, 흥미로운 사례, 예상치 못한 사건 등을 통해 흥미를 유지(교수학습 변화, 교수자료의 변화)

관련성
* 관련성(Relevance): 긍정적 학습태도를 촉진하기 위해 개인 요구, 목표에 부합
① 목표지향성: 교육의 유용성을 설명하는 문장이나 사례를 제공하고, 목표를 제시(실용적 목표 제시)
② 동기 부합: 개인적 성취 기회, 협력활동, 지도력의 책임, 긍정적 역할 모델을 제공함으로써 학습 내용을 학습자의 동기나 가치와 부합하게 함(개인적 목표, 다양한 수준 목표 제시)
③ 친밀성: 학습자 일이나 배경과 관련된 구체적 사례와 비교하여 학습 자료와 개념에 대해 친밀감을 느끼게 함(친밀한 인물이나 사건 활용)

자신감
*자신감(Confidence): 성공적 학습을 주도적으로 할 수 있다고 믿게 하기
① 학습 요구(성공기대감): 성공 기준과 평가 기준을 설명함으로써 신뢰와 긍정감을 갖도록 함(성취기준 제시, 평가 기준 제시)
② 성공 기회: 학습 성공을 증가시키고, 다양하며, 흥미로운 경험을 제공하여 믿음을 증가시킴 (쉬운 것에서 어려운 과제 제시)
③ 개인적 통제: 개인적 행동을 통제할 수 있는 기술을 활용하고, 성공을 개인적 노력으로 피드백 함(노력이나 능력으로 성공 귀인)

만족감
*만족감(Satisfaction): 학업성취에 대한 보상을 주어 강화하기
① 자연적 결과(내재적 강화): 개인적 노력과 성취에 대한 긍정적인 감정을 강화하는 피드백과 정보를 제공(적용기회, 사례연구)
② 긍정적 결과(외재적 보상): 칭찬, 보상을 활용
③ 공정성(형평성): 수행요건을 진술된 기대와 일치시키고, 모든 학습자에게 일관된 기준을 사용(목표와 기대와 평가의 일치)

객관식

15
다음 교수활동에서 밑줄 친 부분은 가네(Gagné)의 9가지 수업사태 중 무엇에 해당하는가? (01, 초등)

> **보기**
> 최 교사는 교통안전 교육을 위해 교통 표지의 개념과 시험방법에 대해 교육하였다. 그 후 다양한 모양의 표지판을 여러 상황과 관련지어 제시하면서 학습자로 하여금 교통안전과 관련한 실제 상황에 적응할 수 있는 연습의 기회를 제공하였다.

① 주의집중 획득
② 학습자 수행 유도
③ 전이와 파지의 증진
④ 자극의 제시와 학습안내

16
ARCS 모형의 동기유발 요소별 활용전략으로 적절한 것을 〈보기〉에서 고르면? (09, 초등)

> **보기**
> ㄱ. 주의집중(Attention): 강의 형태의 일방적 정보 제시와 토론 등의 상호작용 위주의 교수·학습 방법을 적절히 혼합하여 수업에 변화를 준다.
> ㄴ. 관련성(Relevance): 학습자의 흥미와 일치하고 학습자에게 의미와 가치가 있는 학습과제, 목표, 활동 등을 제시한다.
> ㄷ. 자신감(Confidence): 학습자의 호기심과 탐구심을 자극하고 학습에 대한 기대감을 갖게한다.
> ㄹ. 만족감(Satisfaction): 다양한 난이도의 과제를 제공하고, 학습자가 학습 속도, 상황의 복잡성 등을 스스로 조절하도록 한다.

① ㄱ, ㄴ
② ㄱ, ㄷ
③ ㄴ, ㄷ
④ ㄴ, ㄹ
⑤ ㄷ, ㄹ

15. ③ / 16. ①

---

06. 학생이 적정수준의 학습 동기를 갖지 못하는 원인과 교사가 활용할 수 있는 수업 방안 4가지씩 [8점] [12, 초등 논술형]

∅정답키: 주의집중-시청각 자료, 자신감-적정수준의 난이도, 만족감-적용, 관련성-실용적 목표

객관식

17
〈보기〉에 제시된 학습 목표를 메릴(Merrill)의 구인제시 이론(Component Display Theory)의 '내용×수행' 이원 분류 행렬로 바르게 나타낸 것은? (02, 초등)

| 보기 |
- 논설문 작성 방법을 사용하여 자신의 의견을 주장하는 글을 쓸 수 있다.
- 인터넷을 사용해 과제 수행에 필요한 자료를 찾을 수 있다.

① 개념 × 발견   ② 원리 × 발견
③ 절차 × 활용   ④ 사실 × 활용

18
라이겔루스(C. Reigeluth)의 개념학습은 개념의 제시, 연습, 피드백의 순서로 진행된다. '제시'단계에 해당하는 것을 〈보기〉에서 모두 고른 것은? (09, 중등)

| 보기 |
ㄱ. 칭찬이나 격려를 하거나 오답에 대해 왜 틀렸는지를 설명한다.
ㄴ. 포유류가 아닌 예와 포유류인 예를 동시에 들면서 변별하게 한다.
ㄷ. 다양한 문항을 통하여 이전에 본 적이 없는 사례에 포유류 개념을 적용해 보도록 한다.
ㄹ. 포유류의 정의나 결정적 속성을 가르치거나, 가장 쉽고 전형적인 예를 가지고 설명한다.
ㅁ. 가변적 속성을 지닌 고래, 말, 캥거루 등의 다양한 사례를 통하여 포유류 개념을 일반화하게 한다.
ㅂ. 포유류와 다른 개념들을 비교하여 분석하게 하거나, 포유류의 특성이 환경에 적응하는 데 어떻게 영향을 미치는지 파악하게 한다.

① ㄴ, ㅂ
② ㄱ, ㄹ, ㅂ
③ ㄴ, ㄹ, ㅁ
④ ㄱ, ㄴ, ㅁ, ㅂ
⑤ ㄴ, ㄷ, ㅁ, ㅂ

17. ③ / 18. ③

5. 메릴 내용요소전시 이론

개념
① 가네의 학습이론의 영향을 받은 미시적 교수설계이론으로 떨어진 하나의 아이디어를 교수하는 방법을 처방하는 이론
② 목적은 수행×내용 매트릭스의 각 칸에 해당하는 학습결과를 얻기 위해 어떠한 교수 활동이 최적인가를 밝히려는 것

매트릭스

제시형
① 일차제시형

	설명 Expository(E)	질문(탐구) Inquisitory(I)
일반성 Generality(G)	EG "법칙"	IG "회상"
사례 Instance(eg)	Eeg "예"	Ieg "연습"

② 이차제시형 : 일차제시형과 함께 제시(맥락, 선수학습, 암기법, 도움말, 표현법, 피드백)

6. 라이거루스 정교화 이론

기초
① 교수내용을 선택, 계열화, 종합, 요약하기 위한 적절한 방법을 제공하려는 거시적 수준의 조직이론
② 줌렌즈 방법은 전체 학습내용의 개요를 학습하고 난 후, 개요를 부분별로 세분화한 상세한 내용을 학습하고, 다시 전체의 개요를 학습하는 방식으로 점진적으로 학습을 정교화 해 가는 것을 말함(전체와 부분 간의 관계를 반복)

정교화
① 개념적 정교화 : 학습할 개념들을 조직화 하는 일
② 절차적 정교화 : 기술을 획득하는 최적의 절차나 과정을 계열화하는 것
③ 이론적 정교화 : 학습할 이론들을 조직화하는 일

전략
① 정교화 계열 : 교수 학습 과제 조직에 있어서 단순에서 복잡으로 계열화
② 선수학습 요소의 계열화 : 학습의 구조, 학습위계에 기초를 둔 전략임
③ 요약자 : 학습한 내용을 체계적으로 복습하는데 사용되는 전략 요소
④ 종합자 : 학습 내용을 여러개를 통합하는 방법, 사상의 심도 있는 이해를 촉진
⑤ 비유 : 새로운 정보를 학습자가 이미 습득한 친숙하고 의미 있는 조직된 지식과 연관시키는 기능
⑥ 인지전략 활성자 : 학습자가 포괄적이고 일반적인 지식을 사용하도록 학습자의 인지과정 활성화
⑦ 학습자 통제 : 학습자 스스로가 어떻게 학습할 것인가를 통제할 수 있도록 하는 전략

교수 조건

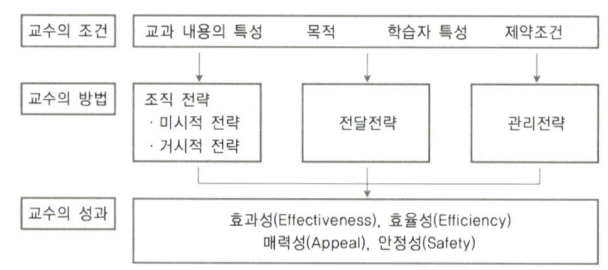

교수전략

전략	조직전략			관리전략	전달전략
	미시 전략		거시전략		
방법		일상적	심화	위계·순서	조직전략·전달 전략의 관리 : 개별화 등	내용의 전달· 제시방법: 매체, 교사
	방식	제시	필요시 제시			
		연습				
		피드백				

개념학습

		일상적 방식	심화방식
제시	일반성	이름, 상위개념, 결정적 속성	주의집중, 표상의 다양성, 알고리즘
	사례	결정적 속성을 지니는 새로운 것	사례의 숫자, 난이도 증가순서 주의집중, 표상의 다양성 대응적 비사례
연습	연습	결정적 속성을 지니는 새로운 것 (다양성)	연습 문항의 숫자 난이도 증가 순서
피드백	피드백	정보제공	주의집중, 표상의 다양성
		동기유발	칭찬 혹은 격려

7. 완전학습 이론

개념 ① 완전학습이론은 계속적인 반복(연습)을 통해 완전학습이 가능하다는 행동주의 심리학을 토대로 발생

캐롤 완전학습
① 학교 학습 모형

$$학습정도 = f\left(\frac{학습에\ 투입한\ 시간\ (학습기회,\ 지구력)}{학습에\ 필요한\ 시간\ (적성,\ 교수이해력,\ 교수의\ 질)}\right)$$

② 학습을 백분율로 표시한다면 학습에 필요한 시간량과 실제로 학습에 투입한 시간량이 같을 때 학습의 정도가 100%가 된다는 것

학습자
① 적성 : 적성은 주어진 학습과제를 학습하는데 요구되는 학습자의 총 필요시간
② 교수(수업)이해력 : 수업이나 수업자료를 이해하는 데 요구되는 일반적인 능력
③ 지구력 : 학습자가 학습을 위해 사용하려고 하는 총 시간량

교사
① 교수(수업)의 질 : 학습과제 제시방법의 적절성을 의미
② 학습기회 : 주어진 학습과제를 위해서 허용되는 총 시간량을 의미

블룸 완전학습
① 완전학습은 학급의 약 95%의 학생들이 주어진 학습과제의 약 90% 이상을 완전히 학습하는 것(부적분포)
② 불완전학습은 1/3 학생이 충분한 학습을 하고, 1/3 불충분한 학습, 1/3 실패하리라고 기대(정상분포)

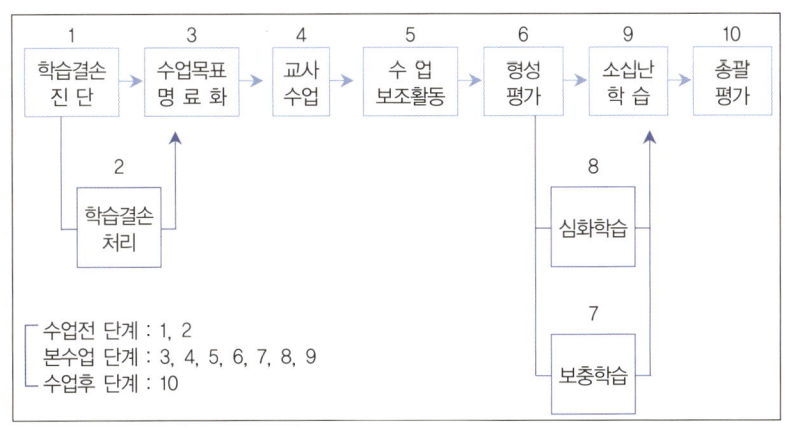

객관식

19
캐롤(Carroll)의 학습모형에서 '학습에 필요한 시간량'에 해당되는 것을 바르게 묶인 것은? (97, 초등)

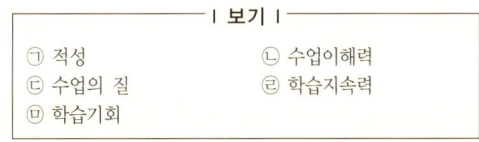

① ㉠, ㉡, ㉢
② ㉠, ㉡, ㉣
③ ㉡, ㉢, ㉣
④ ㉢, ㉣, ㉤

19. ①

8. 듀이 문제해결 학습

- **의의**
  - ① 문제해결학습은 새로운 문제가 생겼을 때 그 문제를 해결하는 과정에서 이루어지는 학습방법
  - ② 학생이 당면하는 여러 문제들을 해결해 나가는 과정 중 지식, 기술, 태도 등을 종합적으로 획득하도록 하는 학습방법
  - ③ 문제해결을 위한 반성적 사고(지력)를 함양하는 것을 목적

- **모형**

  문제인식 → 해결계획(가설설정) → 자료수집 → 활동전개(가설검증) → 평가·검토

9. 킬패트릭 프로젝트법(구안법)

- **의의**
  - ① 학생이 마음속으로 생각하고 있는 것을 외부에 구체적으로 실현하고 형상화하는 것
  - ② 학생 스스로가 계획을 세워서 수행하고 문제의 안을 스스로 구상하는 방법

- **모형**

  목적 → 계획 → 수행 → 평가

- **장점**
  - ① 학습의 흥미에서 출발하므로 학습에 대해서 확실한 동기가 형성됨
  - ② 학습을 통해 자주성과 책임감을 훈련시키는 데 도움이 됨
  - ③ 학교생활과 실제생활을 결부시킴

- **단점**
  - ① 학습자 자신의 계획에 의해 실시되므로 능력이 없는 학생은 시간과 에너지의 낭비가 됨
  - ② 문제를 해결하기 위하여 많은 자료가 필요하므로 자료를 얻지 못하여 실패하는 경우도 있음
  - ③ 집단적 구안학습이 이루어지는 경우 일부 우수한 학생이 독점하는 경향이 있음

- **비교**

공통점	차이점	
	문제해결학습	구안법
자발적, 능동적 학습이다. 스스로 행함으로써 배운다. 실생활과 연관되어 있다. 교재의 논리적 체계는 무시된다. 많은 자료가 필요하다.	반성적 사고를 기르는 것이다. 이론적, 상상적 문제를 해결하는 것이다.	실천적 사고를 기르는 것이다. 현실적, 물리적 문제를 해결하는 것이다.

10. 프로젝트 기반 학습

- **개념**
  - ① 듀이의 행함으로 배운다는 이념을 배경
  - ② 경험, 흥미, 성찰을 강조함
  - ③ 듀이, 킬패트릭, 카츠와 차드에 의해 발전

- **정의**
  - ① 프로젝트 기반 학습이란 일정한 기간 동안 학습자가 자기주도적으로 스스로 질문을 생성하여 관련 지식과 경험을 활용함으로써 질문에 대한 결과를 구체적 산출물의 형태로 만드는 학습방법 (블루멘펠트)

- **구성요소**
  - ① 주도적 참여
  - ② 탐구활동, 표현활동
  - ③ 만들어가는 교육과정

절차	학습과정		학습활동
	1. 준비하기		• 프로젝트 학습하기로 결정함 • 주제를 잠정적으로 결정함 • 교사의 잠정적 주제 작성하기 • 자원목록 잠정적으로 작성하기
	2. 주제결정하기		• 주제 확정하기 • 학생의 주제 관련 경험 끌어내기 • 학생과 함께 주제 작성하기
	3. 활동 계획하기		• 학습 소주제 결정하기 • 학습 활동 팀 구성하기 • 질문 목록 작성하기 • 학습 활동 계획하기 • 자원 확보하고 비치하기 • 가정통신문 보내기
	4. 탐구 및 표현하기	탐구하기	• 문헌조사, 현장조사, 현장실험, 자원인사 면담
		협의하기	• 토의하기(개별적 반성과 구성원 활동)
		표현하기	• 탐구 계획, 과정, 결과에 대한 표현활동 • 언어, 숫자, 그림, 입체, 신체 등
	5. 마무리하기	전시 발표하기	• 문집(신문, 잡지 등), 그림, 구성물, 멀티미디어(사진, 비디오)
		반성하기	• 개인 및 집단 반성하기
	6. 평가하기(총괄평가)		• 작품분석, 일화기록, 체크리스트, 면접, 가정조사서, 사회성 측정법

(6. 형성평가)

11. 디자인 씽킹

개념
① 디자인 씽킹(Design Thinking)은 사람과 사물에 대한 공감적 관찰을 통해 문제를 인간 중심으로 해석하고, 문제를 명확히 정의한 후, 아이디어를 시각화하고, 프로토타입을 빠르게 제작하여, 반복적으로 테스트를 수행하는 혁신적인 방법
② 디자인 씽킹을 문제 중심 학습이나 프로젝트 기반 학습에 활용하면 교육적 효과가 높음

절차
① 공감하기(Empathize) : 대상자의 입장과 그가 처한 상황을 공감적으로 관찰함으로써 문제점을 발견한다. 대상자를 직접 만나서 대화를 나누어보는 것이 가장 효과적임
② 정의하기(Define) : 문제를 파악하고 정의를 한다. 문제의 대상, 원하는 요구, 필요 가치를 간결하게 문장으로 표현
③ 아이디어 구상하기(Ideate) : 사용자를 위해 다양한 해결책을 탐색한다. 브레인스토밍, 로직 트리, 디딤돌 기법, 연관도 등을 활용하여 폭넓은 발산적 사고를 펼침
④ 프로토타입 만들기(Prototype) : 추상적 아이디어를 구체적이고 시각적으로 표현함으로써, 사용자에게 경험을 제공하고 상호작용할 수 있는 미완의 모델을 의미
⑤ 테스트하기(Test) : 사용자에게 프로토타입을 사용할 기회를 제공하여 해결책을 다듬어 발전시킴

12. 학생참여형 수업

개념
① 다른 협동학습, 문제중심학습, 프로젝트중심학습과 같이 학생들의 능동적 학습참여를 촉진하는 교수-학습 방법을 통칭(Hyun)(Acting Learning)(김나영, 강동희 참고)

```
                    ┌ ② 교수-학습 과정 전체에서 교수자 설명 중심의 강의식 수업을 지양하고, 학습
                    │   자가 학습내용과 관련하여 적극적으로 참여하는 수업을 지향
         ─ 특징 ─┤ ① 학습자의 지식 구성을 지원하는 상호작용 활동 : 소그룹으로 조직하여 학습과
                    │   제를 수행하는 협동학습의 팀원 간 상호작용이 팀워크, 의사소통, 자기주도
                    │   학습 등과 같은 소프트스킬에서 긍정적 결과를 이끌어낸다. (Astin, 1993)
                    └ ② 조력자로서 교사, 과정 중심 평가, 학습자의 사고와 성찰을 촉진 등
         ─ 방법 ─┬ ① 개별 : 돌발퀴즈, 1분 시험, 의문점, 정서반응, 일간지, 독서퀴즈, 손가락 신
                    │   호, 설명중지, 어항, 퀴즈 질문
                    ├ ② 짝 : 짝 공유, 동료교육, 짝문제해결, 직관퀴즈, 노트비교, 동료평가, 개념시험
                    └ ③ 그룹 : 직소모형, 토론, 협동학습, 활동검토, 칠판작업, 역할놀이, 개념지도, 배심토의
```

13. 마시알라스 탐구법

- 의의 — ① 마시알라스의 탐구교수법은 듀이의 반성적 사고과정을 중시하는 학습방법
- 모형 — ① 문제파악 → 가설설정 → 탐색 → 증거제시 → 결론 및 일반화

14. 타바 귀납모형

- 개념
  - ① 타바(Taba) 교수모형은 귀납적 모형(개념발달모형, 순차적 모형)이라고도 함
  - ② 누적학습이라고도 하며 브루너 발견식 모형과 유사
  - ③ 개념 학습에 많이 사용되는 모형
- 절차
  - ① 주제와 관련된 항목을 많이 나열
  - ② 비슷한 항목들을 집단으로 분류
  - ③ 집단 분류에 대한 이유를 정의하여 분류 집단의 명칭을 부여
  - ④ 다른 집단 아래 개별 항목이나 전체 집단을 포함시키거나 재분류
  - ⑤ 자료를 요약하고 일반화시킴

15. 노올즈 자기주도적 학습

- 정의
  - ① 노올즈는 페다고지를 교사주도 교육, 안드라고지를 자기주도 교육으로 사용
  - ② 노올즈는 자기주도적 학습(Self Directed Learning)을 개인이 솔선수범하여 자신의 학습욕구를 진단하고, 학습목표를 정하고, 학습에 필요한 인적·물적 자원을 탐색하고, 적절한 학습전략을 선택·시행하고 학습 결과를 평가하는 과정
- 자기조절 학습
  - ① 자기주도적 학습은 교사의 도움이 필요, 자기조절 학습(Self Regulated Learning)은 혼자서 적절한 학습전략을 사용
  - ② 학습의 기술과 의지를 바탕으로 학습과제를 분석하고, 목표와 계획을 수립하고, 기술을 적용하는 학습
  - ③ 4단계 : 학습과제 분석, 목표 설정과 계획의 고안, 전략 사용, 학습 조절
    *자기조절 학습은 학자들 사이에서 정의가 다양
- 자기주도 학습

기본가정	페다고지	안드라고지
알고자 하는 욕구	교사가 가르치는 것을 학습해야만 한다고 인식한다.	그들이 학습하기 전에 왜 그것을 학습할 필요가 있는지를 알고자 한다.
학습자의 자아개념	학습자의 자아개념 결과적으로 의존적 성격의 개념이 된다.	자기 자신의 결정과 삶에 책임을 진다는 자아개념을 가지고 있다.
경험의 역할	경험은 학습자원으로써 거의 가치가 없다. 경험은 교사, 교재집필자, 시청각 보조물 제작자의 경험이다.	질적으로나 양적으로 훨씬 풍부한 경험을 가지고 교육활동에 참여한다.

---

07. 자기조절 과정에서 목표 설정 및 계획 단계 이후의 지원 방안 2가지 [2점] [23, 중등 논술형]

학생 만족도 조사 결과
- 어려운 과제도 해결할 자신이 생겼어요.
- 공부하기 전에 목표를 설정하는 연습을 했던 것이 도움이 되었어요.

Q. 수업 내용과 과제의 수준이 적절하다.
(* 5점 리커트 척도)

분석 내용
수업 내용과 과제의 수준에 실질적인 변화가 없었 지만, 학생들의 만족도가 높아졌다. 이는 사회인지론 에서 제시한 자기효능감과 자기조절을 증진하기 위해 노력한 결과로 분석된다. 특히 자기효능감 형성에 영향을 미치는 숙달 경험과 대리 경험을 학생들에게 제공하고, 자기조절을 촉진하기 위해 학생들을 스스로 목표 설정 및 계획 단계를 실행하도록 한 것이 효과적 이었다. 향후 학생들의 자기효능감 향상을 위해 적절한 교수전략을 지속적으로 모색하고, 자기조절 과정에서 목표 설정 및 계획 단계 이후로 나아가도록 지원할 필요가 있다.

⊘정답키: 전략사용(수행)-학습방법 선택 조력, 학습조절(평가)-피드백과 성찰 지원

기본가정	페다고지	안드라고지
학습준비도	교사가 그들에게 학습하도록 강요하는 것들을 학습할 준비가 되어 있다.	자신의 실제 생활 상황에 효율적으로 대처할 수 있고, 또 그들이 알고자 하는 욕구가 있는 것들에 대해 학습할 준비가 되어 있다.
학습성향	학습에 대하여 교과 중심적 성향을 가지고 있다. 그들은 학습을 교재내용 습득으로 본다.	학습성향이 생활 중심적·과업 중심적·문제 중심적이다.
동기	외재적 동기에 의해 학습이 동기화된다.	외재적 동기에 반응하기도 하지만 보다 강력한 동기는 내적인 동기-직무 만족, 자아존중감 증진, 삶의 질 향상 등-에 의한 것이다.

III. 협동학습

1. 의의 2. 분류 3. 과제분담 학습모형(직소, Jigsaw) 4. 모둠탐구 모형(GI) 5. 협동을 위한 협동학습 모형(Co-op Co-op) 6. 모둠성취분담 모형(STAD) 7. 모둠게임토너먼트 모형(TGT) 8. 모둠보조개별학습 모형(TAI) 9. 함께학습하기(LT) 10. 읽기쓰기통합 모형 11. 일화를 활용한 의사결정 모형(ITGDME) 12. 찬반논쟁 협동학습 모형(PRO-CON) 13. 시뮬레이션 협동학습 모형 14. 짝 점검모형(Dyads) 15. 각본에 의한 협동 16. 또래지도 17. 온라인 협동학습 18. 위키피디아 19. 위키 협동학습 20. 구조중심 협동학습

1. 의의

- **정의** — 이질적 구성원들이 모여 개별적 책무성과 긍정적 상호의존성을 지니면서 이루어지는 모둠 학습의 형태

- **차이**

협동학습	전통적 소집단 학습
• 긍정적 상호의존성이 있음	• 상호의존성이 없음
• 개인적 책무성이 있음	• 개인적 책무성이 없음
• 구성원의 이질성	• 구성원의 동질성
• 리더십을 공유함	• 한 사람이 리더가 됨
• 서로에 대한 책임을 공유함	• 자신에 대해서만 책임을 짐
• 과제와 구성원과의 관계지속성 강조	• 과제만 강조
• 사회적 기능을 직접 배움	• 사회적 기능을 배우지 않음
• 교사의 관찰과 개입	• 교사는 집단의 기능에 무관심

- **효과**
  ① 높은 학업성취도, 비판적 사고력이나 문제해결력 등과 같은 고급 사고력, 협력적 능력, 관점 채택능력이 획득
  ② 교과에 대한 태도나 동료에 대해 긍정적인 태도를 형성. 정신건강에 좋고, 사회성이 발달

- **무임 승차자 (승객)**
  ① 학습에 대한 개별적 책무성, 균등한 학습기회를 무시하고, 학습에 적극적으로 참여하지 않는 학습자를 지칭
  ② 무임승차자(Free-Rider)라는 표현과 개별적 책무성을 가지지 않는 학습자, 균등한 학습기회를 무시하는 학습자란 표현은 동일한 의미

- **봉효과 일벌레**
  ① 학습자가 협동학습을 할 때 다른 학습자에 비해 더 많이 기여하지만, 동일한 보상을 받는 것을 두려워하기 때문에 협동학습에서 노력을 줄이는 현상
  ② 협동학습에서 능력 있는 학습자들에서 봉효과(Sucker Effect, 빨판효과)가 나타남
  ③ 반대로 일벌레는 혼자서 모든 일을 맡아서 수행하려는 모둠학습자를 지칭함

객관식

20
다음의 내용 중 협동학습에 대한 설명으로 가장 적절한 것은? (01, 초등 보수)

| 보기 |

ㄱ. 학습자의 자발성과 창의성을 제한한다.
ㄴ. 학습자들이 동등한 입장에서 상호작용한다.
ㄷ. 학습자간에 서로의 능력과 지식을 공유할 기회가 많다.
ㄹ. 학습자는 집단의 성취도를 바탕으로 동일한 점수를 받는다.

① ㄱ, ㄴ   ② ㄱ, ㄹ
③ ㄴ, ㄷ   ④ ㄷ, ㄹ

20. ③

NOTE

객관식

21
다음과 같은 학습절차를 갖는 협동학습 유형으로 가장 적절한 것은? (12, 초등)

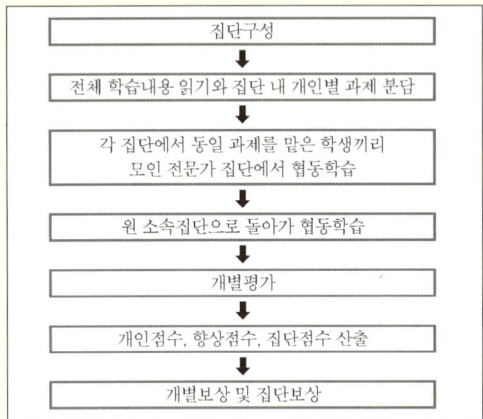

① 직소 Ⅱ(Jigsaw Ⅱ)
② 자율적 협동(Co-op Co-op)
③ 집단 조사(Group Investigations)
④ 팀 경쟁(Teams Games Tournaments)
⑤ 성취과제분담(Student Teams Achievement Divisions)

21. ①

2. 분류

유형

구분	내용
1. 과제 중심 협동학습	• 과제 분담 학습 모형(Jigsaw · JigsawⅡ · JigsawⅢ) • 모둠 탐구 모형(Group Investigation) • 협동을 위한 협동학습 모형(Co-op Co-op)
2. 보상 중심 협동학습	• 모둠 성취 분담 모형(Student Teams-Achievement Division)(STAD) • 모둠 게임 토너먼트(Teams Games Tournaments)(TGT)
3. 교과 중심 협동학습	• 모둠 보조 개별학습 모형 : (TAI) 수학 • 읽기 쓰기 통합 모형 : (CIRC)국어 • 일화를 활용한 의사결정 모형 : (ITGDME)사회
4. 기타 협동학습	• 함께 학습하기(Learning Together) 모형 • 찬반 논쟁 협동학습 모형(PRO-CON) • 시뮬레이션 협동학습 모형(Simulation Game) • 온라인 협동학습 모형 • 짝 점검 모형(Dyads)

3. 과제분담 학습모형(직소, Jigsaw)

절차

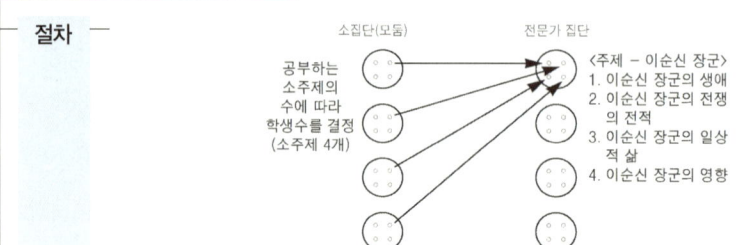

단계	활동내용
원 모둠 활동	한 단원의 수업주제는 소주제로 나뉘어 모둠 구성원 각자에게 하나씩 할당되며, 각 주제를 맡은 구성원은 그 소주제의 전문가가 된다.
전문가 활동	각 모둠에서 동일한 주제를 맡은 전문가끼리 따로 전문가 모둠을 구성하여 함께 학습활동을 한다.
원 모둠의 재소집	원 모둠으로 돌아와서 전문 지식을 모둠 내 다른 동료들에게 전수한다.

특징
① 구성원들 간의 극단적인 상호 의존적 환경을 구성
② 각 학습자는 학습 단원의 일부만 학습 자료로 제공받지만 학습 단원 전체로 평가받음
③ 구성원은 단원 전체를 공부하기 위해 다른 구성원들의 도움을 받아야 함

문제점
① 전문가들이 제 역할을 못했을 때, 나머지 학생들은 피해를 입음
② 전문가가 가져온 학습결과들을 그저 베끼는 수준에 머무는 경우가 많음
③ 학생들을 구체적으로 통제하기 힘들어 교사의 의도가 잘 반영되지 않음
④ 협동 학습에 상당히 익숙한 교사와 학생들이 아니면 실시하기 어려움

직소 Ⅱ, Ⅲ
① 직소Ⅱ : 과제 학습은 직소Ⅰ, 보상과 평가는 STAD 방식으로 함
② 직소Ⅱ는 직소Ⅰ이 끝난 다음에 바로 STAD 평가를 실시하는 것이고, 직소Ⅲ는 직소Ⅰ이 끝난 다음에 학습할 시간을 주고 STAD 평가를 실시하는 것

		단계	내용
Jigsaw Ⅲ	Jigsaw Ⅱ	1단계	원 모둠(Home Team) : 과제 분담 활동
		2단계	전문가 모둠(Expert Team) : 전문가 활동
		3단계	원 모둠(Home Team) : 동료 교수 및 질문 응답
		4단계	일정 기간 경과
		5단계	원 모둠 : 퀴즈 대비 공부
	Ⅱ	6단계	퀴즈(STAD평가 방법 사용)

* JigsawⅡ는 3단계 후에 바로 6단계 평가가 실시. JigsawⅢ는 4, 5단계를 거쳐 6단계 평가

4. 모둠탐구 모형(GI)

특징
- ① GI모형 중에 가장 널리 알려진 것은 텔렌(Thelen)(1960)의 모형
- ② 모형은 사회가 필요로 하는 타협의 형태를 모방한 것이며, 타협의 과정을 통하여 학문적 지식을 배우고 사회 문제를 해결하는 경험을 갖게 하려는 것

절차

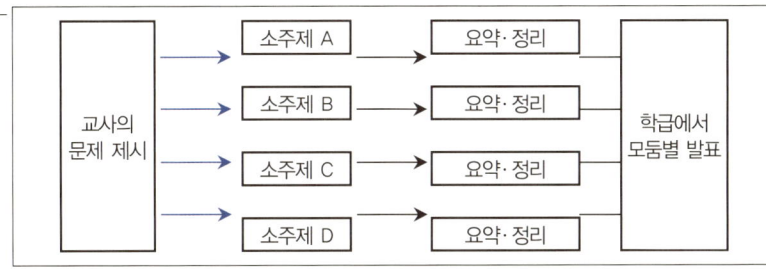

단계	학습활동
소주제와 모둠 조직	교사가 탐구 주제를 제시하면, 학생은 그 주제와 관련된 보다 구체적인 질문을 제기하며, 이러한 질문들을 범주화한다. 그 범주가 소주제가 되며 학생은 그들의 선택에 의해 소주제를 중심으로 탐구 모둠을 구성하게 된다.
탐구 계획 수립 및 역할 분담	각 모둠은 선택한 소주제에 대해 보다 구체적으로 무엇을 어떻게 연구하고, 누가 어떤 역할을 맡을지를 정한다.
모둠별 탐구 실행	학생들은 정보를 모으고, 조직하고, 그 정보를 이해하고 통합시키기 위해 의논한다.
모둠별 발표 준비	각 모둠은 전체 학급에 발표할 준비를 하되, 특히 자신들의 주제에 벗어나지 않을 것과 어떤 도구를 사용해서 발표할 것인지를 정하고 준비한다. 또한 교사와 함께 발표 일정을 협의한다.
발표	각 모둠은 전체 학급에 보고한다.
활동 평가	교사는 탐구 활동 중에 계속 평가를 하며, 개인 평가는 편집위원회에서 만든 보고서를 나누어 준 뒤 일정 기간이 경과한 후 시험을 통해 평가한다.

유의점
- ① GI모형은 절차나 활동이 구체적이거나 매력적이지는 않은 평범한 모형
- ② 중요한 핵심은 학습 활동에 민주주의적 요소가 꼭 들어가야 한다는 점
- ③ 학생들에게는 소주제를 선택하는 자유가 있고, 학습 계획을 스스로 만드는 자유도 있음

5. 협동을 위한 협동학습(Co-op Co-op)

특징
- ① 케이건이 고안한 모형으로 여러 모둠으로 구성된 학급 전체가 학습 과제를 협동으로 해결하기 위하여 모둠별로 협동학습을 하는 독특한 형태
- ② GI모형의 무임승차자를 해결하려고 만든 모형

모형

단계
- ① 학습 주제 선택 : 교사가 학습하고자 하는 학습 주제를 선택하고 학생들에게 제시, 학생들의 학습 동기를 유발
- ② 학생 중심 학급 토론 : 브레인스토밍을 통하여 정리하고 토론 작업을 통하여 학습 주제를 자기 것으로 내면화
- ③ 모둠 구성을 위한 소주제 선택 : 학생들이 학습하고자 하는 소주제들을 정리하고 이를 선택

객관식

22

다음과 같은 상황에서 학생들의 불만을 해소하면서, 김 교사가 추구했던 목적도 달성할 수 있는 교수–학습 방법으로 가장 적합한 것은? (02, 중등)

| 보기 |

경쟁의식이 지나쳐 학생들이 학습에 필요한 정보도 서로 교환하지 않는 교실문화에서 김 교사는 학생들의 협동심을 길러주기 위해 소집단 학습을 시도하였다. 그러나 몇몇 성적이 우수한 학생들이 자기 분담에서 열심히 참여하지 않은 학생들이 있음에도 모두 같은 점수를 받는 것이 공정하지 않다고 불만을 털어 놓았다.

① 토론
② 사례분석
③ 시뮬레이션
④ 자율적 협동학습(Co-op Co-op)

22. ④

객관식

23
슬라빈(Slavin)은 협동학습 시 집단 구성원간의 긍정적 상호의존성을 높여 무임승차를 줄일 수 있는 보상 방식을 제시하였다. 협동학습을 실시한 수업에서 A조의 성적이 다음과 같을 때, 슬라빈이 제시한 방식에 따라 A조에 대한 보상 여부를 결정한다면 다음 중 어느 방법이 가장 적합한가? (03, 초등)

시험시기 학생	4주	5주	6주	7주
갑	45	50	50	55
을	95	95	95	100
병	90	90	90	95
정	25	30	40	45
A조 평균				74
학급 평균				60

① 90점을 넘긴 두 학생에게만 보상한다.
② 학급 평균 이하인 학생이 50%이므로 모두에게 보상하지 않는다.
③ 모든 학습자가 이전 주에 비해 성적이 향상되어 모두에게 보상한다.
④ A조의 평균이 교사가 기대하는 80점을 넘지 못하여 모두에게 보상하지 않는다.

④ 소주제별 모둠 구성 및 활동 : 관심 있는 소주제별로 모둠을 구성하고 다양한 모둠 세우기 활동을 통하여 팀웍을 다짐
⑤ 소주제 정교화 : 소주제별로 모인 모둠에서 자기 소주제에 대하여 토의하면서 소주제를 정교화하고 연구 방향을 잡음
⑥ 미니 주제 선택과 분업 : 소주제 안의 미니 주제를 모둠원들이 분담
⑦ 개별 학습 및 준비 : 학생 개인이 자신이 맡은 학습과제를 학습하고 모둠 내 발표 준비를 함
⑧ 모둠내 미니 주제 발표 : 각자가 학습한 결과를 나눔. 발표 시 이끔이, 기록이 등의 역할을 나누어 발표
⑨ 모둠별 발표 준비 및 학급 발표 : 모둠별로 준비하고 학습 자료를 제작하여 학급 전체 학생들에게 발표할 시간을 가짐
⑩ 평가와 반성 : 학생 자기 평가, 학생 동료 평가, 교사 평가 등의 다면적인 평가 방식을 통하여 평가하고 이에 보상 실시

6. 모둠성취 분담 모형(STAD)

특징
① STAD(Student Teams-Achievement Division)는 홉킨스(Johns Hopkins) 대학에서 슬라빈이 개발
② 집단보상체제구조가 협동학습이 추구하는 활발한 동료 간의 상호작용과 학습동기를 촉진
③ 기본점수에서 얼마나 향상되었는가에 중점(평가중심, 성장참조평가)
④ 팀 개인에게 기본점수를 제시, 각 조원의 향상점수를 더해서 가장 높은 팀에게 보상을 제공(집단보상으로 무임승차자 해소)

절차

단계	학습활동
교사의 설명	전체 학습 내용을 제시하여 학습 활동의 기본 방향을 제시한다.
모둠 학습	교사가 모둠을 이질적으로 구성하고, 교사가 나누어준 학습지를 가지고 모둠활동을 한다.
평가	단원 수업이 끝나고 개인별로 퀴즈를 치르며, 모둠 점수는 구성원들의 향상점수의 합을 산술 평균한 값이 된다.
점수게시 보상	향상점수제로 산출하여 모둠점수를 공개하고, 이에 따라 적절한 모둠보상을 실시한다.

7. 모둠게임 토너먼트(TGT)

모형

단계	활동 내용
교사의 설명	기존 수업 방식처럼 교사가 학습 내용을 설명하고 학습 활동을 실시한다.
모둠 학습	교사가 모둠을 이질적으로 구성하고 모둠 안에서 학생 상호 간에 서로 도와가며 학습 활동을 한다.
토너먼트 게임	성적이 비슷한 학생들끼리 수준별 리그 모둠을 구성하여 카드 게임을 진행한다. 리그별 카드 게임 성적을 자기 모둠 점수로 계산한다.
게시와 보상	모둠 점수를 제시하고 이에 따라 보상한다.

* STAD모형과 차이점은 기본점수 대신에 해당되는 테이블을 사용하는 점

23. ③

---

08. 모둠성취분담(STAD) 모형의 보상방식과 그 보상 방식이 협동학습 촉진에 기여하는 점 [3점] [17, 초등 논술형]

김 교사	네, 저는 주로 과제분담학습(Jigsaw, 직소) 모형을 활용해요. 처음에는 이른바 '직소 I' 모형을 활용했는데, 개별 보상만 하다 보니까 협동학습의 취지가 약해지더라고요. 그래서 모둠성취분담(STAD) 모형의 보상 방식을 적용해 보았더니 협동학습이 훨씬 잘 이루어졌어요.

∅ **정답키:** 보상방식-집단보상, 촉진점-무임승차자 배제

8. 모둠보조 개별학습 모형(TAI)

- **특징 (TAI)**
  - ① 협동학습과 개별학습의 장점을 취해서 결합한 수학 교과 수업 모형
  - ② 협동학습을 하는 동안에 학습이 부진하거나 정보가 필요한 학생들은 별도로 교사가 개별지도를 하는 형태

9. 함께 학습하기(LT)

- **특징 (LT)**
  - ① 미네소타 대학 존슨(Johnson) 형제 교수에 의해 개발. 5~6명의 이질적인 구성원으로 소집단을 구성하여 주어진 과제를 협동적으로 수행
  - ② 과제는 집단별로 부여하고 보상도 집단별로 하며 평가도 집단별로 받음
  - ③ 초기 협동학습의 형태이고, GI모형과 비슷

10. 읽기쓰기 통합모형(CIRC)

- **특징**
  - ① CIRC(Cooperative Integrated Reading and Composition)는 초등학교 읽기, 쓰기 등 언어 교육을 위해 만들어진 대표적인 국어과 협동 학습 모형
  - ② 절차는 모둠 구성, 읽기 이해를 위한 직접 교수, 모둠 활동, 짝 점검 및 추가 활동, 평가 순

11. 일화를 활용한 의사결정(ITGDME)

- **특징**
  - ① 스탈(Stahl)(1994)은 사회과 수업에서 의사결정 능력을 함양시키기 위한 모형을 개발(Individual-Then-Group Decision-Making Episodes)
  - ② 모형은 학생들이 배워야 할 내용을 하나의 일화로 만들어, 일화를 완성하는 과정에서 달성해야 할 목표와 내용을 학습함
  - ③ 일화를 완성하기 위해서는 여러 단계의 의사결정이 필요하다.
  - ④ 수업을 진행하는 동안 학생이 의사결정 능력을 신장시킬 전략을 사용하도록 구조화해 놓은 것이 장점
  - ⑤ 수업절차는 수업목표 설정, 배경 설명, 학습지 배포, 개인 의사결정, 모둠 의사결정, 각 모둠 발표, 평가

12. 찬반논쟁 협동학습모형(PROCON)

- **특징**
  - ① 존슨(Johnson & Johnson)이 창안한 모형. 협동 학습구조에서의 논쟁 학습 모형을 구안하는데 주력
  - ② 논쟁 과정에서 일어나는 논리적이고 심리적인 절차를 수업에 그대로 재현하여 만든 모형
  - ③ 잠정적 결론, 자신 입장 발표, 반대 관점 경험, 불확실성 경험, 지적 호기심과 관점 채택, 재개념화와 종합 등

13. 시뮬레이션 협동학습 모형

- **특징**
  - ① 시뮬레이션은 사건, 문제, 상황 등을 실제로 재연하거나 새로 만들어서 실제의 상황처럼 진행함
  - ② 학생들은 흥미를 가지고 적극적으로 참여할 수 있고, 또 실제의 복잡한 상황을 모의적으로 체험하도록 하여 의사결정 능력을 키울 수 있도록 하는 것이 장점임
  - ③ 시뮬레이션 수업은 가상적인 상황을 설정하여 의사결정 능력을 학습자에게 주려는데 목적이 있음
  - ④ 시뮬레이션은 사회의 어떤 상황을 기초로 만들어지는데 사회의 대부분은 협동적 상황이기 때문

객관식

24
다음과 같은 교수·학습절차가 적용되는 교수·학습 모형은? (03, 초등)

| 보기 |

- 사전 진단검사를 통해 능력수준이 각기 다른 학생들을 4~5명씩으로 하여 팀을 구성한다.
- 각자의 수준에 맞는 학습과제를 교사의 도움 아래 개별적으로 학습한다.
- 단원평가 문제를 각자 풀게 한 후, 팀 구성원들을 두 명씩 짝지어 교환채점을 하게 한다.
- 일정 성취수준에 도달하면, 그 단원의 최종적인 개별시험을 보게 한다.
- 개별점수를 합하여 각 팀의 점수를 산출한다.
- 미리 설정해 높은 팀 점수를 초과한 팀에게 보상을 한다.

① 직소(Jigsaw)모형
② 함께 학습하기(LT)모형
③ 팀 보조 개별학습(TAI)모형
④ 토너먼트 게임식 팀 학습(TGT)

24. ③

객관식

25
두 명의 학생이 짝을 지어 정해진 순서에 따라 교대로 자료를 요약하고 그 내용을 서로 점검·논평해 주는 교수·학습방법은? (06, 초등)

① 팀성취분담법(STAD)
② 팀게임토너먼트(TGT)
③ 지그소(Jigsaw)
④ 각본 협동(Scripted Cooperation)

25. ④

---

⑤ 학습 주제 결정, 목표 설정, 적용 단계 결정, 활동 준비, 활동 전개, 정리 및 반성 등의 순서로 실시

14. 짝 점검 모형 (Dyads)
특징
① 텍사스 기독 대학에서 개발함. 읽기, 요약하기, 이해하기, 퀴즈, 시험 공부하기 등을 통해 서로 학습을 도움
② 짝은 각각 요약자(Summarizer)와 완성자(Elaborator), 화자(Recaller)와 청자(Listener) 등의 역할을 교대로 수행
③ 두 학습자는 지속적 공부 시간 동안 운명적으로 연결되어 있음을 느끼고, 긍정적 상호의존성을 가짐

15. 각본에 의한 협동 (SC)
특징
① 각본에 의한 협동(Scripted Cooperation)은 짝지어 학습하는 방법. 학생들은 선택한 교재 읽기, 수학문제 풀기, 쓰기 과제 초안 만들기 등 모든 과제를 함께 작업
② 둘이 모두 문단을 읽고, 한 학생이 구두로 요약. 다른 학생은 그 요약을 논평하고 생략이나 실수를 지적함

16. 또래지도 (PT)
특징
① 또래지도(Peer Tutoring)는 어떤 기능이나 개념을 배운 학습자가 그렇지 않은 학습자에게 가르쳐주는 것
② 학습자들은 학습 과정의 능동적인 주체로서 가르치는 학생과 가르침을 받은 학생 모두 자유롭게 참여

* 14,15,16 은 두 명이 참가하는 모둠학습으로 구성하기 쉽고, 전략 변경이 용이하지만 쉽게 해체되고, 갈등 중재 어려움

17. 온라인 협동학습
특징
① 웹을 기반으로 하여 여러 가지 협동학습이 가능
② 토의, 자료 찾기 등 다양한 협동학습이 이루어질 수 있음

절차
① 과제 선정–준비–과제 수행–발표와 공유–마무리

장점
① 웹을 활용하면 학생들이 참여할 수 있는 기회가 확대됨
② 웹의 시간과 공간제약성의 극복은 동시다발적인 상호작용을 할 수 있음
③ 학생의 흥미와 관심을 최대한 활용
④ 학생의 폭넓은 안목을 길러줌

단점
① 목표전도 현상 발생, 학습활동을 위한 수단으로 웹 사용보다 단순한 흥미 위주로 웹 사용이 증가함
② 웹 사용하기 부적합 교과나 내용에 사용하기 어려움
③ 빈익빈 부익부 현상 발생, 웹에 관심이 많은 학생은 활발한 활동이 이루어지고, 그렇지 않은 학생들은 학습활동이 저하됨

18. 위키피디아
웹 2.0
① 웹 2.0(Web 2.0)은 개방, 참여, 공유의 정신을 바탕으로 사용자가 직접 정보를 생산하여 쌍방향으로 소통하는 웹 기술
② 웹 1.0이 인터넷을 통해 일방적으로 정보를 보여주었다면, 웹 2.0은 사용자가 직접 콘텐츠를 생산하여 쌍방향으로 소통
③ 블로그(Blog), 위키피디아(Wikipedia), 딜리셔스(http://www.del.icio.us) 등

---

09. 김 교사가 온라인 수업을 위해 추가로 파악하고자 하는 학생 특성과 학습 환경의 구체적인 예 각각 1가지, 김교사가 하고자 하는 수업에서 토론 게시판을 활용하여 학생을 지원할 수 있는 구체적인 방안 2가지 [4점] [21, 중등 논술형]

| 김 교사 이메일 편지 | 요즘 온라인 수업을 하게 되었어. 학기 초에 학생의 일반적인 특성과 상황은 조사를 했는데 온라인 수업과 관련된 학생의 특성과 학습 환경에 대해서도 추가로 파악해야겠어. 그리고 학생이 자신만의 학습 목표를 설정하고 학습의 주체가 되는 수업을 어떻게 온라인에서 지원할 수 있을지 고민하다고, 학습 과정 중에 나와 학생뿐만 아니라 학생들 간에도 소통이 이루어지도록 토론 게시판을 활용하려고 해. |

⊘ **정답키:** 학생 특성–자기주도적 학습력, 온라인 학습 환경
지원 방안–온라인 협동학습, 질문 게시판 설정

- 개념
  - ① 위키백과 혹은 위키피디아(Wikipedia)는 모두가 함께 만들어 가며 누구나 자유롭게 쓸 수 있는 다언어판 인터넷 백과사전
  - ② 2001년 1월 15일, 지미 웨일스(Jimmy D. Wales)와 래리 생어((Larry Sanger)가 시작하였고, 대표적 집단 지성 사례
  - ③ 현재 위키백과의 운영은 비영리 단체인 위키미디어 재단이 맡음
- 장점
  - ① 집단지성을 활용 : 기존 백과사전이 제공하지 않는 비학문적 주제 허용으로 정보가 증가(공개성)
  - ② 정보의 생성이 빠름 : 정보가 빠르게 만들어지고 수정(수정가능성)
  - ③ 집단 협업으로 효율적 지식의 구축이 가능(효과성)
  - ④ 참가자에게 자긍심을 심어줌 : 위키 백과 제작에 참가한 참가자들은 정보의 생성에 자긍심이 발생
- 단점
  - ① 정보의 신뢰성이 낮을 가능성이 높음 : 가짜 정보가 양산될 가능성이 높음, 많은 사람들이 동의만 하면 진실이 됨(위키얼리티(Wikiality)란 위키와 리얼리티의 합성어를 탄생)
  - ② 전문가의 참여가 제한적임 : 기여와 보수라는 유인책 없는 상태에서 전문가의 참여가 어려움
  - ③ 중립성 어려움 : 특정한 의견을 지닌 집단들이 의견을 지지하면 다른 의견을 가진 집단은 배제되는 공정성의 문제가 발생
  - ④ 접근이 어려움 : 위키의 편집 방법을 모르면 위키에 접근하기 어려움

19. 위키 협동학습
- 의의
  - ① 웹 2.0으로 인해 사용자의 참여, 공유, 사회적 네트워킹 등 사회적으로 폭넓은 인식과 지지를 받음
  - ② 위키는 웹상에서 누구에게나 편집 권한(수정, 첨가, 삭제 등)이 주어짐
  - ③ 실시간 동시 작업으로 문서의 공동 집필이 가능
  - ④ 학습자들이 자기주도적 그리고 협동적으로 글쓰기나 작업할 수 있는 학습자 중심의 환경이 만들어짐
- 장점
  - ① 경쟁공간으로 이용됨. 학습자들은 위키를 선의의 경쟁공간으로 활용
  - ② 협동학습의 공간으로 활용됨. 동시에 함께 글쓰기나 작업이 가능
  - ③ 사용하기 편리함. 누구나 인터넷에 접속하면 위키를 이용 가능하기 때문에 사용하기 편리한 학습 공간의 역할을 수행
  - ④ 자기주도적 학습과 협동학습이 가능하며, 사회적 관계 형성에 긍정적 효과
- 단점
  - ① 무임승차자가 발생
  - ② 협동학습 팀원들의 친밀성이 떨어지면 학습의 효과를 얻기가 어려움

20. 구조중심 협동학습
- 특징
  - ① 케이건이 고안한 모형으로 짧은 시간에 구조를 만들어 쉽고 간단하게 사용
  - ② 구조는 학생들끼리 상호작용을 할 수 있도록 조직화된 방법
- 원리

구분	특징
동시다발적 상호작용	• 많은 학습자가 동시에 상호작용하도록 구성 • 실제 수업을 위한 준비 시간 줄임 • 학습자 활동시간 확보
긍정적 상호의존	• 개인이나 모둠의 성과가 다른 학습자나 팀의 성취와 긍정적으로 연관될 경우 상호의존 높임 • 모둠별, 개인별 역할을 분담하고 제한된 자료를 모둠이나 학습의 공동과제를 해결할 경우, 모든 구성원이 과제를 완성하기 전에 새로운 진도를 나가지 않는 규칙을 정한 경우 매우 효과적임

10. C 교사의 의견에서 제시된 토의식 수업을 설계할 때 활용할 수 있는 정착수업의 원리 2가지, 위키를 활용할 때 발생할 수 있는 문제점 2가지 [4점] [20, 중등 논술형]

구 분	주 요 의 견
C 교사	○ 토의식 수업이 활발하게 이루어지기 위해서는 수업방법과 학습도구도 달라져야 함 ○ 수업방법 측면에서는 학생이 함께 다양한 관점에서 문제를 탐색하며 해답을 찾아가는 데 있어서 정착수업(Anchored Instruction)을 활용할 수 있음 ○ 학습도구 측면에서는 학생이 상호 협력하여 지식을 생성하기 위해 인터넷에서 수집한 정보를 공유하고, 공동으로 수정, 추가, 편집하는 데 위키(Wiki)를 이용할 수 있음 (예 : 위키피디아 등) 　- 단, 위키를 활용할 때 발생할 수 있는 문제점에 유의해야 함

∅정답키: 정착수업 원리-다양한 관점의 문제 설정, 협동학습 환경 설정
　　　　위키 문제점-가짜 정보 형성, 주변 정보가 중심 정보로 변경

객관식

26
객관주의적 교수설계와 구성주의적 교수설계 활동에 대한 단계별 비교 설명으로 옳은 것을 〈보기〉에서 고른 것은? (09, 중등)

	보기	
	객관주의	구성주의
분석	ㄱ. 수업목표를 사전에 명세화하여 기술한다.	ㄴ. 학습과제의 구조를 상세히 분석하여 계열화한다.
설계	ㄷ. 실제적 문제를 상황맥락으로 해결할 수 있는 학습자 중심의 학습환경을 설계한다.	ㄹ. 절충(negotiation)과 의미만들기를 위한 학습환경을 설계한다.
개발 및 구현	ㅁ. 현실의 복잡함을 반영하는 실제 문제를 개발하고, 코칭과 모델링을 위주로 하는 학습환경을 개발한다.	ㅂ. 문제 해결에 초점을 맞추어 학습자의 능동적 지식 구성을 촉진하는 학습환경을 개발한다.

① ㄱ, ㄴ, ㄹ
② ㄱ, ㄹ, ㅂ
③ ㄱ, ㅁ, ㅂ
④ ㄴ, ㄷ, ㄹ
⑤ ㄴ, ㅁ, ㅂ

27
구성주의 수업방법과 거리가 먼 것은? (06, 초등)

① 학생들에게 예제 풀이에 따라 문제를 풀게 했다.
② 학생들에게 5와트 전구를 켤 수 있는 풍차를 설계하도록 했다.
③ 학생들에게 영화를 보게 하고 다양한 관점과 측면에서 토론하도록 했다.
④ 학생들에게 환자의 임상 사례를 읽게 한 후 증상과 치료 방법을 제안하도록 했다.

26. ② / 27. ①

구분		특징
구조	개인적인 책임	• 학습자 개인별 평가를 받고 개인 점수 합계나 평균으로 모둠의 석차를 내는 보상 책임과 공동 과제에 대한 특정 부분을 고유한 책임을 짐으로써 개인의 책임 형성 • 개인적인 책임을 통해 '무임승차자', '일 벌레'를 사전에 방지 가능
	동등한 참여	• 모든 학습자가 동등하게 참여 • 참여의 기회를 얻고 자기 순서가 되면 참여하는 순서 정하기 방법 • 각 학습자가 과제의 한 부분에 대해 책임을 지는 의무 분담 방법

구분	개념	유형
암기 숙달	• 학습한 내용을 충분히 익히고 숙달하여 완벽하게 암기할 수 있도록 도와주는 구조	• 짝 점검, 돌아가면서 쓰기, 플래시 카드 게임, 4단계 복습, 번호순으로
정보 교환	• 개인이나 집단이 가지고 있는 지식, 정보를 서로 나누고 공유할 수 있도록 도와주는 구조	• 돌아가며 말하기, 짝 바꿔 말하기, 동심원, 3단계 인터뷰, 칠판 나누기
사고력 신장	• 고차원적인 사고력을 기르기 위해 학습자 간에 활발한 상호작용을 일으켜 통합적으로 사고할 수 있도록 도와주는 구조	• 질문 인터뷰, 생각-짝-나누기, 역할별 브레인스토밍, 짝 토론, 이야기 엮기
의사소통 기술 향상	• 서로의 의견을 나누는 방법을 배울 수 있도록 도와주는 구조	• 칭찬카드, 읽고 생각하기, 듣고 그리기, 같은 점-다른 점, 만장일치, 우선 순위 정하기

IV. 구성주의 학습이론
1. 구성주의학습 2. 인지적도제이론 3. 정착학습(앵커드학습)(Anchored Instruction) 4. 상황학습(상황인지) 5. 인지적융통성이론 6. 문제중심학습(PBL) 7. 목표기반시나리오학습(GBS) 8. 자원기반학습(RBL) 9. STEAM 교육 10. 거꾸로 학습

1. 구성주의 학습

원칙

	인지적 구성주의	사회적 구성주의
주요학자	피아제(Piaget)	비고츠키(Vygotsky)
중점사항	지식구성을 개인적 인지구조 재편성	관련 공동체와 문화적 동화
최종목표	개인 경험의 사회문화적 타당성	상호작용에 의한 사회문화요소 습득
관심분야	개인의 인지발달 과정	사회문화적 동화과정
수업환경	교사와 학생 간의 문화	공동체의 문화 반영
집단환경	상이성을 강조	동질성

교수학습원칙

① 학습에 대한 주인의식(학습자 중심 학습, 자기주도적 학습) : 학습자는 개인의 인지적 사회적 과정을 통해 지식을 구성하며, 학습자의 자기주도적 학습이 중요
② 자아성찰적 실천 : 당연하게 받아들이던 모든 것에 질문을 던지고, 분석해 보고, 대안을 구해보는 자아성찰적 실천이 중요
③ 협동학습 : 구성주의 지식의 형성은 개인이 속한 사회 문화적 배경과 상호작용에서 이루어짐. 동료나 교사와의 상호작용을 배경으로 하는 협동학습 환경이 중요
④ 비구조적 문제 : 학습할 매력을 지니고 있는 실제적 문제가 상황과 함께 제시되어야 하며, 형식적 문제보다는 실제상황에 기반을 둔 비구조적 문제가 제시되어야 함
⑤ 조력자로서 교사 : 교사는 학습을 돕는 조언자이며 배움을 같이 하는 동료 학습자이며, 인지적 자극을 주고, 시연이나 코칭과 스캐폴딩을 적절히 제시하는 조력자가 되어야 함

* ①②③은 학습자 역할이고, ④⑤는 교사의 역할

---

11. A 교사가 언급한 비고츠키 지식론의 명칭, 이 지식론에서 보이는 지식의 성격 1가지와 교사와 학생의 역할 각각 1가지 [4점] [20, 중등 논술형]

구분	주 요 의 견
A 교사	○ 토의식 수업을 활성화하려면 먼저 지식을 보는 관점의 변화가 필요함 ○ 교과서에 주어진 지식이 진리라는 생각이나, 지식은 개인이 혼자 만드는 것이라는 생각에서 벗어나는 것이 중요하며, 이와 관련하여 비고츠키(L. Vygotsky)의 지식론이 많은 시사점을 줄 수 있음 ○ 이 지식론의 관점에서 보면, 교사와 학생의 역할도 기존의 강의식 수업에서의 역할과는 달라질 필요가 있음

∅정답키: (사회적) 구성주의 지식, 지식의 사회성
　　　　 교사 역할-조력자, 학생 역할- 지식 구성자(자기주도적 학습자)

조나센 학습환경 설계 (CLEs)

```
6. 사회적 맥락적 지원
5. 대화 협력구
4. 인지적 도구
3. 정보 자원
2. 관련 사례
1. 문제/프로젝트 맥락, 표상, 조직공간
```
(코칭, 모델링, 스캐폴딩)

정교화 방안

교수활동(교사)		학습활동(학습자)
모델링(모형 제시하기)	→	탐색
코칭(지도하기)	→	명료화
스캐폴딩(발판 제공하기)	→	반추(반성)

2. 인지적 도제이론

- **개념**
  - ① 고전적 도제 모형에서는 물리적 지식과 기능의 획득을 목표로 함
  - ② 인지적 도제 모형은 인지적 지식과 기능의 습득을 목표로 함
  - ③ 학습은 학습자가 전문가의 수행에 요구되는 다양한 기능을 확인하고, 적용되는 조건을 발견하여, 내면화하는 과정(콜린스, 브라운, 뉴만)

- **방법**
  - ① 모델링 : 학생이 일을 수행하는 데 필요한 과정을 관찰하거나 개념적 모델을 세울 수 있도록 모델을 제공
  - ② 코칭 : 학습하거나 과제를 수행하는 동안 관찰하고 돕는 일. 과제를 수행하는 것을 관찰하는 것, 힌트와 피드백을 주는 것, 도전감을 주는 것 등
  - ③ 스캐폴딩 : 학생들이 과제를 수행하도록 교사가 공급하는 지원 체제에 관한 것. 스캐폴딩은 수행 단계에 따라 점차 소멸(Fading)되어야 하며, 코칭은 모든 방법을 말하지만 스캐폴딩은 소수의 방법을 사용하는 협의적 의미
  - ④ 명료 : 학생들이 자신의 지식, 생각, 문제해결과정을 명확하게 표현하도록 함
  - ⑤ 반성(성찰, 반추) : 자신의 문제해결과정과 전문가, 다른 학생과 비교
  - ⑥ 탐구 : 자신의 문제해결 방법을 새로운 문제에 적용

3. 정착학습(앵커드학습) (Anchored Instruction)

- **정의**
  - ① 학습할 내용을 잘 담고 있는 비디오디스크와 멀티미디어 기술을 담은 앵커를 활용. 앵커는 핵심적 학습 내용을 담은 비디오
- **특징**
  - ① 학습자 중심환경, 지식 중심환경, 평가 중심환경, 공동체 중심환경
- **절차**
  - ① 탐구 단원의 설정 → 앵커를 확인하기 → 앵커를 제시하기 → 앵커를 토의하기 → 탐구 문제 설정하기 → 탐구 집단의 조직 → 탐구의 수행 → 탐구 결과 발표하기

4. 상황학습(상황인지)

- **개념**
  - ① 인간의 사고가 상황에 적응된다고 보고, 맥락이 학습에서 중요한 역할을 수행한다고 보는 이론
  - ② 동호회, 학교, 직장 등 실천공동체에 참여함으로써 이루어지는 학습을 의미

객관식

28
조나센(D. Jonassen)의 구성주의 학습환경 설계 모형에 근거하여 박 교사가 프로젝트 수업을 위한 웹사이트를 제작하고자 한다. 설계요소로서 (가)에 가장 적합한 것은? (12, 중등)

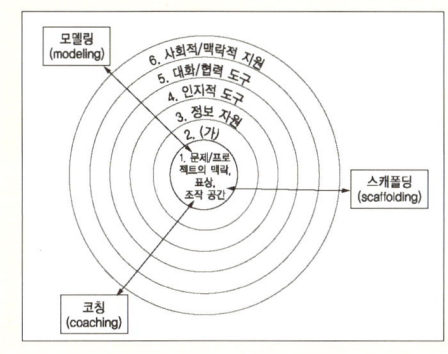

① 용어집 ② 학습계획서
③ 성찰하기 도구 ④ 개념도그리기도구
⑤ 프로젝트와 관련된 사례

29
다음 내용에 가장 부합하는 교수·학습 방법은? (11, 초등)

| 보기 |
- 교사는 학생의 역할을 하면서 수업에 참여하기도 한다.
- 교사와 학생이 함께 대화를 주고받는 과정에서 학습이 이루어진다.
- 학생은 교사의 역할을 하면서 교사로서 제기할 질문을 스스로 만들어 본다.
- 예측하기, 질문 만들기, 요약하기, 명료화하기가 수업 활동의 핵심적인 요소가 된다.

① 직접 교수(direct instruction)
② 협동 학습(cooperative learning)
③ 상보적 학습(reciprocal learning)
④ 유의미 학습(meaningful learning)
⑤ 자원기반 학습(resource-based learning)

28. ⑤ / 29. ③

---

12. C교사가 실행하려는 구성주의 학습 활동을 위한 학습 지원 도구·자원과 교수 활동 각각 2가지 제시 [4점] [17, 중등 논술형]

학생 참여 중심 수업 운영
C 교사는 학생 참여 중심의 교수학습을 준비하기 위해서 교사 연수 프로그램에 참여하고 있다고 말했다.
저는 구성주의 학습환경 설계에 관한 연수에 참여하고 있습니다. 문제 중심이나 프로젝트 중심의 학습 활동을 실행하기 위해서는 적합한 학습 지원 도구나 자원을 학생들에게 제공해야 한다는 것을 알게 되었고, 학습 활동 중에 교사가 수행해야 할 역할에 대해서 이해하게 되었습니다.

∅ 정답키: 학습 지원 도구·자원-정보자원, 인지도구
교수활동-모델링, 코칭

객관식

30
'일반적인 문제해결 전략은 없다.'는 입장과 부합하는 접근으로서, 구체적인 내용과 실제적인 맥락을 중시하는 학습형태는? (06, 초등)

① 정착학습(anchored learning)
② 완전학습(mastery learning)
③ 원리학습(principle learning)
④ 프로그램학습(programmed learning)

31
인지적 도제(cognitive apprenticeship) 수업에서 활용되는 수업전략과 가장 거리가 먼 것은? (07, 초등)

① 해독(decoding)
② 코칭(coaching)
③ 시범(modeling)
④ 점진적 도움 중지(fading)

32
〈보기〉 진술과 가장 관계가 깊은 개념은?(06, 초등)

| 보기 |
- 실제 사례를 '있는 그대로' 학습하도록 한다.
- 영화 등 하이퍼미디어를 활용하는 것이 효과적이다.
- 맥락을 벗어난 지식은 지나친 단순화와 일반화의 오류에 빠지기 쉽다.
- 동일한 자료를 다른 시기에 다른 목적과 관점으로 검토함으로써 다양한 차원에서 지식을 이해하게 한다.

① 인지적 유연성 ② 수단-목표 분석
③ 일반화된 문제 해결 ④ 지식의 위계 구조

33
배로우즈(H. Barrows)의 문제중심학습 방법에 대한 설명으로 가장 적절한 것은? (07, 초등)

① 추상적이며 구조화된 문제에서 출발한다.
② 협력적 방식으로 이루어지므로 개별 학습의 기회가 없다.
③ 학생들은 가설-연역적 방법을 활용하여 문제를 해결한다.
④ 행동주의의 영향을 받아 1990년대 이후 대두된 학습 방법이다.

30. ① / 31. ① / 32. ① / 33. ③

- 의의
  - ① 생명력을 가진 실천적 지식
  - ② 실천 공동체에 참여로써 학습
- 주요 요소
  - ① 의미 : 개인적이든 집단적이든 우리가 우리의 삶이나 세상을 경험하는 데 사용하는 능력
  - ② 실천 : 구성원들 사이에 오랫동안 공유해 온 행위 양식 혹은 이해 틀이나 관점
  - ③ 공동체 : 우리의 행위에 대해 가치를 부여하고 그 행위를 하나의 역량으로 인정하는 사회적 실체
  - ④ 정체성 : 학습이 우리의 정체성과 그 구성과정에 미치는 영향

5. 인지적 융통성 이론
(스피로)
- 특징
  - ① 인지적 융통성이란 여러 지식의 범주를 넘나들고 연결하면서 상황적 요구에 탄력성 있게 대처하는 능력을 말함
  - ② 여러 가지 각도, 시각에서 바라보고 이해하는 능력
  - ③ 문제해결에 대한 다양한 사례들을 컴퓨터 시스템(하이퍼 미디어, 링크)에 저장하고, 충분한 학습이 이루어져 인지적 융통성을 형성하고, 새로운 문제를 해결하는데 인지적 융통성을 발휘하는 방법
- 환경 조성
  - ① 다양한 사례를 많이 보여주는 것이 학습에 효과적임(임용 모의고사반 사례)
  - ② 문제의 맥락이 복합적이고 비구조적으로 제시됨
  - ③ 컴퓨터를 통한 하이퍼미디어 시스템을 응용
  - ④ 학습하고자 하는 개념이 언제 어떻게 사용되는지를 실제로 경험할 수 있도록 제시

6. 문제중심 학습(PBL)
(바로우)
- 개념
  - ① 비구조적 문제를 제시하여 의미 있는 해결방법을 찾아냄
  - ② 교과지식과 기술뿐만 아니라 문제해결전략을 동시에 가르치는 교육과정이며 교수전략
- 효과
  - ① 메타인지와 자기주도 학습능력, 비판적 사고능력과 문제해결력, 협동학습 능력, 지식의 획득과 보유 및 사용, 동기유발과 긍정적 태도의 함양
- 절차
  - ① 학습환경 조성
  - ② 첫 번째 만남 : 비구조화된 문제제시 → 임시적인 답과 해결책 모색(가설연역법)
  - ③ 자율학습 : 협동학습, 자기주도적 학습(개별, 모둠활동) → 자료수집
  - ④ 두 번째 만남 : 해결책 제시 → 정리 탐구 평가
- 평가
  - ① 주로 수행평가 방식으로 평가한다.
  - ② 수행평가 방법 중에서 포트폴리오, 주관식 지필검사, 튜터에 의한 관찰, 성찰일기 등

7. 목표기반 시나리오 학습(GBS)
- 개념
  - ① 목표지향적인 시나리오(GBS)를 제시한 로저스 샹크(Roger Schank)는 인간이 지향하는 삶의 목적과 교육을 통해서 달성하고자 하는 목적 간에 실질적 연계를 이루어, 일상적 삶과 학습 간의 괴리를 극복하고자 함
  - ② GBS는 가상의 시나리오 속에 학습에 필요한 정보들을 배치시키고 학습자로 하여금 시나리오 속에서 역할을 맡아 모종의 임무를 수행하게 함으로써, 그 과정 속에서 목표로 하는 지식과 기술을 습득
- 역동적 기억 이론
  - ① 역동적 기억 이론(Dynamic NOTEry Theory), 기억, 이해, 경험, 학습이 서로 분리될 수 없다는 것을 전제
  - ② 기억의 기본 단위인 스크립트(Script)의 집합으로 보았으며, 개개의 스크립트는 실제 일상 세계의 경험과 상황적 맥락과 정서적 요소를 포함한 유의미한 사례

---

13. 박 교사가 언급한 PBL(문제중심학습)에서 학습자의 역할 2가지, PBL에 적합한 문제의 특성과 그 특성이 주는 학습 효과 1가지 [4점] [18, 중등 논술형]

| 박 교사 | 우리 학교 학생에게는 학습흥미와 수업참여를 높이는 수업이 필요할 것 같아요. 제가 지난번 연구수업에서 문제를 활용한 수업을 했는데, 수업 중에 학생들이 무엇을 해야 하는지 모르는 것 같았어요. 게다가 제가 문제를 잘 구성하지 못했는지 별로 흥미를 보이지 않더라고요. 문제를 활용하는 수업에서는 학생의 역할을 안내하고 좋은 문제를 개발하는 것이 중요하다는 것을 알게 되었어요. |

⊘정답키: <u>학습자 역할-자기주도적 학습자, 협동학습자,
문제 특성-비구조적 문제, 학습효과-실생활의 적응력 향상</u>

- 설계절차
  - ① 핵심기술(Target Skill)의 도출 및 목표(Goal)설정
  - ② 미션(Mission)의 설정 : 목표를 성취하기 위해 수행해야 하는 미션 및 과제를 개발
  - ③ 커버스토리(Cover Story)개발 : 수행할 미션을 이야기 형식으로 설명한 것
  - ④ 역할(Role)개발 : 역할은 학습자들이 커버스토리 내에서 맡게 되는 인물이며, 역할에 따라 미션을 수행
  - ⑤ 시나리오 운영(Scenario Operation)설계 : 미션을 수행하는 모든 구체적 활동을 의미하며, 목표 및 미션과 긴밀히 관련
  - ⑥ 학습자원(Resources)의 개발 : 각종 정보는 학습자원의 형태로 잘 조직되고 접근이 용이해야 하며 적시에 제공되어야 함
  - ⑦ 피드백 제공 : 학습을 진행해 가는 과정에서 겪는 어려움을 해결해 주고, 학습이 진행되는 동안 적절한 시기에 피드백을 제공

8. 자원기반 학습(RBL)

- 의의
  - ① 학습자 스스로 다양한 학습 자원과 직접적인 상호작용을 함으로써 이루어지는 학습 형태를 의미
  - ② 신문, 방송, 문헌, 인터넷 등 다양한 학습 자원을 기반으로 이루어지는 학습으로 다양한 자원과 학습법을 적용할 수 있는 장점이 있음
  - ③ 학습자의 자발적이고 주도적인 참여가 중요

- 모형비교

절차 / 유형	Big 6 Skills	Pathways to Knowledge	Research Process Model (초등중심)	정보리터리시 통합수업모형
주제에 필요한 정보 확인	문제/과제 정의	정보감상(보고 듣고 읽고 즐기기)	주제선정	정보 확인
		사전탐색		
정보탐색 및 수집	정보탐색 전략 확인	정보탐색	탐색전략개발 정보수집	정보자원 탐색
	정보 위치 파악 및 확보			
정보분석	정보 사용	정보해석	최종결과물 작성	관련정보 선별 및 기록
정보사용 및 조직		의사소통(결과물 작성 및 발표)		정보의 조직
활동결과 발표	종합(정보조직 및 발표)			결과발표
평가	평가	평가	평가	평가

9. STEAM 교육

- 정의
  - ① 과학, 기술, 공학, 예술, 수학의 내용을 통합하여, 과학기술에 대한 학생들의 흥미와 이해력을 높이고, 창의적 문제해결력을 기르는 융합교육(융합인재교육)
  - ② 4C-STEAM 교육은 지식 및 개념의 융합, 창의성, 소통, 배려를 추구하는 융합인재교육
  - ③ 2015년 개정 교육과정에서 지식정보처리 역량, 창의적 사고 역량, 의사소통 역량, 공동체 역량을 함양

객관식

34
생크(R. Schank)의 '목표기반 시나리오(Goal-Based Scenarios)'에 따라 멀티미디어 수업 프로그램을 설계하였다. 이 프로그램의 학습 목표와 학습자의 임무(mission)는 다음과 같다. '표지 이야기(cover story)'에 해당하는 내용으로 가장 적절한 것은?(13, 중등)

> 학습목표 : 조선시대 말기 운양호 사건을 둘러싸고 이루어진 정치적 의사결정 과정에 가상적으로 참여하는 경험을 통해 비판적‧합리적 사고능력을 기른다.
> 학습자의 임무 : 운양호 사건 당시에 고종의 조정 대신으로 중요한 직책을 맡아 조선의 운명을 긍정적으로 변화시킨다.

① 운양호 사건 발생 당시의 국내외 정치 상황과 주요 인물들을 소개하고, 조정 대신들이 그 사건에 해 의논하는 장면을 제시한다.
② 학습자가 정책 제안을 할 때마다 고종과 대신들의 반응, 그리고 그로 인한 국내외 정세의 변화를 제시한다.
③ 학습자가 자신에게 부여된 직책을 수행할 때 참고할 수 있는 각종 정보와 문서를 제공한다.
④ 학습자의 정책 제안이 조선의 운명을 긍정적으로 이끄는 데 도움이 되고 있는지에 대한 피드백을 수시로 제공한다.
⑤ 프로그램 종료 시 학습내용과 학습과정에 대해서 성찰할 수 있는 기회를 학습자에게 제공한다.

35
자원기반학습 중 하나인 Big6 Skills 모형에 근거하여 조선시대의 문학을 주제로 수업을 하려고 한다. 다음 (가) 단계에서의 활동으로 가장 적합한 것은? (11, 중등)

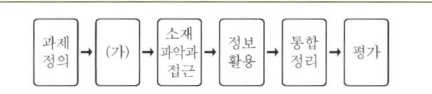

① 조선시대의 문학에 대한 정보를 읽고 적합한 정보를 가려낸다.
② 조선시대의 문학과 관련하여 중요한 주제가 무엇인지 파악한다.
③ 선택한 정보들을 체계적으로 정리하여 최종 결과물을 만든다.
④ 조선시대의 문학과 관련된 도서와 웹사이트에서 정보를 찾는다.
⑤ 사용 가능한 정보원의 형태와 종류를 파악하고 최적의 정보원을 선택한다.

34. ① / 35. ⑤

학문적 통합 방법

학문적 통합
① 간학문적 통합 ㉠ 간학문적 통합은 적어도 두 개 이상의 학문 분야를 통합하거나 상호 관련시키는 것(중핵 교육과정) ㉡ 간학문적 통합은 두 개 이상의 학문의 개념, 방법, 절차 등에서 유사성이 발견되고, 공통분모로서 연결 ② 다학문적 통합 ㉠ 다양한 주제와 관련하여 그 해결책을 탐색하는 과정에서 여러 학문이 다양하게 동원(교육학) ③ 탈학문적 통합 ㉠ 아동중심적인 입장에서 자유로운 표현활동이나 문제해결의 과정을 통해서 이루어지는 통합 ㉡ 탈학문적 통합에서는 학습 활동의 발생 기원에 따라 흥미중심의 통합, 표현중심의 통합, 경험중심의 통합

- 장점
  - ① 흥미 유도, 융합적이고 창의적 사고력 배양, 실생활의 문제해결력 향상 등 (4C, 15년 교육과정 역량)
- 단점
  - ① 자료 부족, 교사 전문성 부족, 상급학교 진학에 도움이 되지 않아 학생과 학부모 인식 부족

10. 거꾸로 학습

- 정의
  - ① 존 버그만이 주창한 교육운동이며 교육철학
  - ② 전달식 강의를 전체 배움 공간(학교)에서 개별 배움 공간(가정)으로 옮기고, 그 결과 남겨진 전체 배움 공간을 역동적이고, 서로 배움이 가능한 환경으로 바꾸는 교육실천
  - ③ 거꾸로 배움(Flipped Learning)에서 교사는 학생이 학습 주제와 관련하여 개념을 적용하고, 창의적으로 참여할 수 있게 안내

- 특징
  - ① 개별학습 : 차별화된 강의, 문제 기반 학습, 프로젝트 기반 학습, 탐구학습을 통해 학습자 개개인의 특성을 반영
  - ② 학생 중심 배움 : 교사 중심이 아니라 학습자 중심의 학습을 펼쳐 학생들의 관심과 흥미를 유발
  - ③ 깊은 배움 : 과거 학교에서 주로 지식과 이해에 중점을 두었지만, 학교에서 적용, 분석, 종합, 평가 등 깊이 있는 학습 가능
  - ④ 넓은 배움 : 학교에서 다양한 학습자 중심의 학습이 이루어짐으로써 호기심과 흥미를 가지고 폭넓은 학습이 가능

- 차이점 (FLIP)
  - ① 유연한 환경(Flexible Environment)은 학습자가 학습을 성찰할 수 있는 시간과 공간을 제공하고, 교사는 지속적으로 관찰 점검하고, 다양한 학습과 평가를 제공
  - ② 학습문화(Learning Culture)이다. 교사가 수업을 주도하지 않고, 모든 학습자가 유의미한 활동에 참여할 수 있도록 맞춤형 지원과 피드백을 제공
  - ③ 의도된 내용(Intentional Content)이다. 학습자가 개별적으로 학습할 수 있도록 강의 내용의 우선순위를 정하고 콘텐츠를 개발하고 모든 학습자들에게 적합한 차별화된 내용을 제공
  - ④ 전문적 교육자(Professional Educator)이다. 학습을 설계하고 필요한 콘텐츠를 개발하고, 평가를 실시하여 결과를 과정에 피드백 시키는 전문적 교사가 필요
  - ⑤ 단순하게 집과 학교의 학습 위치만 바뀌면 거꾸로교실이고, ①~④ 잘 실현되면 거꾸로 배움됨

- 요소
  - ① 교사들의 협업 ② 교사들의 깊은 성찰 ③ 최적화된 교실 공간 ④ 시도하기에 충분한 시간 ⑤ 학교 관리자나 교육 관련 부서의 지원 ⑥ 학습공동체와 민주교실 구현

- 영상 시청
  - ① 위스크 : 보기(W), 요약하기(S), 질문하기(Q)(모둠학습, 교사 피드백)

V. 수업개별화

1. 적성처치 상호작용모형(ATI) 2. 프로그램 학습(PL, PI) 3. 컴퓨터 기반 수업(CAI) 4. 컴퓨터 매개통신(CMC) 5. 이러닝 6. 혼합교육(BL) 7. 원격교육 8. 다양한 개별학습

1. 적성처치 상호작용 모형(ATI)

- **의의**
  ① 적성(A)과 학습방법(처치, T)을 상호작용(I)시켜 학업성취를 추구하는 개별화 방법

- **구성요소**
  ① 적성(Aptitude) : 학생 개개인이 갖고있는 개인적 특징을 의미
  ② 처치(Treatment) : 학생들에게 제공되는 교수방법을 의미
  ③ 상호작용(Interaction) : 적성과 처치를 적절하게 연결한다는 의미

- **수업모형**
  ① 이상적 형태 : 학습자의 특성에 따라 서로 다른 수업방법
  ② 일반적 형태 : 실제적으로 한 교수방법이 다른 교수방법에 비하여 적성에 관계없이 모든 학생에게 효과적임

2. 프로그램 학습(PL, PI)

- **의의**
  ① 프로그램 학습은 스키너의 강화이론에 기초
  ② 학생이 스스로 학습하도록 꾸며진 책의 형태로 되어 있는 프로그램 내용을 학생에게 학습시키는 것
  ③ 주어진 목표에 도달하기 위하여 자극과 반응 관계를 이용하여 경험을 계획적으로 계열화시키는 것

- **학습원리**
  ① 점진접근의 원리 : 많은 학습 과제를 적은 단위로 세분화시키는 것
  ② 자기속도의 원리 : 학습자 능력에 따라 자기속도로 진행할 수 있음(개별화)
  ③ 학습자 검증의 원리 : 학습자가 스스로 답을 확인
  ④ 즉시 강화의 원리 : 반응이 옳을 때 즉시로 강화해 주면 잘 정착되고, 오반응에도 알려주면 쉽게 제거
  ⑤ 적극적 반응의 원리 : 학습자가 적극적으로 활동

- **유형**

직선형 프로그램	분지형 프로그램
① 스키너에 의해 고안되었다.	① 크라우더에 의해 고안되었다.
② 집단구성이 동질적일 때 사용하는 것이 좋다.	② 집단구성이 이질적일 때 사용하는 것이 좋다.
③ 학습을 처음 시작하는 초보에게 적당한 방법이다.	③ 비교적 높은 학습능력을 가진 능력자에게 적당하다.
④ 완전습득할 내용을 가르치고자 할 때 적당하다.	④ 진단과 교정의 목적으로 사용하고자 할 때에 적당하다.
⑤ 문항이 대체로 쉽게 반복적이어서 성공감을 쉽게 느끼게 할 수 있다.	⑤ 불필요한 반복이나 반응을 제거하여, 시간이 절약되고 피로가 감소
⑥ 틀렸을 때 보충할 수 있는 교정프레임이 없다.	⑥ 틀렸을 때 보충할 수 있는 교정프레임이 있다.
⑦ 단답형이 적합하다.	⑦ 선다형이 적합하다.

3. 컴퓨터 기반수업(CAI)

- **의의**
  ① CAI가 컴퓨터라는 매체를 통하여 개별화 수업을 지향한 독립형 수업형태라면, PI(Programmed Instruction)는 책이라는 인쇄매체를 통하여 개별화 수업을 지향
  ② PI는 학습자의 다양한 특성에 따르는 수업체제를 책으로 프로그램화시킨 것이고, CAI는 PI와 같이 행동주의 원리에 기초
  ③ 반복연습형, 개인교수형, 게임형, 시뮬레이션, 발견학습, 문제해결학습

객관식

36
〈보기〉와 같은 교사의 경험을 가장 잘 설명하고 있는 이론은? (02, 초등)

| 보기 |

지난 해 소집단 토론 수업을 실시한 결과 학생들의 학습 참여도와 학업 성취도가 설명식 수업 방법에 비해 크게 향상되어, 소집단 토론 수업 방법이 설명식 수업 방법보다 효과적이라는 확신을 갖게 되었다. 이런 확신 때문에 새로운 학교로 전근을 와서도 소집단 토론을 중심으로 수업을 진행하였다. 그러나 기대와는 달리 학생들의 학습 참여도와 학업 성취도가 설명식 수업을 실시하고 있는 다른 반 학생들보다 오히려 떨어졌다. 그래서 다시 설명식 수업 방법으로 전환하게 되었다.

① 정교화 이론
② 행동수정 이론
③ 유의미 학습 이론
④ 적성-처치 상호 작용 이론

36. ④

객관식

37
〈보기〉에서 온라인 교육에 대한 설명으로 바르게 묶인 것은? (07, 영양)

| 보기 |
ㄱ. 교수자 중심의 교실 출석 수업이다.
ㄴ. 쌍방향 통신보다는 일방향 통신을 활용한다.
ㄷ. 시·공간을 초월한 융통성 있는 교육이 가능하다.
ㄹ. 인터넷 수능방송, 사이버 가정학습체제 등이 그 예이다.

① ㄱ, ㄴ ② ㄱ, ㄷ
③ ㄴ, ㄹ ④ ㄷ, ㄹ

38
다음은 각 교수·학습이론과 그것을 구현하기 위한 e-러닝 방법을 짝지은 것이다. 옳은 것을 모두 고른 것은? (10, 중등)

구분	교수·학습이론	e-러닝 방법
ㄱ	벤더빌트 대학 CTGV의 정착교수(anchored instruction) 이론	상호작용 비디오 체제 활용 수업
ㄴ	브루너(J. Bruner)의 발견학습(discovery learning) 이론	개인교수형 컴퓨터 보조 수업
ㄷ	스피로(R. Spiro)의 인지적 유연성(cognitive flexibility) 이론	하이퍼텍스트와 하이퍼미디어 활용 수업
ㄹ	라이거루스(C. Reigeluth)의 정교화 교수 이론(elaboration theory of instruction)	온라인 문제 기반 학습

① ㄱ, ㄴ ② ㄱ, ㄷ
③ ㄴ, ㄹ ④ ㄱ, ㄷ, ㄹ
⑤ ㄴ, ㄷ, ㄹ

37. ④ / 38. ②

- 장점 ― ① 학습의 개별화를 촉진 ② 학습자와 컴퓨터의 상호작용의 촉진 및 학습동기를 유지 ③ 인내심으로 오류를 교정 ④ 평가를 통한 진단 및 처방이 가능
- 단점 ― ① 비인간화를 촉진 ② 학습효과에 대한 의문 ③ 설비에 대한 투자가 필요

4. 컴퓨터 매개통신(CMC)

- 의의
  - ① 컴퓨터 매개통신(Computer Mediated Communication : CMC)는 정보화시대의 교육패러다임, 즉 학습자중심의 교육환경의 실현가능성을 구체화함
  - ② 이러닝의 학문적 표현
- 에듀테크
  - ① 교육(Education)과 기술(Technology)의 합성어로, 교육에 ICT기술을 접목한 차세대 교육을 의미
  - ② 인공지능(AI), 빅데이터, 증강현실(AR), 가상현실(VR), 사물인터넷(IoT), 클라우드, 온라인 공개수업(MOOC: Massive Open Online Course)이 활용

5. 이러닝

- 정의
  - ① E-learning은 인터넷 혹은 다른 디지털 매체를 기반으로 하여 시·공간적 제약을 극복한 융통성 있고 상호작용이 가능한 학습환경을 제공하며, 그러한 매체를 통하여 단순한 정보 제공으로부터 탈피하여 다양한 학습활동을 보장하는 학습의 한 형태
- 필요성 ― ① 경제성과 평등성 ② 개별학습 촉진 ③ 평생학습체제 구축

6. 혼합교육(BL)

- 정의
  - ① 혁신적 정보기술 발전에 기초한 온라인 학습과 상호 작용적 참여를 동반하는 전통적 학습과의 통합을 의미
  - ② 혼합학습(Blended Learning)은 온라인 학습과 오프라인 학습의 통합
- 유형
  - ① 순환모델 : 정해진 스케줄이나 교사의 판단에 따라 학생들이 적어도 하나의 온라인 학습을 포함하여 여러 가지 학습 형태 사이를 순환하는 학습(〈브렌디드〉 마이클 혼과 스테이크, 장혁 등)
  - ② 스테이션 순환 학습 : 자신만의 맞춤식 스케줄에 따른 스테이션뿐 아니라 모든 스테이션을 순환
  - ③ 랩 순환 학습 : 학생들이 온라인 학습 스테이션을 위해 컴퓨터실을 거쳐 순환하는 학습 과정
  - ④ 거꾸로 학습 : 가정에서 온라인 학습에 참여하고, 면대면으로 교사가 이끄는 실습이나 프로젝트를 위해 학교에 출석하는 학습 과정
  - ⑤ 개별 순환 학습 : 각 학생은 자신만의 개별 활동 목록을 가지고 있으며, 각각의 스테이션을 모두 순환할 필요는 없음, 알고리즘이나 교사가 개별 학생의 스케줄을 작성
  - ⑥ 플렉스 모델 : 학생들은 여러 학습 형태 사이에서 개별적으로 만들어진 유동적 맞춤식 스케줄을 통해 움직임, 소그룹 교수, 그룹 프로젝트, 개인 지도 등의 활동을 유연하고 상황에 맞는 도움을 제공
  - ⑦ 알라카르테 모델 : 학생들은 온라인으로만 강의를 듣고, 학교에서 그 외 경험을 쌓는 학습 과정, 성적 관리 교사는 온라인 교사이며, 학생들은 알라카르테 학습 과정을 학교나 다른 장소에서 수강할 수 있음
  - ⑧ 학생들은 성적 관리 교사와 만나는 필수 면대면 학습 시간을 가지고, 자유롭게 남은 학습 과제를 교사와의 만남 없이 완성하는 학습 과정

NOTE

7. 원격교육

개념
① 교수자와 학습자가 직접 대면하지 않고 인쇄매체, 방송매체, 오디오나 비디오 매체 등을 활용하여 활동
② 우리나라 방송통신대학은 원격교육을 중심으로 하는 대학교

장점
① 학습자는 원하는 시간과 장소에서 편리한 방식으로 교육을 받을 수 있음(시간과 공간 초월)
② 여러 지역의 학습자가 생동감 있고 상호작용적인 학습환경에서 협력학습을 할 수 있음(다양한 학습)
③ 원거리에 있는 교사나 전문가와 접촉이 가능
④ 가격 효과 면에서 경제적
⑤ 각 지역에 흩어져 있는 학습자원을 공유

단점
① 원격교육이 가격 효과 면에서 경제적이라고는 하지만 원격교육 시스템을 구축하기 위해 초기비용이 많이 듦
② 각종 교재 개발과 학생지원 서비스를 위한 지원조직이 필요하기 때문에 계속적인 투자가 필요
③ 학습의 질을 관리하고 평가하기가 어려움
④ 학력격차(빈익빈 부익부), 기초학력부진, 정서적 불안정, 사회성 발달 저해, 영양 불균형

종류

종류	초중고 응답자	초중고 비율	초등 응답자	초등 비율	중등 응답자	중등 비율	고등 응답자	고등 비율
① 콘텐츠 활용 중심 수업 (e학습터, EBS 영상 시청 등)	588	36.5%	159	29.3%	66	18.0%	363	51.7%
② 과제 수행 중심 수업 (교사 내준 과제물 작성 후 제출)	135	8.4%	24	4.4%	66	18.0%	45	6.4%
③ 실시간 쌍방향 수업 (교사와 실시간 화상 수업)	177	11.0%	87	16.0%	57	15.6%	33	4.7%
④ 2개 이상의 방식을 활용하는 혼합형	711	44.1%	273	50.3%	177	48.4%	261	37.2%
계	1,611	100.0%	543	100.0%	366	100.0%	702	100.0%

8. 다양한 개별학습

개별처방수업 (IPI)
① 개별처방수업(Individually Prescribed Instruction : IPI)은 피츠버그대학의 쿨리(Cooly)와 글레이저(Glaser)가 창안
② 개별 학생에게 그들 자신의 학습프로그램을 제시함으로써 누적된 학습문제를 해결하기 위한 수업형태
③ 계속적인 진단-처방-평가가 이루어짐

개별안내수업
① 개별안내수업은 1965년 위스콘신대학교 인지학습연구개발센터에서 개발된 개별화 수업 체제
② 학습자의 현재 학습 수준 및 특성과 학교에서 제공하는 교육 프로그램에 따라 학습목표, 학습활동, 시간 할당을 각기 다양하게 하여 학습을 개별화하는 데 있음

객관식

39
〈보기〉는 인터넷을 이용한 원격교육 사례이다. 적용된 학습유형을 가장 바르게 연결한 것은? (03, 중등)

| 보기 |

학생들은 스스로 탐구할 주제를 찾는다(A). 학생들은 이메일이나 인터넷 토론방을 통해 과학자들로부터 과제에 대한 피드백과 지도를 지속적으로 받으면서 실제적인 과학탐구 경험을 점차적으로 쌓는다 (B). 학생들은 과학자들의 도움을 받아 학습결과물을 산출하며, 과학자들은 그 결과물을 연구자료로 활용한다(C).

	A	B	C
①	탐구학습	인지적 도제학습	협력학습
②	탐구학습	사례중심학습	순차학습
③	문제해결학습	순차학습	협력학습
④	문제해결학습	발견학습	탐구학습

39. ①

NOTE

PSI - 켈러 플랜
① 켈러 계획(Keller Plan), 또는 개별화된 교수 체계(Personalized System of Instruction: PSI)는 행동주의 심리학(스키너 조작적 조건형성 이론)의 원리를 많이 적용
② 주요 특징은 학습자 스스로 진도 설정, 완전학습, 그리고 교수 자료에 대한 광범위한 자기 학습
③ 학습 과정은 단계로 나누어지며, 학습자들은 단계별 문제를 풀어야 하고, 기준 점수 이상을 받아야 다음 단계로 넘어감(예: 80% 이상의 점수를 받아야 다음 단계로 이동)
④ 학습자들은 소집단으로 또는 개별적으로 공부하고, 자주 학습 보조원의 도움을 받고, 그 과제를 얼마나 빨리 또는 느리게 끝낼 것인지 결정
⑤ 등급은 최종 시험의 결과와 함께 끝마친 단계의 수에 근거해서 결정
⑥ 켈러 계획은 철학, 공학, 생물학을 포함하여 다양한 분야의 대학이나 대학원 수업에서 널리 사용

TTTI
① Task, Trait and Treatment Interaction
② 학습과제(Task) 혹은 목표의 성질과 학습자의 특성(Trait)을 충분히 고려하여 이에 최적한 교수절차(Treatment)를 마련할 때 학습효과가 극대화됨

에듀테인먼트
① 에듀테인먼트(Edutainment)는 교육을 의미하는 'edu-'와 놀이를 의미하는 '- tainment'를 합성
② 오락적 요소가 담긴 교육 자료나 매체를 의미하거나, 교육적 요소가 담긴 오락물을 지칭하는 말로 널리 사용

다면지능 학습법
① 미국 여러 곳에서 가드너 MI를 적용하려는 실험 연구가 많이 이루어짐
② 스펙트럼 프로젝트는 유치원, 키스쿨 프로젝트는 초등학교, PIFS 프로젝트는 중학교, 아트 프로펠은 고등학교에 적용

학습자 요구 - 부응 교수법
① 학습자 요구 부응 교수법(Program for Learning in Accordance with Needs : PLAN)은 개발한 무학년제 컴퓨터 지원 개별화 수업 프로그램
② 교수법은 현재 상당히 상업적으로 보급되고 있으며, 국어·수학·사회·과학 등의 여러 영역에서 계속 개발되고 있음

컴퓨터 기반 - 협력학습시스템
① 컴퓨터 기반 협력학습시스템인(CSCL)은 각기 다른 장소에 있는 학습자들이 컴퓨터를 기반으로 하여 개인의 지식을 외현화하고, 이를 공동의 메모리(데이터베이스)에 저장하고, 상호작용을 통해 공유하고 구성해 가는 시스템
② CSCL은 학습자들끼리 공유한 목표를 달성하기 위해 일어나는 상호작용의 한 형태 또는 지식 구성 공동체(Knowledge Building Community)에 참여하는 과정

웹퀘스트 - Web Quest
① 웹퀘스트란 탐구(연구) 중심 활동으로 학생들이 인터넷에 있는 자원을 통해서 얻은 정보를 기반으로 한 연구 활동을 의미
② 웹퀘스트 활동은 장단기 활동으로 구분되는데, 단기 웹퀘스트는 지식의 습득 및 통합이 목적이며 학습자들에게 다량의 정보를 다룸

교원 ICT 활용 - 능력 기준 (ISST)
① ICT활용 교육의 활성화의 성공은 교사의 정보활용 능력
② 교원들의 ICT활용 능력 함양과 학교 현장에서 활용되고 있는 컴퓨터 및 기자재 활용을 향상시키기 위해 교원의 ICT활용능력 기준(ISST : ICT Skill Standard for Teacher)을 마련

EPSS
① EPSS(Electronic Performance Support System)를 과정, 지식, 도구, 데이터, 의사소통에 대한 통합적 지원을 제공하는 소프트웨어 애플리케이션 혹은 컴퓨터기반 업무환경

디지털 리터러시

특성	세부 내용
연구 및 정보 리터러시 (Research and Information Literacy)	• 정보 리터러시 • 정보 처리 및 관리
비판적 사고력, 문제 해결, 의사 결정 (Critical Thinking, Problem Solving and Decision Making)	• 앞선 기술의 맞춤 활용 능력
창의성 및 혁신성 (Creativity and Innovation)	• 생각과 지식의 창의적 표현
디지털 시민의식 (Digital Citizenship)	• 인터넷 안전, 프라이버시 및 보안 • 관계 및 소통, 디지털 지문 및 평판 • 사이버 폭력 예방, 법적, 윤리적 책임 의식 • 자기 이미지 및 정체성 • 지적 재산 공유 및 보호 • 기술을 향한 균형 잡힌 태도 • 사회에서 ICT의 역할에 대한 이해와 인식
의사소통 및 협동 (Communication and Collaboration)	• 커뮤니케이션 및 협업
기술 활용 및 개념 (Technology Operations and Concepts)	• 일반적인 지식 및 기능적 기량, 일상생활에서 활용 • 정보에 근거한 의사 결정 • 자기 발전을 위한 기술의 적절한 사용 • 디지털 기술에 대한학습과 디지털 기술을 활용한 학습

(캐나다 브리티시 컬럼비어 주정부, 2017)
교사가 진짜 궁금해 하는 온라인 수업(손지선 외 10명)(학교도서관 저널)

VI. 다양한 수업종류

1. 강의법 2. 토의법 3. 문답법(대화법) 4. 발문 5. 무학년제 6. 귀납과 연역적 추론 7. 협동교수
8. 마인드맵 9. 가치갈등 수업모형 10. 가치명료화 수업모형

1. 강의법

의의 — ① 가장 오래된 교수 방법으로 주로 언어를 통한 교사의 설명과 해설에 의해 수업이 이루어짐

장단점

장점	단점
① 짧은 시간에 많은 학생들에게 많은 양의 자료를 전달 ② 교사가 내용을 변경하기 쉬움 ③ 교육목표 분류학의 하위수준의 인지적, 정의적 목표에 가장 적합함 ④ 학생들의 흥미를 돋움 ⑤ 대단위 수업에 용이함	① 소극적이고 수동적 태도를 형성함 ② 학습자의 개성과 능력을 무시 ③ 능력이 낮은 학습자는 어려움 ④ 고차적이고 정의적 영역 목표달성이 어려움 ⑤ 학습자의 동기가 지속되기 어려움 ⑥ 수업자의 능력에 크게 의존함

직접교수법 (로젠샤인)

직접교수
① 직접 교수법(Direct Instruction)은 로젠샤인(B. Rosenshine)이 주장한 대표적 강의법 ② 안내는 교사는 수업의 내용을 설정하고, 이전 학습을 검토하고, 수업목표를 세우고, 수업절차를 설정 ③ 제시는 교사는 새 개념과 기능을 설명 시연하고, 과제의 시각적 표현 자료를 제공하고, 이해를 확인 ④ 구조화된 연습으로 교사는 연습 사례를 단계에 따라 제시하고, 학생들은 질문에 응답. 교사는 교정적 피드백과 강화를 제공 ⑤ 안내에 의한 연습으로 학생들은 반독립적으로 연습. 교사는 순회하면서 학생의 연습을 감독하고 피드백을 제공 ⑥ 독립적 연습으로 학생은 가정이나 학교에서 독립적으로 연습, 피드백은 지연되어 제공됨, 일정기간에 걸쳐 수차례 이루어짐

객관식

40
〈보기〉와 관련된 수업방식은? (03, 초등)

보기
• 헤르바르트(Herbart)에 의해 체계화되었다. • 준비, 제시, 결합, 체계화, 적용과 같이 다섯 단계로 진행된다. • 짧은 시간에 다양한 지식과 내용을 학습한다.

① 강의법 ② 구안법
③ 토의법 ④ 도제교수법

41
다음 중 토의식 수업의 장점으로 가장 적절한 것은? (01, 초등보수)

① 교사가 원하는 방식과 내용을 제시할 수 있다.
② 많은 인원수의 학급에서 운영하기에 좋다.
③ 다양하고 많은 양의 학습내용을 다루기에 적절하다.
④ 학습자로 하여금 자신의 사고를 분명하게 하는 데 도움을 준다.

40. ① / 41. ④

객관식

42
사회교육 방법으로 단상토론(Symposium)에 대한 설명으로 맞는 것은? (01, 초등)

① 전문적 식견을 가진 50명 이하의 참석자 전원이 발표자의 발제 내용에 대하여 공개적으로 질의·토론한다.
② 사회자의 진행에 의해 특정 주제에 관하여 3-6명의 토론자가 청중들 앞에서 유목적적인 대화의 형태로 토론을 한다.
③ 3-4명의 학습자 집단(청중 대표)과 3-4명의 전문가 집단이 청중 앞에서 사회자의 진행으로 특정 주제에 대하여 대담 토론을 한다.
④ 몇몇 주제를 중심으로 청중들 앞에서 2-5명의 발표자들이 공식적으로 각자의 전문적 지식과 의견을 제시하고 발표자간 좌담식 토론을 한다.

43
다음의 내용과 가장 부합하는 토의 유형은? (12, 초등)

| 보기 |
○ 여러 개의 소집단이 열띠게 토의하는 과정을 비유해 토의유형의 이름이 붙여졌다.
○ 3~6명으로 편성된 소집단들이 주어진 주제에 대해 6분 정도 토의하는 형태로 시작된다.
○ 사회자가 비슷한 결론을 내린 소집단들을 점점 합쳐 가며 토의를 진행하고, 최종적으로 전체가 모여 토의의 결론을 내린다.
○ 좌석배치의 예를 들면 아래 그림과 같다.

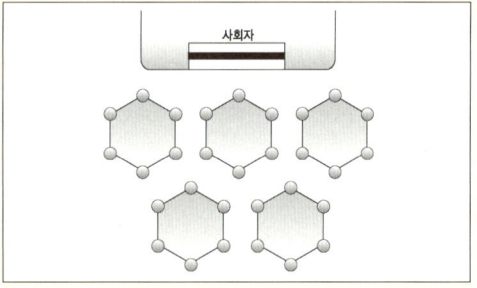

① 버즈토의(buzz)
② 배심토의(panel)
③ 공개토의(forum)
④ 단상토의(symposium)
⑤ 원탁토의(round table)

42. ④ / 43. ①

---

2. 토의법

의의
① 공동학습의 한 형태로 학습조직을 비형식적인 토의 집단으로 구성해서 자유로운 토론을 통하여 문제 해결에 협력하여 집단사고를 통한 결단적 결론으로 이끌어가는 학습 방법

장점 단점

장점	단점
① 학습자의 동기를 유발시켜 능동적으로 참여함	① 학습자의 능동적 참여를 유도하기 매우 어려움
② 적용, 이해, 발견 등의 높은 수준의 인지적 학습 목표를 달성하는 데 효과적임	② 교사의 계획적 체계적 진행이 어려움
③ 학습자의 흥미나 가치를 개발하고, 태도를 변화시키려는 학습목표에 효과적임	③ 교사의 시간과 노력이 많이 듦
④ 학습자와 교사의 상호작용을 통해 교사가 끊임없이 학습자의 이해정도를 파악	④ 많은 양의 학습내용을 다루기에 부적절함

유형
① 원탁토의 : 참가인원은 보통 5~10명 정도로 소규모 집단구성, 참가자 전원이 상호 대등한 관계 속에서 정해진 주제에 대해 자유롭게 서로의 의견을 교환하는 좌담형식(브레인스토밍에 활용)
② 배심토의(Panel) : 토의에 참가하는 소수의 선정된 배심원과 다수의 일반청중으로 구성되어 특정 주제에 대해 상반되는 견해를 대표하는 몇몇 사람들이 사회자의 진행에 따라 토의하는 형태(대화형식 진행, 심야토론 등 활용)
③ 공개토의(Forum) : 1~3인 정도의 전문가나 자원인사가 10~20분간 공개적인 연설을 한 후 이를 중심으로 하여 청중과 질의응답을 하는 방식으로 토의 진행(정책설명회 등 활용)
④ 단상토의(Symposium) : 토의주제에 대해 권위 있는 전문가 몇 명이 각기 다른 의견을 공식발표한 후, 이를 중심으로 해서 의장이나 사회자가 토의 진행, 단상토의에 참가한 전문가와 사회자, 그리고 청중 모두는 특정 주제에 관한 전문적인 지식이나 정보, 경험 등을 지녀야 함(학술발표회에 활용)
⑤ 대담토의(Colloquy) : 토의에 참가하는 인원은 보통 6~8명 정도로 이 가운데 3~4명은 청중대표이고 나머지 3~4명은 전문가나 자원인사로 구성, 대담토의는 주로 청중대표와 전문가 집단에 의해서 이루어지나 사회자의 진행에 의해 일반 청중이 직접 토의과정에 참가할 수도 있음(주민대표와 행정관청 간의 토론에 활용)
⑥ 세미나(Seminar) : 참가자 모두 토의 주제 분야에 권위 있는 전문가나 연구가들로 구성된 소수집단 형태, 세미나를 주도해 나갈 주제발표자의 공식적인 발표에 대해 참가자들이 의견을 개진하거나 질의하는 방식으로 토의 진행(학습방법, 독서토론)
⑦ 버즈토의(Buzz)(6*6법) : 3~6명으로 편성된 집단이 주어진 주제에 대해 6분 가량 토의를 하는 6×6형태
  • 처음에는 3명씩 짝지어 토의한 다음, 어느 정도 토의가 진행되면 다른 3명의 집단을 만나 6명씩 토의하고 또 얼마 지난 다음에는 다른 6명의 집단과 모여 12명의 집단구성원으로 토의 진행
  • 소집단으로 분과토의한 후, 최종적으로 전체 집단이 다함께 모여 토의 결과를 집결시켜 결론을 맺게 함으로써 대집단의 종합토의의 효과를 얻을 수 있음

3. 문답법(대화법)

개념
① 교사와 학생 상호간의 질의·응답을 통하여 학습목표에 도달하려는 방법으로 강의법과 함께 오래전부터 사용되어 오던 학습 형태의 하나
② 소크라테스의 산파술과 플라톤의 대화법이 대표적인 예

- 장단점

장점	단점
① 학습목표를 명확히 밝혀주어 초점이 분명한 학습활동을 조성	① 사고의 통일과 연속성을 방해할 우려가 있으며 학습속도가 지연될 수 있음
② 학습에 자극을 주어 활기 있고 적극적인 활동이 가능	② 교사 중심으로 진행되어 사고의 영역을 한정시키기 쉬움
③ 적극적인 흥미와 동기유발이 가능	③ 우수아 중심의 수업으로 흘러 학습부진아들에게 좌절감을 주기 쉬움
④ 스스로 생각할 기회를 주어 발표력과 주체적인 학습이 가능	
⑤ 교사와 학생 간의 의사소통이 이루어짐	

- 종류
  - ① 폐쇄형 발문(제한적 발문, 수렴적 발문): 일정하고 제한된 답이 요구되는 발문(주의 환기, 기억 회상, 학습 초점 분명)
  - ② 개방형 발문(확산적 발문, 발산적 발문): 다양한 답이 요구되는 발문(평가적이고 추상적이고 창의적 사고 등 높은 수준의 사고 유발)

4. 발문
- 처리
  - ① 성공적인 대답에 대해서는 칭찬과 격려로써 성공감을 갖게 하여 자신감을 부여
  - ② 구체적으로 틀린 곳을 지적하여 격려가 섞인 칭찬을 해줌으로써 자기의 결점을 찾게 하여 계속적 학습활동이 됨
  - ③ 중개 발문을 사용하여 학습자의 파지력과 전이력을 높임. 즉, 학생의 대답을 전체 학생에게 다시 물어 한 번 더 생각해 보게 함
- 방법
  - ① 질문돌리기는 고성취 학생에게 좋은 반면, 저성취 학생에게는 재질문이 효과적
- 활용
  - ① 교사가 묻고자 하는 질문의 유형을 사전에 계획
  - ② 발문은 간결하고 명료하며 논의에 맞는 형태로 제시
  - ③ 학생들로 하여금 생각할 시간을 적절하게 가지도록 함
  - ④ 학생들을 긴장상태에 있게 함
  - ⑤ 교사의 발문을 다시 하거나 탐사가 들어가기 전에 학생이 응답을 마칠 수 있도록 충분한 시간을 줌
  - ⑥ 학생에게 즉각적 피드백을 줌

5. 무학년제
- 개념
  - ① 학년제나 계열에 구애 없이 만들어서 개별 학생들의 흥미와 능력에 맞는 수준의 과정을 밟을 수 있도록 여러 조건을 마련하여 주는 체제
  - ② 무학년제(Non-Graded system)는 학년을 무시하는 제도. 굿래드와 앤더슨이 주장

6. 귀납적 연역적 추론
- 정의

귀납적 교수법	연역적 교수법
① 교사는 일반화를 이끌어 낼 수 있는 풍부한 자료를 제공	① 교사가 학습해야 할 일반화의 내용을 소개
② 학생들이 각자 일반화를 증명할 수 있도록 자료를 관찰하고 탐구할 수 있는 충분한 시간을 줌	② 교사는 일반화를 구성하기 위하여 필요한 과제 관련 선행사실, 규칙, 행동계열을 검토
③ 학생들에게 일반화를 포함하는 추가적인 사례와 반사례를 보여줌	③ 학생들은 질문하고, 가설을 만들고, 일반화 내용에 포함될 예측적 사고활동을 함
④ 학생들의 주의집중은 일반화를 포함하는 자료의 핵심적(관련이 있는)인 측면을 보여준 다음 비핵심적(관련이 없는)인 측면으로 유도	④ 예측을 검증 위해 데이터, 상황, 자료 또는 대상이 수집되고 관찰
⑤ 일반화는 사례와 반사례를 구별할 수 있도록 이루어짐	⑤ 검증결과가 분석되고 관찰된 데이터, 상황, 자료, 대상에 의하여 예측 여부로 결론을 내림
	⑥ 수업을 시작할 때 소개된 일반화가 관찰결과에 의거하여 정련되고 재편집

객관식

44
다음은 토의법과 협동학습에 대한 교사들의 대화이다. 각 교사의 요구에 가장 부합하는 토의법이나 협동학습 방법을 옳게 짝지은 것은? (11, 중등)

보기
이 교사: 발표자 중심의 교실 전체 토의수업에서는 나머지 학생들의 참여와 상호작용이 저조한 경우가 많아요. 소집단 토의처럼 학생들이 청중이 아닌 토론의 주체가 되어 활발하게 상호작용하면 좋겠습니다. 장 교사: 저는 협동학습에서 무임승차하는 학생들이 더 문제라고 봅니다. 집단 보상 시에 개인의 성취 결과를 집단 점수에 반영하여 모든 학생들이 책무성을 갖도록 하면 좋겠습니다. 김 교사: 토의법이나 협동학습에서 학생들은 무엇을 어떻게 해야 할지 몰라서 시간을 낭비하는 경우가 종종 있지요. 토의나 협동학습의 주제, 형식과 절차 및 구성원의 역할 분담이 명확하게 제시되면 좋겠습니다.

	이 교사	장 교사	김 교사
①	버즈토의 (buzz discussion)	함께 학습하기 (Learning Together)	원탁토의 (round table discussion)
②	버즈토의 (buzz discussion)	성취-과제분담 (STAD)	과제분담 학습II (Jigsaw II)
③	배심토의 (panel discussion)	팀경쟁학습 (TGT)	집단조사 (Group Investigation)
④	공개토의 (forum discussion)	팀경쟁학습 (TGT)	원탁토의 (round table discussion)
⑤	배심토의 (panel discussion)	함께 학습하기 (Learning Together)	집단조사 (Group Investigation)

44. ②

객관식

45
다음은 효과적인 질문 기법에 관한 일련의 연구 결과들에서 도출한 내용이다.

> 질문할 때 교사는 자주 질문하되, 가능한 한 모든 학생을 골고루 호명하여 소수 학생이 응답 기회를 독점하지 않게 해야 한다. 또한 질문을 먼저 하되 응답할 학생을 호명하기 전과 후에 잠시 침묵하여 생각할 수 있는 시간을 주어야 하며, 학생을 적절히 격려하여 참여를 유도해야 한다. 그러나 질문내용이 기초 기능의 연습에 관련된 것이라면 대답은 빠를수록 좋다.

위 내용에 근거해서 판단할 때, 수업 상황에서 교사가 바르게 사용한 질문 전략을 〈보기〉에서 모두 고른 것은? (10, 중등)

| 보기 |

ㄱ. 주 교사: 학생들에게 간단한 암산 문제를 제시하고 가급적 빠른 시간 내에 대답하도록 하였다.
ㄴ. 장 교사: 만유인력의 법칙에 대해 질문하고 호명한 학생이 당황하여 대답을 못하자 안심시킨 후 좀 더 알아듣기 쉽게 질문하였다.
ㄷ. 조 교사: 지구과학 수업 중 질문하기 전에 먼저 한 학생을 지목하여 일어서게 한 후, 지층의 형성 과정에 관해 질문하고 설명하게 하였다.
ㄹ. 정 교사: 특수한 역사적 사건의 의의에 관해 질문하고 잠시 학생들에게 생각할 시간을 준 다음, 학생들을 한 명씩 호명하여 각자의 생각을 말하게 하였다.

① ㄱ, ㄴ
② ㄴ, ㄷ
③ ㄷ, ㄹ
④ ㄱ, ㄴ, ㄹ
⑤ ㄱ, ㄷ, ㄹ

46
박 교사는 대도시의 교통 흐름에 대한 이해를 돕기 위하여 반학생들에게 강과 하천의 흐름에 관한 영상을 보여주며 설명하였다. 박 교사가 활용한 수업 방법과 관련된 개념은? (07, 초등)

① 유추(analogy)
② 시연(rehearsal)
③ 자기 설명(self-explanation)
④ 순행 간섭(proactive inhibition)

45. ④ / 46. ①

7. 협동교수
- **개념**
  - ① 팀티칭(Team Teaching)은 교수 학습조직을 개선하려고 하는 수업조직형태의 하나로서 2명 이상의 교사가 대집단학습을 교수하는 교사의 협력수업체제
  - ② 우수한 교사의 혜택을 많은 학생에게 제공하고 우수한 교사에게 최적인 근무 조건을 마련해줌으로써 학생들의 개인차를 존중하고 학습효과를 올리기 위하여 고안된 교수형태

8. 마인드맵
- **개념**
  - ① 토니 부잔(T. Buzan)과 반다 노스(V. North)에 의해서 개발
  - ② 마인드맵은 마음 속에 지도를 그리듯 기록하는 방법이며, 낱말 중심의 전형적인 직선식 노트 필기와는 달리 시각적 이미지를 강조하는 혁신적인 필기법이라 함
  - ③ 마인드맵은 이미지와 핵심 단어, 그리고 색과 부호를 사용하면서 좌·우뇌의 기능을 유기적으로 연결하여 인간의 능력을 최대한 발휘
  - ④ 기억해야 할 내용을 일반적 문장이나 목록의 형태로 기록하게 하는 대신 하나의 중심 이미지를 페이지의 중앙에 놓고, 거기에서부터 체계적으로 핵심어와 이미지의 가지를 뻗어 나가는 방식을 사용

9. 가치갈등 수업모형
- **의의**
  - ① 가치학습모형은 학습자의 가치에 대한 사고력과 판단력을 향상시키는데 주력하는 학습모형
  - ② 가치갈등 모형, 가치명료화 모형, 가치탐구 모형, 가치수용 모형 등 다양한 모형이 있음
- **절차**
  - ① 구체적 갈등 사태를 예화로 제시 ② 관련된 규범들을 확인 ③ 관련된 규범의 의미를 명백히 밝힘 ④ 문제 사태의 성격을 밝힘 ⑤ 관련된 규범들을 선택했을 때 그 결과를 예상 ⑥ 자기 입장에서 선택한 것의 타당성을 발표

10. 가치 명료화 수업모형
- **의의**
  - ① 래스(Raths) 등은 가치명료화 수업 모형(Value Clarification)을 개발
  - ② 모형은 가치화 과정(Valuing Process)을 통해 가치 혼란을 감소시키고, 일관된 가치 체제를 형성
  - ③ 가치화 과정이란 하나의 가치가 개인에게 내면화되는 과정–선택되어서 행동 패턴이 되는 과정
- **절차**
  - ① 선택하기(Choosing) : 자유롭게 선택하기, 대안들 중에서 선택하기, 결과를 고려한 후에 선택하기
  - ② 긍지를 갖기(Prizing) : 자랑하여 소중히 여기기, 확인하기
  - ③ 행동하기(Acting) : 선택한대로 행동하기, 반복하기

Ⅶ. 교육공학
1. 시각교육 2. 데일 경험원추설 3. 쉐논 슈람 모형 4. SMCR 모형 5. 교육공학 6. 매체
7. 멀티미디어 설계계발 모형 8. 코스웨어설계모형

1. 시각교육
- **발달**

시각교육	→	시청각 교육	→	시청각 통신	→	교육공학
(1920)		(1940)		(1960)		(1970)

- **개념**
  - ① 시각교육은 시각적 자료를 통한 교육의 효과를 증대시키는 교육
- **사상가**
  - ① 코메니우스(Comenius) : 17세기 감각적 실학주의, 객관적 자연주의의 대표자〈세계도회〉

- ② 바제도우(Basedow) : 루소와 기독교의 사상을 접목시켜 범애주의를 창시했으며, 교육목적은 인류애 양성〈초등독본〉발간
- ③ 권근 : 〈입학도설〉은 중용과 대학을 쉽게 교수하기 위하여 도표로 만든 도해식 책

호반 ― ① 경험의 일반화 : 경험의 일반화는 언어만으로 불가능하며, 경험만을 존중하고 언어를 무시해도 안 되므로 이 경험과 언어 양자를 결부하여야 함(Hoban, 교육과정 시각화)

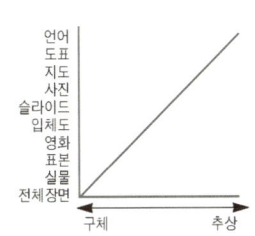 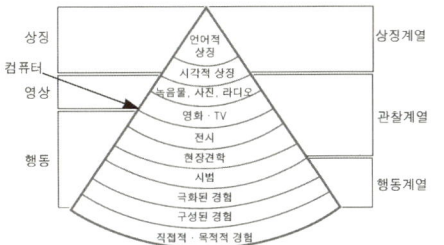

2. 데일 경험원추설

개념
- ① 구체성과 추상성의 관계에서 원추의 아래부터 위로 올라갈수록 추상성이 높아지며 반대로 아래로 내려올수록 구체성을 드러내고 있음
- ② 인간이 하게 되는 모든 경험은 현실 그 자체와 같은 직접적·목적적 경험으로부터 구체성이 높고, 마지막에는 언어·기호화 같이 추상적인 경험에 이르는 원추모양으로 되어있음

구성
- ① 직접적·목적적 경험 : 생활의 실제 경험을 통해 의미 있는 정보와 개념을 축적
- ② 구성된 경험 : 직접적인 공간적 한계를 극복하고, 실물의 복잡성을 단순화시켜 기본적인 요소만을 제시
- ③ 극화된 경험 : 직접 접할 수 없는 사건이나 개념을 경험. 연극을 보거나 출연함으로써 경험함
- ④ 시범 : 중요한 사실, 생각 과정의 시각적 설명. 사진, 그림, 동작을 활용하여 그 경험을 보여주는 것이며 시범은 곧 실제로 실행하는 결과를 갖게 됨
- ⑤ 현장 견학 : 그 일이 실제 일어나는 현장에 직접 가서 보고 경험하는 것
- ⑥ 전시 : 사진전시, 그림전시 등 학습자에게 보여줌으로써 학습자는 전시된 것을 관찰하며 배움
- ⑦ TV와 영화 : TV는 사건이나 현장을 담아서 편집하고 수록할 수 있는 동시성을 지니고 있으며 학습자들에게 직접 경험의 감각을 제공하는 것이며, 영화는 보고 듣는 경험을 제공하며 현실감을 느끼고, 사실이나 상황을 제작하고 극화하므로 학습자의 흥미를 유발시킴
- ⑧ 녹음물, 라디오, 사진 : 간접이긴 하지만 동기 유발하는데 효과적이며 글을 모르는 학습자들에게는 적절한 매체
- ⑨ 시각적 상징 : 추상적 표현으로 칠판, 지도, 도표, 차트 등을 통해 실제 물체를 나타내기도 하고 시각적인 기호로 표현하기도 함. 시각기호는 학습자의 경험과 분명한 연관이 있을 때 기호로써 효과적임
- ⑩ 언어적 상징 : 본질적으로 의미 없는 부호로 경험을 압축시킨 것

시사점
- ① 경험의 원추의 구분이 학습자의 연령과 관련, 발달단계가 낮은 학습자일수록 직접적 경험에 가까운 방법. 높은 학생은 상징적 언어에 의한 학습을 함
- ② 학습자가 경험의 원추 상에서 상단에 있는 매체를 통해 학습할 수 있게 되면 학습 자료를 학습하는 시간이 짧아지게 되어 효율적임
- ③ 학습자가 경험의 원추 상에서 하단에 있는 매체를 사용하게 되면 성공적인 학습을 할 수 있음

객관식

47
교육공학 발전에 기초가 된 이론들에 대한 설명 중 바르게 된 것은? (03, 중등)
① 호반(Hoban)의 시각 자료 분류에 의하면, 슬라이드는 모형보다 더 구체적이다.
② 핀(Finn)의 '검은 상자'모형은 개발적인 시청각 매체들의 효과를 해독하는 것을 목적으로 한다.
③ 엘리(Ely)의 시청각 커뮤니케이션 모형에서의 '방법'은 메세지 전달 수단으로서의 교재나 교구를 말한다.
④ 데일(Dale)의 경험의 원추 모양에 의하면, 극화된 경험은 TV나 영화를 보는 것보다 더 구체적인 학습경험을 제공한다.

48
데일(Dale)의 경험의 원추모형에 컴퓨터 매체를 추가한다면 삽입될 수 있는 곳은? (97, 중등)
① TV와 전시사이
② 전시와 견학사이
③ 영화와 TV사이
④ 라디오와 영화사이

47. ④ / 48. ①

객관식

49
의사소통 모형인 벌로(D. Berlo)의 SMCR 모형에 기초하여 김 교사와 학생의 수업과정을 분석할 때, M단계의 하위 요소에 해당하는 것으로 옳은 것을 〈보기〉에서 모두 고른 것은? (12, 중등)

| 보기 |

김 교사는 학생의 흥미와 수준을 고려하여 ㉠ <u>가르칠 내용의 순서에 따라</u> 설명하기 때문에 학생도 수업의 흐름을 놓치지 않고 잘 따라온다. 김 교사의 ㉡ <u>교과와 수업에 대한 열의</u>는 수업시간에 그대로 반영되어, 학생이 교사의 말에 더욱 집중하게 한다. 김 교사의 수업이 쉽고 지루하지 않은 것은 설명이 명확해서이기도 하지만, ㉢ <u>비언어적 표현, 즉 몸짓, 눈 맞추기, 표정 등을 적절히 활용하기</u> 때문이다.
김 교사가 컴퓨터 활용 수업을 할 때에는 ㉣ <u>학생이 자료를 읽거나 사용하는 의사소통기술</u>에 어려움이 없도록 지도한다. 전반적으로 김 교사의 수업에서는 학생들이 ㉤ <u>보고 듣기만 하는 것이 아니라, 만져보고 때로는 냄새를 맡고 맛을 보기도 하는 등 오감각을 통해</u> 보다 풍부한 의사소통을 한다.

① ㉠, ㉡
② ㉠, ㉢
③ ㉡, ㉣
④ ㉢, ㉤
⑤ ㉣, ㉤

49. ②

---

3. 쉐논 슈람
- 모형

* 송신자(교사) 메시지가 기호화되고, 시그널로 수신자(학생)에게 전달 해석되면, 수신자의 피드백이 송신자에게 전달됨

4. SMCR
벌로 — 모형

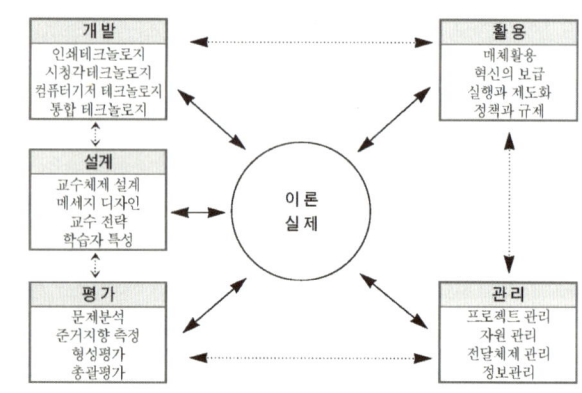

* 송신자와 수신자의 의사소통에는 5가지가 영향을 주고, 메시지도 5가지 특성을 지니고, 전달방법(채널)도 5가지 특성을 이용함

5. 교육공학

1977년
① 교육공학은 인간의 모든 학습과 관련된 문제를 분석하고 해결방안을 고안하고 적용하고 평가하고 관리하기 위해서 인적 자원, 절차, 아이디어, 기기 및 조직을 포함하는 복합적이고 통합적인 과정

1994년
① 교수공학은 학습을 위한 과정과 자원의 설계, 개발, 활용, 관리 및 평가에 관한 이론과 실제
② 교수공학을 교육공학의 하위영역으로서가 아니라 호환되어 사용할 수 있는 동위 개념으로 간주
③ 교수공학을 고안·개발·활용·관리·평가의 다섯 영역으로 설정

2008년
① 교육공학은 적절한 과학기술적인 과정과 자원을 창출, 활용, 관리함으로써 학습을 촉진하고 수행을 향상시키기 위해 연구하고 윤리적으로 실천하는 학문

교수공학 — 영역

6. 매체
- 효과성
① 클락은 학습에 영향을 미치는 것은 교수방법이지 교수매체가 아니라고 주장하고, 코즈마는 교수매체도 학습에 영향을 미친다고 주장
② 행동주의자들은 매체 비교 연구, 인지주의 학자들은 매체 속성 연구를 통해 매체 효과성을 연구

- 속성 ― ① 상징적 속성, ② 내용적 속성, ③ 기술적 속성, ④ 상황적 속성
- 기능 ― ① 매개적 보조 기능, ② 정보전달 기능, ③ 학습경험 구성 기능, ④ 교수 기능
- 실물화상기 ― ① 실물화상기(Document Camera)는 복사대 위에 비디오카메라가 문서 또는 일반 사진, 그래픽 또는 작은 물체를 향하여 아래로 설치되어 있다.
- OHP ─ ① OHP(투시물 환등기, Over Head Projection)는 상단 또는 제시대에 큰 구멍이 난 상자
  - ② 상자 안에 설치된 강력한 램프에서 나오는 불빛이 프레넬(Fresnel) 렌즈로 알려진 렌즈에 의해 모아져 TP(주로 8×10인치 크기)를 관통
  - ③ 상자의 상단에 렌즈와 거울로 구성된 삼각형 모양의 머리 부분이 빛을 90° 회전시켜, 발표자의 어깨너머 이미지를 투사
  - ④ 일상적인 용어이던 TP(Transparency)는 수업환경에서 OHP에 사용되는 8×10인치 크기의 투명한 필름을 지칭
  - ⑤ 겹TP(Overlays)는 추가의 정보를 담고 있는 TP로 바탕 TP 위에 얹어지는 것
- 멀티미디어 ─ ① 멀티미디어(Multimedia)는 다양한 매체들을 표현하는 용어
  - ② 컴퓨터는 멀티미디어 시스템을 가장 잘 표현하는 복합 매체
  - ③ 컴퓨터는 글, 사진, 그래픽, 음향, 동영상 등 멀티미디어를 잘 표현하는 도구
- 하이퍼미디어 ─ ① 1974년 넬슨(Nelson)은 컴퓨터에 저장된 글, 음향, 시각정보로 구성된 비순차적 문서를 칭하기 위해 하이퍼텍스트(Hypertext)라는 용어를 만들어냄
  - ② 목적은 사용자에게 매우 풍부하게 구성된 정보환경, 즉 글, 음향, 사진, 동영상 등을 다양한 방법으로 연결시켜줌
  - ③ 하이퍼텍스트는 하이퍼미디어(Hypermedia)라는 용어와 동일한 의미로 사용
- 스토리보드 ─ ① 스토리보드(콘티)는 영상물을 제작할 때 그림과 상황을 담은 일종의 설계도. 스토리보드를 콘티라고도 하고, 스토리보드를 만드는 작업을 스토리보딩이라 함
  - ② 스토리보딩(Storyboarding)은 서로 관련된 TP 자료나 슬라이드, 비디오물 또는 컴퓨터 화면 등과 같이 연속된 일련의 시각자료를 설계하는 것

7. 멀티미디어 설계모형

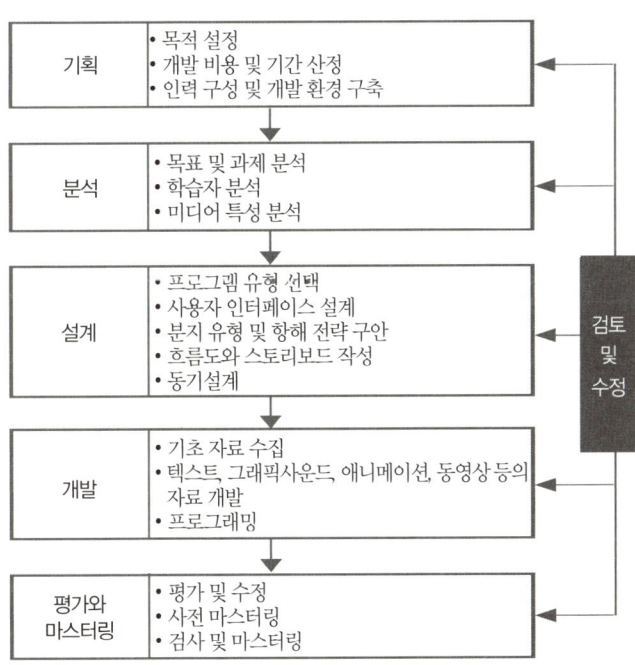

객관식

50
교사의 수업 전문성 향상을 목적으로 〈보기〉와 같이 진행되는 수업은? (08, 초등)

― 보기 ―
- 모의 수업을 실시하고 이를 비디오로 녹화한다.
  ↓
- 비디오를 반복적으로 보면서 수업 내용을 관찰·분석한다.
  ↓
- 분석 내용을 토대로 수업 실시자에게 피드백을 제공한다.

① 팀 티칭(team teaching)
② 마이크로 티칭(micro teaching)
③ 상보적 수업(reciprocal teaching)
④ 프로그램 수업(programmed teaching)

51
교육공학의 영역 중 학습자의 개별 특성을 고려한 수업을 시행하기 위하여 학습자의 특성을 연구하는 영역은? (04, 초등)

① 설계 ② 개발
③ 활용 ④ 관리

50. ② / 51. ①

객관식

52
양질의 수업용 소프트웨어를 선정하는 교육적 기준으로 적절치 않은 것은? (01, 중등)

① 내용의 정확성 및 구조화 정도
② 적용하고 있는 수업 전략의 적합성
③ 학습자 통제 및 상호작용의 적절성
④ 소프트웨어 개발에 이용된 프로그래밍 언어

52. ④

8. 코스웨어 설계모형

└ 모형

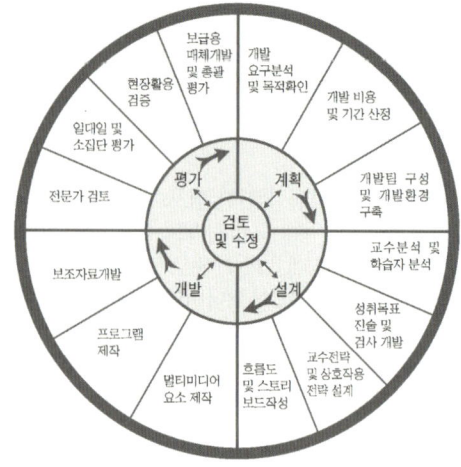

핵심 콕 키워드 문제

1. 목표 진술 방법은?

    1) 타일러 :

    2) 메이거 :

    3) 가네 :

2. 행동목표의 장점과 단점은? 각 2개씩

    1) 장점 :

    2) 단점 :

3. 블룸 인지적 영역과 정의적 영역은?

    1) 인지적 영역 :

    2) 정의적 영역 :

4. 던킨과 비들 수업변인의 종류는? 4개

5. 다음 교수설계철학의 주요 특징은?

    1) 행동주의 :

    2) 인지주의 :

    3) 구성주의 :

6. 다음 ISD의 절차는?

    1) ADDIE :

    2) ASSURE :

    3) Dick & Carrey :

7. 교수분석의 유형은?

    1) 언어적 정보 :

    2) 지적기능 :

    3) 운동기능 :

    4) 태도 :

8. 다음 수업절차는?

    1) 글레이저 :

    2) 한국교육개발원 :

9. 브루너 발견식 수업의 구성요소는?

10. 지식의 구조 정의와 표현방식은?

    1) 정의 :

    2) 표현방식 :

11. 오수벨의 선행조직자의 정의와 종류는?

    1) 정의 :

    2) 종류 :

12. 가네 교수학습이론

    1) 학습 영역 :

    2) 수업사태 :

13. 캘러 동기설계이론의 각 요소별 전략은? 2개 이상

    1) 주의집중 :

    2) 관련성 :

    3) 자신감 :

    4) 만족감 :

14. 메릴 내용요소전시이론

    1) 수행수준 :

    2) 내용수준 :

    3) 일차제시형 종류 :

    4) 이차제시형 종류 :

15. 라이거루스

    1) 개념 학습의 절차 :

    2) 정교화의 종류 :

    3) 정교화의 방법 :

16. 협동학습

    1) 직소 모형의 절차 :

    2) 직소II의 구성 :

3) GI모형에 비해 Coop-Coop이 가지는 장점은?

4) 모둠성취분담모형(STAD)의 평가유형은?

17. 온라인 협동학습 **각 1개씩**

1) 장점 :

2) 단점 :

18. 캐롤 완전학습

1) 학습에 필요한 시간 :

2) 학습에 사용한 시간 :

19. 블룸 완전학습 절차는?

20. 안드라고지의 정의는?

21. 다음 모형들의 절차는?

1) 듀이 문제해결학습 :

2) 길패트릭 구안법 :

3) 마시알라스 탐구법 :

22. 객관주의와 구성주의 정의는?

1) 객관주의 :

2) 구성주의 :

23. 객관주의와 구성주의 지식의 성격은? **2개 이상**

1) 객관주의 :

2) 구성주의 :

24. 구성주의 교수학습 원칙은? **5개**

25. 조나센의 교수환경설계(CLEs) 구성요소는? **6개**

26. CLEs에서 교사 활동과 학생 활동은?

교사활동	학생활동

27. 인지적 도제모형의 목적과 절차는?

1) 목적 :

2) 절차(6단계) :

28. 정착학습(앵커드 학습)

1) 앵커 정의 :

2) 절차 :

29. 상황학습이란?

30. 문제중심학습(PBL)의 설계원리는? **각 2개 이상**

1) 교사 역할 설계 :

2) 학생 역할 설계 :

31. 인지적 융통성이론의 특징은? **2개 이상**

32. 목표기반 시나리오 기법(GBS)

1) 미션 :

2) 커버스토리 :

33. 자원기반 학습

1) 정의 :

2) Big 6 Skills 절차 :

34. STEAM교육의 정의, 교사와 학생의 역량(15년 교육과정)은?

1) 정의 :

2) 교사 필요한 역량(2개) :

3) 학생 학습 역량(2개) :

35. 거꾸로학습의 정의와 설계원리는?

　　1) 정의 :

　　2) 설계원리 :

36. ATI란?

37. TTTI란?

38. 프로그램 학습의 원리와 종류는?

　　1) 원리(5개) :

　　2) 종류 :

39. CAI학습의 종류는?

40. 이러닝의 정의는?

41. 혼합교육(BL)이란?

42. 원격교육의 장점과 단점은? 각 2개씩

　　1) 장점 :

　　2) 단점 :

43. 토의법의 종류와 장단점은?

　　1) 종류 :

　　2) 장점(2개 이상) :

　　3) 단점(2개 이상) :

44. 문답법(질문중심수업)의 장점과 단점은? 각 2개씩

　　1) 장점 :

　　2) 단점 :

45. 직접교수법의 절차는?

46. 교수공학의 영역은?

47. 데일 경험원추설의 종류는?

48. 쉐논과 슈람 모형 구성요소는?

49. SMCR 구성요소는?

　　1) 송신자, 수신자 :

　　2) 전달내용(메시지) :

　　3) 방법(채널) :

50. 스토리보드란?

51. 코스웨어란?

핵심 팍 키워드 정답

1. 1) 내용, 행동(동사) 2) 조건, 준거(기준), 행동 3) 상황, 도구, 내용, 보조동사(행위동사), 주동사(역량동사)

2. 1) 교수학습 내용의 명료화, 평가 유리 2) 정의적 영역과 고차적 영역 표현 어려움, 수업 전 명시 곤란

3. 1) 지식, 이해, 적용, 분석, 종합, 평가 2) 수용(감수), 반응, 가치화, 조직화, 인격화

4. 전조변인, 상황(맥락)변인, 과정변인, 결과변인

5. 1) 행동목표제시, 외적 동기, 수업 계열화, 준거지향목표 2) 사고와 탐구 과정, 정보처리전략, 내적동기, 탐구와 발견능력 평가 3) 자기주도적 학습, 협동학습, 자아성찰적 실천, 비구조화된 문제, 조력자 교사

6. 1) 분석, 설계, 개발, 실행, 평가 2) 학습자 분석, 목표제시, 매체와 자료의 선정, 매체와 자료의 활용, 학습자 참여 요구, 평가 3) 목표설정, 교수분석, 학습자와 상황분석, 수행목표 설정, 평가도구 개발, 교수전략 개발, 교수프로그램 개발, 형성평가, 총괄평가

7. 1) 군집분석 2) 위계적 분석 3) 위계적 분석 4) 통합분석

8. 1) 수업목표 설정, 출발점 행동 진단, 수업 절차, 평가
   2) 계획단계, 진단단계, 지도단계, 발전단계, 평가단계

9. 지식의 구조, 계열성, 학습경향성, 강화

10. 1) 각 학문에 내재된 기본 개념, 원리, 법칙 등이다.
    2) 작동적, 영상적, 상징적 표현방식(EIS)

11. 1) 새로운 학습과제를 정착시키기 위해 이전 학습과제를 사용하는 것
    2) 비교 선행조직자, 설명 선행조직자

12. 1) 언어 정보, 지적기능, 인지전략, 운동기능, 태도
    2) 주의집중, 목표제시, 선수학습 재생, 자극자료 제시, 학습안내, 수행유도, 피드백제공, 평가, 파지와 전이

13. 1) 시청각 효과, 신비감 제공, 교수학습 변화 2) 실용목표, 개인적 목표, 친밀한 인물 3) 성취기준 제시, 쉬운 것에서 어려운 것 제시, 노력과 능력으로 귀인
    4) 적용기회, 적절한 강화, 목표와 기대와 평가 일치

14. 1) 기억하기, 활용하기, 발견하기 2) 사실, 개념, 절차, 원리
    3) 법칙, 회상, 예, 연습 4) 맥락, 선수학습, 암기법, 학습촉진도움, 표현, 피드백

15. 1) 제시, 연습, 피드백 2) 개념, 절차, 이론
    3) 계열성, 선수학습 계열, 요약자, 종합자, 비유, 인지전략, 학습자통제

16. 1) 원모둠, 전문가모둠, 원모둠 2) 직소와 모둠성취분담모형(STAD)의 혼합
    3) 무임승차자의 해소(균등한 학습기회 제공, 개별적 책무성 강조) 4) 성장참조평가

17. 1) 참여기회 확대, 시간과 공간 제약을 극복, 흥미와 관심 확대 안목 형성
    2) 목표전도현상, 정보의 신뢰성 낮음, 무임승차자 발생

18. 1) 적성, 교수의 질, 교수 이해력 2) 학습기회, 지구력

19. 학습결손 진단, 학습결손 처리, 수업목표 명시, 교사 수업, 수업 보조활동, 형성평가, 소집단평가, 심화학습, 보충학습, 총괄평가

20. 학습욕구를 진단하고, 학습목표를 정하고, 인적물적 자원을 탐색하고, 학습전략을 선택 시행, 결과를 평가

21. 1) 문제인식, 해결계획(가설설정), 사료수집, 활동선개(가설검증), 평가(일반화)
    2) 목적(목표), 계획, 수행, 평가 3) 문제파악, 가설설정, 탐색, 증거제시, 일반화

22. 1) 지식은 외부에서 주어지며 객관성과 일반성, 보편성을 지닌다. (기초와 기본)
    2) 지식은 개인의 인지적 과정, 사회적 과정으로 구성된다.

23. 1) 지식 절대성, 지식 진리성, 지식 보편성, 지식 객관성, 대서사적 지식, 가치중립, 탈이데올로기, 탈역사성
    2) 지식 사회성, 지식 상대성, 지식 가변성, 소서사적 지식, 가치지향, 이데올로기, 역사성, 맥락성

24. 자기주도적 학습(학습자 중심 교육, 학습 주인의식), 자아성찰적 지식, 협동학습, 비구조화된 문제 중심 조력자 교사(안내자, 동료학습자)

25. 문제, 관련사례, 정보자원, 인지도구, 대화와 협력도구, 사회적 맥락적 지원

26.
교사활동	학생활동
모델링	탐색
코칭	명료화
스캐폴딩	성찰(반성, 반추)

27. 1) 교사의 인지적 지식과 기술 습득
    2) 모델링, 코칭, 스캐폴딩, 명료화, 성찰, 탐색

28. 1) 학습내용이 담겨진 비디오 영상물
    2) 탐구단원 설정, 앵커 확인하기, 앵커 제시하기, 앵커 토의하기, 탐구문제 설정하기, 탐구집단 조직하기, 탐구 수행하기, 탐구결과 발표하기

29. 실천공동체에 참여함으로 이루어지는 학습

30. 1) 비구조화된 문제 제시, 조력자 2) 자기주도적 학습, 협동학습, 자아성찰적 실천자

31. 다양한 사례 제시, 비구조화된 문제, 하이퍼미디어 시스템 보임

32. 1) 설정된 목표의 성취를 수행하는 과제 2) 미션을 이야기 형식으로 설명

33. 1) 다양한 학습자원과 다양한 학습법을 상호작용시키는 학습법
    2) 문제, 정보탐색전략, 정보소재파악, 정보사용, 종합, 평가

34. 1) 과학, 기술, 공학, 예술, 수학 내용을 통합하여 과학기술에 대한 흥미와 이해력을 높이고 융합적 사고와 창의적 문제해결력을 배양하는 교육
    2) 자기관리 역량, 지식정보처리 역량, 의사소통 역량
    3) 창의적 사고 역량, 공동체 역량

35. 1) 전달식 강의는 전체배움공간(학교)에서 개별배움공간(가정)으로 옮기고 전체배움공간을 역동적이고 서로 배움이 가능한 환경으로 바꾸는 교육실천
    2) 개별학습, 학생중심 배움, 깊은 배움, 넓은 배움

36. 학습자 적성과 교수방법을 상호작용시켜 학습효과를 높이는 개별수업모형

37. 학습과제, 특성, 교수방법을 상호작용시켜 학습효과를 높이는 개별수업모형

38. 1) 점진접근, 자기속도, 학습자 검증, 즉시강화, 적극적 반응 원리
    2) 직선형, 분지형

39. 반복연습형, 개인교수형, 게임형, 시뮬레이션, 발견학습, 문제해결학습

40. 인터넷을 기반으로 이루어지는 다양한 학습

41. 온라인 학습과 오프라인 학습을 혼합한 형태

42. 1) 시간과 공간 초월 학습 가능, 원거리 교사와 학생 상호작용 가능, 다양한 학습자원 이용 가능
    2) 학습 질 관리 어려움, 초기 비용이 많이 소요, 계속적 투자 필요

43. 1) 원탁토의, 패널토의, 포럼토의, 심포지움, 콜로키, 세미나, 소집단토의
    2) 동기 유발, 능동적 참여 유도, 높은 수준 목표 도달, 태도 변화
    3) 능동적 참여 유도 어려움, 시간과 노력 많이 소요, 체계적 진행 어려움, 많은 양을 다루기 어려움

44. 1) 학습초점을 분명히 만듦, 창의적 사고 유도 2) 교사 중심 수업 전개, 우수아 중심 수업, 학습속도 지연

45. 안내, 제시, 구조화된 연습, 안내에 의한 연습, 독립적 연습

46. 설계, 개발, 활용, 관리, 평가

47. 직접적 목적적 경험, 구성된 경험, 극화된 경험, 시범, 견학, 전시, 영화 TV, 녹음물 사진 라디오, 시각적 상징, 언어적 상징

48. 송신자, 수신자, 기호화, 시그널, 해독, 잡음

49. 1) 통신기술, 태도, 지식수준, 사회체계, 문화양식 2) 요소, 구조, 내용, 기호, 처리
    3) 시각, 청각, 촉각, 후각, 미각

50. 화면이나 영상을 설계할 때 만드는 설계도로 영상과 내용을 적는다.

51. 교육용 소프트웨어를 말한다.

Master Peedagogy

04

교육과정

- ✔ 핵심 꽉 키워드   112
- ✔ 핵심 꽉 구조도
  - Ⅰ. 교육과정 분류   113
  - Ⅱ. 교육과정 개발모형   116
  - Ⅲ. 교육과정 실행   123
  - Ⅳ. 우리나라 교육과정   125
- ✔ 핵심 꽉 키워드 문제   130

Master Pedagogy

교육과정

핵심 팍 키워드

```
                          교육과정
        ┌───────────────────┼───────────────────┐
    Ⅰ. 유형              Ⅱ. 개발모형           Ⅲ. 교육과정실행
```

Ⅰ. 유형
1. 교과중심
2. 경험중심
3. 학문중심
4. 인간중심
5. 파이데이아
6. 중핵
7. 나선형
8. 표면적
9. 잠재적
10. 영
11. 방어적수업
12. 중앙지방
13. 관점분류
14. 김호권

Ⅱ. 개발모형
1. 스펜서
2. 보비트
3. 타일러
4. 타바
5. 힐러
6. 니콜스
7. 워커
8. 파이너 쿠레레
9. 스킬벡 SBCD
10. 위킨스·맥타이 역행
11. 아이즈너
12. 브루너 문화마음
13. 역량기반 교육과정

Ⅲ. 교육과정실행
1. 충실도·상호적응·현성
2. 관심기반 채택
3. 핵심역량 교육과정
4. 교육과정 재구성

Ⅳ. 우리나라 교육과정
1. 15년 교육과정
2. 블록타임제
3. 집중이수제
4. 자유학기제
5. 고교학점제
6. 수업 보편적 설계
7. 22년 교육과정
8. 교육과정 변천

NOTE

교육과정은 학습자가 배워야 지식과 경험으로 구성된다.
지식은 교과 중심과 학문 중심 교육과정으로 전개되고, 경험은 경험 중심이나 인간 중심 및 구성주의 교육과정으로 나타난다.

시험공부는 집중력이 성패를 좌우한다. 집중력을 키울수록 집중시간을 늘어난다.
스탑워치를 사용하거나 스트레칭을 하는 등 자신만의 집중력 높이는 방법을 연구하자!

핵심 콱 구조도

I. 교육과정 분류
1. 교과중심 2. 경험중심 3. 학문중심 4. 인간중심 5. 파이데이아 6. 중핵 7. 나선형 8. 표면적 9. 잠재적 10. 영 11. 방어적 수업 12. 중앙지향 13. 관점 분류 14. 김호권

1. 교과중심 교육과정(본질주의)
- 개념 — ① 학교의 지도하에 학생이 배우는 일체의 교과와 지식을 의미(지식 강조)
- 장점
  - ① 지식을 논리적으로 조직하고, 설명하는데 효과적임
  - ② 교과의 가감, 교과서 변경 등으로 교육과정의 개정이 용이
  - ③ 문화유산을 전달하는 데 알맞은 교육과정
- 단점
  - ① 비실용적인 지식이나 용어주의에 빠지기 쉽고 실생활과 유리
  - ② 학생의 흥미와 능력에 소홀하여 학생의 적극적인 활동을 유발하기 어려움
  - ③ 단편적이고 분과적인 교과조직에 빠지고 교과의 전체를 통합하는 전체구조가 부족함
- 유형 — ① 분과형, 상관형, 융합형, 광역형, 중핵형

2. 경험중심 교육과정(진보주의)

초기: 아동중심
후기: 생활중심 (사회, 사회문제)

- 개념 — ① 학교의 지도하에 학습자에 의하여 행해지는 일체의 경험과 활동을 말함(경험 강조)
- 장점
  - ① 학습자의 욕구·흥미 문제와 밀접하게 관련되므로 자발적 활동을 유발
  - ② 개인차에 따르는 학습이 용이
  - ③ 교실 이외의 자연적 사회적 환경이 광범위하게 학습활동에 이바지
- 단점
  - ① 기초학력의 저하를 초래
  - ② 교육에 있어 시간과 경비를 무시
  - ③ 학습내용의 조직상 논리적 체계가 부족
- 유형
  - ① 활동 교육과정: 학습자의 흥미나 욕구에 따라서 그들의 활동을 조직
  - ② 광역 교육과정: 생활, 흥미, 경험을 중시하고 동일경험 영역 내에 속하는 중요한 경험을 조직
  - ③ 현성 교육과정(생성 교육과정): 청소년의 요구라든지 경험을 중심으로 학생과 협력하여 교육현장에서 교육과정을 계획하려고 하는 것으로 조직 형태가 일정하지 않음
  - ④ 중핵 교육과정: 사회영역이나 생활경험 중심으로 중핵을 편성

3. 학문중심 교육과정(신본질주의)
- 개념 — ① 구조화된 일련의 의도된 학습결과로 각 교과에 내재된 지식의 구조를 핵심(지식 강조)
- 장점
  - ① 경제성 높다. 체계화된 지식을 선정하여 교육과정을 구성하기 때문에 능률적이고 양질의 교육이 가능
  - ② 생산성이 높다. 기본개념을 학습해 새로운 지식을 생산할 수 있어 전이가 쉬움
- 단점
  - ① 배우기 어렵다. 지식의 구조는 학생이 배우기에는 어려움(경제성 낮음)
  - ② 실생활과 유리된다. 실생활과 유리되어 적용하기 어려움(생산성 낮음)
- 유형 — ① 나선형 교육과정: 지식의 구조를 계열적으로 배열하여 나선형 형태

객관식

01
학교수준교육과정 개발(SBCD)의 특징으로 가장 적절한 것은? (09, 초등)
① 각 학교의 특성을 고려한 교육과정 개발이 용이하다.
② 연구·개발·보급 모형(RDD model)에 따라 개발된다.
③ 중앙-주변 모형(center-periphery model)에 따라 개발된다.
④ 전국적·공통적 교육과정(common curriculum)의 특성을 갖는다.
⑤ 교사배제 교육과정(teacher-proof curriculum)이라는 지적을 받는다.

02
학문중심 교육과정 이론과 가장 밀접하게 관련된 것은? (00, 초등)
① 교육은 학생 경험의 계속적인 성장을 추구해야 한다.
② 교육은 체계적이고 효율적인 절차를 존중하여 이루어져야 한다.
③ 학습자 자신의 이해에 입각하여 핵심 개념이나 원리 등을 파악하도록 한다.
④ 교육은 사회적 불평등의 재생산이 영속되지 않는 방식으로 이루어져야 한다.

01. ① / 02. ③

주관식

01. '수업 구성'에 나타난 교육과정 유형의 장점 및 문제점 각각 2가지 [4점] [16, 중등 논술형]

수업 구성	·학생의 경험을 중시하는 교육과정을 실행할 것 ·학생의 흥미, 요구, 능력을 토대로 한 활동을 증진할 것 ·학생이 관심을 가지는 수업 내용을 찾고, 그것을 조직하여 학생이 직접 경험하게 할 것 ·일방적 개념 전달 위주의 수업을 지양할 것

∅ **정답키:** 장점-학생들의 흥미·요구·능력 반영, 직접경험 증가
문제점-기초학력 저하, 경비와 시간 많이 소요

객관식

03
다음과 같은 특징을 가지는 교육 과정은? (99, 초등보수 (대구, 경북))

| 보기 |
- 교육 과정의 중심을 학생에 둔다.
- 학습 내용을 미리 선정·조직하지 않고, 학습의 장에서 결정한다.
- 개인의 흥미와 개인차를 고려한다.

① 융합 교육 과정
② 상관 교육 과정
③ 교과 중심 교육 과정
④ 경험 중심 교육 과정
⑤ 학문 중심 교육 과정

04
중핵교육과정(core curriculum)의 특징을 가장 잘 나타낸 것은? (08, 중등)

① 두 교과 간 내용의 상호 관련성이 약화된다.
② 개별 교과의 기본 논리 혹은 구조를 파악하기에 용이하다.
③ 특정 주제를 중심으로 여러 교과의 내용을 결합할 수 있다.
④ 개별 교과의 특성을 유지하면서 내용을 체계적으로 조직할 수 있다.

03. ④ / 04. ③

4. 인간중심 교육과정
- **개념** — ① 학생이 학교생활을 하는 동안에 가지게 되는 모든 경험을 교육과정으로 봄(경험 강조)
- **특징**
  - ① 잠재적 교육과정과 표면적 교육과정을 모두 중시
  - ② 학교 환경을 인간 중심적으로 조성하여 학생들이 인간적인 경험을 하도록 함 교육을 통해 자아실현을 도모하는 데 목적
  - ③ 인간주의적 교사가 필요
- **단점**
  - ① 개념이 모호하고 운영 체계가 미흡
  - ② 인간중심 학자들 간의 공통적인 견해를 발견하기 힘듦

5. 파이데이아 교육과정(항존주의)
- **특징**
  - ① 교과중심 교육과정을 의미하며, 일반적이고 인문학적 학습을 말함
  - ② 학습은 모든 인류가 공통적으로 답습해야 함
  - ③ 항존주의자 아들러는 절대적 진리와 가치가 교육목표가 되어야 한다고 주장
  - ④ 형식적 학교교육의 궁극적 목적은 시공간을 초월하여 모든 학생에게 동일한 교육내용을 가르쳐야 함

6. 중핵 교육과정
- **개념** — ① 종합적 중심과정과 주변과정이 동심원적으로 결합된 교육과정
- **목적**
  - ① 교육내용을 통합함으로써 학생들의 인격적 통합과 사회적 통합을 통해서 사회개조를 목적
  - ② 분과된 지식과 경험을 통합하여 융합된 사고를 형성
- **장점**
  - ① 융합적 사고의 형성으로 창의적 사고 형성
  - ② 여러 분야의 지식 상호관련성을 이해하는 데 도움
  - ③ 협동적 계획을 촉진함으로써 학습동기를 유발
- **단점**
  - ① 교사의 전문성이 부족하여 참여가 소홀
  - ② 학교에 적용할 다양한 자료가 부족
  - ③ 학부모, 학생들의 이해가 미흡(입시준비에 도움이 안됨)
- **유형** — ① 교과형, 아동형, 생활형(가장 유행)

핵심이 되는 중핵을 가르치는 것 "중핵교육과정"

7. 나선형 교육과정
- **의의**
  - ① 학문중심 교육과정의 대표적 형태이며, 기본개념과 원리를 중심으로 상향하면서 퍼지는 교육과정의 조직형태
  - ② 질적으로 심화되고 양적으로 취급범위가 넓어지는 입체적 나선조직

8. 표면적 교육과정
- **의의**
  - ① 국가 교육과정, 시도 교육과정, 학교 교육과정
  - ② 교과서에 제시된 내용이면서 교사들이 수업을 통해 표현한 것이 전형적인 사례

---

02. 평가 보고서에서 학교 교육과정 편성·운영의 만족도를 높인 것으로 분석한 교육과정 이론의 장점 2가지, 학교 교육과정을 보완하기 위해 제안한 교육과정 이론의 교육내용 선정·조직 방안 2가지 [4점] [23, 중등 논술형]

학생 만족도 조사 결과	분석 내용
Q. 학교에서 시행하는 평가는 적절하다. (2021, 2022 막대그래프) - 우리 아이가 다양한 과목과 활동을 경험할 수 있어 좋았어요. - 학문적 지식을 좀 더 많이 다루어 주셨으면 합니다. (* 5점 리커트 척도)	우리 학교에서는 듀이(J. Dewey)의 경험중심 교육과정 이론에 근거하여 과목을 다양화하고 경험을 통한 학습이 가능하도록 하였다. 이 점이 학부모의 만족도를 높이는 데 영향을 주었을 것으로 분석된다. 　한편, 학생들이 지식에 더 중점을 두고 학습하기를 희망하는 학부모의 의견이 있었다. 이를 반영하여 학생들의 교과 학습에 도움을 줄 수 있도록 교육과정의 내용 체계를 보완할 필요가 있다. 다음 학년도에는 학문적 지식을 강조한 브루너(J. Bruner)의 교육과정 이론을 바탕으로 교육내용을 선정·조직하는 방안을 보다 체계화하여 균형 잡힌 교육과정을 편성·운영 해야 할 것이다.

✎ 정답키: 기존 교육과정-경험중심 교육과정
　　　　　장점-학생 관심 흥미 반영, 개인차 고려, 다양한 경험 제공
　　　　　제안된 교육과정-학문중심 교육과정
　　　　　선정 방안-지식의 구조, 핵심 개념과 원리
　　　　　조직 방안-계열성

9. 잠재적 교육과정

- **의의**
  - ① 학교나 교사가 의도하지도 계획하지도 않았으나 학생들이 학교생활을 하는 동안 은연중에 배우는 모든 지식과 경험

- **원천**
  - ① 학교 생태(군집성, 상찬, 권력), 사회 환경, 인적 구성요소

- **장단점**
  - * 표면적 교육과정을 촉진시키는 긍정적 면과 저해하는 부정적 면도 있음
  - ① 실버만 : 순종과 복종의 문제
  - ② 라이머 : 비인간적인 심성, 이기적인 경쟁심, 순종과 복종
  - ③ 일리치 : 학교라는 제도 자체의 불변적 특성이며, 학교에서 배우는 것만이 가치 있다는 미신을 낳게 함
  - ④ 드리븐 : 학교는 사회화의 한 부분을 학습하는 장
  - ⑤ 콜버그 : 학교에서의 학생들의 생활은 도덕교육의 기회로 충만

- **사례**
  - ① 수학교사를 좋아해 수학과목을 좋아하는 것, 영어교사가 싫어서 영어과목을 싫어하게 되는 것 등

- **차이점**

구분	표면적 교육과정	잠재적 교육과정
교육 방법	학교의 의도적 조직 및 지도에 의해 이루어짐	학교에서 의도하지 않았지만 학습자가 은연중에 학습
학습 영역	지적 영역	정의적 영역
학습 경험	교과 이론·지식	학교의 문화 풍토
학습 시간	단기적이며 일시적인 경향	장기적·반복적, 항구적임
교사의 기능	교사로부터 지적·기능적 영향	교사의 인격적 감화
학습 내용	바람직한 내용만을 포함	바람직한 내용뿐만 아니라 바람직하지 못한 것도 포함
기타	잠재적·표면적 교육과정이 서로 조화되고 상보적 관계에 있을 때 학생 행동에 강력한 영향을 미칠 수 있으며, 만약 양자가 갈등상태에 놓이면 잠재적 교육과정이 우세하다.	

- **극복방안**
  - ① 학교 환경 조성 : 교육과정, 교수방법, 평가에 인간주의 면을 고려
  - ② 교육목표 : 인지적, 정의적, 심동적 영역을 강조하여 전인적 목표를 설정
  - ③ 학습자 중심 교육 : 학생들의 필요와 요구를 중심으로 학교 교육을 운영
  - ④ 학습자 중심 평가 : 규준지향평가 등 공급자 중심 교육에서 벗어나 준거지향 평가 등 수요자 중심 평가

10. 영교육과정(아이즈너)

- **개념**
  - ① 국가, 학교, 교사가 가르칠 가치가 있는 것에 불구하고 소홀히 하거나 공식적으로 가르치지 않는 교과나 지식, 사고양식(무의도적이고 의도적인 것 모두 포함)
  - ② 학생들이 공식적 교육과정을 배우는 동안 놓치게 되는 기회 학습 내용

- **시사점**
  - ① 전인교육을 저해. 지식교육에 중점을 두고 예술교육을 영교육과정으로 제외하여 전인발달 저해
  - ② 지식의 불균형을 초래. 국가나 학교, 교사가 가르치고자 하는 지식교육만 실시하여 균형 잡힌 지식교육을 할 수 없음
  - ③ 공식적 교육과정을 빈약하게 만듦. 영교육과정을 고려하면 풍요한 공식적 교육과정을 만듦

- **사례**
  - ① 지식교육에 치중하고 예술교육 등한시, 성경의 창조론, 논리적 사고만 강조하고 직관적 상상적 사고 무시

객관식

05
잠재적 교육과정에 관한 설명으로 가장 적절한 것은? (00, 중등)

① 수업의 평가에서 고려할 필요가 없는 교육과정의 영역
② 학교에서 소홀히 하거나 공식적으로 가르치지 않는 교과 지식
③ 공식적 교육과정을 배우는 동안 놓치게 되는 학습 내용
④ 의도되지는 않았지만 학교생활을 통해 얻게 되는 학생들의 경험

06
다음의 현상을 설명하는데 가장 적합한 교육과정 유형은? (02, 중등)

| 보기 |
- 일본의 역사교과서에서 한국 침략 내용을 의도적으로 배제
- 진화론은 가르치나, 성경의 창조론은 배제
- 사회과 교과서에서 사회적 약자에 대한 논의 배제

① 영교육과정(Null Curriculum)
② 공식적 교육과정(Formal Curriculum)
③ 잠재적 교육과정(Latent Curriculum)
④ 교사배제교육과정(Teacher-Proof Curriculum)

05. ④ / 06. ①

---

03. #2와 관련하여 잭슨(P. Jackson)의 잠재적 교육과정의 개념을 쓰고 그 개념에 근거하여 김 교사가 말하는 '생각하지 못했던 결과'의 예 제시 [4점] [19, 중등 논술형]

> #2 모둠활동에 적극적으로 참여하지 못한 학생들이 몇 명 있었지. 이 학생들은 제대로 된 학습경험을 갖지 못한 것이 아닐까? 자신의 학습경험에 대하여 어떻게 느꼈을까? 어쨌든 모둠활동에 관해서는 좀 더 깊이 고민해 봐야겠어. 생각하지 못했던 결과가 이 학생들에게 나타날 수도 있고……

⌀**정답키:** 잠재적 교육과정-잠재적 교육과정은 학교에서 의도·계획하지도 아니한 것인데 불구하고 학생들이 학교생활을 하는 동안에 은연중에 학습한 지식, 경험, 태도를 말함
예시 제시-개별적으로 우수한 학생들의 모둠활동에서 개별적으로 싫어하는 학생들이 섞여 있을 때 부정적 잠재적 교육과정이 발생하여 모둠활동이 제대로 이루어지지 못하는 경우이다.

객관식

07
맥닐(J. McNeil)의 방어적 수업과 가장 관계가 먼 것은? (06, 초등)
① 논쟁의 여지가 있는 주제는 생략한다.
② 어려운 주제는 간단히 언급만 하고 넘어간다.
③ 복잡한 논의를 막기 위해 수업내용을 신비화한다.
④ 토론식 수업을 통해 학생과 활발하게 상호작용한다.

11. 방어적 수업(맥닐)

- **의의**
  - ① 교사들이 교과내용을 독특한 방식으로 제시하고, 교수방식도 학생들의 반응을 줄이는 방식으로 진행
- **전략**
  - ① 단편화 : 어떠한 주제든지 단편화시켜 연결되지 않는 내용으로 만드는 것
  - ② 단순화 : 복잡하여 설명이 필요한 내용을 단순화시켜 전달하는 경우
  - ③ 신비화 : 논의의 여지가 있거나 복잡한 주제를 신비한 것처럼 다룸
  - ④ 생략 : 교육내용의 한 부분이나 한 단원 전체를 생략하고 넘어가는 행위
- **이유**
  - ① 교직의 피로감, 행정적 지원 부족, 학생들에게 최소한 노력을 하는 것처럼 보이기 위함
- **개선책**
  - ① 교사들에게 동기부여, 사명감 고양, 책무성 함양, 행정적 지원 등

12. 중앙지방

- **비교**

중앙집권적 교육과정	지방분권적 교육과정
국가수준 교육과정	학교수준 교육과정
공급자중심 교육과정	수요자중심 교육과정
교사배제 교육과정	교사참여 교육과정

13. 관점분류

- **사회** — ① 생활적응교육과정, 직업준비교육과정, 중핵교육과정, 사회개조 교육과정
- **학습** — ① 경험중심교육과정, 인간중심교육과정, 인지주의교육과정, 구성주의 교육과정
- **교과** — ① 교과중심 교육과정, 학문중심 교육과정, 행동주의 교육과정

14. 김호권

- **국가** — ① 공약된 목표로써 교육과정, 의도된 교육과정
- **교사** — ① 수업 반영된 교육과정, 전개된 교육과정
- **학생** — ① 학습성과로써 교육과정, 실현된 교육과정

II. 교육과정 개발모형
1. 스펜서 2. 보비트 3. 타일러 4. 타바 5. 휠러 6. 니콜스 7. 워커 8. 파이너·쿠레레 9. 스킬벡 SBCD 10. 위긴스·맥타이 역행 11. 아이즈너 12. 브루너 문화마음 13. 역량기반 교육과정

1. 스펜서

- **목적** — ① 교육목적 : 성인생활 완전한 준비과정
- **교육과정 분류**
  - ① 직접적 자기 보존에 기여하는 활동(과학)
  - ② 간접적 자기 보존에 기여하는 활동(과학, 윤리학, 사회과학)
  - ③ 자녀의 양육과 교육에 관한 활동(생물학(생리학), 심리학)
  - ④ 사회적·정치적 관계 유지에 관련한 활동(역사, 사회과학)
  - ⑤ 생활의 여가를 즐기는 활동(시, 미술, 음악)

07. ④

---

04. B 교사가 말한 '영 교육과정'이 교육내용 선정에 주는 시사점 1가지 [2점] [20, 중등 논술형]

B 교사	○ 교육과정 분야에서는 교육내용의 선정과 조직방식에 대한 교사의 전문성이 강화될 필요가 있음 ○ 교육내용 선정과 관련해서는 '영 교육과정'에 관심을 가지는 것이 도움이 됨 ○ 교육내용 조직과 관련해서는 생활에 필요한 문제를 토의의 중심부에 놓고 여러 교과를 주변부에 결합하는 방식을 활용할 필요가 있음

∅ **정답키**: 영 교육과정-가르칠 가치가 있는 것인데 불구하고 국가, 학교, 교사가 소홀히 하거나 가르치지 않는 지식과 경험
　　　　시사점- 지식의 불균형, 전인교육 소홀

2. 보비트

- 목적
  - ① 교육목적 : 성인생활 준비과정
- 성인 활동 분석법
  - ① 인간 경험을 광범위하게 분석
  - ② 성인들의 주요 분야의 직무를 분석
  - ③ 교육목표를 열거
  - ④ 교육목표를 선정
  - ⑤ 상세한 교육계획 짬

3. 타일러

- 모형

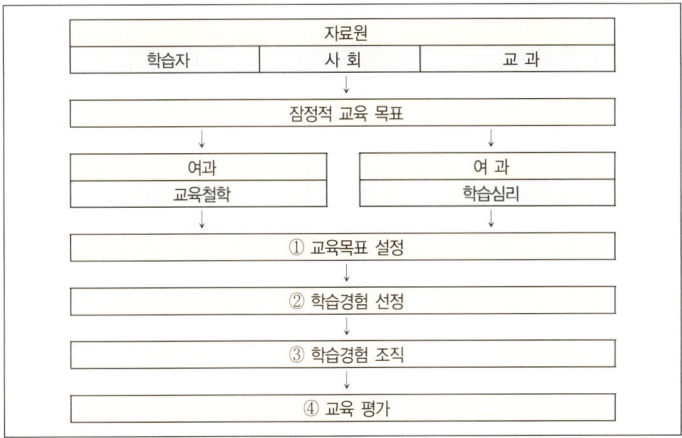

- 단계

단계		설명
1. 교육목표 설정		① 학습자, 사회, 지식의 전문가의 요구를 자료원으로 잠정적 교육목표를 만든다. ② 국가의 국가이념인 철학과 학습자의 심리적 발달을 고려한 체로 걸러 만든다. ③ 명세적 동사를 사용하여 내용과 동사의 2원적으로 진술한다.
2. 학습경험 선정	① 기회 원칙(타당성, 일관성)	학습자들이 실제로 실행해 볼 수 있는 경험을 선정(적절한 연습 원리)
	② 만족 원칙	학습자가 만족을 느낄 수 있는 학습경험을 선정
	③ 가능성 원칙	학습경험은 학습자의 능력의 범위 안에 있는 것(성공 원리)
	④ 일(동)목표 다경험 원칙	한 교육목표를 달성하는 데는 많은 경험이 있음(다양한 접근 원리)
	⑤ 일(동)경험 다성과 원칙	많은 성과를 얻을 수 있는 것을 선정(다성과 원리)
	* 선정 방법 : 교재법, 목표법, 주제법, 활동 분석법, 사회기능법, 청소년 욕구법, 항상적 생활사태 분석법, 문제영역법	
3. 학습경험 조직	① 계속성 원칙	학습경험 조직에 경험의 계속성이 유지되도록 구성한다. 중요한 학습경험을 반복함으로써 강화되는 효과를 입는다.
	② 계열성 원칙	학습경험을 심화, 확대시키는 것이다. 학습경험의 여러 가지 요인이 그 깊이와 넓이에 있어서 점진적 증가가 있도록 조직된다.
	③ 통합성(융합성) 원칙	여러 학습경험들 간에 상호보완적 관계를 유지한다. 개개의 학습경험들이 서로 연결되고 통합됨으로써 학습자의 효과적인 성장을 보장한다.
	* 조직 방법 : 논리적 방법(교과 중심), 심리적 방법(경험중심), 절충적 방법 (학문중심)	
4. 평가		① 학습자가 교육목표 달성도를 평가하는 목표 중심 평가를 주장한다. ② 명세적 교육목표의 달성 여부를 평가한다. ③ 목표 중심 평가를 통해서 학교 교육의 성과를 가시적으로 판단함으로써 학교 교육의 효율성을 높이고자 한다.

객관식

08
〈보기〉의 진술 중, 타일러(R. Tyler)가 「교육과정과 수업의 기본원리」(1949)에서 제시한 교육목표에 관한 주장들로만 묶인 것은? (07, 중등)

| 보기 |
ㄱ. 교육목표에 기초하여 교육경험(학습경험)을 선정, 조직해야 한다.
ㄴ. 교육목표는 인지적 영역, 정의적 영역, 심동적 영역으로 구분되어야 한다.
ㄷ. 타당한 교육목표 설정을 위해서 계속성, 계열성, 통합성의 원리를 준수해야 한다.
ㄹ. 교육목표에는 학생이 성취해야 할 행동, 그리고 삶의 내용 또는 영역이 포함되어야 한다.

① ㄱ, ㄴ
② ㄱ, ㄹ
③ ㄴ, ㄷ
④ ㄷ, ㄹ

09
타일러(Tyler)가 제시한 학습경험 선정의 기준으로 옳지 않은 것은? (92, 중등)

① 교육목표 성취에 도움이 되는 학습경험이 선정되어야 한다.
② 학습자의 수준이나 특성에 적합한 경험이 선정되어야 한다.
③ 학습자가 학습을 하면서 만족을 느낄 수 있는 경험이 선정되어야 한다.
④ 달성해야 할 목표별로 한 가지 학습경험이 선정되어야 한다.

10
〈보기〉에서 교육과정의 수직적 내용 조직의 특징을 나타내는 예를 골라 바르게 묶은 것은? (05, 초등)

| 보기 |
㉠ 아동 문학을 바탕으로 읽기, 쓰기, 말하기, 듣기를 함께 가르친다.
㉡ 수학 교과에서 비율의 개념을 가르친 후 사회교과에서 축척의 개념을 가르친다.
㉢ 사회 교과에서는 정치, 경제, 사회, 문화, 지리, 역사 등을 균형 있게 가르친다.
㉣ 초등학교 6학년 과학 교과에서 가르친 에너지 개념을 중학교 1학년에서 심화하여 다룬다.

① ㉠, ㉡
② ㉠, ㉢
③ ㉡, ㉣
④ ㉢, ㉣

08. ② / 09. ④ / 10. ③

---

05. 3) 강 교사의 말에 함의된 교육과정의 유형을 쓰고, 이 교육과정 유형의 관점에 비추어 볼 때 범교과 학습 주제의 지도를 위한 학교 교육과정 '편성'과 '운영'시 유의해야 할 점을 각각 1가지씩 논하시오. [18, 초등 논술형]

> 박 교사 : 참 어렵네요. '안전한 생활'이라는 교과서를 만들고 시간을 배당하여 안전 교육을 하도록 한 것처럼, 다른 주제도 다 그렇게 하면 좋을 텐데······.
> 강 교사 : 중요한 주제라고 해서 모두 그렇게 할 수는 없죠. 그래서 학교 교육과정을 편성하고 운영하는 일이 더 어려운 것 같아요. 여러 주제 중 일부만 학교 교육과정에 포함되고, 어떤 주제는 포함되었다 하더라도 실제로는 지도가 이루어지지 않는 경우도 있잖아요?

∅정답키 : 유형-영 교육과정
　　　　　편성-민주적 절차와 과정 중시
　　　　　운영-교사 재구성

객관식

11
다음에 나타난 타일러(R. Tyler)의 학습 활동 선정의 원리는? (01, 초등보수)

| 보기 |
- 멜로디언으로 '학교종'을 연주할 수 있도록 하기 위해서 멜로디언 연주법을 배우는 시간을 마련한다.
- 식물 세포의 구조를 그릴 수 있도록 하기 위해서, 현미경으로 양파의 속껍질을 관찰하는 시간을 계획한다.

① 기회의 원리
② 만족의 원리
③ 협동의 원리
④ 학습가능성의 원리

12
〈보기〉는 동물에 관한 학년별 교육 내용을 배열한 예이다. 여기에 적용된 내용 조직 원리는? (06, 중등)

| 보기 |
- 1학년 : 동물
- 2학년 : 포유류, 조류, 양서류, 어류
- 3학년 : 염소의 소화기관, 기러기의 사계절, 개구리의 겨울잠, 연어의 한살이

① 계열성, 계속성　　② 계열성, 의존성
③ 독립성, 계속성　　④ 통합성, 균형성

13
타바(H. Taba)의 교육과정 개발 모형에 대해 바르게 설명한 것을 〈보기〉에서 모두 고른 것은? (10, 중등)

| 보기 |
ㄱ. 귀납적 접근 방법을 사용하였다.
ㄴ. 요구 진단 단계를 설정하였다.
ㄷ. 내용과 학습경험을 구별하여 개발 단계를 설정하였다.
ㄹ. 반응평가모형을 제안하였다.

① ㄱ, ㄷ　　② ㄱ, ㄹ
③ ㄴ, ㄹ　　④ ㄱ, ㄴ, ㄷ
⑤ ㄴ, ㄷ, ㄹ

11. ① / 12. ① / 13. ④

타일러 이론 아님 — 통합 방법

범위	낮은 수준 ←				→ 높은 수준
	개별	광역	프로젝트	중핵	통합
내용	세분화된 교과의 제목	세분화된 교과의 주제 중심	다학문적 주제 중심	간학문적 주제 중심	통합주제 중심
학생들의 참여	학생들의 참여 없음	일부 학생 참여	약간 학생 참여	주제 선정과 학습계획 참여	교사와 학생 협동
교과 간의 관계	교과 간의 벽이 있는 낮은 통합	각 교과에서 가져온 자료	각 교과의 특성을 그대로 지닌 자료	몇 개 교과 간의 벽이 남아 있음	교과간 벽을 헐어버린 가장 높은 수준

특징
① 목표중심 : 교육과정 요소 중 목표를 강조한다는 점에서 목표우위 모형
② 평가중심 : 목표 그 자체가 평가의 준거가 된다는 점에서 평가중심의 모형
③ 선형적 : 목표에서 평가로 진행하는 일정 방향을 가진다는 점에서 직선적 모형
④ 합리적 : 교육의 문제점에 관심을 가지는 모든 사람들이 타당하게 활용할 수 있다는 점
⑤ 처방적 : 교육과정 개발자들이 당위적으로 따라야 할 절차를 제시한다는 점에서 처방적 모형

전통주의(개발)
① 타일러의 교육과정 개발모형을 의미
② 특징 : 과학적 관리론에 영향을 받았고, 학교를 공장과 같이 투입과 산출의 관계로 파악, 명세적 수업목표와 표준화된 행동을 강조
③ 장점 : 모든 학교, 교과목에 적용 용이, 효율적 평가 가능
④ 단점 : 교사 중심, 다양한 목표를 반영하기 어려움, 목표 이외 평가 어려움

4. 타바

귀납적 모형

1. 예비 단원 구성	학년 수준 또는 교과 영역을 대표하는 예비단원 구성
요구 분석	교사(교육과정 설계자)는 계획될 교육과정의 대상인 학생들의 요구를 확인
목표 설정	교사가 주의해야 할 요구들을 확인한 다음에는 성취되어야 할 목표들을 구체화
내용 선정	진술된 목표에 따라 교과 혹은 교육과정의 내용을 선정
내용 조직	학습자들의 성숙과 흥미를 고려하여 계열화
학습경험 선정	교사와 학생이 내용을 함께 고려하는 수업방법을 선정
학습활동 조직	학습활동도 계열화되고 조직화
평가	평가내용, 평가 방법, 평가 도구결정
2. 시범 단원 테스트	타당성과 교육적인 것을 입증하고, 능력의 최고치와 최저치를 위해 테스트
3. 개정과 통합	학생들의 필요와 능력, 가능한 자원, 교수의 다양한 유형에 맞추어 수정
4. 틀(Framework) 개발	단원 범위 적정성과 계열의 적절성에 관해 기초를 만들어야 함
5. 새로운 단원 적용과 보급	단원을 교실에 투입 정착하기 위해 교원 연수를 실시

내용 선정 준거
① 중요성 : 내용이 학문 또는 주제에 필수적이고 기본적인 것을 선정해야 함
② 타당성 : 내용이 믿을 수 있거나 진실일 때, 내용의 정확성의 여부를 의미. 또는 영속성, 목표의 반영 여부가 기준이 되기도 함
③ 사회적 타당성 : 사회적 도덕적 발달에 적합해야 함
④ 유용성 : 학생들이 성인생활을 준비하는데 필요한 것이어야 함
⑤ 학습가능성 : 학생들의 학습할 수 있는 내용을 선정해야 함
⑥ 흥미 : 학생들의 흥미를 반영하는 것이어야 함

---

06. #2와 관련하여 타일러(R. Tyler)의 학습경험 선정 원리 중 기회의 원리로 첫째 물음을 설명하고 만족의 원리로 둘째 물음을 설명 [2점] [19, 중등 논술형]

#2 모둠활동에 적극적으로 참여하지 못한 학생들이 몇 명 있었지. 이 학생들은 제대로 된 학습경험을 갖지 못한 것이 아닐까? 자신의 학습경험에 대하여 어떻게 느꼈을까? 어쨌든 모둠활동에 관해서는 좀 더 깊이 고민해 봐야겠어. 생각하지 못했던 결과가 이 학생들에게 나타날 수도 있고…….

∅정답키 : 기회 원리-참여할 수 있는 기회가 내포된 경험
　　　　　만족 원리-만족감을 지닌 학습 경험 선정

- 내용 조직
  - 개념
    - ① 내용의 스코프(Scope) : 특정한 시간(한 학기, 한 학년)에 포함되어야 할 내용의 깊이의 정도와 내용의 배열 정도
    - ② 내용의 시퀀스(Sequence) : 일정 기간에 걸쳐 학생들에게 내용이 제시되는 순서를 의미
  - 계열화
    - 원리
      - ① 전통적 원리 : 단순에서 복잡, 주제별 방법, 선행요건 학습요소, 연대기, 전체에서 부분, 추상성의 증가, 학생 발달에 따라, 나선형적 계열화
      - ② 최신 원리(Posner) : 세계(공간, 시간, 물리적 속성), 개념(분류 관계, 명제 관계, 정교화 수준, 논리적 선행 요건), 탐구(탐구의 논리성, 경험론), 학생(경험적 선행요건, 친숙성, 곤란성, 흥미, 내면화, 발달), 활용(절차상 순서, 예상 활용 빈도)
  - 수직적 연계성
    - ① 연계성(연결) : 교육과정 여러 측면들 간의 상호 관계를 의미. 내용들의 상관을 말함
    - ② 수평적 연계성은 동시에 다루어지는 요인들 간 또는 요인들의 연합. 동일한 학년의 상이한 교과 사이의 상호관계를 내포
    - ③ 수직적 연계성 : 이전에 배운 내용과 앞으로 배울 내용간의 관계. 특정한 학습의 종결점이 다음 학습의 출발점과 맞물리도록 교육내용을 조직
    - ④ 수직적 연계성은 초등학교, 중학교, 고등학교 연계도 중요하고, 학년별과 단원별 연계도 중요하고, 학교급, 학년, 학기, 단원의 수직적 연계성도 개발에 중요

[5. 힐러]
- 순환 모형 — ① 목적, 목표 및 명세목표 → 학습경험 선정 → 내용 선정 → 학습경험과 내용 조직 종합 → 평가

[6. 니콜스]
- 순환 모형 — ① 상황분석 → 목표 선정 → 내용 선정 조직 → 방법 선정 조직 → 평가

[7. 워커 자연주의(숙의)]
- 모형 (실제)

강령 (Platform)	교육과정 개발자들이 품고 있는 아이디어, 관점, 신념 등으로 이루어진 선행경향성
숙의 (Deliberation)	개발자들은 강령을 방어하고 아이디어를 제안·명료화하여 합의를 이끄는 집단 토의
설계 (Design)	개발과정의 구성 요소들에 관하여 최종 결정을 내리며 구체적 교육프로그램을 만듦

- 장점 — ① 구성원들의 다양한 의견 반영, 다양한 교육과정 개발, 실제적 모형, 민주적 과정
- 단점 — ① 시간이 많이 소요되고, 설계 이후 절차가 없고, 소규모 학교에 부적합
- 개념적 경험주의
  - ① 지식의 구조와 발견학습을 중시
  - ② 양적접근법과 관찰·실험을 강조
  - ③ 브루너의 동료들이며, 워커와 슈왑이 대표적 학자들

[8. 파이너 재개념주의]
- 재개념주의 (이해)
  - ① 기존의 교육과정에 대한 비판을 통해 교육과정을 근본적으로 새롭게 인식, 기술적 처방적 이론(타일러 전통적 교육과정)보다는 계속적 반성이 필요
  - ② 교육과정을 계획된 실체로 보기보다는 삶의 경험에 대한 분석, 사적인 경험에 대해 탐구하고 이해

객관식

14
워커(D. Walker), 리드(W. Reid) 등이 재안한 '실제적 교육과정 개발'에서 다음과 같은 활동이 이루어지는 단계? (01, 초등보수)

| 보기 |
- 각각의 교육과정 대안이 가져올 결과를 가늠한다.
- 자신이 속한 집단의 이해관계를 반영시키기도 한다.
- 참여자가 공정하고 균형 잡힌 판단에 이르도록 한다.
- 제안된 교육과정 대안들 간의 상호 충돌하는 측면을 제거한다.

① 설계(Design)
② 숙의(Deliberation)
③ 토대 구축(Platform)
④ 통합(Integration)

15
〈보기〉에서 파이너(W. Pinar)에 의하여 1970년대부터 추진되어 온 교육과정 '재개념화'(reconceptualization)의 특징에 해당되는 사항들로만 묶인 것은? (07, 중등)

| 보기 |
ㄱ. 교육과정의 이해보다 개발의 중요성 강조
ㄴ. 기술공학적 교육과정 연구의 필요성 정당화
ㄷ. 개인적 교육체험의 자서전적 서술 방법 도입
ㄹ. 역사적, 정치적, 심미적 텍스트로서의 교육과정 탐구

① ㄱ, ㄴ
② ㄱ, ㄹ
③ ㄴ, ㄷ
④ ㄷ, ㄹ

14. ② / 15. ④

---

07. 박 교사가 제안하는 워커(D.F.Walker)의 교육과정 개발 모형의 명칭, 이 모형을 교육과정 개발에 적용하는 이유 3가지 [4점] [18, 중등 논술형]

박 교사 : 선생님, 우리 학교 학생의 학업 특성을 보면 학습흥미와 수업참여 수준이 전반적으로 낮아요. 그리고 학업성취, 학습흥미, 수업참여의 개인차가 크다는 것이 눈에 띄네요.
김 교사 : 학생의 개인별 특성이 그만큼 다양하다는 것을 의미하겠죠. 우리 학교 교육과정도 이를 반영해야 하지 않을까요?
박 교사 : 그렇습니다. 그런데 교육과정을 개발하는 과정에서 학생의 개인별 특성을 중시하는 의견과 교과를 중시하는 의견 간에 차이가 있습니다. 이를 조율하기 위해서는 시간이 걸리겠지만 적절한 논쟁을 거쳐 합의에 이르는 심사숙고의 과정이 필요합니다.

∅ 정답키 : **명칭-숙의 모형**
이유-학생의 다양한 특성 반영, 구성원들의 합의, 실제적 성격

객관식

16
스킬벡(M. Skilbeck)이 제안한 학교 중심 교육과정 개발 모형의 특성이라 할 수 없는 것은? (07, 초등)

① 교육과정 개발에서 강령(platform)을 중요한 요소로 삼는다.
② 교육과정 개발의 과정은 지속적이고 역동적인 성격을 지닌다.
③ 교육과정 개발은 학교 현실이나 상황에 기초하여 이루어진다.
④ 상황 분석 단계에서는 상황 구성의 내·외적 요인을 분석한다.

16 ①

---

③ 재개념화는 다학문주의, 질적 접근법, 이데올로기 접근, 정치적 접근, 거시적 접근을 강조
④ 쿠레레는 이수해야 할 교과목이라는 명사가 아닌 경험한다는 동사의 개념으로 접근
⑤ 교육과정은 인생행로의 해석이다.

쿠레레 4단계

회상	자신의 실존적 경험을 회상하면서 기억을 확장하여 과거를 현재화
전진	자유연상기법을 통해 1년 후, 10년 후, 30년 후와 같은 미래의 모습을 상상
분석	자기성찰을 통하여 과거·현재·미래를 동시에 펼쳐 놓은 후, 관계를 분석
종합	생생한 현실로 돌아가 내면의 목소리에 귀를 기울이고, 자기에게 주어진 현재의 의미를 자문

자서전 방법
① 교육경험을 분석하는 방법으로 자서전적 방법론을 제시
② 자서전적 방법은 자신의 과거 삶을 반성적으로 되돌아보면서 과거 경험을 재구성하는 방법
③ 학생 개개인이 학교교육을 통해 갖게 된 자신의 경험으로 되돌아가 그 경험에 대해 반성하고 분석
④ 현재 교육상황에 대한 이해를 높이는데 목적

9. 스킬벡 SBCD

모형

1. 상황분석	외적 요인: 문화적, 사회적 변화 그리고 부모의 기대를 포함한 기대, 고용주의 요건, 지역사회의 가치, 인간관계의 변화, 이데올로기, 교육제도, 교과의 성격 변화, 교사 지원체제, 학교 내의 자원 유입 내적 요인: 학생의 적성, 능력, 요구, 교사의 가치 태도 지식 경험, 학교풍토, 물적 자원, 기존 교육과정 문제점
2. 목표 설정	기대 학습 성과의 종류를 포함하여 교사와 학생의 행동(명세적 행동일 필요는 없음)을 담는다.
3. 프로그램 구성	교수-학습 활동의 설계, 수단-자료, 적절한 장면의 설계, 역할 분담, 학습시간표
4. 해석과 실행	교육과정 변화를 발생시키는 문제들과 그러한 문제를 해결
5. 조정, 피드백, 평가, 재구성	조정 및 의사소통체제의 설계, 평가 계획, 과정 계속성 유지

10. 백워드 설계

위긴스, 맥타이

배경
① 진도빼기로 평가 상실, 활동 위주로 목표 상실(역행설계=이해중심 교육과정)
② 설계는 의도적 사고 방식, 학생들의 이해 역량 개발, 성취기준 강조, 피상적 수업 회피, 조력자 교사

의의
① 학습자 중심 교육과정의 설계로 학생들의 심층적 이해 능력 개발에 목적을 둠
② 구성주의이며 이해중심 교육과정으로 학습자 자신이 지식을 구성하고 자신의 이해 역량을 키움
③ 학습자의 진정한 이해를 강조하며, 설명, 해석, 적용, 관점, 공감, 자기지식의 이해 영역을 강조
④ '영속적 이해'를 강조한다. '영속적 이해'는 브루너의 지식의 구조로 전이 가능한 아이디어
⑤ 역량중심 교육과정으로 단순한 지식보다 지식을 활용하는 지식 활용 능력(역량)을 강조

장점 ① 목표와 평가의 역할 강조, ② 학습자 이해 중시, ③ 준거지향평가

단점 ① 목표만을 강조하고, ② 전통적 모형의 단순 변화

---

08. 다음은 A중학교의 학교교육계획서 작성을 위한 워크숍에서 교사들의 분임 토의 결과의 일부를 교감이 발표한 내용이다. 이 내용을 바탕으로 A중학교가 내년에 중점을 두고자 하는 … 2) 교육과정 설계 방식의 특징 … 3가지씩 설명하시오. [20점] [15, 중등 논술형]

> 다음으로, 교육과정 설계 방식 및 수업 전략에 관한 문제점과 개선 방안입니다. 교육과정 설계 방식 측면에서, 종전의 방식은 평가 계획보다 수업 계획 중심으로 설계되어 있어서 교사가 교과의 학습 목표에 비추어 학생들이 배우는 내용을 올바르게 이해하였는지를 확인하는 데 한계가 있었습니다. 교사는 계획한 진도를 나가기에 급급한 나머지, 학생들의 학습 결손을 예방하지 못하였습니다. 내년에는 학생들의 학습 목표 달성 정도를 확인하는 데 유용한 교육과정 설계를 하고자 합니다.

⌀정답키: **명백한 학습 목표 제시, 평가 계획 제시, 학습자 이해 여부 중시**

설계	단계	바라는 결과 확인하기 (목표 설정)	설명, 해석, 적용, 관점, 공감, 자기지식 등 이해 6가지 측면을 고려하여 목표를 설정
		수용할 만한 증거 결정하기 (평가계획)	목표와 이해를 고려하여 평가방법, 준거를 마련
		학습 경험과 수업 계획 (교육과정 수업 활동 계획)	학습의 전이가 일어나도록 활동을 계획, WHERETO로 구성

이해	단계	설명 (Explanation)	사건, 그리고 아이디어들을 '왜'와 '어떻게'를 중심으로 서술하는 능력 예 6·25 전쟁은 왜 발생하였는가?
		해석 (Interpretation)	의미를 제공하는 서술이나 번역 예 흥부, 놀부를 읽고 흥부가 비현실적이고 무능력하다고 보는 학생
		적용 (Application)	새로운 상황과 다양한 정황에서 지식을 효과적으로 사용하는 능력 예 통계를 배운 학생이 자신이 치른 시험 성적의 평균을 구할 수 있다.
		관점 (perspective)	비판적이고 통찰력 있는 사고방식 예 가자 지구의 새로운 협의안에 대한 이스라엘과 팔레스타인의 관점을 설명
		공감 (Empathy)	다른 사람의 감정과 세계관을 수용하는 능력 예 자신을 인어공주로 생각하고 인어공주가 왜 왕자를 찌르지 못했는지 설명
		자기지식 (Self-knowledge)	자신의 무지를 알고 자신의 사고의 행위를 반성하는 능력 예 왕따 가해학생들에게 자신들의 행동을 찍은 비디오를 보여주자 미처 자각하지 못했던 자신의 잘못을 깨닫고 반성할 수 있다.

― 질문 ― ① 본질적 질문 : 단원 전체를 구조화할 수 있는 방향성을 얻음
       ② 단원 질문 : 몇 개의 구체적 내용을 중심으로 질문

WHERE TO	방향(Where & Why)	학습의 목적과 방향을 학생들에게 알려 주는 단계
	관심(Hook & Hold)	학생들의 흥미와 관심을 끄는 시작점을 결정
	탐구(Explore & Equip)	학생들이 본질적 개념과 질문들을 발견하도록 학습 경험에 참여하는 단계
	반성(Reflect, Rethink, Revise)	주제와 학습에 대한 깊이 있는 이해를 위해 반성과 피드백을 제공
	전시(평가)(Exhibit, Evaluate)	학생들의 이해를 드러내는 최종 수행과 과제를 전시하고 평가하는 단계
	개별화(Tailor)	개인적 재능, 흥미, 필요를 반영할 수 있도록 설계
	조직(Organize)	진정한 이해를 최적화하기 위해 조직

(11. 아이즈너 예술적 교육과정)

구성 절차	목표설정	명백한 교육목표뿐만 아니라 잘 정의되지 않은 목표(표출 목표)도 고려
	교육과정 내용 선정	교육과정 선택 시 고려해야 할 사항이나 영 교육과정을 고려
	학습기회 유형	목표와 내용을 학생에게 의미 있는 학습활동으로 변형
	학습기회 조직	다양한 학습결과를 유도할 수 있는 비선형 접근방법을 강조
	내용영역 조직	다양한 교과들 사이를 꿰뚫는 내용 조직을 강조
	제시양식과 반응양식	학생의 교육기회를 넓혀주는 의사소통 양식을 사용
	평가절차 유형	개발과정의 다양한 단계에서 종합적인 평가절차를 사용

객관식

17
교육목표에 관한 아이즈너(E. Eisner)의 관점으로 적절하지 않은 것은? (06, 초등)

① 모든 목표는 관찰 가능한 행동적 용어로 진술되어야 한다.
② 명백한 목표뿐만 아니라 의도되지 않은 목표도 고려해야 한다.
③ 어떤 교육활동에 대해서는 구체적인 목표를 미리 설정할 수 없다.
④ 어떤 목표는 교육활동이 전개된 이후에 설정되는 것이 타당하다.

17. ①

객관식

18
다음 대화에서 각 교사가 직면한 문제의 해결 방법으로 가장 적절하게 연결된 것은? (10, 초등)

| 보기 |

김 교사: 매 단원마다 같은 내용이 반복되어 제시되다 보니 학생들이 지루해 하는 것 같아요. 학생들의 학습을 심화·발전시켜야 하는데 말이죠.
이 교사: 저도 비슷한 고민을 해요. 미술 시간에 그림 그리기 준비를 하다 보면 정작 그리기 수업은 제대로 못하고 끝나버려요. 어떻게 하면 수업시간을 안정적으로 확보할 수 있을까요?
박 교사: 저는 조금 다른 문제로 고민 중입니다. 추석이 다가와서 친척들의 호칭을 가르쳐 주고 싶은데, 관련단원이 마지막에 편성되어 있어서 어떻게 하면 좋을지 모르겠어요.
최 교사: 저는 사회 시간에 역사적 사실과 그것을 배경으로 하는 문학 작품을 함께 가르치고 싶은데, 어떻게 하면 좋을까요?

	김 교사	이 교사	박 교사	최 교사
①	계열적 조직	연속운영 (block time)	단원 재구성	상관형 조직
②	계열적 조직	진도 조정	범교과학습 활용	분과형 조직
③	계속적 조직	연속운영 (block time)	단원 재구성	분과형 조직
④	계속적 조직	진도 조정	범교과학습 활용	상관형 조직
⑤	계속적 조직	진도 조정	범교과학습 활용	분과형 조직

18. ①

교육목표 — 세가지 형태

종류	특징	평가방식
행동목표 (behavioral objectives)	• 학생의 입장에서 진술, 행동용어 사용 • 정답이 미리 정해져 있음 • 구체적 기술 연마에 적합	• 양적 평가 • 결과의 평가 • 준거지향 검사 사용
문제해결 목표 (problem-solving objectives)	• 일정한 조건에서 문제의 해결책을 발견 • 정답이 정해져 있지 않음 • 지적 융통성, 탐구, 고도의 정신력, 깊은 흥미	• 질적 평가 • 결과 및 과정의 평가 • 교육적 감식안 사용
표현적 결과 (expressive outcomes)	• 조건, 정답 없음 • 활동 목표가 사전에 정해지지 않고 활동하는 도중 형성 • 가치가 있는 다양한 경험을 유도하여 생산적 활동을 창조	• 질적 평가 • 결과 및 과정의 평가 • 교육적 감식안 사용

- 장점
  - ① 융통성과 신축성이 강하고, 다양한 교육목표를 중시
  - ② 영 교육과정을 강조, 예술 교육을 강조
  - ③ 질적 연구법을 사용
- 단점
  - ① 타일러 모형을 벗어나지 못함
  - ② 적용하기 어려움
  - ③ 표현결과를 효과적으로 사용하기 어려움
- 교육적 감식안
  - ① 교육현장에서 관찰할 수 있는 일상적인 것들 사이에 존재하는 미묘한 질적 차이를 감지하는 능력
  - ② 의도적 차원(목표 차원), 구조적 차원(학교 조직 차원), 교육과정 차원, 수업 차원, 평가 차원 등 대상
- 교육비평
  - ① 개인적인 교육적 감식안을 다른 사람과 나누기 위해 언어를 사용(비평=평설=평론)
  - ② 교육적 감식안을 질적 방법을 사용하여 문장으로 기술
  - ③ 기술(묘사), 해석, 평가, 주제화 등의 네 가지 차원

12. 브루너 교육의 문화

- 개념
  - ① 마음은 인간 문화의 사용(능력) 속에서 구성되고 실현, 세계의 소통 가능한 방식은 문화임
  - ② 교육은 문화의 삶의 방식을 실현하는 중요한 구현체
- 간주관성
  - ① 다른 사람의 마음을 이해하는 인간의 능력. 간주관성으로 인해 상호학습이 가능
- 9가지 구성요소
  - ① 기본적 시각(The perspectival tenet): 문화주의 기본적 시각은 사고의 해석적이고 의미 구성적인 측면을 강조
  - ② 구속주의 입장(The constraints tenet): 선천적 정신적 경향이 지니는 한계는 보다 강력한 상징체계인 문화가 개발한 도구장치, 메타 언어적 재능, 문해의 확산 등을 통해 극복됨
  - ③ 구성주의 입장(The constructivism tenet): 우리가 살고 있는 세계의 실재는 구성된 것. 실재의 구성은 전통과 사고방식에 대한 문화 도구 장치에 의해 형성된 의미구성의 산물
  - ④ 상호작용적 입장(The interactional tenet): 학습은 상호 학습하는 상호작용적 과정, 상호학습자 공동체 사회를 형성하는 것은 인간문화의 본질에 내재함
  - ⑤ 외적 구체화주의(The externalization tenet): 인지적 활동을 함축성으로부터 구원해주는 것으로, 공적이고 교섭가능하며 집단적인 유대를 형성함

---

09. B교사가 채택하고자 하는 원리 1가지와 그 외 내용 조직의 원리 2가지(연계성 제외) 제시 [4점] [17, 중등 논술형]

교육과정 재구성 확대
개정 교육과정의 취지에 따른 교과 내용 재구성에 대해, B교사는 다음과 같이 말했다. "교사는 내용 조직의 원리를 제대로 파악할 필요가 있습니다. 저는 몇 개의 교과를 결합해 교육과정을 편성·운영해 보려고 합니다. 각 교과의 내용이 구획화 되지 않도록 교과 교사들 간 협력을 강화하고자 합니다. 이러한 시도는 교육과정 설계에서 교과 간의 단순한 연계성 이상을 의미합니다."

∅정답키: 통합성(융합성), 계속성, 계열성

- ⑥ 도구주의(The instrumentalism tenet): 교육은 그것을 체험하는 사람들의 이후 삶에 결과적으로 영향을 미침. 교육의 결과들이 개인의 삶에 있어서 도구적 성격을 지님
- ⑦ 제도적 입장(The institutional tenet): 교육은 젊은이들이 문화의 다른 제도 속에서 좀 더 능동적 역할을 수행하도록 준비하는 데 특별한 역할을 가짐
- ⑧ 정체성과 자존심(The tenet of identity and self-esteem): 학생들 자신의 힘(그들 스스로 행위자로서의 인식)과 의미화된 기회(자아 존중감)에 대해 개념형성을 시킬 것에 대해 학교는 끊임없이 재평가해야함
- ⑨ 내러티브 사고(The narrative tenet): 내러티브가 세계관을 창조하는 데 필요하다. 자신이 누구인가를 파악하고 이해하는 것은 이야기들의 내용이 아니라 이야기들의 내러티브 전략임

13. 역량기반 교육과정

의의
- ① 역량기반 교육과정(Competency-Based Curriculum)이란 역량을 바탕으로 구성된 교육과정
- ② 역량은 조직이 추구하는 가치나 비전을 달성하는 업무를 성공적으로 수행해 내는 조직원의 행동 특성
- ③ 역량에는 지식, 기술, 태도 등이 포함되며, 최종적으로 이러한 구성 요소들은 구체적인 행동 지표로 표현

개발
- ① 조직에서 필요로 하는 역량 및 그 역량에 관한 업무 성과 지표, 역량을 구성하는 하위구성 요소를 주축으로 역량모형 또는 역량 명세표를 작성
- ② 모형을 기반으로 조직이나 업무에서 필요로 하는 역량 수준에 비추어 현재 개인이 보유 하고 있는 역량 수준을 진단하여 필요 수준과 현재 수준 간의 차이를 확인
- ③ 격차를 해소하기 위한 다양한 학습 지원 체제를 설계 개발

III. 교육과정 실행
1. 충실도·상호적응·현성 2. 관심기반 채택 3. 핵심역량교육과정 4. 교육과정재구성

1. 충실도 상호적응 현성

3가지 접근

구분	개념	교육과정 구성 방식	평가 영역	장점	단점
충실도적 접근	계획된 교육과정	학교 외부 전문가	계획과 결과 간의 일치 정도	국가교육과정 반영 효율성 확보	교사, 학생, 학교현장, 지역사회 미반영
상호적응적 접근	조정된 교육과정	외부 전문가와 학교 내부의 담당자 간의 상호작용	상호작용의 변화 과정	교사, 학생, 학교 의견 반영	외부와 내부 갈등 조정 어려움
현성적 접근	창조된 교육과정	학교 내의 교사와 학생	교사의 이해와 해석 수준	교사, 학생, 학교 의견 반영	학교나 교사 전문성 요구

RD&D 공동연구
- ① RD&D : 연구는 교수-학습의 원리를 발견하는 것이며, 개발은 연구결과를 응용하여 자료를 만드는 과정이고, 보급은 실제로 이용자인 교사들에게 체계적으로 확산시켜 가는 과정임(충실도 접근)
- ② 공동연구 : 교육과정은 연구자와 개발자로부터 교사의 협업적 관계에서 성립(상호적응적 접근)

객관식

19
다음 대화에서 추론할 수 있는 교사와 교장의 교육과정 실행에 대한 관점을 옳게 연결한 것은? (10, 초등)

| 보기 |

김 교사: 국가가 정한 교육과정에 얽매이기보다는 교사가 창의적으로 교육내용을 만들어서 가르치는 것이 중요하다고 봐요. 교육과정은 교사와 학생이 함께 만들어가는 교육경험이라 할 수 있잖아요.

이 교장: 글쎄요. 국가 교육과정은 전국적인 교육의 질을 보장하기 위하여 공통된 내용을 정하여 실시하는 교육계획이지요. 그렇다면 교사가 수업을 임의로 해서는 안 되고, 당초 국가 교육과정에서 정한 목표와 내용을 중심으로 가르쳐야지요.

박 교사: 두 분 말씀은 알겠는데요. 교육과정을 실제로 운영하는 것은 복잡한 일입니다. 국가 교육과정뿐만 아니라 교실 상황, 학습자 수준, 교사의 요구도 함께 고려해야죠. 교육과정 개발자와 사용자 간의 의견 조정도 중요하다고 봐요.

	김 교사	이 교장	박 교사
①	형성(생성) 관점	충실성 관점	상호적응 관점
②	형성(생성) 관점	상호적응 관점	충실성 관점
③	충실성 관점	상호적응 관점	형성(생성) 관점
④	충실성 관점	형성(생성) 관점	상호적응 관점
⑤	상호적응 관점	충실성 관점	형성(생성) 관점

19. ①

---

10. B 교사가 말한 교육내용 조직방식의 명칭과 이 조직방식이 토의식 수업에서 가지는 장점과 단점 각각 1가지 [4점] [20, 중등 논술형]

B 교사	○ 교육과정 분야에서는 교육내용의 선정과 조직방식에 대한 교사의 전문성이 강화될 필요가 있음 ○ 교육내용 선정과 관련해서는 '영 교육과정'에 관심을 가지는 것이 도움이 됨 ○ 교육내용 조직과 관련해서는 생활에 필요한 문제를 토의의 중심부에 놓고 여러 교과를 주변부에 결합하는 방식을 활용할 필요가 있음

∅정답키: **통합성(융합성)**
 장점-융합적 사고, 창의적 사고
 단점-전문성 부족, 자료 부족, 학생과 학부모 인식 부족

객관식

20
홀(G. E. Hall) 등의 '교사의 관심에 기초한 교육과정 적용모형(CBAM)'에 따르면, 새로 채택된 교육과정의 실행 양태는 교사의 관심 수준에 따라 달라진다. 이 모형에서 교사의 가장 높은 단계의 관심 수준은? (08, 초등)

① 새 교육과정을 수정·보완하여 더 나은 결과를 가져올 방안에 대한 관심
② 새 교육과정의 운영을 위한 정보와 자원을 효율적으로 배분하는 데 대한 관심
③ 새 교육과정에 대해 개괄적인 것을 넘어 더 구체적인 것을 알고 싶어 하는 관심
④ 새 교육과정을 적용하는 것이 자신과 주변에 어떤 영향을 끼쳤는지에 대한 관심

20. ①

2. 관심기반 채택

의의
① 홀(Hall)의 관심 기반 채택 모형(CBAM, Concern-Based Adoption Model)은 1970년대와 1980년대의 교육혁신 실행을 설명하는 가장 널리 알려진 이론 모형 가운데 하나
② 모형은 교사 개인이 갖는 관심 수준과 실제 이용 수준의 계열을 파악해 보려는 것
③ 마치 교사가 교직 생애의 일정한 공통적 단계를 거치는 것처럼, 새로운 교육과정을 실행함에 있어서도 교사는 일정한 관심의 계열을 거쳐 감

교사 변환 행동

이행 단계	변환점 행동
0~1 수준	변환점 A: 새 교육과정에 대해 보다 자세한 정보를 얻고자 한다.
1~2 수준	변환점 B: 새 교육과정을 운영할 시점을 계획함으로써 교육과정 실행을 결정한다.
2~3 수준	변환점 C: 새 교육과정을 실행하기 시작한다.
3~4a 수준	변환점 D-1: 한 가지 실행의 형태가 일상화된다.
4a~4b 수준	변환점 D-2: 학생의 학습결과를 향상시키기 위해 공식적 혹은 비공식적인 평가에 근거하여 교육과정의 실행을 수정한다.
4b~5 수준	변환점 E: 동료들과 협력하여 학생들에게 맞도록 새 교육과정의 실행을 변화시켜 나간다.
5~6수준	변환점 F: 현재 실행하고 있는 새 교육과정의 대안을 찾거나 대폭적인 수정을 시도하고자 한다.

교사 실행 수준

	실행수준	주요 특징
비실행 수준	0. 비운영	새 교육과정에 대해 거의 혹은 전혀 알지 못하며 실행도 하지 않는다.
	1. 오리엔테이션	새 교육과정에 대해 알고 있거나 정보를 얻고 있다. 새 교육과정이 지향하는 바와 실행에 필요한 조건들을 탐색하고 있다.
	2. 준비	새 교육과정의 실행을 위한 준비를 하고 있다.
실행 수준	3. 기계적 운영	단기적으로 운영한다. 새 교육과정 실행이 대체로 체계적이지 못하고 피상적이다.
	4a. 일상화	새 교육과정을 처방된 대로 실행한다.
	4b. 정교화	장·단기적 효과를 높이기 위해 학생에게 적합한 형태로 교육과정을 변형시켜 실행한다.
	5. 통합화	미치는 효과를 극대화하기 위하여 교육과정 실행과정에서 동료 교사들과 협동한다.
	6. 갱신	교육과정을 재평가하고, 미비점을 보완하고, 근본적인 개정방향을 탐색한다.

교사 관심 정도

	관심의 정도	주요 관심내용
교사 자신	0. 지각	새 교육과정에 대해 관심이 전혀 없다.
	1. 정보	새 교육과정에 대해 약간 알고 있으며 좀 더 깊이 알고 싶어 한다. 새 교육과정의 특징, 효과, 실천 관련 사항 등을 알고 싶어 한다.
	2. 개인관심	새 교육과정이 자신과 주변에 미치는 영향을 알고 싶어 한다. 새교육과정 실행과 관련하여 자신의 역할, 필요한 의사결정, 기존 조직에 야기할 갈등 등을 알고 싶어 한다.
업무	3. 운영	새 교육과정의 운영과 관리에 관심이 있으며, 정보와 자원의 활용에 관심이 많다. 효율성, 조직화, 관리방안, 시간계획, 이를 구현하기 위한 교재를 준비하는 데 관심을 둔다.
결과	4. 결과	새 교육과정이 학생들에게 미칠 영향에 대해 관심이 있다. 새 교육과정의 학생에 대한 적절성, 학생들의 성취에 대한 평가, 학생의 성취를 향상시키기 위한 방안 등에 관심이 있다.
	5. 협동	새 교육과정의 운영을 위해 다른 교사들과 협동하는 데 관심이 있다.
	6. 강화	새 교육과정을 보완하거나 수정하여 보다 좋은 결과를 얻는 데에 관심이 있다.

3. 핵심역량 교육과정 설계

	학교 교육목표 역량 반영 방법	교육과정 재구성	교수학습의 변화	평가의 변화	학교 교육과정 설계를 위한 준비
특징	• 기존 학교 교육목표 및 인간상에 대한 핵심역량 제시 • 학교 상황과 필요에 따라 핵심역량을 고유의 학교 역량으로 재구성하여 활용	• 교과내연계와통합 • 교과간연계와통합 • 교과와창체 연계와 통합 • 창체활동 프로그램 운영	• 학생 참여 중심 수업 • 실생활문제중심 수업 • 협력 및 토의 중심 수업	• 과정 중심 수행평가 강조 • 동료평가 및 자기 평가 강조 • 정의적 특성 평가 시도	• 교사들 간의 소통과 협력 • 유연한 리더십 발휘 • 교사, 학부모, 학생의 소통

---

11. 송 교사가 언급한 교육과정의 수직적 연계성이 학습자 측면에서 갖는 의의 2가지, 송 교사가 계획하는 교육과정 재구성의 구체적인방법 2가지 [4점] [22, 중등 논술형]

> 김교사: 송 선생님, 제 특강에 관심을 가져 주셔서 감사합니다. 선생님은 올해 우리 학교에 발령받아 오셨으니 도움이 필요하시면 말씀하세요.
> 송교사: 정말 감사합니다. 그동안은 교과 간 통합에 주로 관심을 가져왔는데, 김 선생님의 특강을 들어 보니 이전 학습 내용과 다음 학습 내용이 자연스럽게 연결되어야 한다는 수직적 연계성도 중요한 것 같더군요. 그래서 이번 학기에는 교과 내 단원의 범위와 계열을 조정할 계획입니다. 선생님께서는 교육과정을 어떻게 재구성하시는지 함께 이야기할 수 있을까요?
> 김교사: 그럼요. 제가 교육과정 재구성한 것을 보내 드릴 테니 보시고 다음에 이야기해요.

⊘정답키: 수직적 연계성 의의-동기 유발, 학업성취 향상, 수업 적극적 참여 실현
재구성 방법-비슷한 내용 연결, 계열성 고려

4. 교육과정 재구성

학교 교육과정
① 학교 교육과정은 국가교육과정을 바탕으로 학교 실정에 알맞은 교육과정
② 학교 교육과정을 편성하는 이유는 학생 중심 교육을 실현하기 위해서
③ 교원의 조직, 학생들의 실태, 학부모의 요구, 지역사회의 실정 및 교육 시설·설비 등 교육 여건과 환경을 충분히 반영

재구성
① 교사들은 국가 교육과정과 학교 교육과정을 학생 중심 교육을 실현하기 위해 재구성을 함
② 소극적인 교육과정 재구성은 교육내용의 대체, 추가, 교체를 추진
③ 적극적인 재구성은 교과 간의 통합을 실현한다. 중핵 교육과정, STEAM 교육이 대표적 형태
④ 적극적 교육과정 재구성은 주제 중심, 문제(프로젝트) 중심, 역량 중심으로 재구성

IV. 우리나라 교육과정
1. 15년 교육과정 2. 블록타임제 3. 집중이수제 4. 자유학기제 5. 고교학점제 6. 수업 보편적 설계 7. 22개정교육과정 8. 교육과정 변천

1. 2015년 교육과정

개정 내용
① 학생들에게 중점적으로 길러주고자 하는 핵심역량을 설정(공교육의 정상화)
② 통합사회·통합과학 등 문·이과 공통 과목 신설, 연극·소프트웨어 교육 등 인문·사회·과학기술에 대한 기초 소양 교육을 강화
③ 교과별 핵심 개념과 원리를 중심으로 학습내용을 적정화
④ 교실 수업을 교사 중심에서 학생 활동 중심으로 전환하기 위한 교수·학습 및 평가 방법을 제시

인간상
① 창의융합형 인재 : 인문학적 상상력, 과학기술 창조력을 갖추고 바른 인성을 겸비하여 새로운 지식을 창조하고 다양한 지식을 융합하여 새로운 가치를 창출할 수 있는 사람
② 추구하는 인간상과 창의융합형 인재가 갖추어야 할 핵심역량으로 자기관리 역량, 지식정보처리 역량, 창의적 사고 역량, 심미적 감성 역량, 의사소통 역량, 공동체 역량을 제시하였다.
③ 추구하는 인간상: 자주적인 사람, 창의적인 사람, 교양 있는 사람, 더불어 사는 사람

개정 방향
① "지식 위주의 암기식 교육"에서 "배움을 즐기는 행복교육"으로 전환
② 국가직무능력표준(NCS) 토대로 산업현장 직무중심의 직업교육체제 구축

개정 특징

현재 교육 모습	미래 교육 모습
• 과다한 학습량으로 진도 맞추기 수업 • 어려운 시험 문제로 수포자 양산, 높은 학업 성취도에 비해 학습 흥미도 저하 • 지식 암기식 수업으로 추격형 모방 경제에 적합한 인간	• 핵심 개념 중심의 학습 내용 구성 • 진도에 급급하지 않고 학생 참여 중심 수업을 통한 학습 흥미도 제고 • 창의적 사고 과정을 통한 선도형 창조 경제를 이끌 창의융합형 인재 양성

2. 블록타임제

정의
① 수업 시수를 1시간 이상씩 묶어서 운영하는 방식

적용
① 음악 미술 체육 등과 같이 학습 활동이 많은 교과에 적합
② 국어나 도덕 사회 과학 등에서는 협동 학습, 탐구 수업, 토론 수업, 실험 교육 등에 적합
③ 자율활동, 동아리활동, 봉사활동, 진로활동 등의 창의적 체험활동에 적합

---

12. 교육과정 운영 관점을 스나이더 외(J. Snyder, F. Bolin, & K. Zumwalt)의 분류에 따라 설명할 때, 김 교사가 언급한 자신의 기존 관점의 장점과 단점 각각 1가지, 새롭게 관심을 가지게 된 관점에 적합한 교육과정 운영 방안 2가지 [4점] [21, 중등 논술형]

> 학생의 선택과 결정의 기회를 확대하기 위해 우리 학교가 학교 운영 계획을 전체적으로 다시 세우고 있어. 그 과정에서 나는 교육과정 운영, 교육평가 방안, 온라인 수업설계 등을 고민했고 교사 협의회에도 참여했어.
> 그동안의 교육과정 운영을 되돌아보니 운영에 대한 나의 관점이 달라진 것 같아. 교직 생활 초기에는 국가 교육과정의 내용을 있는 그대로 실행하는 관점으로 교육과정을 운영해 왔어. 그런데 최근 내가 새롭게 관심을 가지게 된 관점은 교육과정을 교사와 학생이 함께 생성하는 교육적 경험으로 보는 거야. 이 관점으로 교육과정을 운영하는 방안을 찾아봐야겠어.

∅정답키: 기존 관점- 충실도 관점
장점- 국가 교육의 방향과 일치되는 교육 실현
단점- 학생이나 학교의 특성을 반영하지 못함
새로운 관점- 생성적 관점
운영방안- 학교의 특성 반영, 학생의 특성 반영

NOTE

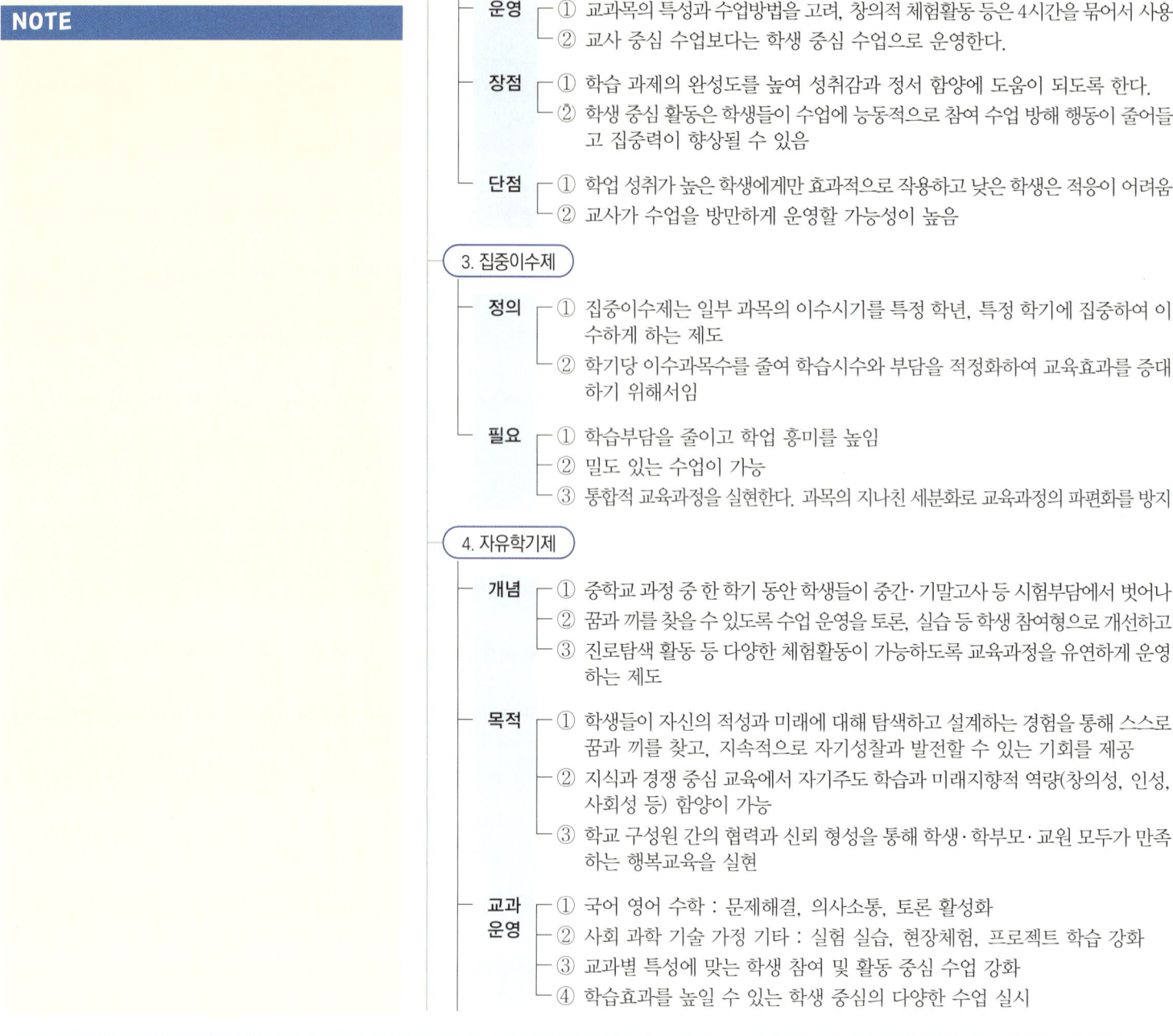

13. 다음은 교육과정 자율성에 관한 세미나 자리에서 초등학교 교사들이 나눈 대화 내용이다. 대화에 근거하여 논하시오. [22, 초등 논술형]

    1) 교육과정 편성·운영의 주체에 따른 세 수준에서 교육과정을 개발하는 것이 필요한 이유를 각각 1가지씩 논하시오.
    2) 김 교사, 박 교사, 최 교사의 교육과정 실행에 대한 각각의 관점을 논하고, 각 관점에서 실행해야 할 교사의 역할을 논하시오.
    3) 임 교사의 3가지 제안에 따라 김 교사, 박 교사, 최 교사가 각각 취할 수 있는 교육과정 편성·운영 방안을 쓰고, 각 방안별 기대 효과를 논하시오. [총 20점]

> 김교사: 요즘 교육부에서 지역과 학교의 교육과정 자율성을 강화하는 정책이 논의되고 있다고 합니다. 그러나 저는 교과서가 국가 교육과정을 가장 잘 구현하고 있다고 생각해서 교과서의 내용을 충실하게 다루고 있습니다. 사실 진도를 나가면서 고민이 하나 있는데 고학년 학생들임에도 불구하고 아직 자연수의 사칙연산이 서툰 학생들이 있습니다. 이 학생들을 위한 지원이 마련되었으면 좋겠습니다.
> 박교사: 제가 속한 교육청의 교육 중점 활동은 환경 교육입니다. 최근 우리 학교 주변에 있는 습지 보존 여부에 대해 찬반이 대립하고 있습니다. 그래서 저는 이 쟁점을 중심으로 국어과의 토의·토론, 사회과의 민주적 의사결정, 과학과의 생태계 내용을 통합적으로 재구성해서 실행하려고 합니다. 프로젝트 수업으로 계획했는데 시간을 어떻게 확보해야 할지 모르겠습니다.
> 최교사: 저는 국가나 지역 수준에서 개발된 교육과정을 적용하는 것에서 벗어나 학교에서 새로운 프로그램을 개발하여 운영하는 것이 필요하다고 생각합니다. 학생들이 관심을 가지는 주제를 중심으로 저와 학생들이 함께 만드는 겁니다. 저는 소규모 학교에 있는데 학생들이 마을과 연계해서 학교 발전 방안을 탐구하자고 저에게 먼저 제안하였습니다. 그래서 학생들과 프로그램을 함께 개발해서 운영하려고 하는데 어떻게 하면 효과적일지 고민하고 있습니다.
> 임교사: 세 분 선생님의 어려움은 교육과정을 자율적으로 편성·운영하여 어느 정도 해결할 수 있습니다. 학교에서는 기초 학습 능력의 부족으로 학습 결손이 누적되지 않도록 추가적인 지원을 할 수 있습니다. 시간이 필요한 경우 특정 범위 내에서 시수를 조정할 수도 있고, 창의적 체험활동도 활용할 수 있습니다.

∅ 정답키: 1) 김 교사: 국가 수준 교육과정-기초와 기본 학력 제공
   박 교사: 교육청 수준 교육과정-지역 특성 반영
   최 교사: 학교 수준 교육과정-학교와 학생 특성 반영
2) 김 교사: 충실도 관점-교육과정 실행자
   박 교사: 상호적응 관점-조정자, 재구성자
   최 교사: 현성적 관점-개발자
3) 김 교사: 학교 지원 요청-기초 학력 회복
   박 교사: 수업 시수 조정-창의역량 배양
   최 교사: 창의적 체험활동 활용-마을교육공동체 구성

- 활동 운영
  - ① 진로탐색 활동 : 개인별 특성과 역량에 맞는 진로설계 지원을 위한 진로상담·검사와 함께 직접적인 진로체험을 활성화하며 학생들의 활동을 체계적으로 기록·관리
  - ② 주제선택 활동 : 학생들의 수요를 조사하고 그 결과를 바탕으로 5주에서 17주까지 실행할 수 있는 프로그램을 개발·보급하며, 주기적 수요조사를 통해 교육프로그램을 지속적으로 개발하며 장·단기 프로그램을 운영
  - ③ 예술·체육활동 : 문화·예술·체육 전문강사를 활용하여 예체능 교육을 내실 있게 운영하며, 국·영·수·사·과 교과간 융합 프로그램을 운영
  - ④ 동아리 활동 : 학생들의 수요를 조사하고 그 결과를 바탕으로 동아리 활동반을 개설하여 학생이 주도적으로 참여할 수 있도록 운영

5. 고교학점제

- 정의
  - ① 고교학점제는 학생이 적성과 진로에 따라 다양한 교과목을 선택·이수해 누적 학점이 기준에 도달하면 졸업을 인정받는 제도
  - ② 미래 사회에 필요한 핵심 역량을 학생이 자기 주도적으로 학습하고, 교육체제 전반의 변화를 추구
  - ③ 고교학점제가 도입되면 학생은 학습의 주체로서 적성·진로에 따라 필요한 과목을 선택해 학습, 교원은 수업·평가에 대한 전문성과 자율성을 높일 수 있는 계기
- 장점
  - ① 수업의 참여도가 높아짐 : 본인 흥미와 진로에 맞는 과목을 선택할 수 있어 높은 수업참여도가 형성
  - ② 학생 맞춤형 수업이 가능 : 자신의 관심이나 흥미, 진로, 진학에 적합한 과목을 선택하여 교육의 개별화가 달성
- 단점
  - ① 물리적 환경이 미비 : 고교학점제는 다양한 형태의 교실이나 학습장소가 필요
  - ② 인적 자원이 다양하지 못함 : 학생들이 원하는 다양한 선택과목을 강의할 인적자원이 부족

6. 수업 보편적 설계

- 의의
  - ① 보편적 설계(UD)란 "모든 사람이 가능한 한 최대한으로 사용할 수 있는 제품 및 환경의 디자인"
  - ② 수업의 보편적 설계(UDI, Universal Design of Instruction)의 목표는 가르치는 일의 모든 측면(전달 방법, 물리적 공간, 정보자원, 기술, 개인적 상호작용, 평가)에 보편적 설계 원리를 적용함으로써 광범위한 특성을 지닌 학생들의 학습을 극대화함
  - ③ 수업의 보편적 설계는 장애학생에게 혜택을 주지만 다른 사람들에게도 혜택을 줌

---

14. 다음은 학교 교육과정을 편성·운영하기 위해 교사들이 나눈 대화 내용의 일부이다. 대화에 근거하여 논하시오. [21. 초등 논술형]

1) 학교 수준에서 교육과정을 편성·운영할 수 있는 근거 2가지와 이때 교사에게 요구되는 역할 2가지를 논하시오.
2) 학교 수준의 교육과정을 개발할 때 고려해야 하는 점을 인적 자원 측면에서 4가지와 물적 자원 측면에서 2가지를 논하시오.
3) 최 교사가 분석한 학습부진의 원인을 논하고, 이를 해결하기 위한 방안을 교육내용 측면과 교수·학습 측면에서 각각 2가지씩 논하시오. [20점]

> 김 교사 : 학교 자체평가 결과를 바탕으로 내년도 우리 학교의 교육과정 개발 방향을 이야기해 보죠. 아시다시피 학교 교육과정을 편성·운영할 때 국가 수준의 기본 방향과 함께 지역사회와 단위학교의 특성을 반영할 수 있어요. 학교에서 교육과정을 자율적으로 편성하고 운영할 수도 있고요. 그래서 저는 여러 선생님과 함께 우리 학교만의 철학과 비전을 바탕으로 보다 특색 있고 창의적인 교육과정을 만들고 싶어요.
> 박 교사 : 특색 있는 교육과정을 개발하는 일이 생각처럼 쉬운 일은 아니에요. 교육과정을 개발하려면 우선 우리 학교의 구성원인 교사, 학생, 학부모의 실태와 요구를 분석해야 하고, 교장 선생님의 교육 운영 방침도 고려해야죠. 그리고 학교의 시설·설비와 교수·학습 자료도 점검해야죠. 이러한 자원을 충분히 고려하여 교육과정을 편성·운영하면 좋을 것 같아요. 그러면 우리 학교에 가장 필요한 교육과정을 만들기 위해서는 무엇에 역점을 두어야 할까요?
> 최 교사 : 학교 자체평가 결과를 분석해 보니 우리 학교에 우선적으로 필요한 것은 학생들의 학습부진 문제를 해결하는 것이었어요. 학생들이 수업에서 어떤 어려움을 겪고 있는지 생각해 봤더니 학습 부담을 많이 느끼는 것 같아요. 저만 해도 교과서에 제시된 모든 것을 다 가르치려고 하는 것 같았어요. 그러다 보니 학생들이 수업 내용을 제대로 이해하지 못하고 계속 힘들어 하고, 수업에서 이뤄지는 활동에 소극적인 모습을 보여요. 학생들의 학습 동기도 낮고요. 그래서 교육과정을 편성·운영할 때 이러한 문제를 해결하기 위한 방법을 함께 고민해 보면 좋을 듯해요.

⌀ 정답키: 1) 근거-지역사회와 단위학교 특성, 자율적 편성·운영
　　　　1) 역할-학교의 철학과 비전 담음, 특색 있고 창의적 교육과정 편성
　　　　2) 인적 자원-교사, 학생, 학부모, 학교장
　　　　2) 물적 자원-학교의 시설과 설비, 교수학습 자료
　　　　3) 원인-많은 학습량
　　　　3) 교육내용-핵심 개념 위주, 학습량의 적정화
　　　　3) 교수방법-학생참여형 수업, 자기주도적 학습력 배양

NOTE

└ 보편적 설계 원리
  ├ ① 일반 : 공평한 사용, 사용의 유연성, 간단하고 직관적 사용, 지각할 수 있는 정보, 오류에 대한 허용, 적은 물리적 노력, 접근과 사용을 위한 크기와 공간
  └ ② 수업 : 수업분위기, 상호작용, 물리적 환경과 제품, 전달방법, 정보자원과 기술, 피드백, 평가

7.22 개정 교육과정

총론 방향

- **역량 소양 함양**
  - ① 미래 변화에 대응하는 역량 및 기초소양 함양 강화
  - ② 지속가능한 사회를 위한 생태전환교육 및 민주시민교육을 전 교과에 반영
  - ③ 미래 세대 핵심 역량으로 디지털 기초 소양 강화 및 정보교육 확대

- **맞춤형 교육**
  - ① 학습자의 성장을 지원하는 고교학점제 등 학생 맞춤형 교육 강화
  - ② 학생들의 탐구 역량 강화를 위한 교과 재구조화 및 과목 선택권 확대
  - ③ 학교급 전환시기의 진로 연계 및 학교생활 적응을 위한 진로연계학기 도입

- **자율성 강화**
  - ① 현장의 자율적인 혁신을 지원·촉진하는 학교 교육과정 자율성 강화
  - ② 학교 자율시간 도입, 시도별 지역 교육과정 근거 마련 등 교육과정 자율성 확대
  - ③ 초등학교 놀이 및 신체활동 강화, 중학교 자유학기 운영 방안 개선

- **삶 연계 강화**
  - ① 학생의 삶과 연계한 깊이 있는 학습을 위한 교과 교육과정 개발 방향 제시
  - ② 학습량 적정화, 비판적 사고 함양 및 탐구 중심으로 교수학습과 평가 개선
  - ③ 2022년 하반기까지 총론과 연계한 역량 함양 교과 교육과정 확정·고시

---

15. 다음은 김 교사가 학생 지도와 상담 방안을 모색하기 위해 박 교사와 나눈 대화의 일부이다. 1) 김 교사가 진영이에게 길러 주어야 할 핵심 역량을 2015 개정 교육과정 총론에 근거하여 2가지 제시하고, 각각의 역량을 기르기 위해 어떻게 지도해야 하는지를 진영이의 특성과 관련지어 1가지씩 논하시오. [21, 초등 논술형]

> 김 교사 : 우리 반 진영이가 평소에는 학교생활에 큰 어려움이 없는 듯한데, 발표할 때 긴장하고 떨어요. 평소 실력을 발휘하지 못해 너무 속상하다고 합니다. 그래서 저는 진영이를 정말 도와주고 싶어요.
> 박 교사 : 저런, 진영이 입장에서는 정말 속상할 것 같아요. 우선 진영이 감정부터 공감해 줘야겠어요.
> 김 교사 : 네, 그래야겠어요. 진영이는 발표 시간에 자기 생각과 감정을 제대로 표현하지 못해요. 남의 말을 경청하지 못하고, 남의 의견을 존중하지 않아요. 또 한 가지는 진영이가 자신감도 떨어지고, 선생님과 친구들에게 자꾸 의존하고 자기가 주도적으로 하지 않아요.

∅정답키: 1) 핵심역량-의사소통 역량, 자기관리 역량
         2) 지도방법-존중과 경청, 자기주도적 자세

8. 교육과정 변천

명칭 (연도)	역사	전체	초등학교	중학교	고등학교
교수요목기 (1946~1954)	• 1945~1948 미군정기 • 1948.8.15. 제1공화국 출범 • 1949.12 교육법 제정 • 1950~1953.6.25 사변	• 기초기능 • 분과주의 • 애국애족 • 홍익인간 • 일제 잔재 청산	• 사회생활과 도입 • 생활중심 교육과정 • 초기 진보주의 도입	• 사회생활과 • 체육·보건 • 필수과정 + 선택과정	• 사회생활과 • 체육·보건 • 필수과정 + 선택과정
제1차 (1954~1963)	• 1960.4.19 혁명 • 1961.5.16 혁명	• 교과중심 교육과정 • 생활중심 지향 • 대단원제 도입 • 생활과 경험 강조	• 교과활동 + 특별활동 • 8개 대교과제 • 도덕과 없음(전 교과에 포함되는 도덕교육)	• 교과활동 + 특별활동 • 필수교과 + 선택교과 • 도덕과 교육 (사회생활과에서 사용)	• 교과활동 + 특별활동 • 필수교과 + 선택교과 • 도덕과 있음
제2차 (1963~1973)	• 1968. 국민교육 헌장 • 1972.10 유신	• 생활중심 교육과정 • 향토 사회 학교 • 지역성, 합리성, 자주성 • 총론 + 각론	• 교과활동 + 특별활동 + 반공·도덕활동 • 사회과 • 특별활동 백분율 표시	• 교과활동 + 특별활동 + 반공·도덕활동 • 필수교과 • 사회과 • 특별활동 백분율 표시	• 교과활동 + 특별활동 • 단위제 사용
제3차 (1973~1981)	• 1974 고교평준화 • 1979.10 박정희 암살 • 1979.12 전두환 사태	• 학문중심 교육과정 • 국민교육헌장	• 교과활동 + 특별활동 • 도덕과 신설 • 국사교과서 별도 제작	• 교과활동 + 특별활동 • 도덕과, 국사과 신설 • 필수교과 • 실업과정 선택	• 교과활동 + 특별활동 • 필수, 필수선택, 과정별 선택 • 인문, 자연, 직업 과정 • 예능, 체육, 외국어 • 기타과정
제4차 (1980~1987)	• 1980.7.30 개혁 • 1984. 중학교 의무교육 • 1987.6 항쟁	• 인간중심 교육과정 • 개인적, 사회적, 학문적 적합성 강조 • 종합적 복합적 성격	• 교과활동 + 특별활동 • 통합교과서 도입 (1,2학년)	• 교과활동 + 특별활동 • 필수교과 • 자유선택 • 실업·가정 선택	• 통합 단일화 • 교과활동 + 특별활동 • 보통교과 + 전문교과 • 자유선택
제5차 (1987~1992)	• 1988~1992 노태우	• 통합교육과정 • 적정화·내실화·지역화 • 기초교육 강화 • 정보화 사회교육	• 교과활동 + 특별활동 • 통합교과 • 국어·산수도입	• 교과활동 + 특별활동 • 필수교과 • 자유선택 • 기술·가정 신설	• 교과활동 + 특별활동 • 보통교과 + 전문교과 • 공통필수 + 과정별 선택 • 교양선택
제6차 (1992~1997)	• 1992~1997 김영삼	• 통합교육과정 • 분권화·다양화·적정화·효율화 • 국가 + 지역 + 학교수준 교육과정	• 교과 + 특별활동 + 학교재량시간 • 수학 • 기초생활습관·예절교육 • 영어도입(1995)	• 교과 + 특별활동 • 필수교과 + 선택교과 • 국사 사회에 통합 • 가정·기술산업	• 교과 + 특별활동 • 보통교과 + 전문교과 • 공통필수과목 과정별 • 선택 + 과정별 필수 • 개방형체제 • 공업 2.1체제 • 교양선택
제7차 (1997~2007)	• 김대중(1998~2003) • 노무현(2003~2008)	• 학생수준 교육과정 • 국민공통기본 + 선택 중심 • 수준별 교육과정 • 재량활동 신설·확대 • 교육지정평가 • 정보화시대 대비	• 교과 + 특별활동 + 재량활동 • 창의적 재량활동 • 자치, 적응, 계발, 봉사, 행사활동 • 국민공통기본교육과정 (1~10)	• 교과 + 특별활동 + 재량활동 • 창의적 + 교과재량활동 • 수준별 교육과정(단계형, 심화·보충형) • 특별활동변경	• 국민공통기본 교육과정 (10) • 선택중심교육과정 (11~12) • 일반계고 과목군 도입 • 고등학교 선택 (일반선택 + 심화선택)

핵심 팍 키워드 문제

1. 파이너(Pinar)의 쿠레레 의미와 절차는?

   1) 쿠레레 정의 :

   2) 절차 4단계) :

2. 교과중심 교육과정 정의, 장점과 단점은? 각 1개 이상

   1) 정의 :

   2) 장점 :

   3) 단점 :

3. 경험중심 교육과정 정의, 장점과 단점은? 각 1개 이상

   1) 정의 :

   2) 장점 :

   3) 단점 :

4. 학문중심 교육과정 정의, 장점과 단점은?(각 1개 이상)

   1) 정의 :

   2) 장점 :

   3) 단점 :

5. 중핵 교육과정의 종류 목적은?

   1) 종류 :

   2) 목적 :

6. 나선형 교육과정에 강조되는 내용 조직 원리는?

7. 잠재적 교육과정의 정의 장점 단점은?

   1) 정의 :

   2) 장점(1개) :

   3) 단점(1개) :

8. 영 교육과정의 정의 단점은?

   1) 정의 :

   2) 단점(시사점)(1개 이상) :

9. 맥닐의 방어적 수업 종류와 이유?

   1) 종류(4개) :

   2) 이유(1개 이상) :

10. 타일러 교육과정 구성절차, 학습경험 선정 원리 학습경험 조직 원리는?

   1) 구성절차 :

   2) 선정 원리 :

   3) 조직 원리 :

11. 타일러 교육과정 설계 모형의 장점 단점은? 각 1개 이상

   1) 장점 :

   2) 단점 :

12. 타바 교육과정 설계 모형 단원 구성 절차는?

13. 워커 숙의 모형의 절차, 설계 원리 문제점은?

   1) 절차 :

   2) 설계 원리(2개 이상) :

   3) 문제점(2개 이상) :

14. 이해중심 교육정

   1) 절차 :

   2) 장점 :

   3) 단점 :

   4) 이해 영역 :

15. 아이즈너 예술적 교육과정 개 절차, 목표 종류, 감식안, 교육비평이란?

   1) 절차 :

   2) 목표 종류 :

   3) 감식안 :

   4) 교육비평 :

16. 교육과정 실행 종류?

핵심 콕 키워드 정답

1. 1) 경험한다. 2) 회상, 전진, 분석, 종합

2. 1) 학교 지도하에 학생이 배우는 일체의 지식과 교과
   2) 논리적이고 체계적임, 가감이 쉬움, 문화유산 전달 효과 큼
   3) 개인차 고려 어려움, 비실용성, 동기와 흥미 유발 어려움

3. 1) 학교 지도하에 학생이 배우는 일체의 경험과 활동
   2) 개인차 고려, 학생들의 관심 흥미 유발, 실용인 양성
   3) 시간과 경비 많이 소요, 기초 학력 저하, 체계적 지식 등한시

4. 1) 학교 지도하에 배우는 지식의 구조
   2) 경제성이 높음(기억하기 쉽고, 이해하기 쉬움), 생산성(생성력)이 높음(적용하기 쉬움, 전이가 용이)
   3) 배우기 어려움, 실생활과 유리됨

5. 1) 교과형, 아동형, 생활형 2) 융합적 사고 배양, 인격 통합, 사회적 통합

6. 계열성

7. 1) 학교나 교사가 의도하지도(계획하지도) 아니한 것인데 불구하고 학생들이 학교생활을 하는 동안에 배운 지식과 경험
   2) 학교 효과성 증대
   3) 학교 효과성 감소

8. 1) 국가, 학교, 교사가 가르칠 가치가 있는 것인데 불구하고 소홀히 하거나 공식적으로 가르치지 않는 교과, 지식, 경험을 말한다. 2) 전인교육 저해, 지식의 불균형 초래, 공식적 교육과정 빈약

9. 1) 단편화, 단순화, 신비화, 생략 2) 교직 피로감, 최소한 노력 보임, 행정적 지원 부족

10. 1) 교육목표 설정, 학습경험 선정, 학습경험 조직, 평가
    2) 기회, 가능성, 만족, 일목표 다경험, 일경험 다성과 3) 계속성, 계열성, 통합성

11. 1) 모든 학교나 교과에 적용하기 용이, 평가 강조
    2) 교사중심적이고, 목표 이외 평가 어려움, 다양한 목표 반영 어려움

12. 요구 진단, 목표 설정, 내용 선정, 내용 조직, 학습경험 선정, 학습활동 조직, 평가

13. 1) 강령, 숙의, 설계 2) 다양한 의견 반영, 민주적 과정, 실제적임
    3) 시간이 많이 소요, 설계 이후 절차 없음, 소규모 학교 부적합

14. 1) 목표 설정, 평가계획, 수업계획(바라는 결과 확인하기, 수용가능한 증거 결정하기, 학습경험과 수업계획하기) 2) 목표와 평가 강조, 학습자 이해 중시, 준거지향 평가 강조 3) 목표만을 중시, 전통적 모형의 단순 변화
    4) 설명, 해석, 적용, 공감, 관점, 자기지식

15. 1) 목표 설정, 교육과정 내용 선정, 학습기회 유형, 학습기회 조직, 내용영역 조직, 제시양식과 반응양식, 평가
    2) 행동목표, 문제해결 목표, 표현결과
    3) 교육현장의 존재하는 미묘한 질적 차이를 감지하는 능력
    4) 교육 감식안을 문장으로 기술

16. 충실도, 상호적응적, 현성적 접근

Master Peedagogy

05

교육평가

- ✔ 핵심 팍 키워드   134
- ✔ 핵심 팍 구조도
  - Ⅰ. 교육평가 종류   135
  - Ⅱ. 프로그램 평가   141
  - Ⅲ. 평가도구 구비조건(양호도)   144
  - Ⅳ. 교육통계   147
  - Ⅴ. 교육연구   151
  - Ⅵ. 실험연구   155
- ✔ 핵심 팍 키워드 문제   158

교육평가

핵심 팍 키워드

교육평가

Ⅰ. 평가종류
1. 교육관
2. 측정관, 평가관, 총평관
3. 준거지향평가
4. 규준지향평가
5. 능력지향평가
6. 성장지향평가
7. 진단평가
8. 형성평가
9. 총괄평가
10. 수행평가
11. 포트폴리오
12. 루브릭
13. 역동적평가
14. 과정중심평가
15. 문항유형

Ⅱ. 프로그램평가
1. 타일러 목표모형
2. 기타 목표모형
   하몬드, 메트퍼셀 미셀
3. 스터플빔 운영모형
4. 기타 운영모형
   알킨, 크론바흐
5. 스크리븐 판단모형
6. 기타 판단모형
   스테이크, 플렉스너, 아이즈너
7. 오웬즈·울프 반론모형
8. 참여자 평가모형
   리피, 파레토, 스테이크,
   코플맨, 쿠바와 링컨
9. 고객 평가모형
   스크리븐

Ⅲ. 구비조건
1. 타당도
   내용타당도
   준거타당도
   구인타당도
2. 신뢰도
   재검사신뢰도
   동형검사신뢰도
   반분신뢰도
   문항내적일관성
3. 객관도
4. 실용도
5. 교육평가절차
6. 표준화검사
7. 컴퓨터화 검사

Ⅳ. 교육통계
1. 측정치
2. 문항변별도
3. 문항난이도
4. 문항반응분포
5. 문항반응이론
   문항특성곡선
   문항난이도
   문항변별도
   문항추측도
6. 집중경향치
7. 변산도
8. 점수
9. 정상분포
10. 상관연구

Ⅴ. 교육연구
1. 표집
2. 사례연구
3. 현장연구
4. 사회성측정법
5. 정의적 영역평가
   절차
   면접법
   관찰법
   질문지법
   평정법
   평정착오
   서스톤척도
   리커트척도

Ⅵ. 실험연구
1. 실험적연구법
2. 실험설계
3. 가설검정
4. 실험설계 타당성

NOTE

교육목표, 교육과정, 교수방법과 교육평가가 일치될 때 평가의 공정성이 확보된다.
결과 중심보다 과정 중심 평가로 학습자 학습에 피드백 되어야 한다.

때때로 폭발공부가 필요하다.
몸은 힘들지만 1일 공부시간을 18시간이나 20시간 이상을 시도해 보자.
높은 산을 완등했을 때 등산과 낮은 산에 대한 자신감이 형성된다.

핵심 콕 구조도

I. 교육평가 종류
1. 교육관, 2. 측정관, 3. 준거지향평가, 4. 규준지향평가, 5. 능력지향평가, 6. 성장지향평가, 7. 진단평가, 8. 형성평가, 9. 총괄평가, 10. 수행평가, 11. 포트폴리오, 12. 루브릭, 13. 역동적평가, 14. 과정중심평가, 15. 문항유형

1. 교육관

- **선발적**
  - ① 선발적 교육관은 교육은 사회구성원을 선발하는 기능을 담당
  - ② 인간불신(누구나 목표에 도달하는 건 아님), 개인차 변별, 규준지향평가
- **발달적**
  - ① 발달적 교육관은 교육은 모든 아동의 성장과 발달에 이바지
  - ② 인간신뢰(누구나 목표에 도달할 수 있음), 목표달성, 준거지향평가

2. 측정관, 평가관, 총평관

비교

	측정관(Measurement)	평가관(Evaluation)	총평관(Assessment)
강조점	• 환경요소를 무시하고 안정적 인간 특성 평가 • 표준화검사(상대평가) 중시 • 객관도와 신뢰도 중시 • 준거타당도 중시 • 지능검사, 성격검사, 흥미검사	• 불안정적 인간보다 변화하는 환경을 대상 • 변화하는 교육환경(교육과정, 교수방법 등)을 평가 • 중간, 기말고사 • 내용타당도 중시 • 학교 중간 기말 고사, 임용시험	• 인간과 환경 상호작용을 평가 • 특정한 환경에서 특정한 인간을 평가 • 인간 특성을 다양한 방법으로 종합 평가 • 양적 질적 자료 모두 사용 • 관찰법, 면접법, 자기보고서 등 • 구인타당도 중시 • 수행평가, 역동적 평가

3. 준거지향평가(성취평가) *평가기준에 따른 분류

- **정의**
  - ① 절대평가, 절대기준평가, 목표지향평가, 준거참조평가, 성취기준평가
  - ② 교육목표(평가목표) 달성도에 의하여 그 학생의 성적을 표현하는 방식
  - ③ 발달적 교육관을 배경, 타당도를 중시, 부적분포를 지향
  - ④ 예를 들면 100점 만점 80점, 한국사 검정시험, 자격증 획득 등

- **장점**

교사측면(교수방법의 개선)
① 교육개선이 가능하다. 평가 결과를 비교 검토함으로써 교육 개선에 필요한 자료를 제공
② 학습자에 대한 정보 획득이 가능하다. 학습의 실패요인을 쉽게 찾아서 개선이 용이

학생측면(성찰 가능)
① 내적 동기유발이 가능하다. 학습자에게 성취감을 제공하여 내적 동기유발이 가능
② 긍정적인 자아개념과 바람직한 정신위생을 형성
③ 협동학습이 가능하다. 학생들 간의 협동적 학습을 통한 학업을 촉진
④ 성취감을 제공한다. 설정된 목표에 달성되었을 때 학습자에게 많은 성취감과 성취감을 제공

- **단점**
  - ① 개인차의 변별이 어려움. 목표에 대한 성취도만 나타나므로 타인과의 비교가 어려움
  - ② 외적 동기유발이 어려움. 타인과의 경쟁이 없어 외적 동기유발이 어려움
  - ③ 평가자의 편견이 개입. 준거지향평가는 규준지향평가에 비하여 교사의 편견이 개입된 가능성이 많음
  - ④ 기준설정이 어려움. 절대기준을 설정하는 일은 전문성을 요구하기 때문임

객관식

01
총평관(Assessment)의 입장을 가장 적절하게 표현한 것은? (97, 초등)

① 구인타당도를 중시하는 평가이다.
② 인간의 능력은 변함없는 것이다.
③ 평가의 신뢰도가 주된 관심사이다.
④ 모든 사람에게 똑같은 평가도구를 이용한다.

02
다음 〈보기〉에서 절대기준평가와 관련된 특성을 바르게 묶은 것은? (00, 초등)

보기
ㄱ. 학생들 사이의 지나친 경쟁을 방지할 수 있다. ㄴ. 평가 결과로 얻어진 점수의 의미는 중요하지 않다. ㄷ. 변별도나 곤란도보다는 타당도의 개념이 더 강조된다. ㄹ. 학생의 학습 능력 개선을 위해 지도·조언하는 것을 중시한다.

① ㄱ, ㄴ, ㄷ
② ㄱ, ㄴ, ㄹ
③ ㄱ, ㄷ, ㄹ
④ ㄴ, ㄷ, ㄹ

01. ① / 02. ③

주관식

01. 송 교사가 총평의 관점에서 학생을 진단할 수 있는 실행 방안 2가지 제시, 송 교사가 활용할 수 있는 평가 결과의 해석 기준 2가지를 각각 그 이유와 함께 제시 [4점] [22, 중등 논술형]

> 김교사: 그럼요. 제가 교육과정 재구성한 것을 보내 드릴 테니 보시고 다음에 이야기해요. 그런데 교육 활동에서는 학생에 대한 이해가 중요하잖아요. 학기 초에 진단은 어떤 방식으로 하려고 하시나요?
> 송교사: 이번 학기에는 선생님께서 특강에서 말씀하신 총평(assessment)의 관점에서 진단을 해 보려 합니다.
> 김교사: 좋은 생각입니다. 그리고 우리 학교에서는 평가 결과로 학생 간 비교를 하지 않으니 학기 말 평가에서는 다양한 기준을 활용해 평가 결과를 해석해 보실 것을 제안합니다.

∅ 징답키: 실행 방안-심층면접, 관찰, 해석 기준-성취기준, 성장기준

객관식

03
〈보기〉의 대화에서 학부모가 원하는 정보를 제공하는 데 가장 적합한 평가 유형은? (06, 초등)

| 보기 |
학부모 : 우리 주현이 수학시험 성적은 어떤가요?
최교사 : 반에서 10등쯤 합니다.
학부모 : 그런가요? 그런데 저는 등수보다 우리 아이가 무엇을 할 줄 아는지를 더 알고 싶어요. 두 자리 수 뺄셈을 제대로 할 줄 아는지, 그런 것들을 좀 알고 싶어요.

① 규준지향평가(norm-referenced evaluation)
② 준거지향평가(criterion-referenced evaluation)
③ 능력지향평가(ability-referenced evaluation)
④ 성장지향평가(growth-referenced evaluation)

03. ②

4. 규준지향평가

정의
① 상대평가, 상대기준평가, 규준참조평가
② 학생의 학업성취도를 집단의 상대적 위치를 나타내는 평가방법
③ 집단 내에서 개인차의 변별에 중점을 두는 평가
④ 선발적 교육관을 배경, 신뢰도를 중시, 정상분포를 지향
⑤ 예를 들면, 임용시험, 20명 중에서 5등, 대학입학 등

장점
① 개인차 변별이 가능. 개인들의 상대적 비교로 개인차 변별이 가능
② 외적 동기유발에 유리. 학생간의 경쟁심을 자극하여 외적 동기유발이 가능
③ 평가가 용이. 평가 내용의 수준에 관계없이 서열만 중시하기 때문
④ 교사의 편견 배제. 검사의 객관성이 보장되며 교사의 편견이 배제될 수 있음

단점
① 인간성에 대한 신뢰가 상실. 학교가 경쟁의 장이지 교육의 장소가 아님
② 교수학습에 대한 직접적 개선이 어려움. 학습실패 원인을 찾기가 힘듦
③ 학생에 대한 정보 획득이 어려움. 학습자의 서열만 판단할 수 있기 때문에 직접적인 정보획득이 어려움
④ 협동학습이나 정신위생에 문제가 생김. 경쟁의식이 학생들의 정신과 인격형성에 많은 문제점을 발생

5. 능력지향평가

개념
① 능력참조평가는 학생이 지니고 있는 능력에 비추어 얼마나 능력이 발휘된 정도를 평가
② 학생 개인이 지니고 있는 능력을 얼마나 발휘하였느냐에 관심을 두는 것, 개인을 위주로 하는 평가 방법

장단점
① 장점 : 개별화 평가, 동기유발 등
② 단점 : 능력 측정 어려움, 평가가 왜곡 등

6. 성장지향평가

개념
① 성장참조평가는 일정기간 교육과정을 통하여 얼마나 성장하였느냐에 관심을 두는 평가
② 최종 성취수준에 대한 관심보다는 초기 능력 수준에 비추어 얼마만큼 능력의 향상을 보였느냐를 강조
③ 예를 들면 STAD협동학습 평가의 향상점수는 대표적 성장참조평가임

장단점
① 장점 : 개별화 평가, 성장 조력, 교수학습 자료 획득, 동기유발 등
② 단점 : 사전 검사가 왜곡되면 전체 평가가 어려움

[글레이저의 수업의 절차]

수업 목표 → 출발점 행동진단 → 수업 → 평가
　　　　　　　　진단평가　　　　형성평가　　총괄평가

* 평가시기에 따른 분류

수업 전에 이뤄짐 (학기 전, 학년 시작 전) 배치고사, 토플, GRE(외국학교입학시험)
절대평가+상대평가

수업 중(학기 중)에 이뤄짐 쪽지시험, 과제물, 질문
절대평가

수업 후에 이뤄짐 기말고사, 졸업고사 우리나라의 중간고사
절대평가+상대평가

---

02. 준거지향평가의 개념을 설명하고, 장점 2가지만 제시 [3점] [15, 중등 논술형]

수업 설계를 잘 하는 것 못지않게 수업 결과를 평가하는 것 또한 중요합니다. 여러분이 어떤 평가 기준을 활용하느냐에 따라 평가 유형이 달라질 수 있습니다. 자칫하면 평가로 인해 학생들 사이에 서열주의적 사고가 팽배하여 서로 경쟁만 하는 문제가 발생할 수 있습니다. 이를 보완할 수 있는 평가 유형에 대해 고민해 볼 필요가 있습니다.

✎ 정답키 : 개념-교육목표 달성도 정도를 평가
　　　　　장점-교사 교수방법 개선, 학생의 학습성찰 촉진

7. 진단평가

정치진단

- **개념** — ① 학년 초, 학기 초에서 학습자가 지니고 있는 준비도(출발점 행동, 선행학습)를 진단하기 위한 평가
- **방식** — ① 준거지향평가나 규준지향평가를 적절하게 활용
- **목적**
  - ① 학생들의 출발점 행동과 기능을 진단
  - ② 학생의 분류나 교수 방법의 선택을 위한 정치 진단으로 사용
  - ③ 지금까지 진행되어 온 학습자의 학습 결손을 진단

8. 형성평가

교수방법 개선 학습성찰

- **개념** — ① 교육활동 도중(학년 중, 학기 중)에 여러 목적으로 행하는 평가
- **방식** — ① 주로 준거지향평가를 사용
- **목적**
  - ① 교수학습의 진행 중에 학습자의 결손을 파악하고, 적절하게 교정
  - ② 수업속도를 조절하고 수업의 원활화를 도모
  - ③ 학생들에게 학습의 방향을 제시
  - ④ 학생들에게 자신감과 만족감을 형성시키는 동기유발이 가능
  - ⑤ 학생들은 자신의 결점을 발견하여 그것을 진단하고 교정, 보충
- **종류**
  - ① 구조적 형성평가 : 퀴즈, 단원평가, 과제, 질문, 숙제, 연습문제
  - ② 비구조적 형성평가 : 행동관찰, 언어적 상호작용, 교실 분위기 파악
- **실시전략**
  - ① 계획 : 비계획적으로 실시하면 평가의 효과를 얻기가 어려움
  - ② 피드백 제공 : 학습 성찰 피드백, 자기주도적 학습력 향상 도모, 창의적 역량 성장 도모

9. 총괄평가

성적결정

- **개념** — ① 학습과제나 교과가 끝났을 때(학년 말, 학기 말) 설정된 교수목표의 달성도를 알아보기 위한 평가
- **방식** — ① 준거지향평가와 규준지향평가 혼합
- **목적**
  - ① 상대적 위치뿐만 아니라 교수목표 달성도를 측정하여 학습자의 성적을 결정
  - ② 학습자의 다음 학습에 대한 성공 여부를 파악함
  - ③ 교수학습 개선이 가능하여 효과적인 교수학습계획을 수립하는데 좋은 자료가 됨
  - ④ 학교 간 학습 간에 학업 성취의 비교가 가능

10. 수행평가 *질적평가

- **양적평가** — ① 학습 결과에 대한 점수 매기기나 등수 정하기 식의 양적인 측정에만 치중하는 전통적인 평가방식(규준, 준거지향평가)
- **질적평가** — ① 교수·학습과정의 질적인 측면을 평가하고 그 과정의 개선을 도움으로써 교사 개개인의 자질을 향상시키고 학생 개개인의 교육적 성장을 돕기 위한 평가(수행평가, 역동적 평가)
- **정의**
  - ① 학생 스스로가 자신의 지식이나 기능을 나타낼 수 있도록 산출물을 만들거나 행동으로 나타내거나 답을 작성(구성)하도록 요구하는 평가방식
  - ② 대안평가 > 수행평가 > 참평가

객관식

04
다음의 내용 중 형성평가의 특징으로 바르게 짝지은 것은? (01, 초등보수)

| 보기 |
ㄱ. 학습 진행 속도를 조절해준다.
ㄴ. 학습 집단 간 학력 비교를 용이하게 해준다.
ㄷ. 학습 진행 과정에서 곤란을 겪은 부분을 밝혀준다.
ㄹ. 학습자나 성적을 결정하고, 자격을 인정하는 판단을 한다.

① ㄱ, ㄴ   ② ㄷ, ㄹ
③ ㄱ, ㄷ   ④ ㄴ, ㄹ

05
수행평가(Performance Assessment)의 특징을 가장 잘 나타낸 것은? (98, 중등)

① 교수-학습의 최종적인 결과 중심의 평가
② 교수-학습 활동의 과정을 개선하기 위한 평가
③ 상호 비교를 위한 표준화된 도구를 이용한 평가
④ 객관적이면서도 공정한 측정방식을 중시하는 평가

04. ③ / 05. ②

---

03. 박 교사가 제안하는 평가유형의 명칭과 이 유형에서 개인차에 대한 교육적 해석 1가지, 김교사가 제안하는 2가지 평가유형의 개념 [4점] [18, 중등 논술형]

박 교사 : 우리 학교 학생에게는 학습흥미와 수업참여를 높이는 수업이 필요할 것 같아요. 제가 지난번 연구수업에서 문제를 활용한 수업을 했는데, 수업 중에 학생들이 무엇을 해야 하는지 모르는 것 같았어요. 게다가 제가 문제를 잘 구성하지 못했는지 별로 흥미를 보이지 않더라고요. 문제를 활용하는 수업에서는 학생의 역할을 안내하고 좋은 문제를 개발하는 것이 중요하다는 것을 알게 되었어요.
김 교사 : 그렇군요. 이처럼 수업이 학생의 다양한 특성을 반영하게 되면 평가의 방향도 달라질 필요가 있습니다. 앞으로의 평가에서는 학생의 능력, 적성, 흥미에 적합한 목표를 설정하고 그에 따라 수업과 평가가 이루어지는 것도 의미가 있어 보입니다.
박 교사 : 동의합니다. 그러기 위해서는 평가결과를 해석하고 판단하는 기준도 달라질 필요가 있습니다. 예컨대 학생의 상대적 위치가 어느 정도인지를 판단하기보다는 미리 설정한 학습목표에 도달했는지 여부를 중시하는 평가유형이 적합해 보입니다.
김 교사 : 네, 저도 그렇게 생각합니다. 그리고 말씀하신 유형 외에 능력참조평가와 성장참조평가도 제안할 수 있겠네요.
박 교사 : 좋은 생각입니다.

∅정답키: <u>제안한 평가유형-준거지향평가</u>
<u>개인차-학생들의 능력, 적성, 흥미 등</u>
<u>능력참조평가-학생 능력에 비추어 최선을 다한 정도</u>
<u>성장참조평가-일정기간 능력의 성장 정도</u>

객관식

06
다음과 같은 자료는 어떤 방법을 사용하여 평가하는 것이 가장 적합한가? (02, 중등)

| 보기 |
일기장, 연습장, 미술작품집, 과제일지

① 논문형 검사   ② 포트폴리오법
③ 관찰법   ④ 면접법

07
다음은 포트폴리오(portfolio) 평가에 대한 기술이다. 포트폴리오 평가방식에 대한 설명으로 옳지 않은 것은? (07, 9급)

| 보기 |
일정기간 동안 학생들의 수행 및 성취정도, 그리고 향상정도를 표현한 누적된 결과물에 대한 평가이다. 예를 들면, 그림 공부를 하는 학생이 미술담당 교사에게 지속적으로 지도를 받으면서, 자신의 작품을 그린 순서대로 차곡차곡 모아 둠으로써, 자기 자신의 변화와 발전과정을 스스로 파악할 수 있고, 그 작품집을 이용하여 지도 교사뿐만 아니라 다른 사람으로부터 쉽게 평가 받을 수 있게 된다.

① 포트폴리오 평가의 수행목적은 포괄적으로 기술될 필요가 있다.
② 포트폴리오 평가는 학생의 결과물에 대한 평가보다 향상정도를 파악하기 위한 방법이다.
③ 포트폴리오 평가는 개인 간의 비교에 초점이 있는 것이 아니라 각 개인의 변화 및 진전도에 그 초점이 있다.
④ 포트폴리오 평가는 다양한 교과 과정상의 수행을 통합할 수 있다는 장점이 있다.

06. ② / 07. ①

- 특징 (장점)
  - ① 실제 상황 : 가능한 한 실제 상황 하에서 달성했는지 여부를 파악
  - ② 과정과 결과 : 교육의 결과뿐만 아니라 과정도 함께 중시하는 평가방식
  - ③ 지속적 평가 : 전체적이면서도 지속적으로 이루어지는 것을 강조하는 방식
  - ④ 개별과 집단 평가 : 개개인을 단위로 해서 평가하기도 하지만 집단에 대한 평가도 중시
  - ⑤ 개별학습 촉진 : 학생의 학습과정을 진단하고 개별학습을 촉진
  - ⑥ 전인평가 : 학습자의 인지적 영역뿐 아니라 정의적 영역과 신체적 영역에 대한 종합적이고 전인적인 평가

- 유형
  - ① 서술형 검사, 논술형 검사, 구술시험, 찬반토론법, 실기시험, 실험·실습법, 면접법, 관찰법, 연구보고서, 포트폴리오, 자기평가, 동료평가 등

- 문제점 해결책

문제점	해결책
1. 비용이 많이 소요 (교사, 학생 모두)	비용을 철저히 관리하여 낭비요소를 줄인다. 수행평가의 비용을 개발비, 실시비, 채점비 등으로 구분하여 관리, 비용이 적게 소요되는 수행평가 실시
2. 대규모 실시가 어려움	수행평가를 실시하기 전에 학생들이 필요한 기능을 가지고 있는지 확인하는 하나의 방법으로 지필검사를 병용하는 것도 좋다. 또 표집을 사용하면 대규모 실시를 가능하게 함
3. 시간적 공간적 제약	아스처의 녹화기록법을 사용, 영상물을 제작 활용
4. 평정자 오류 가능성 (객관도 낮음)	명확한 채점 기준표를 개발, 루브릭을 활용하면 객관도의 문제를 해결할 수 있음
5. 내적 일치도 부족 (신뢰도 낮음)	평가도구의 신뢰도를 적절하게 고려하거나 타당도를 높이면서 신뢰도를 높이는 방법을 사용, 루브릭 활용

11. 포트폴리오

- 개념
  - ① 포트폴리오(Portfolio)는 학습자들의 노력 발전 또는 성취를 나타내는 학습자의 의도적 작품집(위킨스)
- 구성
  - ① 목표 개발 ② 도구의 개발 ③ 자료의 수집 ④ 자료의 분석 ⑤ 자료의 활용
- 장점
  - ① 학습자 학습의 맥락 속에서 이해하여, 성장 발달을 한눈에 파악
  - ② 학습자 전반적인 특성을 파악하여 장단점을 확인.
  - ③ 학습의 과정을 산출물로 나타낼 수 있고, 학생 중심 학습으로 전환
  - ④ 교사와 학생의 의사소통 기회가 확대, 교사 지도력의 발전 가능, 학습자는 성찰 기회

12. 루브릭

- 개념
  - ① 수행평가에서 수행 결과를 평가하기 위한 서술식 채점척도
  - ② 수행 수준(기준)과 수준에 속한 단계별 설명으로 구성됨
  - ③ 학습자의 학습 활동이나 프로젝트에 대하여 실제적 점수산정이 가능하도록 학습물이나 학습자가 성취한 수준을 결정하는 평가 가이드라인과 평정척도(rating scale)를 제공
- 특징 위킨스
  - ① 평가가 용이하고, 평가자가 효과적이고 일관성 있게 평가하게 됨
  - ② 학생들이 실제 활동을 반영
  - ③ 질적 정보를 획득. 구체적으로 드러나는 학생들의 장점을 인정하고, 단점을 수정 가능
  - ④ 준거지향평가이며, 타당도와 신뢰도가 높음
  - ⑤ 연속적 상의 점수를 나타내고, 높은 점수와 낮은 점수의 결정이 중요함

---

04. 김 교사가 실시하려는 평가 유형의 기능과 효과적인 시행 전략 각각 2가지 [4점] [16, 중등 논술형]

평가계획	·평가 시점에 따라 적절한 평가 방법을 마련할 것 ·진단평가 이후 교수·학습이 진행되는 중간에 평가를 실시할 것 ·총괄평가 실시 전 학생의 학습 진전 상황에 관한 정보를 수집·분석할 것

∅정답키: 기능-교수방법 개선, 학생 학업성취 촉진
         전략-계획적 실시, 피드백 제공

13. 역동적평가

개념
① 역동적 평가는 비고츠키의 근접발달대(ZPD)를 평가하는 방법
② 역동적 평가는 학생의 양적 그리고 질적 정보를 수집하고 해석하는 평가
③ 학생은 실제 자신의 능력을 바탕으로 과제를 수행하게 되며, 교사는 학생의 실제 능력을 평가할 수 있음
④ 역동적 평가는 교수, 학습, 평가의 일치가 형성

샌드위치 유형
① 사전검사와 사후검사 사이에 수업을 끼워 넣는 방식(표준화접근)
② 수험자는 먼저 정태적 검사 형식의 사전검사를 치른 다음, 사전검사에서 측정한 기능에 대한 수업이 이루어지는데, 이 수업은 개별적이거나 집단적으로 진행됨
③ 수업 후에 사후검사를 실시하고, 사전검사와 사후검사를 확인하여 평가

케이크 유형
① 수험자가 각각 검사문항을 풀 때마다 반응을 제시하는 방식(임상적접근)
② 수험자에게 한 문항을 풀도록 한 다음, 이 문항을 옳게 풀면 다음 문항을 제시
③ 수험자가 해당 문항을 잘못 풀면, 수준이 다른 일련의 힌트를 제공하는데, 여기에서 힌트는 확실한 문제해결을 하도록 순차적으로 설계됨
④ 힌트의 개수를 평가함

역동적평가 정태적평가 비교

구분	정태적 평가	역동적 평가	역동적 평가 특징
목적	교육목표 달성도	향상도 평가	• 아동들의 근접발달 영역의 강조 • 학생들에게 효과적인 교수 실제가 어떤 것이 있을지를 판단하는데 도움을 제공 • 교수를 통해 이익을 얻을 수 있는 학생이 고정적인 평가에서 낮은 점수 때문에 학습할 기회를 놓치게 될 가능성 감소 • 객관식은 진위형, 선다형, 결합형에 단답형, 완성형을 포함시키는 경우도 있고, 제외시키는 경우도 있음
강조점	학습의 결과 > 학습의 과정	학습의 과정 = 학습의 결과	
특징	정답 수 중시 일회적·부분적	응답한 과정/이유 중시 지속적·종합적	
상황	획일적·표준적 탈맥락적	다양하고 융통성 있음 상황 맥락적	
시기	학습이 완료된 후	교수학습활동의 전과정	
결과 활용	선발·분류·배치	지도·조언·개선	
교수·학습활동과의 관계	교수·학습과 평가활동의 분리	교수·학습과 평가활동의 통합	

14. 과정중심평가

개념
① 교육과정 성취 기준에 기반한 평가계획에 따라 교수학습과정에서 학생의 변화와 성장에 대한 자료를 다각도로 수집하여 적절한 피드백을 제공하는 평가
② '학습을 위한 평가', '학습으로써의 평가'

수행평가
① 과정중심 평가는 수업 중에 학생의 수행 과정을 평가하는 것을 강조하며, 수행평가 또한 실제 상황과 유사한 맥락에서 학생의 수행 결과뿐만 아니라 과정을 평가하는 것을 강조
② 수행평가를 의도하는 바대로 시행하는 것만으로도 충분히 과정중심 평가의 방향성을 담을 수 있음

---

05. 수업에 소극적인 학생들의 학습 동기를 유발하기 위한 방안을 3가지 측면(① 협동학습 실행, ② 형성평가 활용, ③ 교사지도성 행동)에서 각각 2가지씩만 논하시오. [14, 중등 논술형]

박 교사 : 아, 그렇군요. 그런데 선생님, 요즘 저는 수업방법뿐만 아니라 평가에서도 고민거리가 있어요. 저는 학기 중에 수시로 학업성취 결과를 점수로 학생들에게 알려 주고 있는데요. 이렇게 했을 때 성적이 좋은 몇몇 학생들을 제외하고는 나머지 학생들은 자신의 성적을 보고 실망하는 것 같아요.

최 교사 : 글쎄요, 평가결과를 선생님처럼 그렇게 제시할 수도 있겠죠. 하지만 학습 동기를 유발하기 위해서는 평가를 어떻게 활용하느냐가 중요해요.

⊘ **정답키:** 형성평가의 활용-학습결손 파악, 학습성장 피드백 제공

NOTE

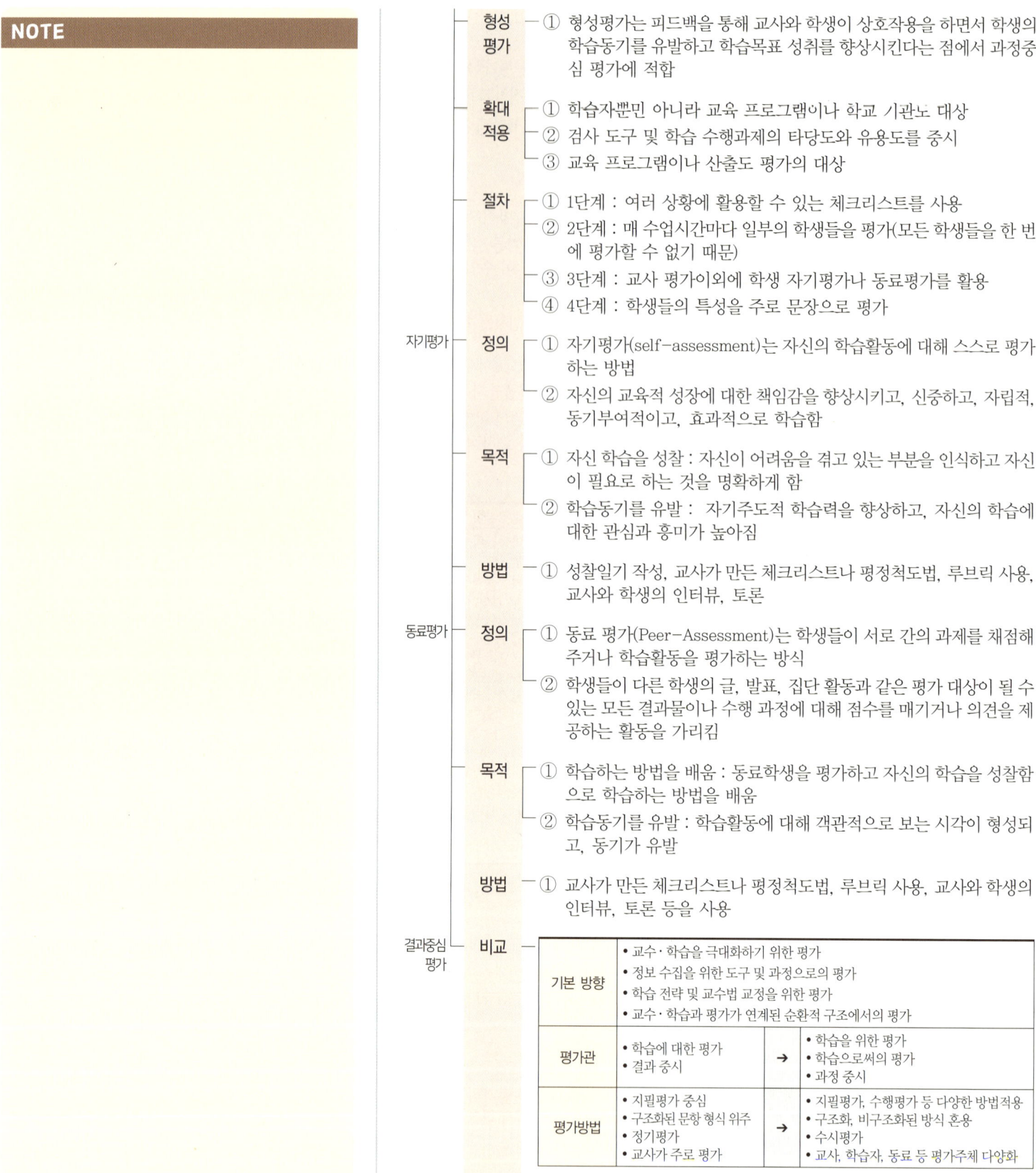

	형성평가	① 형성평가는 피드백을 통해 교사와 학생이 상호작용을 하면서 학생의 학습동기를 유발하고 학습목표 성취를 향상시킨다는 점에서 과정중심 평가에 적합
	확대 적용	① 학습자뿐만 아니라 교육 프로그램이나 학교 기관도 대상 ② 검사 도구 및 학습 수행과제의 타당도와 유용도를 중시 ③ 교육 프로그램이나 산출도 평가의 대상
	절차	① 1단계 : 여러 상황에 활용할 수 있는 체크리스트를 사용 ② 2단계 : 매 수업시간마다 일부의 학생들을 평가(모든 학생들을 한 번에 평가할 수 없기 때문) ③ 3단계 : 교사 평가이외에 학생 자기평가나 동료평가를 활용 ④ 4단계 : 학생들의 특성을 주로 문장으로 평가
자기평가	정의	① 자기평가(self-assessment)는 자신의 학습활동에 대해 스스로 평가하는 방법 ② 자신의 교육적 성장에 대한 책임감을 향상시키고, 신중하고, 자립적, 동기부여적이고, 효과적으로 학습함
	목적	① 자신 학습을 성찰 : 자신이 어려움을 겪고 있는 부분을 인식하고 자신이 필요로 하는 것을 명확하게 함 ② 학습동기를 유발 : 자기주도적 학습력을 향상하고, 자신의 학습에 대한 관심과 흥미가 높아짐
	방법	① 성찰일기 작성, 교사가 만든 체크리스트나 평정척도법, 루브릭 사용, 교사와 학생의 인터뷰, 토론
동료평가	정의	① 동료 평가(Peer-Assessment)는 학생들이 서로 간의 과제를 채점해주거나 학습활동을 평가하는 방식 ② 학생들이 다른 학생의 글, 발표, 집단 활동과 같은 평가 대상이 될 수 있는 모든 결과물이나 수행 과정에 대해 점수를 매기거나 의견을 제공하는 활동을 가리킴
	목적	① 학습하는 방법을 배움 : 동료학생을 평가하고 자신의 학습을 성찰함으로 학습하는 방법을 배움 ② 학습동기를 유발 : 학습활동에 대해 객관적으로 보는 시각이 형성되고, 동기가 유발
	방법	① 교사가 만든 체크리스트나 평정척도법, 루브릭 사용, 교사와 학생의 인터뷰, 토론 등을 사용

결과중심 평가 — 비교

기본 방향	• 교수·학습을 극대화하기 위한 평가 • 정보 수집을 위한 도구 및 과정으로의 평가 • 학습 전략 및 교수법 교정을 위한 평가 • 교수·학습과 평가가 연계된 순환적 구조에서의 평가		
평가관	• 학습에 대한 평가 • 결과 중시	→	• 학습을 위한 평가 • 학습으로써의 평가 • 과정 중시
평가방법	• 지필평가 중심 • 구조화된 문항 형식 위주 • 정기평가 • 교사가 주로 평가	→	• 지필평가, 수행평가 등 다양한 방법적용 • 구조화, 비구조화된 방식 혼용 • 수시평가 • 교사, 학습자, 동료 등 평가주체 다양화

06. 평가 보고서에서 언급한 형성평가를 교사 측면에서 활용할 수 있는 방안 2가지 [2점] [23, 중등 논술형]

학생 만족도 조사 결과
Q. 학교에서 시행하는 평가는 적절하다. (막대그래프: 2021, 2022) • 수업 중 퀴즈, 질문이 학습에 도움이 되었어요. • 시험 문제가 수업에서 배운 것과 약간 다른 것 같아요. (* 5점 리커트 척도)

분석 내용
수업 진행 중에 퀴즈, 질문과 같은 형성평가 방법을 적절하게 적용한 점이 학생들의 평가 만족도를 높인 것으로 분석된다. 학생들이 이러한 평가로 인해 부담감을 느끼지 않도록 형성평가에 대해 잘 설명한 것이 효과가 있었다. 한편, 학생 의견 중 검사의 타당도에 대한 의견도 있었다. 교육 현장에서는 정기고사에서의 평가 방법도 중요하므로, 앞으로 평가 문항 개발 시 교육과정에 따라 수업 중에 가르친 부분을 점검하여 타당도를 높일 수 있는 방안을 모색해야 한다.

∅정답키: **활용방안-교사 교수방법 개선, 학생 성찰로 활용**

평가내용	• 교과별 단편적 지식 및 기능 • 인지적 성취영역 위주	→	• 통합적 지식 및 기능 • 핵심역량(competency)에 대한 평가 • 인지적·정의적 특성 영역
평가결과 보고 및 활용	• 상대적 서열 정보 중심 • 피드백의 부재	→	• 성취기준 및 내용 준거에 의한 결과보고 • 즉각적이며 수시적인 피드백

15. 문항유형

- **선택형 문항**
  - ① 장점: 채점의 객관성 높음, 문항 내용타당도 높음, 역량을 포괄적으로 다룸, 채점과 통계적 분석 용이
  - ② 단점: 단순한 암기력 측정 가능, 추측 요인이 많음, 표현과 창의성 제한
  - ③ 종류: 진위형, 연결형, 선다형
- **서답형 문항 (구성형)**
  - ① 장점: 문항제작 용이, 창의력 등 높은 수준 역량을 함양
  - ② 단점: 채점 객관성 문제 발생, 많은 역량을 측정하기 어려움
  - ③ 종류: 단답형, 완성형, 논문형(논술형)

  * 객관식과 주관식으로 구분할 때 단답형과 완성형을 객관식, 주관식으로 보는 학자가 다름

II. 프로그램 평가

1. 타일러목표모형 2. 기타 목표ㄴ 모형(하몬드, 메트파셀과 미셸) 3. 스터플빔 운영모형 4. 기타운영모형(알킨, 크론바흐) 5. 스크리븐 판단모형 6. 기타 판단모형(스테이크, 플렉스너, 아이즈너) 7. 오웬즈·울프 반론모형 8. 참여자평가모형(리피, 파레토, 스테이크, 코플맨, 쿠바와링컨) 9. 고객평가모형(스크리븐)

1. 타일러목표모형

- **특징**
  - ① 학생 중심으로 교육목표를 상세하게 진술하고 그것을 어느 정도 성취했는가에 중점
  - ② 교육목표와 성취결과를 비교 판단하는 과정이 중시
  - ③ 평가자의 역할: 교육과정 개발과 타당성을 검증하기 위한 평가를 수행하는 전문가의 역할
- **제한점**
  - ① 부수적 면을 소홀: 의도하지 않은 부수적 교육효과를 평가할 수 없음
  - ② 교육 개선이 어려움: 부분적 평가결과만을 내기 때문에 본질적인 교육과정 개선에 한계
  - ③ 지나치게 단순함: 교육의 정치적이나 윤리적 역할과 같은 복합적 측면을 평가할 수 없고, 목표에만 치중
  - ④ 평가 영역의 한계: 측정되기 어려운 경험이나 태도 및 감정 변화 등과 같은 중요한 교육성과나 학습 결과 및 학습과정을 평가하기 어려움

2. 기타 목표모형

- **하몬드**
  - ① 교육활동의 특성을 평가하는 수업차원(수업조직, 내용 등), 교육활동과 관련된 개인이나 집단의 특성을 평가하는 기관차원(학생, 교사, 관리자 등), 평가하는 교육활동의 목표인 행동차원(인지, 정의, 심동 목표)을 평가
- 메트파셀 **미셸**
  - ① 학업성취라는 준거만으로는 교육목표 달성을 제대로 평가할 수 없다는 관점에서 복수의 준거변인에 대한 측정 결과를 중시하여 평가
- 프로버스 **불일치 모형**
  - ① 불일치 평가모형(격차모형, 간극모형)
  - ② 프로그램의 수행 결과와 성취기준 사이에 불일치가 존재하는지 파악
  - ③ 프로그램의 개선, 유지 및 종료 여부를 결정하기 위하여 불일치에 대한 정보를 사용

객관식

08
선택형(Multiple-Choice Type) 문항의 단점에 해당되는 것은? (98, 중등)

① 문항 제작자가 문항의 난이도를 조절하기가 쉽다.
② 많은 교수-학습 내용들을 포괄하여 평가하기가 어렵다.
③ 선발·분류·배치를 위한 시험에서 사용하기가 어렵다.
④ 교수-학습의 과정에 대한 정보를 제공하기가 어렵다.

09
교육프로그램 평가 모형의 하나인 CIPP모형에서 맨 처음 실시해야 할 평가는? (00, 초등보수(강원))

① 요구평가 ② 과정평가
③ 산출평가 ④ 투입평가
⑤ 시행평가

10
〈보기〉에서 목표중심평가의 장점을 골라 바르게 묶은 것은? (05, 중등)

| 보기 |
ㄱ. 교육목표를 행동적 용어로 진술하여 명확한 평가 기준을 제시한다.
ㄴ. 교육목표, 교육내용, 교육평가 간의 논리적 일관성을 유지해 준다.
ㄷ. 교육평가에서 평가자와 의사결정자의 역할이 명확하게 구분된다.
ㄹ. 교육목표로 설정되지 않은 부수적 교육활동에 대한 평가가 용이하다.

① ㄱ, ㄴ   ② ㄱ, ㄹ
③ ㄴ, ㄷ   ④ ㄷ, ㄹ

08. ④ / 09. ① / 10. ①

---

07. 김 교사가 적용하고자 하는 평가 방식이 학생에게 줄 수 있는 교육적 효과 2가지, 이 평가를 수업에서 실행하는 방안 2가지 [4점] [2021학년도 중등 논술형]

> 오늘 읽은 교육평가 방안 보고서에는 학생이 주체가 되는 평가가 학습에 도움이 된다는 내용이 담겨 있었어. 내가 지향해야 할 평가의 방향으로는 적절한데 그 내용이 구체적이지는 않더라. 학생이 스스로 자신을 평가하게 하면 어떠한 효과를 거둘 수 있을지, 그리고 내가 수업에서 이러한 평가를 어떻게 실행할 수 있을지 더 자세히 알아봐야겠어.

∅정답키: 형성평가의 활용-학습결손 파악, 학습성장 피드백 제공

객관식

11
〈보기〉에서 스터플빔(D. L. Stufflebeam)의 CIPP모형에 해당하는 설명으로 바르게 묶은 것은? (08, 중등)

| 보기 |
ㄱ. 평가자의 주관적인 전문성을 가장 중요한 평가 전략으로 간주한다.
ㄴ. 평가구조의 차원을 수업, 기관, 행동으로 구성된 3차원으로 구분한다.
ㄷ. 평가자의 역할은 최종적인 가치판단이 아니라, 충분한 정보를 수집·제공하는 것이다.
ㄹ. 조직의 관리과정 및 의사결정을 중심으로 평가활동을 수행해야 한다는 점을 강조한다.

① ㄱ, ㄴ ② ㄱ, ㄷ
③ ㄴ, ㄹ ④ ㄷ, ㄹ

11. ④

3. 스터플빔 운영모형

특징
① CIPP모형은 4가지 유형의 의사결정에 공헌
② 계획 의사결정→상황평가(C), 구조 의사결정→투입평가(I), 실행 의사결정→과정평가(P), 순환 의사결정→산출평가(P)가 필요
③ 평가자의 역할: 정보를 제공하는 전문가의 역할

4. 기타 운영모형

알킨
① CSE모형, 또는 UCLA모형
② 체제평가, 프로그램 기획, 프로그램 실천, 프로그램 개선, 프로그램 인증 등으로 구성

크론바흐 연구 수행 모형
① 크론바흐는 평가를 연구의 수행과정과 동일한 관점으로 이해
② 평가의 목적이 교육의 과정 자체를 개선하는 데 있음. 연구와 평가의 목적과 과정이 동일하다고 주장
③ 연구나 평가는 자료수집, 자료분석, 자료해석, 결과보고 등으로 동일하게 이루어짐

5. 스크리븐 판단모형

특징
① 탈목표평가: 프로그램의 가치를 판단
② 외재적 준거: 평가자체의 효과, 변화, 부작용 등에 관심을 기울임
③ 총괄평가: 완성된 프로그램의 가치를 총합적으로 판단하는 총괄평가를 주장
④ 비교평가: 여러 프로그램이 우수한지, 어떤 장점이 있는지를 비교, 제시하여 의사결정에 도움을 줌

목표평가	탈목표평가
•타일러 •내재적 준거 •형성평가 •비비교평가	•스크리븐 •외재적 준거 •총괄평가 •비교평가

6. 기타 판단모형

스테이크 종합 실상 모형
① 용모(안모)모형이란 명칭으로 불리고, 교육기관의 종합 실태를 파악하기 위한 평가임
② 평가대상 프로그램에 관련된 선행조건, 진행과정, 산출결과를 기술
③ 의도한 결과뿐만 아니라 부수적 효과나 우발적 결과에도 관심을 가짐
④ 평가대상 프로그램 관련자들의 판단을 수집, 분석, 반영해야 하는데 더 비중을 둠
⑤ 실험법이나 표준화검사의 사용이 부적절할 경우가 있어, 주관적 기술적 다양한 자료를 활용

플렉스너 인정 모형
① 교육기관이나 교육프로그램이 일정한 기준에 도달하여 인정을 받는 과정에 활용됨
② 중등학교 및 대학과 같은 기관들이 결성한 협의체를 중심으로 선출한 대표자들로 구성된 전문가 집단이 평가
③ 기관을 직접 방문하여, 협의체에서 사전에 결정한 평가준거(항목)에 따라 평가
④ 교육기관이 전반적으로 평가준거 및 기준에 도달하거나 적합한가를 종합 판정하고 인정하는 평가

아이즈너 비평 모형
① 감식안 및 비평모형

7. 오웬즈와 울프 반론평가모형

의미
- ① 반론중심평가모형(법정모형, 청문회 모형)은 교육적 의사결정을 위하여 사법적 심리절차를 적용
- ② 반대 입장의 의견까지를 행정적 청문회 형식으로 파악하여 프로그램, 사업, 사건 등의 장점을 합리적 판단
- ③ 문제 생성, 문제 선정, 논쟁 준비, 청문 심리 단계로 구성

8. 참여자 평가모형

리피 — 교류적 평가
- ① 프로그램 참여자에 주안점을 두고 교육현장에서 개인과 조직 사이의 갈등을 확인하여 그것을 해소하려는 접근
- ② 프로그램의 변화 또는 혁신으로 인해 발생하는 체제의 불균형 해소에 주안을 둠

파레토 해밀튼 — 조명적 평가
- ① 프로그램의 근거, 개발과정, 운영, 성과, 문제점을 총체적이고 심층적으로 탐구하려는 접근
- ② 조명적 평가에 따르면 평가는 프로그램을 둘러싸고 있는 복잡한 현실을 포괄적으로 이해하려는 활동
- ③ 평가의 목적은 프로그램, 혁신조치, 학교상황, 조직 문제 등에 대한 이해를 증진하고, 체제가 운영되는 상황에 비추어 실행체제의 특징을 조명하려는 것(조명적 평가)

스테이크 — 반응적 평가
- ① 프로그램의 활동에 주안을 두고 관련인사들의 정보요구에 부응하기 위해 다양한 가치관점을 고려하는 평가
- ② 평가자는 학생들의 반응이나 대화를 포함하여 프로그램에서 자연적으로 발생하는 반응을 평가
- ③ 사전에 계획하는 것이 아니라 평가를 수행하는 과정에서 구성되는 생성적인 특징을 가짐

코플맨 — 해설적 평가
- ① 행동목표를 강조하는 과학적 모형과 교육활동의 복합성을 강조하는 예술적 모형을 절충
- ② 해설적 모형이 인류학적 접근을 채택, 인류학은 현상을 명료하게 이해하는 데 목적을 두고 가치판단을 회피
- ③ 교사의 행동, 의도하는 성과, 학생의 반응 사이의 관계를 이해하려고 할 뿐 어떠한 판단도 하지 않음

쿠바링컨 — 자연주의 모형
- ① 자연주의 평가방법을 스테이크의 반응적 평가모형에 접목, 자연주의·현상학·인구학 패러다임에 근거
- ② 평기를 평가대상을 기술하고 그것의 가치와 장점을 판단하는 과정으로 정의
- ③ 목적은 교육활동의 복잡성을 이해하고, 관련인사들의 정보요구에 부응하여 개인 및 집단의 다양한 주장·관심·쟁점을 확인함

9. 고객 평가모형

스크리번 — 소비자 모형
- ① 평가를 사물의 가치나 장점을 체계적으로 평가하는 일이라고 정의
- ② 평가자는 단순히 사물을 측정하거나 그 목적의 달성 여부만을 판단하는 것이 아니라 사물에 대한 가치판단을 할 수 있어야 한다고 주장
- ③ 프로그램 및 제품의 목적과는 관계없이 소비자의 요구에 의해 실제적 산물과 가치를 평가

객관식

12
방과 후 학교 프로그램을 평가하는 데 참여한 각각의 교사들이 선호하는 교육평가 모형을 가장 적절하게 짝지은 것은? (11, 초등)

| 보기 |

김 교사 : 목표달성 여부를 확인하기 위해 프로그램에 참여한 학생들의 학업성취도를 평가하는 것이 좋겠습니다.

이 교사 : 제 생각에는 평가의 주된 목적은 프로그램 개선을 위한 의사결정을 돕는 데 있다고 봅니다. 이를 위해서는 상황, 투입, 과정, 산출의 네 가지 측면에서 프로그램을 평가하는 것이 좋다고 생각합니다.

박 교사 : 저는 프로그램의 부수적인 효과까지 평가 항목에 포함해 분석하는 것이 더 좋다고 생각합니다. 목표달성에는 실패했지만 부수적인 효과가 큰 경우 그 프로그램을 계속 채택할 수 있기 때문입니다.

	김 교사	이 교사	박 교사
①	타일러(Tyler) 모형	스테이크 (Stake) 모형	스터플빔 (Stufflebeam) 모형
②	타일러 모형	스터플빔 모형	스크리븐 (Scriven) 모형
③	타일러 모형	스크리븐 모형	스테이크 모형
④	스테이크 모형	스크리븐 모형	타일러 모형
⑤	스테이크 모형	타일러 모형	스크리븐 모형

12. ②

객관식

13
검사도구를 제작할 때 교육목표 이원분류표를 작성하는 이유로 가장 적절한 것은? (07, 초등)

① 검사의 난이도를 높인다.
② 문항의 참신성을 높인다.
③ 채점의 정확성을 높인다.
④ 검사의 내용 타당도를 높인다.

14
검사도구의 '공인 타당도'에 관한 옳은 진술은? (98, 중등)

① 검사내용에 관한 전문가가 검사의 타당성을 주관적으로 판단한다.
② 피험자의 미래 행동이나 특성의 예언정도를 공인해 주는 타당도이다.
③ 기존의 검사와 새롭게 제작한 검사 사이에 어느 정도의 상호관련성이 있는가를 검토한다.
④ 검사내용이 피험자들의 사회 문화적 배경이나 주어진 상황에 어느 정도 적합한가를 검토한다.

13. ④ / 14. ③

III. 평가도구 구비조건(양호도)

1. 타당도(내용타당도, 준거타당도, 구인타당도) 2. 신뢰도(재검사신뢰도, 동형검사신뢰도, 반분신뢰도, 문항내적일관성) 3. 객관도 4. 실용도 5. 교육평가절차 6. 표준화검사 7. 컴퓨터화검사

양호도 사례1	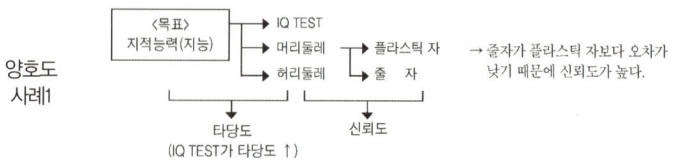
사례2	몸무게를 측정하기 위하여 타당하고 신뢰로운 측정 도구를 사용하였느냐를 확인하여야 할 것이다. 몸무게를 재기 위하여 어리석게 자나 되를 사용하는 사람은 없을 것이다. 분명 저울이나 체중계를 사용할 것이다. 체중계를 사용하였다면 이는 타당한 측정도구를 사용한 것이다. 체중계를 사용하였다 할지라도 모두 신뢰롭게 몸무게를 측정하였다고는 할 수 없다. 만약 체중계가 매우 오래되어 체중을 측정할 때마다 다른 수치를 나타낸다면 이는 믿을 만한 체중계, 즉 신뢰로운 측정도구라 할 수 없다.

1. 타당도

개념
① 평가도구가 측정하려는 것(교육목표)을 충실하게 측정하는 정도
② 평가(도구)가 평가목표를 반영하는 정도

종류

내용 타당도	준거타당도		구인타당도
	예측(언)타당도	공인타당도	
① 검사 문항(내용)들이 목표를 반영하는 정도를 나타냄 ② 수치로 나타내는 객관적 방법이 없음 ③ 이원분류표에 의하여 제작되었는지를 확인하는 과정을 통해 내용타당도를 검증 ④ 학교 중간고사, 기말고사	① 한 평가도구가 피험자의 미래능력이나 행동을 예측하는 것 ② 한 검사가 미래에 있을 어떤 기준을 예언하는 정도 ③ 수능시험, 적성검사	① 두 평가 도구의 공통된 부분의 일치성 정도(공통요인) ② 새로운 검사를 제작하였을 때 기존의 타당성을 보장하고 있는 검사와의 유사성을 기준으로 하여 타당도를 검증하는 것 ③ 기존검사와 새로운 검사 관계	① 구성요인들을 제대로 측정하였는가를 나타냄(구성요인) ② 인간의 정의적 특성을 가정한 구인들이 실제로 특성을 나타내는 여부를 타당성 검증하는 것 ③ 측정하고자 하는 심리적 특성의 구성요인을 이론적으로 타당화하여 그 측정결과를 정당화하는 정도를 의미 ④ 체육 실기평가의 구성요소
	20년 임용시험 성적으로 22년 근무성적적 예언 평가시점: 22년 평가기준: 20년	22년 근무성적으로 20년 임용시험과 관련 평가시점: 22년 평가기준: 22년	
교육목표, 교육내용에 관련	미래의 나타날 어떤 특성	이미 공인되어 비교되는 도구의 측정결과(현재의 어떤 특성)	어떤 특성의 구성요인

결과 타당도
① 검사나 평가를 실시하고 난 결과에 대한 가치판단으로 평가결과의 평가목적과의 부합성, 평가결과를 이용할 때의 목적도달, 평가결과가 사회에 주는 영향, 평가결과를 이용할 때 사회변화들과 관계있다.

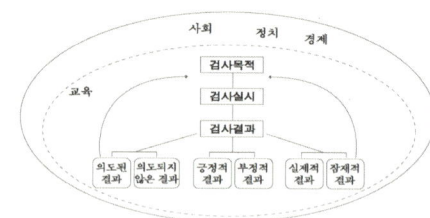

절대평가 타당도
- 절대평가에서 교육목표 달성도가 측정의 주목표가 되므로 내용타당도가 중요한 기준
- 검사점수가 아래의 기준과 행동을 예언해주는가에 관심이 있을 때는 준거타당도를 측정

---

08. D교사가 고려하고 있는 타당도의 유형과 개념 제시 [3점] [17, 중등 논술형]

학생평가의 타당도 확보
학생 중심 수업에서의 평가와 관련하여 D 교사는 다음과 같이 말했다.
학생 참여 중심 수업에서도 평가의 타당도는 여전히 중요합니다. 타당도에는 준거 타당도와 구인 타당도 등이 있습니다. 그러나 저는 이원분류표를 작성해 평가가 교육목표에 부합하는지를 확인하는 방법으로 타당도를 높이는 방안을 고려하고 있습니다.

∅ 정답키: 타당도 유형-내용타당도
개념-평가문항들이 평가의 목표를 반영하는 정도를 나타냄

2. 신뢰도

개념
① 측정하려는 것을 오차 없이 안정성, 일관성, 정확성 있게 측정하는 정도
② 검사도구가 얼마나 정확하게 오차 없이 측정하는 정도
③ 오차가 크면 신뢰도는 낮고, 오차가 적으면 신뢰도는 높음
④ 신뢰도는 상관계수를 사용하여 측정

종류

두 번 실시		한 번 실시	
재검사	동형검사	반분	문항내적일관성
①한 개 검사를 같은 집단에게 두 번 실시해서 얻은 점수를 기초로 상관관계를 산출하는 방법 ②시간간격에 따른 점수의 변동에서 안정성과 관계되므로 안정성계수라고도 함 ③기억요인이 가장 큰 영향	①같은 집단에 대해서 두 동형검사를 같은 시기(다른 시기)에 실시하여 얻은 점수 간의 상관관계를 구하는 것 ②두 개 동형검사 사이에 상관계수가 계산되기 때문에 동형계수라고도 함 ③비슷한 동형검사를 만드는 어려움	①하나의 검사를 두 개 부분으로 나누어 반분된 검사 간에 상관관계를 내는 것(교정공식 사용) ②다른 신뢰도에 비해 시간과 비용을 절약할 수 있고 검사집단을 재소집할 필요가 없음 ③각 반분검사가 지닌 동질성 계수를 측정	①한 검사에 있는 문항을 각각 독립된 별개의 검사로 간주하여 상관계수로 표시한 것 ②문항내적합치도는 한 평가 속 문항들의 동질성 여부를 판단 ③K-R공식, 호이트 계수, 크론바흐 계수

향상 방법
① 문항동질성 : 문항의 구성을 동질화
② 변별도 높은 문항 : 변별도가 높은 문항을 많이 사용
③ 난이도 중간 문항 : 난이도가 중간인 문항을 많이 사용(25~75%)
④ 범위 : 범위가 좁을수록 높고, 범위 내에서 골고루 출제
⑤ 답지 수, 문항 수 : 많은 답지와 문항의 수
⑥ 진술 : 지시문이나 설명을 명확하게 진술
⑦ 평가목표 : 교육목표 명확하게 제시
⑧ 환경유사 : 검사환경을 유사하게 구성, 시험에 주어지는 시간은 충분히 제공

타당도 신뢰도 관계

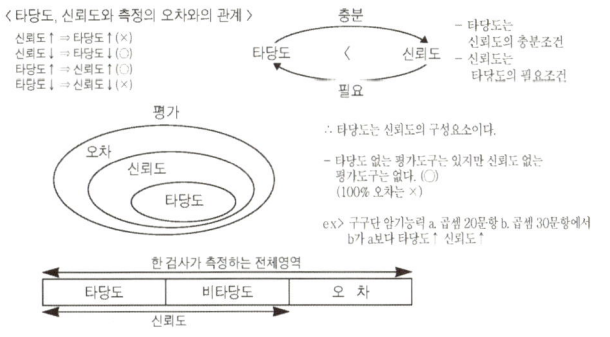

신뢰도↑ ⇒ 타당도↑ (×)
신뢰도↑ ⇒ 타당도↓ (○)
타당도↑ ⇒ 신뢰도↑ (○)
타당도↓ ⇒ 신뢰도↓ (×)

- 타당도는 신뢰도의 충분조건
- 타당도는 신뢰도의 필요조건

∴ 타당도는 신뢰도의 구성요소이다.
- 타당도 없는 평가도구는 있지만 신뢰도 없는 평가도구는 없다. (○)
  (100% 오차는 ×)
ex> 구구단 암기능력 a. 곱셈20문항 b. 곱셈30문항에서 b가 a보다 타당도↑ 신뢰도↑

한 검사가 측정하는 전체영역
타당도	비타당도	오 차
	신뢰도	

객관식

15
평가도구의 특징 중 신뢰도(Reliability)를 가장 잘 설명하고 있는 것은? (92, 사무관)

① 평가도구가 측정하려고 목적한 바를 얼마나 측정하고 있는가의 정도를 말한다.
② 측정하려고 하는 대상을 얼마나 안정성, 일관성, 정확성 있게 측정하고 있는가의 정도를 말한다.
③ 측정결과에 대해 여러 검사나 채점자가 어느 정도 일치된 평가를 하느냐 정도를 말한다.
④ 문항제작, 평가실시, 채점상의 비용, 노력, 시간을 얼마만큼 적게 들이고 소기의 목적을 달성하였느냐를 말한다.

16
검사도구의 양호도에 대한 진술로 적절하지 않은 것은? (09, 초등)

① 높은 타당도는 높은 신뢰도의 선행조건이다.
② 검사가 너무 어렵거나 쉬우면 신뢰도는 낮아진다.
③ 타당도는 무엇을 측정하느냐의 문제로 반드시 준거의 개념이 수반된다.
④ 객관도는 채점자가 편견없이 얼마나 공정하게 채점하느냐의 문제와 관련된다.
⑤ 신뢰도는 어떻게 측정하느냐의 문제로 얼마나 오차없이 측정하고 있느냐를 뜻한다.

15. ② / 16. ①

---

09. 평가 보고서에서 제안한 타당도의 명칭과 이 타당도의 확보 방안 1가지 [4점] [23, 중등 논술형]

학생 만족도 조사 결과
Q. 학교에서 시행하는 평가는 적절하다.
(2021, 2022 막대그래프)
- 수업 중 퀴즈, 질문이 학습에 도움이 되었어요.
- 시험 문제가 수업에서 배운 것과 약간 다른 것 같아요.
(* 5점 리커트 척도)

분석 내용
수업 진행 중에 퀴즈, 질문과 같은 형성평가 방법을 적절하게 적용한 점이 학생들의 평가 만족도를 높인 것으로 분석된다. 학생들이 이러한 평가로 인해 부담감을 느끼지 않도록 형성평가에 대해 잘 설명한 것이 효과가 있었다. 한편, 학생 의견 중 검사의 타당도에 대한 의견도 있었다. 교육 현장에서는 정기고사에서의 평가 방법도 중요하므로, 앞으로 평가 문항 개발 시 교육과정에 따라 수업 중에 가르친 부분을 점검하여 타당도를 높일 수 있는 방안을 모색해야 한다.

∅ 정답키: **타당도 명칭 - 내용타당도**
타당도 확보 방안 - 이원분류표 사용

객관식

17
서술형 문항의 객관적인 채점을 위해 고려할 사항으로 가장 적절한 것은? (01, 초등)

① 학생단위가 아닌 문항단위로 채점한다.
② 검사만 실시한 후에 채점기준표를 만든다.
③ 학생의 선행 학습수준을 고려하면서 채점한다.
④ 어려운 문항부터 쉬운 문항의 순서로 채점한다.

17. ①

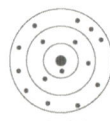 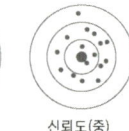 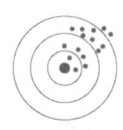  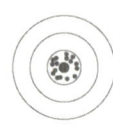

신뢰도(저) / 신뢰도(중) / 신뢰도(중) / 신뢰도(고) / 신뢰도(고)
타당도(저) / 타당도(중) / 타당도(저) / 타당도(저) / 타당도(고)

3. 객관도(채점신뢰도)

개념
① 객관도는 채점의 오차 없이 채점자(평가자, 평정자)의 주관적 편견을 배제하는 정도
② 채점자 간 객관도 : 한 평정자가 다른 평정자와 유사하게 평정하는 정도
③ 채점자 내 객관도 : 한 평정자가 여러 피평정자들을 일관성 있게 측정하는 정도
④ 채점 오차가 낮을 때 객관도는 높고, 채점 오차가 높을 때 객관도는 낮음
⑤ 객관도를 신뢰도의 한 종류로 보는 학자들도 있음

향상 방법
① 객관식 검사 : 채점 주관이 개입될 수 있는 주관식 검사 보다 평가 객관화가 가능한 객관형 검사를 제작
② 평가자의 훈련 : 평가자에 대한 교육과 훈련은 채점의 오차를 줄여 객관도를 높임
③ 평가 기준 : 인상, 편견, 감정, 어림짐작, 착오 등 주관적 요소를 최소한 줄이고, 기준을 명확히 함
④ 여러 명(복수)의 채점자 : 여러 사람이 공동으로 평가해서 그 결과를 종합하면 객관성을 높임(다면 평가)

* 주관식 평가의 객관도는 ①을 제외하고 적용

4. 실용도

개념
① 하나의 평가도구가 얼마나 시간과 노력을 적게 들이고 소기의 목적을 달성하느냐의 정도

향상 방법
① 실시의 용이성 ② 채점의 용이성 ③ 완전한 채점방법의 제시 ④ 비용의 절감

5. 평가절차

절차
① 교육목표 확인(교육목표의 진술, 교육내용의 명세화, 이원분류표의 작성, 성취수준의 설정)
② 평가장면 설정
③ 평가제작 및 선정
④ 평가실시 및 결과 처리
⑤ 평가결과 해석 및 활용

6. 표준화검사

개념
① 검사제작절차, 검사내용, 검사의 실시조건, 채점과정 및 해석에 있어서의 표준화된 검사를 의미
② 표준화된 검사는 검사도구가 표준화된 것이지 검사대상의 표준화는 아님
③ 표준화 검사는 규준지향평가의 한 종류이다. 그리고 검사의 상업성, 경제성 때문에 형성

---

10. #3에 언급된 김 교사가 사용할 신뢰도 추정 방법 1가지의 명칭과 개념 [2점] [19, 중등 논술형]

> #3 평가를 한 번만 실시해서 신뢰도를 추정해야 할 텐데 반분검사신뢰도는 단점이 크니 다른 방법으로 신뢰도를 확인해 보자.

✐ 정답키: <u>명칭-문항내적일관성 신뢰도, 개념-각 문항들을 각 평가도구로 간주</u>

7. 컴퓨터화 검사

개념
① 컴퓨터를 이용한 모든 검사를 컴퓨터화 검사라 함
② 종류는 지필검사의 종이와 연필 대신에 컴퓨터의 화면과 키보드를 사용하여 실시하는 컴퓨터 이용검사가 있음
③ 피험자의 개별 능력에 따라 다음 문항을 선택하여 제시하는 개별적 적응검사인 컴퓨터화 능력적응검사가 있음

IV. 교육통계

1. 측정치 2. 문항변별도 3. 문항난이도 4. 문항반응분포 5. 문항반응이론(문항특성곡선, 문항난이도, 문항변별도, 문항추측도) 6. 집중경향치 7. 변산도 8. 점수 9. 정상분포 10. 상관연구

1. 측정치

척도
① 척도(Scale)는 사물이나 사람의 특성을 수량화하기 위한 체계적인 단위

종류
① 명명 척도 : 측정대상을 구분, 분류하기 위하여 사용되는 척도(성별, 인종, 색 등)
② 서열 척도 : 측정대상의 상대적 서열을 표시하기 위하여 사용되는 척도(성적의 등위, 키 순서 등)
③ 동간 척도 : 임의 영점과 가상적 단위를 지니고, 동일한 간격에 동일한 수적 차이를 부여하는 척도(온도, 연도 등)
④ 비율 척도 : 절대영점과 가상적 단위를 지니고, 동일한 간격에 동일한 수적 차이를 부여하는 척도(무게, 길이)
⑤ 절대 척도 : 절대영점과 절대단위를 가지는 척도이다. (사람 수, 자동차 수)

① 명명 척도 : 분류성
② 서열 척도 : 분류성+순서성
③ 동간 척도 : 분류성+순서성+동간성(+, −)
④ 비율 척도 : 분류성+순서성+동간성+절대영점(+, −, ×, ÷)

델파이
① 전문가 집단의 의견과 판단을 추출하고 종합하여 집단적 판단으로 정리하는 기법

메타분석
① 분석결과의 분석. 지금까지 관련 연구결과를 통합하기 위해 개별적 연구 결과들을 종합적 분석하는 통계적 기법

2. 문항변별도

의의
① 한 문항이 그 검사의 성적이 낮은 학생과 높은 학생을 변별하는 정도

특징
① 변별도 지수는 +부호를 가지면서 그 값이 크게 나와야 바람직함(변별도 지수가 1일 때 가장 바람직하다.)
② 변별도 지수는 상관계수와 마찬가지로 −1.00에서 +1.00사이에 분포
③ 변별도 지수가 0.3에서 0.7사이는 적절한 문항으로 해석
④ 상대평가(규준지향평가)에 적합

3. 문항난이도

의의
① 한 문항의 쉽고 어려운 정도를 나타내는 것. 한 문항에 정답을 한 사람의 백분율로 표시
② 문항의 난이도를 문항의 곤란도 또는 문항 정답률이라 함

객관식

18
문항분석에 관련된 다음의 설명 중 잘못된 것은? (97, 초등)

① 문항이 어려울수록 변별력이 높아진다.
② 문항추측을 많이 할수록 변별력이 떨어진다.
③ 문항이 쉬우면 문항추측의 가능성이 떨어진다.
④ 문항의 난이도는 문항의 통과율과 같은 말이다.

19
다음 중 곤란도와 변별도를 바르게 활용한 사례는? (99, 중등)

① 변별도를 높이기 위해 시험 문제를 어렵게 만들었다.
② 변별도 지수가 '0'이거나 음수로 나온 문항은 제외시켰다.
③ 특히 목표지향 평가를 실시할 때 곤란도와 변별도를 중요하게 고려하였다.
④ 상위 집단과 하위 집단 간의 반응의 차이를 알아보기 위해 곤란도를 산출하였다.

20
100명의 학생을 대상으로 50문항의 시험을 보았다. 아래 표는 상위집단과 하위집단이 1번과 2번 문항에서 정답과 오답을 한 빈도 분포를 나타낸 것이다.

	문항1			문항2		
	정답	오답	계	정답	오답	계
상위집단	31	19	50	27	23	50
하위집단	10	40	50	11	39	50
계	41	59	100	38	62	100

'문항 1'과 '문항 2'중에서 변별도가 더 큰 문항과 난이도(Difficulty)가 더 높은 문항을 묶은 것은? (03, 중등)

	변별도	난이도		변별도	난이도
①	문항 1	문항 1	②	문항 1	문항 2
③	문항 2	문항 1	④	문항 2	문항 2

18. ① / 19. ② / 20. ①

객관식

21
다음 그래프는 문항반응이론의 '3-모수'모형으로 추정한 문항 난이도, 변별도, 추측도를 바탕으로 그린 문항특성곡선이다. 네 문항의 특성에 대한 설명 중 옳은 것은? (07, 중등)

| 보기 |

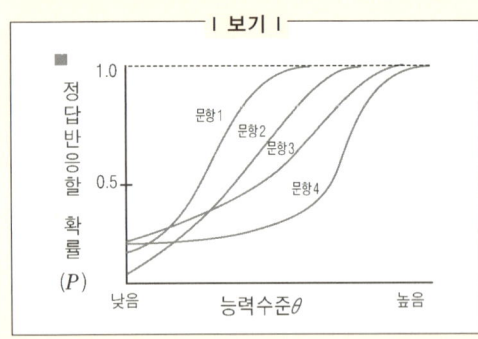

① 문항 1은 능력 수준이 중간 정도인 사람들을 변별하는 데에 적합하다.
② 문항 2는 문항 1보다 변별도가 높다.
③ 문항 3은 문항 4보다 변별도가 높다.
④ 문항 4는 능력 수준이 높은 사람들을 변별하는 데에 적합하다.

22
다음의 문항특성곡선들에 대한 해석으로 옳은 것은? (08, 초등)

| 보기 |

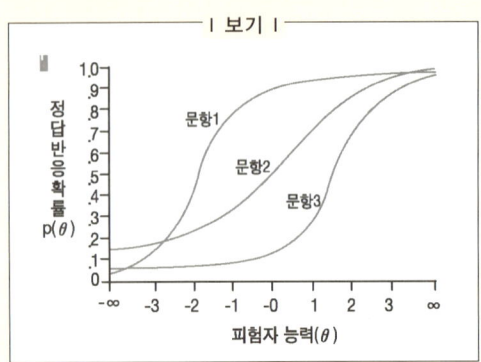

① 문항2의 문항난이도 지수는 1이다.
② 문항1이 문항2보다 문항추측도가 높다.
③ 문항2가 문항3보다 문항변별도가 낮다.
④ 문항1은 능력 수준이 높은 피험자들을 변별하는 데 적합하다.

21. ④ / 22. ③

- 특징
  - ① 0~1(0~100%)에 이르기까지 변산되는데, 규준참조평가에서의 문항곤란도 P값은 .25 < P < .75가 적절
  - ② 규준참조 평가에서 문항난이도는 .5(50%)가 가장 양호
- 규준지향평가
  - ① 규준지향평가에서는 타당도보다 신뢰도를 중시
  - ② 신뢰도는 문항 변별도가 높을수록, 문항 난이도가 중간 정도일수록 높아짐
  - ③ 규준지향평가에서는 문항의 변별도가 높거나 문항 난이도가 중간 정도인 문항을 많이 사용할수록 양호

4. 문항반응분포

- 의의
  - ① 문항의 각 답지에 대한 반응의 분포 상태를 분석한 것
  - ② 각 답지가 의도했던 바의 기능이나 역할이 제 구실을 하고 있는지를 분석하는 것

5. 문항반응이론

- 문항특성곡선
  - ① 문항반응이론(Item Response Theory)은 문항은 불변하는 고유한 속성을 지닌다고 가정하고, 그 속성을 나타내는 문항특성곡선에 의하여 문항을 분석하는 검사이론임

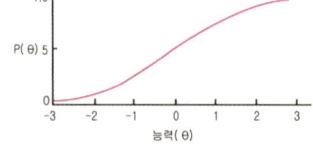

- 문항난이도
  - ① 문항난이도는 문항의 답을 맞힐 확률이 .5에 대응하는 능력 수준을 말하며, b 또는 β로 표기
  - ② 일반적으로 문항난이도는 −2에서 +2 사이에 위치하며 값이 커질수록 어려운 문항으로 평가
  - * ②번 문항은 ①번 문항보다 어려운 문항

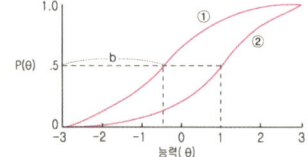

- 문항변별도
  - ① 문항변별도는 문항특성곡선상 문항난이도를 표시하는 점에서 문항특성곡선의 기울기를 말하며, a 혹은 α로 표기
  - ② 문항변별도는 일반적으로 0에서 +2의 값을 가지며 높을수록 양질의 문항

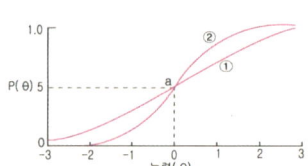

- 문항추측도
  - ① 문항추측도(Item Guessing)는 능력이 전혀 없음에도 문항의 답을 맞히는 확률을 말하며 c로 표기
  - ② 능력이 전혀 없는 피험자가 문항의 답을 맞힐 확률을 말하므로 c값이 높을수록 문항이 좋지 않은 문항으로 평가

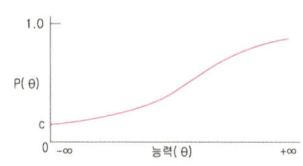

6. 집중경향치(대표치)

- 최빈치 — ① 가장 많은 빈도를 갖는 값(Mode, Mo)
- 중앙치 — ① 가장 작은 수부터 가장 큰 수를 배열했을 때 중앙에 위치하는 수의 값 (Median, Md)
- 평균치 — ① 전체 사례 수의 값을 더한 다음, 사례수로 나눈 값(Mean, M)

NOTE

- 분포도와 관계

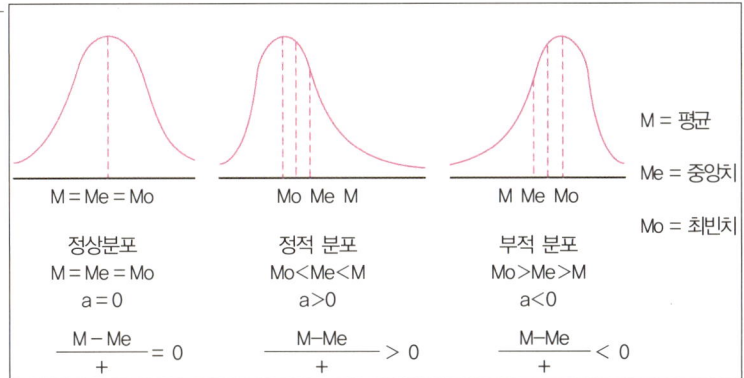

7. 변산도(산포도)

- 의의
  - ① 한 분포가 얼마나 흩어져 있느냐의 정도를 나타냄
  - ② 변산도 지수는 집단의 동질성 또는 이질성을 설명해 주고, 측정도구의 신뢰도와 일관성을 설명
  - ③ 종류는 범위(R), 사분편차(Q), 평균편차(AQ), 표준편차(SD,σ) 등이고, 교육통계에서 표준편차를 주로 사용

- 표준편차
  - ① 표준편차(SD, S, σ)는 편차 자승합에 대한 평균 평방근, 평균에서 떨어진 거리 정도(평균에서 변곡점까지 거리)

- 표준편차 성격
  - ① 집단 개인차를 의미하며 표준편차가 클수록 개인차가 큰 이질집단이고, 적을수록 개인차가 적은 동질집단
  - ② 표준편차는 집단의 모든 점수로부터 영향을 받고, 집단의 한 점수만 변해도 표준편차는 변함
  - ③ 집단의 모든 점수에서 동일한 값을 더하거나 빼면 표준편차의 값은 변하지 아니함
  - ④ 집단의 모든 점수에 일정한 상수 C를 곱하면 표준편차 S도 C배만큼 증가하고, 그 값은 CS가 됨
  - ⑤ 집단의 모든 점수를 일정한 상수 C로 나누면 표준편차 값(S/C)은 적어짐
  - ⑥ 표준편차의 제곱을 분산이라 하며 표준편차와 동일한 의미로 사용

8. 점수

- 원점수
  - ① 개인이 정답을 한 문항수(소점, 素點)
  - ② 기준점이 없어 여러 교과에서 나오는 점수를 비교할 수 없고, 두 집단 간의 학업 성취도를 비교할 수 없음

- 백점만점점수
  - ① 점수의 범위가 0에서 100까지인 점수로, 의미 있는 준거점이 없고, 안정성이 없어 객관성과 일관성이 없음
  - ② 기준점이 없고, 가감은 가능하지만 승제는 할 수 없음. 비율척도

- 등위점수
  - ① 서열이나 순위를 나타내는 점수를 말함, 차례대로 1, 2, 3… 식으로 석차를 붙이는 방법(석차점수)
  - ② 집단이나 성질이 달라지면 등위점수도 달라지며, 학업성취도를 표시하여 주지는 않음. 서열척도

- 백분위(점수)
  - ① 점수 미만에 놓여 있는 사례의 전체사례에 대한 백분율로, 점수가 분포에서 서열로 몇 %에 위치하고 가를 의미
  - ② 집단이나 평가종류가 달리도 비교할 수 있으며, 학업성취의 상대적 능력을 표시해 주지는 않음. 서열척도

객관식

23
최빈값, 중앙값, 평균에 대한 특성을 설명한 것 중에서 옳은 것은?(08, 중등)

① 표집에 따른 변화가 가장 작으며 안정성 있는 집중경향값은 최빈값(mode)이다.
② 점수의 분포가 정상분포(normal distribution)을 이루는 경우에는 최빈값, 중앙값, 평균이 일치한다.
③ 명명척도(nominal scale)의 속성을 가진 자료일 경우에는 평균(mean)을 집중경향값으로 사용하는 것이 바람직하다.
④ 한 전집의 추정 값으로 표집을 통하여 그 값을 계산하는 경우에, 극단값의 영향을 가장 크게 받는 것은 중앙값(median)이다.

24
자료를 분석할 때 자주 사용되는 표준편차(standard deviation)에 대한 설명으로 옳은 것은? (00, 초등)

① 집단에 속한 모든 사례의 점수는 표준편차에 영향을 미친다.
② 표준편차는 각 사례의 점수에 일정한 수를 더하면 그 값이 변한다.
③ 집단에 속한 사례들 간의 점수 차이가 클수록 표준편차는 작아진다.
④ 표준편차는 각 사례의 점수에 일정한 수를 곱하면 그 값이 변하지 않는다.

23. ② / 24. ①

객관식

25
표준점수(Z-score)를 가장 잘 설명한 것은? (00, 중등)

① 표준화된 검사에서 얻은 원점수
② 원점수와 평균의 차이를 표준편차로 나눈 점수
③ 상대적인 기준이 되는 검사점수의 기본 단위점수
④ 100점을 만점으로 하여 표현한 상대적인 위치점수

26
다음은 전국 초등학교 3학년 학생들의 국어과와 영어과의 학업 성취도를 알아보기 위해 101명을 무선표집하여 시험을 실시한 결과이다. 이에 대한 해석으로 옳은 것을 〈보기〉에서 모두 고르면? (11, 초등)

교과	평균	표준편차	평균의 표준오차
국어	50	10	1
영어	60	20	2

| 보기 |

ㄱ. 영어 시험의 성적분포가 국어 시험에 비해 더 동질적인 것으로 해석할 수 있다.
ㄴ. 국어 시험 점수의 중앙값이 60점이고 최빈값이 68점일 때, 국어시험 성적분포는 정적으로 편포 되어있다.
ㄷ. 영희는 영어시험에서 80점을 받았다. 영어시험의 성적분포가 정규분포를 이룬다고 가정할 때, 영희의 T점수는 60점이다.
ㄹ. 국어시험의 성적분포가 정규분포임을 가정할 때, 전국 초등학교 국어시험 점수의 평균은 95% 신뢰수준에서 대략 48.04~51.96점 사이에 존재할 것이다.

① ㄱ, ㄴ　　② ㄴ, ㄹ
③ ㄷ, ㄹ　　④ ㄱ, ㄴ, ㄷ
⑤ ㄱ, ㄴ, ㄹ

25. ② / 26. ③

- 표준점수 의의
  - ① 원점수를 통계적 절차를 통해 비교할 수 있는 척도로 만들어 놓은 것임
  - ② 규준지향평가(상대평가)에서 사용되며, 정상분포가 아니면 정확한 의미를 파악하기 어려움

- 표준점수 종류

표준점수	계산공식	
Z	1Z+0	(평균=0, 표준편차=1)
T	10Z+50	(평균=50, 표준편차=10)
H	14Z+50	(평균=50, 표준편차=14)
C	2Z+5	(평균=5, 표준편차=2)
DIQ	15Z+100	(평균=100, 표준편차=15)

9. 정상분포(정규분포)

- 성질
  ① −∞에서 ∞까지의 범위에 걸쳐 있으나, 대부분은 −3에서 +3 사이에 있음
  ② f(Z)값을 최대로 하는 Z와 Mode점의 Z는 다같이 0임
  ③ 곡선은 Z=0에 대해 대칭이다. 따라서 표준정규분포의 평균은 0임
  ④ 표준정규분포의 표준편차는 1임
  ⑤ 곡선 아래 측의 전체면적은 1이고, 데이터 Z가 a와 b 사이에 있을 확률은 a와 b 사이 면적과 같음
  ⑥ 평균, 중앙치 그리고 최빈치가 동일한 값을 가짐

- 부적분포
  ① 오른쪽으로 치우쳐진 분포도이다. 많은 학생들이 평균보다 높은 점수에 배치된 분포도
  ② 낮은 점수 수준에서는 개인차 변별이 잘되는 반면에, 높은 점수 수준에서는 개인차 변별이 잘되지 않음
  ③ 분포는 학습부진아 등 낮은 수준의 아동을 변별해 내는 것이 목적인 경우에 구성하면 좋음

- 정적분포
  ① 왼쪽으로 치우쳐진 분포도이다. 많은 학생들이 평균보다 낮은 점수에 배치된 분포도
  ② 낮은 점수 수준에서는 개인차 변별이 어려운 반면에, 높은 점수 수준에서는 개인차 변별이 잘되고 있음
  ③ 검사는 소수의 최우수자만을 엄격히 변별하여 선발하고자 할 때 적합

- 정상분포 적용

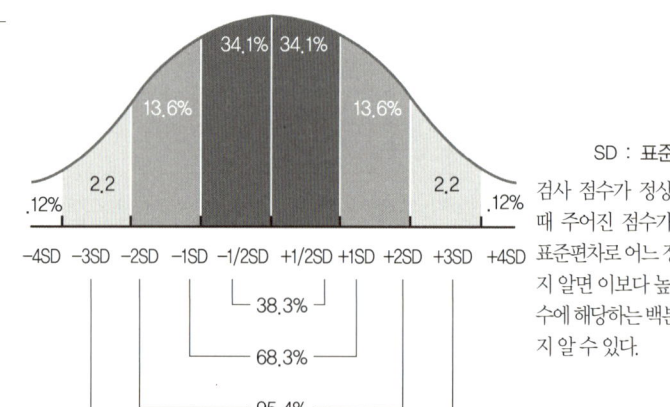

SD : 표준편차
검사 점수가 정상 분포되었을 때 주어진 점수가 평균치에서 표준편차로 어느 정도 떨어졌는지 알면 이보다 높거나 낮은 점수에 해당하는 백분율이 얼마인지 알 수 있다.

10. 상관연구

통계학

- **의의**
  - ① 연구에서 수집한 자료들을 체계적으로 분석하고 해석하는데 초점을 두는 연구
  - ② 2변수 대상으로 이루어지는 연구는 상관계수의 연구이고, 3변수 이상을 대상으로 이루어지는 연구는 회귀분석

- **상관계수**
  - ① 두 변인을 측정했을 때, 한 변인의 변화에 따라 그에 대응하는 다른 변인의 변화를 나타내는 통계치
  - ② 상관계수는 상관의 정도를 일종의 지수로 표시한 값
  - ③ 상관계수는 +1.00에서 0을 거쳐 −1.00까지의 값을 취함
  - ④ 상관계수가 0으로 나타나는 것은 두 변인이 서로 완전히 독립되어 있다는 것으로 상관이 없음을 의미

- **해석1**
  - ① ±.90~±1.00 아주 상관이 높음
  - ② ±.70~±.90 상관이 높음
  - ③ ±.40~±.70 상관이 있음
  - ④ ±.20~±.40 상관이 낮음
  - ⑤ ±.00~±.20 상관이 거의 없음

교육학

- **해석2**

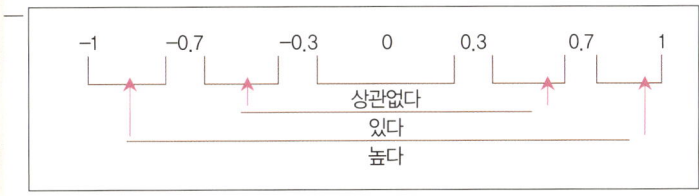

- **결정계수**
  - ① 전체변량 가운데 설명되는 변량이 차지하는 비율을 나타내는 수치
  - ② 상관계수를 제곱하여 얻음
  - ③ $r = 0.3$ → 결정계수 $r^2 = 0.09(9\%)$
     $r = 0.7$ → 결정계수 $r^2 = 0.49(49\%)$

V. 교육연구

1. 표집 2. 사례연구 3. 현장연구 4. 사회성측정법 5. 정의적 영역평가(절차, 질문지법, 평정법, 평정착오, 관찰법, 서스톤척도, 리커트척도, 의미분석법, 투사법)

1. 표집

- **의의**
  - ① 전집조사 : 특정한 집단 전체를 조사대상으로 선정하여 연구하는 것
  - ② 표본조사 : 특정 집단 전체를 모두 조사하지 않고 그 중 일부만을 뽑아서 연구하는 것
  - ③ 모집단 : 표본을 뽑는 모체가 된 전수집단
  - ④ 표본 : 연구자가 정의한 전집에서 뽑혀진 소집단
  - ⑤ 표집 : 모집단에서 표본을 뽑는 과정

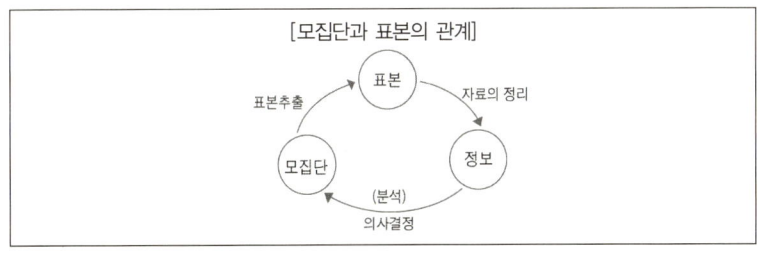

[모집단과 표본의 관계]

객관식

27
김 선생님은 1학년 200명을 대상으로 다섯 과목의 시험을 실시한 후, 각 과목 점수 사이의 상관계수를 계산하여 다음과 같은 결과를 얻었다. 이 자료에 대한 올바른 해석은? (98, 중등)

| 보기 |
- ㄱ. 국어×과학 → $r = .50$
- ㄴ. 과학×수학 → $r = .90$
- ㄷ. 수학×미술 → $r = .20$
- ㄹ. 국어×음악 → $r = .80$

① 국어 점수와 과학 점수 간에는 아무런 상관관계가 없다.
② 과학을 잘 하는 학생은 모두가 수학도 잘한다.
③ 수학 점수와 미술 점수 간의 상관관계는 매우 낮다.
④ 국어 점수를 가지고 음악 점수를 예측하기란 거의 불가능하다.

28
다음 상황에서 김 교사가 사용한 표집방법은? (08, 중등)

| 보기 |
김 교사는 전국의 중등교사 중에서 1,000명을 표집하여 교실환경 개선방향에 대한 의견을 조사하고 있다. 김 교사는 전국의 중등교사가 근무하는 지역을 크게 대도시, 중·소도시, 읍·면 지역으로 나눈 다음, 각 지역에 근무하는 교사수의 비율을 2:1:1로 가정하여 대도시에 소재한 학교에 근무하는 교사 250명, 읍·면 지역에 소재한 학교에 근무하는 교사 250명을 표집하였다.

① 유층 표집(stratified sampling)
② 의도적 표집(purposive sampling)
③ 편의 표집(convenience sampling)
④ 체계적 표집(systematic sampling)

27. ③ / 28. ①

객관식

29
집단역동이론에서는 감정과 욕구를 가진 개개인이 서로 영향을 주고받으면서 변화하고 적응해가는 역동적 과정을 이해하기 위한 수단으로 이 방법을 사용한다. 집단 구성원들이 서로 좋아하고 싫어하는 개인을 지적하게 함으로써 집단의 인간관계 구조 응집성, 안정성 등을 측정·평가하는데 활용되는 이 방법은? (07, 7급)

① 의미분석법 ② 사회성 측정법
③ 장면선택법 ④ 평정기록법

29. ②

- 비확률적표집
  - ① 전집의 요소들이 뽑힐 확률을 고려하지 않고 연구자의 주관적 판단에 의해서 임의적으로 표집하는 방법
  - ② 의도적 표집 : 주관적 판단 표집 ③ 할당표집(임의적) ④ 우연적 표집
- 확률적표집
  - ① 특정한 표집을 얻을 확률을 객관적으로 알 수 있도록 설계하여 표집하는 방법
  - ② 단순 무선 표집, 체계적 표집, 다단계 표집, 유층 표집, 군집 표집

2. 사례연구(Case study)

- 의의
  - ① 특정한 개인이나 집단 또는 기관을 대상으로 하여 어떤 문제나 특성을 심층적으로 조사하고 분석하는 연구
  - ② 특정한 사례에 관련된 구체적 사실을 밝히고 그 사례의 모든 측면을 철저히 분석하는 것이 목적
  - ③ 종합성(총합성), 다각성, 개별성, 교육적 및 치료적 의의

3. 현장연구(Action Research)

- 의의
  - ① 현장연구법은 현장의 교육실천상의 문제를 개혁하기 위하여 현장의 교사가 현장의 문제를 중심으로 실험적 성격의 연구를 하되, 조건의 통제는 거의 하지 않으며 연구 처음부터 실천을 강조하는 연구법
- 특징
  - ① 그 문제를 교육현장의 실천 상에서 찾아냄
  - ② 반드시 현장교사가 참여
  - ③ 교육실천 개선을 목적
  - ④ 주어진 사태에 그 기초를 두고 추진
  - ⑤ 연구결과를 일반화하는데 있어서 사태가 비슷한 학교에만 적용
  - ⑥ 그 추진 도중에 연구계획의 일부를 변경
  - ⑦ 교사들에게 현장교육적 가치를 지님
- 가설
  - ① 실행가설(Action Hypothesis) 또는 행동가설, 현장가설
  - ② 교육원리나 방법을 학교에서 실천하려고 할 때 어떤 결과를 가져올 것이라는 것을 예상하여 정식으로 지면에 옮겨놓는 것으로 실천(행동)하려고 하는 요목과 예상되는 결과를 성문화해보는 단계
  - ③ 방법 + 예견
  - ④ 꽃을 많이 심고 꽃 가꾸기에 대한 지도를 하면(방법) 아동들은 집에서 꽃을 가꾸게 될 것임(결과의 예견)

4. 사회성 측정법

- 의의
  - ① 집단 내 사회적 관계를 파악하는 자료를 수집, 학급 내 학생들의 사회적 관계를 파악 가능
- 종류
  - ① 사회성 측정 행렬표(Sociometric Matrix) : 사회성 측정의 결과를 행렬표로 나타내는 것으로, 개인의 사회적 수용도, 부적응 학생, 집단의 응집성, 교우관계 등을 알 수 있음
  - ② 교우도(사회도, Sociogram) : 사회성 측정 결과를 그림으로 나타낸 것으로 학급 내 교우관계를 명확히 파악하도록 하기 위하여 작성되는 것
  - ③ 동료평정방법 : 학생들의 인기, 통솔력, 집단의 권력구조 등을 측정할 때 사용하는 것으로 동료의 평정에 의한 방법
  - ④ 추인법 : 각 학생에게 여러 개의 특성을 설명하여 주는 일련의 진술문을 주고 각 설명에 적합한 학생의 이름을 적어내도록 하는 방법
  - ⑤ 지명법 : 어떤 특성을 설명하는 진술문에 맞는 사람의 이름을 동료들 중에서 선정하게 하는 방법

NOTE

5. 정의적 영역평가

- **정의적 특성**
  - ① 한 개인의 태도, 흥미, 가치 등과 같은 비인지적 변인(긍정적 태도, 즐거움)
  - ② 블룸 : 수용, 반응, 가치화, 조직화, 인격화
  - ③ 포함 : 태도(학습, 자기 자신, 다른 학생 등에 대한 긍정적 태도), 흥미(특정 교과, 사건, 봉사활동 등에 대한 흥미), 가치(정직, 성실, 정의)

- **이유**
  - ① 미래 행동 예측의 주요 변인(학습에 대한 긍정적 태도는 대학진학에 도움)
  - ② 정의적 영역의 평가를 통해 정의적 특성 파악 가능
  - ③ 인지적 영역과 불가분의 관계
  - ④ 교사의 교수 행위 개선 가능

- **절차**
  - ① 정의적 영역의 특성을 일반적인 구인으로 규명
  - ② 일반적 구인을 보다 구체화
  - ③ 요소적 구인을 행동동사로 진술
  - ④ 요소적 구인의 행위가 나타날 수 있는 구체적 상황이나 그를 측정할 수 있는 문항을 제작

- **면접법**
  - ① 평가자가 피평가자를 직접 만나 조사하는 방법
  - ② 구조화된 면접, 비구조화된 면접, 반구조화된 면접
  - ③ 장점 : 심도 있는 자료 수집, 반응 진실성 파악 가능, 높은 응답률, 융통성 발휘
  - ④ 단점 : 면접 기술 필요, 시간과 경비 소요, 면접 장면 균일성 유지 어려움, 평가자의 주관성 개입

- **관찰법**
  - ① 피평가자의 행동을 관찰하여 조사하는 방법
  - ② 참여관찰, 준참여관찰, 비참여관찰, 통제관찰, 비통제관찰
  - ③ 장점 : 모든 대상 적용, 신뢰도 높음, 심화된 자료 수집, 부수적 자료 수집
  - ④ 단점 : 평가 행동 표출될 때까지 기다림, 평가자 주관성 개입, 정서 도덕 등 정서적 행동 평가 어려움
  - ⑤ 일화기록법 : 관찰자가 의미 있다고 판단하는 구체적 행동에 대한 질적인 기록 방법
  - ⑥ 체크리스트법 : 관찰하려는 행동을 미리 자세하게 분류한 표를 작성하여 평가하는 방법
  - ⑦ 기타 : 평정척도법, 비디오 오디오 기록법

- **질문지법**
  - ① 자유반응법 : 질문에 자유롭게 응답하는 측정방법
  - ② 선택형 : 주어진 질문에 부여된 선택지를 고르는 질문 형태
  - ③ 유목분류법 : 질문에 대하여 분류된 항목으로 응답하는 형태
  - ④ 등위형 : 질문에 근거하여 나열한 선택지 중 중요한 순서에 의해 나열하는 질문의 형태

- **평정척도법 - 개념**
  - ① 질문지에 의하여 실시되는 방법으로 정의적인 행동특성을 측정할 때 많이 사용
  - ② 측정대상에 판단의 연속적 개념을 부여하는 측정방법으로 측정하려는 정의적 특성을 여러 단계로 분류하여 해당되는 단계에 응답하게 하는 질문 형태(Kerlinger, 성태제)

객관식

30
〈보기〉에서 아동 이해를 위한 일화기록법의 장점에 해당되는 내용을 골라 바르게 묶은 것은? (05, 초등)

| 보기 |
ㄱ. 아동의 특성을 쉽게 점수화해서 파악할 수 있다.
ㄴ. 특별한 준비나 계획이 없어도 쉽게 실시할 수 있다.
ㄷ. 다양한 상황에서 아동 행동에 관한 정보를 제공해 준다.
ㄹ. 누적된 정보를 통해서 아동의 우발적 행동을 잘 이해할 수 있다.
ㅁ. 교사가 필요하다고 생각되는 정보를 그때그때 쉽게 얻을 수 있다.

① ㄱ, ㄴ, ㄷ ② ㄴ, ㄷ, ㄹ
③ ㄱ, ㄹ, ㅁ ④ ㄷ, ㄹ, ㅁ

30. ②

---

11. 3) 정의적 능력에 대한 평가의 중요성과 방법을 각각 2가지씩 논하시오. [17, 초등 논술형]

김 교사 : 교수·학습을 개선하려면 이에 어울리는 평가 방법의 개선이 함께 이루어져야 한다고 생각해요.
박 교사 : 맞아요. 그동안 우리 교육은 지나치게 인지적 능력 중심으로 이루어지고, 평가 또한 인지적 능력에 치중되어 왔다고 할 수 있죠. 그러다 보니까 자아개념, 태도, 동기와 같은 정의적 능력의 발달과 이에 대한 평가가 상대적으로 소홀히 여겨진 측면이 있어요.
김 교사 : 그렇죠. 정의적 능력이 학업 성취를 비롯한 인지적 능력의 발달과도 뗄 수 없는 관계에 있고, 초등학교의 교육목표에 비추어 보면 정의적 측면이 특히 중요한데도 말이에요. 앞으로 인지적 능력과 정의적 능력에 대한 평가를 균형 있게 실시해야겠어요.
박 교사 : 그렇게 하려면 정의적 능력을 평가하는 다양한 방법을 상황에 맞게 적절히 활용하는 법을 익혀야 할 것 같아요.
김 교사 : 우리 다음 공부 모임에서는 그 주제로 같이 토의해 봐요.

∅ **정답키 : 중요성**-인지적 영역과 불가분의 관계, 초등학교 교육목표 정의적 영역 중요성
 방법- 면접법, 관찰법, 질문지법(교사 체크리스트, 동료평가와 자기평가)

객관식

31
〈보기〉는 평정법(rating scale method)에 의해서 학생의 수행을 평가할 때, 평정자에 의해 발생할 수 있는 오류의 유형을 설명한 것이다. 옳은 것을 모두 고르면? (08, 중등)

| 보기 |

ㄱ. 논리적 오류(logical error)는 전혀 다른 두 가지 행동 특성을 비슷한 것으로 생각해서 평정하는 경향을 말한다.
ㄴ. 후광 효과(halo effect)는 평정대상에 대해 가지고 있는 특정 인상을 토대로 또 다른 특성을 좋게 또는 나쁘게 평정하는 경향을 말한다.
ㄷ. 집중경향의 오류(error of central tendency)는 아주 높은 점수나 낮은 점수는 피하고 평정이 중간 부분에 지나치게 자주 모이는 경향을 말한다.

① ㄱ, ㄴ   ② ㄱ, ㄷ
③ ㄴ, ㄷ   ④ ㄱ, ㄴ, ㄷ

31. ④

장점
① 측정도구 작성이 용이
② 자료 분석이 용이

단점
① 응답자의 응답이 중립화하는 경향이 있음
② 응답자들이 개인마다 다른 기준에 의해 판단하므로 해석에 주의를 기우려야 함

분류
① 박 도순 분류 : 유사동간법(서스톤 척도), 종합평정법(리커트 척도), 척도분석법(구트만 척도), 상대적 비교법, 연속적 동간법, 의미분석법(오스굿), 사회거리 척도법
② 권 대훈 분류 : 유목평정척도법, 숫자평정척도법, 도식평정척도법, 상대평정척도법

숫자평정 척도법
① 리커트척도법이 대표적 숫자평정척도법

도식평정 척도법
① 숫자평정척도법과 동일하지만, 평정하는 특성 밑에 직선을 제시하고, 평정치마다 구체적 설명을 붙여놓고, 해당되는 위치를 표시하도록 하는 방법
② 기술식 도식평정척도법은 평정치마다 상세한 언어적 설명을 부가한 형태

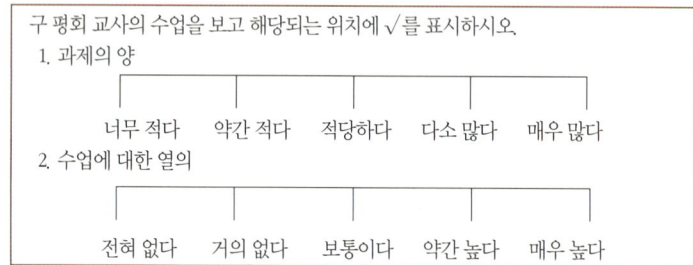

상대평정 척도법
① 질적 수준이나 정도가 명확하게 구분되는 동작 또는 표준작품을 기준으로 동작이나 작품을 평정하는 방법
② 작품평정척도법은 그림이나 글씨와 같은 작품을 평가할 때 사용하고, 대인비교법은 인물을 평가할 때 사용

전문가의 자문을 얻어 5개 수준(A, B, C, D, E)에 해당되는 그림을 하나씩 골라 놓았다. 5개 그림을 기준으로 다음 학생들의 그림을 A, B, C, D, E 중 하나로 분류하시오.

성명	수준	성명	수준
1. 김보라	( )	4. 손진하	( )
2. 장은정	( )	5. 박은지	( )
3. 공주희	( )	6. 김지원	( )

평정 착오
① 집중경향 착오 : 중간부분에 집중되는 경향으로 평정자 훈련 부족 원인 (모든 항목에 보통으로 평정하는 것)
② 표준 착오 : 평정자가 평가기준(표준)을 잘못 설정함으로써 생기는 오류. 7단계 평정에서 어떤 평정자는 3을 표준으로 하고, 다른 평정자는 5를 표준으로 삼아 서로 다른 결과가 나타나는 것
③ 인상 착오 : 한 학생의 어떤 특성을 평정할 때 그 학생이 주는 다른 인상에 의하여 평정하는 것. 선입견이 작용하는 것(학생의 능력은 있으나 외모나 태도를 보고 평정하는 것)
④ 논리 착오 : 전혀 다른 두 가지 특성을 비슷한 것으로 생각해서 생기는 오류를 말한다.(예 : 사회성이 있으니 도덕성도 있다고 평정하는 것)
⑤ 관대화와 인색 착오 : 후한 점수를 주려고 하는 성향(관대화), 더 낮은 점수를 주려고 하는 성향(인색)

---

12. #3에 언급된 척도법의 명칭과 이 방법을 적용하기 위하여 진술문을 작성할 때 유의할 점 1가지 [2점] [19, 중등 논술형]

#3 모둠을 구성할 때 태도나 성격 같은 정의적 요소도 반영해야겠어. 진술문을 몇 개 만들어 설문으로 간단히 평가하고 신뢰도는 직접 점검해 보자. 학생들이 각 진술문에 대한 반응을 등급으로 선택하면 그 등급 점수를 합산할 수 있게 해 주는 척도법을 써야지. 설문 문항으로 쓸 진술문을 만들 때 이 척도법의 유의점은 꼭 지키자. 그리고 평가를 한 번만 실시해서 신뢰도를 추정해야 할 텐데 반분검사신뢰도는 단점이 크니 다른 방법으로 신뢰도를 확인해 보자.

∅정답키: <u>명칭-리커트 척도, 종합평정척도법</u>
<u>유의점-같은 수의 정적 문항과 부적 문항으로 구성</u>

- 서스톤척도 ─ 유사 동간 척도
  - ⑥ 대비 착오 : 평정자가 가지고 있는 특성은 낮게 평가하고, 가지고 있지 않는 특성은 높게 평가하는 오류
  - ⑦ 근접 착오 : 동질적 항목들이 가까이 나열되어 있을 때 이들 항목들에 비슷한 평점을 주는 것
  - ⑧ 유사효과 : 자신이 좋아하거나 자신이 유사한 사람을 더 호의적으로 평가하는 오류. 학연, 지연 등을 보고 점수를 후하게 주는 것
  - ① 12~46 정도 문항으로 구성된다. 각 문항을 소극(부정) 1, 적극(긍정) 11 사이에서 문항 개발
  - ② 피험자가 채택한 문항의 척도치를 합하여 내적·정의적 영역을 평가
  - ③ 장점 : 문항을 개발하기 어렵고, 중앙의 진술문을 만들기 어려움
  - ④ 단점 : 신뢰성과 타당성이 높고, 논리적 일관성을 유지
  - ⑤ 구트만의 척도는 서스톤의 척도을 줄인 것

- 리커트척도 ─ 종합 평정 척도
  - ① 같은 수의 긍정 문항과 부정 문항으로 구성
  - ② 각 문항을 긍정에서 부정으로 1~5나 1~7 등급으로 표시
  - ③ 문항들의 척도를 합하여 정의적 영역으로 추정
  - ④ 장점 : 단순하고 만들기 쉽고, 다양한 상황에 적용하기 쉬움
  - ⑤ 단점 : 적당한 문항 개수를 만들기 어렵고, 긍정과 부정의 극단에 치우치기 쉬움

- 의미 분석법
  - ① 사물, 인간, 사건 등에 대한 의미를 공간 속에서 측정하는 방법(오스굿)
  - ② 개념의 의미를 양극의 뜻을 갖는 대비되는 형용사군으로 만들어서 의미를 측정하는 방법
  - ③ 활동, 능력, 평가 차원의 공간으로 분석

- 투사법
  - ① 모호한 그림이나 사진을 보여주고 피험자 내면의 세계를 파악하고자 하는 평가 방법
  - ② 로르샤하 잉크반점 검사, 주제통각 검사, 단어연상검사, 도형검사, 문장완성검사, HTP

	투사적 검사	표준화 검사
장점	① 반응의 독특성 ② 방어의 어려움 ③ 반응의 풍부함 ④ 무의식적 내용의 반응	① 검사실시의 간편성 ② 검사의 신뢰도와 타당도 ③ 객관성의 증대 ④ 개인 간 비교 가능
단점	① 검사의 신뢰도 ② 검사의 타당도 ③ 반응에 대한 상황적 요인의 영향력	① 사회적 바람직성 ② 반응경향성 ③ 문항내용의 제한성

VI. 실험연구
1. 실험적 연구법 2. 실험설계 3. 가설검정 4. 실험설계 타당성

1. 실험적 연구법

- 의의
  - ① 실험연구는 가설을 세우고, 통제 조건을 인위적으로 조작하여, 기대했던 행동의 발생을 알아보는 과학적 연구 방법
  - ② 실험연구는 이론과 법칙의 발견에 목적
  - ③ 사용하는 가설은 영가설
  - ④ 실험군과 비교군(통제군)과의 투입변인에 대한 결과를 연구하며 투입변인 이외의 모든 자극변인은 실험군과 비교군에 같게 해주어야 함(조건통제)
- 실험군 통제군
  - ① 실험군은 독립변인을 작용시키는 집단이며, 통제군은 독립변인을 작용시키지 않는 집단
  - ② 통제군과 실험군으로 집단을 나눈 뒤, 실험군에 어떤 실험처치(독립변인)를 가한 후, 두 집단을 비교·해석

객관식

32
입시 교육 개선을 위한 의견 청취를 위해 40대 주부들 가운데 교사집단, 은행가집단, 주부집단으로 각각 표집했다면, 이는 무슨 표집인가? (90, 서울)

① 단순무선표집 ② 체계적 표집
③ 유층표집   ④ 군집표집

32. ③

NOTE

- 조건통제 목적
  - ① 실험을 통해 검증하려는 가설을 타당하게 검증하기 위하여 조건을 통제한다.
  - ② 독립변인 이외의 조건이 작용하여 종속변인에 영향을 주는 것을 막기 위하여 통제를 하는 것
- 가설
  - ① 영가설(귀무가설)은 두 통계치 간에는 차가 없다는 가설
  - ② 영가설은 동일집단인 경우에는 연구를 시작하기 이전과 이후의 차가 영이라는 가설
  - ③ 영가설은 보통의 경우 기각될 목적으로 형성되며, 영가설이 기각이 되면 대립가설을 채택
  - ④ 대립가설은 두 통계치 간에는 차가 있다는 가설
  - ⑤ 대립가설은 영가설이 기각되었을 때 채택되는 가설로 채택되기를 예상하여 설정되는 가설

2. 실험설계

- 준실험설계 (조건통제x)
  - ① 단일집단 전후검사 설계(One-Group Pretest-Posttest Design)
    $$O_1 \quad X \quad O_2$$
  - ② 이질집단 사후검사 설계 (Posttest-Only Nonequivalent Group Design)
    $$X \quad O_1$$
    $$ \quad O_2$$
  - ③ 이질통제집단 설계 (Posttest-Only Nonequivalent Group Design)
    $$O_1 \quad X \quad O_2$$
    $$O_3 \quad \quad O_4$$
  - ④ 시계열 설계 (Time-Series Design)
    $$O_1 \ O_2 \ O_3 \ X \ O_4 \ O_5 \ O_6$$

- 실험설계 (조건통제o)
  - ① 전후검사 통제집단 설계(Pretest-Posttest Control Group Design)
    $$R \quad O_1 \quad X \quad O_2$$
    $$R \quad O_3 \quad \quad O_4$$
  - ② 사후검사 통제집단 설계 (Posttest-Only Control Group Design)
    $$R \quad X \quad O_1$$
    $$R \quad \quad O_2$$
  - ③ 솔로몬 4집단 설계 (Solomon 4Group Design)
    $$R \quad O_1 \quad X \quad O_2$$
    $$R \quad O_3 \quad \quad O_4$$
    $$R \quad \quad X \quad O_5$$
    $$R \quad \quad \quad O_6$$

3. 가설검정

- Z 검정
  - ① 가설을 Z 분포(정규분포에서 Z 점수로 표시됨)에 의하여 검증하는 방법, 집단 차이를 밝히는 통계적 방법
  - ② 단일표본의 Z 검정은 연구대상인 모집단의 특성을 연구하기 위하여 모집단을 대표한 표본의 통계치(평균)와 연구자가 얻은 특정한 수치를 서로 비교하는 통계적 방법
- t 검정
  - ① 두 집단 이하의 평균을 비교하는 분석방법으로 모집단의 분산을 알지 못할 때(정규분포가 아닐 때) 사용
  - ② 한 집단의 평균과 특정한 값을 비교하는 경우 단일(일)표본 t 검증을 사용

- ③ 같은 모집단에서 추출된 두 표본의 평균을 비교하는 경우 두 종속(대응)표본 t 검증을 사용, 두 표본이 종속적인 경우로서 사전-사후 검증을 위하여 사용
- ④ 다른 모집단에서 추출된 두 표본의 평균을 비교하는 경우 두 독립표본 t 검증을 사용

분산분석
- ① 일원분산분석은 세 집단 이상의 평균을 비교하는 분석방법, 일원분산분석을 실행하려면 연속변수인 종속변수, 세 개 이상의 범주를 가지고 있는 하나의 독립변수가 있어야 함
- ② 이원분산분석은 독립변수가 2개인 경우에 집단 간 평균비교를 위한 분석방법 예를 들어, 학업성취도에 교수법의 효과와 송환 여부의 효과가 있는지를 검증하고자 할 때 실시, 이때 독립변수는 두 개로서 교수법과 송환여부가 됨

x^2검정
- ① x^2검정(카이 자승검정)은 두 가지 이상의 질적 변수(범주형 변수)를 분석하기 위한 통계적 방법
- ② 성별에 따른 정당의 선호도, 인종에 따른 머리카락 색 등을 연구할 때 사용
- ③ 질적 변수인 한 변수의 범주에 따른 다른 변수의 빈도와 비율은 교차표(Cross Tabulation)로 작성하고, 모집단에서 집단 간의 차이가 있는지를 분석하기 위하여 사용하며, 이를 교차분석이라고도 함

4. 실험설계 타당성

개념
- ① 내적타당성은 해석 때 고려해야 할 사항

내적 타당성 요인
- ① 역사 : 종속변인에 영향을 미칠 수 있는 실험기간 중에 발생한 우발적 사건
- ② 성숙 : 종속변인에 영향을 줄 수 있는 생리적·심리적 특성의 변화
- ③ 검사경험 : 사전검사 경험이 사후검사에 영향을 주는 현상
- ④ 도구 : 검사도구가 사후검사의 득점에 영향을 주는 현상
- ⑤ 통계적 회귀 : 사후검사 득점이 처치와는 관계없이 평균으로 접근
- ⑥ 선발 : 피험자 선발의 차별성에서 기인하는 오차
- ⑦ 탈락 : 실험집단과 통제집단의 탈락률이 현저하게 다른 경우
- ⑧ 상호작용 : 선발, 성숙, 검사경험, 도구, 통계적 회귀, 탈락 등의 요인들이 일부 복합해서 나타남
- ⑨ 처치의 확산, 모방 : 실험이 진행되는 동안, 끝난 직후 처치조건을 상호교환하거나 모방하여 종속변인에 영향을 주는 현상
- ⑩ 보상적 동등화 : 통제집단의 피험자들이 처치를 받지 못해 입는 손해를 다른 방식으로 보상해 주는 경우
- ⑪ 포기 : 통제집단의 피험자들이 열등감이나 소외감을 느껴 실험에서 중도 탈락하는 현상

개념
- ① 외적 타당성은 일반화시킬 때 고려해야 할 사항

외적 타당성 요인
- ① 선발과 처치의 상호작용 : 피험자의 특성에 따라 실험조건의 영향이 다르게 작용하면 실험결과의 일반화 가능성에 영향을 줌
- ② 검사 경험의 반응적 효과(사전검사와 실험처치 상호작용) : 사전검사를 받은 경험이 결과의 일반화 가능성을 제약하는 것
- ③ 실험처치의 반응적 효과(실험상황의 반동효과) : 피험자들이 실험에 참여하고 있다는 것을 의식하여 실험조건에 특별히 반응하고 열심히 노력함으로써 실험결과가 의외로 높아지는 현상을 의미(호손효과)
- ④ 처치 간 간섭 : 동일한 피험자에게 두 가지 이상의 처치를 반복적으로 실시할 경우 제일 먼저 받은 A처치가 B처치에, B처치는 C처치에 작용하여 처치순서가 실험결과에 영향을 주는 것을 처치 간 간섭이라 함

객관식

33
실험결과의 내적 타당도(internal validity)를 위협하는 요인과 그에 대한 설명으로 옳지 <u>않은</u> 것은? (08, 중등)

① 피험자의 선발 : 실험집단과 비교집단의 피험자들을 선발할 때 동질성이 결여되어 나타나는 영향을 말한다.
② 통계적 회귀 : 한 피험자가 여러 가지 실험처치를 받음으로써 이전의 처치 경험이 이후의 처치 효과에 미치는 영향을 말한다.
③ 성숙 : 실험처치 이외에 시간의 흐름에 따라 나타나는 피험자의 신체적·정신적 변화가 피험자의 반응에 영향을 주는 것을 말한다.
④ 측정도구 : 사전검사와 사후검사에서 사용한 검사도구가 달라지거나, 관찰자나 채점자의 변화로 인하여 실험에서 얻은 측정치에 변화가 생기는 것을 말한다.

33. ②

핵심 팍 키워드 문제

1. 인간과 환경의 상호작용을 강조하는 평가관은?

2. 다음 평가들의 교육관은?
   1) 규준지향평가 :
   2) 준거지향평가 :

3. 준거지향평가 정의, 장점과 단점은?
   1) 정의 :
   2) 장점(2개 이상) :
   3) 단점(2개 이상) :

4. 규준지향평가 정의, 장점과 단점은?
   1) 정의 :
   2) 장점(2개 이상) :
   3) 단점(2개 이상) :

5. 능력지향평가의 정의, 장점과 단점은?
   1) 정의 :
   2) 장점(1개 이상) :
   3) 단점(1개 이상) :

6. 성장지향평가의 정의, 장점과 단점은?
   1) 정의 :
   2) 장점(1개 이상) :
   3) 단점(1개 이상) :

7. 진단평가의 정의와 목적(기능, 장점)은?
   1) 정의 :
   2) 목적(2개 이상) :

8. 형성평가의 정의와 목적, 전략은?
   1) 정의 :
   2) 목적(2개 이상) :
   3) 전략(2개) :

9. 총괄평가의 정의와 목적은?
   1) 정의 :
   2) 목적(2개 이상) :

10. 수행평가의 정의, 장점과 단점은?
    1) 정의 :
    2) 장점(2개 이상) :
    3) 단점(2개 이상) :

11. 포트폴리오 정의, 장점은?
    1) 정의 :
    2) 장점(2개 이상) :

12. 루브릭 정의, 장점과 단점은?
    1) 정의 :
    2) 장점(2개 이상) :
    3) 단점(2개 이상) :

13. 역동적 평가의 종류와 특징은?
    1) 종류 :
    2) 특징 :

14. 과정중심평가의 정의는?

15. 선택형과 서답형의 종류는?
    1) 선택형 :
    2) 서답형 :

16. 타일러 목표중심평가의 장점과 단점은? **각 2개 이상**
    1) 장점 :
    2) 단점 :

17. 스터플빔의 CIPP 모형의 구성요소는?

18. 타일러 목표평가와 스크리번 판단모형의 비교는?

평가	목표평가	탈목표평가
학자		
준거		
평가		
비교		

19. 타당도 정의, 종류는?

1) 정의 :

2) 종류 :

20. 신뢰도의 정의, 종류, 향상방법은?

1) 정의 :

2) 종류 :

3) 향상방법(2개 이상) :

21. 객관도의 정의, 종류, 향상방법은?

1) 정의 :

2) 종류 :

3) 향상방법(2개 이상) :

22. 서스톤 척도법의 장단점은? <u>1개</u>

1) 장점 :

2) 단점 :

23. 리커트 척도의 장단점은? <u>1개</u>

1) 장점 :

2) 단점 :

24. 델파이법이란?

25. 척도의 종류는?

26. 문항변별도와 문항 난이도란?

1) 문항변별도 :

2) 문항난이도 :

27. 문항특성곡선에서 문항변별도, 문항난이도, 문항추측도의 계산방식은?

1) 문항변별도 :

2) 문항난이도 :

3) 문항추측도 :

28. 다음은?

1) 집중경향치 종류 :

2) 변산도 종류 :

29. 표준점수의 계산방식은?

1) Z점수 =

2) T점수 =

3) H점수 =

30. 다음 분포에서 평균(M), 중앙치(Me), 최빈치(Mo) 순서는?

1) 정상분포 :

2) 정적분포 :

3) 부적분포 :

31. 표집 종류는?

1) 확률적 표집 :

2) 비확률적 표집 :

32. 평정 착오 종류는?

33. 현장연구법이란?

34. 실험 내적타당도를 저해하는 요인은?

핵심 팍 키워드 정답

1. 총평관

2. 1) 선발적 교육관 2) 발달적 교육관

3. 1) 교육목표 달성도를 평가 2) 교수방법의 개선, 학생들의 성찰 가능 3) 개인차 변별 어려움, 외적 동기유발 어려움, 평가 어려움, 기준 설정 어려움

4. 1) 집단 내에서 상대적 위치 평가 2) 개인차 변별 용이, 평가가 용이 3) 교수방법 개선 어려움, 학생 성찰 어려움

5. 1) 능력에 비추어 능력이 발휘된 정도를 평가 2) 개인차 반영, 동기유발 3) 능력 측정 어려움, 평가 왜곡 가능성

6. 1) 일정기간 교육을 통해 성장한 정도를 평가 2) 개인차 반영, 성장조력 3) 사전 검사 왜곡 가능성

7. 1) 학기 초에 학습자의 준비도 진단 2) 진단, 정치

8. 1) 학기 중에 준거지향평가를 사용하여 평가 2) 교수방법 개선, 학습자 학습 성찰
   3) 계획적, 피드백

9. 1) 학기 말에 학생들의 성취도 평가 2) 성적 결정, 다음 학습 성공 여부, 교수 방법 개선, 성적 비교 가능

10. 1) 자신의 지식이나 기능을 나타낼 수 있도록 산출물을 만들거나 행동으로 나타내거나 답을 구성하도록 요구하는 평가
    2) 실제 상황 평가, 전인 교육, 개별평가와 집단평가, 과정과 결과 평가, 개별학습 촉진
    3) 비용이 많이 소요, 대규모 실시 어려움, 시간적 공간적 제약, 객관도와 신뢰도가 낮음

11. 1) 학습자의 성취를 나타낼 수 있는 학습자 의도적 작품집
    2) 학습자 성장 파악, 전반적 특성 파악, 학습과정 파악, 의사소통 확대

12. 1) 수행결과물을 판단하기 위한 수행평가의 평가척도이다.
    2) 평가 용이, 일관성 있는 평가, 평가가 효과적이다.
    3) 제작하기 어려움, 교사중심 척도 제작

13. 1) 샌드위치 모형, 케이크 유형
    2) 비고츠키 ZPD 평가, 교수 학습 평가의 일치, 양적 질적 정보 수집

14. 성취기준을 기반으로 교수학습 과정 중에 학생의 성장을 위한 자료를 수집하고 피드백을 제공하는 평가

15. 1) 진위형, 선다형, 결합형(연결형) 2) 단답형, 완성형, 논문형(논술형)

16. 1) 목표달성여부 확인(성취여부), 교수방법 개선, 학습 성찰 가능
    2) 부수적인 면 소홀, 교육과정 개선 어려움

17. 상황평가(C), 투입평가(I), 과정평가(P), 산출평가(P)

18.
평가	목표평가	탈목표평가
학자	타일러	스크리번
준거	내재적 준거	외재적 준거
평가	형성평가	총괄평가
비교	비비교평가	비교평가

19. 1) 측정하려는 것(평가목표)를 충실하게 측정하는 정도, 평가목표를 반영하는 정도
    2) 내용, 구인, 준거(공인 예측), 결과 타당도

20. 1) 재고자 하는 것을 오차 정확성, 안정성, 일관성 있게 측정하는 정도
    2) 재검사, 동형검사, 반분, 문항내적 일관성 신뢰도
    3) 골고루 출제, 문항 수 늘림, 중간 정도 문항난이도 많이 사용, 진술 명백히 함

21. 1) 채점오차 없이 평가자의 주관적 편견을 배제하는 정도
    2) 채점자(평가자, 평정자)내 객관도, 채점자간 객관도
    3) 문항 객관화, 평가자의 훈련, 복수 채점자, 명확한 채점 기준

22. 1) 신뢰성과 타당성 높음, 논리적 일관되게 개발 가능, 변화 감지
    2) 제작 자체 어려움, 중앙 위치 진술문 작성 어려움

23. 1) 제작 간편, 다양한 상황 적용 2) 긍정과 부정 극단으로 쏠림, 변화 파악 어려움

24. 전문가의 의견과 판단을 추출하여 종합하여 정리하는 기법

25. 명명척도, 서열척도, 동간척도, 비율척도

26. 1) 한 문항이 상위집단과 하위집단을 변별하는 정도 2) 한 문항의 쉽고 어려운 정도

27. 1) 문항난이도에서 접선 기울기 2) 정답확률 0.5에 대응하는 능력수준 3) Y축 절편

28. 1) 최빈치, 중앙치, 평균치 2) 범위, 사분편차, 평균편차, 표준편차

29. 1) (원점수-평균)/표준편차 2) 10Z + 50 3) 14Z + 50

30. 1) 평균 = 중앙치 = 최빈치 2) 평균 〉 중앙치 〉 최빈치 3) 평균 〈 중앙치 〈 최빈치

31. 1) 단순무선 표집, 체계적 표집, 다단계 표집, 유층 표집, 군집 표집
    2) 의도적 표집, 할당 표집, 우연적 표집

32. 집중경향, 표준, 인상, 논리, 관대화 대비, 근접 착오

33. 현장교사가 교육실천 개선을 위해 현장의 문제를 중심으로 연구

34. 역사, 성숙, 검사경험, 도구, 통계적 회귀, 선발

박수근
빨래터
1954, 15×31cm, 캔버스에 유채
개인소장

Master Peedagogs

06

교육행정

- ✓ **핵심 팍 키워드** 164
- ✓ **핵심 팍 구조도**
  - Ⅰ. 교육행정 개념 165
  - Ⅱ. 교육행정 접근 166
  - Ⅲ. 동기이론 169
  - Ⅳ. 지도성이론 173
  - Ⅴ. 조직 유형이론 179
  - Ⅵ. 조직풍토(문화) 185
  - Ⅶ. 조직경영 188
  - Ⅷ. 장학론 190
  - Ⅸ. 정책결정과 의사소통 194
  - Ⅹ. 학교 학급경영·교사론 198
  - Ⅺ. 교육재정 200
  - Ⅻ. 교육관련법규 204
- ✓ **핵심 팍 키워드 문제** 206

교육행정

Master Pedagogy

핵심 팍 키워드

교육행정

Ⅰ. 개념
1. 교육행정 개념
2. 3접근비교
3. 대안접근
4. 기본원리

Ⅱ. 교육행정 접근
1. 과학적관리론
2. 인간관계론
3. 행동과학
4. 사회과정모형
5. 행정과정이론

Ⅲ. 동기이론
1. 개요
2. 매슬로우 욕구계층
3. 앨더퍼 ERG
4. 맥그리거 XY
5. Z이론
6. 아지리스 미성숙·성숙
7. 허즈버그 동기위생
8. 브룸 기대
9. 아담스 공정성
10. 로크 목표설정
11. 직무설계
12. 몰입

Ⅳ. 지도성이론
1. 특성이론
2. 레빈(화이트 리피트)
3. 핼핀과 바이너
4. 블레이크 모튼 관리격자
5. 상황이론
6. 허쉬 브랜차드 상황적 지도성
7. 피들러 상황적합이론
8. 레딘 3차원관리 유형이론
9. 하우스 경로목표이론
10. 바스 변형적 지도성
11. 카리스마적 지도성
12. 초우량 지도성
13. 분산적 지도성
14. 캇츠·칸 지도성
15. 서번트 지도성
16. 참여적 지도성
17. 서지오바니 교장지도성

Ⅴ. 조직유형이론
1. 조직 기초
2. 에치오니 조직
3. 칼슨 조직
4. 파슨즈 조직
5. 블라우 스코트 조직
6. 캇츠·칸 조직
7. 조직화된 무질서 조직
8. 비공식적 조직
9. 계선참모보조 조직
10. 다층단층 조직
11. 위원회제도
12. 관료제
13. 홀 조직
14. 민츠버그 조직
15. 이완결합체제
16. 재구조화 전략
17. 교무분장조직
18. 교직원회의

Ⅶ. 조직경영
1. 핼핀 크로프트 조직풍토
2. 호이 조직풍토
3. 리커트 조직풍토
4. 에치오니 학급조직풍토
5. 세티아 길로우 조직문화
6. 스타인호프 오엔스 조직문화
7. 카메론 퀸 조직문화

Ⅶ. 조직경영
1. 조직갈등
2. 학교단위책임경영제
3. 총체적질관리법
4. 학습조직
5. 전문적 학습공동체
6. 실천공동체
7. 컨설팅
8. 중앙집권 지방분권

Ⅷ. 장학론
1. 목적
2. 수업장학
3. 임상장학
4. 마이크로티칭
5. 자기장학
6. 동료장학
7. 멘토링장학
8. 선택적장학
9. 전통적장학
10. 컨설팅장학
11. 수업연구
12. 인간관계 인간자원장학
13. 기타장학
14. 교원연수

Ⅸ. 정책결정 의사소통
1. 정책결정 이론모형
2. 정책결정 4가지 관점
3. 브리지스 참여적 의사결정
4. 호이 참여적 의사결정
5. 브룸 참여적 의사결정
6. 의사소통
7. 의사소통 유형
8. 조하리 창
9. 교육기획

Ⅹ. 학교 학급경영 교사론
1. 보조교사 수석교사
2. 학급경영원리
3. 학급담임역할
4. 교직관
5. 교직특수성
6. 교사권리의무
7. 교사권위
8. 연수교원능력개발평가제

ⅩⅠ. 교육재정
1. 교육재정기초
2. 공평성
3. 교육비분류표
4. 표준교육비
5. 예산제도
6. 카프만 체제분석
7. 목표관리기법(MBO)
8. 사업평가계획기법
9. 비용편익분석
10. 시도교육청재원
11. 학교회계제도

ⅩⅡ. 교육관련법규
1. 지방교육자치법
2. 학교운영위원회

NOTE

교육행정은 교육목표를 달성하는데 필요한 학교 환경을 적절하게 형성시키는 역할을 수행한다.
결국은 학교 조직을 이해하고 연구한다.

시험공부는 거시와 미시의 조화이다.
전체 목차나 장 목차를 살피고, 본문 내용을 읽고 요점을 정리한다.
스스로 평가하고 부족한 부분을 확인하고, 다시 목차를 살핀다.

핵심 팍 구조도

I. 교육행정 개념
1. 교육행정 2. 3접근비교 3. 대안접근 4. 기본원리

1. 교육행정 개념
- 개념 — ① 행정과 경영은 공적개념·사적개념의 관계 ② 상위·하위 개념의 관계

2. 3접근 비교

- 교육에 관한 행정
  - ① 의의 : 행정의 종합성을 강조하는 입장(교육〈행정〉)(법규해석적 측면, 공권설, 분류체제론)
  - ② 특징 : 행정을 국가의 권력 작용 중 입법과 사법을 제외한 모든 공권적 권력 작용. 교육행정은 여러 행정 중에 한 행정(군사행정, 보건행정, 외교행정, 문화행정, 체육행정, 예술행정, 교육행정 등)
  - ③ 감독적 성격 : 국가가 권력 작용을 통하여 교육정책을 실현하려고 함
  - ④ 법규 해석적 측면 : 관련된 법령에서 강조된 측면

- 교육을 위한 행정
  - ① 의의 : 교육행정은 교육목표를 효율적으로 달성하기 위하여 필요한 인적·물적 모든 조건을 정비·확립하는 수단적·봉사적 활동임(교육〉행정) 교육의 자주성을 강조하는 입장(기능설)
  - ② 특징 : 교육행정은 교육목표 달성을 위한 제반활동을 지도·감독하는 것
  - ③ 조장적 성격 : 교육행정은 학교의 교수·학습을 위하여 교육 조건을 정비하려는 봉사활동으로 나타나기 때문에 조장적 성격이 강하게 나타남
  - ④ 조건 정비적 측면 : 교육목적을 달성하기 위해 여러 환경을 조성하는 측면

교육에 관한 행정	교육을 위한 행정
• 행정 종합성	• 교육의 자주성
• 법규 해석적 측면	• 조건 정비적 측면
• 공권설	• 기능설
• 감독설	• 조장설
• 분류체제적	• 봉사적·수단적

- 행동과학
  - ① 의의 : 교육행정은 "계획된 절차에 따른 인간행위의 신장을 최대한 합리적으로 성취하려는 목적을 달성하기 위하여 교육활동과 관련된 모든 조직의 상호관계를 학습장면의 제 조건을 정비하는 봉사적 활동의 방향으로 만드는 협동적 행위"라고 정의
  - ② 특징 : 교육행정은 교육목적 달성을 위한 구성원의 집단행위
  - ③ 조정적 성격 : 교육행정은 교육목표를 달성하기 위한 제반과정을 조정·관리

3. 대안접근

- 비교
  - ① 해석적 관점 : 조직이 합리적·합목적적 체제라는 전통적 생각을 비판하면서 조직을 보다 잘 이해하기 위해서는 새로운 패러다임의 전환이 필요
  - ② 급진적 관점
    - 네오마르크시즘 : 조직의 비합리적이고 특수한 측면. 주변적 소외된 측면에 맞추어 조직문제를 탐구
    - 포스트모더니즘 : 해체주의적 방법을 통해 현재의 조직이론과 그 지식 근거를 공격하는 입장을 대표
    - 비판이론 : 포스트모더니즘과 일맥상통하나, 그 지식 기반에 비판을 넘어 인간의 소외와 억압, 불평등을 야기하는 사회구조 및 조직을 변혁하려 한다는 점에서 다르다.
    - 자유주의적 페미니즘 : 그 사회에서 여성의 역할을 부각시키려 함
    - 급진주의적 페미니즘 : 기존의 관료제적 조직을 다른 조직체계로 변혁시키는 것을 목적으로 함

객관식

01
'교육을 위한 행정'이라는 입장에서 교육 행정의 기능을 올바르게 설명한 것은? (02, 초등)

① 운영에 있어서 권력적·강제적 요소를 강조한다.
② 교육 법규를 해석하고 그대로 집행하는 데 중점을 둔다.
③ 교수-학습 과정을 개선하는 데 필요한 조건의 지원에 중점을 둔다.
④ 공식적 교육 조직에서 상급자의 명령에 절대적인 복종을 요구한다.

01. ③

NOTE

객관식

02
〈보기〉와 관계 깊은 교육행정의 원리는? (07, 상담)

| 보기 |
- 경제적 여건이 어려운 학생들이 학교에 다닐 수 있도록 무상 의무교육을 실시하거나 장학금을 지급한다.
- 직업을 가진 사람도 학습할 수 있도록 시간제, 계절제, 야간제 교육 프로그램을 제공한다.

① 효율성의 원리 ② 자주성의 원리
③ 지방분권의 원리 ④ 기회균등의 원리

03
테일러(F. W. Taylor)의 과학적 관리론을 따르거나 중시하는 학교관리자가 취할 가능성이 가장 높은 행동 특성은? (06, 중등)

① 학교관리에 있어 비용-편익의 효율성을 강조한다.
② 학교 구성원간의 사회·심리적 관계를 우선시한다.
③ 학교운영에 관한 모든 일을 교사 및 학생들과 긴밀하게 협의하여 결정한다.
④ 교사의 교육 전문성을 중시하기 때문에 일반 관리업무와 사무에도 교사를 적극 활용한다.

02. ④ / 03. ①

---

4. 기본원리

법제면
① 법치행정의 원리 : 모든 행정이 법에 의거하고 법이 정하는 범위 내에서 이루어지는 것
② 기회균등의 원리 : (헌법 제 31조)모든 국민은 능력에 따라 균등하게 교육을 받을 권리를 가짐
③ 자주성의 원리 : 교육행정의 자주성과 독립성을 확립하고 존중하는 원리. 교육자치의 성격을 제시
④ 적도집권의 원리 : 중앙 집권주의와 지방 분권주의 간에 균형을 발견하려는 원리

운영면
① 타당성의 원리 : 합목적성의 원리(교육행정이 목적에 적합하게 운영)
② 민주성의 원리 : 교육행정 실천에 있어서 독단과 편견 배제. 참여를 통한 민의 반영
③ 능률성의 원리 : 교육활동에 있어서 최소한의 노력과 경비를 투입하고 최대한의 효과를 얻고자 하는 원리
④ 적응성의 원리 : 새로운 사태에 신축성 있게 대처해 나감 → 조화적 관계와 능률적 성과의 확보
⑤ 안정성의 원리 : 교육활동에 대하여 지속성, 안정성을 주기 위해서 좋은 의미의 보수주의가 필요
⑥ 균형성의 원리 : 교육행정의 능률성과 민주성, 적응성과 안정성 등 모든 원리의 균형을 이루고자 함

기본 성격
① 장기적 성격 ② 조장적 성격 ③ 수단적·기술적 성격 ④ 전문적 성격
⑤ 적극적·봉사적 성격 ⑥ 정치적 성격 ⑦ 중립적 성격

중립성
① 교육은 교육 본래의 목적에 따라 그 기능을 다하도록 운영되어야 하며, 어떠한 정치적, 파당적, 개인적 편견의 전파를 위한 방편으로 이용되어서는 아니 된다.(교육기본법)
② 국가 및 지방자치단체가 설립한 학교에서는 특정한 종교를 위한 종교교육을 하여서는 아니 됨(국·공·사립에서 일반적 종교교육은 가능, 특정한 종교교육은 사립에서만 허용)

II. 교육행정 접근
1. 과학적관리론 2. 인간관계론 3. 행동과학 4. 사회과정모형 5. 행정과정이론

1. 과학적 관리론

의의
① 의의 : 테일러가 과학적 관리운동 최초시도
② 인간관 : 과학적, 합리적, 경제적, 기계적 존재
③ 조직 : 공식적 조직 중시(학교, 회사, 공장 등)(공식적 조직에서 생산성 향상 연구)

원리
① 시간연구 원리 : 모든 작업은 표준시간으로 측정되어야 함(50일, 10분 휴식)
② 성과급 원리 : 임금은 생산량에 비례해야 하고 노동자에겐 그가 할 수 있는 최대한의 일을 주어야 함
③ 관리적 통제 원리 : 관리자는 과학적 관리와 통제의 원리를 적용할 수 있도록 훈련과 교육을 받아야 함

NOTE

- ④ 기능적 관리 원리 : 관리자는 생산조직이 나름대로의 특수성을 살릴 수 있도록 관리
- ⑤ 과학적 작업방법 원리 : 관리자는 노동자의 작업방법에 대한 책임을 지며, 과학적인 작업방법으로 노동자를 훈련시켜야 함
- ⑥ 계획과 작업수행 분리 원리 : 관리자는 작업수행을 과학적이면서 체계적으로 계획하고, 노동자는 계획에 따라 작업을 수행해야 함

보비트
- ① 가능한 모든 교육시설을 활용
- ② 교직원의 작업능률을 최대로 유지하고 교직원의 수를 감축
- ③ 교육활동 중의 낭비를 최대한 제거
- ④ 교직원들에게 학교행정을 맡기기보다 학생들을 가르치는 데 최대한 활용

영향
- ① 타일러 교육과정 : 교육목표-학습경험의 선정-학습경험의 조직-평가로 이어지는 절차를 통해서 학교교육의 합리화와 과학화를 주도
- ② 보비트 교육행정 : 가능한 모든 시간에 모든 교육시설을 활용하는 등 학교행정의 과학화를 추구
- ③ 페욜이나 굴릭과 어윅 과정이론 : 계획-조직-명령-조정-통제라는 절차를 통해 합리적 교육행정의 절차를 완성

비판점
- ① 인간을 도구로 인식, ② 심리적 사회적 측면 무시, ③ 비경제적 면을 외면

2. 인간 관계론

의의
- ① 과학적 관리론은 인간의 사회·심리적 측면을 무시하고, 인간을 기계적 도구처럼 생각하는 것을 반성·비판하면서 등장
- ② 인간관 : 감정적, 정서적, 비경제적, 비기계적 존재
- ③ 조직 : 비공식적 조직 중시(학교 내 동창모임, 친목모임, 취미모임 등)
- ④ 비공식적 조직에서 인간적 만족감이 공식적 조직에서 생산성을 높임

실험
- ① 작업장의 조명수준, 휴식기간, 노동시간, 급료와 같은 물리적 요인과 작업성과의 관계를 규명
- ② 생산성 향상에 요소는 보수나 작업조건과 같은 물리적인 작업조건이 아니라 조직구성원의 심리적인 조건
- ③ 조직 내의 비공식적 집단이 회사의 경영과 일체감을 갖고 있을 때 생산성 향상

영향
- ① 교육과 교육행정에 영향(듀이의 진보주의 운동, 민주교육, 민주행정, 민주장학, 학교조직의 민주적 운영)
- ② 비공식조직의 중시(취미, 동창 모임 등)
- ③ 민주적 지도성의 중시(레빈)
- ④ 의사소통의 중시(그리피스)
- ⑤ 각종인사제도 창안

비교

과학적 관리론	인간관계론
• 테일러(Taylor) – 「과학적 관리의 모든 원리」 • 인간을 합리적, 과학적, 경제적이며 기계적 존재로 취급 • 공식적 조직의 중요성 강조 • 연구 : 성과급, 작업동작, 작업표준, 작업장의 연구	• 메이요, 뢰슬리스버그, 폴렛 등 • 인간을 감정적, 정서적, 비경제적, 비기계적 존재로 취급 • 비공식적 조직의 중요성 강조 • 연구 : 호손실험

객관식

04
〈보기〉와 관련 있는 교육행정 이론은? (07, 영양)

| 보기 |
- 경제적 보상이 유일한 동기요인은 아니다.
- 개인은 기계의 부속품 같은 수동적 존재가 아니라 능동적 존재이다.
- 생산 수준은 개인의 능력보다 비공식 조직의 규범에 더 영향을 받는다.

① 사회체제론   ② 인간관계론
③ 행정과정론   ④ 과학적 관리론

04. ②

NOTE

객관식

05
다음 〈그림〉은 겟젤스(Getzels)와 구바(Guba)의 '역할과 인성의 상호작용 모형'을 나타낸 것이다. 이에 대한 해석으로 옳지 <u>않은</u> 것은? (96, 중등)

| 보기 |

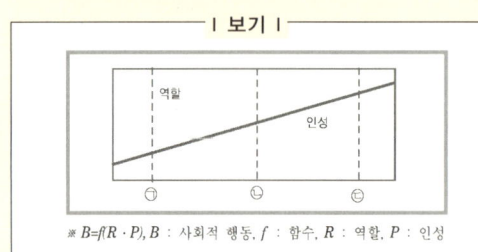

※ B=f(R·P), B : 사회적 행동, f : 함수, R : 역할, P : 인성

① 학교조직은 대체로 중간 지점인 'ⓒ'부근에 속한다.
② 일반적으로 군대조직은 'ⓒ'쪽으로 예술가조직은 'ⓐ'쪽으로 치우친다.
③ 사회 체제 속에서의 개인의 행동은 역할과 인성이 상호작용하여 나타난다.
④ 학교 조직도 위기 시에는 'ⓐ'쪽으로, 안정기에는 'ⓒ'쪽으로 가까워질 가능성이 있다.

05. ②

3. 행동과학

- 의의
  - ① 과학적 관리론과 인간관계론을 절충한 행동과학적 접근이 나타났음. 하지만 과학적 관리론에 비중을 더 많이 두어 신과학적 관리론이라고도 함
  - ② 교육행정이론이 발달함. 체제이론, 동기이론, 지도성이론, 조직이론 등이 나타남

- 다원주의 — 의의
  - • 1970년 이후에 나타난 교육행정의 흐름을 전체적으로 표현하는 용어
  - • 체제이론, 구성주의, 생태주의 등

4. 사회과정 모형

- 의의
  - ① 교육행정을 사회과정으로, 학교조직을 사회체제로 보고, 그 사회체제 안에서 이루어지는 사회적 행위에 관해 설명
  - ② 사회적 체제는 제도적 또는 조직적 차원과 개인적 또는 인성적으로 이루어져 있음
  - ③ B = f(R × P)(B 사회적 행동, R 역할, P 인성)

- 관계

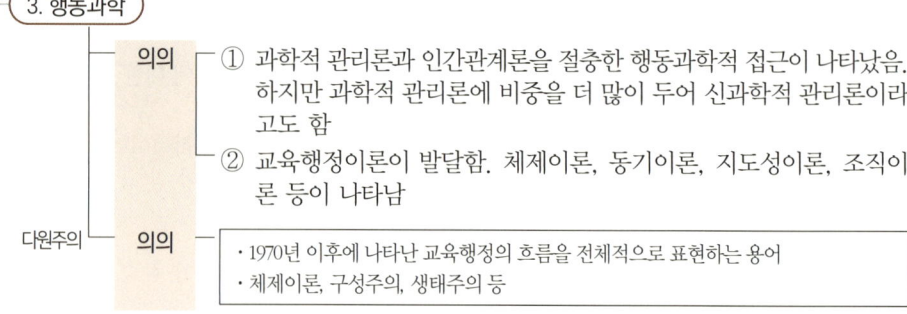

- 적용
  - ① 군대나 교도소와 같은 사회는 역할, 예술인 사회는 인성이 지배적이나, 학교나 교회와 같은 규범사회는 역할과 인성의 비중이 같은 정도로 중요시되며 균형 있게 행사
  - ② 학교조직에서 조직이 안정적일 때 예술조직 쪽으로 움직이는 경향이 있고, 조직이 불안정적일 때 군대조직 쪽으로 움직이는 특성이 있음

- 그림

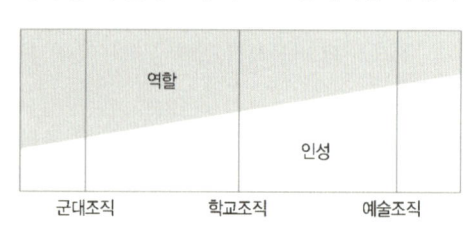

5. 행정과정 이론

- 종류

Fayol(1916)	Gulick & Urwick	Sears(1950)	Gregg	Campbell	AASA
·	·	·	의사결정	의사결정	·
계획	계획(P)	계획	계획	프로그램 짜기	계획
조직	조직(O)	조직	조직		자원배분
	인사배치(S)		의사소통		
명령	지시(D)	지시	영향	자극	자극
조정	조정(Co)	조정	조정	조정	조정
통제	보고(R)	통제	평가	평가	평가
	예산편성(B)				

NOTE

조직화 조정화	① 조직화 : 인적, 물적 자원을 세분화, 전문화, 분업화시키는 것이다. (자원배분) ② 조정화 : 조직의 목표를 효율적으로 달성하기 위해서 조직화된 인적, 물적 자원을 조화·통합시키는 것이다. ③ 축구경기의 조직과 조정 : 축구경기에서 축구선수들의 포지션(위치)을 정하는 것이 조직화이고, 경기에 이기기 위해서는 각 포지션의 조정화(조화와 통합)이 필요하다.

* 페욜(Fayol)은 최초 행정과정이론을 주장, 시어즈(Sears)는 교육행정과정이론을 주장, 쿨릭과 어윅(Gulick & Urwick)은 POSDCoRB로 알려짐

III. 동기이론

1. 개요 2. 매슬로우 욕구계층 3. 앨더퍼 ERG 4. 맥그리거 XY 5. Z이론 6. 아지리스 미성숙·성숙
7. 허즈버그 동기위생 8. 브룸 기대 9. 아담스 공정성 10. 로크 목표설정 11. 직무설계 12. 몰입

1. 동기이론 개요

모형

형태	특성	이론
내용이론 (요소)	사람에게 동기를 부여하는 특별한 요인을 식별하는데 중점을 둠	욕구계층이론, ERG, X·Y이론, 성숙·미성숙이론, 동기·위생이론
과정이론 (발생)	동기를 유발하기 위하여 동기요인들이 상호작용하는 과정에 중점을 둠	기대이론, 공정성이론, 목표설정이론

메이요 테일러	매슬로우	앨더퍼	맥그리거	아지리스	허즈버그
인간관계론	자아실현	G	Y	성숙	동기
	존경				
과학적 관리론	소속	R			
	안전	E	X	미성숙	위생
	생리				

2. 매슬로우 욕구계층

결핍 성장 **6단계**

욕구수준	욕구특징	일반요인	
자기초월 욕구 (제6단계)	• 자기 자신을 초월하여 인류, 다른 사람, 자연, 동물, 시간, 문화에 관심을 가짐 • 교사, 종교지도자, 성인	• 타인 • 자연	성장욕구
자아실현 욕구 (제5단계)	• 자기 발전을 위하여 자신의 잠재력을 최대한 발휘하는데 초점을 둔 욕구이다. • 인지적, 심미적 욕구까지 포함	• 성장, 성취 • 진보, 자기발전	
존경 욕구 (제4단계)	• 자기 존경에 초점을 두고 있다. • 타인으로부터 인정과 존경을 포함	• 자기존경 • 타인으로부터 존경 • 인정	결핍욕구
소속, 사랑 욕구 (제3단계)	• 인간의 사회직이고 사교직인 동료의식을 조성하기 위한 욕구로서 사랑, 소속, 우정 등을 포함	• 애정, 사랑 • 수용, 친선, 우정	
안전 욕구 (제2단계)	• 위험, 위협, 박탈로부터 자신을 보호하고, 불안을 회피하고자 하는 욕구	• 안전, 안심 • 안정	
생리적 욕구 (제1단계)	• 배고픔을 면하고 생명유지를 위한 가장 기초적인 의식주에 관한 욕구에서 성적욕구까지 포함	• 성, 음식 • 물	

① 결핍욕구 : 부족부분이 채워지면 욕구가 감소
② 성장욕구(Being Needs: 메타욕구, 실존욕구) : 채워져도 감소하지 않고 계속적으로 나타남

객관식

06
다음 그림은 동기이론들 간의 관계를 나타내고 있다. 표 안의 ㉠~㉣ 중에서 적절하지 않은 것은? (01, 초등)

	허즈버그의 요인이론	매슬로우의 욕구이론	엘더퍼의 ERG이론
고차적 욕구	㉠ 동기요인	자아실현 욕구	㉣ 만족욕구
		㉡ 존중욕구	관계욕구
기본적 욕구	위생요인	소속욕구 ㉢ 안전욕구 생리적 욕구	생존욕구

① ㉠
② ㉡
③ ㉢
④ ㉣

06. ④

객관식

07
학교장이 'Y이론'에 입각한 인간관을 가졌을 때 취할 수 있는 가장 적절한 학교경영 전략은? (98, 중등)

① 상벌체제를 강화하여 교사를 통제한다.
② 교사 모든 업무에 대한 상세한 지침을 하달한다.
③ 교사들의 업무를 지원하고 촉진하기 위해 학교 조직을 정비한다.
④ 교사들이 미성숙한 상태에 있다고 전제하고, 그들을 관리하는데 역점을 둔다.

07. ③

매슬로우
- 특성
  - ① 하위욕구가 어느 정도 충족되어야 상위욕구가 나타남
  - ② 교육은 학습자의 현재의 욕구를 충족시켜 줌과 동시에 새로운 욕구를 계발시켜 주어야 함
  - ③ 교육의 목적은 자아실현 욕구 충족에 있음
- 주장
  - ① 인간의 욕구는 저수준의 욕구로부터 고수준의 욕구로 충족
  - ② 완전한 욕구충족은 불가능하며 상대적임
  - ③ 인간의 행동에는 몇 가지 욕구가 복합적으로 작용
  - ④ 일단 충족된 욕구는 약해져서 동기유발 요인으로서 의미 상실

3. 앨더퍼 ERG

비교

욕구계층이론	ERG이론
자아실현욕구	성장(Growth)
존경욕구(자기)	
존경욕구(타인)	관계성(Relatedness)
소속사랑 욕구	
안전욕구(대인)	
안전욕구(대물)	존재(Existence)
생리적 욕구	

차이점
- ① 매슬로우의 5단계 욕구를 세 가지로 단순화하였지만 각 개념은 포괄적임
- ② 단계적·계층적이 아니라 구체성 정도에 따라 분류해서 한 단계 속에서는 어떤 순서가 있는 것이 아님
- ③ 동시에 매슬로우 욕구 둘 또는 세 가지 욕구가 함께 작용하여 동기유발
- ④ 고차원 욕구가 만족되지 않거나 좌절되면 저차원 욕구가 더 커져 하위욕구로 돌아가는 좌절-퇴행(frustration-regression) 개념을 도입

4. 맥그리거 X·Y

비교

구분	X이론	Y이론
인간관	성악설	성선설
동기화	강제적·외적 동기	자발적·내적 동기
조직관	개인중시	집단중시
기본 가정	① 과업은 선천적으로 모든 인간이 싫어함 ② 인간은 야망이 없고, 책임을 회피하며, 지시받기를 좋아함 ③ 조직의 문제해결에 필요한 창의력이 부족함 ④ 인간은 생리적 욕구와 안전욕구에 의해 동기화됨 ⑤ 인간은 엄격하게 통제되고, 성취하도록 강요되어야 함	① 과업은 조건이 양호하면, 놀거나 휴식하는 것만큼 자연스러운 것임 ② 자아통제는 조직목적의 성취에 필수 ③ 조직의 문제해결에 필요한 창의력은 대부분의 인간이 갖고 있음 ④ 생리, 안정, 사회, 존경, 자아실현에 의해 동기화됨 ⑤ 인간은 스스로 통제할 수 있고, 동기화되면 과업에 창의적임

5. Z이론

룬스타드
- ① 룬스타드(Lundstedt)는 X이론은 독재형, Y이론은 민주형, Z이론은 자유방임 또는 비조직형이라고 함
- ② 조직의 방임상태나 비조직화가 부정적인 것만은 아니고 긍정적일 수도 있음

NOTE

- 로레스
  - ① 로레스(Lawless)는 X·Y이론이 모든 조직에 적용되는 것이 아니라고 비판하고, 제3의 관리이론 제시
  - ② Z이론은 고정적이고 획일적인 관리방법보다는 변화하는 환경 속에서 조직과 구성원들이 이와 같은 변화를 객관적으로 파악하여 여기에 적합한 관리 전략을 수립해야 한다는 것
  - ③ Z이론은 관리방식은 구체적인 조직상황에 적응해야 한다는 상황이론
- 포스
  - ① 포스(Foss)는 Z이론을 브레이크(Blake)와 모튼(Mouton)의 관리망(Managerial Grid)에서의 효과적 유형인 Team형(9·9형)에다 하나를 더 보탠 3차원적인 9·9·9형으로 제시
  - ② 포스(Foss)의 Z이론은 조직생활과 개인의 동기간의 관계를 중요시한다. 개인은 사회 문화의 영향을 받으므로 사회변화에 따라 동기요인도 변한다는 것
- 오우치
  - ① 오우치(Ouchi)와 프라이스(Price)는 Z이론적 관리방식을 일본식으로 보고 그것을 Z형으로, 미국식 관리방식을 A형이라고 부르며 비교하여 제시
  - ② 특징: 장기고용, 평가와 승진이 늦음, 준전문성, 집단연대 책임, 집단적 관계 중시 등

6. 아지리스 미성숙·성숙

- 의의
  - ① 미성숙·성숙이론은 조직 내의 구성원들에게 책임의 폭을 넓혀 주고 믿음으로 대하며, 직장에서 성장·성숙할 수 있는 기회를 부여
- 비교

미성숙 단계	성숙 단계
① 수동적 행위, ② 의타심, ③ 단순하고 한정된 행위, ④ 단기적 관점, ⑤ 종속적 지위, ⑥ 자아의식 결여	① 능동적 행위, ② 독립심(자율적 존재), ③ 복잡하고 다양한 행동, ④ 장기적 전망, ⑤ 대등한 또는 우월한 지위, ⑥ 자기의식과 자기통제

7. 허즈버그 동기·위생

- 의의
  - ① 인간은 이차원적 욕구구조를 지니고 있으며, 불만족과 만족은 별개의 차원으로 불만족을 일으키는 요인과 만족을 주는 요인은 서로 다른 것(동기요인=만족요인, 위생요인=불만족요인)
  - ② 불만족요인의 제거는 소극적이며 단기적 효과를 가지고, 만족요인을 크게 하는 것은 적극적이며 장기적 효과(동기요인과 위생요인은 모두 넓은 범위 동기임)
  - ③ 허즈버그는 만족과 불만족이 서로 반대 개념이 아니라고 봄. 만족과 불만족은 별개로 움직이는 개념
- 동기요인
  - ① 성취, 인정, 작업자체, 책임, 발전, 승진 등이며 직무수행에 지속적 영향을 미치고, 일 자체와 관련
  - ② 동기요인이 충족되면 만족이 커지고 동기요인이 충족되지 못하면 만족이 작아짐
- 위생요인
  - ① 회사정책, 행정, 감독, 임금, 대인관계, 작업조건, 지위 등 환경과 관련 요인
  - ② 위생요인이 충족되면 불만족이 줄어들고 위생요인이 충족되지 못하면 불만족이 커짐

객관식

08
허즈버그(Herzberg)의 '동기-위생 이론'과 관련 있는 설명은? (00, 초등)

① 인간은 자연적으로 미성숙 상태에서 성숙 상태로 발달한다.
② 인간은 낮은 수준의 욕구와 높은 수준의 욕구를 가지고 있다.
③ 인간은 성악설의 X이론형이 있고, 성선설의 Y이론형이 있다.
④ 인간의 만족과 불만족은 조직생활에서 서로 다른 차원으로 나타난다.

08. ④

객관식

09
동기부여에 관한 아담스(J. S. Adams)의 '공정성 이론'에서 가장 중시하는 인간의 욕구는? (08, 중등)

① 정서적 유대를 위한 소속의 욕구
② 타인과의 비교를 통한 형평의 욕구
③ 기본적 생존을 위한 생물학적 욕구
④ 조직의 목표 설정에 대한 참여의 욕구

10
다음에서 권 교사에게 해당하는 직무설계 방법으로 가장 올바른 것은? (07, 초등)

| 보기 |

초등학교 정보부장인 권 교사는 할당된 업무를 충실하게 수행한다고 인정받고 있었다. 최근 학교장은 그동안 자신이 수행하던 정보 관련 대외 업무를 권 교사에게 일임하고 정기적으로 보고 받는 방식으로 직무를 재설계 하였다. 권 교사는 자신에게 위임된 업무에 대한 책임감을 갖고 자율적으로 수행하게 되었으며, 이로 인해 직무 만족도가 높아지고 교직 전문성도 향상되었다.

① 직무 순환(job rotation)
② 직무 풍요화(job enrichment)
③ 직무 공학화(job engineering)
④ 직무 단순화(job simplification)

09. ② / 10. ②

---

8. 브룸 기대

의의 모형
① 심리학의 기대 × 가치이론에 중간 변수인 수단을 추가하여 완성한 이론

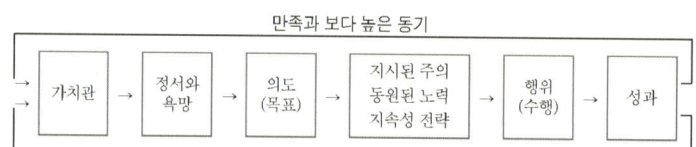

요인
① 기대 : 노력을 하면 과업 수행이 이루어질 것이라는 신념(성공 가능성)
② 수단 : 과업 수행이 보상과 연결될 것이라는 지각 정도
③ 가치 : 과업 수행에서 이루어지는 보상 정도를 지칭(성공 유인가)

9. 아담스 공정성

의의
① 균형이론 또는 교환이론(사회적 비교이론)
② 한 개인이 다른 사람들에게 비해 공정하게 또는 균형 있게 대우 받음에 따라 동기가 발생
③ 만일 자신의 투입 대 결과의 비율이 다른 사람과 동일하면 공정하다고 느끼고, 불공정하다고 느끼면 긴장이 유발되고, 평행을 회복하기 위한 노력을 하게 됨

불공정성 해소 방안
① 자신의 투입·산출을 변경
② 준거인물(비교대상)의 투입·산출을 변경
③ 자기 자신 또는 타인의 투입·산출을 왜곡
④ 준거대상(비교대상)을 변경
⑤ 현장을 떠남

10. 로크 목표설정

모형

만족과 보다 높은 동기

→ 가치관 → 정서와 욕망 → 의도(목표) → 지시된 주의 동원된 노력 지속성 전략 → 행위(수행) → 성과

① 가치관이 정서와 욕망을 결정하고 목표가 설정되며, 목표에 대해 주의, 노력, 전략에 따라 행동이 결정되고 성과에 따라 다시 가치관에 영향을 미침

11. 직무설계

의의
① 직무설계란 조직적·기술적·인간적 욕구를 충족시키기 위하여 필요한 직무의 내용과 방법, 그들의 관계를 구체화하는 일

종류
① 직무 충실화(풍요화) : 자신의 직무에 대해 보다 많은 책임감과 적극성을 가짐
② 직무 확대화 : 직무의 수를 증가시킴으로서 지루하고 단순한 반복적 작업에 변화를 가져오게 하거나, 세분화된 몇 개의 작업을 통합하여 하나의 작업이 되도록 직무내용을 재편성
③ 직무 공학화 : 종업원들에게 공학적 도구를 제공함으로써 종업원들의 생산성을 향상시키려는 활동
④ 직무 순환화 : 직무 상호 간에 이동하는 것

충실화 요인
① 의미감 경험(experienced meaningfulness) : 개인은 자신의 일이 가치 있거나 중요한 것으로 인식함
② 책임감 경험(experienced responsibility) : 개인은 자신의 노력 결과에 대해 책임이 있다고 느껴야 함

NOTE

- ③ 결과 인지(knowledge of results) : 개인은 정기적으로 일의 결과가 만족스러웠는지 결정해야 함
- 작용
  - ① 세 가지 심리적 상태가 존재한다면 교사는 기분 좋게 느끼며, 일을 잘 수행하고, 미래에도 이 느낌을 계속 얻을 수 있도록 일을 잘 수행하고자 계속하여 노력
  - ② 교사는 자신에게 동기를 부여하거나 이끌기 위하여 외부 인사에게 의존할 필요가 없으므로 이 세 가지 심리적 상태는 내부 동기유발의 근거

12. 몰입
- 의의
  - ① 칙센트미하이(Csikszentmihalyi)는 삶을 가꾸어주는 것은 깊이 빠져드는 몰입(Flow)이라고 주장
  - ② 몰입에 뒤이어 오는 행복감은 스스로의 힘으로 만들어낸 것이어서 우리의 의식을 그만큼 고양시킴
- 특징
  - ① 집중적 참여 ② 목표와 피드백의 명확성 ③ 강한 정신집중
  - ④ 자의식 초월 ⑤ 시간감각 부재 ⑥ 내적 보상경험
- 과제 실력 관계

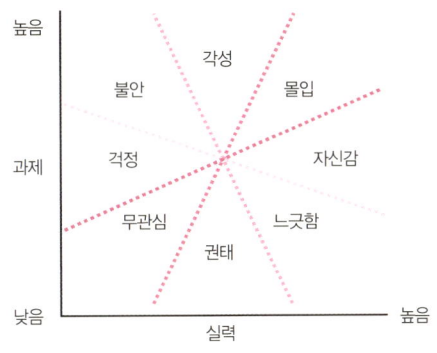

Ⅳ. 지도성이론

1. 특성이론 2. 레빈(화이트, 리피트)유형 3. 핼핀과 바이너 4. 블레이크 모튼 관리격자 5. 상황이론
6. 허쉬 브랜차드 상황적지도성 7. 피들러상황적합이론 8. 레딘3차원이론 9. 하우스 경로목표이론
10. 바스 변형적 지도성 11. 카리스마적 지도성 12. 초우량 지도성 13. 분산적 지도성 14. 캇츠·칸 지도성 15. 서번트 지도성 16. 참여적 지도성 17. 서지오바니 교장 지도성

1. 특성이론
- 의의
  - ① 지도자는 비지도자와 구별되는 개인의 육체적·심리적 또는 사회적 특성을 심리학적 입장에서 접근
  - ② 현재 소규모 조직이나 비공식적 조직에서는 적용될 수 있는 지도성 이론
  - ③ 개인이 지니고 있는 특성(성격, 장점, 소질 등)이 지도성으로 자용
  - ④ 스톡딜(Stogdill) : 연령·신장·체중·체격·정력·건강·용모·언어의 유창성·지능·학력·지식 등
  - ⑤ 기브(Gibb) : 정열·자신감·높은 지능·유창한 언어·지구력·집단 구성원 개개인을 이해하는 통찰력 등

2. 레빈(화이트, 리피트)
- 유형
  - ① 권위형 또는 전제형 : 지도자가 모든 정책을 결정
  - ② 민주형 : 모든 정책은 구성원들의 집단토의와 집단적 결정에 의해 이루어짐
  - ③ 자유방임형 : 집단이나 개인의 완전한 자유나 결정이 보장되며, 최소한의 경우에만 지도자가 참여

객관식

11
그림은 칙센트미하이(M. Csikszentmihalyi)가 제시한 플로우(flow)를 설명하기 위한 것이다. 학습자가 학습의 즐거움에 심취되어 최상의 몰입경험을 할 수 있는 가능성이 가장 높은 부분은? (10, 초등)

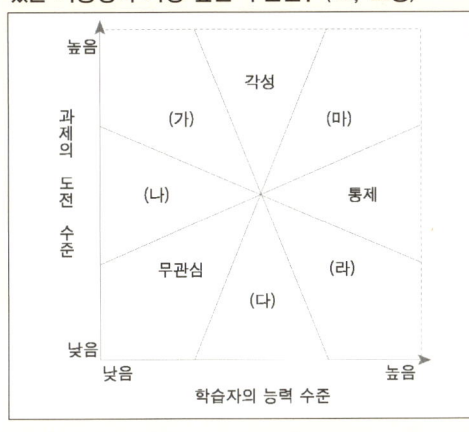

① (가)　② (나)
③ (다)　④ (라)
⑤ (마)

11. ⑤

객관식

12
다음 대화에서 두 교장선생님이 공통적으로 적용하고 있는 교육 지도성이론은? (01, 중등)

| 보기 |

김 교장 : 요즘 우리 학교 선생님들은 인화를 강조하는 저의 지도방식에 대해 불만을 가지고 있습니다. 때문에 저는 선생님들에게 교사로서의 과업을 강조하는 지도성을 발휘하려 애쓰고 있습니다.
박 교장 : 우리 학교 선생님들은 전반적으로 성숙도 수준이 매우 높은 것으로 판단됩니다. 그래서 저는 요즘 위임적인 지도성을 발휘하려고 노력하고 있습니다.

① 상황이론　　② 특성이론
③ 유형이론　　④ 행위이론

13
허시(P. Hersey)와 블랜차드(K. H. Blanchard)의 상황적 지도성 이론에서 구성원의 성숙 수준과 효과적 지도성이 바르게 연결된 것은? (08, 초등)

구성원의 성숙 수준	효과적 지도성
① 대단히 낮음(M1)	낮은 과업, 높은 관계 중심 행동
② 보통보다 조금 낮음 (M2)	높은 과업, 낮은 관계 중심 행동
③ 보통보다 조금 높음 (M3)	높은 과업, 높은 관계 중심 행동
④ 대단히 높음 (M4)	낮은 과업, 낮은 관계 중심 행동

12. ① / 13. ④

3. 핼핀과 바이너

차원
① 과업중심적 차원 : 업무 권한관계를 형성하고 분명한 조직, 의사소통의 통로 및 작업방법을 확립하려는 지도자의 행동(생산과업, 구조 등)(과학적 관리)
② 인화중심적 차원 : 지도자와 구성원 간의 관계에 있어서 인간적 우정과 상호 신뢰·존경 및 온정을 나타내는 지도자 행동(인간관계, 배려)(인간관계)

유형

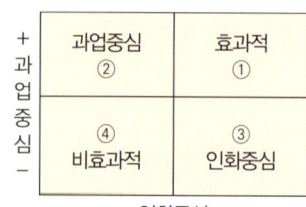

① 효과적 지도성 : 과업+ 인화+
② 과업중심 지도성 : 과업+ 인화−
③ 인화중심 지도성 : 과업− 인화+
④ 비효과적 지도성 : 과업− 인화−

4. 블레이크 모튼 관리격자

매니저리얼 그리드 — 유형

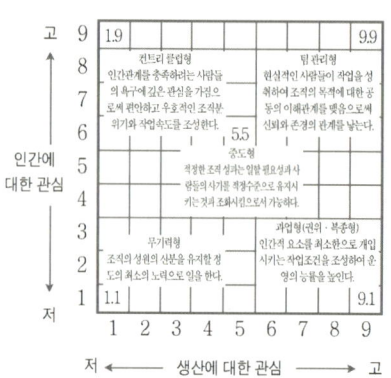

5. 상황이론

의의
① 보편적으로 중요한 지도자의 성격특성이나 지도성 유형은 존재하지 않음
② 지도자가 처한 상황이 중요. 상황이 다르면 지도자의 특성도 및 유형도가 달라짐

6. 허쉬 블랜차드 상황적 지도성

지도성 행위
① 과업 행위 : 지도자는 부하직원들에게 과업을 지시하고, 설명함으로 일방적 의사소통으로 이루어짐
② 관계성 행위 : 지도자는 사회·정서적인 지원, 즉 심리적 위로를 제공, 쌍방의 의사소통에 전념

구성원 성숙도
① 직무 성숙도 : 종업원의 개인 직무수행 능력
② 심리적 성숙도 : 종업원의 개인적 동기 수준

유형
① 위임형(비효과성) : 구성원(높은 동기, 높은 능력), 지도자(낮은 과업 행위, 낮은 관계성 행위)
② 지원형(인화형) : 구성원(낮은 동기, 높은 능력), 지도자(낮은 과업 행위, 높은 관계성 행위)
③ 지도형(효과성) : 구성원(높은 동기, 낮은 능력), 지도자(높은 과업 행위, 높은 관계성 행위)
④ 지시형(과업형) : 구성원(낮은 동기, 낮은 능력), 지도자(높은 과업 행위, 낮은 관계성 행위)

NOTE

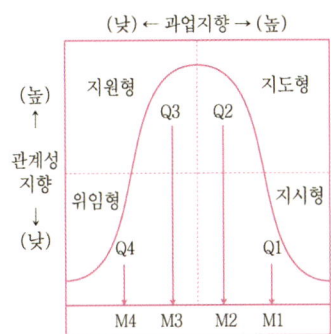

구성원
M1 : 낮은 동기, 낮은 능력
M2 : 높은 동기, 낮은 능력
M3 : 높은 능력, 낮은 동기
M4 : 높은 능력, 높은 동기 구비

지도자
Q1 : 높은 과업행위, 낮은 관계성 행위
Q2 : 높은 과업행위, 높은 관계성 행위
Q3 : 낮은 과업행위, 높은 관계성 행위
Q4 : 낮은 과업행위, 낮은 관계성 행위

부하의 수행준비도

성숙	높음(M4)	(M3)	중간	(M2)	낮음(M1)	미성숙
	유능하고 신념을 갖고 하려고 함	유능하나 불안정하고 하려고 하지 않음		무능하나 신념을 갖고 하려고 함	무능하며 불안정하거나 하려고 하지 않음	
	자기주도적			리더주도적		

7. 피들러 상황적합이론

- **구성요소**
  - ① 지도자와 구성원의 관계(인화적 차원), 과업구조(과업적 차원), 지도자의 지위 권력
  - ② 지위 권력은 지도자가 합법적, 보상적, 강압적 권력을 가지고 구성원의 행위에 영향을 주는 능력 정도

- **적용**
  - ① 여러 요소를 가지고 그림과 같은 여덟 가지 조합을 구성함
  - ② 과업 지향형 지도자는 지도자의 영향력이 대단히 크거나 작은 극단적인 상황(Ⅰ, Ⅱ, Ⅲ, Ⅷ)하에서 효과적이며, 관계 지향적 지도자는 지도자의 권력과 영향력이 중간 정도인 상황(Ⅳ, Ⅴ, Ⅵ, Ⅶ)하에서 효과적임

8. 레딘 3차원관리 유형이론

- **기본모형**
  - ① 과업 차원(Task Dimension) : 지도자 자신과 부하들의 노력을 목표달성을 위해 노력하는 행동
  - ② 관계성 차원(Relationship Dimension) : 지도자가 부하들의 의견에 대한 상호신뢰와 존경, 그들의 감정에 대한 배려 등이 포함되는 개인적인 관계를 중요시하는 행동이다.
  - ③ 효과성 차원(Effectiveness Dimension) : 지도자가 목표를 달성하는 정도

객관식

14
김 교장의 지도성을 가장 잘 나타낸 것은? (09, 초등)

| 보기 |

우선 김 교장과 교사들은 계속적인 대화를 통해 서로 인식의 차이를 인정하고 학교를 발전시킬 비전을 공동으로 설정하였다. 학교문제 해결을 위해 여러 팀을 구성하여 교사들이 전체 상황과 연계시켜 체계적으로 사고할 수 있도록 하였으며, 이 과정에서 교사 상호간에 존중하면서 배우는 문화가 정착되었다. 김 교장은 교사들을 개별적으로 배려하면서 참신하고 비판적인 사고를 할 수 있는 개인적 역량을 고취시켰다. 그 결과 교사들로부터 신뢰와 존경을 얻었으며, 전반적인 학생들의 학업 분위기가 개선되었다.

① 기술적 지도성 ② 변혁적 지도성
③ 정치적 지도성 ④ 교환적 지도성
⑤ 과업지향 지도성

14. ②

지도자 유형

기본 지도자 유형	효과적 지도성	비효과적 지도성
통합형 높은 관계 높은 과업	경영자형 동기유발, 높은 기준 설정, 개인차 인정, 팀 경영의 선호	타협자형 부적절한 압력에 심하게 영향을 받는 비일관적 의사결정자
분리형 낮은 관계 낮은 과업	관료형 규칙 공평하고 양심적으로 행사하여 현상유지 및 통제	방임형 수동적, 때로는 간섭하며, 책임 포기
헌신형 낮은 관계 높은 과업	자선적 독재형 해야 할 일을 알고 그것을 적개심을 일으키지 않으면서 효율적으로 하는 적극적 추진자	독재형 무감각, 오만감, 완고함, 타인에 대한 불신, 즉시적 일에만 관심
관계형 높은 관계 낮은 과업	개발형 타인을 신뢰하고, 온화하고, 타인의 개인적 발전에 관심	선교사형 조화에 관심을 두며 조직이 목적(방향성) 없이 표류하는 동안에도 선의(Good-Will)를 전도

9. 하우스 경로-목표이론

의의
① 경로(행로)-목표이론(Path Goal Theory)은 에반스(Evans)에 의해 창안되고, 하우스(House)가 상황변수를 추가
② 동기기대 이론(Expectancy Theory of Motivation)에 근거를 두고 있다. 이 이론에 의하면, 지도자는 목표달성을 위한 행로를 밝혀줌으로써 구성원들의 행동에 도움을 주며 동기가 유발된다는 것
③ 지도자는 구성원들의 과업수행 동기를 유발하고, 그들의 직무 만족도를 높이며, 지도자에 대한 수용도를 높이는 기능을 가짐. 세 가지 기능 여하에 따라 지도자의 효과가 좌우됨

지도자 행동

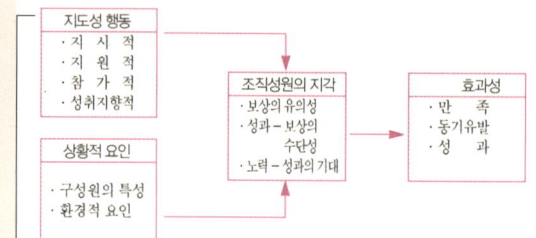

① 지시적 지도성(Directive Leadership): 구성원의 과업을 주도하고 목표달성 방법을 구체적으로 지시함
② 지원적 지도성(Supportive Leadership): 구성원들에게 우호적이고 친밀감을 가지며 부하들을 차별하지 않음
③ 참가적 지도성(Participative Leadership): 성원의 참가를 조장하고 정보와 권한을 공유
④ 성취지향적 지도성(Achievement-Oriented Leadership): 도전적 목표를 설정하고 구성원들에게 최대의 능력을 발휘할 것을 기대하며, 종업원에 대한 Y이론적 경영신념을 가짐

10. 바스 변형적 지도성

거래적 지도성 특징
① 상황적 보상 : 노력과 근무성과에 대한 보상약속, 성취인정 등(변화적=변혁적)
② 잘못에 대한 적극적 관리 : 규정과 기준에 벗어나는 것을 찾고 감시하여 그러한 행동을 교정
③ 잘못에 대한 소극적 관리 : 조직이 정한 기준에 도달하지 않을 때만 관리
④ 자유방임 : 책임회피, 결정의 기피가 나타남

---

01. #4에 언급된 바스(B. Bass)의 지도성의 명칭, 김 교사가 학교 내에서 동료교사와 함께 이 지도성을 신장할 수 있는 방안 2가지 [3점] [20, 중등 논술형]

#4	더 나은 수업을 위해서 새로운 지도성이 필요하겠어. 내 윤리적·도덕적 기준을 높이고 새로운 방식으로 학생들을 대하자. 학생들의 혁신적·창의적 사고에 자극제가 될 수 있을 거야. 학생들을 적극 참여시켜 동기와 자신감을 높이고 학생 개개인의 욕구에 특별한 관심을 가지며 잠재력을 계발시켜야지. 독서가 이 지도성의 개인적 신장 방안이 될 수 있겠지만, 동료교사와 함께 하는 방법도 찾아보면 좋겠어.

∅정답키: 지도성 명칭-바스의 변형적 지도성
신장 방안-학습공동체 참여, 직무 연수 참여

- 변형적 지도성 특징
  - ① 이상적(이념화된) 영향력(카리스마) : 높은 도덕성, 발생하는 위험을 분담, 타인 욕구를 배려하고, 조직 이익을 위해 행동하여 구성원의 존경과 신뢰를 받음
  - ② 영감적 동기유발(감화력): 비전을 창출하고, 조직의 문제를 해결하고, 조직의 성장에 대한 믿음을 제공하여 동기유발하고, 팀 정신, 열정과 헌신을 이끌어냄
  - ③ 지적 자극 : 구성원들이 창의적이고 혁신적 사고를 지닐 수 있도록 지적인 자극을 줌
  - ④ 개별화된 배려 : 개인적 성장에 대하여 특별한 관심과 배려를 가짐

11. 카리스마적 지도성

- 의의
  - ① 베버(Weber)에 의하면 카리스마는 한 개인에 대해 초월적 존재며 초자연적, 초인적, 적어도 예사롭지 않은 힘과 능력을 가지고 있는 것으로 여기는 개인의 자질
  - ② 에치오니(Etzioni)는 '행위자가 다른 행위자의 규범적 성향에 강력한 영향을 발휘하는 능력'이라고 정의
- 특성
  - ① 자기 확신 : 자기 판단과 능력에 대하여 완전한 확신을 가짐
  - ② 비전 : 현상유지보다 더 좋은 것을 지향하는 이상적 목적이 있음
  - ③ 비전을 분명히 하는 능력 : 지도자는 다른 사람들이 이해할 수 있는 용어로 비전을 명확히 함
  - ④ 비전에 대한 강한 신념 : 지도자는 강한 신념을 가지고 있다. 그는 개인적으로 높은 위험을 감수하고 비전을 성취하기 위한 희생을 받아들임
  - ⑤ 보통 이상의 행동 : 지도자는 고상하고 관습적이지 않으며 규준에 반하는 행동을 한다. 그리고 이 행동이 성공하면 감탄과 존경의 대상이 됨
  - ⑥ 변화 촉진자로 인식 : 지도자는 현상을 유지하기보다 급진적인 변화 촉진자로 인식
  - ⑦ 환경에 대한 감수성 : 변화에 관련된 환경적 제한과 자원의 필요를 현실적으로 평가할 수 있어야 함

12. 초우량 지도성

- 정의
  - ① 만즈(Mans)와 심즈(Sims)에 의해 제안된 지도성
  - ② 구성원들이 스스로를 자율적으로 이끌 수 있도록 하는 능력을 개발한다는 관점에서 자율적 지도성(Self Leadership)이라고도 함
  - ③ 구성원들의 능력을 개발시키는 지도자의 능력에서 초우량 지도성(Super Leadership)이라고 함

13. 분산적 지도성

- 개념
  - ① 지도성은 특정 부서에 국한된 몇 사람만이 관여하는 것이 아니라 지도성을 조직의 질(체계적 특징)로 간주
  - ② 지도성은 조직을 구성하는 역할들의 네트워크를 따라 흐르는 것

14. 캇츠·칸 지도성

- 기본 기술
  - ① 사무적 기술(기술적 자질) : 특정 활동에 대한 이해와 숙련을 말하는데, 교수와 교육과정의 운영, 인사, 시설, 재정 등의 중요분야에 대한 전문지식과 분석력이 필요
  - ② 인간관계 기술(인간적 자질) : 조직의 일원으로서 효과적으로 일하고 구성원들의 활동을 조정하고 목표달성을 위해 최선을 다하도록 자극하고 동기를 유발하는 기술이다. 사무적 기술과는 대조적으로 인간과 관계되는 기술

객관식

15

다음 특징을 가진 학교장의 지도성 이론으로 가장 적절한 것은? (11, 중등)

| 보기 |

- 학교조직 내의 모든 교원을 각각 지도자로 성장시킨다.
- 교원들이 자신을 스스로 이끌 수 있는 능력을 개발하도록 한다.
- 교원들이 자율적으로 팀을 형성하고 협력적으로 직무를 수행할 수 있는 조직문화를 만든다.

① 교환적 지도성
② 과업지향 지도성
③ 관계지향 지도성
④ 초우량(super) 지도성
⑤ 카리스마적(charismatic) 지도성

15. ④

---

02. 수업에 소극적인 학생들의 학습 동기를 유발하기 위한 방안을 3가지 측면(① 협동학습 실행, ② 형성평가 활용, ③ 교사지도성 행동)에서 각각 2가지씩만 논하시오. [14, 중등 논술형]

| 박 교사 : 그렇군요. 그런데 제가 보기에는 학생들의 수업 참여 정도가 교사의 지도성에 따라서도 다른 것 같아요. |
| 최 교사 : 그렇죠. 교사의 지도성 행동에 따라 달라질 수 있죠. 그래서 교사는 지도자로서 학급과 학생의 상황을 고려하여 학생들의 학습 동기를 불러일으킬 수 있는 지도성을 발휘해야겠지요. |
| 박 교사 : 선생님과 대화를 하다 보니 교사로서 더 고민하고 노력해야겠다는 생각이 듭니다. |
| 최 교사 : 그래요, 선생님은 열정이 많으니 잘하실 거예요. |

∅ 정답키: 교사지도성 행동-상황적 지도성, 변형적 지도성

객관식

16
지도성 이론에 관한 설명으로 옳지 않은 것은? (12, 중등)

① 분산적 지도성(distributed leadership): 인간관계, 동기화 능력 등을 강조하고, 참여적 의사결정을 통해 구성원의 사기를 높인다.
② 변혁적 지도성(transformational leadership): 구성원의 개인적 성장에 관심을 보이며, 비전을 공유하고 지적 자극을 촉진한다.
③ 초우량 지도성(super leadership): 지도자의 특성이나 능력보다 구성원 스스로가 지도자로서의 능력을 계발하고 활용할 수 있도록 한다.
④ 카리스마적 지도성(charismatic leadership): 지도자의 비범한 능력과 개인적 매력 등을 통해 구성원의 헌신적 복종과 충성을 이끌어낸다.

16. ①

- 기본 모형
  - ③ 전체파악적 기술(개념적 자질) : 직위가 높아질수록 더욱 중요시되는 기술인데, 기술은 조직을 전체로 보는 능력이다. 각 기술 간의 상호의존성과 영향 등을 인식하여 전체 복지를 증진시키도록 장기적인 계획과 폭넓은 관계성을 다룸

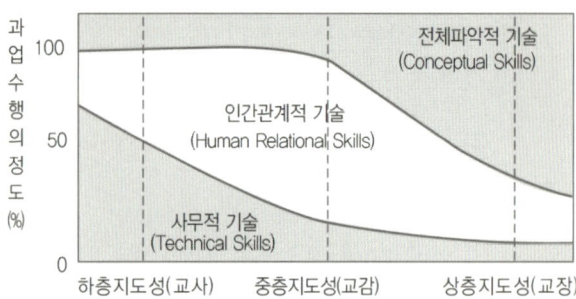

  - ① 높은 계층으로 올라감에 따라 사무적 기술의 필요성은 적어지고 전체파악적 기술이 더욱 필요

15. 서번트 지도성

- 의의
  - ① 로버트 그린리프(Robert K. Greenleaf)에 따르면 서번트 리더십은 '타인을 위한 봉사에 초점을 두며 종업원, 고객 및 커뮤니티를 우선으로 여기고 그들의 욕구를 만족시키기 위해 헌신하는 리더십'이라 정의
  - ② 서번트 리더십(Servant Leadership)의 기본 아이디어를 헤르만 헤세(Herman Hesse)의 작품 「동방으로의 여행(Journey to the East)」으로부터 얻었음

- 특징
  - ① 경청(Listening) : 경청은 부하에 대한 존중과 수용적 태도로 이해
  - ② 공감(Empathy) : 공감은 차원 높은 이해심이라고 할 수 있다. 부하의 감정을 이해하고 이를 통해 부하가 필요한 것이 무엇인가를 알아내고 리드해야 함
  - ③ 치유(Healing) : 치유는 리더가 부하들을 이끌어 가면서 보살펴 주어야 할 문제가 있는가를 살피는 것
  - ④ 스튜어드십(Stewardship) : 리더는 부하를 위해 자원을 관리하고 봉사, 봉사적 관리
  - ⑤ 부하 성장을 위한 노력(Commitment to the growth of people) : 리더는 부하들의 개인적 성장, 정신적 성숙 및 전문분야에서의 발전을 위한 기회와 자원을 제공해야 함
  - ⑥ 공동체 형성(Building community) : 리더는 조직구성원들이 서로 존중하며 봉사하는 진정한 의미의 공동체를 만들어 가야 함

16. 참여적 지도성

- ① 참여적 리더십(participative leadership)은 리더의 의사결정에 조직구성원의 영향력을 미치도록 허용하는 지도성
- ② 일반적으로 사용되는 다른 용어에는 협의, 공동 결정, 권력 공유, 분권화, 민주적 관리 등이 있음
- ③ 잠재적 혜택을 제공하지만 혜택이 있는지 여부는 참여자가 누구인가, 참여자들이 얼마나 많은 영향력을 가지고 있는가, 그리고 결정 해결책(의사결정에 관한 해결책)의 기타 측면에 좌우됨
- ④ 참여가 주는 네 가지 잠재적 혜택으로는 결정의 질 개선, 결정에 대한 참여자의 수용 증가, 결정 과정에 대한 만족 증가, 의사결정 기술의 발전이 포함

17. 서지오바니 교장지도성

- **기능적**
  - ① 세련된 경영기법인 경영 기술자로서의 역할을 담당하는 것
  - ② 기능적(기술적) 지도자는 학교생활의 계획, 조직, 조정, 일정작성 등의 기능을 담당
- **인간관계**
  - ① 인간관계 기술을 갖춘 인간관계 기술자로의 역할을 담당
  - ② 구성원을 지원, 격려, 성장하게 도와줌으로써 사기를 북돋우는 역할을 담당
- **교육적**
  - ① 교육에 관한 전문적 지식에 기반을 둔 임상장학 담당자로서의 역할을 담당하는 것
  - ② 임상장학 담당자로서의 지도자는 교육문제를 진단하고, 교사 상담을 담당하며, 장학, 평가, 현직교육을 담당하며, 교육과정을 개발하는 기능을 수행
- **상징적**
  - ① 상징적 지도자는 조직원들에 방향감을 제시해주고 이들의 행위의 의미를 일깨워주고, 공동의 목표로 향하여 조직원들을 이끄는데 역점을 둠
  - ② 일명 보스(Boss)로서의 지도성을 의미
- **문화적**
  - ① 독특한 학교문화를 창출해내는 능력에 근거한 지도성
  - ② 문화적 지도자는 조직에서 전통적으로 내려오는 가치, 신념 그리고 문화의 핵심을 개념화하거나 강화하여 조직원에게 독특한 정체감을 제공

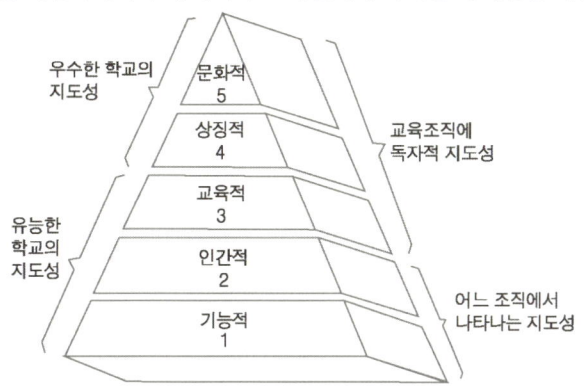

V. 조직 유형이론

1. 조직 기초 2. 에치오니 조직 3. 칼슨 조직 4. 파슨즈 조직 5. 블라우 스코트 조직
6. 캇츠·칸 조직 7. 조직화된 무질서 조직 8. 비공식적 조직 9. 계선참모보조 조직
10. 다층단층 조직 11. 위원회제도 12. 관료제 13. 홀 조직 14. 민츠버그 조직 15. 이완결합체제
16. 재구조화 전략 17. 교무분장조직 18. 교직원회의

1. 조직기초

- **정의**
  - ① 조직이란 "둘 이상의 사람들이 일정한 목표를 추구하기 위해 의식적으로 구성한 사회체제로서 목표달성을 위한 특정한 과업·역할·권한·의사소통·지원구조 등을 갖는 체제"라고 정의(윤정일 정의)
- **전통적 원리**
  - ① 명령통일 원리(=명령일원화의 원리) : 부하는 한 지도자로부터 명령과 지시를 받고 그에게만 보고해야 한다는 원리
  - ② 계층 원리(계급제, 위계제) : 조직구조의 상하관계와 형태를 조직하는데 요구되는 원리(군대조직)
  - ③ 통솔범위 원리 : 한 지도자가 직접 통솔할 수 있는 부하의 수에는 한계가 있다는 것을 의미하며 통솔인원으로 몇 명이 적절한가에 대해서는 견해가 다양하다. 사이몬은 마술적인 수로 표현
  - ④ 적도집권 원리 : 중앙집권제와 분권제 사이에 적정한 균형을 도모하려는 것을 말함

객관식

17
조직의 원리에 비추어 볼 때 43학급 이상의 초등학교에 둘 수 있는 복수교감제가 지니는 취약점과 가장 관련이 있는 것은? (99, 초등추가)

① 분업화   ② 적도 집권
③ 통솔 범위   ④ 명령 일원화

17. ④

객관식

18
〈보기〉와 관련 있는 에치오니(A. Etzioni)의 조직 분류 유형은?

| 보기 |
- 조직 통제의 주요 수단은 존경과 같은 상징 권력이다.
- 구성원은 조직에 대해 사명감을 가지고 헌신적으로 참여한다.
- 대표적인 예는 종교 단체, 대학, 초 중등학교이다.

① 강제적 조직 ② 공리적 조직
③ 관리적 조직 ④ 규범적 조직

19
고교평준화 지역의 공립 고등학교를 가장 잘 나타내고 있는 칼슨(Carlson)의 조직 유형은? (03, 중등)

① 야생 조직 (Wild Organization)
② 강압 조직 (Coercive Organization)
③ 적응 조직 (Adaptive Organization)
④ 온상 조직 (Domesticated Organization)

18. ④ / 19. ④

---

⑤ 분업 원리 : 전문화, 분업화, 세분화
⑥ 조정 원리(조화, 통합) : 조직 내에서 업무의 수행을 조절하고 조화로운 인간관계를 유지함으로써 협동의 효과를 최대한 거두려는 것을 말함

2. 에치오니 조직

조직 분류

① 강제적 조직 : 강제적 통제수단을 사용하여 조직이 구성원들을 명령에 따르도록 함으로써 대부분의 구성원들이 소외의식을 지니고 있는 조직(교도소)
② 공리적 조직 : 보상을 통제의 수단으로 하는 조직(회사)
③ 규범적 조직 : 상징적·도덕적 가치가 주요 수단이 되는 조직으로 위신이나 존경과 같은 규범적 상징과 애정이나 수용과 같은 사회적 상징을 이용하는 조직(학교)

권력 \ 참여	소외적	타산적	도덕적
강제적 권력	강제적 조직(교도소)		
보상적 권력		공리적 조직(회사)	
규범적 권력			규범적 조직(학교)

	권력의 종류	통제 수단	참여 수준
강제적 조직	강제적 권력 (Coercive Power)	물리적 제재와 위협	소외적 참여 (Alienative Involvement)
공리적 조직	보상적 권력 (Remunerative Power)	돈이나 그 밖의 물질적 보상	타산적 참여 (Calculative Involvement)
규범적 조직	규범적 권력 (Normative Power)	사랑, 인격 존중, 신망, 사명 등 상징적·도덕적 가치	도덕적 참여 (Moral Involvement)

3. 칼슨 조직

조직 분류

		고객의 참여 결정권	
		유	무
조직의 고객 선택권	유	유형Ⅰ 야생조직(사립학교, 개인병원, 자율형 사립고 등)	유형Ⅲ 강압조직(이론적으로는 가능하나 실제는 거의 없음)
	무	유형Ⅱ 적응조직(주립대학)	유형Ⅳ 온상조직(의무 공립학교, 국립 정신병원, 교도소 등)(온상, 사육)

온상 조직

① 조직이 고객을 선발하지 않고 고객도 조직을 선택하지 않는다. 즉, 법에 의해 고객을 받고, 고객도 참여해야 함
② 다른 조직과 달리 과도한 법적 보호를 받고, 상품의 질에 관심이 없고, 상품 판매에 어려움이 없음

4. 파슨즈 조직

조직 분류

조직 유형	사회적 기능	특성	예
생산 조직	적응	사회가 소비하는 재화와 용역을 생산	기업체
정치적 목표 지향 조직	목표성취	사회 내의 권력을 창출·분배하며 사회가 바람직한 목표를 달성할 수 있도록 보장	정당, 정치조직
통합 조직	통합	사회 내 갈등을 해결하고 사회의 구성 부분들 간 공존과 협동 조정	법원, 검찰, 경찰
유형유지 조직	유형 유지	교육 문화 등을 통해 사회의 지속성 유지	교육 기관, 종교 단체

5. 블라우 스코트 조직

조직 분류

조직 유형	주된 수혜자	조직의 주요 관심	예
호혜 조직	조직 구성원	· 구성원의 참여 · 구성원에 의한 통제를 보장하는 민주적 절차	정당, 노동조합, 전문직 단체, 종교단체
사업 조직	조직 소유주	· 이윤획득 · 경쟁적인 상황 속에서 능률의 극대화	제조 회사, 보험 회사, 은행
공공 조직	일반 대중	· 대중에 의한 외재적 통제가 가능한 민주적 장치	행정 기관, 군대, 경찰, 소방서
봉사 조직	고객	· 서비스 제공	학교, 병원, 사회사업 기관

6. 캇츠·칸 조직

조직 분류

조직 유형	조직 기능	예
생산 조직	재화생산, 용역 생산	기업, 회사
유지기능 조직	사회화	학교, 병원, 종교단체, 문화기관
적응적 조직	지식을 창출하여 문제에 적용	각종 연구소, 대학, 조사기관
관리적 정치적 조직	인적·물적 자원 통제·조정	정부조직, 정당, 노동조합, 압력단체

7. 조직화된 무질서 조직

코헨 마치
① 불명확한 목표 : 구성원들이 조직의 핵심 목표가 무엇인지를 잘 인식하지 못함
② 불분명한 기술 : 구성원들이 조직의 핵심적 기술이 무엇인지 이해하지 못함
③ 유동적 참여 : 구성원들의 시간·노력·참여가 때에 따라 다름(쓰레기통 모형)

8. 비공식적 조직

비교

공식적 조직	비공식적 조직
· 사람들이 만든 것	· 구성원 사이에서 자연발생적
· 외면적, 가시적	· 내면적, 비가시적
· 구성표 등으로 문서화	· 구성표 등과 상관없음
· 능률의 논리에 따라 구성	· 조직원의 친근성 등 감정에 따라 구성
· 전체적인 질서를 나타냄	· 부분적인 질서를 나타냄
· 비교적 대규모	· 비교적 소규모
· 학년, 학급, 분단, 교무분장, 교과별	· (학교 내부)계, 친목, 동창

객관식

20
교육의 과정은 공장의 생산과정과 달리 투입과 산출의 인과 관계를 분명하게 파악할 수 없다. 이러한 교육의 속성 때문에 나타나는 학교조직의 유형은? (00, 중등)

① 합리적 조직(Rational Organization)
② 비공식적 조직(Informal Organization)
③ 관료적 조직(Bureaucratic Organization)
④ 이완 조직(Loosely coupled Organization)

21
〈보기〉와 같이 학교조직의 특성을 파악할 때, 가장 부합하는 조직 유형은? (06, 초등)

| 보기 |

학교의 목적은 구체적이지도 않고 분명하지도 않다. 비록 그 목적이 명료하게 표방되어 있다고 하더라도 그 해석은 사람마다 다르며, 그것을 달성할 수단과 방법도 분명하게 제시하기 어렵다. 또한 학교의 구성원인 교사들은 수시로 학교를 이동하며, 학생들도 일정한 시간이 지나면 졸업하여 학교를 떠나간다. 학교 조직은 이러한 특성으로 인해 여타 조직과 다른 특성을 나타낸다.

① 야생 조직(wild organization)
② 사육 조직(domesticated organization)
③ 관료 조직(bureaucratic organization)
④ 조직화된 무질서 조직(organized anarchy)

20. ④ / 21. ④

객관식

22
학교 내에서 교사들의 비공식 조직이 갖는 순기능은? (99, 초등추가)

① 합리적 의사결정
② 공정한 업무 처리
③ 표준화된 업무 수행
④ 원활한 인간관계 형성

23
계선 조직의 장·단점을 설명한 것이 아닌 것은? (95, 초등)

① 권한과 책임의 한계가 명확하나 기관장의 독선적 경향을 방지할 방법이 없다.
② 정책 결정이 신속하나 의사전달이 불충분하고 융통성이 없다.
③ 강력한 통솔력을 발휘할 수 있으나 운영에 많은 경비와 시간을 필요로 한다.
④ 업무의 분화가 다양하지 않은 소규모 조직에 유리하나 부처 간의 효과적인 조정이 곤란하다.

22. ④ / 23. ③

- 순기능 역기능

순기능	역기능
· 구성원 정서에 안전감과 만족감을 제공	· 바람직하지 못한 소문(유언비어)을 확대
· 효과적 체제를 만들어 과업성취를 도움	· 파벌을 조장
· 의사소통을 증진	· 조직에 대한 부정적 태도를 조장
· 보다 고차적 단결에 공헌	· 개인 간 및 집단 간 갈등을 발생
· 경영자의 능력결함을 보충	· 조직의 변화에 저항
· 경영자가 계획하고 행동하도록 격려	

- 경영
  - ① 역기능이 최소화되고, 순기능이 극대화되도록 경영
  - ② 비공식조직을 인정하고 이해
  - ③ 비공식조직 내의 다양한 수준의 태도와 행동을 확인
  - ④ 비공식집단의 이해와 공식조직의 이해를 가능한 한 통합
  - ⑤ 비공식조직에 불필요한 위협이 되는 공식적 활동은 자제
  - ⑥ 어떤 행동을 취할 때에는 비공식집단에 대한 영향을 고려

9. 계선참모 보조조직

- 계선조직 (계통,계열 조직)
  - ① 의의 : 행정이나 경영조직에 있어서 사장 → 부장 → 과장 → 대리 → 사원 등의 서열과 지휘 감독의 계통을 말하는 것으로 업무의 집행을 담당하는 조직(예 : 업무부, 영업부 등)(교장-교감-부장교사-교사)
  - ② 장점 : 권한과 책임의 한계가 명확하며 업무수행이 능률적임, 정책결정이 신속, 강력한 통솔력을 행사
  - ③ 단점 : 조직 장의 주관적·독단적인 조치, 조직의 지나친 경직성, 전문가의 지식과 경험을 이용할 수 없음

- 참모조직 (막료조직)
  - ① 의의 : 조직의 상층부에서 전문적 지식과 기술을 가지고 조언과 자문을 하여 계선의 기능을 보좌하는 것
    (예 : 비서실, 기획실 등)(초중등학교에는 유사조직 없음)
  - ② 장점 : 조직 장의 통솔범위를 확대시킴, 전문적 지식과 경험을 활용하여 보다 합리적 지시와 명령을 내림, 수평적 협조
  - ③ 단점 : 조직 내의 알력과 불화가 생김, 의사전달의 경로를 혼란에 빠뜨릴 가능성, 책임을 전가할 우려

- 보조조직
  - ① 계선조직의 기능을 보조하기 위하여 계선조직과는 별개로 그 외곽 또는 내부에 설치되어 있는 기관(회사의 연구소, 학교의 행정실 등)

10. 다층단층 조직

- 다층조직 (중층조직)
  - ① 계층화가 되어 있는 조직(계급화가 되어 있는 조직)(회사, 군대, 학교조직)
  - ② 다층조직도는 보통 높고 뾰족하게 나타나는데 이는 운영의 단계수가 많음을 나타냄
  - ③ 통솔의 범위가 좁아 어느 한 부서의 장 밑에는 소수 조직이 배정
  - ④ 계층이 증가할 때마다 상·하 또는 부서 간의 의사소통이 어려움

- 단층조직
  - ① 계층화가 되어 있지 않은 조직(협의회, 가정, 친구, 친목모임)
  - ② 그림이 뾰족하게 높지 않으며, 권한의 계단이 아주 적고 한 사람의 상급자에게 보고
  - ③ 구성원이 자율적으로 일할 수 있는 권한을 가지며, 운영자들이 결정에 참여하기 때문에 정책을 이해하기 쉽고, 일하려는 동기도 강하게 됨
  - ④ 상급자는 소수의 중간 직원이나 조력자를 필요

---

03. '학교 내 조직 활동'에 나타난 조직 형태가 학교 조직과 구성원에 미치는 순기능 및 역기능 각각 2가지 [4점] [16, 중등 논술형]

학교 내 조직활동	· 학교 내 공식 조직 안에서 소집단 형태로 운영되는 다양한 조직 활동을 파악할 것 · 학교 구성원들의 욕구 충족을 위한 자발적 모임에 적극 참여할 것 · 활기찬 학교생활을 위해 학습조직 외에도 나와 관심이 같은 동료 교사들과의 모임 활동 에 참여할 것

∅정답키: <u>조직 형태-비공식적 조직</u>
<u>순기능-구성원 만족감 증대, 조직의 효과성</u>
<u>역기능-분파주의 발생, 유언비어 확산 통로</u>

11. 위원회 제도

- **필요**
  - ① 행정기관 확대, 늘어가는 행정기능에 대처 → 행정기능의 질적 변화로 인해 행정의 전문적 지식 요구
  - ② 합의제가 단독제보다 유리하다는 신념
  - ③ 학교운영위원회, 학교폭력대책위원회, 학교교육과정위원회
- **장점**
  - ① 많은 경험과 전문지식을 동원하여 합리적인 결정을 함
- **단점**
  - ① 업무지연, ② 책임전가 현상이 일어나기 쉬움

12. 관료제

- **의의**
  - ① 막스베버 관료조직은 외형적으로 파악되는 조직의 형태가 아니라 내부의 성격(특징)에 의해 규정되는 조직
- **특징**
  - ① 분업 또는 전문화 : 관료제는 조직구성원에게 직무를 적정하게 배분하고 분업화, 전문화시킴
  - ② 몰인정성 : 비인정성 또는 비정성. 관료제는 조직의 운영에 개인의 감정, 인정이 포함되지 않음
  - ③ 권위 계층 : 관료제는 계급제 또는 계층제로 되어 있음
  - ④ 규정과 규칙 : 작성된 규정과 규칙은 예외 없이 일관되게 적용
  - ⑤ 경력 지향성 : 승진, 진급에 직장 근무 경력이 우선시되는 특징을 지칭
- **장점/단점**

특징	분업화 또는 전문화	몰인정성	권위와 계층	규정과 규칙	경력 지향성
장점	업무의 효율성과 생산성 향상	의사결정의 합리성을 높여줌	의사결정의 신속성 조직운영의 효과성	과업수행의 계속성 안정성 통일성	직업의 안정성과 신분보장을 통한 충성심
단점	직무의 흥미상실 (지루함) 분파주의(할거주의)	사기저하 비인간주의	상향적 의사소통과 쌍방적 의사소통이 불가	목표전환(동조과잉) 문서주의/형식주의 (번문욕례)	경력과 능력 간의 갈등 무시안일에 빠짐

- **동조과잉**
  - ① 목표의 수단화, 수단의 목표화 현상, 목표와 수단의 전도(전환)현상, 목표전도현상, 동조과잉

13. 홀(Hall) 조직

- **관료제 변형**

조직 특징	조직 패턴
① 권위 계층 ② 규칙, 규정 ③ 몰인정성 ④ 절차의 명세화	관료적 성격
① 분업, 전문화 ② 기술적 능력	전문적 성격

	전문적 특성	
	높음	낮음
관료적 특성 높음	유형 I 베버적	유형 II 권위주의적
관료적 특성 낮음	유형 III 전문적	유형 IV 혼돈한

객관식

24
관료제의 특성과 특성별 역기능적 결과가 가장 올바르게 짝지어진 것은? (99, 초등보수(대구, 경북))

① 경력 지향성의 측면 - 싫증
② 규정과 규칙의 측면 - 목표 전도
③ 비정성의 측면 - 의사소통 봉쇄
④ 권위의 계층 측면 - 사기 저하
⑤ 분업과 전문화의 측면 - 경력과 능력간의 갈등

25
교육에 대한 관료제적 통제가 일으키는 〈보기〉와 같은 현상을 무엇이라고 부르는가? (98, 중등)

― 보기 ―
- '열린교육'의 실적을 교육개혁 평가 항목에 포함시키면, '열린교육'의 효과적 실시보다는 평가자료의 정리에 여념이 없게 되는 현상이 나타난다.
- 사회봉사활동 실적을 학교생활기록부에 기록하고 입시성적에 반영하도록 하면, 봉사활동 자체보다는 실적 쌓기에 집중하는 현상이 나타난다.

① 목표전도(目標顚倒)현상
② 무한경쟁(無限競爭)현상
③ 귀속주의(歸屬主義)현상
④ 상의하달(上意下達)현상

24. ② / 25. ①

---

04. 평가 보고서에서 언급한 관료제 이론의 특징 중 '규칙과 규정'이 학교 조직에 미치는 순기능 2가지, 역기능 1가지 [3점] [23, 중등 논술형]

교사 만족도 조사 결과

Q. 학교 운영에 대해 전반적으로 만족한다.

(2021, 2022 막대그래프)

- 기본에 충실해야 한다는 생각이 학교 문화로 자리 잡았습니다.
- 학교 구성원 간의 약속이 더 잘 지켜지도록 노력 해야 합니다.

(* 5점 리커트 척도)

분석 내용

학교 운영 전반에 대한 교사의 만족도가 전년도에 비해 상승했다. 학교의 외부 환경 변화와 내부 구성원의 변동이 있었음에도 불구하고 함께 이루어낸 성과였다.

이는 교사의 서술식 응답에서 볼 수 있듯이 기본에 충실한 학교 문화가 형성되었고, 학교 구성원 간 공동의 약속이 준수된 결과라 할 수 있다. 즉, 베버(M. Weber)가 제시한 관료제 이론의 특징 중 하나인 '규칙과 규정'이 학교 조직에 잘 적용된 것으로 판단 된다. 앞으로도 이러한 결과가 유지될 수 있도록 '규칙과 규정'의 순기능을 강화하고 역기능을 줄여야 할 것이다.

∅ **정답키**: 순기능-기본에 충실, 구성원들 간의 약속 이행
역기능-목표전도현상, 동조과잉

객관식

26
〈보기〉의 내용과 같은 특징을 지니고 있는 민츠버그(H. Minzberg)의 조직구조 기본 유형은? (07, 초등)

| 보기 |
- 조직의 주요 부분은 핵심 작업층이다.
- 조직의 주요 조정 기제는 기술의 표준화이다.
- 조직의 설계에서는 훈련과 수평적 직무 전문화가 주요하게 고려된다.
- 소식의 구조는 복잡하면서도 안정적인 환경이나 비규제적 환경에 적합하다.

① 임시구조　　② 사업부제 구조
③ 기계적 관료구조　　④ 전문적 관료구조

27
학교조직이 관료제적 특성을 지니고 있다는 설명과 가장 거리가 먼 것은? (04, 중등)

① 학교조직에서 직제상 명확하고 엄격한 권위의 위계가 있다.
② 학교는 효율적인 교육을 위해 전문화적 분업의 체제를 갖추고 있다.
③ 학교는 독립된 조직단위로 운영되고, 교사의 주요 교육활동은 교실에서 이루어진다.
④ 학교조직은 교직원의 행동을 일관되게 통제하기 위하여 규칙과 규정을 제정·활용한다.

28
〈보기〉 중 학교의 조직적 특성을 설명한 것으로 바르게 짝지어진 것은? (04, 초등)

| 보기 |
가. 규범적 힘으로 통제되는 규범조직
나. 느슨하게 결합된 이완결합체제
다. 참여자 모두가 이익을 보는 호혜조직
라. 조직화된 무정부 상태의 조직
마. 일반대중의 이익을 위한 공익조직

① 가, 나, 라　　② 가, 다, 라
③ 나, 다, 마　　④ 다, 라, 마

26. ④ / 27. ③ / 28. ①

14. 민츠버그(Mintzberg) 조직

전문적 관료제
① 조직의 핵심 구성은 운영핵심(교사)이며, 직무기술의 표준화(학교행정)를 중요시
② 중앙집권(학교장)은 약하고, 작업과정 표준화(교수학습)도 약하고, 전문화는 강한 조직
③ 전문성과 관료성이 조화를 이룬 상태

조직 형태

조직 유형	주 구성 성분	주 조정 기제
단순 구조 (Simple Structure) - 초등학교 조직	최고 관리층(교장)	직접적 감독
기계적 관료제(Machine Bureaucracy) - 회사 조직	기술 구조	직무 과정의 표준화
전문적 관료제(Professional Bureaucracy) - 대학, 중고등	운영 핵심(교사)	직무 기술의 표준화(학교행정)

학교 구조의 형태

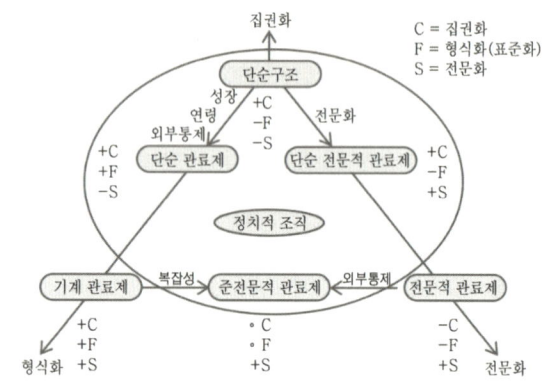

15. 이완결합 체제

정의
① 칼 웍이 주장한 이론으로 학교 교육조직은 이완결합체제적 성격을 지님

특징
① 하위부서의 독립성 : 하위부서들은 분리되어 독자적 역할과 기능을 수행(학급, 교과목 등)
② 감독, 평가 방법 없음 : 직무수행에 대한 엄격하고 분명한 감독이나 평가 방법이 없음
③ 활동과 결과가 분리 : 학교에서는 활동과 그 결과가 분리(교사 노력과 학생의 성적)
④ 과정이 단절성 : 제반 과정은 지속적으로 연계되어 추진되기보다 단절적으로 진행(학년도)

장점 단점
① 장점 : 자율성 증대, 책임성 증대, 타부서 영향 미미, 평가로부터 자유로움
② 단점 : 지나친 자율성의 강조, 전체 질서를 무시

16. 재구조화 전략

재구조화 전략
① 학교조직은 관료조직, 교육조직은 이완결합체제적 특성을 지님
② 기존 학교조직에서 행정조직이 중요시되어 다양한 문제점 유발(교수학습 경시 등)
③ 부장교사(보직교사)는 행정조직, 수석교사는 교육조직과 밀접한 관계를 지님
④ 행정조직보다는 교육조직이 우선되는 방향으로 재구조화되어야 함

---

05. 학교 조직의 관료제적 특징과 이완결합체제적 특징 각각 2가지만 제시 [4점] [15(추), 중등 논술형]

이와 함께 학교에 대한 사회의 요구에 효율적으로 대응하기 위해서 학교장을 포함한 모든 학교 구성원들은 서로의 행동 특성을 이해해야 합니다. 이를 위해서 학교 조직의 특징을 먼저 파악해야 합니다. 학교라는 조직을 합리성의 측면에서만 파악하면 분업과 전문성, 권위의 위계, 규정과 규칙, 몰인정성, 경력 지향성의 특징을 갖는 일반적 관료제의 틀로 설명할 수 있습니다. 그러나 교사들의 전문성이 강조되는 교수·학습의 측면에서 보면 학교조직은 질서 정연하게 구조화되거나 기능적으로 분명하게 연결되어 있지 않은 이완결합체제(loosely coupled system)의 특징을 지닙니다. 따라서 우리는 관료제적 관점과 이완결합체제의 관점으로 학교 조직의 특징을 이해할 필요가 있습니다.

∅ **정답키:** 관료제 특징 - 분업과 전문화, 권위의 위계
이완결합체제 특징 - 하위 부서의 독립성, 감독과 평가 방법 없음

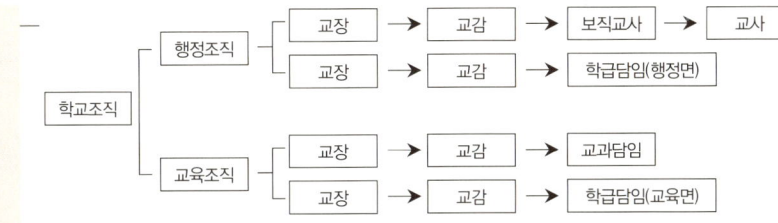

- 17. 교무분장 조직
  - 의의 ― ① 교무전반에 걸쳐 여러 과업을 교직원이 분담·운영하는 조직체계
           ② 교무부, 연구부, 학생부, 정보부 등

- 18. 교직원 회의
  - 의의 ― ① 학교운영상의 문제를 협의하고 상부로부터의 지시를 전달하고 보고하며 학교운영 방침 등을 결정하기 위하여 교장이 소집하여 교장의 주재하에 행하여지는 회의

Ⅵ. 조직풍토(문화)
1. 핼핀 크로프트 조직풍토 2. 호이 조직풍토 3. 리커트 조직풍토 4. 에치오니 학급풍토 5. 세티아 길로우 조직문화 6. 스타인호프 오웬스 조직문화 7. 카메론 퀸 조직문화

- 1. 핼핀 크로프트 조직풍토
  - 행동특성
① 교사의 행동특성	② 교장의 행동특성
• 자유방임성 • 장애성 • 사기성 • 친밀성	• 초월성 • 생산성 • 추진성 • 사려성
  - 유형 ― ① 개방적 풍토, 자율적 풍토, 친교적 풍토, 통제적 풍토, 간섭적 풍토, 폐쇄적 풍토
  - 개방폐쇄 ― ① 학교 조직풍토 유형

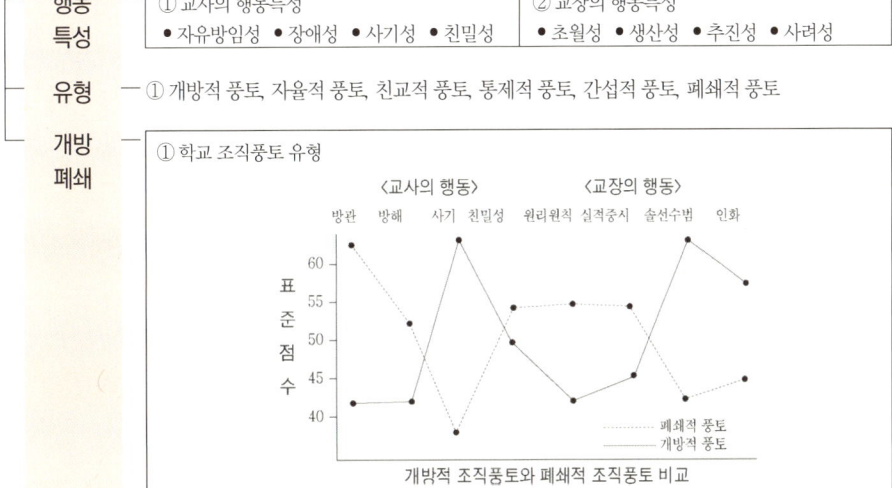

- 2. 호이 조직풍토
  - 행동특성 ― ① 학교장의 행동 : 지원적, 지시적, 제한적 행동
              ② 교사의 행동 : 단체적, 친밀한, 일탈적 행동
  - 풍토종류 ― ① 개방풍토 : 교직원간이나 교직원과 학교장 간에 존재하는 것은 협동과 존경
              ② 몰입풍토 : 교사들은 개방적이지만 교장은 폐쇄적 상태
              ③ 일탈풍토 : 학교장의 행동은 개방적이지만 교사들은 폐쇄적 상태에 있는 경우
              ④ 폐쇄풍토 : 학교장이나 교사들은 단순하게 행동하고 존재

객관식

29
현행 학교단위 책임경영 제도에 대한 설명으로 옳은 것을 〈보기〉에서 모두 고른 것은? (09, 중등)

| 보기 |

ㄱ. 단위학교의 자율성·창의성·책무성을 강조한다.
ㄴ. 학교운영위원회를 설치하여 단위학교 내 의사결정의 분권화를 추구하고 있다.
ㄷ. 단위학교 예산은 예산과목인 '장·관·항·세 항·목'으로 편성·집행되는 예산방식을 취한다.
ㄹ. 교육청에 의한 규제와 지시 위주의 학교경영 방식을 지양하고, 학교경영에 대한 권한을 단위학교에 부여한다.

① ㄱ, ㄴ ② ㄱ, ㄷ
③ ㄷ, ㄹ ④ ㄱ, ㄴ, ㄹ
⑤ ㄴ, ㄷ, ㄹ

30
호이와 미스켈(W. Hoy & C. Miskel)의 학교풍토 유형에서 (가)에 대한 설명으로 옳은 것은? (11, 초등)

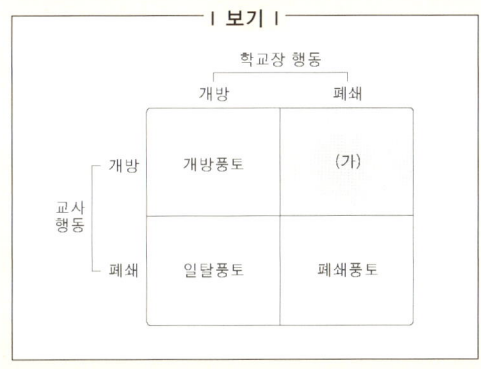

① 학교장의 관리가 비효율적이지만, 교사들의 업무 수행은 효율적으로 이루어지는 풍토이다.
② 학교장과 교사들 사이에 신뢰는 있지만, 교사들의 전문적인 업무 수행은 미흡한 풍토이다.
③ 교사에 대한 학교장의 관심과 지원이 미흡하여 교사들이 업무수행을 태만하게 하는 풍토이다.
④ 학교장은 교사들의 제안을 잘 받아들이고, 교사들은 업무달성을 위해 매우 헌신하는 풍토이다.
⑤ 학교장이 불필요한 업무만을 강조하기 때문에 교사들이 반감을 가지고 업무를 태만히 하는 풍토이다.

29. ④ / 30. ①

객관식

31
리커트(R. Likert)의 관리 체제 유형 중 다음의 내용과 가장 일치하는 유형은? (07, 초등)

| 보기 |
이 학교는 학교 구성원들 간에 폭넓은 참여적 의사 결정과 수평적 의사소통이 이루어지고 있다. 또한 학교경영층은 전적으로 교사들을 신뢰하고 참여와 보상을 주요 동기 요인으로 사용하며, 학교통제권이 분산되어 있다.

① 체제 1유형 ② 체제 2유형
③ 체제 3유형 ④ 체제 4유형

31. ④

		학교장의 행동	
		개방	폐쇄
교사의 행동	개방	개방풍토	몰입풍토
	폐쇄	일탈풍토	폐쇄풍토

3. 리커트 조직풍토

유형

① 체제 1 : 이기적 권위주의적 풍토(Exploitive-Authoritarian System): 경영자는 부하를 신뢰하지 않고, 의사결정과 통제권이 경영자에게 집중된 형태
② 체제 2 : 자선적 권위주의적 풍토(Benevolent Authoritarian System): 경영자는 부하들에게 자선적인 태도와 신뢰를 가지고 정중하나, 부하들은 의사결정에 거의 참여하지 않는 형태
③ 체제 3 : 협의적 풍토(Consultative System): 경영자는 부하를 신뢰하고, 의사소통이 상하로 이루어지며, 통제권이 아래로 위임된 형태
④ 체제 4 : 참여적 풍토(Participative System): 경영자는 부하를 완전히 신뢰하고, 통제과정과 책임이 분산되고, 참여에 의한 동기유발과 의사결정이 이루어지는 형태

4. 에치오니 학급 조직풍토

유형

교사 행동특성 \ 학생 행동특성	자발성	추종성	친밀성	임의성
추진성	자율적 풍토			
지시성		통제적 풍토		
사려성			친교적 풍토	
방임성				방임적 풍토

① 자율적 풍토 : 교사와 학생은 인간적으로 유대감 형성되고 사기와 생산성이 높은 역동적 풍토
② 통제적 풍토 : 교사는 권위적·위압적으로 학생에게 정해진 과업 성취를 강요
③ 친교적 풍토 : 교사는 학생들에게 친근하며 사려적이기 때문에 학생들과의 인간적 유대를 유지할 수 있음
④ 방임적 풍토 : 교사는 방관적이며 무간섭적임

5. 세티아 길로우 조직문화

유형

	성과에 대한 관심	
	낮음	높음
인간에 대한 관심 높음	보호문화	통합문화
인간에 대한 관심 낮음	냉담문화	실적문화

① 보호문화 : 구성원의 복리를 강조하지만 그들에게 높은 성과를 강요하지는 않음, 문화는 대체로 조직의 설립자나 관리자의 온정주의적 철학에 의한 것
② 냉담문화 : 인간과 성과 모두에 대하여 무관심한 조직으로 특별한 상황과 환경에 의해 보호를 받지 못하면 생존할 수 없는 조직이며, 사기저하와 냉소주의가 퍼져있고, 관리자의 방임적인 리더십에 의해 확산

NOTE

③ 실적문화 : 구성원의 복지에 대해서는 소홀하지만 그들에게 높은 성과를 요구, 인간은 소모품으로 간주되며, 개인의 성과가 높을 때만 보상을 줌. 성공, 경쟁, 모험, 혁신, 적극성 등이 기본적 가치

④ 통합문화 : 성과와 인간에 대한 높은 관심을 나타내는 조직, 이 조직에서 인간에 대한 관심은 온정적인 것이 아니라 인간의 존엄성을 바탕으로 한 진지한 관심, 인간은 조직발전에 큰 공헌을 할 수 있음

6. 스타인호프 오웬스 조직문화

유형

① 가족문화 : 학교는 가정(home)이나 팀(team)의 비유를 통해 설명, 학교에서는 교장이 부모나 코치로 묘사되며, 구성원은 의무를 넘어 서로에 대한 관심을 가지고, 가족의 한 부분으로서 제 몫을 다하기를 요구받음

② 기계문화 : 학교는 기계(machine)의 비유로 설명, 비유로 사용되는 것은 잘 돌아가는 기계, 녹슨 기계, 벌집 등이며, 교장은 일벌레부터 느림보에 이르기까지 기계공으로 묘사, 학교는 목표달성을 위해 교사를 이용하는 하나의 기계임

③ 공연문화 : 학교는 서커스, 브로드웨이쇼, 연회 등을 시연하는 공연장(cabaret)으로 비유, 문화에서는 공연과 함께 청중의 반응이 중시, 명지휘자에 의해 이루어지는 공연과 같이 훌륭한 교장의 지도 아래 탁월하고 멋진 가르침을 추구

④ 공포문화 : 학교는 전쟁이나 혁명 상황으로 가득 찬 악몽으로 묘사, 교장은 자기 자리를 유지하기 위해 무엇이든지 희생의 제물로 삼을 준비가 됨, 교사들은 자신의 학교를 밀폐된 상자 혹은 형무소라고 표현

7. 카메론 퀸 조직문화

유형

	내부 중심과 통합	외부 중심과 통합
융통성과 자유재량	씨족문화 · 협동 · 참여 · 응집성 · 충성	애드호크러시 문화 · 창조성 · 모험감수 · 응집성 · 성장
안정성과 통제	위계문화 · 능률 · 안정성 · 예측가능성 · 조화	시장문화 · 경쟁 · 효과성 · 성취 · 승리

① 위계문화(Hierarchy culture)는 안정성, 통제, 통합, 및 내부 중심을 강조하는 문화. 목적은 베버의 고전적 관료제 모형의 전통에 따라 상품과 서비스를 효율적으로 생산, 효율성, 안정, 예측가능성 조화가 문화의 중핵 가치

② 시장문화(Market culture)는 안정, 통제, 분화 및 외부 중심에 역점을 두는 문화. 목적은 경쟁적 이익을 잃지 않도록 외부 환경의 변화에 신속히 대응, 경쟁, 효과성, 목표성취 및 승리가 중핵 가치

③ 씨족문화(Clan culture)는 융통성, 재량, 통합 및 내부 중심을 강조, 조직은 사람에 대한 관심이 가장 높아 일하기에 친근한 하나의 팀 혹은 가족 같은 조직이다. 협동, 응집력, 참여 및 충성심 등이 중핵가치

④ 애드호크러시 문화(Adhocracy culture)는 융통성, 재량, 분화 및 외부 중심을 강조하는 문화. 목적은 새롭고 혁신적 생산품과 서비스를 개발, 창조성, 모험 감수, 변화 및 성장이 중핵가치. 리더십은 상상적(Visionary)이고 혁신적임

객관식

32
다음 사례와 가장 관계 깊은 스타인호프와 오웬스(C. Steinhoff & R. Owens)의 학교문화 유형은? (07, 상담)

| 보기 |

B 고등학교 교장은 학생들을 일류 대학교에 많이 진학시키는 것을 학교경영 목표로 하고 있다. 이를 위해 교장은 교사가 학생들을 열심히 가르치고 지도하기를 기대한다. 성적이 올라가는 학급의 담임교사에게는 포상을 주어 학급 성적을 계속 향상시키도록 독려한다.

① 가족문화(family culture)
② 기계문화(machine culture)
③ 공연문화(cabaret culture)
④ 공포문화(horrors culture)

32. ②

---

06. 스타인호프와 오웬스(C. Steinhoff & R. Owens)가 분류한 학교문화 유형에 따를 때 D 교사가 우려하는 학교문화 유형의 명칭과 학교 차원에서 그러한 학교문화를 개선하는 방안 2가지 [3점] [20, 중등 논술형]

D 교사	○ 학교문화 개선은 토의식 수업 활성화를 위한 토대가 됨 ○ 우리 학교의 경우, 교사가 학생의 명문대학 합격이라는 목표 달성에 필요한 수단으로 간주되는 학교문화가 형성되어 있어 우려스러움 ○ 이런 학교문화에서는 활발한 토의식 수업을 기대하기 어려움

∅ 정답키: <u>학교문화-기계문화</u>
<u>개선방안-학교장의 개방적 행동, 교사들의 개방적 행동</u>

객관식

33
〈보기〉는 제미슨(D. Jamieson)과 토마스(K. Thomas)의 갈등해결 모형을 나타낸 것이다. 제Ⅴ유형에 대한 진술로 가장 옳은 것은? (06, 초등)

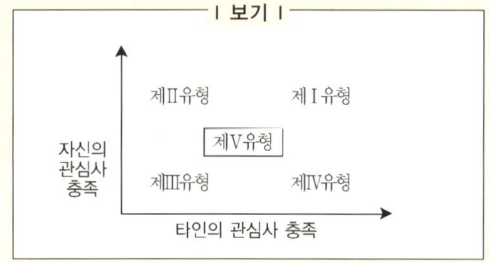

① 상대방을 압도하여 갈등을 해결하는 유형이다.
② 가능한 한 갈등을 무시하고 회피하는 유형이다.
③ 상호 희생과 타협을 통해 갈등을 해소하는 유형이다.
④ 상대의 주장에 따름으로써 갈등을 해소하는 유형이다.

34
학교 행정가가 조직에서 발생하는 갈등을 처리하는 행동은 협동성을 X축으로, 독단성을 Y축으로 하여 이들 간의 조합을 통해서 다음 그림과 같이 다섯 유형으로 구분할 수 있다. 여기서 타협형의 갈등 처리 행동이 적합한 상황을 가장 잘 설명하고 있는 것은? (99, 초등보수(대구, 경북))

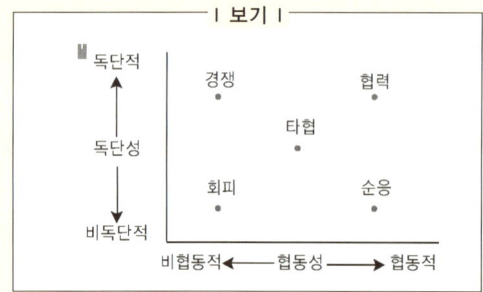

① 자신이 틀렸음을 알게 된 경우
② 조화와 안정이 무엇보다 중요할 경우
③ 상호 협조와 공생 공존을 추구할 필요가 있을 경우
④ 복잡한 문제에 대해 잠정적 해결책이 필요할 경우
⑤ 잠재적 혼란이 갈등 해소에 따른 이익보다 클 경우

33. ③ / 34. ④

Ⅶ. 조직경영

1. 조직갈등 2. 학교단위책임경영제 3. 총체적관리법 4. 학습조직
5. 전문적학습공동체 6. 실천공동체 7. 컨설팅 8. 중앙집권 지방분권

1. 조직갈등

- **효과성**
  - ① 갈등의 수준이 너무 높거나 낮을 때 부정적으로 영향을 미침
  - ② 갈등이 적정한 정도일 때 긍정적인 영향을 미침
- **순기능**
  - ① 문제가 있는 위치를 제공
  - ② 새로운 화합의 계기
  - ③ 조직의 혁신과 변화를 유도
  - ④ 갈등을 관리하고 방지할 수 있는 방법을 배움
- **역기능**
  - ① 개인의 이익으로 인해 전체 조직을 희생
  - ② 개인 간의 오랜 갈등은 정서적으로나 신체적으로 해로움
  - ③ 목표 도달에 필요한 시간과 자원을 낭비
  - ④ 재정적 비용이 소요되고 당사자들 간의 고통을 겪게 함
- **갈등 관리 방식**
  - ① 강요(경쟁) : 행정가는 조직의 목표달성을 강조하며 조직구성원들의 개인적 필요에 협력하지 않음
  - ② 회피 : 조직의 목표를 강조하지 않고, 구성원의 관심사항을 고려하지 않음
  - ③ 수용 : 행정가는 주장하지 않는 대신 협력하는 방법
  - ④ 협력 : 행정가는 주장하면서 협력
  - ⑤ 타협 : 조직의 목표와 개인의 필요 간에 균형을 찾는 방법

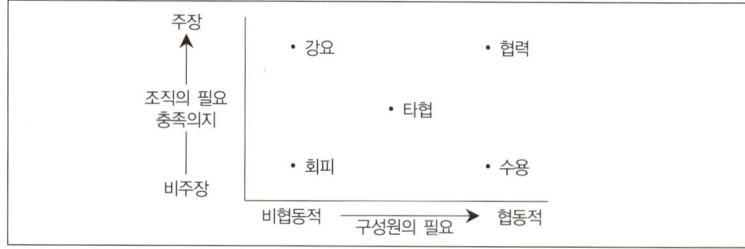

2. 학교단위 책임 경영제(SBM)

- **개념**
  - ① 학교가 교육 수요자의 요구에 부응하는 교육의 질을 보장하기 위하여 자율적으로 노력하는 경영 체제
  - ② 현재 우리나라에는 학교운영위원회, 학교교육과정위원회, 학교회계 등이 학교단위 책임경영제로 봄
- **핵심 요소**
  - ① 자율성과 책무성 : 교육과정·인사·재정에 대한 권한을 단위학교로의 이양과 자율적 결정 그리고 학교경영 성과에 대한 책무성의 증대라고 할 수 있음

3. 총체적 질관리법(TQM)

- **정의**
  - ① 모든 고객에게 모든 질을 최상으로 제공하며 고객만족을 극대화시키는 전략
- **원리**
  - ① 고객중심 ② 혁신을 위한 참여와 팀워크 ③ 지속적 개선

4. 학습조직

- **개념**
  - ① 구성원들이 진정으로 원하는 욕구를 끊임없이 창출시켜주는 조직, 구성원들의 창의적 사고양식을 새롭게 전향시켜주고 확장시켜주는 조직, 집단적인 열망으로 가득 찬 조직, 구성원들이 함께 학습하는 방법을 지속적으로 학습하는 조직(셍거, Senge)

---

07. 학습조직의 구축 원리를 각각 3가지씩 설명하시오. [15, 중등 논술형]

> 내년에 우리 학교는 교육 개념에 충실한 지식 교육을 하고, 학생들의 학업 성취와 학습 동기를 향상하는 데 좀 더 세심한 관심을 가져야 할 것입니다. 이 일의 성공 여부는 교사가 변화의 주체로서 자발적인 노력을 얼마나 기울이느냐에 달려 있습니다. 그래서 우리 학교는 교사 모두가 교육 활동에 능동적으로 참여하여, 지식과 학습 정보를 서로 공유하면서 지속적으로 변화해 가는 학습조직(learning organization)을 구축하고자 합니다.

∅정답키: <u>구축원리-구성원들의 능동적 참여, 지식과 학습 정보 공유, 지속적 변화</u>

- 토빈 ─ 구축원리
  - ① 모든 구성원은 학습자
  - ② 구성원 상호간에 학습활동이 전개
  - ③ 학습은 변화를 가능케 하는 원동력
  - ④ 학습은 지속적으로 전개
  - ⑤ 학습활동을 소비가 아니라 투자의 대상

5. 전문적학습공동체(PLC)

- 개념
  - ① 공동체(Commune)는 '함께' 뜻의 cum과 '선물'이라는 munis가 결합된 것
  - ② 공동체는 타인을 배려하는 선물과 주는 사람의 기쁨이 담긴 말
  - ③ 공동체는 타인과의 상호적인 배려와 상생적인 삶을 추구하는 관계를 지칭
- 특징
  - ① 전문적 학습공동체는 학습을 중심으로 교사들 간의 모임이다. 교사의 학습을 위한 환경을 지원하고, 교사들 간의 집단적 동료성을 고취함으로써 학교문화 개선 및 학생들의 학업성취를 높이려는 것(Bolam)
- 구축원리
  - ① 가치와 목적을 공유, 협력적 학습과 적용을 강조, 분산적 리더십, 실천공동체로서 협력을 중시, 현장연구를 활성화, 지원적 환경
  - ② 협조적이고 공유된 리더십, 협력적 창의성, 공유된 가치와 비전, 지원적 환경, 공유된 개인, 수업실천 (Hord)

6. 실천 공동체

- 속성
  - ① 호혜적
  - ② 공동 업무를 중심으로 상호 책무성이 형성
  - ③ 참여의 역사가 곧 업무 수행에서 공동 자산
- 특징
  - ① 자율적으로 유지되고 존속하는 데에는 강점과 약점이 동시에 존재
  - ② 공동체는 독창적 성과를 내놓을 수도 있지만 실패할 가능성 또한 항상 도사리고 있음
  - ③ 외부의 강요나 압력에 대해 저항할 수도 있지만 그러한 조건을 재생산
  - ④ 그것은 자아의 요람인 동시에 영혼을 가두는 쇠창살

7. 컨설팅

- 개념
  - ① 학교의 자생적 활력 함양과 학교교육의 질 향상을 위하여 단위학교와 학교체제 구성원들의 요청에 따라 전문성을 갖춘 교육체제 내외 전문가들이 문제와 과제의 해결을 도와주는 활동

8. 중앙집권 지방분권

- 비교

항목	중앙 집권제	지방 분권제
개념	교육의 권한과 책임이 중앙 정부에 집중(교육부)	민주주의 이상을 실현하기 위해 지방민에 의해 집행되고 권한과 책임이 위임(교육청)
정책결정 및 수행	중앙정부가 교육에 대해 강력한 통제력과 지휘, 감독, 행정 결정권	교육 위원회, 교육감을 중심으로 교육자치제에 의해 정책 결정과 수행
국민의 참여	지방민에 교육에 대한 참여가 어려움	지방민의 의사 참여와 함께 교육이 이루어짐
정치적 안정성	정치적으로 불안정	정치적으로 안정적
행정 능률	효과적 통일성	창의성 발휘
재정 및 교육 처리	지방 재정의 빈부와 교육 기회의 불균형을 조절	지방의 재정 사정에 따르는 차이를 없애기 힘듦

객관식

35
다음의 내용과 가장 관계가 깊은 것은? (01, 초등보수)

| 보기 |

- 데밍(Deming)의 철학에 기초를 두고 있다.
- 계속적인 학교개선을 주요 목표로 하고 있다.
- 학교경영은 학교체제과정의 개선에 초점을 둔다.
- 단순하게 비용에 근거하여 업무를 평가하지 않는다.

① 정보관리체제(MIS)
② 단위학교 책임경영(SBM)
③ 총체적 질 관리(TQM)
④ 선망계획 관리기법(NBMP)

35. ③

---

08. (다)에서 제시한 권고를 바탕으로 이 학교 교사들이 교육 활동에 전념하기 위해 필요한 학교 차원의 구체적인 지원 방안 3가지를 제시하고, 그 이유를 각각 논하시오. [6점] [20, 초등 논술형]

(다) 이 학교는 상대적으로 작은 규모의 학교이다. 소규모 학교이기에 교사들과 학생들 사이의 친밀도가 높은 반면에, 교사 개인별로 수행해야 할 업무량은 대규모 학교에 비해 많은 편이다. 교사들은 수업의 재구성과 같은 교육과정 개선에 관심이 많지만, 여러 가지 잡무로 인해 교육 활동에 전념하는 데 어려움이 있다. 최근 교육청이 실시하고 있는 '공문 없는 날'에 맞춰 이 학교도 '공문처리 없는 날'을 실시한 바 있고, 학교장의 주도 하에 '학교업무경감위원회'도 운영해 보았지만, 행정 업무 경감에 대한 교사들의 만족도는 그다지 높지 않다. 따라서 이 학교는 현행 제도 내에서 교사들과의 협의 과정을 통해 학교 행정 업무 경감을 위한 구체적인 방안 마련이 요구된다.

∅ 정답키: <u>교사들의 행정 협력체-업무 협력처리</u>
<u>행정 보조 요원-행정 업무 경감</u>
<u>전문적 학습공동체-행정 업무 경감 연구</u>

객관식

36
〈보기〉에서 설명하고 있는 장학의 유형은? (98, 중등)

| 보기 |
- 협동강연회
- 순회교사제의 운영
- 학교간, 교원간 유대강화
- 교육활동의 상호 참관과 정보 교환

① 교내자율장학
② 담임장학
③ 요청장학
④ 지구자율장학

36. ④

VIII. 장학론

1. 목적 2. 수업장학 3. 임상장학 4. 마이크로티칭 5. 자기장학
6. 동료장학 7. 멘토링장학 8. 선택적장학 9. 전통적장학 10. 컨설팅장학 11. 수업연구 12. 인간관계
인간자원장학 13. 기타장학 14. 교육연수

1. 목적

- **목적** — ① 교사의 전문성 신장 ② 직무동기 부여 ③ 학교 효과성 향상
- **발달** — ① 과학적 관리장학 – 인간관계장학 – 임상장학 – 인간자원장학, 지도성장학
- **원리**
  - ① 태도 원리 : 장학지도자가 올바르고 건설적이며 진취적 태도
  - ② 창조 원리 : 새로운 것을 창조하고 기존의 것을 개선하는 도전
  - ③ 협동 원리 : 장학지도자, 교직원, 학부모, 지역주민들의 협력적 활동
  - ④ 과학성 원리 : 문제를 파악하고 자료를 분류·분석하고 해결방법을 모색하는 등 과학적 방법을 취함
  - ⑤ 효과 원리 : 문제파악의 태도·창조성·과학성·협력성을 수행할 때 필연적으로 효과

2. 수업장학

- **의의**
  - ① 학교에서 교수학습과정을 성공적으로 성취할 수 있도록 교사를 지도하고 조언하는 장학
  - ② 주로 교장, 교감, 수석교사에 의해 진행
  - ③ 학생들의 학습을 향상시키고 학교의 교수학습과정을 유지 또는 개선하기 위하여 교사 교수행위에 직접적 영향을 줄 수 있도록 학교가 공식적으로 제공하는 제반 활동
  - ④ 교내장학, 학교장학의 한 형태
  - ⑤ 수업장학은 임상장학, 마이크로티칭, 연구수업(수업연구) 등
    - * 교내자율장학은 학교 내 자율적으로 이루어짐, 수업장학, 동료장학, 자기장학, 약식장학, 자체연수 등
    - * 지구자율장학은 교육청 산하 지구를 중심으로 이루어지는 장학(지구는 10-15개 정도 학교로 구성)

3. 임상장학

- **개념** — ① 교실에서 교사의 교수방법을 개선하기 위하여 교사와 장학전문가의 협의 하에 이루어지는 민주적 장학
- **절차**

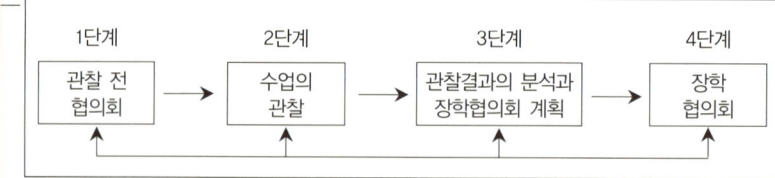

4. 마이크로 티칭

- **의의**
  - ① 축소된 수업이다. 시간, 학생, 주제, 방법을 축소한 수업
  - ② 실제 상황의 수업이 아니라, 시간 4~20분, 학생 3~10명, 학습주제 한 두 주제, 교수기술도 한 두 특정교수기술에 초점
  - ③ 계획 – 교수 – 관찰 – 비평 (-재계획-재교수-재관찰-재비평)
- **특징**
  - ① 수업자의 장·단점을 즉시 발견, 즉각적 피드백 가능
  - ② 새로운 교수자료와 기술을 시험·적용하는 데 사용, 동료장학에서 사용, 자기분석, 장학기술 향상을 위한 방법으로 사용

---

09. 최 교사가 수업 효과성을 높이기 위하여 선택한 2가지 방안(① 학문중심교육과정 이론에 근거한 수업 전략,② 장학 활동)에 대하여 각각 논하시오. [14, 중등 논술형]

> **일지 #2 2014년 5월 ○○일 ○요일**
>
> 중간고사 성적이 나왔는데 영희를 포함하여 몇 명의 점수가 매우 낮아서 답안지를 확인해 보았다. OMR카드에는 답이 전혀 기입되어 있지 않거나 한 번호에만 일괄 기입되어 있었다. 아이들이 시험 자체를 무성의하게 본 것이다. 점심시간에 그 아이들을 불러 이야기를 해 보니 학교에서 배우는 내용이 대학 진학을 하지 않고 취업을 본인들에게는 전혀 쓸모없이 느껴진다고 했다. 특히 오늘 내 수업 시간에 휴대전화만 보고 있어서 주의를 받았던 영희의 말이 아직도 귀에 생생하다.
> "저는 애견 미용사가 되려고 하는데, 생물학적 지식 같은 걸 배워서 뭐 해요? 내신 관리를 해야 하는 아이들조차 어디 써먹을지도 모르는 개념을 외우기만 하려니까 지겹다고 하던데, 저는 얼마나 더 지겹겠어요."라고 말하는 것이었다. 학교에서 배우는 기초 지식이나 원리가 직업 활동의 근간이 되기도 한다는 것을 어떻게 아이들이 깨닫게 할 수 있을까? 내가 일일이 다 설명해 주지 않아도 아이들이 스스로 교과의 기본 원리를 찾을 수 있게 하려면 어떤 종류의 과제와 활동이 좋을까? 이런 생각들로 머릿속이 복잡하던 중에, 오후에 있었던 교과협의회에서 수업 전문성 개발을 위한 장학 활동을 몇 가지 소개받았다. 이제 내 수업에 대해 차근차근 점검해 봐야겠다.

∅ 정답키: 장학활동-자기장학, 동료장학

5. 자기장학

의의
① 개인이 전문적 성장을 위한 일정한 목표를 세워놓고 그 목표를 향해 혼자서 독립적으로 노력하는 것
② 수업분석, 대학원 진학, 직무연수 참여, 워크숍 참여, 경력교사 동료교사에게 조언을 구함

6. 동료장학

개념
① 동료장학은 교사의 교수기술 향상과 전문적 성장을 위하여 교사 상호간에 협동적 노력을 하는 과정

유형
① 전문적 학습공동체 구성, 멘토링 장학, 수업분석, 연구수업, 동료코칭, 교육과정 개발, 협의회 구성, 전문적 대화, 워크숍 개최 등

7. 멘토링 장학

개념
① 동료 장학의 한 형태이며, 경력교사인 멘토와 신임교사인 멘티 사이에서 이루어지는 장학

필요성
① 경력적 기능 : 신임교사의 전문성을 성장(교수방법, 생활교육, 학급경영)
② 심리 사회적 기능 : 심리적 안정감과 학교문화에 적응하도록 도움
③ 문제해결의 기능 : 학교상황의 여러 가지 문제점에 대해 합리적으로 해결하도록 문제해결력을 배양

효과
① 멘티 : 전문가로서 성장과 학교 문화에 정착
② 멘토 : 자신의 성찰
③ 학교 : 교직과 학교의 안정화

8. 선택적 장학

배경
① 교사의 개별성과 개인차를 고려하여 적절하게 장학을 배분하는 것

종류
① 임상장학 : 주로 3년 미만의 초임 교사나 3년마다 갱신기의 경력 교사에게 적용
② 동료장학 : 높은 동료 의식을 지니고 있는 경험 있고 유능한 교사에 적합
③ 자기장학 : 혼자 일하기를 좋아하고 경험 있는 유능한 교사에게 배분
④ 전통적 장학(일상 장학, 약식 장학) : 학교장이나 교감이 5분 내지 10분 정도 교실을 방문하는 장학

9. 전통적 장학

개념
① 전통적 장학은 가장 오래된 장학이라는 의미이고, 번거로운 절차가 없이 간편하게 이루어진다는 의미이고, 매일 일상적으로 이루어진다는 뜻에서 일상장학이라 함

10. 컨설팅 장학

개념
① 학교 자생력과 학교교육 질 향상을 위해 학교교육과 학교경영에 대하여 도움이 필요한 학교와 학교 체제 내외 구성원의 요청에 따라 전문성을 갖춘 전문가들이 독립적이고, 수평적 관계 속에서 제공하는 총체적 자문활동(교육청장학)

장학 원리
① 자발성 : 의뢰인의 자발적 요청에 의해 시작
② 전문성 : 학교컨설팅은 전문적 지식과 기술을 갖춘 사람에 의해 실시
③ 독립성 : 의뢰인, 컨설턴트, 컨설팅관리자의 관계는 평등
④ 자문성 : 컨설턴트는 의뢰인의 과제를 대신 해결해 주는 것이 아니라 스스로 해결하도록 자문, 조언

객관식

37
장학의 유형 중 컨설팅장학의 특징을 가장 잘 설명한 것은? (08, 초등)

① 교육청이 주제별로 학교를 무선 표집하여 주제 활동을 점검한다.
② 장학지도반이 교육청의 시책에 대한 학교별 추진사항을 파악하고 평가한다.
③ 각 학교 담당 장학사가 이전 장학지도 시의 지시사항에 대한 이행 여부를 확인한다.
④ 교원의 의뢰에 따라 전문성을 갖춘 장학요원들이 교원들의 직무상 문제를 진단하고 해결을 위한 대안 마련 및 실행 과정을 지원한다.

38
다음 글에서 선택적 장학 중 약식장학의 주요 특징만 묶은 것은? (07, 9급)

| 보기 |

ㄱ. 교사의 자율성과 협동성을 기초로 한다.
ㄴ. 다른 장학형태에 대하여 보완적이고 대안적인 성격을 갖는다.
ㄷ. 교사들 간에 동료적인 관계 속에서 서로 가르치고 배운다.
ㄹ. 간헐적이고 짧은 시간 동안의 학습 순서나 수업참관을 중심활동으로 한다.

① ㄱ, ㄴ ② ㄱ, ㄷ
③ ㄴ, ㄹ ④ ㄷ, ㄹ

39
다음의 내용 중 동료장학의 특징을 잘 나타내고 있는 것으로 묶은 것은? (01, 초등보수)

| 보기 |

ㄱ. 짧은 시간 동안의 학급 순시나 수업 참관을 중심 활동으로 한다.
ㄴ. 교사가 개별적으로 수행한 장학의 결과를 농년의 의회를 통해 연수한다.
ㄷ. 교장과 교사의 신뢰하는 분위기 조성이 장학활동의 중요한 출발점이 된다.
ㄹ. 경력교사와 초임교사가 짝을 이루어 상호간에 수업을 공개·관찰하면서 수업방법의 개선을 도모한다.

① ㄱ, ㄴ ② ㄷ, ㄹ
③ ㄱ, ㄷ ④ ㄴ, ㄹ

37. ④ / 38. ③ / 39. ④

---

10. 김 교사가 언급하는 교내장학 유형의 명칭과 개념, 그 활성화 방안 2가지 [3점] [18, 중등 논술형]

| 보기 |

박 교사 : 좋은 생각입니다.
김 교사 : 그런데 저 혼자서 학생의 다양한 특성을 고려해서 교육과정을 개발하고 수업을 설계하고 평가하는 것은 힘들어요. 선생님과 저에게 이 문제가 공동 관심사이니, 여러 선생님과 경험을 공유하고 협력해서 피드백을 주고받는 것이 좋겠어요.

∅ 정답키: 교내장학-동료장학
활성화 방안-학습공동체 형성, 협의회 활성회, 공동 직무연수

객관식

40
다음 〈보기〉의 내용을 모두 포함하고 있는 장학이론은? (01, 초등)

| 보기 |
- 대다수의 교사는 주어진 직무 이상으로 책임감을 발휘할 수 있다.
- 학교의사결정에 교사가 참여함으로써 학교효과성이 증대되고, 그 결과 교사의 직무만족이 증대된다.
- 학교경영자의 기본 과제는 교사들이 학교의 목표 달성에 능력을 최대한 발휘할 수 있는 환경을 조성하는 일이다.

① 행동과학적 장학
② 과학적 관리 장학
③ 인간자원론적 장학
④ 인간관계론적 장학

41
서지오바니(T. J. Sergiovanni)의 인적자원론적 장학의 관점을 가장 잘 나타낸 것은? (09, 초등)

① 교사의 만족도가 증가하면 학교의 효율성이 증가하고, 이를 통해 공동의 의사결정이 달성된다.
② 교사의 만족도가 증가하면 공동의 의사결정이 달성되고, 이를 통해 학교의 효율성이 증가된다.
③ 학교의 효율성이 증가하면 교사의 만족도가 증가하고, 이를 통해 공동의 의사결정이 달성된다.
④ 공동의 의사결정을 도입하고 나면 학교의 효율성이 증가하고, 이를 통해 교사의 만족도가 증가한다.
⑤ 공동의 의사결정을 도입하고 나면 교사의 만족도가 증가하고, 이를 통해 학교의 효율성이 증가한다.

40. ③ / 41. ④

---

⑤ 한시성 : 컨설팅은 기한을 정해서 실시
⑥ 학습성 : 의뢰인은 컨설팅 과정에서 컨설팅에 대해 학습

절차 — ① 계획 수립 – 장학신청 – 장학준비 – 사전협의 – 장학시행 – 결과보고

11. 수업연구

의의
① 수업연구는 연구수업을 말함
② 교사가 자신이 연구한 수업을 동료교사나 학부모에게 공개하는 장학
③ 다양한 장학을 포함. 동료장학, 임상장학, 수업장학 등을 포함

필요성
① 수업 연구(Lesson Study)는 교사가 동료의 수업 방법에 몰입하여 지속적으로 배울 수 있는 유용한 방법
② 수업 연구는 연구적인 측면이 있으며, 회고하도록 하고, 교사가 작업 환경에서 교육과정을 개발
③ 수업에 동료가 참여 연구하고, 교사가 매일의 일상에서 마주치는 문제를 해결하는 데 효과적임
④ 새로운 수업이 수업 연구에서 만들어질 뿐 아니라 실전에서 검증되고, 개정되고 개선
⑤ 교육 공동체의 구성원으로서 교사들이 협동함에 따라 동료애라는 규범을 얻음

12. 인간관계 인간자원 장학

의의
① 인간관계장학 : 교사의 만족은 학교를 효율적으로 운영하고, 교수의 질을 개선하기 위한 수단
② 인간자원장학 : 교사의 만족이 장학의 목적, 즉 교사의 만족이 학교의 성공, 장학의 핵심 요소가 됨

13. 기타 장학

종류
① 담임장학 : 지역교육청의 학교담당 장학사가 중심이 되어 실시하는 장학의 유형으로 담당 학교의 교육활동 전반에 걸친 전문적·지속적 지원으로 학교 자율장학 능력을 배양
② 종합장학 : 교육청이 학교를 종합적으로 장학하는 형태이다. 임상장학, 교무장학, 행정장학 등이 종합적으로 이루어짐
③ 요청장학 : 학교장이 교수-학습방법 등에 관한 전문적 지도가 필요하다고 판단하여 시교육청이나 교육지원청에 지도·조언을 요청하는 경우 실시되는 장학의 형태
④ 특별장학(마중물장학) : 현안문제를 해결하거나 혹은 사전 예방 차원의 전문적·집중적 지원이 필요한 경우 실시됨

14. 교원연수

목적
① 교원 전문성 강화 : 핵심역량과 전문성 신장을 위한 연수를 운영
② 교원 책무성 강화 : 연수기관의 책무성을 확보하고, 교육연수의 사회적 신뢰를 확보
③ 의무 : 교육공무원에게 직책 수행을 위해 끊임없이 연구·수행해야 할 의무

방향
① 핵심 역량 중심의 자격연수 운영
② 대상별 특성에 맞는 직무연수의 운영
③ 교직 생애 주기에 따른 연수과정 운영
④ 연수의 효율성과 연수운영의 질 관리를 위해 미래형 연수체제를 구축
⑤ 연수기관 간 협력체제 내실화를 추진
⑥ 원격 연수 콘텐츠 관리 내실화를 추진

---

11. 김 교사가 언급한 학교 중심 연수의 종류 1가지, 학교 중심 연수를 활성화하기 위해 학교 차원에서 지원할 수 있는 구체적인 방안 2가지 [3점] [22, 중등 논술형]

| 보기 |
송교사: 네, 온라인 수업을 하게 되면 활용할게요. 선생님 덕분에 좋은 정보를 많이 얻을 수 있어 좋네요. 선생님들 간 활발한 정보 공유의 기회가 더 많아지길 바랍니다.
김교사: 네, 앞으로는 정보 공유뿐만 아니라 교사들 간 실질적인 협력도 있었으면 해요. 이를 위해 학교 중심 연수가 활성화되면 좋겠어요.

∅정답키: 연수 종류-전문적 학습공동체
지원 방안-학습공동체의 날 지정, 보상 제공

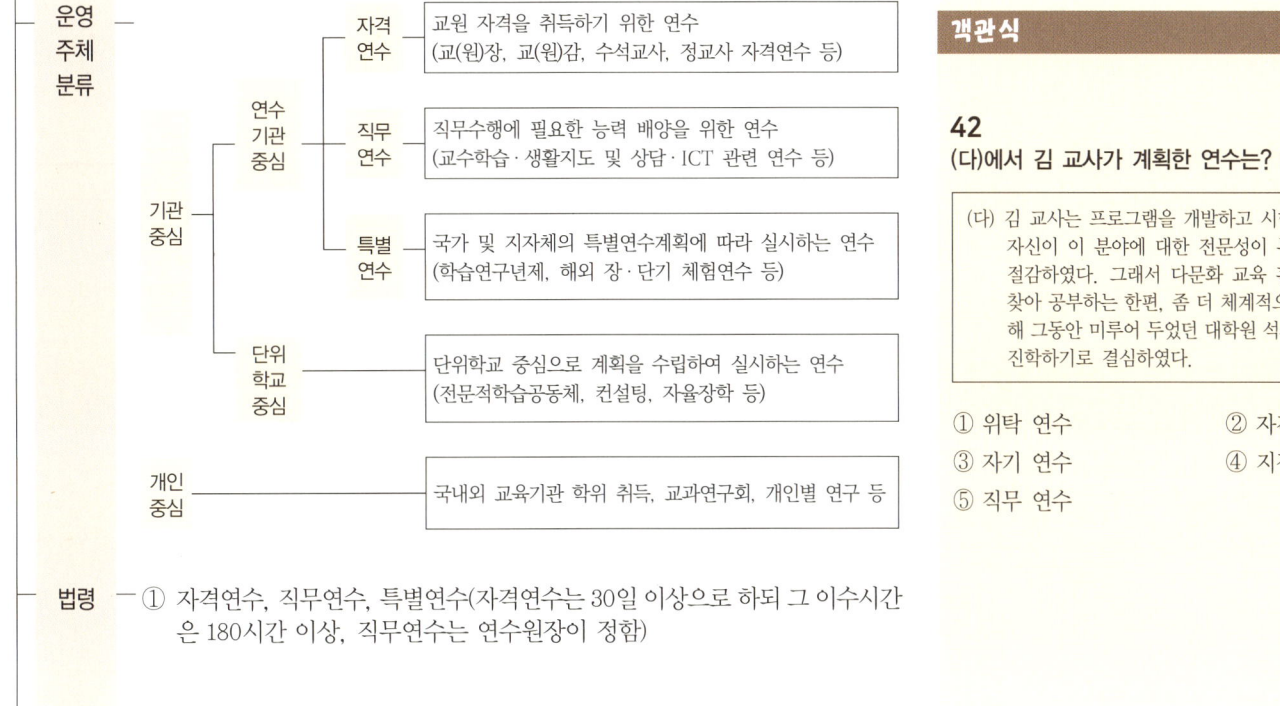

객관식

42

(다)에서 김 교사가 계획한 연수는? (11, 초등)

> (다) 김 교사는 프로그램을 개발하고 시행하는 과정에서 자신이 이 분야에 대한 전문성이 부족하다는 점을 절감하였다. 그래서 다문화 교육 관련 학술서적을 찾아 공부하는 한편, 좀 더 체계적으로 연구하기 위해 그동안 미루어 두었던 대학원 석사과정에 자비로 진학하기로 결심하였다.

① 위탁 연수　　② 자격 연수
③ 자기 연수　　④ 지정 연수
⑤ 직무 연수

42. ③

12. 최근 초등학교에서는 초임 교사를 위한 멘토링이 활성화 되고 있다. 1) 초임 교사에게 멘토링이 필요한 이유 2가지를 논하고, 2) 다음 사례에서 멘토링의 문제점을 멘토, 멘티, 그리고 학교의 멘토링 지원 측면에서 1가지씩 찾고 각각에 대한 학교 내 해결 방안을 서로 중복되지 않도록 논하시오. 그리고 3) 학교 내 멘토링의 성공적 운영을 위한 시·도 교육청 차원의 지원 방안을 인적 측면, 물적 측면에서 각각 1가지씩 논하시오. [총 20점] [11, 초등 논술형]

○○초등학교에서는 3월 임용 예정인 초임 교사를 위해 2월 초에 멘토링 프로그램 운영 계획을 수립하였다. 다음은 멘토링 프로그램 운영 계획의 일부와 3월 둘째 주 멘토링 협의회 장면이다.

3월 멘토링 프로그램 운영 계획

- 멘토링 일시 : 매주 수요일 오후 4시
- 장　　소 : 멘토 교실
- 참 여 자 : 김 교사(경력 교사, 멘토)
　　　　　 박 교사(초임 교사, 멘티)

일정	내용
1주	멘토링 프로그램 소개 및 멘토-멘티 결연
2주	수업 계획안 작성법 지도
3주	멘토의 멘티 수업 관찰
4주	수업 분석 및 협의

김 교사 : 지난주에 얘기했던 수업 계획안 작성을 좀 생각해 보셨어요?
박 교사 : (미안한 듯) 아니요. 아직 생각해 보지 못했어요. 사실 저는 멘토링에서 왜 수업 계획안 작성법을 다루는지 잘 모르겠어요. 대학 다닐 때 다 배웠는데……. (시계를 쳐다보며) 선생님, 제가 갑자기 처리해야 할 공문이 있어서요. 오늘 멘토링 협의회를 내일로 미루면 안될까요?
김 교사 : 바쁘기는 다 마찬가지죠. 그래도 우리가 만나는 이유가 뭔가요? 선생님을 도와드려고 그러는 거지요. 마침 선생님이 4월 초에 수업공개를 해야 하니까 멘토링 계획서대로 수업 계획안부터 만들어 보죠.
박 교사 : (놀란 표정으로) 그렇게 빨리 수업공개를 해야 하나요? 아직 아이들 이름도 잘 모르는데…….
김 교사 : 그래도 준비해서야죠. 과목은 내가 생각해 봤는데, 국어 어떠세요? 그걸로 한번 해보시죠.
박 교사 : 국어요? 저는 국어보다는 과학에 더 관심이 많은데…….
김 교사 : 그럼 뭐, 할 수 없지요. 과학으로 하는 수밖에……. (곧바로) 여기 사례집에 나와 있는 것으로 하시죠. (우수 수업 사례집을 펴 보이며) 선생님은 이제 갓 대학을 졸업해서 새로운 것을 많이 배웠을 테니까, 잘 알아서 한 번 해보세요.
박 교사 : (혼잣말로) 큰일이네, 언제 준비하지? (김 교사에게) 실제로 교사가 되어 보니까 해야 할 일이 너무 많고요, 다른 선생님들하고도 어떻게 지내야 하는지 잘 모르겠어요.
김 교사 : (조금 퉁명스럽게) 처음에는 다 그렇죠. 시간이 지나면 해결돼요. 그런 거보다 수업 준비가 더 중요하지 않나요?
박 교사 : (체념 하듯이) 네…….

⊘정답키: 필요성-교사 전문성 향상, 교사 심리안정, 문제해결
　　　　　문제점1 멘토의 지시적 강제적 자세-수평적 쌍방적 의사소통
　　　　　문제점2 멘티의 소극적 자세-적극적 자세의 인식 개선
　　　　　문제점3 교사의 개별성 무시-충분한 대화
　　　　　인적 지원 방안-정기 연수, 멘토 지원단 구성
　　　　　물적 지원 방안-사이버 멘토 지원센터 구성, 우수 교원 보상제도

객관식

43
대입제도 개선에 있어 다음과 같은 접근을 취하였다. 이러한 정책결정의 이론적 모형은? (99, 초등보수(서울))

보기
• 전문가로 하여금 장기적이고 체계적인 정책연구를 수행하게 한다. • 대입제도와 관련된 모든 가능한 대안을 비교·분석·검토한다. • 대입제도의 지엽적 문제보다 중요하고 근본적인 문제부터 접근해 나간다. • 대입제도 본연의 기능을 지향하여 이상적인 대안을 선택한다.

① 혼합 모형　　② 점증 모형
③ 만족화 모형　④ 합리성 모형
⑤ 쓰레기통 모형

44
다음 내용에 가장 부합하는 교육정책 결정 모형은? (11, 초등)

보기
• 정책 결정이 항상 합리적으로 이루어지는 것은 아니다. • 부족한 자원, 불충분한 정보, 불확실한 상황 등이 정책의 합리성을 제약한다. • 때때로 직관이나 초합리적인 생각도 정책을 결정하는 데 중요한 요인이 된다. • 창의적인 정책 결정에 도움을 주지만, 너무 이상에만 치우칠 수 있다는 비판을 받는다.

② 만족 모형(satisfying model)
③ 점증 모형(increamental model)
④ 혼합 모형(mixed-scanning model)
⑤ 쓰레기통 모형(garbage can model)

43. ④ / 44. ①

IX. 정책결정과 의사소통

1. 정책결정 이론모형　2. 정책결정 4가지 관점　3. 브리지스 참여적 의사결정
4. 호이 참여적 의사결정　5. 브룸 참여적 의사결정　6. 의사소통　7. 의사소통 유형
8. 조하리 창　9. 교육기획

1. 정책결정 이론모형

비교

모형	설명
고전적 합리모형	• 인간은 의사결정을 위해 필요한 모든 지식과 정보를 수집하고 이를 객관적으로 분석·종합하여 최적의 대안을 선택할 수 있다는 인간의 가능성을 전제 • 장점: 가능한 대안을 모두 검토해서 가장 좋은 것을 선택 • 단점: 과정이 비현실적이고, 전례가 없는 새로운 문제해결에는 적용되기 어렵다는 한계점
만족모형 (제한된 합리모형)	• 사이몬과 마치 • 최적의 대안보다는 만족할 만한 해결책을 찾는 모형(합리모형+만족감) • 장점: 객관적 자료를 바탕으로 여러 대안을 모색, 최종적 대안을 결정할 때는 더 만족스러운 대안을 선택(의사결정자 만족) • 단점: 주관적 과정으로 파악하고 객관적 척도가 없다는 비판을 받음
점증모형 (점진모형)	• 린드블룸, 스나이더, 윌다브스키 • 기존의 정책이나 결정을 점진적으로 수정해 나가는 모형 • 장점: 기존의 틀 속에서 수정하여 보다 개선된 대안을 추구 • 단점: 보수적인 성향을 가지며, 새로운 목표를 추구하지 않고 무사안일하다는 비판을 받음
혼합모형	• 에치오니 • 합리모형 + 점증모형 • 장점: 기본결정은 합리모형을 적용하고, 세부결정은 점증모형을 적용 • 단점: 새로운 모형이 아니라 기존의 모형을 절충한 것에 지나지 않는다는 비판을 받음
최적모형	• 드로우 • 합리모형 + 초합리성(직관, 판단, 창의)을 동시에 추구 • 장점: 합리적 모형을 한층 체계적으로 발전시키는 데 큰 공헌 • 단점: 정책결정에 있어 사회적 과정에 대한 고찰이 불충분하고, 비합리적 경향이라고 비판을 받음
쓰레기통 모형	• 코헨과 마치 • 의사결정은 합리성보다는 우연에 더 의존 • 장점: 불확실한 목표, 불분명한 기술, 유동적인 참여를 특징 • 단점: 부분적, 일시적으로 적용될 수 있으나 모든 조직에 적용될 수 없다는 비판을 받음

2. 정책결정 4가지 관점

비교

관점	결정
합리적 관점 (합리적 판단)	목표 달성을 위한 수많은 대안 중에 최적 대안을 선택
참여적 관점(합의)	합리적인 이성적 판단이라기보다 당사자 간의 논의를 통한 합의의 결과
정치적 관점(타협)	조직에 대하여 영향력을 행사하려는 수많은 이익집단의 존재를 전제하고, 의사결정은 이러한 이해 집단 간의 타협의 결과
우연적 관점 (우연적 선택)	결정 행위가 합리적인 사고나 합의 혹은 타협의 산물이라기보다 의도하지 않은 어떤 상황이나 사정에 의해 우연적으로 결정

3. 브리지스 참여적 의사결정

상황 I
① 교사들이 개인적 이해관계(적절성)와 전문적 지식(전문성)을 모두 가지고 있어 수용 영역 밖에 있는 경우
② 구성원을 의사결정 과정에 자주 참여
③ 리더의 역할은 소수의 의견까지 보장하여 의회주의형으로 의사결정이 이루어지도록 함

상황 II
① 구성원이 결과에 대해 이해관계(적절성)는 가지고 있으나 전문적 지식(전문성)이 없는 경우
② 구성원을 가끔 참여시키고 참여단계도 최종대안을 선택할 때 제한적으로 참여
③ 리더는 부분적 참여로 의사결정에 감정적 반항을 감소시켜 커다란 마찰 없이 문제를 해결

- 상황III ― ① 구성원이 이해관계는 가지고 있지 않고 전문성은 있는 경우
  ② 구성원을 제한적으로 참여시키는 것이 바람직
  ③ 참여는 의사결정의 질을 높일 수 있는 아이디어나 정보를 얻기 위해 대안의 제시나 결과의 평가 단계에서 참여

- 상황IV ― ① 구성원이 전문성도 없고 이해관계도 없음. 이 경우는 수용 영역 내부에 있어 참여시킬 필요가 없다.

4. 호이 참여적 의사결정

모형

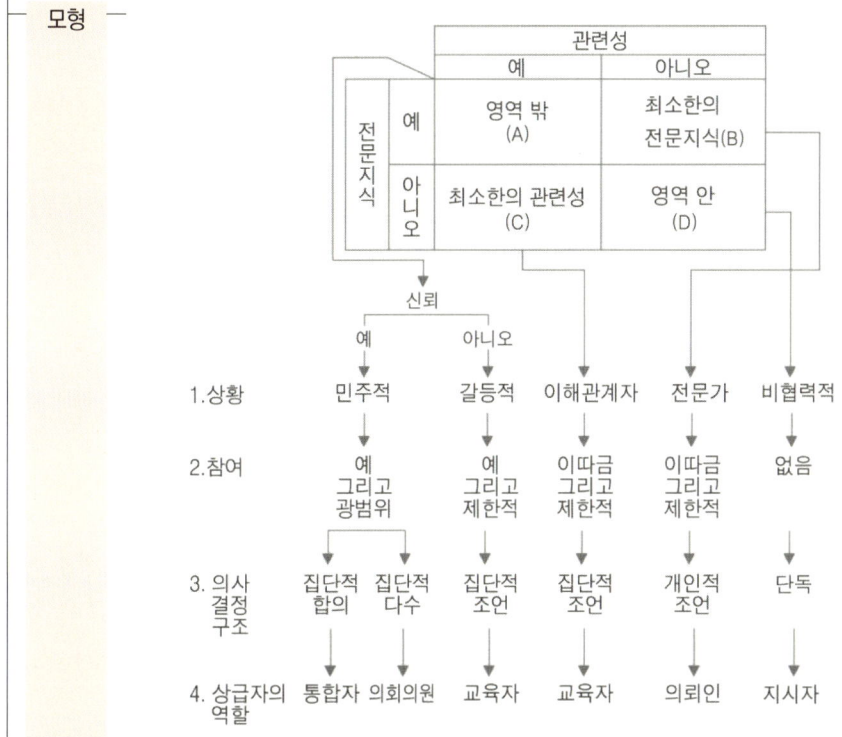

*'수용 영역 안'이란 상급자(교장) 의사결정을 그대로 받아들임

역할 기능 목표

역할	기능	목표
통합자	다양한 입장 통합	합의 획득
의회의원	개방적 논의 촉진	반성적 집단사고 지원
교육자	쟁점의 설명과 논의	결정안 수용 추구
의뢰인	조언 요청	결정의 질 개선
지시자	일방적 결정	효율성 성취

객관식

45
교육정책 결정 모형에 대한 설명으로 바른 것은? (06, 초등)
① 만족 모형은 합리성의 한계를 전제하는 현실적 모형이다.
② 점증 모형은 급속한 변혁이 요구되는 사회에 적합한 정책모형이다.
③ 합리성 모형은 직관적 판단과 초합리성을 중시하는 이상적 모형이다.
④ 혼합 모형은 합리성 모형과 만족 모형을 결합하여 발전시킨 모형이다.

46
다음 그림은 호이와 타터(W. D Hoy& C. J. Tarter)가 제시한 참여적 의사결정의 규범 모형이다. 이 모형에서 교장은 특정 사안에 대한 교사의 관련성과 전문성을 확인하여 해당 교사가 속한 수용영역(zone of acceptance)을 판단하며, 이에 따라 의사결정에 대한 교사의 참여 정도를 다양하게 결정한다. ㉠, ㉡, ㉢의 경우에 해당하는 학교장의 역할이 바르게 나열된 것은? (09, 중등)

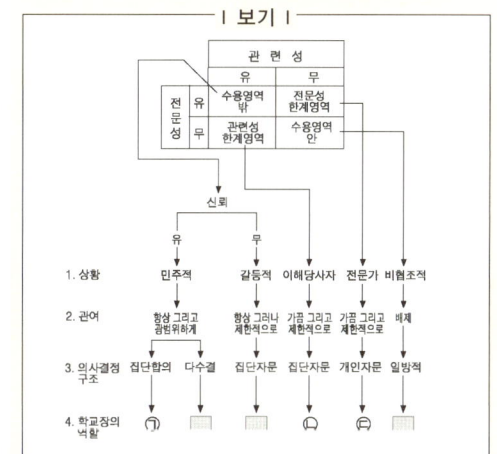

	㉠	㉡	㉢
①	통합자	교육자	간청자
②	간청자	지시자	교육자
③	교육자	통합자	간청자
④	통합자	지시자	교육자
⑤	간청자	통합자	지시자

45. ① 46. ①

---

13. A 안과 B 안에 해당하는 의사결정 모형의 단점 각각 1가지, 김 교사가 B 안에 따라 학생들의 요구를 반영하기 위해 제안할 수 있는 구체적인 방안 1가지 [3점] [21, 중등 논술형]

교사 협의회에서는 학교 운영에 학생들의 요구를 반영하는 방안에 대해 논의했어. 다양한 의사결정 방식들이 제안되었는데 그중 A 안은 문제를 확인한 후에 목적과 세부 목표를 설정하고, 가능한 대안들을 모두 탐색하고, 각 대안에 따른 결과를 예측하고 비교해서 최적의 방안을 찾는 방식이었어. B 안은 현실적인 소수의 대안을 검토하고 부분적으로 수정해서 현재의 문제 상황을 조금씩 개선해 나가는 방식이었어. 많은 논의를 거친 끝에 B 안으로 결정했어. 나는 B 안에 따른 구체적인 방안을 다음 협의회 때 제안하기로 했어.

✎ 정답키: A-고전적 합리모형, 단점-대안을 모두 탐색할 수 없음
B-점증(점진)모형, 단점-혁신 어려움
학생 요구 반영 방안-학생 요구조사 실시

객관식

47
다음에 해당하는 의사결정의 관점으로 가장 적절한 것은? (04, 중등)

| 보기 |
- 의사결정을 이성적 판단보다는 관련 당사자 간의 논의를 통한 합의의 결과로 본다.
- 관료제적 조직보다는 의사결정 관련자의 능력과 자율이 인정되는 전문직 조직에 더 적합하다.

① 우연적 관점
② 정치적 관점
③ 참여적 관점
④ 합리적 관점

48
다음은 교장과의 의사소통에 곤란을 겪고 있는 교사들의 대화 내용이다. 각각의 경우에 교사들이 교장에게 기대하는 교육조직에서의 의사소통 원리를 옳게 짝지은 것은? (10, 초등)

| 보기 |
박 교사 : 교장 선생님은 부장 선생님에게만 말씀하시면 그것으로 다 됐다고 생각하시나 봐요. 어제는 나를 보자마자 지난번에 말한 일은 어떻게 됐냐고 하시지 뭐예요. 글쎄 알아보니 부장 선생님께만 말씀하셨던 모양이에요. 그렇게 중요한 일이면 저에게도 알려주셨어야죠.
최 교사 : 그랬어요? 저도 지난 주 운동회 진행하느라 정신없이 바쁜데, 운동장에서 다음 달에 있을 학교평가를 앞두고 준비할 일을 자세하게 말씀하셔서 힘들었어요. 그런 일이면 조용할 때 교장실에서 말씀하시면 좋잖아요.

	박 교사	최 교사
①	분포성	적응성
②	적량성	명료성
③	일관성	적응성
④	적응성	명료성
⑤	분포성	일관성

5. 브룸 참여적 의사결정

의사결정 유형
① 전제적 의사결정 : 지도자가 현재정보를 바탕으로 문제를 일방적으로 해결
② 정보에 근거한 전제적 의사결정 : 지도자가 부하직원들로부터 필요한 정보를 수집한 후 일방적으로 문제를 해결
③ 개인적 자문 : 지도자는 부하직원들과 함께 문제를 공유하고 아이디어가 있는지 개인적으로 부탁해서 부하직원들의 영향력을 받지 않고 결정
④ 집단적 자문 : 지도자는 부하직원들과 문제를 공유하고 그들에게 아이디어가 있는지 확인한 후, 부하직원의 의견을 반영하거나 반영하지 않는 결정
⑤ 집단적 합의 : 지도자는 부하직원들과 집단적으로 문제를 공유하고, 합의에 도달하는 대안을 탐색하고 집단의 결정을 기꺼이 수용

6. 의사소통

정의
① 의사소통(Communication)은 둘 또는 그 이상의 사람들 간에 이해의 정도를 산출하는 방식으로 메시지, 아이디어 또는 태도를 공유하는 것

일반원칙
① 명료성 : 정보구조는 체계화되어 있고 언어는 정확하고, 알기 쉬워야 함
② 일관성 : 전달내용은 모순되어서는 안 됨
③ 적량성 : 정보량이 적정하게 제공
④ 적시성 : 의사소통은 적기, 적시에 행함
⑤ 분포성 : 전달범위, 대상자가 명확하게 확정되어 정확히 전달
⑥ 적응성 : 의사소통은 융통성, 개별성, 현실합치성을 지녀야 함
⑦ 통일성 : 의사소통은 각각 전체로서 통일된 표현

7. 의사소통 유형

언어적 / 비언어적
① 언어적 의사소통은 언어를 매체로 하여 메시지가 전달되는 것
② 비언어적 의사소통은 언어를 사용하지 않고 메시지를 전달하는 것

일방적 / 쌍방적
① 일방적 의사소통은 지시·명령·공문하달과 같은 일방적 의사소통
② 쌍방적 의사소통은 수신자로부터 피드백이 있는 의사소통

하향적 / 상향적 / 수평적
① 하향적 의사소통은 지휘, 명령 계통에 따라 상사가 부하에게 메시지를 전달하는 상의하달식 의사소통으로 명령, 지시, 규칙, 업무정보 등의 전달이 포함
② 상향적 의사소통은 부하가 상사에게 메시지를 전달하는 하의상달식 의사소통
③ 수평적 의사소통은 조직 내에서 같은 계층에 있는 개인 또는 부서 간에 이루어지는 상호작용적 의사소통으로 각 구성원 또는 부서 간의 활동을 조정하거나 갈등을 해소하는 데 있어서 매우 중요한 기능

공식적 / 비공식적

구분	공식적 의사소통	비공식적 의사소통
개념	공식조직 내에서 공식적인 계층 경로와 과정을 거쳐 공식적으로 행하는 의사소통방식, 고전적 조직론에서 강조	계층제나 공식적인 직책을 떠나 조직 구성원 간의 친분·상호 신뢰와 현실적인 인간관계 등을 통하여 이루어지는 의사소통방식
수단	공문서를 수단으로 함(명령, 지시와 보고, 품의)	개별적인 인간적 만남·각종 친목회에서의 의견교환·조직 내 소문

47. ③ / 48. ①

---

14. A교장이 강조하고 있는 교육기획의 개념과 그 효용성 2가지 제시 [4점] [20, 중등 논술형]

| 교육기획의 중요성 부각 |
| A 교장은 단위 학교에서 새 교육과정이 체계적으로 운영되도록 돕는 교육기획을 강조한다. |
| 새 교육과정은 교육의 핵심인 교수·학습 활동의 중심을 교사에서 학생으로 이동시키는 근본적인 전환을 강조하고 있습니다. 저는 실질적 의미에서 학생 중심 교육이 우리 학교에 정착할 수 있도록 모든 교육활동에 앞서 철저하게 준비할 생각입니다. |

∅정답키: **개념-미래의 교육활동에 대한 사전 준비 과정**
　　　　　효용성- 체계적 운영, 정책의 정착 도움

8. 조하리창

창

	피드백	
	정보가 자신에게 알려짐	정보가 자신에게 알려지지 않음
자기노출 ↓ 정보가 타인에게 알려짐	개방	미지 (맹목)
정보가 타인에게 알려지지 않음	비밀 (잠재)	무지 (미지)

영역

창	의사소통 유형
개방 영역(Open Area)	자신의 정보를 다른 사람에게 개방하고, 다른 사람들의 피드백을 잘 들음(민주형)
미지 영역(Blind Area)(맹목)	자신의 정보를 다른 사람에게 잘 개방하는데, 다른 사람으로부터 피드백을 받지 않음(독단형)
비밀 영역(Hidden Area)(잠재)	자신의 정보를 잘 개방하지 않지만, 다른 사람으로부터 피드백을 잘 받음(과묵형)
무지 영역(Unknown Area)(미지)	자신의 정보도 개방하지 않고, 다른 사람으로부터 피드백도 받지 않음(폐쇄형)

9. 교육기획

- **개념**
  - ① 교육기획(교육계획, Planning)은 미래의 교육활동에 대한 사전준비 과정

- **성격**
  - ① 미래를 구상하고, 활동을 준비하는 과정
  - ② 고도의 전문성과 지성이 요구되는 계획 과정
  - ③ 목표와 수단이나 방법을 합리적으로 연결하는 과정
  - ④ 실제적 시행이나 집행이 아니라 사전준비 과정

- **특성**
  - ① 안정성 : 교육기획은 교육정책 수행과 교육행정의 안정화에 기여
  - ② 효율성과 타당성 : 교육기획은 교육행정의 효율성과 타당성을 제고
  - ③ 합리성 : 교육기획은 한정된 자원을 합리적으로 배분
  - ④ 개혁성 : 교육기획은 교육개혁을 촉신
  - ⑤ 통제성 : 교육기획은 합리적 통제를 가능

- **과정**
  - ① 목표설정 – 현황파악 – 기획 전제 설정 – 대안 탐색과 비교 – 최종안 선택 – 부수적 파생계획의 수립

- **사회수요 접근법**
  - ① 사회수요 접근법(Social Demand Approach)은 대한 개인적 또는 사회적 수요를 기초로 하여 교육기획을 수립하는 방법
  - ② 진급률에 의한 방법, 취학률에 의한 방법 등을 고려하여 산출
  - ③ 적용 : 사회수요 접근법은 현재 대부분의 국가에서 초등과 중등교육 등 하급학교 학생 수 추정 시에 많이 사용하며, 일부 선진국에서는 고등교육 단계에서도 많이 활용

객관식

49
다음은 타인과 의사소통을 할 때 영향을 주는 네 가지 유형의 정보를 나타내는 '조하리 창'(Johari window)이다. '조하리 창'에서 〈보기〉의 교사가 속한 영역은? (04, 중등)

| 보기 |

- 자기 이야기는 많이 하면서 상대방의 이야기에는 귀를 기울이지 않는다.
- 인간관계 개선을 위하여 다른 사람들로 하여금 자신에 대한 생각과 감정을 노출시키도록 격려할 필요가 있다.

	자신에 관한 정보가 자신에게 알려짐	자신에 관한 정보가 자신에게 알려지지 않음
자신에 관한 정보가 타인에게 알려짐	I 영역	II 영역
자신에 관한 정보가 타인에게 알려지지 않음	III 영역	IV 영역

① I 영역 ② II 영역
③ III 영역 ④ IV 영역

50
〈보기〉에서 '인력수요 접근법(manpower approach)'에 의한 교육계획의 수립 절차를 순서대로 바르게 나열한 것은? (08, 중등)

| 보기 |

ㄱ. 교육자격별 노동력의 부족분 계산
ㄴ. 인력수요 자료의 교육수요 자료로의 전환
ㄷ. 학교수준 및 학교종류(학과)별 적정 양성규모 추정
ㄹ. 기준 연도와 추정 연도의 산업부문별, 직종별 인력 변화 추정

① ㄱ → ㄷ → ㄴ → ㄹ
② ㄱ → ㄹ → ㄷ → ㄴ
③ ㄹ → ㄴ → ㄱ → ㄷ
④ ㄹ → ㄷ → ㄴ → ㄱ

49. ② / 50. ③

객관식

51
학급경영의 주체를 다음과 같이 파악하고 있는 교사들이 학급 경영 과정에서 보이는 행동 특성을 〈보기〉에서 모두 고르면? (10, 초등)

> 교육의 목적은 학생들이 민주 사회의 시민으로 성장하도록 돕는 데 있다. 자율적으로 자신의 책임을 다하는 시민만이 민주 사회에서 바람직한 삶을 영위할 수 있다. 학급경영에서도 마찬가지이다. 학생들이 학급 공동체를 구성하고, 자율적으로 학급 내의 문제를 발견하고 해결할 권리와 책임이 있다.

| 보기 |

ㄱ. 학생들의 개인차를 중시한다.
ㄴ. 학급 내의 의사결정에서 학생에게 재량과 자유를 충분하게 부여한다.
ㄷ. 학급경영에 소요되는 시간을 의미 있고 생산적인 것으로 활용한다.
ㄹ. 학급경영 과정에서 스티커 제도를 활용하는 등 보상적 권한을 자주 행사한다.
ㅁ. 문제행동을 할 때, 예상되는 결과의 경중에 따라 학생이 자연적 결과를 경험하도록 지켜보기도 한다.

① ㄴ, ㄹ
② ㄱ, ㄴ, ㄷ
③ ㄱ, ㄷ, ㄹ
④ ㄱ, ㄴ, ㄷ, ㅁ
⑤ ㄱ, ㄴ, ㄷ, ㄹ, ㅁ

52
교실의 물리적 환경 구성 시 고려할 사항으로 가장 적절한 것은? (03, 초등)

① 교실의 색조 선택은 교실의 상황에 따라 달리하는 것이 좋다.
② 아동들의 자리 배치는 동일한 형태로 지속시키는 것이 좋다.
③ 교실 환경 구성 시 학생 참여는 가능한 한 제한하는 것이 좋다.
④ 창이 있는 교실은 창에 발을 쳐서 각종 자료를 게시하는 것이 좋다.

51. ④ / 52. ①

인력수요 접근법
① 인력수요 접근법(Manpower Demand Approach)은 일정한 시점에서 소요 인력을 추정하여 교육기획을 수립하는 방법
② 장래 일정한 시점에서 기대되는 경제규모와 성격이 정해지면 경제를 원만히 운영하기 위하여 각 부분에 필요한 기술수준의 인력이 결정, 그것을 바탕으로 교육기획을 수립

수익률
① 비용·편익 접근법
② 교육에 투입된 경비와 산출된 효과를 금액으로 환산하고, 교육의 경제적 효과를 기준으로 교육투자의 중점과 우선순위를 결정하여 교육기획을 수립

국제비교
① 국가의 발전단계를 몇 단계로 구분하고 각 단계마다 필요하거나 효과적으로 사용한 교육기획을 설정
② 여기에 따라 그 나라의 발전단계를 고려하여 적합한 교육기획을 선택

X. 학교 학급경영·교사론

1. 보직교사 수석교사 2. 학급경영원리 3. 학급담임역할 4. 교직관
5. 교직특수성 6. 교사권리의무 7. 교사권위 8. 연수교원능력개발평가제

1. 보직교사 수석교사

보직교사
① 행정적 측면을 담당하는 행정조직적 측면이 강함
② 주임교사를 보직교사로 명칭을 변경
③ 보직교사의 명칭은 시·도 교육감이 정함(대부분 부장교사)
④ 별도의 자격증이 없다.

수석교사
① 교사의 교수 연구 활동을 지원하고 학생을 교육
② 교육부장관이 임용
③ 자격증을 소지한 사람으로 15년 이상의 교육경력이 필요
④ 교육조직을 강화시키는 측면을 지님

수석교사 필요성
① 교수 학습활동에 전념할 수 있는 여건을 조성
② 교단 중시풍토를 조성
③ 교내장학 활성화를 통한 교원의 전문성을 제고
④ 교원의 사기를 앙양
⑤ 교사의 직무 분화를 통해 학교를 개혁

2. 학급경영 원리

원리
① 개별성 원리 : 각 개인이 갖는 독특한 능력, 적성, 희망에 따라 개인마다 서로 다른 발전을 하도록 함
② 자주성 원리 : 교사의 자주적 경영 방침에 따라 보다 창의적으로 활동을 의미 있게 전개
③ 협동성 원리 : 학급은 학교조직의 가장 기본적이며 핵심적 단위
④ 통합성 원리 : 궁극적인 교육목표로서 전인적 인간발달에 모든 학급경영 활동이 통합
⑤ 타당성 원리 : 국가, 학교의 교육목표, 교과의 원리, 학생의 특성과 필요에 비추어 타당해야 함
⑥ 과학성 원리 : 정확한 상황분석과 체계적인 접근에 의해 과학적으로 이루어져야 함

3. 학급담임 역할

역할
① 교육과정 편성 및 평가 ② 경영실행과정 ③ 교과 지도 ④ 교과 외 활동지도
⑤ 생활 지도 ⑥ 학교·학급 경영 직무 수행 ⑦ 연구·연수·연찬 ⑧ 사안 처리
⑨ 대외 관계 및 기타

4. 교직관

헤비거스트 뉴가튼

성직관
① 성직관은 피교육자의 인격형성을 돕는 고도의 정신적인 봉사 활동을 중요시
② 피교육자에 대한 교직의 소명의식이 강조
③ 교직의 처우개선보다는 사랑과 봉사 정신을 강조

노동직관
① 노동직관은 정신적인 노동도 육체적인 노동만큼 강조
② 노동에 대한 정당한 보수와 처우 개선과 근무 조건의 향상을 중요시
③ 단체 교섭·단체 행동·단결권 등 노동 3권 보장을 주장

공직관
① 공직관은 교육활동을 사적 활동이 아니라 공적 활동으로 봄
② 공공 이익을 위해 국민 전체에 대한 봉사를 강조
③ 법적으로 신분을 보장받고 기본권은 제한됨을 강조

전문직관
① 높은 수준 전문적 지식을 지님, 교육에 높은 수준의 지식과 교수 방법에 대한 전문적 기술을 지님
② 넓은 범위의 형식적 교육이 필요, 교사는 단기간에 양성되지 않고 장기간 교육으로 양성됨
③ 물건을 사고파는 상거래에 의해 보상이 아니라 학생들에게 조언을 하고 교육에 봉사를 통해서 보수 받음
④ 과거로부터 전통과 전문직 단체가 있고, 교직에 대한 여러 개의 자치적 전문적 단체와 윤리강령을 지님

비교

교직관	지위	교직의 본질	교사지위명칭	교사지위기능
성직관	인격자	인격성(윤리성)	스승(선생)	본질적 지위
전문직관	전문가	전문성(자율성)	교육자(교사)	본질적 지위
노동직관	근로자	근로성	교육근로자(교육노동자)	수단적 지위
공직관	공직자	공공성	교원(교육공무원)	수단적 지위

5. 교직 특수성

의의
① 인간을 대상으로 하여 미성숙자의 행동변화에 초점을 둠
② 사회발전에 역할
③ 봉사직으로 국가에 큰 영향을 줌

6. 교사권리 의무

권리의무

교사의 권리		교사의 의무	
조성적 권리 (적극적 권리)	법규적 권리 (소극적 권리)	적극적 의무 (수행해야 하는 의무)	소극적 의무 (수행해서는 안되는 의무)
①자율성에 관한 권리 ②생활보장 ③근무조건의 개선 ④복지후생제도의 확충	①신분보장 ②쟁송제기권 ③불체포 특권 ④교직단체 활동권	①교육 및 연구 활동의 의무 ②선서·성실·복종의 의무 ③품위유지의 의무 ④비밀엄수의 의무	①정치활동의 금지 의무 ②집단행위의 제한 ③영리업무 및 겸직 금지
자생무복	신송불교	교복품비	정치 집단 영리

국가공무원법
※ 국가공무원법에는 없는 것: 교육 및 연구활동의 의무
※ 국가공무원법에만 있는 것: 청렴 의무, 직장이탈금지 의무, 친절공정 의무, 종교중립 의무

객관식

53
〈보기〉의 내용이 공통적으로 설명하고 있는 교원의 지위는? (07, 영양)

| 보기 |

• 학교는 공공성을 지닌 조직이다.
• 교원의 신분은 법적으로 보장된다.
• 의무교육기관의 교원은 국민 전체에 대한 봉사자이다.
• 공공의 이익을 위하여 교원의 기본권은 제한될 수 있다.

① 전문가로서의 지위
② 인격자로서의 지위
③ 근로자로서의 지위
④ 공직자로서의 지위

54
〈보기〉의 내용에 공통적으로 나타나 있는 교원의 의무는? (05, 초등)

| 보기 |

• 교원은 모든 학생을 똑같이 대한다. 입학 허가, 성적 부여, 교육상의 모든 서류의 작성이 친소관계와 물질적 보상, 개인적인 이해관계로 좌우되어서는 안 된다.
• 교원은 인종, 성, 종교, 신념 등을 이유로 특정한 학생에게 이익을 주어서는 안 된다.
• 교원은 부모의 경제적·사회적 지위를 함부로 이용하지 않으며, 이에 좌우되지 않는다.

① 공정의 의무
② 청렴의 의무
③ 선서의 의무
④ 품위 유지의 의무

53. ④ / 54. ①

객관식

55
<보기>에서 교사가 수업시간에 학생들에게 발휘해야 할 적절한 권위를 바르게 고른 것은? (97, 중등)

| 보기 |
| ㉠ 카리스마적 권위 ㉡ 전문지식의 권위 |
| ㉢ 직위상의 권위   ㉣ 가부장적 권위 |

① ㉠, ㉢ ② ㉠, ㉣
③ ㉡, ㉢ ④ ㉡, ㉣

7. 교사권위

일반권위
① 제도적 권위: 교사는 학교생활을 통제하도록 주어진 것이 제도적 권위
② 지적 권위: 교과의 지식과 탐구와 판단의 능력을 소유한 것으로 인정되는 권위
③ 기술적 권위: 교육의 방법에 능한 것으로 인정되는 권위(지적, 기술적 권위는 실질적 권위, 능력 또는 학식의 권위)

8. 연수교원능력개발 평가제

평가제

구분	주요내용
평가목적	교원의 전문성 신장으로 공교육 신뢰 회복
평가대상	국·공·사립, 초·중·고 및 특수학교 재직 교원(보건, 영양, 사서, 상담 등 비교과 교사 포함)
평가 종류/평가참가자	동료교원 평가: 교장 또는 교감 1인 이상 + 교사 3인 이상
	학생 만족도 조사: 직접 지도를 받은 학생 전체 → 개별 교원 대상
	학부모 만족도 조사: 학부모 전체 또는 일부 → 개별교원 대상
평가영역·요소·지표	교사 - 학습지도: 수업준비, 수업실행, 평가 및 활용 등 평가요소 / 교수·학습전략수립 등 12개 지표
	교사 - 생활지도: 개인 생활지도, 사회 생활지도 ※ 비교과 교사의 경우, '학생지원' / 가정연계지도 등 6개 지표
	교장·교감 - 학교경영: 학교교육계획, 교내장학, 교원 인사, 시설관리 및 예산운용 (*교감은 시설관리 예산 운용 지표 제외) / 학교경영목표관리 등 8개 지표
평가문항	상기 평가지표당 각 2~5문항으로 구성 (※ 단위학교 선택)
평가시기	매년 1회 이상(학생·학부모 만족도 1학기 말, 동료교원평가 10월 말까지)
평가방법	5점 척도 절대평가 방식과 서술형 응답식 병행
시행주체	단위학교장이 소속교사에 대하여 실시
	시·도교육감(지역교육청 교육장) 교장·교감에 대하여 실시
관리기구	교육청 및 학교에 교원능력개발평가관리위원회 설치 (교원, 학부모, 외부전문가, 교육청 관계자 등 5인 이상 11인 이내로 구성
결과통보	교육감·학교장, 개별교원에게 평가지표별 환산점 및 합산점수를 통보 (*단위학교 전체 평가결과 값은 학교 정보공시제를 통하여 공개)
결과활용	능력개발 지원을 위한 맞춤형 연수 활용, 우수 교원에 대한 우대 방안, 능력 미흡 교원에 대한 의무 연수 부과

XI. 교육재정

1. 교육재정기초 2. 공평성 3. 교육비분류표 4. 표준교육비 5. 예산제도 6. 카프만체제분석 7. 목표관리기법(MBO) 8. 사업평가계획기법 9. 비용편익분석 10. 시도교육청재원 11. 학교회계제도

1. 교육재정기초

비교

구 분	교육재정(공경제)	사 경 제
수입조달방법	강제원칙(강제획득경제)	합의원칙(등가교환원칙)
기본원리	예산원리	시장 경제 원리
목 적	공익(복지)극대화	사익(이윤)극대화
회계목적	양출제입(量出制入)	양입제출(量入制出)
존속기간	영속성	단기성
생산물	무형	유형
수지관계	균형(수입=지출)	불균형(잉여획득)
보 상	일반보상(포괄적 보상)	특수보상(개별적 지불)

55. ③

- 원리

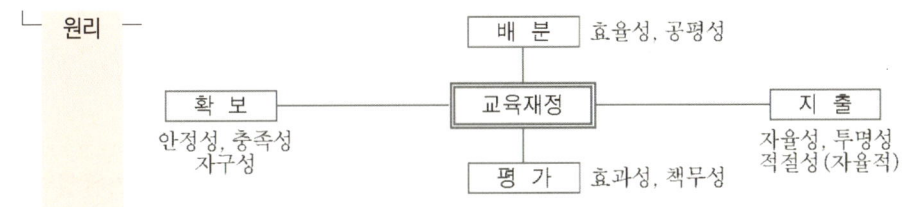

- 2. 공평성(공정성)
  - 수평적 공평성
    - ① 모든 조건이 동일하다면 균등한 것은 균등하게 취급한다는 원칙이 적용
    - ② 모든 학생들에게 무상교과서 배부, 모든 학생들에게 무상 급식, 모든 학급에 공기청정기 설치 등
  - 수직적 공평성
    - ① 균등하지 않은 것을 균등하지 않게 취급한다는 원칙이 적용
    - ② 영재교육, 특수교육, 교육복지우선지역, 수준별 교육 등 학생이나 교육청, 교육 프로그램에 따라 차등하게 교육재정의 투입이 이루어지는 것
  - 효율성
    - ① 정해진 목표의 산출을 위하여 가능한 최소 비용을 투입하는 (협의)효율성(최소 비용 법칙)
    - ② 일정하게 주어진 비용을 투입하여 가능한 한 최대 산출을 가져오는 효과성 (최대 산출 법칙)
    - ③ 효율성은 최소비용으로 최대 산출을 가져옴(최소 비용과 최대 산출을 모두 포함)

- 3. 교육비 분류표
  - 분류표

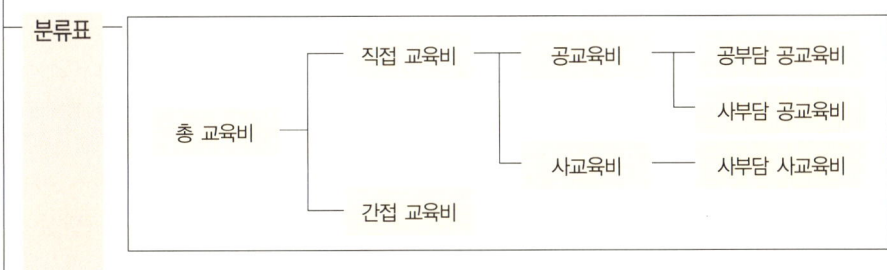

  - 분류
    - ① 직접교육비 : 교육활동에 직접적으로 지출되는 비용
    - ② 간접교육비 : 교육활동을 함으로써 포기되는 모든 형태의 기회비용
    - ③ 공교육비와 사교육비 : 교육비용 집행절차가 공적 예산회계절차를 통하여 이루어지고 있는지의 여부에 따라 공교육비와 사교육비로 구분(OECD는 사부담 공교육비를 사교육비로 분류)
    - ④ 공부담 공교육비 : 중앙정부가 내국세 및 교육세를 세원으로 부담하는 교부금 및 양여금, 지방정부가 부담하는 전입금, 사립학교 법인이 부담하는 전입금, 기타 사회 민간단체가 부담하는 기부금
    - ⑤ 사부담 공교육비 : 공교육비 중에서 학부모와 학생이 부담하는 입학금, 수업료, 육(기)성회비(학교운영지원비) 등

- 4. 표준 교육비
  - 의의
    - ① 표준 교육비는 정상적인 교육활동을 수행하는데 필요한 표준 교육조건을 설정하고 이를 유지 운영하는데 소요되는 교육 원가를 산출한 교육비
    - ② 학교운영비를 계산하는 기준

객관식

56
학생들의 개인차 또는 프로그램의 교육비 수준에 따라 차등적으로 재정 지원을 한다면, 이 때 적용한 교육재정 배분기준은? (02, 중등)

① 자율성 ② 공정성
③ 평등성 ④ 효율성

56. ②

NOTE

객관식

57
다음의 학교예산 편성 과정에 활용한 예산편성 기법으로 가장 적절한 것은? (09, 중등)

| 보기 |

올해 9월 A 중학교에 부임한 김 교장은 금년도 예산에 구애받지 않고 모든 사업과 활동을 전면적으로 재검토하여 내년도 사업계획안을 마련하였다. 그리고 교직원 회의를 거쳐 사업의 우선순위를 결정한 다음, 김 교장은 이에 근거하여 한정된 예산을 우선순위에 따라 배분하는 내년도 예산안을 편성하여 학교운영위원회의 심의를 거쳐 확정하였다.

① 목표관리 제도
② 기획 예산제도
③ 품목별 예산제도
④ 영 기준 예산제도
⑤ 성과주의 예산제도

58
다음에서 공통적으로 설명하고 있는 학교경영 관리 기법은?

| 보기 |

- 드러커(P. Drucker)가 소개하고, 오디온(G. Odiorne)이 체계화 하였다.
- 조직 구성원의 전체적인 참여와 합의를 중시한다.
- 활동의 과정과 결과에 대해 평가하며 수시로 피드백 과정을 거친다.
- 학교운영의 분권화와 참여를 통해 관료화를 방지 할 수 있다.

① 델파이 기법(Delphi Technique)
② 비용-수익분석법(Cost-Benefit Analysis)
③ 목표관리기법(Management by Objectives)
④ 영기준예산제(Zero-Base Budgeting System)
⑤ 정보관리체제(Management Information System)

57. ④ / 58. ③

---

5. 예산제도
- 제도
  - ① 품목별 예산제도(LIBS) : 예산을 물품 또는 서비스별로 하는 방법(현재 우리나라에서 사용)
  - ② 성과주의 예산제도(PBS) : 주요 사업을 몇 개의 사업으로 나누고, 사업을 다시 몇 개의 세부사업으로 나눈 다음 각 세부사업별로 단위원가에 업무량을 곱해서 예산액을 표시하는 것
  - ③ 기획 예산제도(PPBS) : 장기적 계획수립과 단기적 계획수립을 프로그램 작성을 통하여 유기적으로 연결시키는 제도
  - ④ 영기준 예산제도(ZBBS) : 전 회계연도의 예산에 구애받지 않고 우선순위가 높은 사업과 활동을 선택하여 예산을 결정하는 제도

6. 카프만 체제분석
- 모형

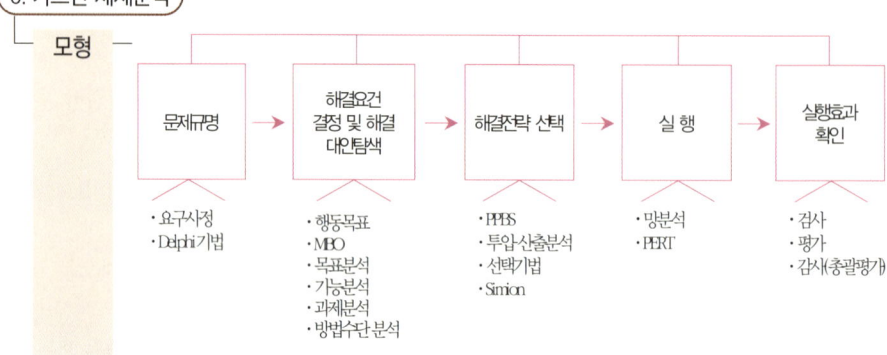

7. 목표관리 기법(MBO)
- 정의
  - ① Management By Objectives : MBO
  - ② 미국 경제학자 드러커가 제안한 경영기법이며 예산편성제도
  - ③ 전체의 목표 설정에 따라 상사와 부하가 부하의 목표를 설정하고 예산을 편성하고, 일정기간 후에 부하의 목표달성을 평가하며, 목표의 달성여부에 따라 다음 기간의 목표와 예산을 결정하는 방법
- 특징
  - ① 상사와 부하가 공동으로 부하의 업무 목표 설정, 목표달성에 필요한 예산 제공
  - ② 상사는 계속적인 관찰과 피드백 제공, 일정기간 후 부하의 목표달성여부를 평가
  - ③ 새로운 목표를 설정하는 경영방식
  - ④ 목표에 의한 학교경영은 하나의 철학적 접근
  - ⑤ 전교직원의 목표성취의 정도를 평가하는데 필요한 기준 마련의 기초
- 장점
  - ① 구성원들을 목표에 집중시키고 목표달성에 효과적임
- 단점
  - ① 목표 이외의 가치 상실
  - ② 구성원들의 긴장 증폭시킴, 교사들에게 교육 외적 목표와 재정적 면에 집중시켜 내적 목표 상실

8. 사업평가 계획기법
- 의의
  - ① Program Evaluation and Review Technique : PERT
  - ② 하나의 단위사업을 수행하는데 필요한 여러 가지의 세부사업을 단계와 활동으로 구분
  - ③ 작업의 선후에 따라 계획공정으로 묶고, 최종목표와 연결되도록 구조화하는 체제관리도구
  - ④ 한 단위시험장에서 생산을 위한 전 과정 플로우 차트에 표시하면서 생산관리를 체계적으로 하는 경영기법

9. 비용편익 분석

- 의의
  - ① Cost-Benefit Analysis (비용-편익분석) : 목적달성을 위하여 가능한 모든 대안을 모색하고 제각기 소요되는 비용과 여기서 얻어지는 편익을 비교, 평가해 바람직한 프로그램을 선택하는 분석방법
  - ② Cost-Effectiveness Analysis (비용-효과분석) : 일정한 경비를 지출함으로써 여러 대안이 각기 얼마만큼의 목표를 달성할 수 있는가를 비교·분석하는 방법

10. 시도 교육청재원

- 구성표

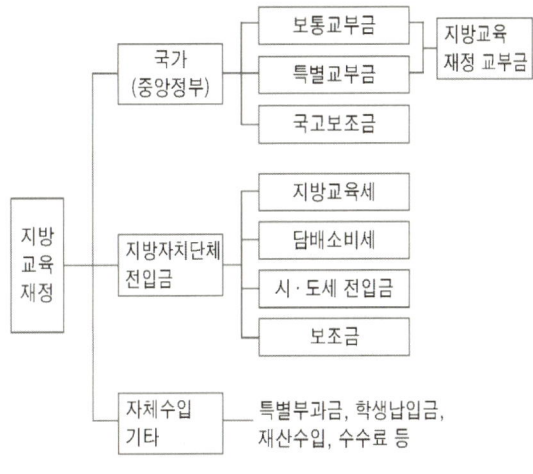

- 지방 교육재정 교부금
  - ① 지방 교육재정 교부금은 지방자치단체가 교육기관 또는 교육행정기관을 설치·경영하는데 필요한 재원의 전부 또는 일부를 국가가 교부하는 재원
  - ② 경제적으로 불균등한 지방교육의 균등한 발전을 위해서 제공되는 재원
  - ③ 보통교부금과 특별교부금으로 구분하고, 시도교육청 재원에서 가장 큰 금액

- 보통 교부금
  - ① 내국세와 교육세를 재원으로 배부
  - ② 각 지방자치단체의 기준재정 수요액에 기준재정 수입액을 차감한 금액으로 지급

- 특별 교부금
  - ① 내국세 총액 100분의 20.46의 3%에 해당되는 금액
  - ② 각 지방자치단체의 특별한 재정수요가 있을 때 지급

- 지방자치 단체로 부터
  - 전입금
    - ① 일반 지방자치단체가 시·도의 교육자치단체인 시·도 교육청 교육비 특별회계를 지원하는 예산
    - ② 예를 들면, 서울특별시가 서울특별시 교육청에 배부하는 예산

- 자체 수입과 기타
  - ① 특별부과금은 특별한 목적사업을 수행하기 위하여 그 지방민에게 부과하는 부담금
  - ② 수수료는 개인 사무에 대한 대가, 사용료는 공공시설 사용에 대한 대가, 제증명료 등의 수수료와 학교시설의 사용료, 체육시설의 사용료 등
  - ③ 교육, 학예에 관한 재산수입은 공유재산의 임대, 매각, 교환, 기타 처분에 의하여 생기는 수입
  - ④ 기타 교육·학예에 속하는 수입은 잡수입을 말한다. 즉, 기부금, 과년도 수입, 이월금, 기타 등의 잡수입

객관식

59
(가)~(마)중에서 현재 시·도교육청의 세입 재원이 아닌 것은? (11, 초등)

| 보기 |

시·도교육청의 예산은 중앙정부로부터의 재정 지원이 대부분을 차지하지만, 지방자치단체로부터의 재정 지원도 적지 않은 비중을 차지하고 있다.
즉, 중앙정부로부터의 <u>보통교부금</u>, <u>특별교부금</u>, (가) (나)
<u>봉급교부금</u>, <u>국고보조금</u>뿐만 아니라 지방자치단체로부터의 (다) (라) <u>전입금</u> 등이 그 세입 재원을 이루고 있는 것이다. 따라서 (마)
교육자치와 일반자치는 재정적 측면에서도 동반자 관계를 맺고 있다고 할 수 있다.

① (가) ② (나)
③ (다) ④ (라)
⑤ (마)

59. ③

NOTE

객관식

60
〈보기〉 중학교 회계에 대해 바르게 설명한 것으로 짝 지어진 것은? (04, 초등)

| 보기 |
가. 회계연도는 매년 1월 1일부터 12월 31일까지이다.
나. 국·공·시립의 초·중등학교 및 특수학교에 설치한다.
다. 학교장과 학교운영위원회의 기능을 강화하기 위한 것이다.
라. 학교운영 및 학교시설의 설치 등을 위해 필요한 일체의 경비를 세출로 한다.

① 가, 나 ② 가, 다
③ 나, 라 ④ 다, 라

60. ④

---

11. 학교회계 제도

- **개념**
  - ① 일정기간(회계연도 : 매년 3월 1일부터 익년도 2월 말일까지) 동안 학교가 교육활동을 실천해 나가는데 필요한 세입과 세출의 체계적인 계획서
  - ② 예산편성, 예산심의, 예산집행, 결산

- **주요 원칙**
  - ① 예산공개의 원칙 : 편성·집행된 예·결산은 관계 규정에 따라 교직원 등 학교 구성원들에게 공개
  - ② 회계연도 독립의 원칙 : 각 회계연도에 지출되어야 할 경비의 재원은 그 해 연도의 수입에서 충당하고, 당해 연도의 세출은 그 해에 지출하여야 하며 다음 연도의 사업에 지출하지 못함(단, 약간 예외 규정이 있음)
  - ③ 예산총계주의 : 한 회계연도에 있어서 일체의 수입을 세입으로, 일체의 지출을 세출로 하여 그 금액을 예산에 계상

- **예산 종류**
  - ① 본예산 : 한 회계연도 간의 단위학교활동을 모두 반영하여 편성되고 학교운영위원회의 심의를 거쳐 확정·성립된 매 회계연도의 최초의 예산
  - ② 수정예산 : 학교장이 예산(안)을 학교운영위원회에 제출한 후, 학교운영위원회의 심의가 종료하기 전 학교장이 다시 예산(안) 내용의 일부를 수정하여 제출하는 예산. 회계연도가 시작되기 전에 본예산을 수정한 예산
  - ③ 추가경정예산 : 예산 성립 후에 필요한 경비의 과부족이 생길 때 본예산에 추가 또는 변경을 가한 예산. 회계연도가 시작된 다음에 본예산을 수정하는 예산

- **구조** (예산내용)
  - ① 예산총칙, 세입세출예산, 계속비, 명시 이월액

XII. 교육관련법규   1. 지방교육자치법 2. 학교운영위원회

1. 지방교육자치법

- **교육감 지위**
  - ① 시·도의 교육·학예에 관한 사무의 집행기관으로 시·도에 교육감을 둠
  - ② 교육감은 교육·학예에 관한 소관 사무로 인한 소송이나 재산의 등기 등에 대하여 당해 시·도를 대표
  - ③ 관장사무 : 조례안의 작성 및 제출에 관한 사항, 예산안의 편성 및 제출에 관한 사항, 결산서의 작성 및 제출에 관한 사항, 교육규칙의 제정에 관한 사항 등
  - ④ 임기 : 교육감의 임기는 4년으로 하며, 교육감의 계속 재임은 3기에 한함
  - ⑤ 선출 : 교육감은 주민의 보통·평등·직접·비밀선거에 따라 선출

- **교육위원회**
  - ① 14년 7월 1일부터 지방교육자치에 관한 법률이 개정되었다.
  - ② 교육위원회의 사무를 지방자치법에 따라 시·도의회 내에 설치되는 교육학예에 관한 사무를 심사하는 상임위원회에 승계

2. 학교운영위원회

- **의의**
  - ① 학교운영의 자율성을 높이고 지역의 실정과 특성에 맞는 다양하고 창의적인 교육을 할 수 있도록 초등학교·중학교·고등학교 및 특수학교에 학교운영위원회를 구성·운영하여야 함
  - ② 국립·공립학교에 두는 학교운영위원회는 그 학교의 교원 대표, 학부모 대표 및 지역사회 인사로 구성

- ③ 학교운영위원회의 위원 수는 5명 이상 15명 이하의 범위에서 학교의 규모 등을 고려하여 대통령령으로 정함

구성 인원수
- ① 학생수가 200명미만인 학교 : 5인이상 8인이내
- ② 학생수가 200명이상 1천명미만인 학교 : 9인이상 12인이내
- ③ 학생수가 1천명이상인 학교 : 13인이상 15인이내

구성 비율
- ① 학부모위원(당해 학교의 학부모를 대표하는 자) : 100분의 40 내지 100분의 50
- ② 교원위원(당해 학교의 교원을 대표하는 자) : 100분의 30 내지 100분의 40
- ③ 지역위원(당해 학교가 소재하는 지역을 생활근거지로 하는 자로서 예산·회계·감사·법률 등에 관한 전문가 또는 교육행정에 관한 업무를 수행하는 공무원, 당해 학교가 소재하는 지역을 사업 활동의 근거지로 하는 사업자, 당해 학교를 졸업한 자 기타 학교운영에 이바지하고자 하는 자를 말한다.) : 100분의 10 내지 100분의 30

선출
- ① 국·공립학교의 장은 운영위원회의 당연직 교원위원이 됨
- ② 학부모위원은 민주적 대의절차에 따라 학부모 전체회의를 통하여 학부모 중에서 투표로 선출. 이 경우 학부모 전체회의에 직접 참석할 수 없는 학부모는 학부모 전체회의 개최 전까지 가정통신문에 대한 회신, 우편투표 등 위원회규정으로 정하는 방법 및 절차에 따라 후보자에게 투표할 수 있음
- ③ 학교의 규모·시설 등을 고려하여 학부모 전체회의를 통하여 학부모위원을 선출하기 곤란하다고 위원회규정으로 정한 사유에 해당하는 경우에는 위원회규정으로 정하는 바에 따라 학급별 대표로 구성된 학부모 대표회의에서 학부모위원을 선출할 수 있음
- ④ 당연직 교원위원을 제외한 교원위원은 교원 중에서 선출하되, 교직원 전체회의에서 무기명투표로 선출
- ⑤ 지역위원은 학부모위원 또는 교원위원의 추천을 받아 학부모위원 및 교원위원이 무기명투표로 선출
- ⑥ 운영위원회에는 위원장 및 부위원장 각 1인을 두되, 교원위원이 아닌 위원 중에서 무기명투표로 선출
- ⑦ 국·공립학교에 두는 운영위원회 위원이 그 지위를 남용하여 해당 학교와의 거래 등을 통하여 재산상의 권리·이익을 취득하거나 다른 사람을 위하여 그 취득을 알선한 경우에는 운영위원회의 의결로 그 자격을 상실하게 할 수 있음

핵심 팍 키워드 문제

1. 교육에 관한 행정에 비해 교육에 관한 행정의 특징은?

교육에 관한 행정	교육을 위한 행정
행정 종합성	( )
법규해석적 측면	( )
공권설	( )
감독설	( )
분류체제적	( )

2. 교육행정의 기본원리

　1) 법제면 :

　2) 운영면 :

3. 과학적 관리론과 인간관계론 비교

	과학적 관리론	인간관계론
학자		
인간관		
조직관		
연구		
영향		

4. 빈칸을 채우시오.

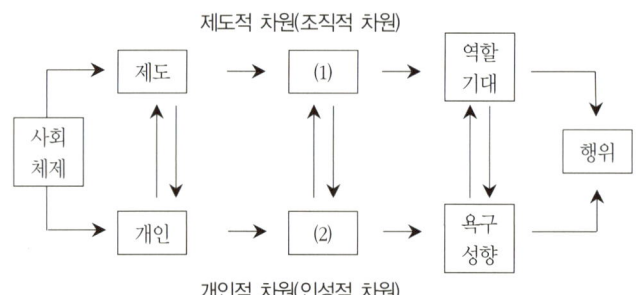

제도적 차원(조직적 차원)

개인적 차원(인성적 차원)

5. 다음 학자들의 행정과정은?

　1) 페욜 :

　2) 굴릭(Gulick)과 어윅 :

　3) 시어즈 :

6. 매슬로우 욕구위계이론

　1) 결핍 욕구 :

　2) 메타 욕구 :

7. 빈칸을 채우시오.

매슬로우	앨더퍼
자아실현	( )
자기존경	
타인존경	
소속과 사랑	( )
대인 안전	
대물 안전	( )
생리적	

8. 허즈버그 동기 위생이론

동기요인	( )요인	요소 :
위생요인	( )요인	요소 :

9. 브룸 기대이론

　1) 기대 :

　2) 수단 :

　3) 유인가(보상) :

10. 직무충실화의 3가지 심리상태는?

11. 몰입 조건과 특징은?

　1) 조건 :

　2) 특징 :

12. 다음 학자들의 지도성 종류는?

　1) 레빈 :

　2) 핼핀 :

13. 허쉬와 브랜차드 지도성에서 다음과 같은 구성원에 적합한 지도성은?

　1) 높은 능력과 높은 동기 :

　2) 높은 능력과 낮은 동기 :

　3) 낮은 능력과 높은 동기 :

　4) 낮은 능력과 낮은 동기 :

14. 변형적 지도성의 특징은? 4개

15. 조직의 지도성이 구성원들에게 분산된 지도성은?

16. 에치오니 조직 종류는?

조직	권력 종류	참여 종류	통제수단
강제적 조직	( )	( )	물리적 제재
공리적 조직	( )	( )	물질적 보상
규범적 조직	( )	( )	( )

17. 조직화된 무질서 조직의 특징은? 3개

18. 비공식적 조직의 장점과 단점은? 2개 이상

1) 장점 :

2) 단점 :

19. 계선조직의 장단점은? 각 1개씩

1) 장점 :

2) 단점 :

20. 참모조직의 장단점은? 각 1개씩

1) 장점 :

2) 단점 :

21. 관료제 장단점은?

	장점	단점
분업		
몰인정성		
계층		
규정		
경력지향		

22. 이완결합체제 특징, 장점, 단점은?

1) 특징 :

2) 장점 :

3) 단점 :

23. 호이 조직풍토 종류는? 4개

24. 리커트 조직풍토 종류는? 4개

25. 세티아와 길로우 조직문화의 종류는?

26. 스타인호프와 오엔스 조직문화의 종류는?

27. 카메론과 퀸 조직문화의 종류는?

28. 조직갈등의 순기능과 역기능은?

1) 순기능 :

2) 역기능 :

29. 학교단위 책임경영제란?

30. 총체적 질 관리법이란?

31. 전문적 학습공동체의 특징은?

32. 장학 정의와 지도원리는?

1) 정의 :

2) 지도원리 :

33. 수업장학의 정의, 종류는?

1) 정의 :

2) 종류 :

34. 자기장학과 동료장학의 종류는? 각 3개 이상씩

1) 자기장학 :

2) 동료장학 :

35. 교내자율장학의 종류는?

36. 컨설팅장학의 원리는? 2개 이상

37. 교원연수의 목적은?

38. 법령에 명시된 교원연수의 종류는?

39. 정책결정 이론모형

모형	학자	모형
만족모형		
점증모형		
혼합모형		
최적모형		

40. 정책결정 4가지 관점은?

41. 호이 참여적 의사결정 모형

	관련성O, 전문성O	관련성O, 전문성O	관련성O, 전문성X	관련성X, 전문성O	관련성X, 전문성X
상황	민주적	갈등적			
참여					
의사결정 구조					
상급자 역할					

42. 의사소통의 원리는?

43. 조하리창

		피드백	
		자신에게 알려짐	자신에게 알려지지 않음
자기노출	타인알림O	개방 ( )	미지(맹목) ( )
	타인알림X	비밀(잠재) ( )	무지(미지) ( )

44. 교육기획의 정의, 성격, 특성은?

1) 정의 :

2) 성격 :

3) 특성 :

4) 종류 :

45. 빈칸을 채우시오

교직관	지위	교직의 본질	교사지위명칭	교사지위기능
성직관				
전문직관				
노동직관				
공직관				

46. 헤비거스트와 뉴가튼 전문직 기준은? <u>4개</u>

47. 다음 재정의 원리는?

1) 균등한 것을 균등하게 취급하는 원리는?

2) 균등하지 않은 것을 균등하지 않게 취급하는 원리는?

3) 효율성 :

48. 우리나라가 사용하는 예산제도는?

49. 카프만 체제접근법의 절차는?

50. 상사와 부하가 부하의 목표를 설정하고 예산을 편성하고, 부하 목표달성여부를 평가하고 다음 예산을 편성하는 제도는?

51. 학교회계제도

1) 학교예산 :

2) 주요원칙 :

3) 예산종류 :

52. 교육감의 지위는?

53. 학교운영위원회를 구성하는 위원은?

핵심 팍 키워드 정답

1.

교육에 관한 행정	교육을 위한 행정
행정 종합성	(교육 자주성)
법규해석적 측면	(조건 정비적 측면)
공권설	(기능설)
감독설	(조장설)
분류체제적	(봉사적 수단적)

2. 1) 법치행정, 기회균등, 자주성, 적도집권
2) 타당성, 민주성, 능률성, 적응성, 안정성, 균형성

3.

	과학적 관리론	인간관계론
학자	테일러	메이요, 뢰슬리스버그, 폴렛
인간관	합리적, 과학적, 경제적, 기계적	감정적, 정서적, 비경제적, 비기계적
조직관	공식적 조직	비공식적 조직
연구	성과급, 작업시간, 작업표준 등	호오손 실험
영향	보비트 교육행정, 페욜 산업관리, 베버 관료제, 타일러 교육과정	민주 교육행정에 영향, 진보주의, 비공식적 조직, 민주적 지도성, 의사소통

4. 1) 역할 2) 인성

5. 1) 계획, 조직, 명령, 조정, 통제 2) 계획, 조직, 인사배치, 지시, 조정, 보고, 예산편성
3) 계획, 조직, 지식, 조정, 통제

6. 1) 생리적, 안정, 소속과 사랑, 존경 욕구 2) 자아실현, 자아초월 욕구

7.

매슬로우	엘더퍼
자아실현	(성장 Growth)
자기존경	
타인존경	(관계성 Relatedness)
소속과 사랑	
대인 안전	
대물 안전	(존재 Existence)
생리적	

8.

동기요인	(만족)요인	요소: 성취, 인정, 책임, 발전, 성장
위생요인	(불만족)요인	요소: 정책, 감독, 임금, 대인관계, 작업조건

9. 1) 과업성취에 대한 신념 2) 성취는 보상을 받는다는 신념 3) 유인가는 보상의 강도

10. 의미감 경험, 책임감 경험, 결과 인지

11. 1) 높은 실력과 높은 수준 과제 2) 집중 참여, 강한 정신집중, 자의식 초월, 시간 감각 부재

12. 1) 전제형(권위형), 민주형, 방임형 2) 효과적, 비효과적, 과업형, 인화형

13. 1) 위임형 2) 지원형 3) 지도형 4) 지시형

14. 이상적 영향력, 영감적 동기유발, 지적 자극, 개별화된 배려

15. 분산적 지도성

16.

조직	권력 종류	참여 종류	통제수단
강제적 조직	(강제적 권력)	(소외적 참여)	물리적 제재
공리적 조직	(보상적 권력)	(타산적 참여)	물질적 보상
규범적 조직	(규범적 권력)	(도덕적 참여)	(상징적,규범적,사회적 가치)

17. 불분명한 목표, 불확실한 기술, 유동적 참여

18. 1) 구성원 정서적 안정감과 만족감, 과업성취 제공, 의사소통 증진
2) 유언비어 확산 통로, 파벌 조성, 갈등 유발

19. 1) 업무수행 능률적임, 정책결정 신속, 강력한 통솔력
2) 지나친 경직성, 주관적이고 독단적 조치, 계선조직과 불화 가능

20. 1) 전문적 지식과 경험 활용, 관리자 통솔범위 확대, 합리적 지식와 명령
2) 경비 증대, 조직내 갈등, 의사전달 경로 혼란

21.

	장점	단점
분업	생산성 높임	지루함
몰인정성	합리성	비인간주의
계층	의사결정 신속	상향적, 쌍방적 소통 상실
규정	직무 안정성	목표전환현상
경력지향	충성심	경력과 능력 갈등

22. 1) 하위부서 독립성, 감독 평가 방법 없음, 활동과 결과 분리, 과정 단절성
2) 자율성 증대, 책임성 증대, 타부서 영향 미미, 평가로부터 자유로움
3) 지나친 자율성 강조, 전체 질서 무시

23. 개방풍토, 몰입풍토, 일탈풍토, 폐쇄풍토

24. 이기적 권위주의적 풍토, 자선적 권위주의적 풍토, 협의적 풍토, 참여적 풍토

25. 보호문화, 냉담문화, 실적문화, 통합문화

26. 가족문화, 기계문화, 공연문화, 공포문화

27. 위계문화, 시장문화, 씨족문화, 에드호크러시 문화

28. 1) 조직 문제 파악, 새로운 화합계기, 변화 혁신 유도
2) 정서적 신체적 해로움, 시간 자원 낭비, 전체조직 희생

29. 학교 교육수요자의 요구에 부흥하여 교육 질을 보장하기 위해 자율적으로 노력하는 경영체제

30. 모든 고객에게 모든 질을 최상으로 제공하는 고객만족 극대화 전략

31. 가치와 목적 공유, 협력적 학습, 분산적 리더십, 실천공동체, 현장연구, 지원적 환경

32. 1) 교사 전문성을 향상시키고 직무동기를 부여하며 학교효과성을 추구하는 교육

활동이다.
2) 태도, 창조, 협동, 과학, 효과의 원리

33. 1) 교사의 교수학습과정을 조력하는 학교의 모든 활동 2) 임상장학, 마이크로티칭, 연구수업

34. 1) 수업분석, 대학원 진학, 직무연수 참여, 워크숍 차명, 경력교사 자문
    2) 멘토링장학, 전문적 학습공동체, 수업분석, 연구수업, 동료코칭, 교육과정 개발, 협의회 구성, 전문적 대화

35. 수업장학(임상장학, 마이크로티칭, 연구수업), 동료장학, 자기장학, 약식장학, 자체연수

36. 자발성, 전문성, 독립성, 자문성, 한시성, 학습성 등

37. 교원 전문성 강화, 책무성 강화, 교육연구 의무 강화

38. 자격연수, 직무연수, 특별연수

39.
모형	학자	모형
만족모형	사이먼과 마치	합리모형+만족감
점증모형	린드브룸, 스나이더	기존정책 수정
혼합모형	에치오니	합리모형+점증모형
최적모형	드로우	합리모형+초합리적 영감

40. 합리적 관점, 참여적 관점, 정치적 관점, 우연적 관점

41.
	관련성O, 전문성O	관련성O, 전문성O	관련성O, 전문성X	관련성X, 전문성O	관련성X, 전문성X
상황(구성원)	민주적	갈등적	이해관계자	전문가	비협력적
참여(구성원)	광범위(예)	제한적(예)	제한적(가끔)	제한적(가끔)	없음
의사결정구조	집단적 합의	집단적 다수	집단적 조언	집단적 조언	개인적 조언	단독
상급자 역할	통합작	의회 의원	교육자	교육자	의뢰인	지시자

42. 명료성, 일관성, 적량성, 적시성, 분포성, 적응성, 통일성

43.
피드백
	자신에게 알려짐	자신에게 알려지지 않음
자기노출 타인알림O	개방 (민주형)	미지(맹목) (독단형)
자기노출 타인알림×	비밀(잠재) (과묵형)	무지(미지) (폐쇄형)

44. 1) 미래 교육활동에 대한 사전 준비과정
    2) 미래지향적 활동, 지적 활동, 합리적 활동, 사전 준비과정
    3) 안정성, 효율성, 합리성, 개혁성, 통제성 4) 사회수요접근법, 인력수요접근법, 수익률 접근법, 국제비교법

45.
교직관	지위	교직의 본질	교사지위명칭	교사지위기능
성직관	인격자	인격성(윤리성)	스승(선생)	본질적 지위
전문직관	전문가	전문성(자율성)	교육자(교사)	본질적 지위
노동직관	근로자	근로성	교육근로자(교육노동자)	수단적 지위
공직관	공직자	공공성	교원(교육공무원)	수단적 지위

46. 높은 수준 전문적 지식, 장기간 교육, 봉사나 조언에 의하여 보수나 봉급, 권위 있는 집단으로 전통

47. 1) 수평적 공평성(공정성) 2) 수직적 공평성 3) 최소 비용(투입)으로 최대 효과(생산, 산출)를 얻음

48. 품목별 예산제도(LIBS)

49. 문제규명, 대안탐색, 해결전략, 실행, 효과확인

50. 목표관리 기법(MBO)

51. 1) 일정기간동안 학교가 교육활동을 실천해 나가는데 필요한 세입과 세출의 체계적 계획서
    2) 예산공개, 회계연도, 예산총계주의
    3) 본예산, 수정예산, 추가경정예산

52. 교육과 학예에 관한 소관 사무로 인한 소송이나 재산의 등기 등에 대해 시도를 대표

53. 교원위원, 학부모위원, 지역위원

유영국
산(지형)
1959, 130×190cm, 캔버스에 유채
국립현대미술관

시대와 상황이 빠르게 변화해서
우리 목표의 초점을 끊임없이
미래에 맞춰야 한다.

- 윌리엄 깁슨

Master Peedagogy

07

교육철학

- ✔ 핵심 팍 키워드   214
- ✔ 핵심 팍 구조도
  - Ⅰ. 교육정의(정의Ⅰ)   215
  - Ⅱ. 교육유형(정의Ⅱ)   219
  - Ⅲ. 교육목적론   226
  - Ⅳ. 교육지식론(교육인식론)   227
  - Ⅴ. 교육사상   229
- ✔ 핵심 팍 키워드 문제   236

Master Pedagogy

교육철학

핵심 팍 키워드

교육철학

I. 교육정의(정의I)
1. 교육철학 개념
2. 정의형태
3. 규범서술
4. 정범모
5. 피터스
6. 자유교육
7. 피터스 허스트
8. 화이트
9. 오우크쇼트
10. 허스트 사회적실제
11. 뒤르켐

II. 교육유형(정의II)
1. 형식적 비형식적
2. 형식 비형식 무형식
3. 전인교육
4. 인성교육
5. 선행교육
6. 가정교육
7. 사회교육
8. 페다고지 안드라고지
9. 순환교육
10. 전환학습
11. 평생교육
12. 학습사회
13. 공교육
14. 학교선택권
15. 대안교육
16. 섬머힐
17. 발도르프학교
18. 슈레학교
19. 예니플랜
20. 프레네학교

III. 교육목적론
1. 교육목적론
2. 교육이념
3. 우리나라

IV. 교육지식론
1. 지식종류
2. 객관주의
3. 구성주의
4. 지식관

V. 교육사상
1. 모더니즘 포스트모더니즘
2. 철학영역
3. 실용주의
4. 스콜라
5. 분석철학
6. 신자유주의
7. 자연주의
8. 실존주의
9. 현상학
10. 현상학 사상가
11. 해석학
12. 비판철학
13. 지식기반사회교육
14. 홀리스틱 교육
15. 4대 현대교육철학
16. 진보주의
17. 본질주의
18. 항존주의
19. 재건주의

NOTE

교육이 나아가야할 방향을 설정하는 역할을 담당한다.
교육정의, 교육목표, 교육내용 등을 연구하여 현재 교육을 점검하고 미래 교육의 방향을 연구한다.

시험공부는 이미지 트레이닝이다.
자투리 시간이 생길 때, 버스나 지하철 등 이동할 때, 밥을 먹을 때, 잠자기 직전에 이미지 트레이닝을 하자.
이것이 24시간 공부법이다.

핵심 팍 구조도

I. 교육정의(정의 I)

1. 교육철학 2. 정의형태 3. 규범서술 4. 정범모 5. 피터스 6. 자유교육
7. 피터스 허스트 8. 화이트 9. 오우크쇼트 10. 허스트 사회적실제 11. 뒤르켐

1. 교육철학 개념

모형

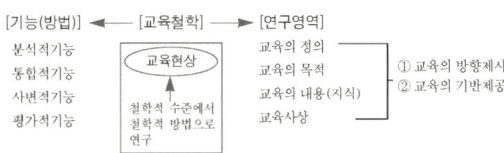

개념
① 교육철학은 철학의 여러 기능을 구사하여(철학적 방법) 교육현상의 여러 문제를 철학적 수준(전체적·보편적)에서 체계적으로 분석·연구하는 학문

기능
① 분석적 기능(언어와 논리)(분석철학) : 교육현상에서 사용되는 개념들을 분석·정립하는 기능
② 통합적 기능(전체로서의 파악)(사변철학) : 세분화된 교육현상을 전체적 관점에서 통합시키는 기능
③ 사변적 기능(새로운 제언, 아이디어 창출)(사변철학) : 이론적·실천적 문제를 해결하기 위하여 새로운 가설·제언을 성립시키고 제시하는 행위
④ 평가적 기능(평가)(가치철학) : 이론이나 주장, 원리, 실천상황 등을 기준에 의하여 판단하는 기능
⑤ 일반철학의 방법론을 교육현상에 적용하는 것임. 그 외에도 비판기능(비판철학), 해석기능(해석학) 등 있음

2. 정의형태

서술적
① 서술적 정의(기술적, Descriptive)는 확정된 용어의 사용법을 정확하게 진술하는 것
② 보편적 수준에서의 이해가 담겨있는 정의 형태
③ 사전적 정의에서 많이 사용되고, 정범모의 정의는 서술적 정의에 해당됨

약정적
① 단어의 개념을 하나의 약속으로서 제안하는 식의 정의방식. 기존의 일반적 개념(서술적정의)과 구별
② 어떤 면에서는 개인이나 소수의 독특하고 새로운 정의(Stipulative)

강령적
① 어떤 용어를 정의하는 데 있어 가치관이나 규범적 주장이 반영되도록 정의하는 방식
② 교육을 정의할 때, 교육은 이상적으로 혹은 규범적으로 이런 것이어야 한다고 밝히는 정의방식
③ 피터스 정의는 강령적 방식(Programmatic)

규범적
① 교육에서 추구되어야 할 가치를 제시하는 입장의 정의
② 규범적 정의 방식은 강령적 정의 방식에 속하는 정의 형태
③ 일부분의 학자들은 규범적 정의와 강령적 정의를 동일한 것

조작적
① 조작적 정의는 관찰 가능한 영역으로 정의를 한 형태이다.
② 예를 들면 지능을 정의 할 때 "지능은 지능 검사에서 나타난 점수이다."라고 하는 것은 조작적 정의

사전적
① 사전에서 제시하고 있는 단어의 의미를 통해 개념을 규정하는 방식
② 국어사전에서는 주로 서술적 정의를 사용. 전문사전에서는 전문가들이 사용하는 약정적 정의를 사용

어원적
① 단어가 성립된 어원적 배경을 밝힘으로써 단어의 개념을 설명하는 방식

객관식

01
교육철학의 여러 기능 중에서 교육에 관한 논의를 할 때 사용되는 개념들을 명료화하는 기능과 가장 관계가 깊은 것은? (94, 초등(경기))

① 사변적 기능 ② 규범적 기능
③ 분석적 기능 ④ 평가적 기능

02
교육에 대한 서술적 정의(Descriptive Definition)를 나타내고 있는 것은? (98, 초등)

| 보기 |
ㄱ. 교육은 지·덕·체의 균형적인 발달을 도모하는 활동이다.
ㄴ. 교육은 기성세대의 문화를 다음 세대에게 전달하는 활동이다.
ㄷ. 교육은 가치 있는 삶의 양식으로 입문시키는 활동이다.
ㄹ. 교육은 교사가 학생에게 교재 내용의 의미를 설명하는 활동이다.

① ㄱ, ㄴ ② ㄱ, ㄷ
③ ㄴ, ㄹ ④ ㄷ, ㄹ

01. ③ / 02. ③

객관식

03
다음에 해당하는 피터스(R. S. Peters)의 교육의 개념적 준거는? (08, 초등)

보기
아무리 좋은 내용이라 하더라도 그것을 학습자의 의지와 자발성이 결여된 방식으로 가르쳐서는 안 된다. 이 점에서 조건화(conditioning)나 세뇌(brainwashin) 등과 같은 방법은 교육이라 부를 수 없다.

① 과정적 준거 ② 규범적 준거
③ 기술적 준거 ④ 인지적 준거

04
교육과 훈련을 가장 잘 설명한 것은? (93, 초등(서울))

① 교육은 가치중립적이고 훈련은 가치지향적이다.
② 교육은 타율성을 존중하지만 훈련은 자율성을 존중한다.
③ 교육은 전인적인 변화에 관심을 두지만 훈련은 인간 특성의 일부분에 관심을 둔다.
④ 교육은 지식의 증진에 관심을 두지만 훈련은 특수 기술의 연마에 관심을 둔다.
⑤ 교육은 목적 달성의 수단으로 사용되나 훈련은 습관을 길들이는 데 관심이 있다.

03. ① / 04. ③

3. 규범·서술

비교

	규범적 정의	서술적 정의(기술적 정의)
(1) 특징	① 가치 지향적이며, 교육에 의해서 실현될 것을 명시적·암시적으로 제시함 ② 피터스 교육관	① 가치중립적이며 일반적으로 교육에 의한 인간 변화를 설명하는 접근 방식 ② 정범모, 뒤르켐 교육관
(2) 종류	① 주입으로 교육 : 가장 소박한 교육관 ② 주형으로 교육 : 행동주의 교육관(스키너) ③ 성장으로 교육 : 듀이의 교육관 ④ 도야로 교육 : 능력심리학 교육관(로크) ⑤ 계명으로 교육 : 플라톤 교육 ⑥ 자아실현으로 교육 : 인간주의교육관(매슬로우)	① 행동변화로 교육 ② 습관형성으로 교육 ③ 경험의 개조로 교육 ④ 문화획득으로 교육 ⑤ 지식의 획득으로 교육

4. 정범모

교육 정의
① 정범모는 '교육은 인간행동의 계획적 변화이다.'라고 정의
② 서술적 정의, 조작적 정의, 공학적 정의임

구성 요소
① 행동 : 동작 형태의 외재적 행동뿐만 아니라 지식, 사고, 가치관 등의 심리적 특성인 내재적 행동을 포함
② 계획 : 교육프로그램을 뜻하며 형식적 교육을 의미한다. 학교의 계획은 교육과정
③ 변화 : 육성, 조성, 함양, 계발, 교정, 개선, 성숙, 발달, 증대 등을 포함하는 포괄적인 개념

5. 피터스

교육 정의
① 정의 : 교육은 미성숙한 아동을 문명된 삶의 형식으로 입문시키는 과정이다.
② 교육은 단순한 활동이 아니라 3가지 준거를 지닌 활동이라고 주장
③ 지식의 형식을 가르치는 교육을 중요시하며 내적가치를 지닌 자유교육을 강조하는 강령적 방식(규범적)

3가지 준거
① 규범적 준거 : 교육은 가치 있는 일을 전달함으로써 사회에 헌신하는 사람을 만드는 것
② 인지적 준거 : 교육은 지식의 형식을 형성시키는 것으로 이해와 모종의 생기 있는 안목을 길러주는 것
③ 과정적 준거 : 피교육자의 의식과 자발성을 전제로 하며, 도덕적인 방법과 교육적 의도성을 지닌 방법

지식의 형식
① 지식의 형식은 자유교과, 인문교과, 기초학문 등으로 불림
② 지식의 형식은 실용적 가치보다는 내적 가치가 강한 지식으로 간주
③ 지식의 형식은 무지, 오류, 환상에서 벗어나는 합리적 마음을 개발하고, 세상을 보는 안목과 사고력을 형성
④ 지식의 형식은 각각의 논리적 구조와 안목을 지님
⑤ 지식의 형식은 선험적 정당성을 지님. 선험적 정당성은 칸트의 것을 사용하며, 경험이 증명되기 어렵지만 선천적으로 정당성과 논리성을 지님

교육 훈련 비교

교육(지식의 형식)	훈련(여타 지식과 기능)
① 가치 지향적 활동	① 가치 중립적 활동
② 인간의 신념체계의 변화	② 제한된 특수기술의 연마
③ 전인적 변화	③ 인간특성 일부의 변화
④ 지적이고 창의적인 참여를 강조	④ 기계적 학습의 강조
⑤ 폭넓은 신념체계 형성	⑤ 제한된 사고방식 형성

NOTE

- 교화
  - ① 피교육자의 의식과 자발성을 전제로 하지 않는 것
  - ② 내용에 관심을 두지 않는, 비도덕적인 방법으로 이루어지는 경우
  - ③ 교육적 의도를 내포하지 않는 것이다. 교육적 의도는 전달받은 지식의 이유, 타당성, 근거, 의문점 등을 질문할 수 있는 상황에서 이루어지는 의도를 말함
  - ④ 교화는 과정적인 준거를 가지지 않음

6. 자유교육

- 정의
  - ① 자유교육(Liberal Education)은 자유교과를 가르치는 교육을 지칭
  - ② 자유교과는 인문학, 지식의 형식, 자유교양교과, 학문, 교과라고 하는 전통적이고 형식적 과목들을 말함
  - ③ 국어, 영어, 수학, 과학, 사회, 역사, 예체능, 윤리 등을 지칭
- 내재적 목적
  - ① 자유교육은 내재적 목적을 추구한다. 내재적 목적을 본질적 가치라고도 함
  - ② 내재적 목적은 교육은 다른 것의 수단이 아니라 교육 그 자체가 목적
  - ③ 내재적 목적은 인격완성, 자아실현, 합리적 정신의 개발, 안목 등으로 표현
- 목적 비교

내재적 가치(목적)	외재적 가치(목적)
① 목적	① 수단
② 본질적 가치(목적)	② 수단적 가치(목적)
③ 목적의 내재설 : 내재적 목적은 개념이나 정의 속에 내재	③ 목적의 외재설 : 외재적 목적은 개념이나 정의 밖에 외재
④ 내재적 목적은 개념으로부터 연역적 논리적으로 추출 (개념과 일치한다.)	④ 외재적 목적은 개념과 분리
⑤ 교육의 개인적 기능, 위기지학	⑤ 교육의 사회적 기능, 위인지학
⑥ 합리적마음, 자아실현 인격완성 자율성 욕구만족	⑥ 국가발전, 경제성장, 인력개발, 취업, 과거합격

7. 피터스 · 허스트

- 합리성 지식
  - ① 피터스((R. S. Peters)와 허스트(P. H. Hirst)는 합리성과 지식을 추구하는 자유교육을 강조
  - ② 지식의 형식을 통해 무지와 편견 등과 같은 마음 혹은 정신의 속박에서 자유롭게 하는 교육을 뜻함
- 지식의 형식
  - ① 자유교육은 근본적으로 좋은 삶을 사는 것과 관련. 좋은 삶이라는 것은 내재적으로 가치 있는 활동을 추구하는 것과 관련
  - ② 내재적으로 가치 있는 활동은 교육의 개념 속에 내재해 있는 가치, 즉 합리적 마음을 계발하는 일
  - ③ 합리적 마음의 계발은 다양한 지식의 형식(각 학문)에 입문함으로써 가능
- 허스트
  - ① 교육은 몇몇 중요한 지식의 형식을 획득하는 활동
  - ② 지식을 성취하는 것은 합리성의 발달이 필요
  - ③ 합리성을 성취하는 것은 인간의 고유한 특성을 성취하는 것
  - ④ 교육은 특정한 지식의 형식을 획득을 통하여 합리성 성취라는 인간의 발달을 도모

8. 화이트

- 2가지
  - ① 화이트(J. White)는 개인의 자율성을 강조하는 자유교육을 주장
  - ② 자유교육은 자율적 행위의 근거가 합리성이냐 욕구만족이냐에 따라 합리주의와 욕구만족 모델로 대별

객관식

05
서양의 자유교육(liberal education) 전통에 관한 설명으로 옳은 것을 〈보기〉에서 모두 고른 것은? (09, 중등)

| 보기 |

ㄱ. 자유교육은 이론적 지식보다는 실제적 지식을 추구한다.
ㄴ. 현대의 자유교육론은 마음과 지식의 논리적 관계에 토대를 두고 있다.
ㄷ. 영국의 서머힐(Summerhill) 학교는 자유교육의 이상을 실현할 목적으로 설립되었다.
ㄹ. 고대 로마나 중세 유럽의 자유교육은 7자유학과를 가르치는 프로그램으로서의 자유교육을 강조하는 경향이 있었다.
ㅁ. 자유교육의 출발점은 이소크라테스(Isocrates)의 사상에서 찾기도 하나, 아리스토텔레스의 사상에서 비롯되었다고 보는 것이 일반적이다.

① ㄱ, ㄷ
② ㄱ, ㄴ, ㄹ
③ ㄴ, ㄷ, ㅁ
④ ㄴ, ㄹ, ㅁ
⑤ ㄱ, ㄴ, ㄹ, ㅁ

06
박 교사의 주장에 부합하는 견해를 가진 학자는? (13, 중등)

이 교사 : 우리나라 교육의 심각한 문제점은 교육이 지나치게 외재적 목적을 추구하는 데 있다고 생각합니다. 저는 교육이 다른 어떤 것을 얻기 위한 수단이 아니라 교육활동 그 자체를 목적으로 추구해야 한다고 봅니다. 그 활동은 다름 아닌 지식을 추구하는 것입니다.

박 교사 : 교육이 지나치게 외재적 목적을 추구해서는 안 된다는 것에 대해서는 저도 이의가 없습니다. 그렇다고 교육이 내재적 목적만을 추구해야 하는지, 그리고 교육에서 내재적으로 가치 있는 활동이 지식 추구에 한정되어야 하는지에 대해서는 여전히 의문이 있습니다. 제가 보기에, 자유 민주주의 사회에서 교육의 목적은 내재적 가치 추구를 넘어서 개인의 자율성(personal autonomy) 신장이나 개인의 좋은 삶 곧 웰빙(well-being)에 두어야 한다고 생각합니다.

① 듀이(J. Dewey)
② 피터스(R. Peters)
③ 화이트(J. White)
④ 맥킨타이어
⑤ 화이트헤드(A. Whitehead)

05. ④ / 06. ③

주관식

01. 교육 목적을 자유교육의 관점에서 3가지 논하시오. [4점] [20, 중등 논술형]

| 보기 |

이번 워크숍은 우리 학교의 교육에서 드러난 몇 가지 문제점을 확인하고, 개선 방안을 제시하는 방식으로 진행되었습니다. 주요 내용을 말씀드리면 다음과 같습니다.
먼저, 교육 목적에 관한 문제점과 개선 방안입니다. 우리 학교는 학생들의 합리적 정신을 계발하기 위해 지식교육을 추구해 왔습니다. 그런데 지난해 도입된 국어, 수학, 영어 교과에 대한 특별 보상제 시행으로 이들 교과의 성적은 전반적으로 상승하였지만, 학교가 추구하고자 한 것과 달리 반별 경쟁에서 이기거나 포상을 받기 위한 것으로 교육 목적이 왜곡되는 경향이 있었습니다. 이러한 교육 목적의 왜곡으로 인하여 교사는 주로 문제 풀이식 수업이나 주입식 수업을 하게 되었고, 학생들은 여러 교과에 스며 있는 다양한 사고방식을 내면화하지 못하는 결과가 초래되었습니다. 이러한 문제점을 보완하기 위하여 내년에는 교육 개념에 충실한 지식 교육, 즉 자유교육(liberal education)의 이상을 구현하는 데 중점을 두고자 합니다.

∅정답키: 교육목적-합리적 정신 개발, 다양한 사고방식, 교육개념 충실

객관식

07
다음은 어느 교육학자와 한 가상 인터뷰의 일부이다. 이 내용과 가장 관계가 깊은 학자는? (09, 중등)

| 보기 |

저는 지난 20년 남짓 동안 교육은 합리적 마음을 계발하기 위해 학생을 '지식의 형식'(forms of knowledge)에 입문시키는 일이라고 생각하여 왔습니다. 그러나 저는 이론적 지식이 훌륭한 삶을 결정하는 유일한 논리적 토대라고 보는 중대한 오류를 범하였습니다. 지금 저의 입장은 교육이 '지식의 형식'에의 입문이라기보다는 '사회적 실제'(social practices)에의 입문이어야 한다는 것입니다. 저의 변화된 교육 개념은 좀 더 체계적으로 가다듬어야 할 필요가 있고, 종전 견해와의 관련성에 대해서도 더 논의가 필요합니다. 그럼에도 불구하고, 저는 교육이 근본적인 면에서 '사회적 실제'에 학생을 입문시키는 일이어야 한다는 주장에는 주저함이 없습니다.

① 듀이(J. Dewey)
② 피터스(R. S. Peters)
③ 허스트(P. H. Hirst)
④ 화이트(J. P. White)
⑤ 오크쇼트(M. Oakeshott)

07. ③

합리주의
① 좋은 삶은 자율적인 선택과 자율적인 삶을 영위하는 것이며, 이를 선택할 수 있는 능력인 합리성이 필요
② 선택하는 행동이나 대상에 대한 이해와 지식이 필요. 자율성 함양 교육은 합리성을 기르는 교육이 전제
③ 피터스와 허스트 자유교육과 일치

욕구만족
① 화이트(J. White)는 개인의 자율성을 강조하는 자유교육을 주장
② 자율성의 근거를 개인의 욕구 특히, 개인의 전체적인 삶에 비추어 가장 중요한 욕구를 최대한 실현하는 것을 강조

9. 오우크쇼트

교육
① 오우크쇼트(Oakeshott)는 교육은 인간의 한 세대와 다른 세대 사이에 일어나는 인위적 교섭임
② 교섭은 학교 공부라는 명백한 형태를 통하여 이루어질 때 시작됨

학교
① 학교는 지적 도덕적 정서적 유산으로의 의도적이고 체계적 입문, 공부를 통한 학습, 현실로부터 격리, 교사와 학습자 사이의 인위적 교섭, 교사와 학생으로 이루어지는 공동 운명체
② 학교는 학습자의 눈앞에서 전개되는 한정된 세계, 주위의 사람들이 가지고 있는 현재의 관심사, 그 영향으로 인한 학습자의 즉각적 관심, 이런 것들로부터의 격리를 나타냄
③ 학교에서의 해방은 학교에서 벗어나는 것이 아니라 학습자의 주의가 끊임없이 새로운 방향으로 재조정됨으로써 이루어짐
④ 교육은 삶의 현실이 삶의 이상에 의하여 끊임없이 재조명되도록 하는 일
⑤ 학교를 사회화의 도구로 삼는 것은 교육을 말살하려는 시도임

교수전수

교수	전수
• 정보로서의 지식	• 판단으로서의 지식
• 명시적 측면	• 묵시적 측면
• 기법적 지식	• 실제적 지식
• 폐쇄적·불연속적	• 개방적·연쇄적
• 수업설계 대상	• 수업설계 불대상
• 합리적 교수	• 도제식 교수

10. 허스트 사회적실제

교육목적
① 허스트는 교육은 지식의 형식보다는 사회적 실제(Social Practices)가 중심이 되어야 한다고 주장
② 사회적 실제에 기반을 둔 교육은 좋은 삶을 목적으로 하며, 사회적 실제의 전통에 학생을 참여시켜야 함
③ 교육은 인간의 총체적인 삶 속에 내포되어 있는 사회적 실제를 실현시키는 방향으로 나아가야 함

사회적실제
① 운동, 음식, 건강, 안전, 가정과 환경 상태 등의 물리적 세계에 대처하는 것과 관련된 실제
② 읽기, 쓰기, 담화하기, 산수, 정보 기술을 포함하는 의사소통과 관련된 실제
③ 개인과 가정생활의 관계성과 관련된 실제
④ 지역적, 국가적, 세계적인 관계와 제도, 일, 여가, 경제 문제, 법과 관련된 광범위한 사회적 실제
⑤ 문학, 음악, 춤, 미술, 조각, 건축 등의 예술과 디자인에 관련된 실제
⑥ 종교적인 신념과 근본적인 가치에 관련된 실제

NOTE

- 비교

구분	사상가	전반적 성격	관계/정당화	근거
합리성 추구	피터스(Peters) 허스트(Hirst)	보편적	내재적/선험적	교육개념
사회적 실제	허스트, 맥킨타이어(MacIntyre)	사회적	내적/실제적	사회적 실제
자율성 함양	화이트(White)	개인적	자율적/민주적	욕구

11. 뒤르켐

- 주장
  - ① 교육은 사회를 유지·발전시킴
  - ② 교육은 미성숙한 아동을 대상으로 하는 체계적 사회화(뒤르켐 교육의 정의)
  - ③ 교육은 사회구성원을 선발하는 기능을 수행

- 사회화

보편적 사회화	특수적 사회화
① 전체사회의 가치관, 태도, 지식 등(도덕, 규범)을 내면화시키는 것이다. ② 사회의 동질성을 유지시킨다. ③ 보통교과를 가르치는 것이다. 보통교과 속에는 전체사회의 가치관, 태도, 지식 등이 있다. ④ 보통교육	① 소속집단의 가치관, 태도, 지식 등(도덕, 규범)을 내면화시키는 것이다. ② 분업화된 현대사회의 개인의 적응을 위해서이다. ③ 직업, 전문교육에 분업화된 사회의 가치관, 태도, 지식 등이 있다. ④ 전문교육, 직업교육

- 특징
  - ① 사회가 이질화될수록 사회의 동질성 확보를 위해 보편적 사회화가 필요
  - ② 분화된 사회에 개인의 적응을 위해서 특수적 사회화가 필요
  - ③ 산업혁명 이후에 성립된 공교육의 필요성을 설명하고 있음

Ⅱ. 교육유형(정의Ⅱ)

1. 형식적 비형식적 2. 형식 비형식 무형식 3. 전인교육 4. 인성교육 5. 선행교육 6. 가정교육 7. 사회교육 8. 페다고지 안드라고지 9. 순환교육 10. 전환학습 11. 평생교육 12. 학습사회 13. 공교육 14. 학교선택권 15. 대안교육 16. 섬머힐 17. 발도르프학교 18. 슈레학교 19. 예니플랜 20. 프레네학교

1. 형식적·비형식적

- 비교

분류	형식적 교육	비형식적 교육
개념	계획적이고 의도적인 계획 하에서 이뤄지는 교육으로 교육기관에 의해 이루어진다.	교육기관에 의하지 않고 자연, 사물, 사회, 인간관계에 의해서 자연발생적으로 이루어지는 교육이다.
특징	교육의 3요소가 뚜렷하다.	교육의 3요소가 뚜렷하지 못하다.
종류	학교교육	가정교육

2. 형식·비형식·무형식

- 구분
  - ① 형식 교육(Formal Education) : 국가가 학력, 학위를 공식적으로 인증하는 교육. 학교의 제도적 교육
  - ② 비형식 교육(Nonformal Education) : 교실, 교사, 학생, 교과서, 시간표 등을 모두 갖추고 있지만 국가의 인증을 받지 않는 교육. 사설기관에서 이루어지는 학력보충교육, 연수원에서의 기업교육, 시민단체에서의 시민교육 등(학원교육)
  - ③ 무형식 교육(Informal Education) : 활동의 주목적이 교육은 아니었지만 그 안에서 많은 가르침과 배움이 일어나는 과정. 주로 교습에 의한 과정보다는 스스로 학습하는 과정에 의해 이루어짐(가정교육)

객관식

08

뒤르켐(E. Durkheim)의 교육사회학적 입장에 대한 설명으로 옳은 것은? (08, 초등)

① 사회구조가 변화하더라도 교육해야 할 도덕이념은 동일하다.
② 세대가 바뀌어도 집합의식이 유지될 수 있도록 기성세대의 영향을 최소화해야 한다.
③ 산업사회에서 분업화가 진행될수록 보편사회화 보다는 특수사회화가 더 중요해진다.
④ 이기적인 어린 세대에게 규율의 정신을 가르치는 것은 필요하나, 체벌을 허용해서는 안 된다.

08. ④

NOTE

객관식

09
'전인교육' 또는 '인성교육'에 대한 가장 적절한 설명은? (98, 중등)

① 지·덕·체의 통합 및 조화로운 발달을 지향한다.
② 학교는 전인교육을 위한 별도의 교육과정을 편성해야 한다.
③ 전인교육이 실패하는 주된 이유는 주지교과의 존재 때문이다.
④ 지식은 교과를 통하여 학습되고, 인성은 교사의 모범을 통하여 습득이 된다.

09. ①

3. 전인교육

정의
① 지, 덕, 체가 조화된 교육을 지칭
② 인지적, 정의적, 신체적 모든 면에서 조화적으로 발달된 인간을 육성하며 자아실현을 도모하는 교육

4. 인성교육

핵심

의의
① 인성(人性)이란 인간다운 성품과 역량을 말함
② 인성교육이란 자신의 내면을 바르고 건전하게 가꾸고 타인·공동체·자연과 더불어 살아가는데 필요한 인간다운 성품과 역량을 기르는 것을 목적으로 하는 교육

가치덕목
① 예, 효, 정직, 책임, 존중, 배려, 소통, 협동 등의 마음가짐이나 사람됨과 관련되는 핵심적인 가치 또는 덕목

핵심역량
① 핵심 가치·덕목을 적극적이고 능동적으로 실천 또는 실행하는 데 필요한 지식과 공감·소통하는 의사소통능력이나 갈등해결능력 등이 통합된 능력

5. 선행교육

정의
① 선행교육은 교육 관련 기관이 국가교육과정, 시·도 교육과정, 학교교육과정에 앞서서 편성 또는 제공하는 교육 일반(공교육정상화법 제2조)
② 선행학습은 학습자가 국가교육과정, 시·도 교육과정 및 학교교육과정에 앞서서 하는 학습
③ 루소, 피아제는 선행교육을 부정, 비고츠키 브루너는 선행교육을 인정

금지(법8조)
① 학교는 국가교육과정 및 시·도 교육과정에 따라 학교교육과정을 편성하여야 하며, 편성된 학교교육과정을 앞서는 교육과정을 운영하여서는 안됨. 방과후학교과정도 또한 같음
② 지필평가, 수행평가 등 학교 시험에서 학생이 배운 학교교육과정의 범위와 수준을 벗어난 내용을 출제하여 평가하는 행위를 금지
③ 각종 교내 대회에서 학생이 배운 학교교육과정의 범위와 수준을 벗어난 내용을 출제, 평가하는 행위를 금지

6. 가정교육

정의
① 가족상호 간에 직접적인 접촉에서 자연 발생적으로 이루어지는 비형식교육

분류
① 물리적 환경(있는 환경) : 가정의 물리적, 사회적, 물질적 상태를 의미하며, 거주지, 가옥 크기, 문화시설, 가족구성, 부모의 직업 등을 지칭
② 심리적 환경(작용 환경) : 가족구성원의 상호작용을 의미. 성취압력, 학습조력, 지적활동, 학습습관 등

7. 사회교육

정의
① 협의 : 유아교육을 제외한 청소년과 성인의 학교 외 교육
② 광의 : 학교 이외의 모든 사회에서의 교육을 말하며, 유아교육까지 포함

---

02. 박 교사의 말에 나타난 인성의 의미에 근거하여, 인성 교육을 위한 학교 교육과정 편성·운영 시 김 교사가 말하는 '통합'과 '연계'가 필요한 이유를 각각 1가지씩 논하시오. [4점] [18, 초등 논술형]

| 보기 |

박 교사 : 요즘 인성 교육이 주목 받고 있죠. 2015 개정 교육과정 총론에도 인성 교육이 범교과 학습 주제 중의 하나로 제시되어 있고요.
김 교사 : 맞아요. 그런데 인성 교육을 포함한 범교과 학습 주제는 교과와 창의적 체험활동 등 교육 활동 전반에 걸쳐 통합적으로 다루도록 하고, 지역사회 및 가정과 연계하여 지도해야 한다는 점에 유의할 필요가 있어요.
박 교사 : 좋은 지적이네요. 「인성교육진흥법」에서 인성 교육을 정의한 것을 보면, 인성은 '자신의 내면을 바르고 건전하게 가꾸고 타인·공동체·자연과 더불어 살아가는 데 필요한 인간다운 성품과 역량'이라고 할 수 있는데, 인성의 이러한 의미는 인성 교육에서 왜 통합과 연계가 필요한지를 잘 보여 주는 것 같아요.
김 교사 : 그런데 통합과 연계를 위해서는 선생님들이 모여서 긴밀하게 협의하고 조정하는 과정이 필요한데, 그게 보통 어려운 문제가 아니에요.

∅**정답키**: 통합-내면을 바르고 건전하게 가꾸기 위해
  연계-타인 공동체 자연과 더불어 살아가기 때문에

8. 페다고지 · 안드라고지

비교

기본가정	페다고지	안드라고지
알고자 하는 욕구	• 학습자는 교사가 가르치는 것을 학습해야만 한다고 인식한다.	• 학습하기 전에 왜 그것을 학습할 필요가 있는지를 알고자 한다.
학습자의 자아개념	• 교사의 학습자에 대한 개념은 의존적인 성격의 개념이다. 따라서 학습자의 자아개념 역시 결과적으로 의존적 성격의 개념이 된다.	• 자기 자신의 결정과 삶에 책임을 진다는 자아개념을 가지고 있다.
경험의 역할	• 학습자의 경험은 학습자원으로서 거의 가치가 없다.	• 질적, 양적으로 훨씬 풍부한 경험을 가지고 교육활동에 참여한다.
학습준비도	• 학습자는 교사가 그들에게 학습하도록 강요하는 것들을 학습할 준비가 되어 있다.	• 알고자 하는 욕구가 있는 것들에 대해 학습할 준비가 되어 있다.
학습성향	• 학습자는 학습에 대하여 교과 중심적 성향을 가지고 있다. 그들은 학습을 교재내용 습득으로 본다.	• 학습성향이 생활 중심적, 과업 중심적, 문제 중심적이다.
동기	• 학습자들은 외재적 동기에 의해 학습이 동기화된다.	• 보다 강력한 동기는 내적인 동기(직무 만족, 자아존중감 증진, 삶의 질 향상 등)에 의한 것이다.

9. 순환교육

정의
① 순환교육(재교육 또는 회귀교육): OECD(유럽경제사회발전협의기구)가 책정한 순환교육(Recurrent Education)이란 산업사회의 생동적 갱신을 위한 반복적 교육, 즉 학교교육을 마치고 각자 직업생활에 종사하고 있는 성인들에게 수시로 적절한 시기를 택하여 계속적 재교육을 반복케 함

10. 전환학습

배경
① 메지로우(Mezirow)는 기존의 객관적 실증적인 접근에 대해 비판하면서 1978년에 전환학습론을 제시
② 전환학습은 학습활동에 의해 학습자 자신은 물론 타인이 인식할 수 있는 방법으로 학습 이전과는 확연히 구분되도록 인간을 새롭게 만든다는 것

핵심 개념
① 경험: 기존에 갖고 있는 지식과 기억에 불일치하는 새로운 경험을 했을 때 개인이 그 의미를 반성하고 의문을 던지는 것이 학습의 시작
② 비판적 반성: 경험의 반성을 통해 지적 성장이 이루어질 때 경험은 가치 있는 것
③ 개인의 발달: 메지로우는 전환학습의 과정이 성인발달의 중심이며, 경험의 비판적 반성을 통해 개인의 관점이 전환되어서 과거보다 폭넓은 경험을 하고, 더 차별화되고, 더 개방적이며 자신의 경험을 보다 잘 통합할 수 있는 한 차원 더 높은 의미구조를 획득할 수 있음

학습론
① 전환의 의미를 사람이나 삶의 여러 관계에 대한 개개인의 시각, 즉 의미 구조의 근본적인 변화로 봄
② 의미구조는 의미체계(meaning scheme)와 의미관점(meaning perspective)으로 구분. 의미체계는 무의식적으로 우리 자신이 나름대로 해석하는 일종의 규칙이나 습관(예: "체벌"에 대해 떠오르는 느낌)
③ 의미관점은 의미체계보다 한 단계 높은 것으로 우리들이 갖고 있는 가정이나 전제임. 예를 들면, 체벌이 필요한지? 왜 체벌이 없어져야 하는지에 대한 입장을 형성하는 것
④ 메지로우는 비판적 반성을 통해 의미체계와 의미관점으로 구성된 의미구조가 근본적으로 변화하는 것이 진정한 학습이라고 주장

객관식

10
다음 중 '자기주도적 학습 능력'을 강조하는 입장과 부합하는 관점은? (99, 중등)

① 학습 목표는 가능한 한 사전에 분명하게 부과될 필요가 있다.
② 학생들이 배우는 교과서의 내용은 보편적이고 객관적인 진리이다.
③ 학습의 과정은 이미 입증된 지식을 축적하는 과정이 아니라, 주체적인 재해석의 과정이다.
④ 학습은 무의식적이고 비자발적인 것으로서, 학습자로 하여금 바람직한 행동을 산출할 수 있도록 환경을 조성해 주는 것이 중요하다.

10. ③

객관식

11
학습사회에 대한 기구나 학자의 주장이 바르게 진술된 것은? (07, 초등)
① 유네스코는 1972년에 '소유를 위한 학습(learning to have)'을 강조하는 학습사회를 주장하였다.
② 허친스(R. Hutchins)는 노동시장의 변화에 대응한 인적자원 개발을 강조하는 학습사회를 주장하였다.
③ 카네기 고등교육위원회는 1973년에 직업교육보다 개인의 자아실현을 강조하는 학습사회를 주장하였다.
④ 일리치(I. Illich)는 학습자원을 쉽게 활용할 수 있도록 지역 차원의 연계된 학습망에 기초한 학습사회를 주장하였다.

12
유네스코(UNESCO) 보고서 『학습: 내재된 보물(Learning: The Treasure Within)(1996)』에 제시된 평생교육의 '네 가지 기둥(4 pillars)'을 〈보기〉에서 고르면? (08, 초등)

┤ 보기 ├
가. 알기 위한 학습(learning to know)
나. 존재하기 위한 학습(learning to be)
다. 행동하기 위한 학습(learning to do)
라. 활력화를 위한 학습(learning to empower)
마. 함께 살기 위한 학습(learning to live together)

① 가, 나, 다, 마
② 가, 나, 라, 마
③ 가, 다, 라, 마
④ 나, 다, 라, 마

11. ④ / 12. ①

11. 평생교육

발달
① 평생교육은 1960년대부터 유네스코, 우리나라는 1980년대부터 본격적으로 사용되기 시작

개념
① 인간 삶의 질을 향상시키기 위해서 수직적 교육과 수평적 교육을 유기적이고 체계적으로 통합시킨 교육
② 평생교육은 새로운 교육의 출현이 아니라 기존의 교육을 하나의 교육으로 보는 관점이나 사고의 변화

필요성
① 지식과 정보의 폭발적인 양적 증가와 질적 변화
② 학교교육의 한계성과 비판이 고조
③ 교육 소외집단에 대한 교육적 배려의 필요성이 증가
④ 일생을 통한 개인의 학습권을 보장

제도
① 통제모형 : 전체주의 국가에서는 교육이 국가의 온전한 지배하에 운영(강한 국가통제, 사부담)
② 사회주의모형 : 사회주의국가들은 교육이 국가에서만 제공되고 무상으로 운영(강한 국가통제, 공부담)
③ 복지모형 : 교육기회를 모든 국민이 평등하게 누릴 수 있도록 기본교육은 무상으로 실시하고, 그 이상의 교육에 대하여도 국가재정으로 교육기회를 제공하거나 교육비를 국가가 부담(약한 국가통제, 공부담)
④ 시장모형 : 국가가 직접 교육을 제공할 필요가 없고, 교육에 드는 비용도 학습자들이 부담하면 된다는 것(약한 국가통제, 사부담)

모형

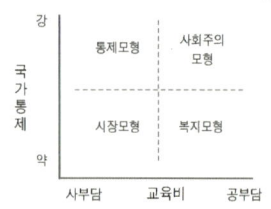

스폴딩 모형

12. 학습사회

개념
① 누구나, 언제, 어디서나 원하는 교육을 받을 수 있는 열린교육체제를 구축함으로써 모든 국민의 자아실현을 극대화 할 수 있는 사회
② 평생학습사회((Learning Society) 이념은 모든 국민이 자아실현을 이루는 것

특징
① 학습자 중심 교육 ② 교육의 다양화 ③ 자율과 책무성에 바탕을 둔 학교운영
④ 자유와 평등이 조화된 교육 ⑤ 교육의 정보화 ⑥ 질 높은 교육

자크들로

4보물
① 알기 위한 학습(learning to know): 학습하기 위한 학습이라고 할 수 있으며 전 생애를 거쳐 교육의 혜택을 받을 수 있게 함
② 행동하기 위한 학습(learning to do): 직업기술을 습득할 뿐 아니라 보다 넓게 여러 상황에 대처하고 팀을 이루어 일할 수 있는 능력을 얻는 데 쓰임
③ 함께 살기 위한 학습(learning to live together): 타인을 이해하고 상호의존성을 인정하면서 이루어짐
④ 존재하기 위한 학습(learning to be): 개인의 인성을 보다 잘 성장시키고 항상 보다 큰 자율성, 판단력, 책임감을 가지고 행동할 수 있게 해줌

유형
① 자유교양형 학습사회론(허친스): 교양교육을 통해 학습. 자아실현, 인간화라는 가치 전환(포르보고서 동일)
② 종합형(카네기 고등교육위원회): 교양교육 + 직업교육
③ 학습네트워크형 학습사회론 (일리치): 〈탈학교 사회〉에서 학교 없는 사회를 주장. 네트워크·학습망을 설치 → 교육자 연결, 동료선택, 기술교환, 자료교환
④ 우리나라 교육복지형

실현 방안
① 학점은행제(학점인정제): 다양한 형태의 학습 경험 및 자격을 학점으로 인정하고, 누적되어 일정 기준이 충족되면 학사 학위 또는 전문 학사 학위를 취득하는 제도(학사학위는 140학점 이상, 3년제 전문학사 학위는 120학점 이상, 2년제 전문학사 학위는 80학점 이상)
② 학습계좌제: 개별적으로 취득한 다양한 학습경험을 누적 기록·관리하고, 객관적으로 인증하여 국민의 평생교육을 촉진하기 위한 제도. 학점인정에도 사용되지만 신용정보, 학습비 보조, 학습 휴가제 등에 사용
③ 독학사제도: 국가가 시행하는 시험에 합격한 사람에게 학사 학위를 부여하는 제도이며, 시험은 매년 단계별로 1회씩 치러진다. 4단계 시험에 합격하면 학사 학위가 주어짐(일종 대학졸업검정고시)
④ 대학시간등록제: 학생이 원하는 시간에 시간제를 등록하여 직장과 학교에 연결시키고, 또한 교육기관이 서로 연결되도록 하며, 고졸학력의 직장인·주부 등 사회인이 정식으로 대학에 다니지 않고 규정된 학점을 이수함으로써 대학 및 전문대학 졸업학력을 인증받을 수 있는 제도

평생학습

도시
① 시도(17개, 광역자치)를 대상하지 않고, 시군구(기초자치)를 대상으로 함
② 개인의 자아실현, 사회적 통합 증진, 경제적 경쟁력을 재고하여 궁극적으로 개인의 삶의 질 제고와 도시 전체의 경쟁력을 향상시킬 수 있도록 언제, 어디서, 누구나 원하는 학습을 즐길 수 있는 학습공동체 건설을 도모하는 총체적 도시(개인 자아실현 + 도시발전)
③ 목적은 국민의 자아실현, 지역경쟁력 제고, 사회적 통합 증진, 주민 자치 활성화를 지향

13. 공교육

정의
① 공교육제도: 국가 및 공공단체가 학교교육을 관리(우리나라 초, 중, 고)
② 의무교육제도: 국민들에게 교육의무를 강제(초, 중)
③ 무상교육제도: 국민들이 교육비용을 부담하지 않고 무상으로 제공(초, 중)

형성 배경
① 유럽의 공교육제도는 산업혁명과 시민혁명, 근대 국가의 수립, 종교개혁 등을 배경으로 탄생

객관식

13
우리나라의 현행 '학점은행제'를 바르게 설명한 것은? (00, 중등)

① 학원 등 사설교육기관에서 학점을 취득하여 '학점은행'에 등록하면 지출한 교육비 액수만큼 대출해 주는 제도이다.
② 다양한 경로를 통해 취득한 개인의 학습경험을 학점으로 인정하고 이를 누적시켜 학위를 받을 수 있게 하는 제도이다.
③ 대학과 지역사회의 은행을 연계시켜 가난 때문에 교육을 받지 못하게 되는 사태를 예방하는 제도이다.
④ 교육구좌를 개설하도록 하여 고등학교 이후에 받은 모든 교육 경력을 기록하고 인정하는 제도이다.

14
다음에 해당하는 평생학습 제도는? (09, 중등)

| 보기 |
◦ 국가의 총체적인 인적자원 관리를 위한 장치
◦ 국민의 개인적 학습 경험을 종합적으로 집중 관리 하는 제도
◦ 모든 성인의 다양한 교육과 학습 활동을 누적·기록하는 '종합교육·학습기록부'

① 학습계좌제
② 학점은행제
③ 전문인력정보은행
④ 문하생 학점·학력인정제도
⑤ 독학에 의한 학위취득제도

15
학교 중심 공교육 제도와 관련하여 옳게 진술한 것은? (94, 초등)

① 20세기 고도 산업화와 함께 출현하였다.
② 교육의 국가 관리를 지향하기 때문에 사립학교를 불허한다.
③ 학교 중심 공교육 제도가 보이는 특징 중 하나는 교육 운영에서의 통일성 결여이다.
④ 사회 교육의 활성화는 학교 중심 공교육 제도가 지닌 한계를 극복할 수 있는 방편이 된다.
⑤ 뒤르켐(Durkheim)이 말한 보편적 사회화는 학교 중심 공교육 제도하의 교육이 수행하는 기능과 거리가 멀다.

13. ② / 14. ① / 15. ④

객관식

16
다음 〈보기〉의 내용과 가장 관계가 깊은 것은? (00, 초등)

| 보기 |
- 학부모와 학생에게 학교선택권을 보장한다.
- 상부의 간섭 없이 자율적으로 학교를 운영할 수 있다.
- 정해진 계약 기간 동안 학생들의 교육결과에 책임을 진다.
- 공립학교 간에 경쟁체제를 도입하여 교육의 질을 높이고자 한다.

① 차터(Charter) 학교
② 스타(Star) 학교
③ 마그넷(Magnet) 학교
④ 바우처(Voucher) 제도

17
학교교육과 관련된 바우처(voucher) 제도에 관한 설명으로 옳은 것을 〈보기〉에서 모두 고른 것은? (09, 중등)

| 보기 |
ㄱ. 학교와 학생이 교육성취에 관하여 상호 계약을 맺는다.
ㄴ. 경제학자인 프리드만(M. Friedman)에서 의해 주장되기 시작하였다.
ㄷ. 일반 학교에서는 운영하기 어려운 특성화된 교육 프로그램을 제공한다.
ㄹ. 학부모들이 특정 학교를 선택하여 학교에 등록금 대신 쿠폰을 제출하고, 학교는 이 쿠폰을 정부의 지원금과 교환한다.

① ㄱ, ㄴ   ② ㄱ, ㄷ
③ ㄴ, ㄹ   ④ ㄱ, ㄷ, ㄹ
⑤ ㄴ, ㄷ, ㄹ

16. ① / 17. ③

- 특성
  - ② 산업혁명을 기점으로 국민들의 평등사회가 대두되면서 근대 민주 국가로 새롭게 형성
  - ③ 물질적 풍요와 더불어 2차 세계대전 이후 모든 국민을 대상으로 하는 공교육 제도가 정착
  - ① 교육 보편화 : 시민 계급 및 노동 계급까지 교육기회가 확대
  - ② 교육 민족화 : 유럽국가들은 자본주의 발전을 통해 민족이념을 획득
  - ③ 교육 세속화 : 공교육제도는 국가권력이 교육에 대한 주도권을 형성

- 장점
  - ① 서민들에게 교육기회균등을 제공(보편성, 평등주의)(무상교육제도)
  - ② 동일한 의식을 지닌 국민들을 양성하여 국가건설에 이바지(민족성)(의무교육제도)
  - ③ 산업혁명에 필요한 인력을 양성(직업교육)
  - ④ 교사의 자격증 제도, 교과서 규정, 학년학급제 등과 같은 표준화된 학교제도가 성립

- 단점
  - ① 획일적이고 경직적 교육으로 다양하고 창의적인 교육이 실시되기 어려움
  - ② 공교육제도는 교육을 국가관리의 수단으로 전락

14. 학교선택권

- 필요성
  - ① 1970년 이후 미국에서 공교육의 부실로 높은 문맹률과 중퇴율은 사회 재교육 비용이 많이 소요됨
  - ② 자유경쟁을 도입하여 공교육을 개선시키고자 함

- 의의
  - ① 학부모와 학생에게 학교선택권을 주고, 학교간의 경쟁을 촉진시켜 교육수월성을 추구

- 모형

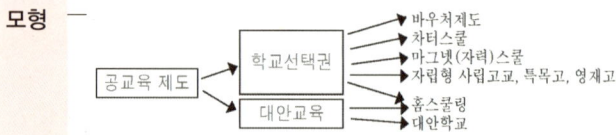

- 바우처 제도
  - ① 공립과 사립, 공립과 공립 등 모든 학교를 완전 경쟁으로 몰아넣는 제도
  - ② 정부가 승인한 학교의 수업료에 해당하는 금액을 쿠폰 형태(바우처)로 학부모에게 줌
  - ③ 학교는 바우처를 모아서 정부에게 제출하고 운영비를 받아서 학교를 운영
  - ④ 학부모가 선택하지 않은 학교는 존재하기가 어려워진다. 즉, 학부모의 학교선택권을 강조

- 차터 스쿨
  - ① 주정부나 교육청이 일반 공립학교의 운영권을 민간 교육 회사나 교원들에게 일정기간 위탁
  - ② 일반 공립학교와 달리 규제에서 자유롭고 그에 준하는 책무성이 요구, 즉 계약 내용을 철저히 준수
  - ③ 차터는 학교운영자와 교육청이 맺는 계약서를 지칭. 차터 내용을 공개함

- 마그넷 스쿨
  - ① 특색 있는 테마나 교육과정을 가짐
  - ② 학교의 특색을 고려하여 학부모나 학생이 학교를 자주적으로 선택
  - ③ 교육수요자를 위한 교육의 다양화, 다양한 교수방법, 직업교육, 교육수요자인 학생은 개개인의 관심, 적성, 능력에 따른 학습으로 운영

- 홈 스쿨링
  - ① 홈스쿨링(재가학교, 가정학교)이란 자녀를 학교에 보내지 않고 부모가 직접 교육자가 되어 가정에서 아이들을 가르치는 것
  - ② 종교지향성, 좋은 교육환경 제공, 학교교육에 대한 비판, 가정의 자율성 유지, 학부모의 강한 이데올로기적 가치관, 지리적 문제점

15. 대안교육

대안학교
① 경직적·획일적인 공교육제도의 학교교육에서 벗어나 다양하고 창의적 교육을 실시하는 교육들을 지칭
② 교육이념은 교육의 다양함을 통해서 개별 학생에게 적합한 교육을 실시하는 것
③ 인가된 대안학교와 비인가 대안학교로 구분, 인가대안학교는 특성화 중·고등학교, 각종학교형 대안학교

16. 섬머힐

설립
① 섬머힐 학교(Summerhill School)는 1921년 영국의 교육자 니일(A. S. Neil, 1883~1973)에 의해 설립
② 니일이 1973년까지, 둘째 부인인 에나(Ena)가 1985년까지 학교를 운영했으며, 그 뒤부터는 딸인 조(Zoe Readhead)가 수석교사로 학교를 책임지고 있음

독립학교
① 섬머힐 학교는 학교 형태 가운데 독립학교(Independent School)에 해당
② 독립학교는 의무교육 연령 학생들을 대상으로 지역 교육청의 재정 보조를 받지 않으며, 교육과정 등 학교 운영에서 큰 폭의 자율성을 누리는 학교(우리나라 대안학교와 유사)

운영
① 학생들이 그들 나름의 속도에 맞춰 성장하며 그들의 흥미를 따르도록 선택권과 기회를 부여
② 학생들은 자신의 목표와 고유한 성취감을 발달시키는 데 도움이 되지 않는 강제 평가 시험을 치지 않음
③ 학생들은 그들이 좋아하는 만큼 충분히 자유롭게 놀 수 있도록 허용. 창조적이고 상상력을 자극하는 놀이는 발달에 있어 핵심적인 요소
④ 학생들은 어른들의 개입과 판단으로부터 자유롭게 다양한 감정을 경험
⑤ 학생들은 그들을 후원하는 공동체에서 살아야 하며 그 공동체에 책임을 짐

17. 발도르프 학교

특징
① 7년 주기의 발달단계론을 배경으로 한다.(신체, 에테르체, 아스트랄체, 자아체)
② 우울질, 담즙질, 다혈질, 점액질 등 4가지 기질론을 기초
③ 인간을 신체, 영혼, 정신의 통일체라는 시각을 배경으로 예술교육과 오이리트미(동작예술)을 강조
④ 한 과목이나 한 가지 주제를 가지고 일정 기간 배우고 작업하는 에포크 수업을 강조
⑤ 한 교사가 같은 학생들을 8년 동안 담임을 하는 것이 원칙
⑥ 학교 건물은 하나의 소우주이며 유기적으로 커다란 우주를 모범으로 하여 만들어짐

18. 슈레학교

특징
① 편하고 안심할 수 있는 청소년(어린이)들의 안식처 만들기
② 자유, 자치, 개인의 존중을 이념으로 하는 프리스쿨
③ 가정교육, 자연체험, 사회체험 등 다방면의 성장으로 유도
④ 어린이, 청소년이 주체가 되는 활동에 협력
⑤ 아이들 편에 서서 부등교 이해하기
⑥ 부모 간의 배움과 교육지원

객관식

18
다음 내용이 가리키는 학교는? (08, 중등)

| 보기 |
- 인간을 수치로 평가하는 것을 거부한다.
- 외국어를 1학년 입학할 때부터 가르친다.
- 모든 학생이 학년 유급 없이 진급하며, 졸업 때까지 동일 교사가 담임을 맡는 것을 원칙으로 한다.
- 주요 과목은 과목별로 한 과목씩 매일 두 시간 정도 3~5주간 수업하고, 그 후 다른 과목을 같은 방식으로 배우는 에포크(Epoch) 수업방식을 활용한다.

① 니일(A. S. Neill)의 섬머힐 학교
② 듀이(J. Dewey)의 시카고대학 실험학교
③ 프레네(C. Freinet)의 에콜 레옹그리모
④ 슈타이너(R. Steiner)의 발도르프 학교

18. ④

객관식

19
다음 대화에서 '슬기'가 교육내용에 부여하는 가치는? (04, 중등)

| 보기 |
보람 : 너 성적 잘 나왔어?
슬기 : 아니 우리가 왜 학교에서 이런 내용을 배우는지 모르겠어. 대학입학에 필요하기는 하지만 실생활에는 별 쓸모가 없지 않아? 공부 잘한다고 꼭 부자가 되는 것도 아니고 말이야.

① 내재적 가치   ② 외재적 가치
③ 보수적 가치   ④ 사회통합적 가치

20
교육의 목적에 관한 다음의 설명 가운데 가장 타당한 것은? (00, 중등)

① 교육의 목적은 교육인 것과 교육이 아닌 것을 구분하는 기준이 된다.
② 교육의 외재적 목적이란 교육의 본질적 가치가 논리적으로 실현된 것을 가리킨다.
③ 교육의 내재적 목적이란 교육의 개념 속에 함의된 교육의 가치지향을 가리킨다.
④ 교육의 목적은 교육내용의 범위와 방법적 기준을 결정하는 데 영향을 주지 않는다.

21
〈보기〉의 (가)와 (나)에 들어갈 말을 바르게 나열한 것은? (06, 초등)

| 보기 |
교육 목적에 대하여 듀이(J. Dewey)는 교육활동 그 자체, 피터스(R. S. Peters)는 교과의 고유한 가치에 주목하면서 교육의 (가)을 주장하였다. 또한 우리 선조들은 (나) 이라는 말로 공부의 근본적 목적이 자아의 성찰과 완성에 있음을 강조하였다.

① 내재적 목적 – 위기지학(爲己之學)
② 내재적 목적 – 위인지학(爲人之學)
③ 외재적 목적 – 위기지학(爲己之學)
④ 외재적 목적 – 위인지학(爲人之學)

19. ② / 20. ③ / 21. ①

---

19. 예니플랜
- **특징**
  - ① 인간의 선의, 동정, 이해, 경외심, 신뢰, 배려, 용서, 기쁨 등의 능력을 지닌 진정한 본성을 실현하는 학교공동체를 지향하는 페테젠의 사상을 기반
  - ② 대화, 놀이, 작업, 잔치를 교육의 기반 바탕
  - ③ 학년제 학습 대신에 3개 학년을 아우른 기간집단을 강조
  - ④ 일과는 아침모임이 있고, 기간집단 수업이나 코스수업
  - ⑤ 원칙적으로 숫자나 등급이 매겨지는 성적표를 거부

20. 프레네 학교
- **특징**
  - ① "아이들은 본질적으로 작업을 추구한다."
  - ② "각성된 머리보다 능숙한 손이 더 나을 때도 있다."
  - ③ "협동 없는 교실은 살아있는 교실이 아니다."
  - ④ "어른이 항상 더 옳은 것은 아니다."
  - ⑤ "교사의 실패는 있어도 학생의 실패는 없다." "모든 교육은 본질적으로 국제적이다."

III. 교육목적론
1. 교육목적론 2. 교육이념 3. 우리나라

1. 교육목적론
- **내재적 목적**
  - ① 교육의 내재적 목적은 교육이 다른 것의 수단이 아닌 교육의 활동 그 자체가 가지고 있는 목적을 말함
  - ② 합리성의 발달, 지식의 형식 추구, 자율성 신장, 전인적 인격형성, 자아실현 등
  - ③ 교육의 개인적 기능과 밀접한 관련
  - ④ 교육 내재적 목적은 교육의 정의로 사용된다. 개념에 내재됨
  - ⑤ 본질적 가치, 위기지학
- **외재적 목적**
  - ① 교육의 외재적 목적은 교육이 다른 활동의 목적을 위한 수단으로 사용되는 것을 의미
  - ② 국가발전의 수단, 국가발전의 필요, 경제성장, 사회통합, 직업준비, 생계유지, 출세 등
  - ③ 교육의 사회적 기능과 관련
  - ④ 교육 외재적 목적은 교육의 정의로 사용되지 않음. 개념에 외재됨
  - ⑤ 수단적 가치, 위인지학

2. 교육이념
- **모형**

교육철학(교육목적 설립에 철학적 기반 제공)   수단, 방법(목적달성의 수단과 방법, 행동변화)
인간상, 사회상(교육을 통해서 형성하고자 하는 인간상, 사회상)

- **교육이념**
  - ① 교육목적을 설정하기 위한 것. 사회의 모든 면과 관련되는 가장 상위차원의 목적의식으로 철학적 성격
  - ② 교육목적에 철학적, 이론적, 가치적 기반을 제공
- **교육목적**
  - ① 교육이념보다 하위차원이고 교육목표보다는 상위차원
  - ② 교육을 통해서 형성하고자 하는 바람직한 인간상이나 사회상태(창의융합적 인재 등)

- **교육목표**
  - ① 교육목표는 교육목적을 달성하기 위한 수단, 방법을 지칭
  - ② 각급학교 교육목표, 교과목표, 단원목표, 수업목표, 평가목표

3. 우리나라

- **헌법 31조**
  - ① 모든 국민은 능력에 따라 균등하게 교육을 받을 권리를 가진다.(기회균등 조항)(능력은 개인의 후천적 학습능력 또는 지적 능력을 말한다.)
  - ② 모든 국민은 그 보호하는 자녀에게 초등교육과 법률이 정하는 교육을 받게 할 의무를 진다.(의무교육 조항, 교육기본법 : 6년의 초등교육 및 3년의 중등교육을 의무교육으로 한다.)(의무교육책임자는 아동을 보호하고 있는 부모, 친척, 수용시설 책임자 등이 된다.)
  - ③ 의무교육은 무상으로 한다.(무상의무교육 조항)
  - ④ 교육의 자주성, 전문성, 정치적 중립성 및 대학의 자율성은 법률이 정하는 바에 의하여 보장되어야 한다.(교육의 자주성 조항)
  - ⑤ 국가는 평생교육을 진흥하여야 한다.(평생교육 조항)
  - ⑥ 학교교육 및 평생교육을 포함한 교육제도와 그 운영, 교육재정 및 교원의 지위에 관한 기본적인 사항은 법률로 정한다.(교육에 관한 법률 제정 조항)

- **교육이념**
  - ① 교육기본법 제2조 : 교육은 홍익인간의 이념 아래 모든 국민으로 하여금 인격을 도야하고 자주적 생활능력과 민주시민으로서 필요한 자질을 갖추게 하여 인간다운 삶을 영위하게 하고 민주국가의 발전과 인류공영의 이상을 실현하는 데 이바지하게 함을 목적으로 한다.
  - ② 홍익인간이란 단군신화에 나온 말로서 홍익(弘益)이라 함은 이해타산적인 개념이 아니라 상대방을 사랑하고, 상대방의 행복을 더해주는 자아희생적·봉사적인 개념을 지니는 것이다. 즉, 인간주의를 의미

- **교육목적**
  - ① 초등학교 : 국민생활에 필요한 기초적인 초등교육
  - ② 중학교 : 초등학교에서 배운 교육의 기초위에 중등교육
  - ③ 고등학교 : 중학교에서 받은 교육의 기초위에 중등교육 및 기초적인 전문교육

- **비교**

교육목적		교육목표	
① 목적	② 장기성	① 수단, 방법	② 단기성
③ 고정성	④ 포괄성	③ 가변성	④ 구체성
⑤ 논리적 선행성		⑤ 논리적 후행성	

IV. 교육지식론(교육인식론)

1. 지식종류 2. 객관주의 3. 구성주의 4. 지식관

1. 지식종류

- **길버트 라일 분류**
  - **방법적 지식**
    - ① 한 과제의 절차와 방법에 대한 지식(절차적 지식, 하는 지식)
    - ② '~할 줄 안다.(Know How)'와 같이 표현되는 지식으로 과정적 지식
    - ③ 상황에 따른 정도의 차이를 지니는 지식
    - ④ 언어로 표현되기도 어렵고 표현되어도 방법적 지식이라고 볼 수 없음
    - ⑤ 대부분 기술, 기능 방법에 관한 지식으로 실습을 통해 전수될 때가 많음
  - **명제적 지식**
    - ① 명제가 진(眞)임을 아는 지식. '~라는 것을 안다(Know That)'로 표현되는 지식(선언적 지식, 아는 지식)
    - ② 참, 거짓을 구별할 수 있는 특징
    - ③ 명제의 방법으로 표현되는 것, 즉 언어적 문장으로 표현되는 지식
    - ④ 사실적 지식, 논리적 지식, 규범적 지식으로 구분

객관식

22
명제적 지식을 사실적 지식, 논리적 지식, 규범적 지식으로 구분할 때, 〈보기〉에서 '논리적 지식'을 설명한 것을 모두 고르면? (9.3, 중등)

| 보기 |

㉠ '의미'에 관한 사고가 요구된다.
㉡ 준거 또는 근거에 의하여 정당화되는 지식이다.
㉢ 경험적 세계에 대한 새로운 정보를 제공하지 못한다.
㉣ 엄격한 의미에서 가설적, 개연적 지식이다.

① ㉠, ㉡ ② ㉠, ㉢
③ ㉡, ㉢ ④ ㉢, ㉣

22. ②

객관식

23
〈보기〉는 교과서에 포함될 지식의 성격에 관한 최 교사의 주장이다. 이러한 주장을 뒷받침하는 인식론은? (07, 중등)

| 보기 |
- 오류가 없는 표준적, 보편적 진리이어야 한다.
- 교과서를 구성하는 언어는 세계의 실재와 대응관계를 유지해야 한다.
- 과학 교과서의 지식은 과학의 발전 과정보다는 공인된 이론이어야 한다.

① 객관주의(objectivism)
② 구성주의(constructivism)
③ 상대주의(relativism)
④ 도구주의(instrumentalism)

사실적 — 지식 — ① 객관적으로 존재하거나 또는 존재한다고 가정하는 세계에 관한 자료 혹은 정보를 제공하는 문장으로 표현되는 지식(지식의 변화 가능성이 있다.)

논리적 — 지식 — ① 문장을 구성하는 요소들의 의미상 관계를 나타내는 지식으로 분석적 문장에 의하여 표현되는 지식(다른 지식에 비하면 변화가능성이 매우 적다.)

규범적 — 지식 — ① 규범이나 가치를 나타내는 지식으로 가치판단, 도덕적 판단에 관한 지식

2. 객관주의

의의
① 모더니즘의 지식관(인식관)을 표현하는 말이 객관주의임
② 모더니즘에서는 지식다운 지식은 교과(학문)적 지식(자유교과)이라고 주장
③ 교과 이외의 다른 것들은 정보이며 굳이 학교에서 배울 필요가 없다고 주장
④ 교육사회학의 기능주의 지식관과 일치

성격
① 보편성, 객관성 : 교과는 누구나 배워야 인간다운 삶을 살 수 있는 기초적·기본적 지식
② 진리성, 절대성 : 교과는 지식의 수명이 길어 영원히 존재하는 진리
③ 합리성 : 오랜 세월동안에 인류에 의해 만들어진 가장 합리적 지식
④ 대서사성 : 오랜 시간에 걸쳐 만들어지고 다듬어진 지식
⑤ 인지성 : 인지적 형태의 지식을 강조
⑥ 가치중립성 : 교과는 지배의 가치를 담고 있지 않은 가치중립적 지식
⑦ 탈이데올로기 : 교과는 지배적 이데올로기를 담고 있지 않은 탈이데올로기
⑧ 탈역사성 : 교과는 특정한 역사(자본주의 역사)를 담고 있지 않고 오랜 세월 동안 만들어진 지식

3. 구성주의

의의
① 포스트모더니즘의 지식관(인식관)을 구성주의라고 함
② 구성주의의 지식은 외부에서 주어지는 것이 아니라 개인의 인지적·사회적 과정으로 구성
③ 개인의 인지적 구성은 피아제 인지적 구성주의이고, 개인의 사회적 구성은 비고츠키 사회적 구성주의
④ 모든 사람들이 공동적으로 배워야 할 객관적이고 보편적인 지식을 존재하지 않는다고 객관주의를 비판
⑤ 지식은 개인의 삶에 유용성을 가져다주면 지식으로 가치가 충분하다. 지식은 개인적 차원임을 강조
⑥ 교육과정 사회학이나 재개념주의 지식관과 일치

성격
① 상대성, 가변성 : 절대적 지식은 별로 없고 대부분의 지식은 수명이 짧음
② 지역성, 국지성 : 지식은 지역에 따라 중요성이 다름
③ 사회성 : 지식은 그 사회가 만든 산물이므로 사회가 변하면 지식도 변함
④ 소서사성 : 지식은 주로 짧은 기간에 만들어지고 사라짐
⑤ 가치지향성 : 모든 지식은 그 사회의 가치가 담겨 있음
⑥ 이데올로기 : 모든 지식은 그 사회의 주된 이데올로기를 담고 있음
⑦ 역사성, 상황성 : 모든 지식은 그 사회의 역사와 상황을 배경으로 만들어짐

23. ①

---

03. A 교사가 언급한 비고츠키 지식론의 명칭, 이 지식론에서 보는 지식의 성격 1가지와 교사와 학생의 역할 각각 1가지 [4점] [20, 중등 논술형]

구 분	주 요 의 견
A 교사	○ 토의식 수업을 활성화하려면 먼저 지식을 보는 관점의 변화가 필요함 ○ 교과서에 주어진 지식이 진리라는 생각이나, 지식은 개인이 혼자 만드는 것이라는 생각에서 벗어나는 것이 중요하며, 이와 관련하여 비고츠키(L. Vygotsky)의 지식론이 많은 시사점을 줄 수 있음 ○ 이 지식론의 관점에서 보면, 교사와 학생의 역할도 기존의 강의식 수업에서의 역할과 달라질 필요가 있음

⌀정답키: <u>지식론 명칭-(사회적) 구성주의 지식</u>
<u>지식론 성격-지식 사회성, 가변성</u>
<u>교사 역할-조력자</u>
<u>학생 역할-지식 구성자, 자기주도적 학습자</u>

4. 지식관

비교

객관주의	구성주의
① 전통적 지식관, 기능주의 사회학 지식관	① 구성주의 지식관, 교육과정 사회학, 재개념주의 지식관
② 지식다운 지식은 전통적 지식 밖에 없고 모든 지식의 근거이다. 다른 것은 정보에 불과하다. 아직도 전통적 지식이 지식의 중심에 차지하고 있다.	② 개인에게 필요한 모든 것은 지식이다. 전통적 지식은 아주 작은 부분에 불과하다.
③ 지식 진리성, 절대성 : 수명이 길다.	③ 지식 상대성, 가변성 : 수명이 짧다.
④ 지식 합리성 : 오랜 세월동안 만들어진 합리적 지식이다.	④ 지식 지역성, 주체성 : 지역에 따라 개인에 따라 다르다.
⑤ 지식 보편성, 객관성 : 누구나 배워야 인간다운 삶을 살 수 있는 보편적이며 기초 · 기본지식이다.	⑤ 지식 구성성(구성주의 지식) : 지식은 개인의 인지적 과정으로 구성된다.
⑥ 대서사적 지식, 인지적 지식 등을 중요시한다.	⑥ 소서사적 지식, 국지적 지식, 인지적, 정의적, 심동적 지식 등을 중요시한다.
⑦ 가치중립 : 지식에는 지배나 피지배의 가치는 담고 있지 않다.	⑦ 가치지향 : 어떤 지식도 반드시 가치를 내포할 수밖에 없다.
⑧ 탈이데올로기 : 지식은 어떠한 이데올로기를 포함하고 있지 않다.	⑧ 이데올로기 : 지식은 이데올로기를 내포할 수밖에 없다.
⑨ 탈역사성, 탈사회성, 탈문화성 : 지식은 역사와 사회와 문화로부터 독립적이다.	⑨ 역사성, 사회성, 문화성, 정치성, 상황성, 맥락성 : 지식은 역사, 사회, 문화, 정치, 상황, 맥락에서 벗어날 수 없다.

V. 교육사상

1. 모더니즘 포스트모더니즘 2. 철학영역 3. 실용주의 4. 스콜라 5. 분석철학 6. 신자유주의 7. 자연주의 8. 실존주의 9. 현상학 10. 현상학사상가 11. 해석학 12. 비판철학 13. 지식기반사회교육 14. 홀리스틱 교육 15. 4대 현대교육철학 16. 진보주의 17. 본질주의 18. 항존주의 19. 재건주의

1. 모더니즘 · 포스트 모더니즘

배경
① 모더니즘은 문예부흥에서 시작된 자본주의 발달을 지칭한다. 근대성, 자본주의라고 번역. 구조주의는 1960년부터 시작된 자본주의 학문 경향이며, 모더니즘을 상징함(객관주의 지식관)
② 포스트모더니즘은 1970년부터 시작된 반자본주의 경향을 말하며, 탈근대성, 후기 자본주의, 후기구조주의라고 함 (구성주의 지식관)

모형

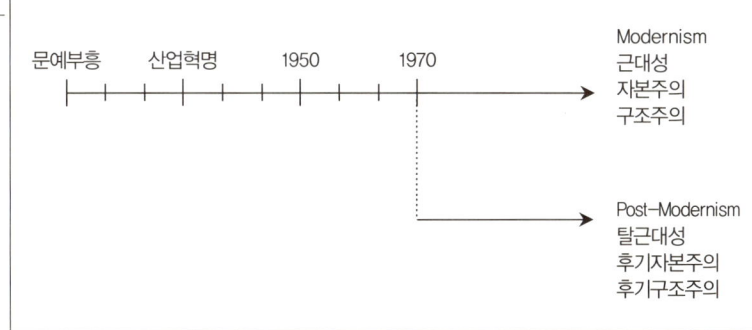

객관식

24
〈보기〉 중 '포스트모더니즘(Post-Modernism)' 교육 이론의 특징에 해당되는 것끼리 묶은 것은?(97, 중등)

| 보기 |
ㄱ. 교육내용으로서의 지식의 상대성
ㄴ. 교육목표의 인지적 영역과 정의적 영역의 구분
ㄷ. 교육 이론과 실제의 통합
ㄹ. 보편성, 합리성, 객관성의 확보

① ㄱ, ㄴ ② ㄷ, ㄹ
③ ㄱ, ㄷ ④ ㄴ, ㄹ

25
최근 교육 부문에서 일어나는 변화를 가리켜 '교육에서 학습으로의 변화'라고 말하는 사람들이 주목하고 있는 변화를 가장 잘 기술한 것은? (02, 초등)

① 교육자 주도의 교육보다 학습자 스스로 추구하는 학습이 일반화되는 추세
② 교육자와 학습자의 면대면(面對面) 교육보다 원격 교육이 더 보편화되는 추세
③ 교사가 학생 교육보다 자신을 위한 학습에 투자하는 시간이 더 많아지는 추세
④ 아동을 위한 교육 시장보다 성인의 자기 주도적 학습을 위한 시장이 더 확장되는 추세

24. ③ / 25. ①

객관식

26
〈보기〉에 제시된 A와 B 두 교사의 철학적 관심영역을 바르게 나열한 것은? (05, 중등)

| 보기 |
A교사 : 나는 지식의 전달자로서 지식의 속성, 진리의 요건, 인간이 지식을 획득하는 과정에 대해 관심이 있다.
B교사 : 나는 인성을 지도하는 사람으로서 선악에 관한 인간의 인식과 선악을 구분하는 기준에 대해 관심이 있다.

A교사	B교사		A교사	B교사
① 존재론	가치론		② 존재론	인식론
③ 인식론	가치론		④ 인식론	존재론

27
진보주의 교육이론이 표방하는 지식의 성격을 올바르게 나타내고 있는 개념은? (97, 중등)

① 도구주의　　② 항존주의
③ 본질주의　　④ 실증주의

26. ③ / 27. ①

특징 비교

	모더니즘	포스트-모더니즘
①	문예부흥에서부터 자본주의 발전사	1970년대부터 시작된 반자본주의 경향
②	철학 : 실증주의(분석철학, 논리실증주의, 계몽주의, 합리론, 경험론)	철학 : 현상학, 해석학, 신마르크스주의
③	전제 • 전통적 지식관(모더니즘) • 미래예측가능성, 진보성 • 합리적, 독립적 개인	전제 • 구성주의 지식관(포스트모더니즘) • 미래불확실성 • 합리적, 독립적 개인 존재할 수 없음
④	선형성, 합리성, 체계성, 과학성, 경험성 등	다양성
⑤	산업사회	정보화 사회
⑥	학교교육	평생교육, 평생학습사회
⑦	공급자 중심 교육	수요자 중심 교육
⑧	• 중앙집권적 교육과정 • 국가중심 교육과정 • 공급자중심 교육과정	• 지방분권적 교육과정 • 학교중심 교육과정 • 선택중심 교육과정
⑨	수업강조	• 학습강조 · 협동학습 • 자기주도적 학습 · CMC
⑩	상대평가	수행평가
⑪	교사는 지시자	교사는 조언자, 안내자, 동료학습자

2. 철학영역

- 존재론
  - ① 개념 : 참으로 존재하는 것이 무엇인가에 관한 것을 포괄적으로 파악하려는 철학적 노력
  - ② 종류 : 관념론, 실재론, 실용주의
  - ③ 관념론 : 우주의 궁극적인 실재를 정신 혹은 영혼이라고 보는 입장을 지님
  - ④ 실재론 : 우주의 궁극적인 실재는 물질 또는 객관적으로 파악될 수 있다고 보는 입장을 지님
  - ⑤ 실용주의 : 본질은 따로 있는 것이 아니라, 계속되는 변화와 발전 그 자체라 보는 입장을 지님

- 인식론
  - ① 개념 : 앎의 의미를 밝히려는 철학적 노력, 지식과 진리를 연구하고 탐구하는 철학
  - ② 합리론 : 절대불변의 지식은 이성의 사유에 의해 발견된다는 입장
  - ③ 경험론 : 인간의 감각기관을 통해 절대불변의 지식이 발견되며, 이러한 지식만이 참된 것이라는 입장 지님

- 가치론
  - ① 선과 악, 의와 불의, 미와 추, 목적과 수단 등의 문제와 관련지어 그 근거와 판단 기준 등을 밝히려는 철학적 노력(윤리학, 미학)

- 논리학
  - ① 개념 : 모순 없는 사고의 전개과정을 위한 규칙에 관한 연구
  - ② 연역법 : 보편적 원리, 법칙으로부터 구체적 사실에 대한 지식 도출
  - ③ 귀납법 : 개인의 구체적 사실에 대한 관찰 통해 보편적 원리, 법칙 도출

3. 실용주의

- 전개
  - ① 프래그머티즘 = 실험주의 = 도구주의 = 기능주의라고도 불림
  - ② 경험론, 공리주의, 진화론 등이 결합되어 생성된 행동 철학. 다윈의 진화론에 많은 영향 받음
  - ③ 19C 퍼스(Peirce) 시작, 20C초 제임스에 의해 발전, 듀이에 의해 완성. 듀이는 실험주의란 말 널리 사용

---

04. 수업은 교사와 학생 간에 이루어지는 의사소통의 과정으로 볼 수 있다. 그런데 수업에서 이루어지는 의사소통의 양상은 교수·학습의 패러다임에 따라 다르게 나타난다. 아래 제시한 자료를 참고하여, 1) 각각의 패러다임에서 이루어지는 수업 의사소통의 특성을 ① 수업 참여자의 역할, ② 수업 참여자 간 상호 작용 양상, ③ 수업 분위기 조성의 세 측면에서 비교·분석하고, 2) 이를 바탕으로 바람직한 수업 의사소통은 어떠해야 하는지 논하시오. [총 20점] [07, 초등 논술형]

A 패러다임	B 패러다임
· 지식은 객관적으로 존재한다. · 언어는 지식을 저장하는 창고이다. · 교수는 학습자에게 지식을 전달하는 행위이다. · 학습은 교수자가 전달한 지식을 획득하는 과정이다.	· 지식은 인지·사회적으로 구성된다. · 언어는 지식을 구성하는 매개체이다. · 교수는 학습의 과정을 안내하는 행위이다. · 학습은 상호 작용을 통하여 의미를 구성하는 과정이다.

⊘정답키:　A) 수업 참여자 역할-교사 지식의 전달자, 학생 지식의 수용자
　　　　　　상호작용-수직적 일방적 상호작용
　　　　　　수업분위기 조성-정적 폐쇄적 교사 중심
　　　　B) 수업 참여자 역할-교사 조력자, 학생 자기주도적 학습자
　　　　　　상호작용-수평적 쌍방적 상호작용
　　　　　　수업분위기 조성-동적 개방적 학생 중심
　　　　　　바람직한 의사소통-수평적, 민주적, 개방적 의사소통

- 원리
  - ① 세상에는 영원불변한 것이 없고, 변화만이 존재, 가치는 상대적임(상대적 진리관)
  - ② 민주적 생활 방법 중요시 되며 인간 행동에 있어 비판적 지성의 가치가 발동되어야 함
- 지식관
  - ① 도구주의 : 지식은 생활의 유용한 도구가 되어야 함
- 교육
  - ① 아동의 현재생활의 적응을 강조. 과거가 현재와 다르므로 미래를 대비할 수 없음
  - ② 교육은 생활이며 삶임. 교육은 끊임없는 경험 재구성 과정
  - ③ 진보주의 교육사상

4. 스콜라

- 모형

  합리적 실재론 ─── 문예부흥 ─── 과학적 실재론

- 개념
  - ① 실재론은 합리적 실재론과 과학적 실재론의 구분. 스콜라주의는 합리적 실재론임
  - ② 발달 : 아리스토텔레스 → 중세 스콜라 → 항존주의
  - ③ 스콜라(스콜레) - 희랍어의 스콜레와 라틴어의 스콜라는 여가 이외에 여가의 목적인 이론적 논의, 이론적 논의를 하는 장소로서의 학교를 의미(여가=공부=학교)
- 실재(진리)
  - ① 삼라만상의 불변하는 법칙 : 우주의 질서, 법칙
  - ② 실재론 : 우리가 사는 이 세상은 하나의 총체로서의 세계. 그 안에는 불변하는 질서, 위계가 있다고 믿는 철학적 입장을 가리킴
  - ③ 실재는 가지적임. 가지적이란 지식으로 표현될 수 있고 확인될 수 있음
- 관조(이성)
  - ① 관조란 실재를 인간의 이성(정신, 영혼)과 일치시키는 활동
  - ② 우주의 진리를 정신·이성으로 깨우침
  - ③ 곧 학문의 연구 활동을 의미
- 지복(행복)
  - ① 스콜라는 현실적 유용성보다 한 차원 다른 가치를 제공
  - ② 스콜라의 가치는 공동선과 공동 이익
  - ③ 공동이익은 모든 사람이 물질적 혜택을 풍요롭게 누리게 되는 것이라면, 공동선은 모든 사람이 풍요로운 마음, 곧 총체로서의 마음을 가지게 되는 데 있음
- 자유교육
  - ① 자유교육을 주장
  - ② 7자유과와 같은 전통적, 형식적 교과의 교육을 강조
  - ③ 7자유과는 전인, 즉 인간다운 인간을 기르기 위한 필연적 조치
- 과학적 실재론
  - ① 과학적 방법과 과학적 지식 중시
  - ② 주관적인 것 배제. 외적 사실을 있는 그대로 받아들임
  - ③ 실제적 교육, 실험실 중심의 교육 강조
  - ④ 교육과정은 진리를 알고 사용하고 즐거워하는 습관을 갖추게 해주도록 하여야 함

5. 분석철학

- 개념
  - ① 철학의 본질에 대한 반성을 통하여 과학과 일상적인 지식의 개념, 명제의 의미를 분석적 방법을 거쳐 엄밀하게 밝히는 것을 목적으로 하는 철학적 입장 (개념 분석 집중)

객관식

28
학교의 의미를 그 어원인 '스콜레(Schole)'에 비추어 가장 잘 설명하고 있는 것은? (96, 초등)

① 교과를 공부하는 장소
② 여가를 즐기는 장소
③ 선한 행동을 배우는 장소
④ 직업을 준비하는 장소

29
〈보기〉와 같은 비판을 받고 있는 교육철학적 접근은? (07, 초등)

| 보기 |
- 언어의 투명성에 대해 지나치게 신뢰한다.
- 교육의 가치지향성을 충분히 고려하지 못한다.
- 교육적 언어의 역사적·사회적 측면을 소홀히 한다.

① 분석철학적 접근
② 실존주의적 접근
③ 구조주의적 접근
④ 마르크스주의적 접근

28. ① / 29. ①

객관식

30
신자유주의에 입각한 교육정책에 해당되는 것으로 묶인 것은? (03, 초등)

| 보기 |
가. 교원노조 합법화
나. 교육시장의 대외 개방
다. 성과급제도의 도입
라. 학교평가에 따른 낙후된 학교 지원
마. 자립형 사립고교 설치

① 가, 나, 다 ② 가, 라, 마
③ 나, 다, 마 ④ 다, 라, 마

31
〈보기〉의 내용과 가장 가까운 교육사조는? (03, 초등)

| 보기 |
교사는 학생을 대화에 참여시킴으로써 학생이 스스로 사고하도록 격려한다. 교사는 학생에게 그의 견해를 묻고, 다른 견해를 제시하며, 그 중에서 어느 하나의 견해를 선택하도록 한다. 이를 통해 학생은 진리가 인간에게 부여되는 것이 아니라, 인간에 의해 선택되는 것임을 알게 된다. 이보다 더 중요한 것은 학생은 학습활동의 장면에 있어서 방관자가 아니라 주인공이 된다는 것이다.

① 실존주의 ② 실증주의
③ 항존주의 ④ 구조주의

30. ③ / 31. ①

- 특징
  - ① 반형이상주의(경험주의) : 이성과 종교를 제외하고 모두 경험의 대상
  - ② 논리분석주의 : 논리적이고 체계적인 분석방법을 강조
  - ③ 언어분석주의 : 언어는 경험세계의 핵심이므로 언어의 분석을 통해서 경험이 분명해질 수 있음
- 영향
  - ① 사고의 명확성 ② 추리의 일관성과 결정성 ③ 지식의 사실적 타당성과 확실성을 강조 ④ 지식의 객관성을 확보 ⑤ 도덕적 합리성을 확보

6. 신자유주의

- 배경
  - ① 신자유주의는 1980년대부터 나타났으며 자유주의를 수정하는 사상
  - ② 자유주의를 주장하는 아담 스미스 경제이론으로 되돌아가는 복귀운동
- 특징
  - ① 작은 정부 : 교육기관과 교육자의 자율성, 나아가서는 피교육자의 자율성을 확대
  - ② 경쟁 강화 : 경쟁력 있는 교육기관과 우수한 교육자에 의해 피교육자가 양성되고, 교육현장의 경쟁 확대
- 정책
  - ① 자율형 사립고등학교, 외국학교의 국내설립, 영재학교설립 등
- 순기능
  - ① 수월성의 교육 가능 ② 영재교육
- 역기능
  - ① 빈익빈 부익부 ② 교육의 양극화 심화

7. 자연주의

- 유형
  - ① 주관적 자연주의 : 루소, 페스탈로치(내부 자연성 〉 외부 자연성)
  - ② 객관적 자연주의 : 코메니우스(내부 자연성 〈 외부 자연성)
- 3요소
  - ① 자연 : 인간의 능력과 기관들의 내적인 성장
  - ② 사물 : 인간이 접촉하는 대상들에 대한 경험의 획득
  - ③ 인간 : 인간에 의한 교육을 말하며 교사나 보모의 교육을 의미
- 교육
  - ① 3가지 교육요소가 일치될 때 가장 바람직한 자연주의 교육이 이루어짐
  - ② 인간 내부의 자연성인 관심과 흥미 그리고 사물에 존재하는 자연법칙과 순리는 일정한 절차가 있음. 여기에 인간 교육을 일치시키는 것
  - ③ 예를 들면 쉬운 것에서 어려운 것, 단순한 것에서 복잡한 것 등을 뜻함

8. 실존주의

- 요약
  - ① 인간의 주체적 자각을 강조하는 철학(주체성, 정체성, 자각성)
- 특징
  - ① 실존은 주체적 인간, 본질은 육체적 인간
  - ② 실존은 본질에 선행. 인간의 주체적인 삶은 인간이라는 유기체보다 선행
  - ③ 실존주의는 휴머니즘이며, 실존주의는 인간주의에 기초
- 교육사상
  - ① 개인의 자유와 행동의 선택과 자신의 결정에 책임을 짐
  - ② 창조적으로 자신의 삶을 만들어가는 인간을 강조
  - ③ 진정한 의미의 전인교육을 강조
  - ④ 지식은 자신의 삶을 풍요롭게 만들 수 있는 수단

9. 현상학

- 요약
  - ① 인간 개인적 삶 자체를 중시함. 실존주의보다 포괄적이지만 실존주의와 현상학을 동일하게 봄

NOTE

- 특징
  - ① 의식으로 경험한 현상을 연구하는 것을 목적으로 하는 철학
  - ② 경험적인 현상과 비경험적인 현상을 모두 중요시하는 철학
- 교육사상
  - ① 교육이념을 명료화, 교육의 의식적 작용을 통한 활동인 스스로 가치를 창조하고 무한히 발전을 강조
  - ② 학습자의 동기를 강조. 의식은 능동적이고 의미를 부여하는 작용
  - ③ 체험학습과 자발적 활동을 강조
  - ④ 개성과 생활의 활동을 통한 가치 창조를 중요시
  - ⑤ 연속적 자기 발전을 강조
  - ⑥ 순수의식을 통한 창조적인 능력을 갖추고 실제적 생활 능력을 가진 체험적 인간을 강조

10. 현상학 사상가

- 볼노프
  - ① 위기, 각성, 충고, 상담 등 강조
  - ② 만남 : 교육이전에 학생과 교사의 인간적 만남을 우선시
  - ③ 비연속적 교육 : 의도적, 계획적, 계속적인 자본주의 학교가 아닌 비연속적 교육
- 훗설
  - ① 초기현상학
  - ② 세계를 객관적으로 인정하지 않고 모든 것은 자신의 정신의 일부분이라 주장
  - ③ 자신의 주체성과 정신강조
- 퐁티
  - ① 신체적 자각 - 신체와 정신은 같음 (신체강조)
- 부버
  - ① 대화로서의 교육, 인간적 만남, 상호작용을 강조

11. 해석학

- 개념
  - ① 해석학의 기원과 역사에서 발견할 수 있는 사실은 해석학이 바로 이해에 관한 학문이라는 점
  - ② 슐라이어르막허는 오해의 방지를 위해서 해석학의 학문적 체계화를 시도하였고, 딜타이는 삶의 체험과 표현들을 이해하고자 해석학을 정신과학의 방법으로 끌어 올렸음
  - ③ 해석학은 질적 연구방법이며, 인간을 인간으로 이해하는 방법으로 내부자 관점을 말함

12. 비판철학

- 개념
  - ① 비판철학은 신마르크스주의, 신좌파이론, 프랑크프루트학파이론이며, 하버머스가 대표자
  - ② 비판철학의 교육학적 과제는 인간성 회복을 위하여 현재 비인간주의 교육을 인간화하자는 데 있음
  - ③ 현대 학문(자본주의 학문)이 가진 인식론적 편향과 산업사회의 도구적 이성에 대한 비판이론의 분석은 오늘날 교육에서 다루는 지식의 내용과 구조에 대한 문제를 비판함

13. 지식기반사회교육

- 배경
  - ① 지식기반사회란 노동과 자본, 원자재 등의 자원보다 지식이 경제적 진보를 결정하게 되는 사회
  - ② 지식자본이 한 나라의 부와 경제성장을 결정하는 사회

객관식

32
다음의 주장에 가장 부합하는 철학적 견해는?(09, 초등)

| 보기 |

- 이해는 구체적인 맥락 속에서 이루어진다.
- 적용은 이해한 것을 뒤늦게 현실에 응용하는 것이 아니라 이해의 일부분이다.
- 이해는 역사적으로 주어지는 선입견과 선(先)이해를 배경으로 하여 이루어진다.
- 이해는 지금 여기서 완료되는 것이 아니라 미래의 다른 이해를 향해 열려 있다.

① 플라톤(Platon)의 소견 비판과 지식 옹호
② 베이컨(F. Bacon)의 우상 비판과 과학적 방법론 옹호
③ 칸트(I. Kant)의 미성숙 비판과 지적·도덕적 자율성 옹호
④ 가다머(H. G. Gadamer)의 실증주의 비판과 해석학적 순환 옹호
⑤ 하버마스(J. Habermas)의 도구적 합리성 비판과 의사소통적 합리성 옹호

32. ④

객관식

33
〈보기〉는 교사 A, B, C의 교육관을 나타낸 것이다. 진보주의 교육관을 가진 교사를 모두 고른 것은? (05, 중등)

| 보기 |

A : 교육의 출발점은 아동이어야 한다. 따라서 모든 교육 활동은 아동의 필요와 흥미를 중심으로 이루어져야 한다.
B : 교육은 아동의 경험을 토대로 하는 활동이다. 따라서 교사는 아동의 경험이 확장되도록 교육의 과정을 주도해야 한다.
C : 교육에서 경쟁은 아동을 동기화시키는 중요한 수단이라고 생각한다. 그러므로 교사는 경쟁을 적절히 활용할 필요가 있다.

① A　　　　② B
③ A, C　　　④ A, B, C

33. ①

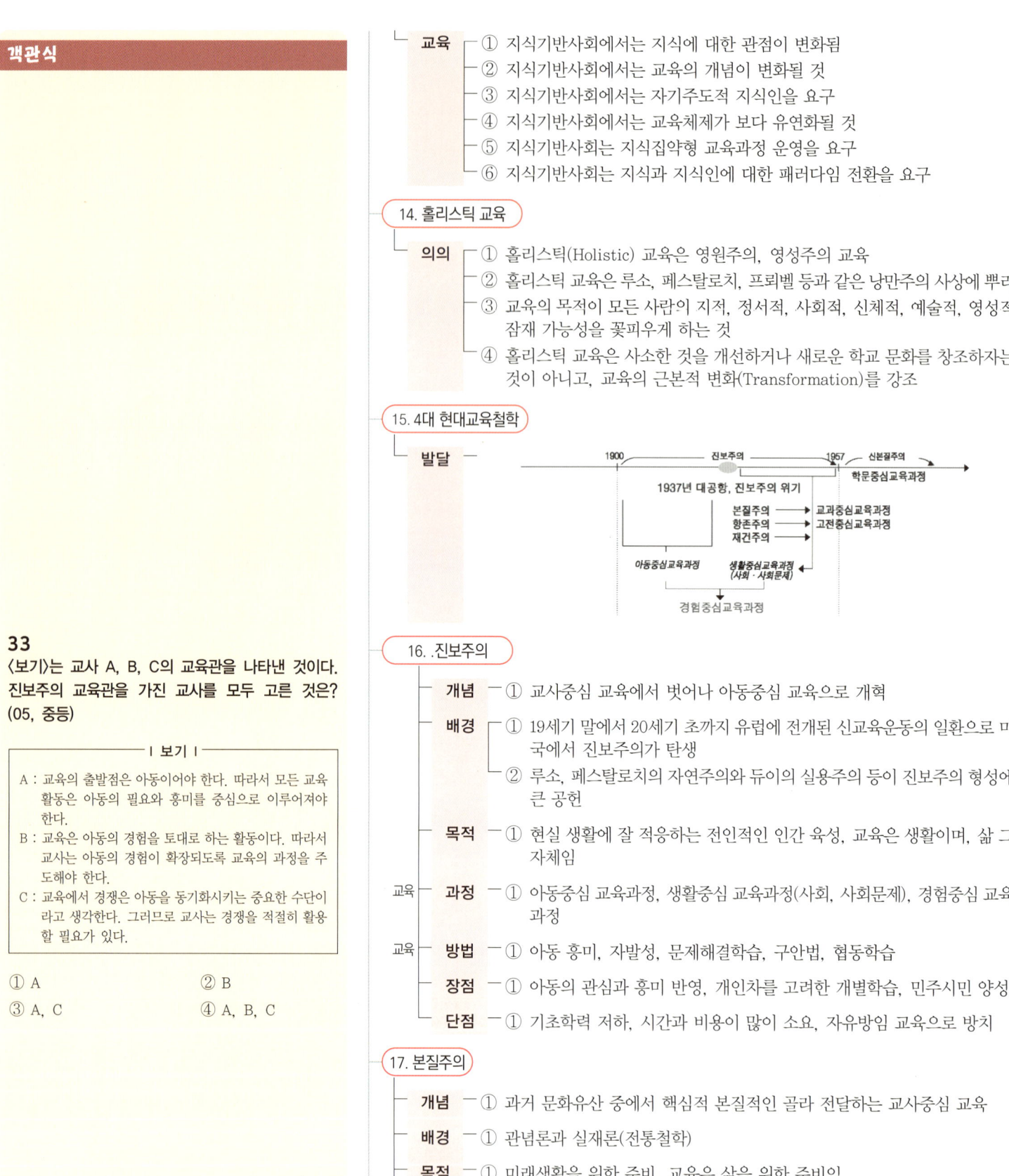

교육
- ① 지식기반사회에서는 지식에 대한 관점이 변화됨
- ② 지식기반사회에서는 교육의 개념이 변화될 것
- ③ 지식기반사회에서는 자기주도적 지식인을 요구
- ④ 지식기반사회에서는 교육체제가 보다 유연화될 것
- ⑤ 지식기반사회는 지식집약형 교육과정 운영을 요구
- ⑥ 지식기반사회는 지식과 지식인에 대한 패러다임 전환을 요구

14. 홀리스틱 교육

의의
- ① 홀리스틱(Holistic) 교육은 영원주의, 영성주의 교육
- ② 홀리스틱 교육은 루소, 페스탈로치, 프뢰벨 등과 같은 낭만주의 사상에 뿌리
- ③ 교육의 목적이 모든 사람이 지적, 정서적, 사회적, 신체적, 예술적, 영성적 잠재 가능성을 꽃피우게 하는 것
- ④ 홀리스틱 교육은 사소한 것을 개선하거나 새로운 학교 문화를 창조하자는 것이 아니고, 교육의 근본적 변화(Transformation)를 강조

15. 4대 현대교육철학

발달

16. 진보주의

개념 - ① 교사중심 교육에서 벗어나 아동중심 교육으로 개혁
배경
- ① 19세기 말에서 20세기 초까지 유럽에 전개된 신교육운동의 일환으로 미국에서 진보주의가 탄생
- ② 루소, 페스탈로치의 자연주의와 듀이의 실용주의 등이 진보주의 형성에 큰 공헌

목적 - ① 현실 생활에 잘 적응하는 전인적인 인간 육성, 교육은 생활이며, 삶 그 자체임

교육 과정 - ① 아동중심 교육과정, 생활중심 교육과정(사회, 사회문제), 경험중심 교육과정

교육 방법 - ① 아동 흥미, 자발성, 문제해결학습, 구안법, 협동학습

장점 - ① 아동의 관심과 흥미 반영, 개인차를 고려한 개별학습, 민주시민 양성

단점 - ① 기초학력 저하, 시간과 비용이 많이 소요, 자유방임 교육으로 방치

17. 본질주의

개념 - ① 과거 문화유산 중에서 핵심적 본질적인 골라 전달하는 교사중심 교육
배경 - ① 관념론과 실재론(전통철학)
목적 - ① 미래생활을 위한 준비, 교육은 삶을 위한 준비임
과정 - ① 교과중심 교육과정(기초, 기본, 3R's, 고전과목)

NOTE

- 방법 ― ① 교사중심 교육, 체계적 논리적 학문 체계 강조, 노력과 훈련을 강조
- 장점 ― ① 문화유산 전달 효과, 체계적이고 논리적 접근, 많은 지식을 전달
- 단점 ― ① 아동 관심과 흥미를 무시한 소극적 참여, 아동의 개별성 불인정

18. 항존주의

- 개념 ― ① 고대와 중세의 절대적 진리를 통해 교육적 위기를 극복
- 배경 ― ① 아리스토텔레스, 토마스 아퀴나스, 신스콜라, 신실재론, 합리적 실재론
- 목적 ― ① 정신(이성)과 지성(지식, 진리)의 일치, 지적도야
- 과정 ― ① 고전중심 교육과정, 교과중심 교육과정, 파이데이아 교육과정, 고전과목 강조
- 방법 ― ① 교사중심 훈련과 강압 강조, 이성과 정신을 강조, 모든 교육은 모든 사람에게 동일
- 장점 ― ① 교육과 학문의 새로운 방향 제시, 무질서한 진보주의 비판
- 단점 ― ① 상류계층 교육(귀족적이고 금욕적이며, 비민주적), 과거 중시로 현실을 경시(문화에 대한 역행)

19. 재건주의

- 개념 ― ① 진보, 본질, 항존주의 교육철학 장점으로 취하여 사회 위기를 극복하려는 사상
- 배경 ― ① 인간주의 교육철학을 기초로 하고, 진보, 본질, 항존주의를 비판(사상적으로 혼란)
- 목적 ― ① 사회적 자아실현, 자아실현과 사회개혁을 조화
- 과정 ― ① 가치 있는 경험
- 방법 ― ① 집단 활동, 의사소통, 다수의 합의, 행동과학적 방법 강조
- 장점 ― ① 교육기능으로 사회문제 해결, 민주주의 사회 건설
- 단점 ― ① 가치와 방법 상충, 주입식 교육 강조, 행동과학 맹신

객관식

34
현대 교육철학의 특징에 관한 설명으로 옳지 <u>않은</u> 것은? (09, 중등)

① 분석적 교육철학은 교육의 주요 개념 및 용어에 대한 철학적 분석을 강조한다.
② 실존주의 교육철학은 인간의 본질이 실존에 우선한다고 보고, 인간의 본질을 탐구한다.
③ 포스트모더니즘 교육철학은 진리의 상대성을 주장하며, 다원주의적 입장에 서 있다.
④ 페미니즘 교육철학은 교육에서 상대적으로 소외되어 온 가정의 삶 영역과 여성의 가치 회복을 중시한다.
⑤ 비판적 교육철학은 현대사회의 학교교육에서 나타나는 교육의 불평등과 부정의(不正義)를 드러내는 데 관심이 있다.

34. ②

NOTE

핵심 팍 키워드 문제

1. 교육철학의 영역과 주요 기능은? 각 4개씩
    1) 영역 :
    2) 기능 :

2. 규범적 정의와 서술적 정의 종류는?
    1) 규범적 정의 :
    2) 서술적 정의 :

3. 정범모 교육의 정의는?

4. 피터스 교육의 정의는? 2개
    1) 정의1 :
    2) 정의2 :
    3) 준거(3개) :

5. 자유교육

사상가	내재적 목적	성격	관계/정당화	근거
피터스 허스트			내재적 선험적	교육개념
허스트 맥킨타이어			내적 실제적	사회적 실제
화이트			자율적 민주적	욕구

6. 뒤르켐의 정의와 두 사회화의 목적은?
    1) 정의 :
    2) 보편적 사회화 :
    3) 특수적 사회화 :

7. 인성교육의 정의, 핵심 가치, 핵심 역량
    1) 정의 :
    2) 핵심 가치 :
    3) 핵심 역량 :

8. 평생학습사회의 정의, 4가지 보물, 유형, 특징은?
    1) 정의 :
    2) 4가지 보물 :
    3) 유형(4개) :
    4) 특징(6개) :

9. 평생학습사회의 실현방안은?
    1) 학점은행제 :
    2) 학습계좌제 :

10. 각 교육제도의 정의는?
    1) 공교육제도 :
    2) 의무교육제도 :
    3) 무상교육제도 :

11. 공교육의 3가지 준거는?

12. 공교육제도의 단점은? 2개

13. 학교선택권을 강조하는 미국의 학교제도는?

14. 빈칸을 채우시오

	내재적 목적	외재적 목적
정의		
가치		
개념 관계		
개인 사회		
공자 이황		

15. 빈칸을 채우시오

	명제적 지식	방법적 지식
정의		
표현		
특징1		
특징2		
종류		없음

16. 지식의 특징들은?
    1) 객관주의 :
    2) 구성주의 :

17. 철학 각 연구영역에 해당되는 철학은?

　1) 존재론 :

　2) 인식론 :

　3) 가치론 :

18. 실용주의란?

　1) 진리관 :

　2) 지식론(인식론) :

19. 신자유주의 특징은? 2개

20. 루소 교육의 3요소는?

21. 실존주의와 현상학이란?

　1) 실존주의 :

　2) 현상학 :

22. 딜타이 해석학이란?

23. 진보주의 교육 정의, 교육목적, 교육과정, 장점과 단점은?

　1) 정의 :

　2) 교육목적 :

　3) 교육과정 :

　4) 장점(2개) :

　5) 단점(2개) :

24. 본질주의 교육 정의, 교육목적, 교육과정, 장점과 단점은?

　1) 정의 :

　2) 교육목적 :

　3) 교육과정 :

　4) 장점(2개) :

　5) 단점(2개) :

25. 항존주의 교육 정의, 교육목적, 교육과정, 장점과 단점은?

　1) 정의 :

　2) 교육목적 :

　3) 교육과정 :

　4) 장점(2개) :

　5) 단점(2개) :

핵심 팍 키워드 정답

1. 1) 정의, 목적, 내용, 철학 2) 분석적 기능, 통합적 기능, 사변적 기능, 평가적 기능

2. 1) 주입, 주형, 성장, 도야, 계명, 자아실현 2) 행동변화, 습관형성, 경험개조, 문화획득, 지식획득

3. 교육은 인간행동의 계획적 변화이다.

4. 1) 미성숙한 아동을 문명된 삶의 형식으로 입문시키는 과정이다.
   2) 교육은 단순한 활동이 아니라 3가지 준거를 지닌 활동이다.
   3) 규범적 준거, 인지적 준거, 과정적 준거

5.

사상가	내재적 목적	성격	관계/정당화	근거
피터스 허스트	합리적 추구	보편적	내재적 선험적	교육개념
허스트 맥킨타이어	사회적 실제	사회적	내적 실제적	사회적 실제
화이트	자율성 함양	개인적	자율적 민주적	욕구

6. 1) 교육은 미성숙한 아동의 체계적 사회화이다. 2) 사회의 동질성 3) 분업화된 사회의 개인의 적응

7. 1) 인간다운 성품과 역량을 기르는 교육 2) 예, 효, 정직, 책임, 존중, 배려, 소통, 협동
   3) 의사소통 역량, 갈등해결 능력 등 통합된 능력

8. 1) 누구나 언제 어디서나 원하는 교육을 받을 수 있는 열린교육체제를 구축하여 모든 국민이 자아실현을 극대화 시킬 수 있는 사회
   2) 알기 위한 학습, 행동하기 위한 학습, 함께 살기 위한 학습, 존재하기 위한 학습
   3) 자유교양형, 종합형, 학습네트워크형, 교육복지형
   4) 학습자 중심 교육, 교육 다양화, 자율과 책무성에 바탕을 둔 학교운영, 자유와 평등이 조화된 교육, 교육의 정보화, 질 높은 교육

9. 1) 다양한 학습경험을 학점으로 인정하고 일정한 학점에 학위를 부여하는 제도
   2) 다양한 학습경험을 누적, 관리, 인증하여 관리하는 제도

10. 1) 국가와 공공단체가 학교교육을 관리하는 제도
    2) 국민들에게 교육의무를 강제하는 제도
    3) 국민들에게 교육비용을 부담하지 않고 무상으로 제공한다.

11. 교육의 보편화, 교육의 민족화, 교육세속화

12. 경직적 획일적 교육, 개별적이고 창의적 교육 부족, 정치 수단으로 전락

13. 바우처제도, 차터스쿨, 마그넷스쿨, 홈스쿨링

14.

	내재적 목적	외재적 목적
정의	교육자체가 목적	교육이 다른 것의 수단
가치	본질적 가치	수단적 가치
개념관계	교육목적의 내재설	교육목적의 외재설
개인사회	개인적 기능	사회적 기능
공자 이황	위기지학	위인지학

15.

	명제적 지식	방법적 지식
정의	명제로 표현되는 지식	절차나 방법에 관한 지식
표현(Know)	know that	know how
특징1	언어로 표현	언어로 표현되기 어려움
특징2	참과 거짓에 중점을 두는 지식	상황에 따른 정도의 차
종류	사실적, 논리적, 규범적 지식	없음

16. 1) 보편성, 객관성, 진리성, 절대성, 합리성, 대서사성, 가치중립, 탈이데올로기, 탈역사성
    2) 상대성, 가변성, 사회성, 소서사성, 가치지향, 이데올로기, 역사성, 상황성, 맥락성

17. 1) 관념론, 실재론, 실용주의 2) 합리론, 경험론 3) 윤리학, 미학

18. 1) 상대적 진리관 2) 도구주의 : 지식은 생활의 유용한 도구이다.

19. 국가 간섭의 최소화, 자유경쟁 강조

20. 자연, 사물, 인간

21. 1) 인간의 주체적 삶을 강조 2) 인간의 삶 자체를 강조

22. 삶의 체험과 표현들을 이해하고자 정신과학의 방법론으로 사용

23. 1) 교사중심 교육에서 벗어나 아동중심 교육으로 개혁을 강조
    2) 현실생활에 잘 적응하는 전인 양성
    3) 아동중심, 생활중심, 경험중심 교육과정
    4) 아동 흥미와 자발성 강조, 개별학습을 중시
    5) 학력저하, 시간과 비용 많이 소요

24. 1) 과거문화유산 중에서 핵심적 본질적인 것을 골라 아동에게 전달하는 교사중심 교육
    2) 미래생활의 준비
    3) 교과중심 교육과정
    4) 문화유산 전달 효과적, 논리성과 체계성 강조
    5) 진보성과 창조성 상실, 사회개혁 의지 약함

25. 1) 교육의 위기를 극복하기 위해 과거 절대적 진리를 통한 해결을 강조
    2) 정신과 지성 일치, 인간과 진리 일치, 지적도야
    3) 교과중심 교육과정, 파이데이아 교육과정, 고전중심 교육과정
    4) 학문 방향성 제시, 인간의 이성과 절대적 진리 강조
    5) 귀족적임, 현실 경시

최욱경
어린이의 천국
1977, 215×270cm, 종이에 아크릴
개인소장

나는 내 학생들을 가르치지 않는다.
학생들이 학습할 수 있는 환경을 제공할 뿐이다.

-알베르트 아인슈타인

Master Pedagogy

08

교육사회학

- ✔ 핵심 팍 키워드   242
- ✔ 핵심 팍 구조도
  - Ⅰ. 기능주의 교육사회학   243
  - Ⅱ. 갈등주의 교육사회학   245
  - Ⅲ. 신교육사회학   249
  - Ⅳ. 교육선발론   252
  - Ⅴ. 교육평등론   256
  - Ⅵ. 사회문화론   261
- ✔ 핵심 팍 키워드 문제   265

Master Pedagogy

교육사회학

핵심 팍 키워드

교육사회학

Ⅰ. 기능주의 교육사회학
1. 교육사회학기초
2. 기능주의
3. 뒤르켐
4. 파슨즈
5. 드리븐
6. 발전교육론
7. 기술기능론
8. 인간자본론
9. 문제점

Ⅱ. 갈등주의 교육사회학
1. 갈등주의
2. 마르크시즘
3. 하버마스 비판철학
4. 알튀세 자본주의국가론
5. 보울스 긴티스 재생산
6. 브로디외 문화재생산
7. 애플의 문화헤게모니론
8. 지위경쟁이론
9. 선발가설이론
10. 저항이론
11. 푸코
12. 문제점

Ⅲ. 신교육사회학
1. 개념
2. 교육과정사회학
3. 왈라스 교육과정
4. 번스타인 교육자율성
5. 교실사회학
6. 교사기대
7. 번스타인 사회언어
8. 낙인이론
9. 이론배경
10. 양적접근 질적접근

Ⅳ. 교육선발론
1. 교육선발
2. 카노이
3. 호퍼 선발
4. 터너 선발
5. 고등학교 평준화
6. 노동시장
7. 보상원리
8. 인간자본론
9. 선발가설이론
10. 이중노동시장이론
11. 급진파이론
12. 내부노동시장이론
13. 비경쟁집단이론
14. 써로우

Ⅴ. 교육평등론
1. 학력상승(학교팽창)
2. 콜맨 훗센 교육평등
3. 김신일 교육평등
4. 교육복지우선지원사업
5. 헤드스타트
6. 기회균등 선발제
7. 지역할당제
8. 교육선발지수
9. 콜맨보고서
10. 브루코버
11. 퍼셀
12. 가정자본
13. 단선제 복선제
14. 시험기능(영향력)

Ⅵ. 사회문화론
1. 교육인류학
2. 문화
3. 문화이해
4. 문화실조론
5. 문화다원론
6. 문화전계
7. 다문화교육
8. 우리나라 다문화교육
9. 중간집단
10. 동료집단
11. 사회이동
12. 지역사회학교
13. 통일교육

NOTE

교육은 사회 현상의 하나이며, 서로가 영향을 주고받는다.
개천에서 용은 나지 않고, 금수저를 가진 자들이 교육을 지배한다. 교육을 통해 사회 평등이 실현되기를 기원한다.

시험공부가 어려울 때마다 합격에서 오는 즐거움을 만끽하자! 합격했을 때 버킷리스트를 만들고, 때때로 자신에게 강화를 주자!
공부를 통해 나를 찾아가는 여정이 되길 바란다.

핵심 팍 구조도

Ⅰ. 기능주의 교육사회학

1. 교육사회학기초 2. 기능주의 3. 뒤르켐 4. 파슨즈 5. 드리븐 6. 발전교육론
7. 기술기능론 8. 인간자본론 9. 문제점

1. 교육사회학 기초

- 발달 모형

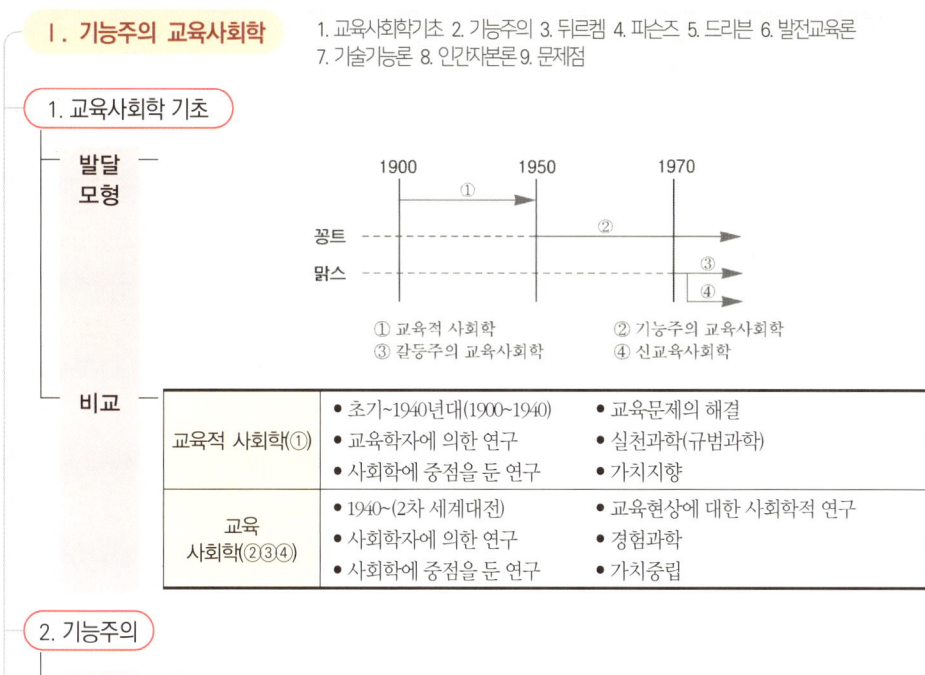

- 비교

교육적 사회학(①)	• 초기~1940년대(1900~1940) • 교육학자에 의한 연구 • 사회학에 중점을 둔 연구	• 교육문제의 해결 • 실천과학(규범과학) • 가치지향
교육 사회학(②③④)	• 1940~(2차 세계대전) • 사회학자에 의한 연구 • 사회학에 중점을 둔 연구	• 교육현상에 대한 사회학적 연구 • 경험과학 • 가치중립

2. 기능주의

- 배경
  - ① 꽁트와 스펜서 → 뒤르켐, 파레토, 말리노프스키
  - ② 기능이론, 합의이론, 질서모형, 균형이론, 구조기능주의
  - ③ 파슨즈 : 포괄적인 사회학 이론으로 정립
  - ④ 1950년대 기능주의 사회학자들이 교육을 연구하기 시작

- 기본 전제
  - ① 사회는 비교적 지속적이고 안정된 구조를 지님(사회의 변화가 서서히 완만하게 일어난다.)
  - ② 각 요소들이 잘 통합되어 있고 상호의존적임(구성요소는 상호보완성을 지닌다.)
  - ③ 사회의 모든 요소는 각각의 기능을 가지고 있는데, 이것은 사회체제유지에 공헌
  - ④ 모든 사회는 그 구성원 간의 가치에 대한 합의에 토대를 둠(사회계약설)

- 교육 관점
  - ① 학교교육은 사회를 유지 발전시키는 기능을 수행
  - ② 교육은 사회화의 수단. 사회 가치와 행동을 의도적으로 전달하여 사회를 존속시킴
  - ③ 교육은 사람을 길러 적재적소에 선발 배치하는 역할을 수행(인력의 선발, 분류, 배치)
  - ④ 학교교육은 능력주의 사회적 성취와 평등에 결정적 역할
  - ⑤ 지식은 보편성을 띄므로 사회와 시대에 따라 변하지 않으며 누구에게나 동일한 의미와 가치를 지님

3. 뒤르켐

- 교육 주장
  - ① 교육은 사회를 유지·발전시킴
  - ② 교육은 미성숙한 아동을 대상으로 하는 체계적 사회화
  - ③ 교육은 사회구성원을 선발하는 기능을 담당

객관식

01
기능론적 관점에서 학교교육을 설명한 것으로 가장 적절한 것은? (06, 중등)

① 학교는 이데올로기적 국가기구이다.
② 학교 시험은 지배적 문화와 가치관을 주입시키는 도구이다.
③ 학교는 자본주의 사회의 생산관계를 재생산하는 데 기여한다.
④ 학교는 사회생활에 필요한 보편적 가치를 어린 세대에게 가르친다.

01. ④

주관식

01. 기능론적 관점에서 학교 교육의 선발·배치 기능 및 한계 각각 2가지만 제시 [4점] [15, 중등 논술형]

| 보기 |

여러분도 잘 아시겠지만 최근 우리 사회는 학교가 다양한 역할을 수행하도록 요구하고 있습니다. 이에 따라 선생님들께서는 학교 및 수업에 대한 기본적인 이해가 필요하다고 생각합니다.
먼저 교사로서 우리는 학교 교육의 기능을 이해해야 합니다. 지금까지 학교는 학생들이 사회 구성원으로서 올바로 성장할 수 있는 보편적 가치와 규범을 가르쳐 왔습니다. 그러나 최근 사회는 학교 교육에 다양한 요구를 하게 되면서 학교가 세분화된 직업 집단의 교육 요구를 충족시켜주기를 원하고 있고, 학교 교육의 선발·배치 기능에 다시 주목하고 있습니다. 그러므로 여러분은 학교 교육의 선발·배치 기능을 이해하는 한편, 이것이 어떤 한계를 갖는지도 생각해야 할 것입니다.

∅ 정답키: 선발-능력주의 선발, 계층 상승 이동, 적재적소 배치
한계-계층 재생산, 다양한 직업세계 반영 미비

객관식

02
다음은 학교사회화 과정에서 습득되는 특성에 대한 드리븐(R. Dreeben)의 설명이다. (가)~(다)에 들어갈 것으로 바르게 묶은 것은? (07, 상담)

| 보기 |
학교에서 학생들로 하여금 과제를 스스로 처리하게 하고 자신의 행동에 대하여 책임을 지게 함으로써 (가)이 길러진다. 동일 학년의 학생들이 개인의 특성과 관계없이 같은 학습내용과 과제를 공유함으로써 (나)이(가) 길러진다. 이러한 공유를 바탕으로 학년이 올라감에 따라 자신의 흥미와 적성에 맞는 분야를 교육받는 과정에서 (다)이 길러진다.

	(가)	(나)	(다)
①	독립성	보편성	특수성
②	독립성	성 취	특수성
③	특수성	보편성	독립성
④	보편성	성 취	특수성

02. ①

- 사회화

	보편적 사회화	특수적 사회화
	① 전체사회의 가치관, 태도, 지식 등(도덕, 규범)을 내면화시키는 것	① 소속집단의 가치관, 태도, 지식 등(도덕, 규범)을 내면화시키는 것
	② 사회의 동질성을 유지시키기 위해서	② 분업화된 현대사회의 개인의 적응을 위해서
	③ 보통교과를 가르치는 것이다. 보통교과 속에는 전체사회의 가치관, 태도, 지식 등	③ 직업, 전문교육에 분업화된 사회의 가치관, 태도, 지식 등
	④ 보통교육	④ 전문교육, 직업교육

- 선발 — ① 교육은 능력 있는 사람을 합리적으로 선발·분류하는 장치로써 적재적소에 배치시키는 기능을 수행

- 정리 — ① 사회가 이질화되면 될수록 사회의 동질성 확보를 위해 보편적 사회화가 필요
  - ② 분화된 사회에 개인의 적응을 위해서 특수적 사회화가 필요
  - ③ 산업혁명 이후에 성립된 공교육의 필요성을 설명함

4. 파슨즈

- 체제 — ① 미국의 이론 사회학자. 행위에 관한 일반이론, 사회체제론 주장

- AGIL — ① A(Adaptation) : 외적인 상황의 조건, 환경에 대해 적응하는 기능(회사, 기업)
  - ② G(Goal-Attainment) : 목표 달성 위해 상황의 모든 요소 통제하는 기능(정당)
  - ③ I(Integration) : 단위 간의 연대를 유지하고 통합하는 기능(검찰, 법원)
  - ④ L(Latency) : 잠재적인 유형의 유지와 긴장을 처리하는 체제유지기능(학교, 종교단체, 가족 등)

5. 드리븐

- 규범학습 — ① 학교에서 습득하는 가치에 주목하여 사회화 내용을 설명
  - ② 학교는 사회적 규범을 습득시키는 데 효과적임

- 규범 — ① 독립성 : 학교 과제를 스스로 처리하도록 요구하고, 자신 행동에 대한 책임을 지게 함으로써 습득함
  - ② 성취성 : 최선을 다해 그들의 과제를 수행해야 한다는 가치관을 받아들이고 그 가치관에 따라 행동
  - ③ 보편성 : 동일 연령의 학생들이 같은 학습내용과 과제를 공유함으로써 형성 (보편적 사회화)
  - ④ 특수성(특정성) : 학년이나 학교의 수준은 높아지면서 흥미와 적성에 맞는 분야에 한정하여 그 분야의 교육을 집중적으로 수행함으로써 특수성의 규범을 학습(특수적 사회화)

6. 발전교육론

- 개념 — ① 국가발전을 위해서 정치, 경제, 사회, 문화 각 부문의 발전을 자극하고 촉진하기 위하여 교육의 양과 질을 계획적으로 조절하는 것

- 교육 — ① 정치발전 : 정치인을 양성하는 정치적 충원, 국민들에게 정치적 문화를 전달하는 정치적 사회화, 국민들의 일치된 정치적 생각을 이끌어내는 정치적 통합 등
  - ② 경제발전 : 국가가 필요로 하는 경제 인력을 양성하고, 경제활동에 적합한 가치관과 태도를 배양하고, 새로운 지식과 기술을 창출
  - ③ 사회발전 : 교육을 통해서 사회구조의 변화가 일어나고, 사회의 생활양식이 바뀌고, 사회문제에 효과적으로 대처할 수 있는 방법을 길러줌
  - ④ 문화발전 : 교육을 통해서 문화의 전파와 변동이 일어나고, 문화의 교류와 새로운 문화가 형성

- 7. 기술기능론
- 8. 인간자본론
- 9. 문제점
  - 비판
    - ① 귀속주의 : 능력주의는 표면적이고 대부분은 개인의 가정배경인 귀속주의가 적용
    - ② 불평등 재생산 : 교육은 불평등을 유지하고 자본주의 불평등한 사회구조를 재생산
    - ③ 지배계급 착취 : 교육이 사회화를 핑계 삼아 지배계층의 이익을 추구하고 피지배계급을 착취

II. 갈등주의 교육사회학

1. 갈등주의 2. 마르크시즘 3. 하버마스 비판철학 4. 알튀세 자본주의국가론 5. 보울스 긴티스 재생산 6. 브로디외 문화재생산 7. 애플의 문화헤게모니론 8. 자유경쟁이론 9. 선발가설이론 10. 저항이론 11. 푸코 12. 문제점

1. 갈등주의
- 배경
  - ① 마르크스, 베버 → 다렌도르프, 밀즈, 코저, 왈러, 보울즈, 긴티스에 의해 발전
- 기본전제
  - ① 사회는 급격한 변화, 긴장, 마찰, 갈등의 연속
  - ② 사회의 구성요소는 상호대립적이고 갈등적임
  - ③ 사회의 지배계급이 피지배계급을 억압·착취하기 위하여 성립(억압·착취설)
- 교육관점
  - ① 계층구조 재생산 : 학교교육은 자본가에 유리한 태도와 가치관을 가르치고 자본주의 구조를 정당화하고 재생산시킴
  - ② 불평등 : 학교와 교육은 자본주의의 불평등을 정당화시키고 재생산시킴
  - ③ 저항 : 학교교육을 통해 자본주의 재생산 구조에 저항하고 파괴함으로써 평등한 사회를 건설할 수 있음

2. 마르크시즘
- 상하구조
  - ① 상부구조 : 정치, 문화, 교육, 이념, 학문 등
  - ② 하부구조 : 경제
- 두 종류

정통적 마르크시즘	네오 마르크시즘
① 하부구조가 상부구조를 지배한다.	① 하부구조와 상부구조가 상호작용을 하며, 상부구조는 상대적 자율성을 지닌다.
② 인간을 수동적인 존재로 본다.	② 인간을 능동적인 존재로 본다.
③ 과학, 기술적 접근을 강조한다.	③ 비판, 철학적 접근을 강조한다.

3. 하버마스 비판철학
- 이성 (합리성)
  - ① 처음에 생활 세계의 의사소통적 이성을 기반으로 하여 경제와 관료 행정이 생겨나고, 그것을 바탕으로 하여 계속 성장
  - ② 경제와 관료 행정의 영역에서는 도구적 이성이 주된 역할을 담당하는 한편, 생활 세계에서는 의사소통적 이성이 지배
  - ③ 도구적 이성이 생활 세계의 고유한 영역으로 침범할 때 문제가 발생
  - ④ 교육은 생활 세계에 속하여 의사소통 이성이 적용되어야 한다. 하지만 능률성을 강조하는 도구적 이성이 지배하여 교육의 혼란을 초래

객관식

03
갈등 이론과 관련된 진술로 옳은 것은? (05, 중등)

① 학교교육이 기존의 계급구조를 재생산한다고 본다.
② 아동에 대한 교육적 관심이나 유대감을 문화적 자본이라고 한다.
③ 학교에서 체벌을 사용하여 지식을 가르치는 것을 상징적 폭력이라고 한다.
④ 보울스와 긴티스(S. Bowles & H. Gintis)는 학교와 공장에서 다루는 지식의 내용이 동일하다고 본다.

04
다음 내용에 공통적으로 영향을 끼친 현대철학 사조는? (11, 중등)

| 보기 |
- 특정 사회의 정치·경제구조가 교육에 미치는 영향에 관한 분석
- 교육에서 발생하는 억압 관계와 인간 소외 문제를 개선하는 방안 마련
- 교육의 과정에서 왜곡된 의사소통을 합리적인 의사소통으로 전환시키려는 시도
- 교육이념의 사회적 발생 조건을 학문적으로 밝히고 그 잘못된 영향을 드러내려는 시도

① 현상학 ② 비판이론
③ 분석철학 ④ 생태주의
⑤ 실존주의

03. ① / 04. ②

객관식

05
알뛰세(L. Althusser)가 학교를 '이데올로기적 국가기구'의 하나라고 주장하였는데, 이 개념이 갖는 의미를 가장 잘 설명한 것은? (01, 초등보수)

① 학교는 국가가 필요로 하는 인력의 선발과 사회배치를 위한 기능을 수행한다.
② 학교는 새로운 가치관과 비판의식을 창출하여 국가발전과 사회변화에 기여한다.
③ 학교는 지배집단의 이념을 전파시키고 내면화시킴으로써 사회재생산에 기여한다.
④ 학교는 사회생활을 위한 준비를 갖추지 못한 어린 세대에 대한 사회화 기능을 수행한다.

06
보울스와 긴티스(S. Bowles & H. Gintis)의 경제적 재생산론에 나타난 학교교육관을 바르게 설명한 것은? (04, 중등)

① 학교교육은 하위 계급의 학생에게 비판적 의식을 심어주고 있다.
② 학교교육은 능력주의(Meritocracy) 이념을 통해 계급적 모순을 은폐하고 있다.
③ 학교교육은 사회 불평등을 해소하고 있다.
④ 학교교육은 학생을 능동적이며, 인격적 존재로 대우하고 있다.

05. ③ / 06. ②

의사소통 상황

2가지 이성

	도구적 이성	의사소통 이성
	① 수단	① 목적
	② 결과 추구	② 과정 추구
	③ 능률성 중시	③ 인간성 중시
	④ 경제·관료 행정	④ 생활 세계

이상적
① 의사소통 상황에서 억압적 동기나 자기기만의 장애가 없어야 함
② 참가자 사이에 지배와 통제의 관계가 없어야 함
③ 참가자 각자가 의사소통에 효율적으로 참여하고, 기회가 실제적으로 평등해야 함

4. 알튀세 자본주의 국가론

의의
① 국가는 단순히 하부구조에 의해 결정되는 상부구조가 아니라 자율성을 지닌 존재로 봄
② 교육이라는 이데올로기 기구를 통해 기존의 불평등 관계를 정당화함

국가기구
① 억압적 국가기구 : 사법제도, 군대, 경찰, 정부 등
② 이념적 국가기구 : 교육, 종교, 가족, 법률, 노동조합, 정치, 대중매체 등

특징
① 억압적 국가기구가 폭력, 강제성에 기반을 두고 있다면 이념적 국가기구는 이념, 동의를 기반으로 함
② 지배계급이 과거에는 억압적 국가기구를 통해 자본주의를 재생산 하였지만, 오늘날에는 문화로 구성되며 규범과 가치와 관련된 이념적 국가기구를 통해 재생산

교육 기능
① 지배이데올로기를 은폐, 재생산하는 기능을 수행
② 지배이데올로기와 가치에 대한 자발적 동의를 유도하여 계급질서를 정당화
③ 지배이데올로기의 가치뿐만 아니라 생산에 필요한 지식 등을 전수함으로써 계급적 불평등을 유지

5. 보울스 긴티스 재생산

배경
① 학교가 자본주의 경제구조에 대응함으로써 자본주의를 재생산
② 학교는 인지적 기술(지식)보다는 가치관, 태도 형성에 주력
③ 지배계급의 아동에게는 창의성과 독립성을 배양하고, 피지배계급의 아동에게는 순종과 복종을 강요

대응이론
① 대응원리(상응이론, 경제적 재생산이론)는 교육을 구성하는 사회적 관계와 경제를 구성하는 사회적 관계의 대응함
② 학교구조가 자본주의 경제구조에 대응하여 하부구조를 튼튼하게 만들고, 상부구조를 재생산

모형
- 상부구조 : 정치, 문화, 교육, 이념 등
- 하부구조 : 경제구조

자본가↔교사	
노동자↔학생	학교구조
생산활동↔교육활동	

6. 브로디외 문화재생산

정의
① 문화재생산이론은 교육이 지배계급의 문화자본을 사용함으로써 지배계급에게 유리하게 운영하고 지배계급을 재생산
② 문화자본이란 지배계급의 문화를 지칭
③ 학교가 자본주의를 재생산한다고 주장하며, 특히 체질화된 문화자본이 강력한 역할을 담당하고 있음
④ 문화자본이 폭력이나 강제 혹은 억압에 의하지 않고 상징적 폭력을 통하여 불평등을 재생산

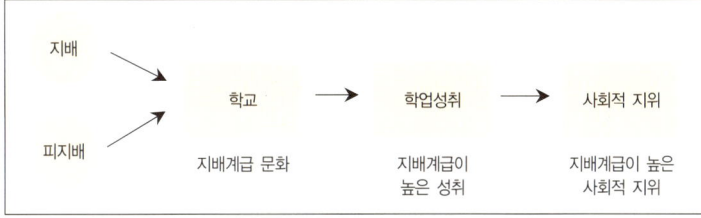

종류
① 체질화된 문화자본 : 개인에게 내면화되어 있는 문화능력으로 가정이나 교육에 영향으로 형성되며, 지식, 교양, 취미, 티내기, 세련됨, 품위처럼 육체적 정신적 성향으로 개인 안에 습득된 것(아비투스 문화자본) - 강력한 재생산
② 객관화된 문화자본 : 법적 소유권의 형태로 존재하는 자본이며, 그림, 책, 사진, 기계, 도구 등 문화적 상품은 객관화된 문화자본의 대표적 예
③ 제도화된 문화자본 : 제도적 형태로 존재하는 자본이며, 학교와 같은 문화 제도를 통해 획득한 졸업장, 자격증, 학위증서 등을 의미

7. 애플의 문화헤게모니론

8. 지위경쟁이론

9. 선발가설이론

10. 저항이론

의의
① 학교교육이 자본주의를 재생산하고 있기 때문에 저항을 통해서 재생산을 멈추어야 한다고 주장
② 학교교육을 통해서 학생들에게 저항의식을 키워 저항세력으로 만들고, 학교가 저항의 장소가 되어야 함
③ 대표적 이론으로 애플의 문화헤게모니론, 프레이리 의식화이론, 지루의 폭로이론, 윌리스 반학교문화론 등

지루 — 폭로이론
① 프레이리의 의식화 교육을 현실에서 실천하는 이론
② 학교는 교육을 통해 부조리나 억압에 대해 폭로하는 기능을 담당

프레이리 — 의식화
① 학교는 교육을 통해 학생들을 의식화시켜야 함
② 은행저금식에서 문제제기식 교육으로 전환하여 인간주의 교육을 실현

윌리스 — 반학교문화
① 간파 : 억압 계층의 학습자들이 자신을 둘러싼 주변 환경이 불평등하다는 것을 깨닫는 것
② 제약 : 불평등에 대한 알아차림과 행동 표현이 사회개혁으로 이어지지 못하고 억압 계층의 일원으로 성장하게 되는 것
③ 확정 : 지배구조를 유지하는 데 도움이 되는 문화들은 자연적인 것으로 간주

객관식

07
〈보기〉에서 부르디외(P. Bourdieu)의 문화자본론에 관한 옳은 내용을 모두 고른 것은? (09, 초등)

| 보기 |
ㄱ. 아비투스(habitus)는 제도화된 문화자본을 의미한다.
ㄴ. 학교는 인류의 보편적 가치가 담긴 문화를 가르친다.
ㄷ. 문화자본은 인류의 핵심가치를 담은 문화적 자산이다.
ㄹ. 학교교육은 지배계급의 의미체계를 주입하는 상징폭력이다.
ㅁ. 학교는 자의적 문화상징물에 대해 가치와 정통성을 부여한다.

① ㄱ, ㄴ
② ㄴ, ㄷ
③ ㄹ, ㅁ
④ ㄱ, ㄹ, ㅁ
⑤ ㄴ, ㄷ, ㅁ

08
부르디외(P.Bourdieu)의 문화적 재생산론(Cultural Reproduction)의 관점에 해당하는 것은?(03, 중등)

① 문화는 사회계급 구조와 관련이 없다.
② 현대사회는 대중문화에 의해 지배받고 있다.
③ 상징적 폭력을 통해 학교교육이 사회적으로 정당화된다.
④ 학교는 보편적이고 중립적인 문화적 가치를 전수하는 기관이다.

07. ③ / 08. ③

객관식

09
다음 내용을 공통으로 포함하는 개념과 그 개념을 제안한 학자로 옳은 것은? (13, 중등)

- 학습자가 학습에 필요한 자료에 쉽게 접근할 수 있도록 한다.
- 함께 학습하기를 원하는 학습동료를 쉽게 찾을 수 있도록 지원한다.
- 학습자가 원하는 전문가, 준전문가, 프리랜서 등 교육자들의 인명록을 갖추어 놓는다.
- 기능을 가지고 있는 사람들의 인명록을 비치하여 기능 교환이 이루어질 수 있도록 한다.

	개념	학자
①	학습망 (learning webs)	일리치 (I. Illich)
②	학습망 (learning webs)	프레이리 (P. Freire)
③	학습망 (learning webs)	허친스 (R. Hutchins)
④	학습공동체 (learning community)	프레이리 (P. Freire)
⑤	학습공동체 (learning community)	허친스 (R. Hutchins)

10
다음의 학자들이 아래 저서를 통해 공통적으로 주장하고 있는 것은? (04, 초등)

보기
- 일리치(I. Illich)의 『탈학교사회』
- 라이머(E. Reimer)의 『학교는 죽었다』
- 프레이리(P. Freire)의 『피압박자의 교육』
- 실버맨(C. Silberman)의 『교실의 위기』

① 학교교육의 효율성 제고
② 학교교육의 한계와 비판
③ 학교교육의 순기능 강조
④ 학교의 사회통제 기능 강화

09. ① / 10. ②

- 일리치 — 탈학교 사회
  - ④ 교란 : 지배계급을 위협하는 문화들에 대해서는 개인주의를 강조하여 방해
  - ① 학교 교육의 폐지를 주장한 극단론자로서 '학교는 가르치는 것을 배우는 것으로, 상급학교 진학을 교육으로, 졸업장을 능력으로, 언어의 유창성은 새로운 것을 구안해 내는 능력으로 오해하고 있다'고 비판함 (잘못된 신념과 많은 비용)
  - ② 학습망은 모든 사람이 학습에 필요한 자원을 쉽게 이용할 수 있고, 학습하거나 가르치는 기회를 평등하게 향유할 수 있는 네트워크
  - ③ 4가지 네트워크 : 교육적 자료, 기능(기술)의 교환, 동료의 연결, 교육자 조회 등

- 라이머 — 학교 사망
  - ① 일리치와의 대화와 토론 끝에 「학교는 죽었다」라는 저술을 냄. 그의 교육론은 교육문제만을 따로 떼어서 보는 것이 아니라 사회전체와 관련하여 보고 있으며, 건강한 학교의 소생을 기원함

- 실버만 — 학급 위기
  - ① 저서 「학급의 위기(Crisis in the Classroom」는 미국교육의 위기적 상황을 경고하며 인간교육으로의 방향전환을 제시함

11. 푸코

- 미시적 권력
  - ① 권력의 핵심은 미시적 권력이고, 미시적 권력은 인간을 규율하여 근대사회에 적합한 인간을 만들며 생산적임
  - ② 학교는 미시적 권력이 작용하는 현장이며, 시험과 같은 방식으로 감시와 제재를 통해서 근대사회에 적합한 인간을 만듦
  - ③ 학교는 병원, 공장, 감옥 등과 같은 완벽한 감시장치(규율장치)를 지니고 있는 판옵티콘(원형감옥)임
  - ④ 미시적 권력은 지식을 만들고, 지식을 통해서 권력을 유지하고 재생산

12. 문제점

- 비판
  - ① 교육의 본질적 기능을 무시하며, 교육을 단지 지배계급의 재생산으로만 표현하고, 개인의 능력을 향상시키는 면을 경시
  - ② 능력주의 사회의 모습을 부정하며, 사회의 귀속주의 측면만을 강조
  - ③ 학교교육의 공헌을 경시하며, 본질적 기능뿐만 아니라 직업선택, 국가발전의 기능을 도외시함
  - ④ 학교의 능력주의 선발기능을 왜곡하며, 학교가 능력 있는 아동을 선발하고 적절한 사회적 지위에 배치하는 기능을 무시

- 기능론 공통점
  - ① 교육을 정치경제적 구조의 종속변수로만 인식(거시적 접근)
  - ② 교육의 본질이 아닌 외적 기능에만 초점(교육의 외재적 목적)
  - ③ 양적 접근법을 사용하여 이론적 연구(자연과학적 법칙 적용)

- 비교

거시적 접근	미시적 접근
• 기능주의와 갈등주의	• 신교육사회학
• 교육과 사회관계에 대한 거시적 접근	• 교육의 내적 과정에 대한 미시적 접근
• 연역적 접근과 사고	• 귀납적 접근과 사고
• 양적 연구에 의한 이론형	• 질적 연구에 의한 해석적 기술에 치중
• 자연과학적 법칙으로 교육 및 사회현상 규명	• 사회적 현상과 관계에 대한 변증법적 규명
• 사회실재론 배경	• 사회명목론 배경

NOTE

III. 신교육사회학

1. 개념 2. 교육과정사회학 3. 왈라스 교육과정 4. 번스타인 교육자율성 5. 교실사회학
6. 교사기대 7. 번스타인 사회언어 8. 낙인이론 9. 이론배경 10. 양적접근 질적접근

1. 개념

- **배경**
  - ① 학교제도가 단선제 형태로 전환되었음에도 불구하고 교육 불평등이 계속됨
  - ② 외형적, 제도적인 측면보다는 학교 내부에 관심을 가진 연구들이 등장
  - ③ 신교육사회학은 교육과정과 교실 상호작용 등 학교 내부 과정에 초점

- **종류**
  - ① 교육과정 사회학 : 학교에서 가르치는 지식이 보편타당한 것(교과)이 아니라 지배집단의 이해관계를 반영한 지식으로 지배집단에 유리한 지식들이 교육내용으로 선정(기존 교과는 지배계급의 이익을 대변). 교육과정의 변화를 강조
  - ② 교실사회학 : 교사와 학생 간의 상호작용이 사회계층에 영향을 받음. 지배계급에 유리한 상호작용 발생. 상호작용의 변화 필요성 강조(교사기대 연구, 사회적 언어 연구, 낙인 이론 연구)

2. 교육과정 사회학

- **모형** (기능주의)

  지배 / 피지배 → 학교 교육과정 → 학업성취 (지배 > 피지배) → 사회적 지위 (지배 > 피지배)

  교육과정 지식을 실용적인 것으로 바꾸자

- **의의**
  - ① 교육과정 지식의 사회적 분배현상을 연구. 교육과정 지식이 사회계급의 형성에 영향을 줌
  - ② 기존 교과중심 교육과정이 지배계급에 유리하여 지배계급을 재생산함
  - ③ 지식 상대성의 입장으로 교육과정 지식을 변화시켜야 사회평등이 실현됨

- **입장**
  - ① 기존 교과의 지식은 보편적이고 일반적이므로 정당
  - ② 교과 지식이 지배계급의 입장만을 대변하지 않음

- **교육과정 사회학**
  - ① 기존 교과의 지식은 보편적으로 위장하고, 지배계급의 가치와 이데올로기를 담고 있음
  - ② 지식의 상대성, 사회성, 소서사성의 입장에서 교육과정 지식의 변화가 필요함
  - ③ 구성주의 지식관과 일치함

3. 왈라스 교육과정

- **모형**

  혁명기: 도덕성(morality) / 지성(intellect) / 기술(technique)
  보수기: 기술 / 도덕성 / 지성
  복고기: 도덕성 / 기술 / 지성

- **변화**
  - ① 왈라스(A. Wallace)는 사회의 변화에 따라 교육과정의 강조점이 달라진다고 주장
  - ② 사회는 혁명기·보수기·복고기를 거치면서 진행
  - ③ 혁명기 : 혁명기에는 교육과정에서 도덕성이 강조
  - ④ 보수기 : 혁명이 일단 완수되고 보수기에 접어들면 실용주의가 득세하여 실제적 기술과 지식이 반영
  - ⑤ 복고기 : 복고기에는 도덕성 교육이 다시 강조(김신일)

객관식

11
종래의 교육사회학에서는 '검은 상자(Black Box)'로 보고 소홀히 다루었으나, 1970년대 초 영국에서 등장한 신교육사회학에서는 주요 탐구대상으로 다루기 시작한 관심영역은? (96, 7급)

① 교육과정과 교사 – 학생의 상호작용
② 학업성취와 교육 불평등
③ 학교교육의 사회적 기능
④ 관료주의 체제

12
"교육은 인류의 문화유산인 지식을 가르치는 것이어야 한다."는 주장에 대하여 교육과정사회학자들이 제기할 만한 반박을 가장 잘 표현한 것은? (02, 초등)

① 학교에서는 박제된 지식보다 구성적인 지식을 중시하여야 한다.
② 산업사회에서 후기산업사회로의 변화를 고려하지 못하고 있다.
③ 모든 지식을 가르칠 수는 없고 사회적 효용을 고려하여 선정해야 한다.
④ 위 주장에서 말하는 지식이 교육적으로 보편적인 가치를 지니지 않는다.

11. ① / 12. ④

객관식

13
다음 현상을 가장 잘 설명하는 것은? (01, 중등)

| 보기 |

김 교사는 처음으로 학교에 부임하여 담임을 맡게 되었다. 김 교사가 맡게 된 반은 보통의 학생들로 구성되었지만, 어떤 교사가 그 반은 우수한 학생들로 구성된 반이라고 하였다. 김 교사는 자기 반의 학생들이 우수한 학생들이기 때문에 공부도 잘 할 것이라고 생각하였다. 실제로 학기말에 김 교사의 반은 다른 반에 비하여 높은 성취를 보였다.

① 적극적 전이 효과
② 사회적 학습 효과
③ 작동적 조건화 효과
④ 자기충족적 예언 효과

14
번스타인(B. Bernstein)이 학업성취에서 노동계급의 자녀들은 중류계급의 자녀들에 비해 불리하다고 주장한 이유로 가장 적절한 것은? (10, 초등)

① 부모의 낮은 지적능력이 자녀들에게 유전되어 학습부진을 초래하기 때문이다.
② 부모의 교육수준이 낮아서 자녀들의 학교과제를 제대로 도와줄 수 없기 때문이다.
③ 부모가 자녀교육에 대한 관심과 열정이 부족하여 자녀와 교육적 상호작용이 부족하기 때문이다.
④ 부모의 소득수준이 낮아서 자녀들의 학습활동에 필요한 경제적 지원을 충분히 하지 못하기 때문이다.
⑤ 부모의 정교하지 못한 어법을 습득한 자녀들이 학교의 공식적 교육상황에 적응하는 데 어려움을 겪기 때문이다.

13. ④ / 14. ⑤

---

4. 번스타인 교육자율성

- **개념**
  - ① 번스타인은 교육과정의 변화는 지배계급의 강압보다는 학교 교육이 자율적 과정으로 발생
  - ② (미국)집합형에서 통합형으로 변화는 사회에서 진보주의 경향의 중간계층이 많아지면서 발생

- **분류**
  - ① 분류 : 과목 간, 전공분야 간, 학과 간의 구분을 말한다. 학과 간의 경계가 어느 정도 엄격하느냐의 여부가 기준이 됨
  - ② 구조 : 과목 또는 학교내 조직의 문제로, 가르칠 내용과 가르치지 않을 내용의 구분이 뚜렷한 정도 여부, 계열성의 엄격성 정도 등 교사와 학생이 소유하고 있는 통제력의 정도

- **유형**

집합형	통합형
① 강한 분류	① 약한 분류
② 전통적 교과	② 진보주의 교육내용
③ 보이는 교수법	③ 보이지 않는 교수법
④ 종적 관계 중요시	④ 횡적 관계 중요시
⑤ 교사 권한 약화	⑤ 교사 권한 중시

5. 교실 사회학

- **모형**

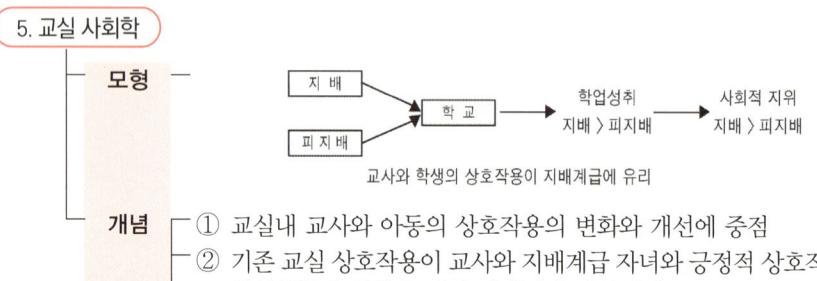

교사와 학생의 상호작용이 지배계급에 유리

- **개념**
  - ① 교실내 교사와 아동의 상호작용의 변화와 개선에 중점
  - ② 기존 교실 상호작용이 교사와 지배계급 자녀와 긍정적 상호작용으로 학업성취에 영향을 미쳐 재생산이 이루어짐
  - ③ 교사와 학생의 상호작용이 민주적이고 평등한 입장에서 개선되어야 함

6. 교사기대

오우크 학교

- **개념**
  - ① 교사의 긍정적이고 부정적인 기대가 학생들의 학업성취에 긍정적이고 부정적인 영향을 미침

- **실험**
  - ① 저학년에서 실험집단과 통계집단의 차이가 큼(저학년의 기대효과가 큼)(로젠탈과 야곱슨 연구)
  - ② 학업성취가 중간능력반에서 차이가 크게 나타남
  - ③ 낮은 사회적 계층(멕시코계) 학생들에 있어 기대효과가 탁월
  - ④ 인종 간에도 차이가 나타났으나 통계적 유의도는 낮은 수준

- **다른 연구**
  - ① 머튼 예화 ② 사피로 플라시보 효과 ③ 올포트 전쟁기대이론 ④ 피그말리온 효과(버나드쇼 희곡) ⑤ 호오손 효과

- **골름 효과**
  - ① 골름효과, 노시보효과(Nocebo Effect)는 부정적인 교사의 기대를 나타내는 용어
  - ② 가르시아 효과(Garcia Effect)는 먹는 행동과 결과 사이의 관련성을 학습하는 인간의 본능을 지칭

7. 번스타인 사회언어

- **개념**
  - ① 번스타인에 의하면 지배계층은 자신들이 사용하는 언어(공식어)를 학교교육의 내용으로 선택하여 학교교육에 있어서 높은 성취를 보이고, 높은 성취는 결국 사회적 지위를 정당화하게 됨

- ② 학교에서 지배계급의 공식어(공용어)를 사용하기 때문에 대중어를 사용하는 피지배계급은 학업성취를 이루기가 어려움
- ③ 학교교육은 언어를 통하여 지배집단의 지위를 영속하는 수단으로 사용

― 공식어 ― ① 정확한 문법적 어순과 구문으로 내용이 명확히 전달
- ② 복합문을 사용함으로써 논리적 강조가 명백히 드러남
- ③ 논리적 관계나 시간적·공간적 접근을 표시하는 전치사가 빈번히 사용
- ④ 비인칭주어가 빈번하게 사용
- ⑤ 많은 형용사와 부사들이 신중하게 선택되어 사용
- ⑥ 개인감정의 표현이 문장의 내적 구조나 문장 사이에 명백히 드러남
- ⑦ 상징적 표현에서 각각의 언어가 가지고 있는 미묘한 어의가 세밀하게 구별
- ⑧ 언어가 복잡한 인지 위계를 표현함으로써 경험을 조직하는 수단이 됨

― 대중어 ― ① 구문 형성이 졸렬하고, 대체로 문장이 짧고, 문법적으로 미완결 문장임
- ② 단순한 접속사가 반복적으로 사용
- ③ 언급되는 주제를 명백히 한정시키는 데 필요한 종속절이 거의 사용되지 않음
- ④ 계속적인 언어표현에서 형식상의 주어가 일관성 있게 사용되지 않음
- ⑤ 형용사와 부사의 사용이 딱딱하고 제한되어 있음
- ⑥ 조건절과 문장의 주어로서의 비인칭주어가 거의 사용되지 않음
- ⑦ 단정적인 발언에서 이유와 결론이 혼돈된 문장이 빈번하게 사용
- ⑧ 동조기대적인 언어가 빈번히 사용
- ⑨ 상투적인 관용적 표현을 빈번히 사용

― 비교

공식어	대중어
① 문장이 길다.	① 문장이 짧다.
② 논리적, 체계적이다.	② 논리성, 체계성이 약하다.
③ 수식어가 많다.	③ 수식어가 적다.
④ 비인칭주어를 많이 쓴다.	④ 상투적인 관용어를 많이 쓴다.
⑤ 전치사를 많이 쓴다.	⑤ 단순한 접속사를 많이 쓴다.
⑥ 문장이 유연하다.	⑥ 구문 형식이 졸렬하다.

8. 낙인이론

― 낙인 절차 ― ① 모색단계 – 교사가 학생을 처음 만나 그들에 대해 가정하기 시작하는 단계 (문제아가 아닐까)
- ② 명료화단계 – 교사가 학생에 대한 인상을 명료화하는 단계(문제아인 것 같다)
- ③ 공고화단계 – 교사가 학생을 범주화하여 공고화하는 단계(정말 문제아구나)

― 고프만 ― ① 한번 낙인 찍히면 학생은 자신이 정말로 아무것도 할 수 없는 바보라고 생각하고 행동

9. 이론배경

― 지식 사회학 ― ① 지식은 사회적 산물이기 때문에 사회가 변하면 지식도 변함. 지식의 상대성, 가변성을 강조

― 현상학 ― ① 실증주의, 계량주의를 비판하고, 인간중심적, 비인간화, 인간 소외를 연구. 인간 삶을 중요시

― 상징적 상호 작용론 ― ① 개인의 자아의식 형성은 사회에서의 상호작용의 결과이며, 각 개인은 일상생활에 있어서의 다양한 상황에서 접하는 타인의 눈을 통하여 자신을 알게 됨
- ② 우리는 타인과의 상호작용을 통하여 의미를 이해하고, 사회적으로 주어진 의미를 중심으로 우리의 생활을 조직

객관식

15

번스타인(B. Bernstein)의 '보이는 교수법(visible pedagogy)'과 '보이지 않는 교수법(invisible pedagogy)'에 대한 설명으로 잘못된 것은? (08, 초등)

① 전통적인 지식교육은 '보이는 교수법'에 해당한다.
② '보이는 교수법'은 강한 분류와 강한 구조를 특징으로 한다.
③ '보이지 않는 교수법'에서는 놀이와 공부를 엄격히 구분한다.
④ 두 교수법 사이의 갈등은 신-구 중간계급 사이의 갈등을 반영하고 있다.

15. ③

NOTE

객관식

16
다음 〈그림〉은 블라우와 던컨(Blau & Duncan)의 직업지위 획득모형이다. 이 그림과 관련된 설명으로 가장 적합한 것은 무엇인가? (99, 중등추가)

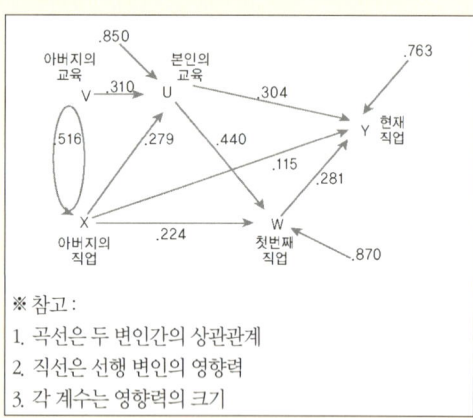

※ 참고:
1. 곡선은 두 변인간의 상관관계
2. 직선은 선행 변인의 영향력
3. 각 계수는 영향력의 크기

① 현재 직업 획득에 미치는 아버지 교육의 직접효과가 크다.
② 학교 교육을 통한 세대 간 사회 이동의 가능성이 매우 낮다.
③ 본인의 교육수준 결정에 있어서 아버지의 교육수준보다 아버지 직업의 영향이 크다.
④ 직업지위 획득에 있어서 아버지의 교육수준보다는 본인의 교육수준의 영향력이 더 크다.

- 민속방법론 — ① 보통 사람들이 일상적 생활체계의 의미를 구성하는데 사용하는 상식적 실천과 상식적 방법론을 연구하는 것
- 해석학 — ① 딜타이는 처음 해석학이란 말을 자연과학과 대립하는 정신과학의 방법론에서 사용하였으나 후에 삶 자체가 해석학적이라고 함

10. 양적접근·질적접근

- 비교

양적접근법	질적접근법
① 실증적 방법	① 해석학적 방법
② 실증주의 철학	② 해석학
③ 통계, 확률, 수학 사용	③ 문장기술
④ 구성요소 분석	④ 총체적 분석(맥락)
⑤ 외부자 관점	⑤ 내부자 관점
⑥ 신뢰도	⑥ 타당도
⑦ 연구자와 연구대상 분리	⑦ 연구자와 대상 상호작용
⑧ 연구자의 단정적 태도(가설을 연구 전에 설정)	⑧ 연구자의 비단정적 태도
⑨ 일반성	⑨ 특수성
⑩ 인과관계 강조	⑩ 인과관계 무시
⑪ 객관성	⑪ 주관성
⑫ 연역법	⑫ 귀납법
⑬ 무선표집	⑬ 의도적 표집
⑭ 실험	⑭ 관찰, 면접
⑮ 가치중립, 탈이데올로기	⑮ 가치지향, 이데올로기

IV. 교육선발론

1. 교육선발 2. 카노이 3. 호퍼 선발 4. 터너 선발 5. 고등학교 평준화 6. 노동시장 7. 보상원리 8. 인간자본론 9. 선발가설이론 10. 이중노동시장이론 11. 급진파이론 12. 내부노동시장이론 13. 비경쟁집단이론 14. 써로우

1. 교육선발

- 블라우 던컨
  ① 기능주의 교육학자인 블라우와 던컨은 가정 배경은 개인의 사회적 지위와는 큰 관계가 없고, 학교 교육이 사회적 지위 결정에 가장 큰 영향을 준다는 사실을 주장
  ② 교육 기회의 확대를 통해서 학생들이 학교에 진학하면 학교는 학생들의 능력에 따라 사회적 지위를 배분
  ③ 학교는 학생들을 능력에 따라 사회적 지위를 배분하는 합리적인 장치

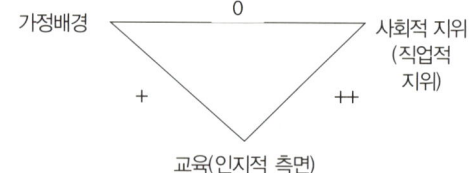

- 보울즈 긴티스
  ① 갈등주의 교육사회학자 보울즈와 긴티스는 교육은 사회적 불평등이 반영되어 재생산되는 조직체이므로 교육 기회의 균등으로 사회적 불평등은 개선되지 못한다고 주장
  ② 사회적 지위는 학교교육보다는 가정배경이 가장 크게 영향을 미친다고 강조

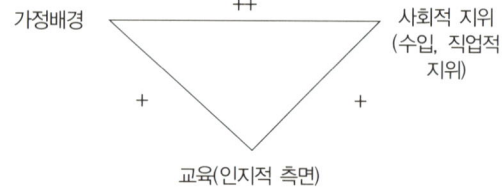

16. ④

- 치스워크 민서
  - ① 중립적인 가치를 가지고 있는 학자들은 교육은 사회 평등에 기여하지도, 불평등에 기여하지도 않으며, 교육과 평등은 별개의 입장이라 주장
  - ② 치스워크와 민서는 미국의 통계 자료를 바탕으로 교육 불평등은 일관되게 개선되었으나 소득 불평등은 개선되는 흔적이 보이지 않고 있다고 주장

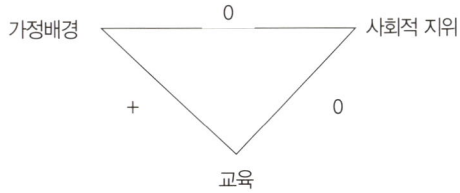

2. 카노이
- 의의
  - ① 교육수익률이 높을 때, 즉 교육의 경제적 가치가 높을 때에는 중·상류층이 다니면서 그 이득을 취하고 하류층은 이득도 없이 뒤만 따라다님
  - ② 교육은 가진 자에게 봉사하고 못 가진 자에게는 도움을 주지 못함
- 대학교육 대중화
  - ① 대졸자 교육수익률이 낮아짐 ② 가정배경이 대학입학에 미치는 영향 감소 ③ 대학교육을 통한 사회이동효과가 낮아짐 ④ 대학입시 경쟁이 완화 ⑤ 대학입시 전형이 다양화(여러 줄 세우기) ⑥ 대학 간의 수준 차이가 점차 벌어짐 ⑦ 대학의 특성화로 대학교육의 차별화 경향이 심해짐

3. 호퍼 선발
- 분류

선발특성	분류	내용
선발방법	경쟁적 이데올로기	지방분권적, 비표준화, 자유경쟁
	후원적 이데올로기	중앙집권적, 표준화, 국가의 통제
선발시기	엘리트 이데올로기	조기선발
	평등 이데올로기	후기선발
선발대상	보편주의	개방적 사회
	특수주의	폐쇄적 사회
선발기준	전체주의	집단선발
	개인주의	개인선발

- 우리나라
  - ① 우리나라 수능은 경쟁적 이데올로기, 평등 이데올로기, 보편주의, 개인주의 성향

4. 터너 선발
- 분류

구분	경쟁적 이동	후원적 이동
지위 획득의 필수 요소	개인의 노력	부모의 사회경제적 지위
형태	공개적, 개방적	폐쇄적
접근 가능성	모든 개인	특수계층
선발 시기	교육 후기	교육 초기
추구하는 가치	평등성, 객관성	후원의 질

- 적용
  - ① 경쟁적 이동(미국) : 단선제
  - ② 후원적 이동(영국) : 복선제(요즘은 영국도 경쟁적 이동으로 옮겨가고 있는 중)

객관식

17
고등교육이 대중화될 때 나타나는 경향으로 가장 적절한 것은? (99, 중등)
① 고등교육 입학 경쟁이 점차 심화된다.
② 고등교육의 투자 수익률이 점차 높아진다.
③ 고등교육 기관 간의 수준 차이가 점차 줄어든다.
④ 고등교육을 통한 사회 이동 효과가 점차 떨어진다.

17. ④

NOTE

객관식

18
우리나라의 고교평준화 정책에 관한 설명으로 가장 적합한 것은? (03, 초등)
① 교육의 결과적 평등관에 입각한 정책이다.
② 중등교육의 보편화, 평등화라는 이념에 부합된다.
③ 중등교육의 종합학교(comprehensive school)화라는 추세에 부합된다.
④ 결과적으로 학생과 교사의 균등배정보다는 학교의 물리적 교육여건의 평준화를 초래하였다.

19
다음 〈보기〉가 설명하고 있는 교육투자 이론은? (99, 중등)

| 보기 |
- 교육수준에 따른 소득 차이 가정
- 투입된 경비와 산출된 효과를 비용으로 계산
- 완전 노동시장을 전제로 한 한계생산성의 원리 적용

① 선발 가설(Screening Hypothesis)
② 인간자본론(Human Capital Theory)
③ 급진주의적 설명(Radical Approach)
④ 이중노동시장 이론(Dual Labor Market Theory)

18. ② / 19. ②

5. 고등학교 평준화

배경
① 1969년 무시험제에 의한 중학교 평준화에 이어 1974년 고교평준화가 도입
② 중학교 입시지옥이라는 말이 나올 정도로 사회문제인 고교 입시경쟁을 해소하기 위해서 채택
③ 74년 부산과 서울을 시작으로 대구, 인천, 광주 등 전 지역까지 확대

장점
① 고등학교 교육기회가 확대
② 과열 고입경쟁을 해소하고 중학교 교육의 정상화가 이루어짐
③ 중학교, 고등학교 간의 교육격차가 완화
④ 지방 학생들의 대도시 집중이 완화

단점
① 학급 내에 능력 차이가 있는 학생들이 함께 공부함으로써 수월성 교육이 어려움
② 우수학생의 교육이 어려워 하향평준화 현상과 학력 저하가 나타남
③ 학생들이 원하는 학교를 선택하는 권리가 제한
④ 사립고등학교 자율성이 약화되어 학교의 특성이 없어짐

보완
① 고등학교 교육의 다양화와 특성화를 추진
② 자율학교와 자율형 사립고를 도입
③ 수월성 교육을 도입

6. 노동시장

분류

단일노동시장이론	분단노동시장이론
① 기능론 ② 인간자본론, 보상원리	① 갈등론 ② 선발가설이론, 급진론 　이중노동시장이론, 내부노동시장이론, 비경쟁집단이론

7. 보상원리

주장
① 아담 스미스가 주장했다. 특정 직종이 타 직종에 비하여 불이익이 발생하게 되면 다른 측면에서는 높은 이익이 보상되는 보상원리가 작용함(18-19세기 단순한 직종이었던 산업혁명 시 적용 가능)
② 경쟁을 제한하는 정부의 정책만 없으면 노동자들의 순이익(이익-불이익의 차익)의 불평등은 발생하지 않음

8. 인간 자본론

모형

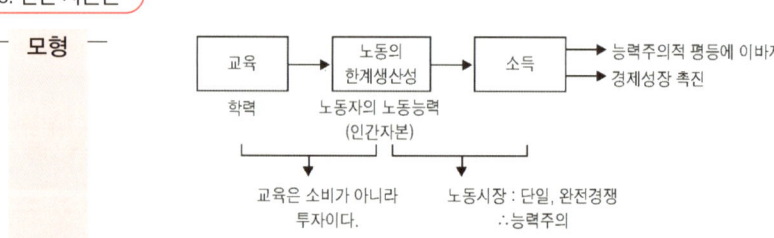

개념
① 인간자본론(인적자본론)은 교육 투자로 지식과 기술의 형태로 인간 자본이 형성되면, 노동 현장에서 한계 노동 생산성(능력)이 향상되고 그 결과 노동 소득이 향상된다는 것(노동 한계생산성=노동자 생산성=노동자 지식, 기술=인간자본)
② 능력에 따른 노동 소득이 향상되고, 능력에 따른 사회적 평등이 실현
③ 개인의 소득이 모여 국가의 소득이 되므로 국가의 경제 발전을 가져옴

9. 선발가설 이론

- 모형

학력 = 졸업장   비합리적, 우연적 선발

∴ 교육은 졸업장을 제공하고 비합리적·우연적 선발을 가능하게 하며 그에 따라 높은 소득이 주어진다.

- 개념
  - ① 학력(교육)은 생산성에 영향을 안 끼치며, 단지 우연적 선발의 장치 역할을 함
  - ② 생산성이 아닌 보다 높은 졸업장이 보다 높은 소득을 가져온다고 봄(선별가설이론이라고도 함)

10. 이중노동 시장이론

- 주장
  - ① 이론가들은 노동시장이 1차 시장과 2차 시장으로 나뉘어 있다고 주장
- 적용
  - ① 1차 부문은 상대적으로 높은 보수와 수당, 좋은 작업 환경과 연수, 연공제 승진 기회, 인위적 해고로부터의 보호를 특징
  - ② 2차 부문은 대조적으로 저임금, 저수당, 저훈련, 승진기회 부족, 열악한 작업 환경, 잦은 해고 등을 특징

11. 급진파 이론

- 주장
  - ① 인적 자본이나, 졸업장 등은 소득에 영향을 미치는 영향이 적음
  - ② 소득 불평등의 주된 요인은 사회계급

12. 내부노동 시장이론

- 주장
  - ① 노동시장은 2개로 구분
  - ② 내부노동시장은 비경쟁적이고 규모가 크며 외부 노동시장은 경쟁적이지만 규모는 작음

13. 비경쟁 집단이론

- 주장
  - ① 노동시장은 비경쟁적인 여러 개의 집단으로 구성

14. 써로우

- 주장
  - ① 노동시장은 임금경쟁이론·직위경쟁이론의 혼합이며, 어떤 경우든 높은 학력자를 선호
- 혼합

임금경쟁이론	직위경쟁이론
① 학교에서 기술습득 ② 학력=한계생산성 ③ 높은 학력자 선호	① 직장 내에서 기술습득 ② 노동 비용이 적게 소요되는 자를 선택 ③ 높은 학력자 선호

객관식

20

'학교 교육이 개인의 사회 이동에 기여한다.'는 주장에 대한 비판의 근거로 가장 적합한 것은? (00, 초등)

① 과잉 학력 현상이 나타난다.
② 학력에 따른 임금 격차가 존재한다.
③ 성별에 이중노동시장이 형성되어 있다.
④ 교육 연한이 개인의 직업 지위에 영향을 미친다.

20. ③

객관식

21
학력상승이론에 대한 설명으로 옳지 <u>않은</u> 것은? (07, 상담)

① 국민통합론에서는 학력상승이 졸업장병(diploma disease)때문이라고 본다.
② 기술기능이론에서는 학력상승이 직업기술 수준의 향상과 관련되어 있다고 본다.
③ 지위경쟁이론에서는 학력상승이 교육수요자들 간의 학력 경쟁과 관련되어 있다고 본다.
④ 상응이론(correspondence theory)에서는 학력상승이 자본주의 체제의 유지·확대와 관련되어 있다고 본다.

22
다음 내용에 해당하는 교육제도성장이론과 학자를 바르게 연결한 것은? (07, 7급)

| 보기 |

그는 「학력주의 사회(The Credential Society)」라는 저서에서 미국 고등교육이 과잉 공급 상태에 있었음에도 불구하고 새로운 대학이 설립되는 등 고등교육의 팽창이 계속되는 현상에 주목하였다. 그리고 이러한 현상의 원인이 대학의 학위 인정권에 있었음을 밝히고 있다. 다시 말하면, 실용적인 훈련의 강조가 아니라 학위부여 기능을 대학이 가지게 됨으로써 교육 팽창이 이루어졌다는 것이다.

① 인간자본론 – 베커(Becker)
② 지위집단경쟁이론 – 콜린스(Collins)
③ 계급재생산이론 – 보울스와 진티스(Bowles & Gintis)
④ 세계체제론 – 마이어(Meyer)

21. ① / 22. ②

V. 교육평등론

1. 학력상승(학교팽창) 2. 콜맨,훗센 교육평등 3. 김신일 교육평등 4. 교육복지우선지원사업 5. 헤드스타트 6. 기회균등 선발제 7. 지역할당제 8. 교육선발지수 9. 콜맨보고서 10. 브루코버 11. 퍼셀 12. 가정자본 13. 단선제 복선제 14. 시험기능(영향력)

1. 학력상승 (학교팽창)

기초
① 학력상승이론은 사회의 평균 학력이 상승하는 것이며, 학교 팽창이 함께 이루어짐

학습욕구
① 인간이 지니고 있는 높은 수준의 욕구인 학습욕구를 충족시키기 위해서 학력이 상승한다는 것
② 매슬로우의 욕구계층이론을 바탕

기술기능
① 산업사회의 전문화, 고도화가 학력상승을 유발시킨다는 이론
② 학교는 높은 기술을 필요로 하는 직업에 적합한 기술 인력을 양성하여 사회에 제공
③ 사회는 발전하며, 학교는 팽창함
④ 클락의 전문가 사회의 교육에서 산업사회의 고도화와 학력상승을 연계시키고 있음

지위경쟁
① 사회적 지위 경쟁에서 높은 학력을 가지고 있는 것이 유리하기 때문에 학력상승을 추구한다는 것
② 학력 인플레이션을 설명할 수 있음. 도어는 지위경쟁이론이 적용되는 자본주의 사회를 졸업장병에 걸린 사회라고 비판
③ 도어, 베버, 콜린스 등이 주장

비교

기술·기능이론	지위경쟁이론
① 기능론	① 갈등론
② 학력을 능력, 기술, 지식으로 파악	② 학력을 단순한 졸업장으로 파악
③ 학력상승 설명	③ 학력상승 설명
④ 과잉학력 미설명	④ 과잉학력 설명

① 기술기능이론은 학력상승을 설명할 수 있지만, 과잉학력을 설명할 수 없음
② 지위경쟁이론은 학력상승도 설명할 수 있고, 과잉학력도 설명할 수 있음

마르크스
① 자본주의 경제구조와 학교구조가 대응함으로서 자본주의 경제구조의 확대에 따라서 학교 교육도 확대된다는 것
② 보울즈와 긴티스가 미국의 학교 교육 확대 현상을 국민들이나 교육 자체를 위한 것이 아니라 자본가들을 위한 것

국민통합
① 국가가 국민들의 정치적 이념적 통합을 추구하기 위해서 교육을 규제하고 장려함으로써 학력이 상승한다는 것
② 벤딕스나 라미제즈 등에 의해 주장된 것으로 대학교 등과 같은 고등교육 학력 상승을 설명하기 어려움

2. 콜맨,훗센 교육평등

콜맨
① 1단계 – 산업화 이전 : 소수의 귀족들만이 교육을 받음
② 2단계 – 산업혁명 이후의 초기 산업화 : 신분에 따른 교육적 차별이 당연시 됨
③ 3단계 – 2차 세계대전 이후 : 신분제도 철폐 → 모든 사람에게 교육기회
④ 4단계 – 최근(1960년대 말) 이후 : 교육결과의 균등까지 포함하는 적극적 평등

훗센
① 1단계 – 보수주의적 평등관 : 콜맨의 2단계
② 2단계 – 자유주의적 평등관 : 콜맨의 3단계
③ 3단계 – 보상적 평등관 : 콜맨의 4단계

- 모형

```
  산업혁명      2차세계대전     최근(60년대말)
←————————|————————|————————|————————→
 콜맨 1단계    콜맨 2단계    콜맨 3단계    콜맨 4단계
            보수주의 평등관  자유주의 평등관  보상적 평등관
```

- 보상 교육
  - ① 보상적 평등을 실현시키려는 교육적 노력을 지칭. 결과의 평등을 위한 교육
  - ② 수준별 교육, Project Head Start, Middle Start Project, 교육복지 우선지원사업

3. 김신일 교육평등

- 허용적 평등관 (기회)
  - ① 모든 사람에게 능력에 따른 교육기회를 제공하는 것
  - ② 우리나라 헌법에 명시된 능력에 따른 기회균등과 일치
  - ③ 콜맨 3단계, 훗센 자유주의 평등관과 일치

- 보장적 평등관 (기회)
  - ① 모든 사람에게 허용적 평등이 주어져도 여러 가지 장애로 교육을 받지 못하는 사람들이 있기 때문에 그러한 장애물을 제거시키는 평등관
  - ② 경제적 지리적 사회적 장애물을 제거
  - ③ 의무교육과 무상교육, 학비보조, 기숙사 설치, 통학버스 운영 등

- 조건의 평등관 (과정)
  - ① 학교의 시설, 교사의 자질, 교육과정 등 학교의 교육 조건에서 학교 간의 차이가 없는 것을 지칭
  - ② 동일한 시설, 동일한 자질의 교사와 동일한 교육과정이 운영되어야 함
  - ③ 우리나라의 고교 평준화, 중학교 평준화가 대표적인 사례
  - ④ 콜맨보고서에는 학업성취에 영향이 매우 적다고 주장

- 결과의 평등관 (산출)
  - ① 교육목적은 학교를 다니는 데 있는 것이 아니라 사회를 살아가는 데 있기 때문에 학교를 졸업할 때 평등해야 함
  - ② "교육의 결과를 같게 하자."
  - ③ 교육복지우선지원사업이나 미국의 헤드스타트 프로그램 등이 대표적 교육정책

4. 교육복지 우선지원 사업

- 배경
  - ① 소득분배구조 악화와 취약계층이 확대되었음
  - ② 지역별, 학교별 계층 분화 및 교육적 성취에 대한 계층 영향이 증가
  - ③ 취약계층의 교육기회 불평등을 완화하고 교육적 성장을 지원할 수 있는 정책 추진 요구가 대두되었음

- 개념
  - 학교 중심 지역교육공동체와 통합지원시스템을 구축하여 모든 아동과 청소년들의 교육적 성취를 추구하는 제도

- 의의
  - ① 모든 아동·청소년의 교육적 성취를 통한 통합지원시스템을 구축
  - ② 학교 중심 지역교육공동체를 구축
  - ③ 모든 이를 위한 교육을 실현

- 사업 내용
  - ① 학습능력 증진 : 교육취약 아동·청소년의 학습결손 누적 방지를 위한 학습 동기 유발에 중점. 학교 방과 후에도 학생들 학습을 도와줄 수 있는 지역사회의 인적자원 및 기관과 적절한 연계를 통해 사업의 효과를 제고
  - ② 문화·체험 활동 지원 : 안정적 인성발달과 다양한 문화적 욕구 충족 기회의 제공을 위해 학교와 지역사회가 함께 노력. 아동과 청소년이 활용할 수 있는 기반 시설 확충을 요구
  - ③ 심리·정서 발달 지원 : 성장과정에서 방임, 방치 등의 경험으로 인한 심리적 문제로 학교생활이나 일상생활에 적응하기 어려운 학생들을 위한 치유와 재원을 제공. 아동 청소년들이 긍정적 자아개념, 건강한 사회성을 기를 수 있도록 적절한 지원을 제공

객관식

23
다음 중 우리나라가 교육 기회 평등을 위해 실시하고 있는 것은? (01, 중등)

① 중학교와 고등학교 통합 학교 설치
② 고등학생에 대한 진로정보 자료 제공
③ 농어촌 지역 중학생에 대한 무상의무교육 실시
④ 각급 학교에 교사 자녀를 위한 보육시설 설치·운영

24
다음의 ⊙과 ⓒ에 해당되는 교육의 평등 개념은? (08, 초등)

| 보기 |

A군은 고등학교가 없는 도서 지역의 가난한 집안 출신이다. A군은 육지로 유학을 나가 고등학교에 다닐 수 있는 경제적 형편이 안 되어 걱정이 컸었는데, ⊙ 지방자치단체에서 통학을 위한 배편을 무상으로 지원하게 됨에 따라 집에서 고등학교를 다닐 수 있게 되었다. 더욱이 A군의 담임 교사는 미술에 재능이 있는 A군이 작은 시골 학교에서 지도를 제대로 받을 수 없는 상황을 안타깝게 여겨, 방과후 학교에 미술 강사를 초빙하여 지도를 받을 수 있도록 하였다. A군은 ⓒ 대도시에서 학교를 다닌 학생들 못지않은 미술 실력을 갖춰 M대학의 장학생으로 입학할 수 있게 되었다.

	⊙	ⓒ
①	기회의 보장적 평등	결과의 평등
②	기회의 허용적 평등	조건의 평등
③	기회의 보장적 평등	조건의 평등
④	기회의 허용적 평등	결과의 평등

25
교육투자우선지역지원사업에 가장 부합하는 교육평등관을 가지고 있는 정책이나 사업은? (09, 초등)

① 의무교육제도
② 학교정보공시제
③ 고교평준화정책
④ 차터스쿨(Charter School)제도
⑤ 헤드스타트(Head Start) 프로젝트

23. ③ / 24. ① / 25. ⑤

객관식

26
『교육기회의 평등(Equality of Educaional Opportunity)』이라는 콜만보고서의 학교효과 연구결과에서 학업성취도에 가장 큰 영향을 주는 요인으로 나타난 것은? (12, 초등)

① 교육과정　　② 가정배경
③ 동료집단　　④ 교사의 질
⑤ 학교시설

26. ②

---

④ 복지프로그램 활성화 : 건강한 신체 발달을 위해 필수적인 복지 서비스를 제공함으로써 정상적 생활을 영위하도록 도움
⑤ 교사와 학부모 지원 : 사업과 관련된 교원의 전문성 신장을 지원하고, 학부모의 학교 및 자녀와의 관계 증진을 위한 연수활동을 지원
⑥ 영·유아 교육·보육 활성화 지원 : 영·유아의 교육기회를 보장하기 위한 지역 내 교육·보육 관련 기관 간의 협의 체제를 구축. 영·유아 교육·보육 관련 기관 간 상호협력을 활성화

5. 헤드 스타트

의의
① 헤드 스타트(Head Start)는 1965년 미국 연방정부에서 경제적·문화적으로 불우한 아동들을 위하여 국가적으로 개입하여 만든 유아교육 프로그램
② 목적은 저소득층의 자녀가 초등학교에 입학하기 이전에 그의 가정환경과 발달에 있어서의 결손된 점을 보상하여 중·상류계급의 아동들과 동등하게 학교생활을 시작할 수 있도록 하는 것
③ 프로그램은 지역사회와 부모의 참여를 중심으로 하며 의료혜택·사회복지·영양적 혜택 등을 제공하는 저소득층을 위한 포괄적 프로그램

6. 기회균등 선발제

의의
① 과거에는 소수인종이 사회적 차별을 받고 있어서 차별을 보상하는 차원에서 소수인종 우대 정책을 사용
② 다인종으로 이루어진 사회구성원 간의 융화와 화합을 이끌어낼 수 있는 리더 육성과 교육적 효과 극대화 정책의 일환
③ 어퍼머티브 액션이 사회 소외층에 대한 특혜로 이해되었던 과거와는 달리 소수계의 사고방식과 가치관을 통해 교육적 성취를 높임

7. 지역 할당제

의의
① 지역할당제는 "특정대학교 입학생 수가 상대적으로 적은 지역에 일정한 인원을 할당하고 적합한 기준과 절차에 따라 학생을 선발하는 특별전형제도"라고 정의
② 우리나라에서 대표적으로 시행되고 있는 기회균등선발제

8. 교육선발 지수

공식
① 취학률 = 취학한 아동 수 / 취학대상 아동 수 × 100
② 진급률 = 진급한 아동 수 / 진급대상 아동 수 × 100
③ 탈락률 = (유급생수 + 퇴학생 수) / 진급대상 아동 수 × 100
④ 교육선발지수 = 특정계층이 특정학교에 차지하는 인구비율 / 특정계층이 전체인구에 차지하는 인구비율 × 100

예
① 전체 학생 가운데 아버지의 직업이 전문직인 학생이 20%인데, 전체 인구 가운데 전문직 인구가 10%라고 하면, 전문직은 인구비례의 자기 몫의 두 배에 해당하는 교육기회를 차지하고 있는 셈

9. 콜맨 보고서

주장
① 콜맨보고서는 보장적 평등관이나 조건의 평등관은 학업성취에 미치는 영향이 미미
② 학교환경보다는 가정환경이 학업성취에 미치는 영향이 크다고 주장

내용
① 학생의 가정 환경(가정 배경, 가정문화적 실조)은 학업성취에 영향을 미치는 가장 중요한 요인

NOTE

- ② 학교 환경에서 학생집단의 사회적 구조(동료집단)와 교사의 질은 학생의 성적에 영향력이 약간 있음
- ③ 학교의 물리적인 시설, 교육과정 등은 성적에 매우 미미한 영향을 줌

10. 브루코버

개념
- ① 브루코버(1979)는 투입-과정-산출 모형을 도입(학교 사회체제 연구)
- ② 투입요인은 학생구성 특성(Student Body Composition), 학교 내의 성인 인적(교사, 교장, 직원)배경 요인
- ③ 과정변인인 학교의 사회적 구조는 학교에 대한 교사의 만족도, 학부모 참여도, 학습 프로그램의 다양성, 학교장의 수업지도 관심도, 학급 개방 폐쇄성 등
- ④ 학교의 사회적 풍토(학습풍토)는 학생, 교사, 교장의 학교에 대한 기대지각(期待知覺), 평가 등에 관한 것이며, 학습효과는 성적, 자아개념, 자신감 등

모형

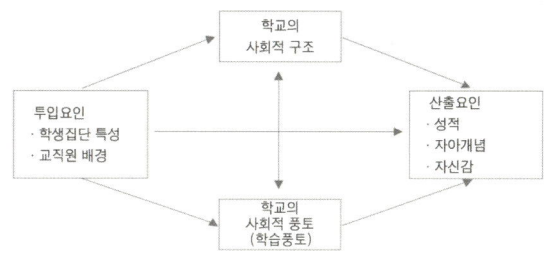

11. 퍼셀

모형

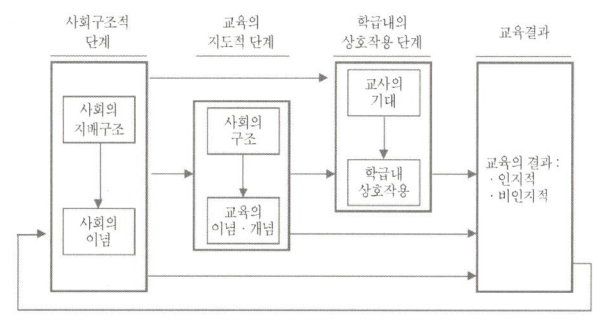

개념
- ① 사회 지배구조와 사회 이념이 교육과 학급에 영향을 주어 학업성취에 영향을 줌
- ② 학교 외부 요인이 학업성취에 영향을 주는 연구

12. 가정자본

개념
- ① 자본은 경제적 부를 창출하는 수단
- ② 교육 자본은 학생들의 학업성취에 영향을 미치는 자원
- ③ 가정의 교육 자본에는 경제 자본, 인간 자본, 사회 자본, 문화 자본 등

인간자본
- ① 부모의 인간 자본은 교육을 통해서 가지게 된 지식, 기술, 기능
- ② 부모의 인간 자본의 아동 학습에 여러 형태로 영향

경제자본
- ① 화폐로 표시되는 형태의 자본(경제자본으로 물질자본을 구입)
- ② 가정에서는 학용품이나 학교 준비물 등을 구입하는 상태로 존재

문화자본
- ① 부모와 가정의 문화를 나타내는 것으로 가족구성원들에 의해 공유되는 문화적 취향
- ② 문화 자본은 교육과정 지식과 연관을 맺고 있어서 아동의 학습에 영향

객관식

27
가정 배경과 관련된 철수 아버지와 영희 아버지의 대화에서 찾아볼 수 있는 자본으로 가장 적절한 것끼리 짝지은 것은? (11, 초등)

― 보기 ―

철수 아버지 : 저는 교육적 차원에서 철수에게 틈틈이 박물관이나 클래식 연주회에 다녀오도록 해요. 교양서적도 자주 읽도록 해 견문을 넓히게 하지요. 이젠 스스로 알아서 합니다.

영희 아버지 : 저희 부부는 영희와 대화를 자주 합니다. 대화 시간을 늘리기 위해 텔레비전을 없앴고, 가급적 식구들이 함께 식사를 해요. 고민도 들어주며 때로는 든든한 후원자가 되려고 노력해요. 영희도 집안의 화목이 공부하는데 큰 힘이 된다고 자주 말해요.

	철수 아버지	영희 아버지
①	인간자본	문화적 자본
②	인간자본	경제적 자본
③	문화적 자본	경제적 자본
④	문화적 자본	가정 내 사회적 자본
⑤	경제적 자본	가정 내 사회적 자본

27. ④

사회자본

- ① 원래 사회 자본은 사람과의 관계에서 형성되는 자본
- ② 아동과 부모의 원활한 상호작용이 가정의 사회 자본
- ③ 측정하는 지표로는 가정에서 부모가 얼마나 많은 시간을 보내는 정도, 아동에 대한 주의나 보살핌의 강도나 질 등(내부)
- ④ 부모가 다른 부모와 친분, 학교를 방문하는 정도도 사회자본으로 확대(외부)

의의
- ① 부모가 높은 수준의 경제 자본과 인간 자본 및 문화 자본을 지니고 있어도 사회 자본을 통해서 아동에게 전달되지 않으면 아동 학습에 미치는 효과는 제한적임
- ② 사회 자본은 가정환경에서 매우 중요한 역할을 담당

13. 단선제 복선제

단선제 (통일학교)
- ① 단선제 : 교육체제가 한 종류
- ② 계층 사이의 교육적 차별을 없애고, 모든 국민들에게 그들의 능력에 따라서 교육의 기회를 제공하는 제도
- ③ 특징 : 단계성이 강조, 수평적 이동이 가능, 만기 선발
- ④ 장점 : 국민들에게 교육 기회균등을 제공하며, 교육을 통한 계층 상승 이동이 가능
- ⑤ 단점 : 교육에 대한 계획적 통제가 어렵고, 필요한 인력을 양성하기 어려움

복선제
- ① 복선제 : 2개 또는 그 이상의 학교체제가 병립
- ② 계열(계통) 사이의 이동이 원칙적으로 불가능하며 이 계열(계통) 간의 동급학교, 동학년 사이에 교육과정에서 현저한 차이
- ③ 특징 : 계열성이 강조, 수평적 이동이 어렵고, 조기 선발
- ④ 장점 : 교육의 계획적 통제가 가능, 필요한 인력을 양성하기 쉬움
- ⑤ 단점 : 교육의 기회균등이 어렵고, 사회계층의 고착화를 초래

분지형
- ① 기초 학교부분은 단선제이고, 상위학교는 복선제의 형태
- ② 복선제의 한 형태

운동
- ① 복선제를 단선제로 바꾸려는 운동

교육관 (엘리트주의 평등주의)

구분	엘리트주의 교육관	평등주의 교육관
선발 강조점	• 개인의 능력	• 교육받을 권리
능력에 대한 관점	• 선천적·유전적 요인이 결정적	• 환경적 요인이 결정적
선발시기	• 조기선발 • 분리교육	• 가능한 한 장기간 교육을 통해서 선발하는 것이 타당 • 통합교육
교육체제	• 복선형	• 단선형
대표적인 나라	• 영국, 프랑스, 브라질, 이탈리아	• 미국, 스웨덴, 캐나다, 한국

14. 시험기능(영향력)

시험 기능

교육적 기능	사회적 기능
• 자격부여 • 학업성취의 확인과 미래학습 예언 • 선발 기능 • 경쟁촉진 기능 • 목표의 유인 기능 • 교육과정 결정 기능	• 사회적 선발 기능 • 지식의 공식화와 위계화 • 사회통제 가능 • 사회질서의 정당화와 재생산 • 문화의 형성과 변화

VI. 사회문화론

1. 교육인류학 2. 문화 3. 문화이해 4. 문화실조론 5. 문화다원론 6. 문화전계 7. 다문화교육 8. 우리나라 다문화교육 9. 중간집단 10. 동료집단 11. 사회이동 12. 지역사회학교 13. 통일교육

1. 교육 인류학

- **개념**
  ① 인류학적 방법과 개념을 교육기관과 교육과정의 연구에 적용시키려 함(질적연구를 사용한 학문)
  ② 교육인류학의 총체적 관점, 문화 상대론적 관점, 비교론적 관점 취함
  ③ 총체주의 = 맥락주의 : 전체 속에서 이해(환경 속에서 이해)
  ④ 비교론적 관점 : 단순비교×, 환경 속에서 이뤄지는 상태 속에서 비교

- **방법**
  ① 교육인류학의 방법 : 양적 분석과 대비되는 질적 분석이고, 이해의 방법이며, 참여자들이 가진 의미를 파악하려는 방법
  ② 교육문화기술 : 있는 그대로의 문화장면에 대한 심층적이고 분석적 기술로, 주된 방법은 참여관찰과 심층 면접임

2. 문화

- **정의**
  ① 문화란 일정한 사회집단이 공동으로 가지고 있는 사고, 감정, 특성, 인성, 행동양식 등을 포함하는 모든 생활양식

- **종류**
  ① 물질문화 : 인간의 기본적 욕구 충족을 위해 제작, 사용하는 모든 것으로 도구, 의복, 주택, 음식, 그 밖의 생활에 필요한 재화와 이를 만들고 사용하는 기술 등
  ② 제도문화 : 사회 구성원들의 행동 기준과 관련된 요소로 가족, 친족, 혼인, 정치, 경제, 법률, 교육 제도 등
  ③ 관념문화 : 삶의 의미와 방향을 제시해 주는 것으로 신화, 전설, 철학, 언어, 문학, 예술 등

3. 문화이해

- 문화 **상대주의**
  ① 생활양식도 그 나라의 상황을 고려해서 평가 이해해야 한다는 입장. 한 사회의 문화를 그 사회의 입장에서 이해하려는 태도

- 자문화 **중심주의**
  ① 자기 문화를 가장 우수한 것으로 믿는 나머지, 자기문화의 관점에서 다른 문화를 부정적으로 평가하는 태도(국수주의)

- 문화 **사대주의**
  ① 다른 어떤 사회의 문화만을 가장 좋은 것으로 믿고 그것을 동경하거나 숭상한 나머지, 오히려 자기의 문화를 업신여기거나 낮게 평가하는 태도

4. 문화 실조론

- **문화 실조론**
  ① 문화실조론 입장은 우수문화를 전제하고, 농촌·하층·흑인 등의 집단에게는 우수문화가 결핍된 문화실조 현상이 나타남
  ② 문화실조는 학업성취도 저하로 나타남

- **장단점**
  ① 장점 : 효율성이 강조. 불필요한 것을 과감하게 제거하여 주된 문화를 강조
  ② 단점 : 다양성이 부족. 여러 문화가 가지는 장점과 다양성이 무시

5. 문화 다원론

- **문화 다원론**
  ① 우수문화가 따로 있고 열등한 문화가 따로 있는 것이 아님. 학교 교육 내용은 우수 문화가 아니라 다만 선택되어진 문화라고 봄

객관식

28
질적 연구 방법의 특징과 가장 가까운 것은? (03, 초등)

① 연구결과를 일반화하기 위해 수집된 자료를 양화한다.
② 초기에 설정한 연구 가설은 연구 과정 중에 바꿀 수 없다.
③ 인간 행동을 가능한 한 행위자 외부의 객관적 관점에서 본다.
④ 연구자는 비통제적이며 자연스러운 태도를 유지하려고 노력한다.

28. ④

객관식

29
(가)에 나타난 다문화 가정 학생의 교육과 관련된 설명으로 옳은 것을 〈보기〉에서 모두 고르면? (11, 초등)

> (가) 김 교사가 전보 발령을 받은 푸른 초등학교에는 다문화 가정 학생이 점차 증가하고 있다. 그들 대부분은 학업성취도가 낮을 뿐 아니라 언어 문제를 비롯하여 학교적응에 많은 어려움을 겪고 있다. 김 교사는 여러 선생님들과 함께 학교 차원의 대책을 세우기로 하였다.

―| 보기 |―
ㄱ. 다문화가족지원법상 다문화 가족이란 결혼이민자로 이루어진 가족만을 가리킨다.
ㄴ. 국내 거주 사실이 서류상으로 확인된 외국인 근로자의 자녀들은 초등학교에 취학 할 수 있다.
ㄷ. 언어교육 등 다문화 가정 학생의 교육을 지원하는 것뿐만 아니라 일반 학생 대상의 다문화 이해 교육도 필요하다.
ㄹ. 2010년 현재 다문화 가정 학생 수는 초·중·고등학교 중에서 초등학생이 가장 많고, 그 다음이 중학생, 고등학생 순이다.

① ㄱ, ㄴ
② ㄴ, ㄹ
③ ㄱ, ㄷ, ㄹ
④ ㄴ, ㄷ, ㄹ
⑤ ㄱ, ㄴ, ㄷ, ㄹ

29. ④

장단점
① 장점 : 다양성이 강조. 여러 문화의 특성이 다양하게 나타나서 교육과 사회가 풍요로움
② 단점 : 효율성이 무시. 불필요한 문화요소가 나타나 비용이나 효율을 떨어뜨림

6. 문화전계

문화전계
① 문화전계는 한 문화가 한 사회에서 시간을 두고 한 세대에서 다음 세대로 전달되고 계승되어지는 것을 말함
② 인간의 일생을 통해서 지속적으로 나타남. 문화전계의 주요 내용은 사고방식, 공식화된 습관, 문화적 자산

7. 다문화 교육

이론
① 용광로 이론(Theory of melting pot) : 용광로 이론은 18~19세기부터 정립되기 시작하였고, 'melting pot'이라는 용어는 미국이 다양한 인종과 문화를 흡수하는 사회라는 개념으로 사용
② 모자이크 이론(Theory of mosaic) : 모자이크 이론은 캐나다의 존 머레이 기본(John Murray Gibbon)이 미국의 용광로 이론을 이민자들의 뿌리를 없애려고 시행한 정책이라고 비판하면서 제시된 이론
③ 샐러드 볼 이론(Theory of salad bowl) : 이 이론은 20세기 후반 세계화 시대로 진입하면서 제기된 다문화교육 이론으로 국가나 민족의 경계를 허물어 이민자들의 정체성을 지니게 하려는 것
④ 문화생태 이론(Theory of Eco-cultures) : 'Eco-cultures'는 인위적인 것을 벗어나 자연처럼 있는 그대로 더불어 살아가는 아름다운 공생으로 인간의 존엄성과 생존권을 보장하는 문화적 총화(서종남)

교육과정 개발
① 1단계(기여적 접근법) : 중요한 특성은 전통적이고 민족 중심적인 교육과정의 기본 구조, 목표, 특성 등을 변화시키지 않는다는 것
② 2단계(부가적 접근법) : 소수 집단의 내용, 개념, 주제, 관점이 전체적인 교육과정 구조의 변화 없이 교육과정 속에 부가
③ 3단계(전환적 접근법) : 학생들이 소수 집단의 관점에서 개념, 문제, 사건, 주제를 볼 수 있도록 교육과정 구조가 바뀌는 것으로, 기본가정, 목표, 교육과정의 구조가 변화하는 점이 앞의 두 단계와 다른 점임
④ 4단계(사회적 활동 접근법) : 교사는 학생들이 중요한 사회 문제를 해결하기 위한 행동을 취하도록 의사결정을 도와주어야 하며, 학생들은 사회를 변화시키는 데 자발적으로 참여할 수 있도록 지식, 가치, 기술을 습득해야 함

8. 우리나라 다문화 교육

비전
① 함께 배우며 성장하는 학생, 다양하고 조화로운 학교
② 다문화학생을 우리 사회의 인재로 양성하고, 모든 학생의 다문화 수용성 제고

목표
① 다양한 문화가 공존하는 성숙한 교육환경 구축
② 다문화학생 교육기회 보장 및 교육격차 해소

추진전략
① 다문화학생 맞춤형 지원을 강화. 맞춤형 한국어 교육, 조기적응 기초학력 보장, 중도입국와 외국인 학생의 공교육 진입 지원 등
② 중도 입국학생이나 외국인 학생 교육의 사각지대를 해소. 전체학생 다문화 교육확대, 다문화 교육 역량 제고, 정책 홍보 및 교육 참여 확대 등을 실시

---

02. 1) 다문화적 교실 상황에서 나타날 수 있는 문제 세 가지를 기술하고, 2) 이러한 문제를 해결하기 위한 방안을 ① 교사가 해야 할 일 세 가지와 ② 교육 행정 기관 등 외부의 지원을 받아야 할 일 네 가지로 나누어 논하시오. [총 20점] [08, 초등 논술형]

―| 보기 |―
• 타샤는 부모님이 이주 노동자예요. 한국에 온 지 얼마 안 되어서 한국어를 잘 못 해요. 부모님도 마찬가지이고요. 말이 안 통하니 공부도 못 따라가고 학교 생활에도 어려움이 많답니다.
• 바다는 엄마가 몽골 출신이에요. 엄마와 대화할 때는 몽골 어를 쓴대요. 그런데 친구들에게는 엄마가 몽골 사람이라는 것을 감추려고 해요. 바다는 자신이 한국 사람인지 몽골 사람인지 잘 모르겠대요. 이런 문제를 어떻게 다루어야 할지 잘 모르겠어요.
• 엘레나는 피부가 검다고 친구들에게 놀림을 받고 왕따를 당했어요. 아이들에게 그러지 말라고 타일러 보았지만 말을 안 들어서 저도 굉장히 힘들었어요. 다문화 가정 자녀 지도와 함께 그들과 같이 생활하는 다른 아이들 지도도 필요하다고 생각해요.

⊘정답키: <u>문제-타샤 학습 부진, 바다 정체성 혼란, 엘레나 집단따돌림</u>
<u>교사 역할-결연제와 멘토링, 정체성 향상 프로그램, 다문화 축제와 봉사활동</u>
<u>외부 지원-다문화센터 지원, 다문화 교원 연수, 다문화축제, 다문화 교육과정 개발</u>

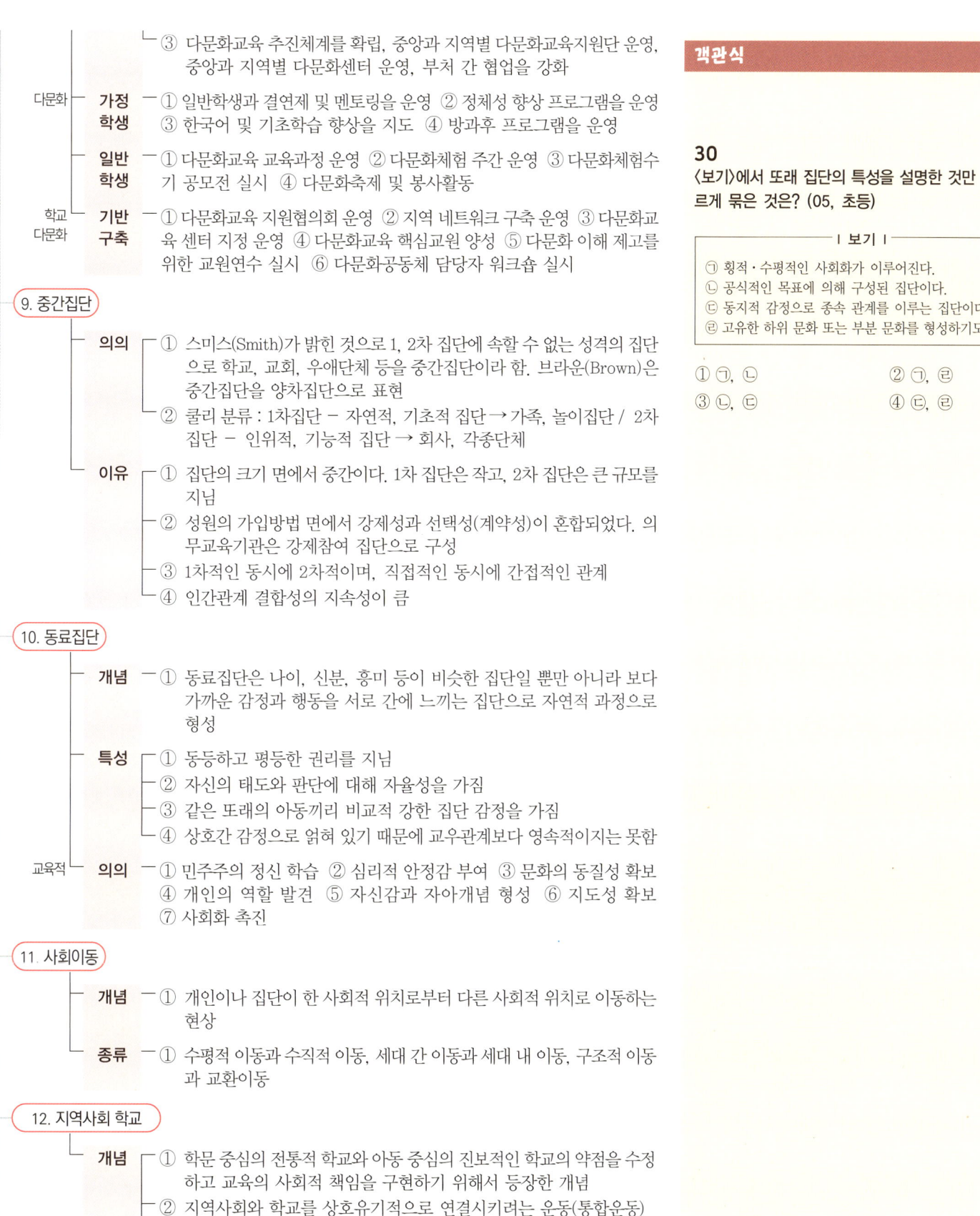

객관식

30
〈보기〉에서 또래 집단의 특성을 설명한 것만 골라 바르게 묶은 것은? (05, 초등)

| 보기 |

㉠ 횡적·수평적인 사회화가 이루어진다.
㉡ 공식적인 목표에 의해 구성된 집단이다.
㉢ 동지적 감정으로 종속 관계를 이루는 집단이다.
㉣ 고유한 하위 문화 또는 부분 문화를 형성하기도 한다.

① ㉠, ㉡ ② ㉠, ㉣
③ ㉡, ㉢ ④ ㉢, ㉣

30 ②

객관식

13. 통일교육

변화

	안보와 통일 중심 모형	이해와 평화 중심 모형
기본방향	• 안보·통일지향: 안보와 체제 우위 확인	• 평화·화해지향: 평화와 화해·협력 추구
접근방법	• 정치·이념적 접근	• 사회·문화적 접근
교육목표	• 정치·제도적 통합 지향	• 사회·문화적 통합 지향
교육주체	• 정부주도	• 정부·민간협력 체제
교육내용	• 체제·이념 중심 • 이념과 체제 - 통일정책 및 통일미래	• 생활문화 중심 • 사회와 생활상 이해: 평화정착 통일노력
교육방법	• 비교우위적 접근 • 일방적 전달 • 제한된 정보·자료	• 객관적 비교와 상호이해 • 개방적 토론 • 다양한 정보·자료

방안 — ① 북한자료의 개방과 활용 ② 북한사회 체험활동 ③ 다양한 정보매체의 활용 ④ 북한동포돕기운동 참여

핵심 팡 키워드 문제

1. 기능주의 교육적 관점은? 3개
    1)
    2)
    3)

2. 파슨즈 사회체제의 4가지 기능은?

3. 드리븐 학교교육의 4가지 규범은?

4. 발전교육론이란?

5. 갈등주의 교육사회학의 교육적 관점은?
    1)
    2)

6. 정통적 마르크시즘과 신 마르크시즘의 차이점은? 2개
    1)
    2)

7. 알튀세 자본주의 국가론의 2가지 국가기구의 요소는?
    1) 억압적 국가기구 :
    2) 이념적 국가기구 :

8. 경제적 재생산이론(대응이론)이란?

9. 브르디외 문화자본의 종류는? 3개

10. 저항이론
    1) 저항의 기능 :
    2) 학교의 역할 :
    3) 이론 종류 :

11. 푸코가 보는 학교는?

12. 탈학교사회의 학습망은? 4개

13. 신교육사회학의 두 영역의 주장은?
    1) 교육과정 사회학 :
    2) 교실 사회학 :

14. 왈라스 각 시기의 교육의 중심은?
    1) 혁명기 :
    2) 보수기 :
    3) 복고기 :

15. 교사기대
    1) 정의 :
    2) 비슷한 개념 :
    3) 오우크학교 실험 결과 :

16. 번스타인 교육과정 연구

	집합형	통합형
분류		
교육 내용		
교수법		
조직 관계		
교사 권한		

17. 번스타인 사회적 언어 연구

	공식어	대중어
문장 길이		
체계성		
수식어		
전치사		
문법		

18. 낙인 절차는?

19. 상징적 상호작용이란?

20. 해석학

	양적 접근법	질적 접근법
배경 철학		
접근 방법		
관점		
주객 관성		
표집		

21. 카노이가 대학교육의 대중화가 사회평등에 기여하지 못하는 이유로 든 것은?

22. 고교평준화 유지의 장점과 단점은? 각 2개씩

   1) 장점 :

   2) 단점 :

23. 인간자본론과 선발가설이론의 정의는?

   1) 인간자본론 :

   2) 선발가설이론 :

24. 기술기능이론과 지위경쟁이론의 정의는?

   1) 기술기능이론 :

   2) 지위경쟁이론 :

25. 과잉학력현상을 가장 설명하는 이론은?

   1) 정의 :

   2) 이론 :

26. 각 교육평등관의 종류는?

   1) 훗센 :

   2) 김신일 :

27. 교육복지우선지원사업의 정의, 사업종류는?

   1) 정의 :

   2) 사업 :

28. 기회균등 선발제

   1) 해당되는 교육평등관 :

   2) 해당되는 우리나라 제도 :

29. 콜맨보고서란?

30. 단선제의 장점과 단점은?

   1) 장점 :

   2) 단점 :

31. 시험의 기능은?

   1) 교육적 기능 :

   2) 사회적 기능 :

32. 가정자본은?

   1) 인간자본 :

   2) 경제자본 :

   3) 문화자본 :

   4) 사회자본 :

33. 사회자본 측정 방법은?

34. 문화기술법이란?

35. 문화실조와 문화다원이란?

   1) 문화실조 :

   2) 문화다원 :

36. 다문화교육

   1) 비전 :

   2) 목표 :

핵심 콕 키워드 정답

1. 1) 교육은 사회를 유지 발전시킴
   2) 교육은 미성숙한 아동의 체계적 사회화 3) 선발기능 수행

2. A(적응), G(목표달성), I(통합), L(잠재적 유형유지 기능)

3. 독립성, 성취감, 보편성, 특수성

4. 국가발전을 위해 경제, 정치, 사회, 문화 각 부분을 촉진하기 위해 교육의 양과 질을 조정

5. 1) 자본주의 구조를 재생산 2) 불평등을 재생산 저항 필요

6. 1) 상부구조의 자율성 2) 인간의 능동성

7. 1) 사법제도, 군대, 경찰, 정부 2) 교육, 종교, 가족, 노동조합, 정치, 대중매체

8. 학교구조가 자본주의 경제구조에 대응하여 자본주의를 재생산

9. 체질화된 문화자본, 객관화된 문화자본, 제도화된 문화자본

10. 1) 재생산 저항 2) 저항의 해방구 3) 애플 상대성 자율성(문화헤게모니론), 프레이리 의식화, 지루 폭로, 윌리스 반학교문화

11. 판옵티콘

12. 교육자, 동료, 기술(지식, 기능), 교육자료

13. 1) 기존 교과 중심으로 전개된 교육과정(자유교육)은 지배계급의 가치를 담고 지배계급에 유리하게 재생산 역할을 수행했다. 그런 기존 교과 중심의 교육과정을 개선시켜야 한다.
    2) 교실에서 교사와 학생의 상호작용을 민주적이고 평등하게 변화되어야 한다.

14. 1) 도덕성 2) 실용성 3) 도덕성

15. 1) 교사의 긍정적 기대가 학업성취에 긍정적 영향을 줌
    2) 플레시보 효과, 피그말리온 효과, 호손 효과, 로젠탈과 제곱슨 실험
    3) 저학년, 낮은 사회 계층, 중간 성적반

16.
	집합형	통합형
분류	강한 분류	약한 분류
교육내용	전통적 교과	진보주의 내용
교수법	보이는 교수법	보이지 않는 교수법
조직관계	종적 관계	횡적 관계
교사권한	약화	중시

17.
	공식어	대중어
문장 길이	길다	짧다
체계성	논리적, 체계적	약함
수식어	많다	적다
전치사	많다	적다
문법	적합	비적합, 졸렬

18. 모색, 명료화, 공고화

19. 사회적 상호작용을 통해 자아의식이 만들어지고, 사회를 구성하는 중요한 것

20.
	양적 접근법	질적 접근법
배경 철학	실증주의	해석학
접근 방법	통계, 수학을 사용	문장 기술
관점	외부자 관점	내부자 관점
주객관성	객관성(일반성)	주관성(특수성)
표집	무선표집	의도적 표집

21. 대학교육의 수익률이 낮아지기 때문에

22. 1) 고등학교 교육기회의 확대, 교육격차 해소, 중학교 교육의 정상화
    2) 수월성 교육 어려움, 사립고 자율성 상실, 학교 선택 제한

23. 1) 교육투자가 인간자본을 증가시키고, 높은 소득으로 사회적 평등과 국가발전을 가져옴
    2) 교육이 졸업장을 제공하고, 선발을 유리하게 만들고, 높은 소득을 가져옴

24. 1) 산업사회의 고도화와 전문화가 학력상승을 유도
    2) 사회 지위경쟁에서 유리한 위치를 얻기 위해 학력 상승

25. 1) 학력수요에 비해 학력공급이 초과하는 현상 2) 지위경쟁이론

26. 1) 보수주의, 자유주의, 보상적 교육평등관 2) 허용적, 보장적, 조건의, 결과의 교육평등관

27. 1) 학교 중심으로 지역교육공동체와 통합지원시스템을 구축하여 모든 아동과 청소년들의 교육적 성취를 추구하는 제도
    2) 학습능력 증진, 문화체험 활동, 정서심리 발달, 복지프로그램, 영유아 보육, 교사 학부모 지원

28. 1) 결과의 교육평등관(보상적 교육평등관) 2) 지역할당제

29. 가정환경이 학업성취에 가장 큰 영향

30. 1) 교육기회균등 제공, 계층상승이동
    2) 계획적 통제 어려움, 필요한 인력양성 어려움

31. 1) 자격부여, 학업성취 확인과 미래학습 예언, 선발기능, 경쟁촉진, 목표유인, 교육과정 결정
    2) 사회적 선발, 지식의 공식화와 위계화, 사회통제, 사회질서 정당화, 문화 형성

32. 1) 부모의 지식이나 기술 2) 부모의 경제적 부 3) 가정의 문화적 형태 4) 가족의 상호작용

33. 아동을 위한 시간 정도, 보살핌의 강도, 다른 부모와의 관계, 학교 방문 정도

34. 문화를 있는 그대로 문장으로 기술하는 방법(질적 접근법)

35. 1) 특정 문화에 비해 문화 실조 정도 2) 다양한 문화를 인정

36. 1) 함께 배우며 성장하는 학생, 다양하고 조화로운 학교
    2) 다양한 문화가 공존하는 성숙한 교육환경을 구축

PART 8. 교육사회학

Master Peedagogy

09

서양교육사

- ✔ 핵심 팍 키워드 270
- ✔ 핵심 팍 구조도
  - Ⅰ. 그리스·로마교육 271
  - Ⅱ. 중세와 근내교육 273
  - Ⅲ. 현대교육 276
- ✔ 핵심 팍 키워드 문제 278

09 서양교육사

Master Pedagogy

핵심 팍 키워드

```
                        서양교육사
        ┌─────────────────┼─────────────────┐
    Ⅰ. 그리스·로마         Ⅱ. 중세·근대          Ⅲ. 현대
```

Ⅰ. 그리스·로마
1. 그리스교육
2. 소피스트
3. 소크라테스
4. 크세노폰
5. 플라톤
6. 이소크라테스
7. 아리스토텔레스
8. 로마교육

Ⅱ. 중세·근대
1. 중세교육
2. 문예부흥
3. 종교개혁
4. 실학주의
5. 코메니우스
6. 자연주의
7. 루소
8. 범애주의
9. 페스탈로치
10. 헤르바르트
11. 국가주의

Ⅲ. 현대
1. 신교육운동
2. 듀이
3. 호레스만

NOTE

핵심 꽉 구조도

Ⅰ. 그리스·로마교육
1. 그리스교육 2. 소피스트 3. 소크라테스 4. 크세노폰 5. 플라톤 6. 이소크라테스 7. 아리스토텔레스 8. 로마교육

1. 그리스 교육

비교

	스파르타(Sparta)	아테네(Athene)
법전	리쿠르구스법전	솔론헌법
사상	군국주의, 국가주의	개인주의, 자유주의
목적	국가에 충성하는 군인 양성	심신이 조화된 자유시민 양성
내용	체육중심의 군사교육(군대훈련과 3R's)	지식중심의 자유교육(3R's와 선·미교육)
방법	국가중심의 통제주의적 방법, 엄격한 훈련주의의 방법	개성중심의 진보적 방법, 심미적·도덕적 방법
교육연령	30세까지 군인	20세까지 군인
여성교육	여성교육 중시, 남녀 동일 교육	여성교육 경시
교육받은 인간상	실천인(man of action)/ 국가에 필요한 강인한 군인	현자(man of wisdom)/ 철학자 혹은 학자
공통점	도시국가에 필요한 시민 양성	

2. 소피스트

교육
- **의의** — ① 아테네에 모인 지혜로운 지식인
- **진리관** — ① 상대적 진리관 주장(실용주의, 진보주의에 영향)
- **목적** — ① 출세에 필요한 지식 및 웅변술
- **특징** — ① 교육을 직업화하여 최초로 물적 보수나 급료를 받고 학생을 가르침(최초의 직업교사)

3. 소크라테스

지행
- **진리관** — ① 소피스트의 상대적 진리관을 반대하고 절대적 진리관을 주장
- **합일설** — ① 지식은 선행과 덕행을 유발 무지에서 악이 출발, 지식은 실제적 도덕적 기능적 가치를 지님
- **문답법(대화법)**
  - ① 반어법: 무의식적 무지에서 의식적 무지로 이끎
  - ② 산파법: 무지를 벗어나는 것
- **교사** — ① 조력자 안내자로서 교사, 교사를 등에에 비유(등에=곤충의 일종임)

4. 크세노폰

- **목적** — ① 선량한 시민을 양성
- **습관** — ① 덕의 기초는 좋은 습관, 자신의 임무를 잘 수행하는 사람
- **적용** — ① 군인은 자신의 군 임무에 충실하고, 주부는 가정 일에 충실하는 것이 덕임

5. 플라톤

생애
- ① 20세가 되는 해에 플라톤은 스승 소크라테스를 만나 8년간 지도를 받음
- ② 이후 세상을 주유하면서 자신의 철학을 굳건하게 세움. 아테네에서 아카데미아를 창설하여 후학들을 교육
- ③ 교육사상은 〈국가론〉에 있음

교육
- ① 교육의 궁극적인 목적은 선의 이데아를 인식하는 것

이데아
- ① 동굴 : 무지와 오류로 둘러싸인 현상의 세계
- ② 누군가 : 교사나 교육자 또는 철인을 의미
- ③ 동굴 밖 : 진리의 세계인 이데아의 세계를 지칭
- ④ 태양 : 이데아의 세계에서 가장 핵심인 선의 이데아를 뜻함

교육단계
- ① 출생~18세 : 음악과 체육을 모든 국민에게 가르침
- ② 18~20세까지 : 체육과 군사 훈련을 실시. 선발 시험을 쳐서 떨어진 사람은 생산계급(절제)
- ③ 20~30세까지 : 수학과 기하학, 천문학, 화성학 등을 가르침. 선발시험을 쳐서 떨어진 사람은 전사계급(용기)
- ④ 30~35세까지 : 변증법을 배우게 함. 변증법이란 포괄적 의미의 철학을 뜻함
- ⑤ 35~50세까지 : 지금까지 배운 것을 현실의 세계에 적용해 봄. 선발되는 사람들은 철인계급(지혜)
  정의로운 국가는 세 계급이 조화를 이룬 상태

의의
- ① 물질적인 것보다는 정신과 인격 교육을 강조. 교육은 영혼의 전향을 도모하는 과정
- ② 국가를 이루는 여러 계급들이 조화를 이룬 상태를 바람직하다고 보고, 사회 계급의 통합을 강조
- ③ 남녀평등의 교육을 강조. 남녀는 동일한 교육을 받을 것을 주장
- ④ 단계적, 점진적, 체계적 국가 교육 체계를 강조

6. 이소크라테스

교육목적
- ① 연설과 표현에 능숙한 웅변가
- ② 잘 판단하는 능력, 자연스럽게 토론할 수 있는 인문학적 교양인(전인)

7. 아리스토텔레스

실재론
- ① 세상에 존재하는 질료(재료)와 세상의 법칙인 형상으로 구분. 실재하는 것을 중시

이성
- ① 능동적 이성(이론적, 실천적 이성으로 구분), 수동적 이성

교육목적
- ① 행복한 삶 : 행복은 중용의 덕(도덕적 탁월성)과 이성적인 행동(지적 탁월성)으로 도달할 수 있음
- ② 개인의 행복이 국가의 행복
- ③ 교육은 이성을 통해 중용의 덕을 실천하는 것

자유교육
- ① 노예와 여자를 제외한 자유시민 교육으로 직업교육이 아닌 교양교육

도덕교육
- ① 도덕은 우주의 자연법칙에 도달하는 수단. 실천적 지혜 교육이 필요

단계
- ① 교육은 신체 단련에서 출발하여 습관 형성을 통한 인간교육으로, 마지막으로 이성 도야에 이름(본성, 습관, 이성)

8. 로마교육

특징
- ① 로마의 시대 구분 : 왕정시대, 공화정시대, 제정시대
- ② 목적 : 실용인, 실천인, 웅변인의 양성
- ③ 왕정시대의 교육 : 생활교육과 모방교육이 이루어짐. 학교교육×
- ④ 공화정시기 후반에 그리스 교육이 도입, 제정시대에 학교교육이 번창 (루두스, 문법학교, 수사학교)
- ⑤ 퀸틸리아누스 : 최초 공립학교 교사, 아동중심 교육, 개성존중 교육, 체벌금지, 조기교육, 학교교육의 중요성 강조

II. 중세와 근대교육

1. 중세교육 2. 문예부흥 3. 종교개혁 4. 실학주의 5. 코메니우스 6. 자연주의
7. 루소 8. 범애주의 9. 페스탈로치 10. 헤르바르트 11. 국가주의

1. 중세교육 (5~15세기)

전기
- ① 초기 기독교교육, 기사도교육, 칼 대제와 교육
- ② 종교적 교육기, 수도원의 금욕주의가 중심

후기
- ① 스콜라철학교육, 중세대학교육, 시민교육
- ② 중세대학의 교육, 일반시민교육 등이 나타남
- ③ 대학교육 : 교수나 학자 양성, 볼로냐대 파리대 살레르노대, 면세면역권 학내재판권 학위수여권
- ④ 시민교육 : 상류(라틴어 김나지움 등), 시민(조합, 모국어), 도제교육

2. 문예부흥 (14~16세기)

특징
- ① 인간중심교육 ② 전인교육 ③ 3학 중심의 자유교육(문법, 수사학, 논리학)
- ④ 실용주의 교육(실학주의, 산업혁명) ⑤ 도덕교육
- ⑥ 언어중심 고대문학 강조(키케로 주의)

종류
- ① 개인적 인문주의 ② 사회적 인문주의 ③ 키케로주의

3. 종교개혁 (16세기)

의의
- ① 공교육제도의 주장 ② 교원양성제도 발달

루터
- ① 루터가 공교육제도, 의무교육제도와 무상교육제도를 근대에서 처음 주장
- ② 루터 생전에는 몇 군데에서 소규모로 실시
- ③ 본격적인 의무・무상교육은 19세기 산업혁명의 영향으로 이루어짐

4. 실학주의 (17세기)

개념
- ① 실용성 있는 구체적 지식과 실제적 직업기술, 과학적인 학문연구의 방법으로 나아가는 교육사조

교육 영향
- ① 교육목표를 실용성・실천성으로 함. 구체적 사물과 실용적 지식을 존중
- ② 편협한 교육과정 → 광범위한 교육과정으로 바뀌게 함
- ③ 신학, 고전어, 고전 중심 교육과정 → 자연과학, 모국어, 근대 국어의 교과 중시 교육과정
- ④ 교육방법면에서 암기나 기억보다 이해와 경험을 중시. 직관교수, 실물교수, 시청각교육 중시
- ⑤ 실학주의는 베이컨과 로크의 경험론의 기초가 되었고 코메니우스, 라트케의 교육개혁운동으로 발전하여 근대교육에 공헌
- ⑥ 인문적 실학주의, 사회적 실학주의, 감각적 실학주의(코메니우스)

5. 코메니우스

개요
- ① 17세기의 감각적 실학주의자
- ② 교육목적은 지식을 닦고(지육), 도덕심을 쌓고(덕육), 신앙심을 길러(종교교육) 천국 생활의 준비

교육방법
- ① 합자연의 원리 : 교수도 자연과 같이 적당한 시기에 실시. 자연을 뛰어넘지 않고 서서히 진행
- ② 직관주의 : 「세계도회」와 같이 사물과 시청각적 자료를 먼저 보이고 언어적 작용은 뒤에 이루어짐
- ③ 훈련주의 : 교사도 사랑과 온정으로 아동을 대하되 때로는 충고와 질책이 필요
- ④ 범지학 : 모든 지식을 백과사전식으로 조직하여 모든 사람에게 가르쳐야 함
- ⑤ 세계 평화주의 : 국제 이해 교육을 통해 기독교 중심의 세계 평화를 주장

교육단계
- ① 제 1기 유아기 (1~6세) : 모친학교 또는 유아학교 단계. 가정에서 어머니로부터 받는 가정교육
- ② 제 2기 아동기 (7~12세) : 국어학교 단계. 학교는 무상·의무적이며, 모국어로만 교수되는 것이 특징
- ③ 제 3기 소년기 (13~18세) : 라틴어 학교 단계로서 오늘의 중등 학교에 해당
- ④ 제 4기 청년기 (19~24세) : 대학 단계로서 오늘의 고등교육기관에 해당. 학술 연마와 국가와 교회 지도자의 양성

6. 자연주의

교육
- ① 심리적, 과학적, 사회적인 요소를 내포하며 19C 이후 신교육운동의 선구가 됨
- ② 자연이 준 성장 가능성을 최대한으로 계발시켜 전인으로 발달하도록 돕는 일이 교육의 중요한 역할

종류
- ① 객관적 자연주의 : 교육의 목적은 객관적 자연세계와 합치(코메니우스)
- ② 주관적 자연주의 : 교육은 인간 내부의 자연성을 따르는 것으로 아동을 아동으로서 발견해야 한다고 주장(루소, 페스탈로치)

7. 루소

교육사상
- ① 모든 인간은 태어날 때 선하게 태어난다는 성선설을 배경
- ② 자연성을 발전시키는 교육을 주장하는 자연주의를 배경
- ③ 아동을 성인의 축소물이 아니라는 아동중심주의를 통해 교육의 가능성을 주장
- ④ 체벌을 반대하고 자연벌을 주장하였는데 잘못을 범하면 자연적으로 벌을 받아 스스로 깨닫게 해야 함

목적
- ① 내부 자연과 외부 자연인 사물과 인간 교육을 일치시켜 자연인의 양성을 주장(자연=사물=인간교육)

교육방법
- ① 합자연원리 : 학습은 자연 발달 순서에 따라 순차적이고 소극적으로 실시. 어떠한 인위적이고 형식적 교육은 거부
- ② 주정주의 : 아동이 내면적이고 자연적인 의지가 발달하기 전에 강요되는 지식의 교육은 인간성을 말살
- ③ 실험교육·직관주의 : 외계의 사물을 직관과 경험을 통해 학습하기를 원하는 것
- ④ 소극교육 : 학습은 자연발달의 순서에 따라 행하고 인위적으로 서둘러서는 안 됨

— 에밀

	시기	교육형태/내용	교육목적	교육의 원칙	교재/필독서
1권	유아기 (0~2,3세)	소극적 교육: 자연적인 독립성과 자발성을 돕고 따름	자연적 자유 (사물과의 관계, 신체적 관계)	필연성의 원칙	'세상'이라는 책: 감각훈련
2권	아동기 (2,3~12,13세)			쾌락의 원칙	
3권	소년기 (12,13~15세)	감각적 이성교육: 노동과 교육과 학문의 시기		유용성의 원칙	「로빈스 크루소」: 습관과 상상력훈련
4권	청년기 (15~22세)	지적 이성교육: 사회교육, 도덕교육, 종교교육, 취향(교양)교육	도덕적 자유 (도덕적 관계)	도덕성의 원칙	「사보아 신부의 신앙고백」: 덕과 이성훈련
5권	성인기 (22~24세)	정치교육: 성교육, 학습 여행, 공동체 생활	사회(시민)적 자유(정치적 관계)	계약정신 (일반의지)	「사회계약론」: 사회성훈련

8. 범애주의

- **배경**
  - ① 루소의 자연주의 교육사상을 기독교적인 견지로 독일에서 실천에 옮긴 교육사상
  - ② 바제도우가 창설한 범애학교에서 유래
  - ③ 범애주의 운동은 독일 공교육의 출발점
- **목적**
  - ① 인류애 실현
- **특징**
  - ① 실제 생활에 필요한 기능을 중시. 모든 학습은 실생활에 유용 생활에 준비가 되어야 함
  - ② 단계적 학습방법론을 적용. 쉬운 것부터 어려운 것, 이미 알고 있는 것으로부터 알지 못하는 것으로 가르침
  - ③ 직관적, 자기 활동적, 유희적 활동을 중시
  - ④ 교수보다는 훈육을 중시. 자유를 존중하면서 순종을 강조 벌보다는 상을 장려하고 체벌을 금함

9. 페스탈로치

- 교육 **목적**
  - ① 정신(Head), 도덕(Heart), 기술(Hand)의 3H의 조화된 인간을 양성
  - ② 3H 인간을 양성하여 평등한 사회를 건설
  - ③ 자연적 상태에서 사회적 상태, 도덕적 상태의 인간으로 만드는 일
- 교육 **내용**
  - ① 수(계산·수학), 형(습자·측량), 어(읽기·말하기·문법)
- 교육 **방법**
  - ① 합자연의 원리: 인간성의 도야는 인간 내부의 힘이 자연법칙에 따라서 계발되어야 된다는 것
  - ② 기초도야의 원리: 원만한 가정생활은 인간 교육의 가장 탁월한 자연의 관계이며 교육의 근원으로 강조
  - ③ 노작 교육의 원리: 노동 교육과 수공업 활동을 강조하는 것뿐만 아니라 노동의 정신적 가치를 강조
  - ④ 직관의 원리: 수동적인 사물의 인상을 얻는다는 의미뿐만 아니라 오히려 정신의 자발성을 바탕으로 하여 사물을 적극적으로 구성하는 작용을 뜻함
  - ⑤ 사회의 원리: 교육은 사회와 밀접한 연관성을 지닌다는 것

10. 헤르바르트

- **목적**
  - ① 도덕적 품성 함양 → 5도념 주장(내용은 지식적) ⇒ 주지주의(윤리학에서 도입)
- **교육방법 (심리학)**
  - ① 관리 : 수업 분위기 조성 → 타율적, 행동적, 일시적, 외부적
  - ② 교수 : 도덕적 함양 → 아동의 흥미 강조 → 4단교수법(명료, 연합, 계통, 방법)
  - ③ 훈련 : 교수에 의한 도덕적 품성 내면화 → 영구적, 내부적, 자율적

11. 국가주의

- **개념**
  - ① 국가의 존속발전을 교육의 목적으로 하며 교육은 개인의 것이 아니고 국가의 사업임을 강조
  - ② 공교육제도, 의무교육제도 수립 등 실제 교육에 가장 큰 영향을 미친 사조임
- **피히테**
  - ① 공교육제도, 의무교육제도가 필요하다고 주장
  - ② 『독일국민에게 고함』을 통해 국가존속주의를 부르짖음
  - ③ 국가적 존립에 위협을 받고 있는 조국을 구출할 수 있는 방법을 교육에서 구함
  - ④ 교육사상 : 자신의 의지의 철학과 페스탈로치의 자기표현의 강조를 결합
  - ⑤ 교육목적 : 학생의 자기활동을 통해 진리를 위한 진리, 선을 위한 선을 사랑하도록 하는 것
  - ⑥ 교육내용(덕육중시) : 지육은 덕육의 수단이며 덕육 중에서도 도덕률과 타인에 대한 존경의 감정을 중시
  - ⑦ 교육방법 : 직관주의, 자기활동을 통한 아동의 자발적 학습을 강조

III. 현대교육
1. 신교육운동 2. 듀이 3. 호레스만

1. 신교육운동

- **배경**
  - ① 헤르바르트 형식적 학교교육을 반발해서 나타남
  - ② 루소·페스탈로치 교육의 회복운동
- **특징**
  - ① 아동중심 교육 : 아동의 자유와 개성을 존중
  - ② 학교 자율적 운영 : 다양한 교수방법들이 탄생

2. 듀이

- **기초**
  - ① 진보주의 : 듀이는 진보주의 창시자
  - ② 실용주의 : 인간의 변화가능성 강조. 지식 실용성 중시
  - ③ 실험주의 : 과학의 정신을 강조
- **경험**
  - ① 경험은 인간과 환경의 상호작용을 말한다.
  - ② 경험의, 경험에 의한, 경험을 위한 교육을 주장
- **원리**
  - ① 경험의 원리 : 좋은 경험은 계속성과 상호작용을 지님(계속성 : 시간 측면 – 과거, 현재, 미래의 연결) (상호작용 : 공간 측면 – 학교, 사회, 가정의 경험이 연결))
  - ② 성장의 원리 : 경험이 좀 더 나은 상태로 계속 나아감을 말함. 결국 교육은 경험을 성장시키는 것(미숙성 : 발전 능력 내포) (가소성·탄력성 : 인간이 경험으로부터 배우는 힘)

- ③ 지성(지력)의 원리 : 태어날 때부터 본능적으로 타고난 것으로 경험의 조절자임. 지력은 인간 경험활동과 그 결과와의 관계를 발견하고, 경험이 보다 나은 미래를 지향하도록 목적성을 부여하는 기능을 함
- ④ 탐구의 원리 : 교육의 결과가 아닌 과정을 중심이 되어야 함. 탐구과정은 그 자체가 중요한 교육의 과정임
- ⑤ 흥미의 원리 : 흥미는 사람과 재료, 행위와 결과 사이의 거리감을 없애줌. 흥미는 경험 속에서 그 대상에 대해 자아가 몰입하도록 만들어 줌

교육
- ① 교육은 경험의 재구성
- ② 교육은 성장
- ③ 교육은 사회화의 과정

학교
- ① 학교교육에서 교과는 지력향상을 위한 도구
- ② 문제해결법은 지력과 사고력 향상을 위한 것

민주주의
- ① 듀이는 철저한 민주주의의 신봉자
- ② 민주주의는 자유로운 의사소통을 전제로 함
- ③ 민주주의는 사회적 탐구의 자유, 탐구 결과를 전파하는 자유를 의미
- ④ 민주주의는 모든 인간이 지력을 보유하고 있다는 믿음에서 출발
- ⑤ 민주주의는 지력의 활용을 뜻하고, 지력을 실험적으로 사용. 협동적으로 활용
- ⑥ 민주주의 사회의 운영, 유지에 필요한 지력과 과학 활동에 필요한 지력을 동일한 것으로 생각함
- ⑦ 민주주의는 곧 교육이고 과학
- ⑧ 민주주의 사회의 성공적인 운영, 유지를 위해 실험적·협동적 지력의 함양이 필수불가결함

3. 호레스만

개요
- ① 미국 공교육제도 확립에 공헌, 사범대학 설립

교육론
- ① 『12년보』 발간하여 중요한 교육문제 취급하고 자료 제공
- ② 남녀 빈부차이가 없는 교육을 널리 보급하는 것이 목적
- ③ 미국 공교육의 아버지, 아메리카의 페스탈로치라 불리움(미국교육에 헌신)

핵심 팍 키워드 문제

1. 소크라테스의 교육목적과 주된 교육방법은?

   1) 교육목적 :

   2) 교육방법 :

2. 플라톤 교육목적과 각 교육단계의 주된 과목은?

   1) 교육목적 :

   2) 출생-18세 :   18-20세 :
      20-30세 :   30-35세 :

3. 아리스토텔레스 교육절차는?

   본능 → (   ) → 이성

4. 로마 학교교육이 번성한 시기와 학교 종류, 최고 교육자는?

   1) 시기 :

   2) 학교 종류 :

   3) 교육자 :

5. 중세 스콜라 철학이 영향을 미친 20세기 교육사상은?

6. 대학교육의 목적과 대학의 3대 특권은?

   1) 교육목적 :

   2) 3대 특권 :

7. 문예부흥 인문주의 교육의 종류와 특징은? 2개 이상

   1) 교육의 종류 :

   2) 특징 :

8. 종교개혁이 현대 교육에 미친 영향은? 2개 이상

9. 실학주의 교육의 종류와 사회적 실학주의 교육목적은?

   1) 종류 :

   2) 사회적 실학주의 교육목적 :

10. 코메니우스 교육의 목적과 시각교육 출발점이 된 저서는?

    1) 교육목적 :

    2) 저서 :

11. 루소 교육이념과 3가지 교육은?

    1) 교육이념 :

    2) 3가지 교육 :

12. 범애주의 교육목적과 대표적 사상가는?

    1) 교육목적 :

    2) 대표 사상가 :

13. 신인문주의 교육의 종류는?

14. 페스탈로치 교육목적, 교육내용, 방법은?

    1) 교육목적 :

    2) 교육내용 :

    3) 교육방법 :

15. 헤르바르트 교육목적과 교육방법은?

    1) 교육목적 :

    2) 교육방법 :

16. 국가주의와 과학적 실리주의 대표적 사상가는?

    1) 국가주의 :

    2) 과학적 실리주의 :

17. 미국, 사범대학 창설하고, 공교육제도를 성립시킨 학자는?

18. 진보주의 교육의 성립에 영향을 미친 19세기 말 교육 운동은?

19. 듀이 경험의 정의는?

핵심 팍 키워드 정답

1. 1) 지덕합일의 도덕적 인간 2) 문답법, 반어법과 산파술
2. 1) 선 이대아 인식, 이데아 인식 2) 음악과 체육, 체육 군사훈련, 수학과 과학, 변증법
3. 습관
4. 1) 제정시대 2) 루두스, 문법학교, 수사와 철학학교 3) 퀸틸리아누스
5. 항존주의
6. 1) 교수의 양성 2) 면세 면역권, 대학 내 재판권, 학위수여권, 학교자치권
7. 1) 개인적 인문주의, 사회적 인문주의, 키케로주의
8. 공교육제도(의무교육과 무상교육) 발생, 교원양성,
9. 1) 인문적 실학주의, 사회적 실학주의, 감각적 실학주의
   2) 신사의 양성(교양 있는 귀족의 양성)
10. 지육 덕육, 종교교육 2) 세계도회
11. 성선설 2) 자연, 사물, 인간 교육
12. 인류애 2) 바제도우
13. 심리적 계발주의, 국가주의, 과학적 실리주의
14. 3H, 평등한 사회 건설, 도덕적 상태 2) 수형어 3) 자연의 방법
15. 도덕적 품성의 함양 2) 관리, 교수, 훈련
16. 피히테 2) 스펜스
17. 호레스만
18. 신교육운동
19. 유기체(인간)와 환경의 상호작용

Master Peedagogy

10

한국교육사

- ✔ 핵심 팍 키워드   282
- ✔ 핵심 팍 구조도
  - Ⅰ-Ⅰ. 삼국시대 교육   283
  - Ⅰ-Ⅱ. 고려시대 교육   283
  - Ⅱ. 조선시대 교육   284
  - Ⅲ. 근대교육   288
  - Ⅳ. 현대교육   289
- ✔ 핵심 팍 키워드 문제   291

한국교육사

핵심 팍 키워드

```
                        한국교육사
    ┌──────────────┬──────────────┬──────────────┐
  Ⅰ. 삼국·고려      Ⅱ. 조선         Ⅲ. 근대         Ⅳ. 현대
```

Ⅰ-Ⅰ 삼국시대 교육
1. 고구려
2. 신라

Ⅰ-Ⅱ 고려시대 교육
1. 학교
2. 고등교육
3. 중등교육
4. 초등교육
5. 과거제도
6. 사상가

Ⅱ. 조선
1. 성리학
2. 변화
3. 성균관
4. 4학
5. 향교
6. 서원
7. 서당
8. 과거제도
9. 사상가
10. 실학
11. 유형원
12. 정약용

Ⅲ. 근대
1. 근대학교
2. 교육조서
3. 관학
4. 사학
5. 일제시대
6. 안창호

Ⅳ. 현대
1. 발달
2. 미군정기
3. 1공화국
4. 3공화국
5. 4공화국
6. 5공화국

NOTE

핵심 쏙 구조도

I-I. 삼국시대 교육
삼국시대 1. 고구려 2. 신라

1. 고구려
비교

분류	성격	입학자격	교육과정	목적
태학	최초 관학, 고등(372)	귀족자제	오경, 삼사, 삼국지, 춘추	고등, 고급관리양성
경당	최초 사학	평민자제	통경습사(문무겸비)	초등·고등, 지방학교

2. 신라
비교

화랑도 (삼국 통일 이전의 교육)	국학 (신문왕 2년, 682) (삼국 통일 이후의 교육)
① 종교적 성격 : 유, 불, 도, 고유사상 ② 군사적 기능. 평상시 단체생활과 공동체의식 수행 ③ 비형식 교육 - 중세 기사도와 유사 ④ 정의·활동 > 지적측면 ⑤ 교육방법 : 유오산수, 무원부지 → 보이스카웃, 후조(철새)운동	① 교육내용 : 유학과 기술과(두과 모두 논어, 효경 필수) ② 문묘 설치 ③ 독서출신과 : 일종의 과거제도, 국학에서 수학한 학생들을 대상으로 하여 성적에 따른 관리 등용 서열 결정 (무인 중심에서 문인 중심 관리로 변화)

원광
- ① 교육이념 : 충·효·신·용·관(세속오계)
- ② 교육적 인간상 : 문무겸비의 화랑인
- ③ 교육방법 : 신체적 단련과 정신적 수양의 방법으로 화랑도를 가르쳤음

원효
- ① 화쟁사상을 강조(평화애호)
- ② 교육사상 : 유심연기(자학자습), 도덕교육, 실천궁행, 대중교육, 평화애호

I-II. 고려시대 교육
고려시대 1. 학교 2. 고등교육 3. 중등교육 4. 초등교육 5. 과거제도 6. 사상가

1. 학교
관학 사학

```
고려시대 ┬ 관학 ┬ 국자감 : 고등교육기관
        │      ├ 학 당 : 중등교육기관
        │      └ 향 교 : 중등교육기관
        └ 사학 ┬ 12공도 : 고등교육기관
               └ 서 당 : 초등교육기관
```

2. 고등교육
학교

국자감 : 관학	십이공도 : 사학

① 고려시대 최고의 형식 교육기관. 성종 11년(992)
② 예종 : 문무 7재 → 신문왕 : 경사 6학 → 공민왕 : 5경 4서재 (9재) → 조선의 성균관 9재
③ 문묘 설치
	1) 배경
	  ① 관학부진시기. 향교, 학당 설립이전 고려교육, 유학 공헌
	  ② 사설 교육 기관. 최충 문헌공도(9재학당)시작
	2) 교육방법
	  ① 하과 : 여름강습회
	  ② 각촉부시 : 모의과거시험
	3) 특징
	  ① 국가의 관리. 재정지원
	  ② 설립자는 유학의 학문정도가 높은 퇴직관료, 지공거역임

3. 중등교육

학당
- ① 개경에 세운 중등교육기관(향교와 같은 정도의 학교)
- ② 향교와 다른 점은 문묘가 없다는 점
- ③ 동서학당 → 5부학당(정몽주 건의) → 조선시대로 넘어가며 동·서·남·북의 4부학당으로 변경

향교
- ① 향교는 인종 5년(1127)에 세운 지방관학
- ② 인종
- ③ 교육내용 : 유교중심의 교육, 문묘가 설치된 국자감의 축소
- ④ 교육목적 : 지방교육기관(관학)으로 유학의 전파와 지방민의 교화
- ⑤ 입학자격 : 문무 8품 이하의 자와 서민에게 허락, 성적우수시 국자감 입학기회부여
- ⑥ 교육수준 : 지방 국립대학과 같은 수준에서 설립되었지만, 실제적 운영은 오늘날 중·고등학교 수준의 중등교육기관 운영

4. 초등교육

서당
- ① 지방 서민계급 자제를 대상으로 하는 민간경영의 초등 교육기관
- ② 일반민중의 교육기관으로 사설초등 교육기관
- ③ 향선생을 두고 부락민들이 자치적으로 운영. 지방민의 자제교육담당
- ④ 서민교육의 보급과 민중교화에 큰 역할
- ⑤ 송나라의 서긍의 고려도경에 기록

5. 과거제도

운영
- ① 고려 초 광종 9년 고려에 귀화한 쌍기(우리나라 최초의 지공거)의 건의에 의해 국가인재등용의 제도로 성립
- ② 문과(명경과·제술과), 잡과, 승과(무과가 없음)
- ③ 동당감시(단일제), 조선조에는 처음부터 삼층제
- ④ 좌주문생제도 : 고시관과 급제자의 새로운 관계
- ⑤ 국자감의 신분등급처럼 엄격한 신분제한은 없고 천민을 제외한 일반서민에게도 자격이 주어짐(양인이상 응시가능)

6. 사상가

학자
- ① 지눌(진심, 돈오점수, 정혜쌍수), ② 최충(문헌공도 창시), ③ 안향(성리학 도입, 섬학적), ④ 이색(불심유성동일관), ⑤ 정몽주(5부학당)

II. 조선시대 교육

1. 성리학 2. 변화 3. 성균관 4. 4학 5. 향교 6. 서원 7. 서당 8. 과거제도 9. 사상가 10. 실학 11. 유형원 12. 정약용

1. 성리학

개요
- ① 이(理)·기(氣)의 개념으로 우주의 생성과 구조, 인간 심성의 구조, 사회에서의 인간의 자세 등에 관하여 깊이 사색

내용
- ① 태극설 : 태극은 양의(음양)를 낳고, 양의는 사상을 낳고, 사상은 팔괘를 낳고, 팔괘에서 만물이 생김
- ② 이기설 : 이·기라는 성립·구성을 이와 기의 두 원칙에서 통일적으로 설명하는 이론
- ③ 심성론 : 이기설이 우주를 논한 것이라면 심성론은 인생에 관한 문제를 다룬 것
- ④ 성경론 : 성리학의 공부방법

- 교육목적
  - ① 성리학의 교육목적은 성인(聖人)(내외가 겸비된 사람)
  - ② 내적으로 자신의 본연지성을 회복하고, 외적으로 우주의 이치를 깨달은 사람
  - ③ 거경 : 일상세계에서의 도덕적 각성과 도덕심의 발휘(내적)
  - ④ 궁리 : 도덕심 발휘에 수반되는 인간사와 제반 사물에 대한 지식과 가치 판단 및 합리성의 탐구(외적)

2. 변화

- 배경
  - ① 고려 말 안향의 성리학 도입으로 인해 조선시대 사회적 변화와 교육적 변화가 나타남
- 변화
  - ① 위인지학보다 위기지학을 강조
  - ② 문장화국지사보다 경명행수지사를 중요시
  - ③ 진사보다 생원을 중요시
  - ④ 강제시비(대과의 복시 초장에 강경채택 주장)가 대두
  - ⑤ 5경 중심(시, 서, 역경, 예기, 춘추)에서 4서 중심의 경학체제(대학, 논어, 맹자, 중용)로 이동
  - ⑥ 향교에서 서원으로 이동

3. 성균관

- ① 조선왕조 최초의 교육기관, 최고의 고등교육기관, 태조 7년(1398)
- ② 입학자격 : 생원과 진사, 사학 학생, 초시 합격자, 고관대작의 자녀(유음), 현직관리 등
- ③ ※과거제도

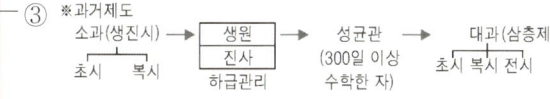

- ④ 성균관 내 엄격한 생활, 자치회 구성 통한 자율적인 학교생활
- ⑤ 교원과 직제 : 대사성(총장), 사성, 사예, 직강, 전적, 박사, 조교
- ⑥ 교육과정 : 4서(논어, 맹자, 대학, 중용), 5경(시경, 서경, 역경, 예기, 춘추)
- ⑦ 교육방법 : 강의, 문답식, 반복연습

4. 4학

- 4부학당
  - ① 발전 : 태종11년 서울을 동·서·남·북·중의 5부로 나누고 여기에 각각 중등 정도의 학교를 설치하여 5부학당이라 함 → 이후 북부학당이 제외되고 동·서·남·중의 4부학당으로 변경
  - ② 교육내용 : 소학·사서·오경·근사록·역사서 등. 특히 소학과 가례 중시
  - ③ 입학대상 : 양반집 자제와 민중의 자제들 중 뽑힌 자들로 정원은 각 학당에 100명
  - ④ 교원 : 교수, 훈도, 학장(임시교원)
  - ⑤ 4부학당은 성균관에 예속된 학교. 학당에는 성균관 관원이 교관으로 파견. 학당의 잡무처리 관리는 물론 노비까지 모두 성균관 소속
  - ⑥ 교육목적, 내용, 방법 등이 성균관과 비슷하나 교육의 정도는 성균관보다 낮음. 중등교육기관
  - ⑦ 성균관, 향교와 다른 점 : 문묘가 없다는 점(순수교육기관)
  - ⑧ 교관의 구임(근속)법 시행, 교수 2명, 훈도 2명이 교원정원

5. 향교

지방중등
① 고려 인종에 의해 설립(1127): 지방 중등교육기관, 조선 중기 이후 교육적 기능을 서원으로 빼앗김
② 관리 양성, 과거 준비, 사회 교육 기능(특별강습, 향음례, 향사례, 양로례 등)
③ 지방장관인 관찰사(감사)와 수령이 향교 감독. 매월 말 향교생의 일과와 학습 결과를 관찰사에게 보고

6. 서원

사학
① 조선 중종 말기 풍기군수 주세붕이 안향의 묘소에 사당을 세우고 백운동서원으로 명명, 이황의 건의에 의해 소수서원 변경
② 선현존경(유학 선현들을 기념, 후진장학(과거 준비))
③ 공간배치: 사당(법성현), 강당(강의), 동재서재(독서궁리), 정자(우유함영)
④ 서원 교육은 원장, 강장, 훈장 등의 원임에 의해 수행

7. 서당

사학
① 초등교육기관, 사학, 향교에 입학시킬 예비교육 실시
② 사적인 서재서당(서원에 예속) → 17C 중엽부터 독립 공동체적 향촌 서당
③ 서민의 자제에게도 교육 기회 부여 (18C 들어 전반적으로 서민 자제 입학)
④ 능력별, 개별학습, 일제 때 국민교육기능과 독립의식 고취
⑤ 동몽선습(박세무), 훈몽자회(최세진), 아학편(정약용), 아희원람(장혼), 신증유합(유희춘)

8. 과거제도

특징
① 소과(생진과)-초시 복시, 대과(문과)-초시 복시 전시, 무과-초시 복시, 잡과-초시 복시
② 원칙적으로 양인이상이면 응시가능: 공·상인·무당·승려·서얼은 제외
③ 식년시: 3년마다 보는 정기시험으로 이를 원칙으로 함. 특별시: 증광시, 별시, 알성시 등
④ 강제시비: 대과 초시 초장의 시험 방식을 강경(구술시험)이나 제술(논술시험)으로 할 것인지에 대한 논쟁(강경채택)

9. 사상가

이황 이이

	이황	이이
사상	理氣二元論(이기이원론)(주리론)	理氣一而二元論(이기일이이원론)(주기론)
교육이념	'경'의 사상(매사에 조심, 경건한 것)	'성'의 사상(성실) 입지, 명지, 역행
인간상	작성(作聖) - '성인을 만든다.'	겸손한 능력인, 신분에 구애받지 않는 평등한 인간상
교육방법	잠심자득 (인간의 본성을 스스로 깨우치는 것이 중요하다.)	입지, 검신, 독서 등
교육내용	주자대전, 태극도설	소학, 대학, 근사록, 5경
이기설	이기호발설	기발이승일도설
사단칠정	칠정과 사단을 구분	사단은 칠정에 포함
저서	성학십도(군주교육), 태극도설, 자성록	성학집요(군주교육), 학교모범, 소아수지(아동 행동의 지침), 격몽요결(학교모범과 격몽요결은 같은 책)

10. 실학

- **배경** — ① 실학은 조선 후기에 대두된 일련의 현실 개혁적 사상체계, 성리학을 극복·지양하려는 사상으로 발생

- **형성 요인**
  - ① 내재적 요인 : 신분제도 해체, 학문 변화, 지식인 요구, 자기반성, 이이의 영향
  - ② 외재적 요인 : 서학 유입, 실용적 학문의 유입 등

- **교육 의의**
  - ① 교육 기회 균등 : 서민들도 학습자의 능력에 따라 상급 학교의 진학 기회가 주어져야 함
  - ② 개인차·능력주의 : 인간의 개인차를 인정하고 능력에 의한 교육을 주장
  - ③ 교육제도개혁 : 공교육의 필요성과 단계적인 학제를 주장
  - ④ 교육과정개혁 : 사대주의적 한서와 중국 역사를 비판하였으며, 교육과정의 개혁을 주장

11. 유형원

- **공거제** — ① 학교제도를 통한 공거제(관리 추천)를 주장

12. 정약용

- **인간상** — ① 수기위천하인으로 자기 자신을 수양한 다음 사회를 위해서 봉사하는 실용인 (=실용인, 사회적 자아실현)

- **교육 내용**
  - ① 오학론 : 성리학, 훈고학, 문장학, 과거학, 술수학 등을 반대한다. 다섯 가지 학문은 진정한 실용인 삶에 방해가 됨
  - ② 삼불가독설 : 천자문, 사략, 통감절요(전통적인 유학교육에서 사용)를 읽어서는 안 됨. 세 가지는 중국의 모화 사상이 담겨있어 올바른 학습서가 되지 못함. 천자문을 대신할 천자문의 아학편을 편찬
  - ③ 효·제·자 : 명명덕, 신민, 지어지선 등 대학의 3강령은 효제자임
  - ④ 국학 : 우리나라의 학문과 역사를 사랑하고 공부해야 함을 강조
  - ⑤ 기예론(기술) : 인간과 동물의 차이는 기예이므로, 개인 각자가 하나의 기예를 지녀야 함

- **의의**
  - ① 과거제도의 모순점 개선, 당면한 현실의 문제를 교육과 학문과의 관련을 통해서 해결하고자 함
  - ② 평등사상에 기초한 근대적인 민권의식을 토대로 교육의 효과를 높이고자 함
  - ③ 민족주체사상, 평등사상, 민권의식, 진취성, 개방성, 과학기술의 정신, 사회윤리관 등 강조

Ⅲ. 근대교육

1. 근대학교 2. 교육조서 3. 관학 4. 사학 5. 일제시대 6. 안창호

1. 근대학교

전신
- ① 근대학교가 성립되기 전에 근대학교의 전신이라 할 수 있는 동문학과 광혜원이 설립. 이것은 현대적 방법과 시설을 빌어 교육을 실시한 최초의 시도

4가지설
- ① 배재학당설 : 1886년 아펜젤러, 서구식 학교의 출발점
- ② 원산학사설 : 1883년 원산주민들에 의해 설립, 개량서당의 발전된 형태, 민중의 자발적 설치, 문+무예반
- ③ 18세기 서당설 : 서민(농민)들에게 교육기회 증대
- ④ 식민지 교육설 : 1906년 통감부의 교육

2. 교육조서

고종
- ① 교육의 중요성을 강조 ② 국민 교육제도, 공교육제도를 표방 ③ 전 근대의 경서교육을 지양하고 근대 실용교육을 강조 ④ 도덕적 생활을 강조 ⑤ 근면과 역행의 전신을 강조 ⑥ 학문에 전심전력을 강조(1895.2)

3. 관학

근대학교
- ① 육영공원(1886), 한성사범학교(1895), 한성중학교(1899), 한성고등학교(1900), 한성고등여학교(1908), 교동소학교(1895)
- ② 사학에 비하여 잘 발달하지 못함. 외국어 교육, 교원양성, 실업교육이 강조. 외형과 법제면 발달

4. 사학

민족선각
- ① 원산학사, 흥화학교, 점진학교, 보성학교, 양정의숙, 대성학교
- ② 독립 운동의 근거와 민족지도자의 양성

선교사
- ① 배재학당, 이화학당, 경신학교, 정신여학교
- ② 서양식 학교도입, 신분평등, 남녀평등 강조, 전인교육, 예체능 교육 강조, 인격완성, 국가사회봉사

5. 일제시대

교육정책
- ① 동화주의 교육정책 : 일본의 교육제도와 일본문물을 식민지에 부식하고, 간이한학제로 낮은 수준 교육을 실시
- ② 민족적 차별교육 : 조선인 학교와 일본인 학교 분리, 민립대학 설립운동 저지를 위해 경성제국대학을 설치
- ③ 황국신민화 교육 : 조선어 교육 금지, 창씨개명, 신사참배 강요
- ④ 교과목을 통한 민족의식의 말살 : 국어(일본어)를 중시한 교과목 편성, 도덕(수신)과목을 통한 윤리의식 훼손

국민저항
- ① 조선민립대학 설립운동 : 3.1 운동 이후 민족교육에 대한 열의로 각계 인사에서 기성회를 결성
- ② 서당의 민족교육운동 : 사립학교 탄압으로 사당이 저항운동을 대신. 주로 의병투쟁에 나섰던 양반, 유생들이 주축
- ③ 문자보급운동과 문맹퇴치운동 : 조선일보와 동아일보가 주도한 브나로드 운동
- ④ 신간회의 민족교육운동 등

- 폐해
  - ① 도구주의적 교육관 : 교육이 다른 목적 실현을 위한 도구로 전락
  - ② 교육행정조직의 관료화 : 식민정책실현을 위해 교육의 통제가 요구
  - ③ 전체주의적 훈육 : 대동아 건설을 위해 한국을 일본의 병참기지로 만들면서 학교를 병영화

6. 안창호

- 교육사상
  - ① 안창호는 사상가 정치가, 교육가, 민족 지도자로서 점진학교와 대성학교를 설립
  - ② 흥사단(1913)을 조직하였으며 힘의 철학을 강조
- 교육이념
  - ① 자아혁신, 무실역행, 점진공부를 기초로 하였고, 특히 자아혁신과 민족개조를 강조
- 교육목적
  - ① 인격의 실현 : 지육보다 체육을 강조, 일인일기교육(각 개인은 자기 민족에 봉사하고 자기의 천직을 다한다.)을 강조
  - ② 덕성을 기르기 위해서는 무실, 역행, 충의, 용감 등 4대 정신을 역설하였으며 주인정신, 주체성을 통해서 자기개조 강조
- 교육방법
  - ① 성실성 : 무실역행하는 성실인
  - ② 점진성 : 점진주의
- 교육실천
  - ① 학교 건설 : 점진학교, 대성학교, 동명학원 등을 건설
  - ② 흥사단 운동 : 지, 덕, 체를 수련하여 건전한 인격을 육성하고 신성한 단결을 조성하여 민족대업의 기초를 준비
  - ③ 이상촌 계획 : 환경이 인간형성에 큰 영향을 준다는 데서 착안
  - ④ 미소운동 : 우리 민족 모두가 미소를 띠면 태평하고 번창한다고 하여 스마일이란 말과 글과 모양을 전국적으로 확산시켜 미소운동을 전개
- 3대 자본
  - ① 지식(정신적 자본)·신용(도덕적 자본)·금전(경제적 자본) 등을 민족의 3대 자본

IV. 현대교육
1. 발달 2. 미군정기 3. 1공화국 4. 3공화국 5. 4공화국 6. 5공화국

1. 발달
- 시기

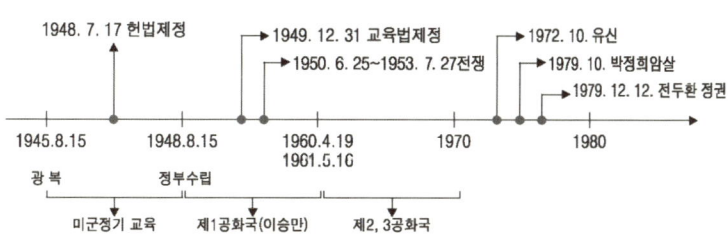

2. 미군정기
- 교육정책
  - ① 학교의 재개
  - ② 교육이념의 결정 : 홍익인간의 건국이념에 기하여 인격이 완전하고 애국정신이 투철한 민주국가의 공민을 양성
  - ③ 학제의 개혁 : 단선제, 6-6-4
  - ④ 교육과정 및 교과서 정책 : 국어 및 국사 교육의 강화
  - ⑤ 초등 의무 무상교육 실시

- 교육사상
  - ① 성장모형(진보주의, 아동중심교육) : 교사에게 권고하여 일제시대 획일적 교육의 잔재를 없애기 위한 교육관
  - ② 주형모형(행동주의) : 5·16이후 박정희 정권에서 노동자·근로자 양성을 위한 교육관

3. 1공화국
- 정책 ― ① 6-3-3-4의 기간학제의 완비 ② 중학교 입시 제도를 국가고시제로 바꿈 ③ 지방에 국립대학설치 ④ 교육과정 개정(54년 1차 C), 교과서 개편 ⑤ 교육자치제 실시 ⑥ 의무교육 6개년 계획 추진

4. 3공화국
- 정책 ― ① 교육과정 개편(63년 2차C), ② 교육자치제 부활, ③ 도서 벽지 교육법, ④ 중학교 무시험 입학(69년)

5. 4공화국
- 정책 ― ① 국사 교육 강화 ② 반공·안보 교육 강화 ③ 새마을 교육운동(1972) 전개 ④ 과학 기술 교육 강화 ⑤ 실험대학이 도입·실시, 지방대학 육성책 추진 ⑥ 고등학교의 평준화 시책(1974) ⑦ 방송통신교육 도입 ⑧ 유신헌법 제정, 공포(1972. 10)

6. 5공화국
- 교육개혁 80.7.30
  - ① 81학년부터 대학입시 본고사 폐지 + 교육과정 하향조정
  - ② 대학 졸업정원제
  - ③ 대학 전일제 수업, 대학입학인원 확대, 교육전용방송(EBS)
- 정책 ― ① 교육내용 내실화를 위해 교육과정 2차례 개정(4, 5차 교육과정 개편) ② 교육대학 수업연한 4년으로 연장 ③ 한국교원대학교 신설 ④ 사회교육법 제정 ⑤ 방송통신대의 학사과정으로 개편 → 평생교육체제 도입 ⑥ 중학교 의무교육 실시(1984) ⑦ 교육세 신설

핵심 팍 키워드 문제

1. 고구려 경당의 교육방법은? 1개

2. 화랑도 교육의 교육방법은? 1개

3. 국학의 하위 2과, 직제는?
   1) 2과 :
   2) 직제 :

4. 통일이전 화랑도교육에서 통일 후 국학과 독서출신과로 변화하게 된 이유는?

5. 원효의 교육사상은? 5개

6. 고려시대 국자감의 하위 6재의 명칭은?

7. 고려시대 국자감이 부실하여 나타난 12개의 사립대학과 최초 기관은?
   1) 명칭 :
   2) 최초 :

8. 고려 과거제도의 좌주문생 제도란?

9. 불심유성동일관을 주장한 고려시대 학자는?

10. 성리학의 도입으로 나타난 조선 교육의 변화는?

11. 주희의 교육목적은?

12. 성균관의 핵심 교육과정과 입학자격은?
    1) 교육과정 :
    2) 입학자격 :

13. 사부학당의 주된 교육과정? 2개

14. 향교의 2가지 기능과 사회교육의 종류는?
    1) 기능 :   2) 사회교육 종류 :

15. 다음 잡과교육을 담당하는 기관은?
    1) 의학 :   2) 산학 :
    3) 율학 :   4) 악학 :

16. 서원의 교육목적은? 2개

17. 서당의 종류, 조직, 교재는?
    1) 종류 :
    2) 조직 :
    3) 교재 :

18. 과거제도의 내용별 분류, 형식에 따른 분류, 방법에 따른 분류는?
    1) 내용별 :
    2) 형식별 :
    3) 방법별 :

19. 이황과 이이의 교육이념은?
    1) 이황 :
    2) 이이 :

20. 이황이 주장한 교육의 내재적 목적은?

21. 이이가 만든 성인 학생의 수양의 지침서는?

22. 유형원 중장한 것으로 과거제도를 대체하여 관리를 선발하는 제도는?

23. 정약용
    1) 3불가독설 :
    2) 5학론 :

24. 우리나라 근대교육의 출발점이라고 주장한 4가지 학설은?

25. 1895년 우리나라 교육의 중요성을 강조한 고종의 발표문은?

26. 우리나라 최초의 근대학교는?
    1) 관학 :
    2) 민족선각자 :
    3) 선교사 :

27. 일제 강점기의 교육특징은? 3개

28. 일제 강점기의 일제 교육에 대한 민족의 저항은?

29. 안창호 교육이념은? 3개

30. 미군정기 때 확립된 우리나라 교육이념과 도입된 서양교육의 2가지 모형은?

    1) 교육이념 :

    2) 모형 :

31. 다음 교육정책이 도입된 시기는?

    1) 중학교 무시험 입학 :

    2) 고교평준화 :

    3) 대학의 졸업정원제 :

핵심 콕 키워드 정답

1. 통경습사, 송경습사

2. 상마이도의, 상열이가악, 유오산수와 무원부지

3. 1) 유학과, 기술과 2) 경, 박사, 조교, 대사와 사 등

4. 통일 이후 국가를 통치하는 문신들이 필요했기 때문이다.

5. 유심연기, 도덕교육, 실천궁행, 대중교육, 평화애호

6. 국자학, 태학, 사문학, 율, 서, 산학

7. 1) 12공도, 최충의 문헌공도(9재학당)

8. 과거 출제자와 급제자 사이에 형성된 사제지간

9. 이색

10. 위인지학보다 위기지학, 문장화국지사보다 경명행수지사, 진사보다 생원, 강경채택, 향교에서 서원으로 학생 이동, 4서5경의 경전 공부 강화

11. 내외가 겸비된 성인 양성

12. 1) 4서 5경 2) 생원과 진사(생진과 합격생)

13. 소학과 가례

14. 1) 문묘제례와 교육 2) 부녀자와 아동 특별강습, 향음례, 향사례, 양로례

15. 1) 전의감 2) 호조 3) 형조 4) 장학원

16. 선현존경(선배 유학자 존경), 후진장학(교육기능)

17. 1) 훈장자영서당, 유지독영서당, 유지조합서당, 촌조합서당 2) 훈장, 접장, 학동 3) 동몽선습, 훈몽자회, 아학편, 천자문

18. 1) 문과, 무과, 잡과, 생진과 2) 식년시, 특별시 3) 초시, 복시, 전시

19. 1) 경, 이기호발설 2) 성, 기발이승일도설

20. 성인을 위한 위기지학

21. 격몽요결, 학교모범

22. 공거제

23. 천자문, 사략, 통감절요를 읽지 않아야 한다. 2) 성리학, 훈고학, 문장학, 과거제, 술수학을 반대한다.

24. 배재학당설, 원산학사설, 18세기 서당설, 식민지 교육설

25. 교육입국조서

26. 1) 육영공원 2) 원산학사 3) 배재학당

27. 동화주의, 민족적 차별교육, 황국신민화 교육

28. 사립학교 설립운동, 민립대학 설립운동, 서당, 양학, 강습회, 문자보급운동

29. 자아혁신, 무실역행, 점진공부

30. 1) 홍익인간 2) 성장모형과 주형모형

31. 1) 1969 2) 1974 3) 1980

2024학년도 대비
마스터 팍 교육학 마인드맵

정 가   18,000원

초 판 발 행   2023년 6월 28일
편 　 　 저   구평회
발 행 자   구봉철
발 행 처   도서출판 G북스
등 　 　 록   1997년 3월 27일
주 　 　 소   서울특별시 동작구 노량진로 158 (서울사무소)
전 　 　 화   (02)812-3400 (서울사무소)
팩 　 　 스   (02)812-3497 (서울사무소)

도서출판 **G북스**는 **(주)와이에스디**의 임프린트입니다.

I S B N 978-89-6251-907-5 (13370)

※ 이 책의 일부 또는 전체를 무단전재, 복사, 복제하는 것은 저작권법 제 136조에 의거하여 5년 이하의 징역 또는 5,000만원 이하의 벌금에 처하거나 이를 병과할 수 있습니다.